Autocad 2009 pour LES NULS

Autocad 2009 pour LES NULS

David Byrnes

FIRST
Interactive

AutoCAD 2009 Pour les Nuls

Titre de l'édition originale : AutoCAD 2009 For Dummies

Publié par Wiley Publishing, Inc.
111 River Street
Hoboken, NJ 07030-5774

Edition française publiée en accord avec Wiley Publishing, Inc.
© 2008 Éditions First
60 rue Mazarine
75006 Paris
Tél. 01 45 49 60 00
Fax 01 45 49 60 01
E-mail : firstinfo@efirst.com
Web : www.efirst.com

ISBN : 978-2-7540-1021-4
Dépôt légal : 4e trimestre 2008

Collection dirigée par Jean-Pierre Cano
Edition : Pierre Chauvot
Traduction : Daniel Rougé

Imprimé en France

Sommaire

Introduction .... **XIII**

Ce que vous ne trouverez pas dans ce livre XIV
Qui êtes-vous et qui n'êtes-vous pas ? XV
Comment est organisé ce livre ? XVI
Les icônes utilisées dans ce livre XVIII
Quelques conventions (à tout hasard) XIX
Commander depuis le clavier XX
Le jeu des rubans XX
Le classique reste toujours chic XXI
Où continuer ensuite ? XXI

Première partie : 2009, avenue AutoCAD ***1***

Chapitre 1 : Introduction à AutoCAD et AutoCAD LT **3**

Pourquoi AutoCAD ? 4
Il faut être DWG 5
Faire connaissance avec LT 8
AutoCAD à l'heure de 2009 9

Chapitre 2 : Le tour du propriétaire **15**

AutoCAD et Windows (et aussi Office) 16
Côté cuisine, voici l'écran d'accueil d'AutoCAD 18
Courir avec le ruban 20
En tailleur classique 26
À l'assaut d'AutoCAD 29
À la recherche de la barre d'état 30

Parlez avec les doigts : la fenêtre de commande 36
AutoCAD aime les touches (du clavier) 36
Ah ! Les belles palettes ! 43
Le plat de résistance : la zone de dessin 45
S'amuser avec F1 48

Chapitre 3 : En piste pour un tour de CAO 51

Une configuration simple 53
Dessiner un support 58
Des rectangles et des calques 58
Encercler le support 65
Placer votre polygone 67
Lunettes d'approche avec le zoom et le panoramique 70
Éditer pour améliorer 72
Déverser des réseaux 72
Étirer des objets 75
Croiser les hachures 78
Suivre le tracé 81

Chapitre 4 : Configurer pour réussir 85

Une stratégie de configuration pour vous mettre en appétit 86
Choisir vos unités 89
Bien peser vos échelles 91
Penser annotatif 93
À propos du papier 94
Défendre vos frontières 98
Devenez créatif avec les gabarits 98
De la substance : l'espace objet 101
Spécifier vos unités 102
Assigner des limites à votre dessin 104
La grille et l'accrochage dans la zone de dessin 106
Entrer les propriétés de dessin 109
Fabriquer un beau gabarit 109

Chapitre 5 : Direction Papier 115

Présentations à tracer pour tous les goûts 116
Onglets ou boutons ? 117
Vue rapide sur les présentations 118
Créer une présentation 120
Travailler avec les présentations 124
Perdu dans l'espace papier 125
Dans quel espace suis-je ? 126
Fenêtre ouverte sur le dessin 127
À propos des espaces papier et du traçage 130

Deuxième partie : Que le trait soit 133

Chapitre 6 : Gérer vos propriétés 135

Maîtriser vos propriétés 136
Mettre l'objet sur un calque 138
Accumuler les propriétés 139
Créer un nouveau calque 143
Manipuler les calques 148
Quel est l'état de vos calques ? 150
Utiliser des symboles nommés 152
Utiliser DesignCenter 153
Copier des calques entre dessins 155

Chapitre 7 : La CAO, un art de précision 159

Contrôler votre précision 159
Entrer des coordonnées au clavier 162
Prenez un objet et rendez-le accrocheur 165
Autres méthodes au service de la précision 172

Chapitre 8 : Comment tirer un trait 177

Les commandes de dessin d'AutoCAD 178
Dans le droit chemin : lignes, polylignes et polygones 180
Jusqu'au bout de la ligne 180
Les polylignes pour connecter les lignes 184
Dessiner un rectangle 190
Dessiner un polygone 192

Chapitre 9 : Courbes dangereuses, droit devant ! 195

Un jeu de courbes 196
Faire un cercle complet 197
Arcologie 200
Dessiner une ellipse 203
Spline : la courbe sinueuse 205
Dessiner un anneau 207
Nuages de révision à l'horizon 208
Faites le point 210

Chapitre 10 : Pour une poignée de sélections 215

Commande ou sélection ? 215
Commencer par lancer une commande 216
Commencer par sélectionner 216
Manipulation directe d'objets 216
Choisir un style d'édition 217

Attrapez-le ! 219
Sélectionner un objet à la fois 219
Des fenêtres de sélection à droite et à gauche 219
Perfectionner la sélection 222
Histoires de poignées 226
À propos des poignées 227
Empoignons un exemple 227
Déplacez-moi ça ! 231
Copier, une forme plus douce de déplacement 232
Savoir s'étirer 233

Chapitre 11 : Éditer, c'est toujours dessiner 237
À vos marques, prêt ? Modifiez ! 237
Les trois grands classiques : déplacer, copier et étirer 241
Déplacer 242
Copier 245
Copie entre dessins 245
Étirer 247
Manipulations supplémentaires 251
Rotation 251
Échelle 252
Réseau 254
Décaler 256
Découpages en tous genres 258
Ajuster et prolonger 258
Coupure 261
Raccords et chanfreins 263
Joindre 264

Chapitre 12 : Zoom sur le zoom 269
Zoom et panoramique : voir ce que vous voulez à la taille que vous voulez 269
L'heure du zoom 273
Appeler une vue par son nom 277
Zoom et panoramique au pays des présentations 279
Savoir se régénérer 284

Troisième partie : Si les dessins pouvaient parler 287

Chapitre 13 : Texte avec caractère 289
Prêt à écrire 290
Du texte qui a du style 291
Du texte à la bonne échelle 298

Une ligne ou deux ? ... 300
Et votre texte sera justifié ... 301
Cette bonne vieille ligne ... 301
Travailler avec le texte annotatif ... 305
En dire plus avec du texte multiligne ... 307
Faites-le avec TEXTMULT ... 308
De la puissance pour vos textes ... 313
Numéroter votre texte multiligne ... 314
En colonne par deux ! ... 317
Modifier du texte multiligne ... 320
Créer des tableaux ... 321
Les tableaux aussi ont du style ... 321
Créer et éditer des tableaux ... 323
Des repères à tête pointue ... 326
Trouver ses repères ... 327
Options multiples pour repères multiples ... 329

Chapitre 14 : Les joies de la cotation ... 331

À la découverte des cotes ... 334
Anatomie d'une cote ... 334
Guide pratique de la cotation ... 336
Associativité des cotes ... 337
Vos outils de cotation ... 338
Coter avec style(s) ... 338
Emprunter un style de cote existant ... 339
Créer et gérer des styles de cote ... 339
Ajuster un style de cote ... 342
Dessiner des cotes ... 347
Aligner quelques cotes linéaires ... 348
Mettre les cotes annotatives à l'échelle ... 351
Dessiner d'autres types de cote ... 352
Modifier des cotes ... 353
Modifier la géométrie d'une cote ... 354
Modifier le texte d'une cote ... 355
Contrôler et modifier l'associativité des cotes ... 356

Chapitre 15 : Hachures et motifs de remplissage ... 359

Hach... Hach... Hachures ! (à vos souhaits) ... 361
Aller plus loin avec les hachures ... 364
Hachurer à partir de zéro ... 364
L'angle et l'échelle de hachurage ... 368
Hachurer pour le troisième millénaire ... 368
Définir le contour d'un hachurage ... 371
Palette d'outils et hachures ... 373
Modifier des objets hachurés ... 373

Chapitre 16 : Pour tracer un dessin ... 375

Ici on n'imprime pas, on trace ... 376
Commencer par s'entendre avec le système ... 376
Configurer le traceur ... 377
Tracer, tout simplement ... 379
Le traçage réussi en seize étapes ... 379
Aperçu une, deux ... 384
N'ajustez pas, sortez l'échelle ! ... 385
Tracer la présentation du paysage ... 386
Réussir ses tracés dans l'espace papier ... 386
Tracer des lignes épaisses et des couleurs ... 389
Tracer avec style ... 390
Tracer des lignes minces ou épaisses ... 396
Tracer en couleurs ... 399
Mise en page, alias Configuration de tracé ... 401
Continuons le dialogue de traçage ... 402
Problèmes de traçage ... 406

Quatrième partie : Partager ses dessins ... 409

Chapitre 17 : Des blocs et des bitmaps ... 411

Jongler avec les blocs ... 412
Créer une définition de bloc ... 414
Insérer des blocs ... 419
Les attributs : remplir les champs vierges ... 422
Décomposer un bloc ... 428
Purger les définitions de bloc inutilisées ... 428

Chapitre 18 : Soyons dynamiques et externes ... 431

Thèmes et variations : les blocs dynamiques ... 433
Maintenant, vous le voyez... ... 433
Lumières ! Paramètres ! Actions ! ... 437
Manipuler des blocs dynamiques ... 440
Soyons externes ... 442
S'attacher à ses xréfs ... 444
La danse des calques ... 446
Créer et modifier un fichier de référence externe ... 446
Construire un chemin d'accès à une xréf ... 447
Gérer des xréfs ... 449
Blocs, xréfs et organisation des dessins ... 450
Maîtriser les fichiers bitmap ... 451
Attacher une image ... 453
Gérer vos images ... 454
DWF, tout simplement ... 455

Chapitre 19 : Dessiner sur Internet 459

Internet et AutoCAD : vue d'ensemble 460
Stratégies d'envoi 462
Envoyer par ETRANSMIT 463
FTP pour vous et moi 466
Mauvaise réception ? 467
De l'aide du Gestionnaire des références 468
Dessiner au format Web, pas seulement pour le Web 469
Tout sur DWF et DWFx 470
Tracé électronique 471
Tracer dans un fichier DWF ou DWFx 472
Créer des fichiers DWF avec la commande PUBLIER 472
Des hyperliens sur des objets 475
Autodesk Design Review 475
La protection des dessins 476

Cinquième partie : Les dix commandements 479

Chapitre 20 : Dix grandes ressources pour AutoCAD 481

AutoCAD et son programme de participation 481
Les groupes de discussion d'Autodesk 481
Les bloggers d'Autodesk 482
CAO et World Wide Web 482
Autodesk, version universitaire 482
Se former à AutoCAD 483
Groupes d'utilisateurs locaux 483
Vous avez dit GUIA ? 483
Livres 484
Magazines 484

Chapitre 21 : Dix différences entre AutoCAD et AutoCAD LT 485

Le prix 485
Les fonctionnalités 3D 486
Options de personnalisation 486
Outils Express ! 487
Les jeux de feuilles 487
Contrôle des normes 488
Références externes 488
Extraction de données 488
MLIGNE vs DLIGNE 489
Gestionnaire des références 489

Chapitre 22 : Dix variables système pour rendre votre vie plus facile **491**

APERTURE 492
ATTDIA 492
DIMASSOC 493
MENUBAR 493
MIRRTEXT 493
PICKBOX 494
REMEMBERFOLDERS 494
ROLLOVERTIPS 494
TOOLTIPS 495
VISRETAIN 495

Index **497**

Introduction

On est stupéfait de réaliser que le logiciel AutoCAD a vu le jour il y a un quart de siècle (Autodesk dit que AutoCAD 2009 est l'édition du 25ème anniversaire), c'est-à-dire à une époque où la plupart des gens trouvaient extrêmement limitées les possibilités des ordinateurs personnels. Vingt-cinq ans après son apparition, AutoCAD reste, et de loin, le roi de la CAO sur micro-ordinateur, ce qui en fait l'un des vétérans de tous les programmes pour PC. Songeons que certains de ses utilisateurs actuels n'étaient même pas nés à l'époque ! Bon nombre de concurrents ont tenté de le défier, beaucoup ont disparu, il en reste encore quelques-uns. On entend dire aujourd'hui que l'avenir à long terme de la CAO pourrait bien appartenir à des logiciels 3D spécialisés, comme Inventor ou Revit d'Autodesk. Comme d'habitude, l'avenir tranchera, mais pour le moment, et pour le futur proche, c'est bien AutoCAD qui occupe le devant de la scène.

Au fil de son évolution, AutoCAD est devenu de plus en plus sophistiqué, en partie pour rester à la hauteur de la complexité croissante des tâches de conception et de dessin pour lesquelles il est conçu. Il ne suffit plus aujourd'hui de tracer de beaux traits. Si on veut vraiment faire de la CAO, il faut organiser de façon appropriée les objets que l'on dessine, leurs propriétés et les fichiers dans lesquels ils se trouvent. Il faut aussi coordonner son travail de CAO avec les collègues qui participent au même projet ou utilisent les mêmes dessins. Il faut enfin savoir se débrouiller pour échanger les dessins en question avec divers correspondants sur Internet.

AutoCAD 2009 vous offre pour tout cela les outils nécessaires, mais il n'est pas toujours facile de savoir quel marteau choisir ou quel clou enfoncer le premier. Ce livre est fait pour vous donner les meilleures chances de créer dès vos premières tentatives un dessin présentable, utilisable, imprimable et partageable, sans avoir à poser une équerre sur l'écran de votre ordinateur pour arriver à vous en sortir.

Ce que vous ne trouverez pas dans ce livre

À la différence de bien d'autres titres de la collection *Pour les Nuls*, celui-ci vous demande de temps à autre de consulter la documentation officielle ou l'aide du logiciel. AutoCAD est tout simplement trop gros et trop compliqué pour qu'il soit possible de le décrire entièrement dans un seul livre.

AutoCAD est également trop vaste et trop compliqué pour que je puisse en traiter chaque fonctionnalité. Je laisserai de côté des sujets trop pointus, comme les bases de données, la personnalisation, la création d'objets 3D et la programmation. C'est la seule manière de conserver une taille raisonnable à ce livre. Et donc de vous inciter à le lire plutôt que de le ranger sur une étagère entre deux bibelots...

Autodesk aime laisser ses utilisateurs (et nous, les auteurs !) dans l'expectative sur les nouvelles fonctionnalités introduites dans chaque version du logiciel. De ce point de vue, la nouvelle interface d'AutoCAD 2009 est effectivement une surprise colossale. Mais, au-delà de ce relookage, il n'y a pas de différences substantielles par rapport à la version 2008. Certes, on trouve de ci et de là quelques améliorations pratiques, que je vous signalerai à l'aide d'icônes parsemant ce livre. Mais le grand changement, c'est effectivement l'interface.

Cela fait un certain temps que je souhaitais réorganiser *AutoCAD pour les Nuls*, essentiellement pour éviter de trop longs chapitres et pour regrouper des fonctionnalités liées (par exemple tout ce qui concerne l'espace papier). Le fait que, mise à part l'interface, les versions 2008 et 2009 sont pour l'essentiel les mêmes, m'a facilité le travail. Ce qui m'a par la même occasion permis d'ajouter quelques courts chapitres à la fin de ce livre.

Cet ouvrage est consacré à AutoCAD 2009, sans oublier sa version un peu réduite mais beaucoup plus économique : AutoCAD LT 2009. Je mentionnerai parfois les différences avec les versions précédentes, en remontant jusqu'à la très populaire version AutoCAD Release 14, pour simplifier la vie de tous ceux qui auront fait une mise à jour. Je signalerai également les différences importantes entre la version complète et le petit frère AutoCAD LT, de manière à ce que les utilisateurs de ce dernier sachent ce qu'ils ont perdu.

Toujours pour rester dans des limites acceptables, ce livre ne traite pas non plus des applications basées sur AutoCAD et dédiées à tel ou tel domaine particulier, comme AutoCAD Architecture 2009 (en dehors de quelques généralités évoquées au Chapitre 1). La plupart des informations que vous trouverez dans cet ouvrage concernent les fonctionnalités d'usage général d'AutoCAD, mais aussi de toutes les variantes basées sur sa version 2009.

Qui êtes-vous et qui n'êtes-vous pas ?

AutoCAD rassemble de nombreux et fidèles utilisateurs de longue date. À l'évidence, ce livre ne répondra pas forcément à toutes les attentes d'un utilisateur expérimenté d'AutoCAD. En fait, ce manuel n'est sans doute pas fait pour vous si :

- Vous utilisez AutoCAD depuis l'époque où ses versions étaient définies par des numéros et non par l'année de sortie.
- Vous avez donné des conférences à Autodesk University.
- Vous avez participé à la fondation d'Autodesk University.
- Vous lisez tous les soirs avant de vous endormir un certain nombre de pages d'un de ces fameux manuels techniques de plus de 1 000 pages sur AutoCAD.
- Vous avez suggéré à Autodesk des modifications à introduire dans la version 2009 et vous avez pu voir qu'elles avaient effectivement été prises en compte.
- Après avoir vu vos suggestions importées dans le programme, vous avez envoyé un mail à Autodesk pour expliquer que le travail n'avait pas été fait correctement et pourquoi.

Si vous n'appartenez à aucune de ces catégories, ce livre est certainement pour vous.

Pour pouvoir utiliser AutoCAD (et cet ouvrage), il faut toutefois que vous ayez quelques notions sur l'utilisation de votre ordinateur. Vous devez avoir un ordinateur sur lequel est installé AutoCAD ou AutoCAD LT (de préférence la version 2009). Une imprimante (ou un traceur) et une connexion à Internet vous seront également très utiles.

Vous devez aussi savoir vous servir de votre version de Windows pour copier et supprimer des fichiers, créer un dossier, rechercher un fichier, savoir utiliser la souris pour sélectionner un élément (le mettre en surbrillance) ou activer une commande, fermer une fenêtre, ou encore réduire ou agrandir une fenêtre. Avant de commencer à utiliser AutoCAD, assurez-vous que vous maîtrisez les manipulations de base de votre système d'exploitation.

Comment est organisé ce livre ?

Si vous aviez pu voir les piles (en apparence aléatoires) de documents qui encombraient mon bureau pendant que j'écrivais ce livre, vous vous seriez demandé peut-être comment je pouvais être capable d'écrire un paragraphe et d'organiser un chapitre, sans parler d'un livre entier. En fait, je sais en général exactement où se trouvent mes dernières notes, ma liste de variables ainsi que ma tasse de café.

J'espère toutefois que vous allez trouver que ce livre est le reflet de quelques réflexions approfondies sur la manière de présenter AutoCAD de façon intelligible, cohérente et progressive.

L'un des aspects importants de cette présentation est la division en parties regroupant plusieurs chapitres se rapportant à un thème commun. Vous avez ainsi la possibilité de faire connaissance séparément avec tel ou tel aspect d'AutoCAD. L'ordre dans lequel se succèdent ces parties est une affaire de priorité : vous êtes autorisé à ignorer les parties qui suivent ce que vous êtes en train lire jusqu'à ce que vous soyez parvenu à maîtriser ce qui précède (vous me suivez ?). Cette division en sous-ensembles successifs est particulièrement utile dans le cas d'un programme aussi puissant qu'AutoCAD.

Les sections suivantes décrivent brièvement les parties qui composent ce livre.

Première partie : 2009, avenue AutoCAD

Avez-vous besoin d'apprendre à vous y retrouver dans la fenêtre d'AutoCAD ? Et d'ailleurs, pourquoi AutoCAD existe-t-il ? Quels sont les différents produits reposant sur AutoCAD 2009 vendus par Autodesk et pourquoi utiliser l'un d'entre eux (par exemple, AutoCAD LT) plutôt qu'AutoCAD lui-même ? Si vous trouvez que tout est lent, est-ce normal ou est-ce parce que votre machine est trop poussive pour une telle merveille de l'informatique d'aujourd'hui ? Et pourquoi toutes ces questions, mon adjudant ?

Dans la première partie, je réponds à toutes ces interrogations, et même à d'autres. Vous y trouverez aussi ce qui pourrait vous paraître une insoutenable surabondance de détails sur le paramétrage d'un nouveau dessin dans AutoCAD, mais il serait encore plus insoutenable de configurer votre dessin de manière incorrecte et d'avoir l'impression qu'AutoCAD fait tout ce qu'il peut pour vous mettre des bâtons dans les roues. En commençant par quelques tâches de paramétrage, cela n'arrivera pas.

Deuxième partie : Que le trait soit

Dans cette partie, nous allons commencer par aborder quelques notions un peu arides mais essentielles, notamment les propriétés des objets et la question de la précision en CAO. Je sais bien que vous brûlez d'ébaucher vos premiers dessins, mais si vous ne commencez pas par acquérir ces notions, vous avez peu de chances d'arriver à tracer ou éditer quoi que ce soit. Si vous voulez faire des dessins qui s'affichent bien, se tracent bien et rendent bien, lisez ces chapitres !

Après ce préambule, le gros de cette division est consacré au trio des activités qui vont sans doute représenter la majeure partie de votre temps d'utilisation d'AutoCAD : dessiner des objets, les éditer, puis utiliser le zoom et le panoramique pour en avoir une vue d'ensemble à l'écran. C'est ce que vous devez faire pour créer une *géométrie*, c'est-à-dire la représentation en CAO des objets du monde réel que vous modélisez. À la fin de cette deuxième partie, vous devriez être assez bon en géométrie, même si un de vos professeurs de mathématiques vous a autrefois dit le contraire.

Troisième partie : Si les dessins pouvaient parler

En CAO, les dessins ne sont pas constitués que de traits. La plupart nécessitent une bonne quantité de texte, de cotes et de hachures pour rendre les intentions du concepteur compréhensibles à celui qui aura pour tâche de réaliser sa remarquable création (celui qui a dit "une image vaut mille mots" n'a sans doute jamais compté ceux que l'on trouve sur la plupart des dessins d'architecte). Cette partie vous explique comment introduire ces éléments essentiels dans vos dessins.

Une fois que vous aurez habillé votre dessin avec le texte, les cotes et les hachures qui lui sont dus, vous voudrez sans doute en avoir une version sur papier pour la montrer à qui vous voudrez (votre client, votre associé ou votre grand-mère). C'est ce qu'un individu normal appelle "imprimer", mais comme les gens qui font de la CAO appartiennent à une autre catégorie, ils utilisent le mot "tracer". Quel que soit le nom que vous lui donnez, c'est ici que je vous montre comment pratiquer ce sport.

Quatrième partie : Étendre AutoCAD

Un bon utilisateur de CAO, comme un bambin au jardin d'enfants, aime jouer avec les autres. AutoCAD encourage ce comportement avec toute une panoplie de fonctions de partage des dessins et des données. Blocs, fichiers de références externes et images bitmap incitent à la réutilisation de parties de dessins, de dessins entiers et de fichiers graphiques. Les standards de la CAO servent de guides pour le processus de production des dessins : ils définissent des règles qui permettent de partager le travail de tous, d'améliorer la productivité et de faciliter l'évolution des projets. Les fonctionnalités Internet d'AutoCAD autorisent le partage de vos dessins bien au-delà de votre disque dur et de votre réseau local. Et n'oubliez pas qu'AutoCAD, c'est aussi plus que du dessin. Cette partie se termine en expliquant comment naviguer dans un modèle 3D d'AutoCAD, et comment changer son apparence à l'écran.

Les fonctionnalités de partage de dessins et de données d'AutoCAD vous entraînent à des années-lumière de l'époque de la planche à dessin. Une fois que vous aurez découvert comment appliquer ces techniques, vous serez bien engagé sur le chemin qui fera de vous un authentique fou de la CAO (il faudra peut-être songer à prévenir votre famille).

Cinquième partie : Les Dix Commandements

Cette partie contient des indications qui réduisent vos chances de rater des dessins (les vôtres ou ceux des autres), un catalogue concis des différences entre AutoCAD et AutoCAD LT, ainsi qu'une liste de ressources et de réglages qui peuvent rendre plus agréables le temps que vous passez avec AutoCAD.

Il y a en fait une bonne quantité d'informations dans ces trois chapitres et de précieux conseils, rassemblés pendant des années de pratique du dessin, d'expérimentation et de cogitation sur ce qui ne marche pas comme on voudrait, sans parler de ma manie compulsive de faire des listes. J'espère que ces dernières vous aideront à prendre la bonne route et à y rester.

Les icônes utilisées dans ce livre

Les marges de ce livre sont parsemées d'icônes mettant en valeur des informations utiles ou importantes. Bien entendu, des icônes différentes signalent différents types d'informations.

Cette icône vous indique un conseil judicieux qui pourrait vous faire gagner du temps et vous éviter des soucis en utilisant AutoCAD. Nous vous expliquerons parfois toutes les méthodes qui peuvent conduire à un certain résultat. Et cette icône vous expliquera alors la méthode que vous devriez employer.

L'icône "Note technique" identifie un paragraphe dans lequel vous allez trouver des informations plus pointues sur une certaine fonctionnalité. À moins que vous ne soyez vraiment prêt à en savoir plus (beaucoup plus) sur AutoCAD, vous pouvez vous abstenir de consulter ces paragraphes lors d'une première lecture.

Les paragraphes signalés par cette icône vous disent comment éviter de vous mettre dans une situation embarrassante, si vous vous êtes trop approché d'un danger quelconque. Négliger de les lire pourrait avoir des conséquences désastreuses pour vous, votre dessin, votre ordinateur, et peut-être même les trois.

Retenez les informations annoncées par ce pictogramme : elles vous éviteront par la suite diverses contrariétés plus ou moins considérables. Comme il y a beaucoup de choses à mémoriser lorsque l'on utilise AutoCAD, ces paragraphes vous rappellent qu'il faut vous souvenir de tel ou tel point crucial dans ce qui a déjà été étudié. C'est mieux qu'un nœud dans le coin d'un mouchoir en papier !

Cette icône indique une nouveauté d'AutoCAD 2009 (et parfois d'AutoCAD LT 2009). Ces informations sont surtout destinées aux lecteurs qui ont déjà une bonne connaissance d'AutoCAD et veulent connaître commodément et rapidement les nouveautés de cette version. Les utilisateurs qui découvrent AutoCAD avec cette version 2009 pourront aussi trouver ces informations intéressantes, surtout pour afficher ce tout récent savoir devant leurs collègues vétérans d'AutoCAD qui ne sont pas encore au courant des dernières nouvelles.

Cette icône signale les différences entre AutoCAD LT et AutoCAD. Si vous utilisez AutoCAD LT, ces paragraphes vous permettront de savoir tout ce que vous perdez sans la version complète d'AutoCAD. Dans le cas contraire, vous saurez de quoi vous pourrez vous vanter auprès des malchanceux qui n'ont *que* la version LT.

Quelques conventions (à tout hasard)

Je suppose que vous pourriez deviner facilement tout ce que je vais dire ici, mais je préfère tout de même le faire pour éviter toute ambiguïté.

Commander depuis le clavier

Lorsque vous devrez taper du texte dans une boîte de dialogue ou un champ de texte d'AutoCAD, celui-ci sera imprimé **en gras**. Le texte affiché par AutoCAD, en revanche, sera imprimé dans une `police particulière`, de même que tout autre message ou élément de texte apparaissant à l'écran. D'autre part, les séquences de messages qui apparaissent dans la ligne de commande d'AutoCAD seront imprimées comme ceci :

```
Spécifiez le coin inférieur gauche ou [ACtif/INactif] <0.0000,0.0000>:
```

(De nombreuses figures, en particulier aux Chapitres 8 à 11, montrent également des exemples de la ligne de commande et des réponses fournies par AutoCAD.)

De nombreuses commandes d'AutoCAD disposent d'une version raccourcie (un *alias*) pour faciliter les choses à ceux qui aiment utiliser la ligne de commande. Dans ce livre, j'ai adopté la mise en forme qui consiste à mettre en majuscules les lettres du raccourci, en laissant les autres en minuscules, ce qui vous permettra d'identifier d'un coup d'œil la commande complète et le raccourci associé. Ainsi, lorsque vous verrez une instruction comme "Pour déplacer un objet, exécutez la commande **DePlacer**", vous devez comprendre : "Pour déplacer un objet, tapez **DEPLACER**, ou **DP** si vous voulez utiliser le raccourci, dans la ligne de commande, et appuyez sur la touche Entrée" (vous pouvez utiliser au choix des majuscules ou des minuscules, mais ne mettez pas d'accent aigu sur le E, car il n'y a jamais de caractères accentués dans les commandes d'AutoCAD).

Vous pouvez voir une liste de tous les alias de commandes en tapant **ALIASEDIT** dans AutoCAD (mais pas dans AutoCAD LT). *Mais contentez-vous de regarder. Ne changez surtout rien !*

Le jeu des rubans

Si vous avez feuilleté le livre et jeté un coup d'œil sur quelques figures, vous avez certainement remarqué que l'apparence d'AutoCAD 2009 n'est plus la même qu'autrefois. Tout au long de cet ouvrage, je vous indiquerai où trouver les commandes dans le *ruban* de la nouvelle interface style Microsoft Office 2007, mais aussi dans les menus et barres d'outils du mode "classique". Pour l'instant, contentons-nous de noter que le Ruban est organisé en séries d'onglets regroupant certains types de tâches, et que chaque onglet possède plusieurs panneaux contenant des outils spécifiques.

Le classique reste toujours chic

Vous trouverez dans ce livre de nombreuses phrases du type "Dans la barre de menus, sélectionnez Fichier/Enregistrer sous." La barre oblique (/) est là pour séparer le nom du menu principal de celui de la commande à sélectionner. Dans cet exemple, vous devez donc ouvrir le menu Fichier et sélectionner dans celui-ci Enregistrer sous. Si vous connaissez un autre moyen de lancer la même commande (dans cet exemple, tapez **SAUVENOM** et appuyez sur la touche Entrée), vous êtes naturellement libre d'utiliser la méthode que vous préférez.

Où continuer ensuite ?

Si vous avez lu cette introduction, c'est que vous êtes comme moi : vous aimez lire (les personnes trop pressées se contentent hélas de sauter sur l'index pour se précipiter sur ce qu'elles ont besoin de savoir à l'instant t). Si vous êtes un tout nouvel utilisateur d'AutoCAD, vous pouvez lire ce livre dans l'ordre, du début jusqu'à la fin. Son plan vous conduira en ligne (presque) droite vers le but recherché : configurer votre environnement de dessin, réaliser celui-ci, le tracer et partager votre travail avec d'autres personnes. Si vous possédez davantage d'expérience, vous appartenez probablement à la race des zappeurs d'index qui recherchent les informations dont ils ont besoin pour réaliser une certaine tâche. Vous localiserez facilement cet index, mais je vous encourage tout de même à parcourir ce livre. Prenez au fur et à mesure de vos pérégrinations des notes qui vous aideront ensuite à retrouver des notions dont vous aurez besoin par la suite. Enfin, si vous appartenez à la catégorie des seigneurs d'AutoCAD et que votre connaissance du programme remonte à des années, recherchez les icônes qui signalent dans la marge les principales nouveautés de la version 2009 (du genre de celles dont vous ne saviez même pas qu'il était impossible de vivre sans elles). Quelle que soit la voie que vous décidiez de prendre, j'espère que vous passerez des heures studieuses et passionnantes avec *AutoCAD 2009 Pour les Nuls* !

Première partie

2009, avenue AutoCAD

"La commande Arc ? Le type, là-derrière, il semble en savoir long là-dessus."

Dans cette partie...

AutoCAD est bien plus qu'un programme de CAO parmi d'autres. C'est un environnement complet de conception et de dessin. Si vous faites connaissance avec AutoCAD, il vous faut donc commencer par acquérir quelques notions de base, en particulier la façon de vous servir de la ligne de commande et le paramétrage correct de votre dessin. C'est ce que nous allons expliquer dans cette partie.

Si vous êtes un utilisateur expérimenté d'AutoCAD, vous serez particulièrement intéressé par les nouveautés de la version 2009, notamment sa nouvelle interface. C'est encore dans cette partie que vous trouverez tout cela.

Chapitre 1

Introduction à AutoCAD et AutoCAD LT

Dans ce chapitre :

- Savoir bénéficier des avantages d'AutoCAD.
- Utiliser AutoCAD et les fichiers DWG.
- Faire connaissance avec la famille des produits AutoCAD.
- Utiliser AutoCAD LT au lieu d'AutoCAD.
- AutoCAD 2009 et ses nouveautés.

Vous êtes peut-être un ingénieur ou un architecte à la tête d'une petite entreprise, pour qui le moment est venu de passer de la planche à dessin à la CAO. Si c'est le cas, je dois vous dire que vous êtes sur une mauvaise pente. Vous avez peut-être déjà essayé, il y a longtemps, d'utiliser AutoCAD, mais vous avez abandonné ou vous vous êtes tout simplement rouillé. Peut-être aussi utilisez-vous en ce moment une version ancienne, comme AutoCAD 2004, voire peut-être même AutoCAD 2000 (si vous êtes un amateur d'antiquités). Mais peut-être êtes-vous aussi un nouveau venu dans le monde de la CAO, impatient d'en découvrir les immenses possibilités.

Quel que soit votre cas, j'espère que vous aurez plaisir à apprendre à maîtriser AutoCAD. Dessiner avec AutoCAD demande au départ des efforts significatifs, mais ce que vous allez en tirer en vaut la peine. La CAO est gratifiante pour ceux qui abordent leur travail dans un esprit créatif en cherchant comment faire toujours mieux. Elle vous donne la possibilité d'apprendre quelque chose de plus, de découvrir de nouveaux procédés, ou d'améliorer l'efficacité et la qualité de vos méthodes de dessin.

AutoCAD était à ses débuts (dans les années 1980) un programme qui ne fonctionnait que sous MS-DOS ; les utilisateurs tapaient donc des commandes et n'utilisaient ni barres d'outils ni boîtes de dialogue. Autodesk a ensuite porté AutoCAD sous de nombreux systèmes d'exploitation à interface utilisateur graphique, notamment Macintosh, diverses versions d'UNIX et Windows. AutoCAD est aujourd'hui uniquement développé pour Windows. AutoCAD 2009 fonctionne sous Windows Vista (32 bits et 64 bits, sauf la version Familiale Basique) et sous Windows XP en version Professionnel et en Édition Familiale (mais en 32 bits seulement). Il est capable de profiter des fonctionnalités de gestion d'une tablette incluses dans Windows Vista (mais là encore, évidemment, par pour la version Familiale Basique). Notons en passant qu'il accepte de cohabiter avec Windows XP édition Tablet 2005, sans pour autant y être officiellement supporté par Microsoft. Essayer de produire des dessins avec une tablette n'est cependant pas une idée géniale du fait des limites du système graphique, mais je sais que cela marche car je n'hésite pas bien souvent à travailler de cette manière !

Enfin, si vous en êtes resté à Windows 2000, il est grand temps de vous mettre à jour. AutoCAD 2008 acceptait encore de tourner sous ce système d'exploitation, mais ce n'est plus le cas avec la version 2009.

Du fait de son héritage passé et de sa propension à se concentrer sur l'efficacité, apprendre à utiliser AutoCAD n'est pas ce qu'il y a de plus facile, mais le logiciel est aujourd'hui devenu plus simple à manipuler et plus cohérent que par le passé. Il est très bien intégré à l'environnement Windows, mais vous y rencontrerez tout de même quelques particularités issues de ses origines MS-DOS, à commencer par la ligne de commande (l'espèce de petite zone de texte qui se trouve en bas de la fenêtre d'AutoCAD, dont nous reparlerons dans le Chapitre 2). Mais AutoCAD 2009 a même réussi à rendre cette ligne (pardon, *fenêtre*) de commande moins antipathique ! Ce livre va vous guider parmi ces spécificités et vous éviter les petites difficultés qu'elles pourraient vous causer.

Pourquoi AutoCAD ?

AutoCAD a vu le jour en 1982, ce qui signifie qu'il n'est déjà plus tout jeune. C'est lui qui a lancé la transition de la CAO (vraiment très chère) sur mainframe et sur miniordinateur à la CAO sur micro-ordinateur (simplement chère).

AutoCAD est avant tout et surtout un programme de dessin technique et industriel, c'est-à-dire de création de dessins dans lesquels les cotes et la précision sont importantes, parce qu'ils ont généralement pour but de permettre de fabriquer ou de construire ce qu'ils représentent. Les dessins que vous créez avec AutoCAD doivent se conformer à des normes établies il y a bien longtemps pour les dessins industriels réalisés manuellement. Avec AutoCAD, l'investissement initial est certainement plus élevé que celui que requiert le travail avec un papier et un crayon, et la courbe d'apprentissage est nettement plus raide, sans compter que vous devez aussi apprendre à vous servir d'un ordinateur. Pourquoi alors s'embêter avec tout cela ? Tout simplement, parce qu'il y a tout de même plusieurs excellentes raisons de remplacer sa planche à dessin par AutoCAD. En voici trois :

- **La précision :** Il est plus facile de tracer avec AutoCAD des traits, des cercles ou d'autres formes ayant exactement les dimensions voulues que de le faire à la main.
- **La facilité de modification :** Il est beaucoup plus simple de modifier un dessin sur l'écran de votre ordinateur que sur le papier. Le résultat est d'ailleurs nettement plus propre.
- **L'efficacité :** Il est beaucoup plus rapide de créer des dessins de nombreux types différents avec un programme de CAO, en particulier si ces dessins comportent des éléments répétitifs (par exemple, le plan d'un étage dans un immeuble). Cette efficacité nécessite toutefois de la dextérité et de la pratique. Si vous êtes un champion du dessin industriel à la main, n'attendez pas de gain d'efficacité immédiat en passant à la CAO !

La Figure 1.1 présente plusieurs types de dessins dans la fenêtre d'AutoCAD 2009.

Pourquoi choisir AutoCAD ? Il n'est que le point de départ d'une vaste panoplie de produits matériels et logiciels conçus pour être utilisés avec lui. Autodesk a considérablement stimulé ce processus en réalisant une série d'interfaces de programmation pour AutoCAD dont toutes sortes d'entreprises (y compris Autodesk) ont pu se servir pour étendre l'application (mais ce n'est hélas pas le cas pour AutoCAD LT). Certaines extensions ont eu un tel succès qu'elles ont été rachetées par Autodesk qui les a incorporées à ses propres produits. Si l'on considère toutes les ressources qu'il propose (add-ons, extensions, formation, livres, etc.), AutoCAD n'a pas beaucoup de concurrents dans son domaine.

Il faut être DWG

Pour tirer pleinement avantage d'AutoCAD dans votre environnement de travail, vous devez connaître les caractéristiques du format DWG dans lequel AutoCAD enregistre les dessins.

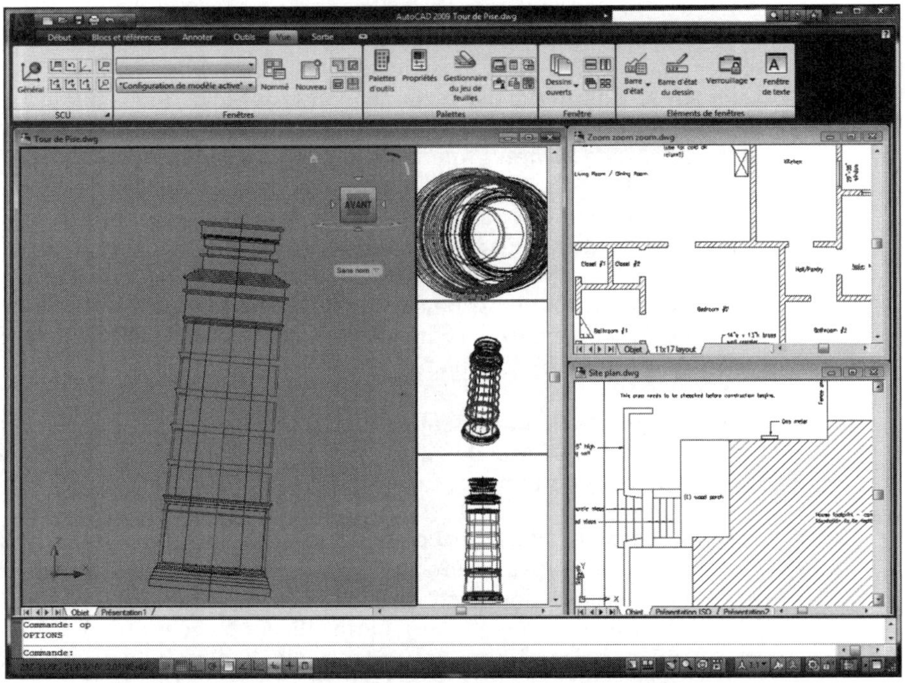

Figure 1.1 Chef, c'est quoi le dessin du jour ?

- Dans certains cas, une version ancienne d'AutoCAD ne peut pas lire un fichier DWG créé par une version plus récente.
- Une version récente d'AutoCAD peut *toujours* lire les fichiers créés par une version ancienne.
- Certaines versions antérieures sont capables d'ouvrir des fichiers sauvegardés par une génération un peu plus récente. Par exemple, les échanges entre AutoCAD 2007, 2008 et 2009 ne posent aucun problème car le format DWG n'a pas été modifié entre-temps. De même, les fichiers DWG créés par les versions 2004, 2005 et 2006 sont compatibles, ce format n'ayant pas évolué au cours de ces années. Par contre, il y a eu un saut de génération lors du passage à AutoCAD 2007.
- Dans les versions allant de 2007 à 2009, vous pouvez utiliser la commande "Enregistrer sous" pour sauvegarder un fichier au format DWG d'une version ancienne. En fait, AutoCAD 2009 est capable de remonter le temps jusqu'à la célèbre version R14, qui date pourtant de 1997 !

Le Tableau 1.1 indique à quel format DWG correspond chaque version d'AutoCAD (ces versions seront décrites plus loin dans ce chapitre).

Tableau 1.1 : Versions d'AutoCAD et formats DWG.

Version AutoCAD	Version AutoCAD LT	Année de sortie	Format DWG
AutoCAD 2009	AutoCAD LT 2009	2008	Acad 2007
AutoCAD 2008	AutoCAD LT 2008	2007	Acad 2007
AutoCAD 2007	AutoCAD LT 2007	2006	Acad 2007
AutoCAD 2006	AutoCAD LT 2006	2005	Acad 2004
AutoCAD 2005	AutoCAD LT 2005	2004	Acad 2004
AutoCAD 2004	AutoCAD LT 2004	2003	Acad 2004
AutoCAD 2002	AutoCAD LT 2002	2001	Acad 2000
AutoCAD 2000i	AutoCAD LT 2000i	2000	Acad 2000
AutoCAD 2000	AutoCAD LT 2000	1999	Acad 2000
AutoCAD Release 14	AutoCAD LT 98 & 97	1997	Acad R14
AutoCAD Release 13	AutoCAD LT 95	1994	Acad R13
AutoCAD Release 12	AutoCAD LT Release 2	1992	Acad R12

Il est plus facile de travailler avec AutoCAD si vos collègues et vos correspondants d'autres entreprises utilisent la même version et les mêmes outils associés. De cette façon, vos fichiers DWG, vos add-ons, et même les arcanes de votre connaissance de la CAO, peuvent être partagés de façon cohérente par les autres membres de votre groupe de travail et par vos partenaires. En pratique, vous aurez sans doute à travailler avec des gens (au moins dans d'autres entreprises) qui utilisent des versions aussi vieilles que la Release 14.

De nombreux programmes sont présentés comme "compatibles DWG", c'est-à-dire capables de convertir des données depuis et vers le format DWG d'AutoCAD, mais cette compatibilité est une chose difficile à réaliser de façon satisfaisante. Une erreur mineure dans une conversion de fichier peut avoir des conséquences allant du "simplement contrariant" au "totalement désastreux". Si vous échangez des fichiers DWG avec des personnes qui utilisent d'autres programmes de CAO, tenez-vous prêt à passer du temps à identifier et corriger les problèmes de conversion.

Faire connaissance avec LT

Vous aviez peut-être deviné, LT est l'abréviation de *light*, c'est-à-dire "léger". Pour tout dire, c'est surtout le prix qui est léger. AutoCAD LT 2009 est la bonne affaire du moment : il contient à peu près 80 % des fonctionnalités d'AutoCAD pour environ 20 % de son prix. De même que le grand frère AutoCAD, la version LT fonctionne sur un ordinateur sous Windows sans nécessiter de composants matériels supplémentaires. Avec AutoCAD LT, vous entrez dans le monde d'AutoCAD, le leader mondial des programmes de CAO, pour une dépense initiale tout à fait raisonnable.

AutoCAD LT est un très proche cousin d'AutoCAD. Pour le créer, Autodesk est parti du programme AutoCAD, en a retiré quelques fonctionnalités pour justifier son prix inférieur et y a ajouté quelques aspects qui en facilitent l'utilisation par rapport à la version complète d'AutoCAD. AutoCAD LT présente donc une grande ressemblance avec AutoCAD et fonctionne largement de la même manière. La fenêtre principale et les menus sont pratiquement les mêmes dans les deux produits (il y a quelques commandes en moins dans les menus de la version LT).

En réalité, la principale différence entre ces deux versions n'a rien à voir avec les programmes eux-mêmes. Elle réside dans le fait qu'AutoCAD LT ne prend pas en compte différents langages de programmation et de personnalisation utilisés pour développer les add-ons d'AutoCAD. Il n'y a donc pratiquement aucun de ces add-ons ou utilitaires proposés par Autodesk, ou d'autres éditeurs de logiciels, qui soient accessibles aux utilisateurs de la version LT.

D'autre part, AutoCAD LT ne dispose que d'une prise en charge limitée de la 3D. Il permet d'afficher et de modifier des objets 3D, donc de travailler avec des dessins créés dans AutoCAD et qui contiennent des objets 3D, mais il ne permet pas de créer de véritables objets en trois dimensions.

Pour beaucoup d'utilisateurs, l'impossibilité de créer des objets 3D dans LT n'est pas un inconvénient aussi grave qu'on pourrait le penser. En dépit du battage considérable auquel se livrent la presse informatique et les éditeurs de logiciels de CAO (y compris Autodesk), la CAO 3D reste encore une activité relativement spécialisée. La plupart des utilisateurs de logiciels de CAO se servent de celle-ci pour créer des dessins en 2D.

Bien que vous puissiez entendre proclamer qu'AutoCAD LT est plus facile à maîtriser et à utiliser qu'AutoCAD, la vérité est que le niveau de difficulté (ou de simplicité, selon vos possibilités) est pratiquement le même. La courbe d'apprentissage de LT ne diffère pas significativement de celle d'AutoCAD. AutoCAD a été initialement conçu pour être le plus puissant possible, puis plus ou moins modifié pour le rendre plus facile à utiliser. AutoCAD LT hérite de ces caractéristiques.

Heureusement, la faible différence entre LT et AutoCAD signifie qu'une fois que vous aurez accompli l'ascension de cette fameuse courbe d'apprentissage, vous aurez la même vue sur un magnifique panorama. Vous disposerez de presque tous les outils de dessin 2D d AutoCAD et vous pourrez échanger vos fichiers DWG sans pertes de données avec d'autres utilisateurs d'AutoCAD.

AUTOCAD LT

Ce livre est consacré à AutoCAD 2009, mais presque toutes les informations qu'il contient s'appliquent aussi à AutoCAD LT 2009. L'icône que vous voyez en marge de ce paragraphe signale les différences dignes d'être mentionnées.

AutoCAD à l'heure de 2009

Si vous réalisez une mise à jour depuis AutoCAD 2008 ou une autre version récente et que vous travaillez essentiellement ou entièrement en 2D, votre matériel est probablement suffisant. En fait, dans ce cas (et cela s'applique spécialement aux utilisateurs de LT), AutoCAD 2009 devrait s'exécuter sans problème sur n'importe quel ordinateur fonctionnant sous Windows XP ou Vista. Avant de mettre à jour une version antérieure vers AutoCAD 2008, vous devez être au courant de ce qui suit :

- **Oubliez les vieilles versions de Windows :** AutoCAD 2009 n'est *pas* fait pour Windows 2000, NT, 98 et Windows Me. Vous devez utiliser Windows Vista (n'importe quelle version peut convenir, sauf l'idiot de la famille, Basique), Windows XP (Édition Familiale, Professionnel ou Édition Tablet PC). Notez également qu'il existe une version 64 bits d'AutoCAD 2009 destinée aux utilisateurs de Windows Vista ou XP 64 bits.

- **La compatibilité des fichiers DWG :** AutoCAD 2009 utilise le même format DWG que la version 2007, ce qui devrait faciliter l'échange des dessins. Par contre, vous devrez utiliser la commande Fichier/Enregistrer sous du navigateur de menus ou de la barre de menus classique pour créer un fichier DWG qui pourra être lu par les utilisateurs d'AutoCAD 2006 et ainsi de suite (jusqu'à la R14 incluse, mais pas au-delà). Si vous avez besoin d'aller encore plus loin dans l'échelle du temps, et donc de contourner cette restriction, il vous faudra transiter par le format DXF de la Release 12. Voyez l'aide en ligne pour plus d'informations sur les fichiers DXF.

- **La compatibilité des applications :** Si vous utilisez des logiciels tierce partie (provenant d'une autre source qu'Autodesk), conçus pour une version précédente d'AutoCAD, ils peuvent ne pas fonctionner avec

AutoCAD 2009. Des applications AutoCAD 2007 développées avec l'interface de programmation ARX (*AutoCAD Runtime eXtension*) resteront *peut-être* opérationnelles, mais des versions plus anciennes devront être recompilées. Les applications VBA (*Visual Basic for Applications*) peuvent, ou non, fonctionner sous AutoCAD 2009. Par contre, bon nombre de programmes LSP (*AutoLISP*), écrits pour des versions (pas trop) antérieures d'AutoCAD, devraient rester compatibles avec AutoCAD 2009.

- **La configuration système nécessaire est assez exigeante :** Pour AutoCAD 2009, Autodesk recommande au moins un processeur Pentium ou Athlon à 2.2 GHz ou plus, au moins 1 Go de mémoire vive (2 Go pour un système 64 bits), une résolution d'affichage de 1 024 x 768 ou plus en mode True Color, 1 Go d'espace disponible sur le disque dur, une connexion à Internet et Microsoft Internet Explorer 6.0 avec le Service Pack 1 ou plus récent (Internet Explorer 7.0 ou plus avec la version 64 bits).
- **La configuration système nécessaire pour travailler en 3D est encore plus exigeante :** AutoCAD recommande cette fois un processeur d'une fréquence de 3 GHz ou plus, au moins 2 Go de RAM, une carte graphique compatible Open GL ou DirectX 9 avec un minimum de 128 Mo de mémoire, et 2 Go d'espace disque en plus du 1 Go précédent.

Personnellement, je trouve cette configuration conseillée assez minimaliste. Mon ordinateur de bureau affiche une résolution de 1280 x 1024 pixels, et mon portable monte même jusqu'à 1600 x 1200. Les copies d'écran de ce livre sont réalisées dans le mode proposé par Autodesk, soit 1024 x 768, mais vous constaterez que l'écran peut rapidement devenir encombré avec une telle résolution. D'autre part, une mémoire vive d'au moins 1 Go semble de nos jours être vraiment le minimum requis pour travailler avec un certain confort. D'ailleurs, tous les PC récents sont vendus avec au moins 2 Go de RAM.

Il y a eu une nouvelle version d'AutoCAD chaque printemps depuis l'année 2003 (date de sorte d'AutoCAD 2004). C'est un délai bien court pour que même une armée de programmeurs puisse mettre au point un jeu de nouvelles fonctionnalités capables de convaincre tous les utilisateurs qu'ils ont intérêt à se mettre à jour. La démarche semble plutôt, dans les dernières versions, consister à se concentrer sur quelques zones particulières. Par exemple, AutoCAD 2007 était la version 3D. Le moteur de modélisation 3D y avait été développé et simplifié, mais il y avait relativement peu de choses destinées à la foule des utilisateurs 2D. Par contraste, AutoCAD 2008 fut taxée de "version du dessinateur", car de nombreuses améliorations furent apportées aux capacités de dessin 2D du logiciel (avec, en particulier, l'introduction des objets annotatifs).

Cette fois, le gros de l'effort de programmation s'est porté sur l'interface d'AutoCAD. S'inspirant de la suite Microsoft Office 2007, les développeurs d'Autodesk ont réorganisés les jeux de commandes d'AutoCAD en remplaçant l'ancien système de menus et de barres d'outils (méthode par fonction) par une série de panneaux rangés dans ce que l'on appelle maintenant le *Ruban* (méthode par tâche). Si vous pratiquez AutoCAD depuis un certain temps, vous trouverez peut-être cette nouvelle interface déroutante. Il faut certes un certain temps pour s'y habituer. Mais vous n'en êtes pas esclave. Comme je l'explique dans le Chapitre 2, le plus familier espace de travail Classique d'AutoCAD reste à portée de souris.

Je dois dire ici et maintenant que j'apprécie la nouvelle interface, et que je n'aimais pas l'ancienne incarnation du ruban, autrement dit le tableau de bord d'AutoCAD 2008 (et d'AutoCAD LT 2008). Je trouve en effet le ruban bien plus facile à maîtriser que ce tableau de bord. Ruban et Navigateur de menus sont les changements les plus visibles par rapport aux versions précédentes, mais comme dans tout iceberg qui se respecte, il y a aussi la partie immergée. Voici donc un résumé des nouveautés les plus significatives d'AutoCAD et d'AutoCAD LT 2009 :

- **Ruban :** Dans les espaces de travail Dessin 2D et annotation ainsi que Modélisation 3D, l'interface classique, basée sur un ensemble de barres d'outils, est remplacée par le *ruban*. Ce ruban (qui diffère légèrement entre les espaces de travail 2D et 3D) contient une demi-douzaine de "pages" accessibles par des onglets, chacune proposant une série de panneaux. Ces panneaux, à leur tour, offrent une série de boutons. À la différence du système traditionnel de menus et de barres d'outils, les panneaux du ruban sont basés sur la notion de tâche. Par exemple, au lieu de devoir parcourir plusieurs barres d'outils et menus pour ajouter du texte et des cotes, vous retrouvez les outils dont vous avez besoin dans le panneau Annotation de l'onglet Début.

- **Navigateur de menus :** Le second élément majeur des nouveaux espaces de travail 2D et 3D est le *navigateur de menus*. Vous y accédez en cliquant sur le gros *A* rouge qui se trouve dans le coin haut gauche de la fenêtre d'AutoCAD. Un clic supplémentaire pour ouvrir le navigateur n'est évidemment pas un avantage sur la traditionnelle barre de menus, qui, elle, est toujours ouverte. Par contre, il présente quelques bonus intéressants : un affichage graphique des dessins actifs ou ouverts récemment, une liste des dernières commandes utilisées, et un champ de recherche dans lequel vous pouvez saisir le début d'un nom de commande dont vous n'êtes pas sûr. Une liste de correspondances possibles apparaît alors dans le volet du navigateur de menus. Nous y reviendrons dans le Chapitre 2.

- **Info-bulles étendues :** La plupart des info-bulles associées aux boutons des outils et aux boîtes de dialogue ont deux étages. Lorsque vous placez le pointeur de la souris au-dessus de quelque chose, une brève info-bulle apparaît. Elle vous indique le nom de la commande. Si vous laissez le curseur au même endroit pendant quelques instants de plus, l'info-bulle s'agrandit. Elle affiche alors une description plus détaillée et parfois un graphisme. Ces informations supplémentaires proviennent du système d'aide. Vous pouvez alors accéder directement à la page correspondante dans l'aide en ligne en appuyant sur F1 pendant que l'info-bulle est ouverte.

- **Vue rapide :** Les modes Présentations Vue rapide et Dessins Vue rapide sont de nouvelles commandes accessibles en cliquant sur des boutons de la barre d'état. La fenêtre *Présentations Vue rapide* affiche des images de toutes les présentations définies dans le dessin courant. Choisissez n'importe quelle image pour activer la présentation correspondante. Ces vignettes disposent de boutons Tracer et Publier, ce qui vous permet d'obtenir une sortie sans avoir besoin d'ouvrir la présentation. La fenêtre *Dessins Vue rapide* montre des images de tous les dessins qui sont ouverts. Au-dessus des vignettes, une autre rangée d'images plus petites donne également accès aux présentations existantes. Les outils Vue rapide sont décrits dans les Chapitres 2 et 5.

- **Propriétés rapides :** Un autre nouveau bouton de la barre d'état active ou désactive le cadre Propriétés rapides. Ce panneau flottant personnalisable apparaît lorsque vous sélectionnez un objet. Et si vous trouvez qu'il vient flotter un peu trop souvent sur votre dessin, il vous suffit de le désactiver dans la barre d'état.

- **Nouveaux outils de navigation :** Deux autres nouveaux outils de la barre d'état lancent les outils ShowMotion et SteeringWheel (les têtes pensantes d'Autodesk ont découvert qu'il était possible de gagner des millions en ne traduisant pas les noms des outils et en supprimant les espaces entre les mots, mais pourvuquecettetechniquenesoitpasreprisedansla[[line-break]]collectionPourles Nuls). Comme ce livre ne traite pas de la modélisation 3D, le seul outil plus ou moins susceptible de nous intéresser est le disque de navigation SteeringWheel, qui peut fonctionner en 2D comme en 3D. Mais je vous conseille de l'éviter. Dans AutoCAD LT, cet outil est uniquement 2D, et il n'apporte pas d'amélioration par rapport au zoom et au panoramique. Dans AutoCAD, il est associé par défaut au mode 3D, ce qui peut être réellement perturbant si vous créez un dessin 2D !

- **Support DGN accru :** AutoCAD 2008 a introduit le support des fichiers de dessin MicroStation dans leur format courant (v8). AutoCAD 2009 y ajoute le format v7, plus ancien mais aussi plus largement répandu. Pour plus d'informations, recherchez ce que dit l'aide en ligne sur ces fichiers DGN. Et si vous ne savez même pas de quoi il s'agit, cela signifie simplement que vous n'en avez pas besoin !

- **Enregistreur d'actions :** Enregistrer vos propres macros n'a jamais été plus facile qu'aujourd'hui. Si vous devez répéter régulièrement les mêmes séquences de commandes, il vous suffit de les enregistrer, puis de les rejouer avec les nouveaux outils de l'Enregistreur d'actions (non disponible dans AutoCAD LT). Pour plus d'informations à ce sujet, consultez ce qu'en dit l'atelier des nouvelles fonctionnalités, accessible depuis l'index de l'aide en ligne.
- **Palette du Gestionnaire des calques :** La boîte de dialogue Gestionnaire des propriétés des calques est maintenant une "fenêtre secondaire améliorée" (le jargon des développeurs me surprendra toujours) qui peut rester ouverte pendant que vous faites d'autres choses. Tous les changements que vous apportez aux propriétés des calques sont immédiatement répercutés dans le dessin.

TRUC

Pas de service express ?

Si le navigateur de menus (ou la barre de menus dans le mode Classique) n'affiche pas le mot Express, vous devriez envisager l'installation des outils supplémentaires Express Tools (notez qu'ils ne sont pas disponibles en version LT).

Lors de l'installation d'AutoCAD 2009, vous avez eu à choisir entre une procédure typique ou personnalisée. Dans le premier cas, l'option Express Tools est automatiquement sélectionnée par défaut. Si vous avez opté pour une installation personnalisée, ces outils ne sont pas sélectionnés par défaut, et il vous faut donc les inclure manuellement dans le processus d'installation. En cas d'absence du menu Express, vous aurez par conséquent à relancer le programme d'installation si vous souhaitez disposer de ces outils. C'est un peu ennuyeux. Autant donc les copier d'entrée de jeu. Notez que ces outils de productivité ne sont toujours pas traduits en français.

Chapitre 2

Le tour du propriétaire

Dans ce chapitre :

- Le tour de la fenêtre d'AutoCAD 2009.
- Classique ou nouvelle, une interface à découvrir.
- Naviguer dans les menus d'AutoCAD.
- D'une barre à une autre : les barres de titre, la barre de menus, les barres d'outils et la barre d'état.
- Démêler le ruban.
- Flirter avec les palettes.
- Découvrir la zone de dessin.
- Utiliser l'aide en ligne.

AutoCAD 2009 est un citoyen à part entière du monde Windows, mais si vous utilisez Windows XP ou si vous êtes déjà fatigué de Microsoft Office Suite 2007, vous aurez peut-être du mal à reconnaître cette nouvelle version d'AutoCAD. Pourtant, la barre de titre indique bien "AutoCAD 2009". Vous devez donc être au bon endroit.

De même que la suite de ce livre, ce chapitre est écrit pour un lecteur qui a déjà utilisé d'autres programmes Windows mais manque de pratique avec AutoCAD. Si vous avez déjà une certaine expérience des versions récentes d'AutoCAD, une partie de ce chapitre ne vous apprendra pas grand-chose (même si le programme *semble* réellement différent). Ici, comme dans tout le reste de ce livre, je vous montrerai comment utiliser l'espace de travail rénové appelé *Dessin 2D et annotation*. Mais je vous proposerai aussi des méthodes alternatives qui vous conduiront aux mêmes résultats dans l'espace de travail *AutoCAD Classique*. Plus loin dans ce chapitre, je vous expliquerai même comment redonner à la nouvelle interface d'AutoCAD son aspect d'antan.

Par défaut, AutoCAD 2009 s'ouvre dans l'espace de travail Dessin 2D et annotation. Et il y reste jusqu'à ce que vous en changiez. Une seule barre d'outils est visible (il s'agit de la barre Accès rapide, une nouveauté de la version 2009). Et aucun menu n'est apparent. Par contre, l'espace de travail Dessin 2D et annotation comporte deux nouveaux éléments totalement nouveaux :

- **Navigateur de menus :** Ce navigateur remplace la traditionnelle barre de menus. Cliquez sur le gros bouton marqué d'un *A* qui se trouve dans le coin supérieur gauche de la fenêtre d'AutoCAD. Vous voyez alors apparaître une série de catégories de menus qui vous rappelleront votre jeunesse : Fichier, Édition Affichage et ainsi de suite. Le navigateur de menus offre également un accès aux fichiers récemment ouverts ainsi qu'aux dernières commandes utilisées.

- **Ruban :** Le ruban remplace (ou au moins étend) les barres d'outils, les palettes ainsi que le tableau de bord des versions antérieures. Les développeurs d'AutoCAD ont développé une approche de dessin basée sur la notion de tâches, et organisé l'ancienne interface en panneaux regroupant des outils relevant de la même catégorie d'actions.

Ces éléments seront présentés plus en détails dans les sections qui suivent. Sachez pour autant qu'il vous est toujours possible de redéfinir l'environnement d'AutoCAD 2009 de manière à ce qu'il ressemble à peu de choses près à celui de la version 2008. Nous verrons un peu plus loin comment procéder.

AutoCAD et Windows (et aussi Office)

Que vous soyez un nouveau venu ou que vous ayez laissé passer quelques versions, ou même que vous soyez un as d'AutoCAD 2008, je peux vous garantir que naviguer dans l'interface d'AutoCAD 2009 peut être une expérience de haut vol.

Si vous êtes déjà familiarisé avec la suite Microsoft Office 2007 (ce qui, je l'avoue, n'est pas mon cas), vous reconnaîtrez facilement certaines fonctionnalités du programme, comme le ruban et le navigateur de menus qui vous servent à sélectionner des commandes ou à changer des paramètres système. Mais même si le nouveau *look* d'AutoCAD semble plus ou moins familier, de nombreux aspects de la présentation du programme (de même que certaines méthodes de travail) sont tout à fait différents de ce que vous rencontrez dans vos applications habituelles. Selon l'espace de travail dans lequel vous vous trouvez, vous disposez bien souvent d'au moins cinq manières d'indiquer au programme ce que vous voulez faire (cliquer sur une icône dans une barre d'outils, sélectionner une commande dans un menu, cliquer sur un bouton dans un panneau du ruban, entrer une commande au clavier ou encore utiliser un menu contextuel), dont aucune n'est forcément la meilleure pour toutes les tâches.

Aussi astucieux qu'ils paraissent être, les panneaux du ruban et le navigateur de menus ne proposent pas toujours le moyen d'action le plus efficace. Lorsque vous voulez faire avancer votre projet, vous devez combiner l'usage du ruban avec d'autres méthodes, notamment la saisie d'options au clavier ou dans des menus contextuels. Je vous montrerai comment procéder tout au long de ce livre.

Vous pouvez réinitialiser le schéma de couleurs par défaut d'AutoCAD 2009 à partir de l'onglet Affichage de la boîte de dialogue Options. Cliquez sur le bouton Couleurs, puis sur Rétablir les couleurs classiques. AutoCAD 2009 propose deux schémas prédéfinis, également accessibles sous l'onglet Affichage de la même boîte de dialogue. Conçus pour améliorer l'aspect de la nouvelle interface et ingénieusement nommés "Foncé" et "Clair", leurs différences sont plutôt subtiles et s'appliquent à des objets Windows, comme la barre de titre et celle des tâches, mais pas aux éléments d'AutoCAD, comme le réticule ou encore l'arrière-plan.

Définissez votre profil d'affichage

Les copies d'écran et les descriptions de ce chapitre reflètent la configuration par défaut d'AutoCAD, c'est-à-dire ce que vous voyez si vous utilisez la version standard d'AutoCAD (et non une version spécialisée comme Autodesk Architecture 2009) et si vous n'avez pas édité les paramètres d'affichage. Vous pouvez sélectionner un autre espace de travail dans le navigateur de menus : cliquez successivement sur le bouton Menu, puis sur Outils, Espaces de travail, et enfin sur Modélisation 3D ou AutoCAD classique. Vous pouvez aussi cliquer directement sur le bouton Passage d'un espace de travail à un autre, vers la droite de la barre d'état, et choisir l'espace voulu. Vous modifiez l'apparence de la fenêtre au moyen des paramètres de l'onglet Affichage de la boîte de dialogue Options (sélectionnez Outils/Options/Affichage) et en faisant glisser les barres d'outils et autres composants que vous voyez à l'écran.

La principale modification apportée pour ce livre à la configuration du programme est l'application d'un fond blanc à la zone de dessin (les figures du livre sont plus lisibles de cette façon). La couleur par défaut d'AutoCAD 2009 et d'AutoCAD LT 2009 est une sorte de blanc cassé, mais je sais que les vétérans préfèrent un arrière-plan noir parce qu'ils pensent être moins gênés par les reflets en procédant ainsi (ce qui ne devrait plus être un problème avec les écrans LCD). Quelle que soit votre préférence, c'est la bonne si elle vous procure un bon confort d'utilisation. Certaines des couleurs d'AutoCAD se voient mieux sur un arrière-plan clair, et d'autres sur un arrière-plan foncé. Quel que soit votre choix, il est parfaitement respectable.

Côté cuisine, voici l'écran d'accueil d'AutoCAD

Lorsque vous lancez AutoCAD pour la première fois, le programme s'ouvre par défaut dans un espace de travail appelé Dessin 2D et annotation. Lors de la prochaine session, il démarrera dans le dernier espace de travail utilisé. AutoCAD 2009 installe trois espaces de travail standards (AutoCAD LT se contente de deux) :

- **Dessin 2D et annotation :** Ouvre un nouveau dessin configuré pour un environnement 2D, avec des onglets et panneaux du ruban optimisés pour le dessin technique en deux dimensions (voir la Figure 2.1).

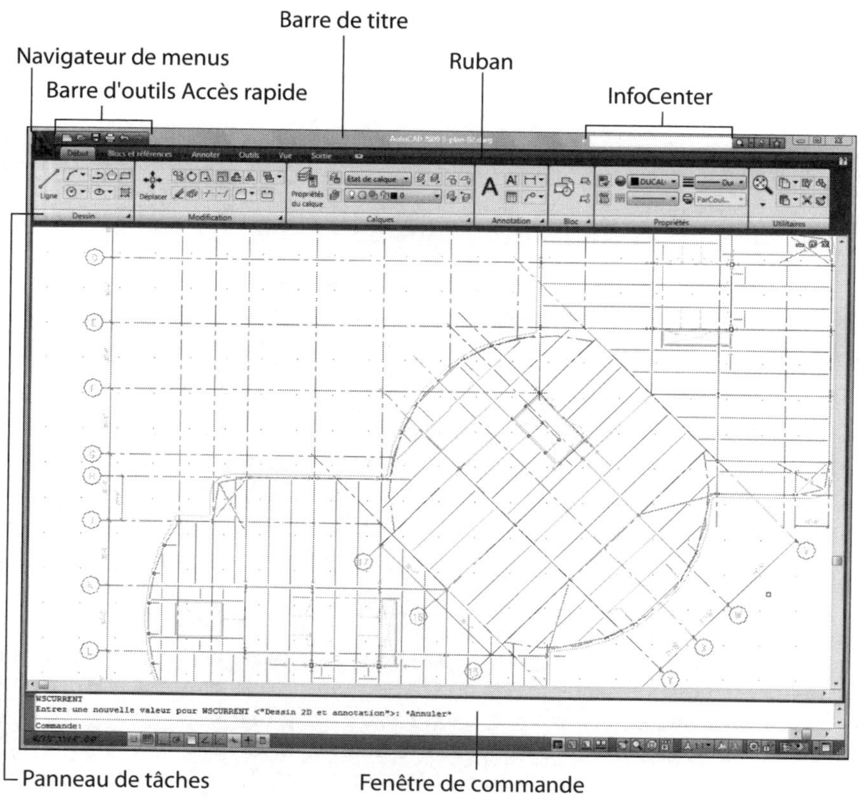

Figure 2.1 Où sont passés mes outils ? L'espace de travail Dessin 2D et annotation d'AutoCAD 2009.

- **Modélisation 3D :** Ouvre un nouveau dessin dont le ruban est configuré pour un environnement de modélisation 3D, avec des outils de navigation, de visualisation et de modélisation adaptés à ce type de conception. Comme AutoCAD LT est étranger à la 3D, cet espace de travail n'y figure évidemment pas.

- **AutoCAD classique :** Ouvre un nouveau dessin configuré pour un environnement 2D, avec une disposition de barres d'outils et de palettes semblable à ce qui était proposé dans les versions 2008 et antérieures (voir la Figure 2.2). Au cas où vous auriez oublié avec quel programme vous travaillez, sachez qu'AutoCAD LT appelle cet espace AutoCAD LT classique.

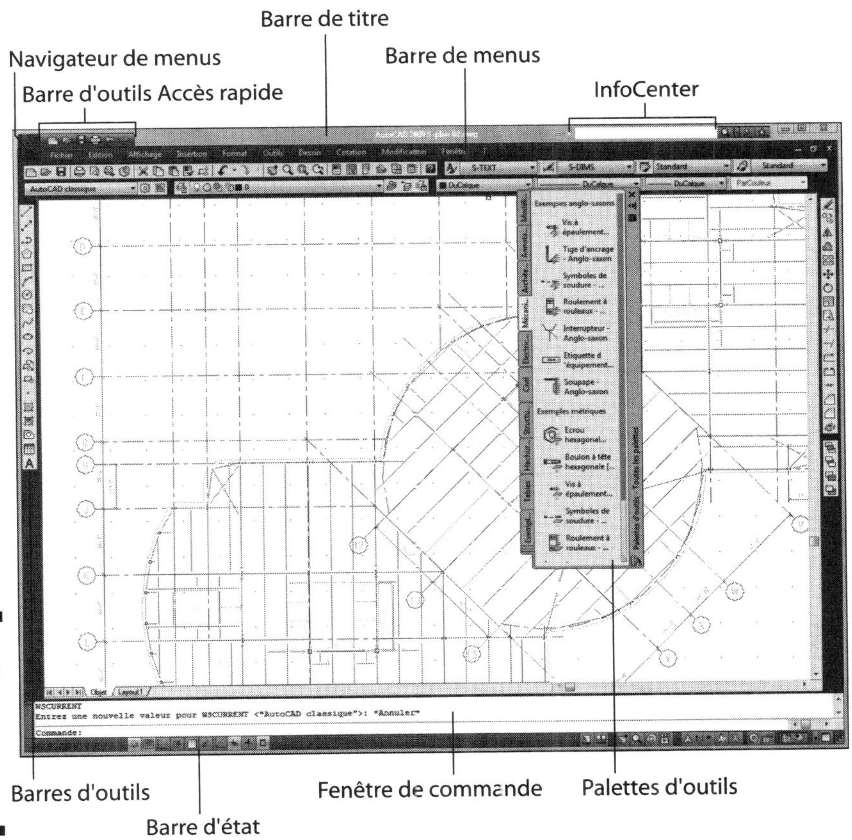

Figure 2.2 Un territoire plus familier. L'espace de travail AutoCAD classique de la version 2009.

NOTE TECHNIQUE

Un espace de travail est une collection de menus, de palettes, de barres d'outils et/ou de panneaux du ruban conçus pour faciliter la réalisation de certains types de tâches, comme la modélisation 3D ou le dessin 2D. Vous pouvez facilement créer des espaces de travail supplémentaires en fonction de vos besoins. Pour plus d'informations sur ce sujet, effectuez une recherche sur l'expression "espaces de travail" dans le système d'aide en ligne.

Courir avec le ruban

Que vous exécutiez AutoCAD 2009 sous Windows XP ou Vista, l'essentiel de l'écran par défaut du programme est nettement différent des fenêtres auxquelles vous êtes habitué (c'est ce qu'illustre la Figure 2.1). Certes, vous avez toujours une barre de titre et une barre d'état, mais le reste de l'interface peut surprendre. Commençons donc par les éléments les plus familiers.

Une hiérarchie de barres de titre

Comme la plupart des applications pour Windows, AutoCAD présente une barre de titre en haut de la fenêtre principale. Elle vous permet de savoir dans quel programme vous vous trouvez (mais il est difficile de confondre AutoCAD avec Microsoft Word ou Freecell, par exemple).

- À l'extrémité droite des barres de titre, vous voyez les trois boutons de contrôle habituels des fenêtres Windows : Réduire, Restaurer/Agrandir et Fermer.
- Chaque fenêtre de dessin non maximisée dans la fenêtre de programme d'AutoCAD dispose de sa propre barre de titre (voir la Figure 2.3). Vous y retrouvez le nom de votre projet. Les trois boutons de contrôle de cette fenêtre vous permettent de la réduire (en bas de la fenêtre principale), de la restaurer (en tant que fenêtre séparée), de l'agrandir (elle remplit alors toute la zone de dessin), ou de la fermer (ce qui ne clôt pas le programme).

TRUC

Comme avec d'autres programmes pour Windows, si vous agrandissez une fenêtre de travail (en cliquant sur le bouton Agrandir), celle-ci remplit toute la zone de dessin. Dans l'espace de travail Dessin 2D et annotation, les trois boutons de contrôle de la fenêtre du dessin se retrouvent maintenant en haut et à droite de l'aire graphique elle-même. Avec l'espace de travail AutoCAD classique, vous les voyez à l'extrémité droite de la barre de menus. Le nom du dessin apparaît alors dans la barre de titre de la fenêtre de l'application. Pour redonner à cette fenêtre sa taille initiale et rendre visibles les autres dessins que vous pouvez avoir ouverts, cliquez sur le bouton Restaurer.

2009

La barre de titre du programme (celle qui se trouve en haut de la fenêtre d'AutoCAD) suit la même mutation que le reste de l'interface : elle ne ressemble pas à celle des versions précédentes. Le nom de l'application et celui du fichier

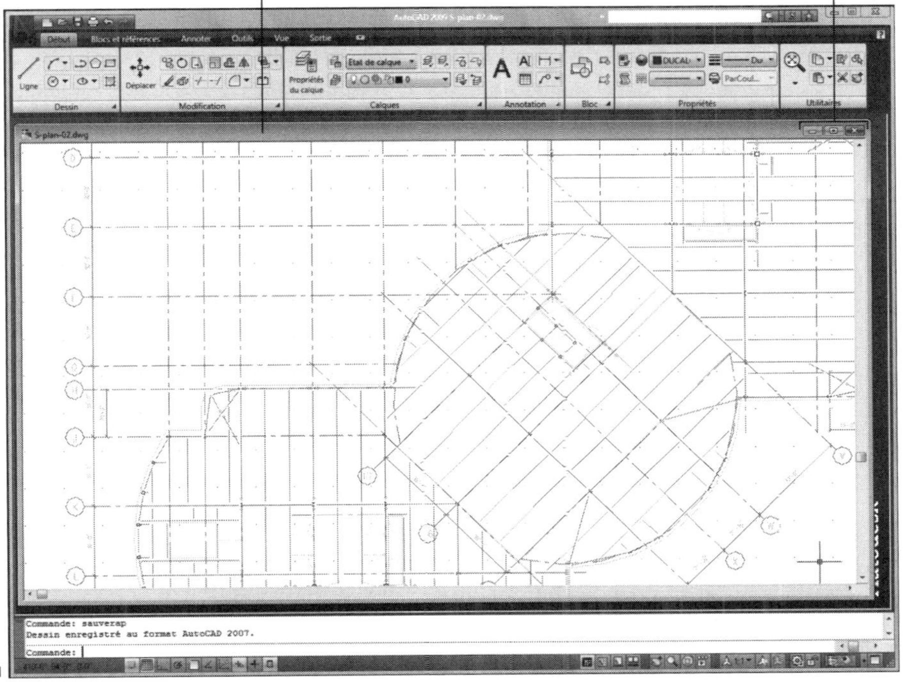

Figure 2.3 AutoCAD après restauration de la fenêtre de dessin.

actif ont été déplacés au centre de la barre de titre. Celle-ci reçoit également une paire d'éléments supplémentaires :

- **InfoCenter :** Ce n'est pas une fonctionnalité nouvelle, mais elle quitte ici la barre des menus pour rejoindre la partie droite de la barre de titre du programme. Dans ce "centre d'information", vous pouvez taper un mot clé puis cliquer sur le bouton qui affiche une loupe pour obtenir des renseignements de première main. Le bouton Centre de communication (avec une parabole de satellite) permet de vous connecter sur le site d'AutoCAD pour y découvrir les dernières nouvelles, des contenus ou encore des mises à jour.

- **Barre d'outils Accès rapide :** Cette barre d'outils permanente et facilement accessible (la seule qui soit commune aux trois espaces de travail) contient des commandes d'usage fréquent. Vous pouvez l'adapter à vos besoins en cliquant dessus avec le bouton droit de la souris. Choisissez alors l'option Personnaliser. Pour plus d'informations sur cette procédure, reportez-vous à l'aide en ligne d AutoCAD.

TRUC

Un clic droit sur la barre d'outils Accès rapide peut vous sauver la vie si vous nagez au milieu de l'interface sans arriver à y retrouver vos commandes. Le menu contextuel propose en effet une option pour afficher la barre des menus sous sa forme traditionnelle, et vous pouvez également y activer individuellement chacune des barres d'outils classiques.

Faire des choix dans le navigateur de menus

Le *navigateur de menus* répond au même principe de fonctionnement que la barre des menus dans l'espace de travail AutoCAD classique. Elle contient les noms de tous les menus dans une disposition verticale et non plus horizontale. Comme dans tout programme que vous découvrez, il est bon de se familiariser avec les commandes et leur emplacement en parcourant ces menus (si vous ne trouvez pas les outils Express, par ailleurs indisponibles dans AutoCAD LT, reportez-vous à la fin du Chapitre 1 pour savoir comment les installer).

Naviguer dans le grand A rouge

Certes, le navigateur est fonctionnellement similaire à la barre de menus de l'espace de travail AutoCAD classique, mais on y trouve quelques bonus supplémentaires. En dehors du fait que les commandes et options sont déroulées sur la droite du navigateur, et non plus sous le titre du menu, plusieurs fonctionnalités lui sont spécifiques :

- **Documents récents :** Si vous choisissez cette option, le volet de droite du navigateur de menus va afficher une liste des dessins que vous avez récemment édités, et qui ne sont pas actuellement ouverts. Vous pouvez personnaliser la taille des vignettes qui fournissent un aperçu de ces dessins, comme l'illustre la Figure 2.4. Vous pouvez même les "punaiser" pour qu'ils ne soient pas retirés de la liste. Et, comme vous vous en doutiez, il suffit de cliquer sur une de ces icônes pour ouvrir le dessin correspondant.

- **Documents ouverts :** Choisissez cette option pour voir quels sont les dessins ouverts et passer de l'un à l'autre en cliquant sur leur vignette. C'est tout simplement l'équivalent de la combinaison de touches Ctrl+Tabulation utilisée dans tous les programmes Windows. Elle fonctionne également comme la nouvelle fonctionnalité Dessins Vue rapide, décrite un peu plus loin dans ce chapitre.

- **Actions récentes :** Cliquez sur cette option pour afficher une liste des commandes récemment exécutées. Les plus anciens se souviennent certainement qu'un clic droit dans la fenêtre de commande permet d'accéder à une information de même type. Mais le résultat proposé par le choix Actions récentes du navigateur de menus est meilleur. Tout

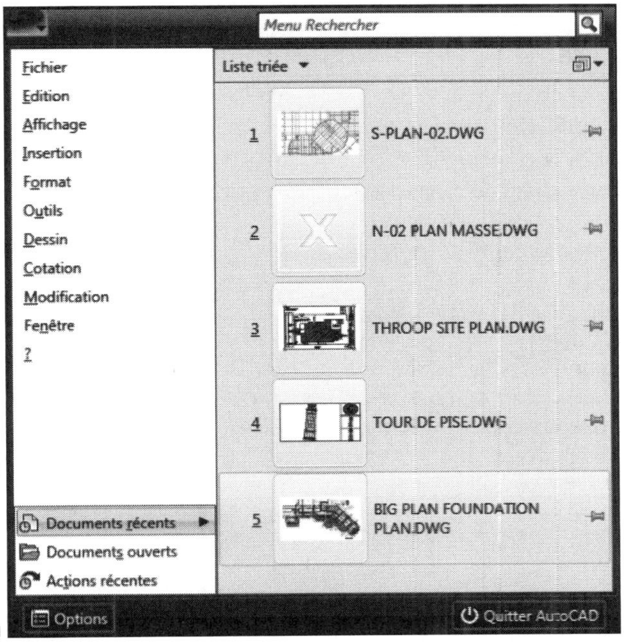

Figure 2.4 Retrouver le dessin sur lequel vous avez travaillé hier.

d'abord, elle mémorise les options des commandes, et pas seulement leur nom. Ensuite, vous pouvez punaiser les actions dont vous vous servez fréquemment afin d'éviter qu'elles ne soient effacées de la liste au bout d'un certain temps.

- **Rechercher :** Si vous n'êtes pas sûr du nom d'une commande, ou si vous souhaitez obtenir de l'aide sur un sujet, commencez à taper quelque chose dans le champ Rechercher du navigateur de menus. Très rapidement, AutoCAD 2009 affiche une liste de liens, regroupés en catégories, qui vous permettront de lancer des commandes ou d'accéder à l'aide en ligne (voir la Figure 2.5).

Certaines astuces standard de Windows sont particulièrement utiles dans AutoCAD. Les raccourcis clavier utilisant la touche Ctrl (Ctrl+S pour enregistrer, Ctrl+O pour ouvrir un fichier et Ctrl+P pour imprimer) fonctionnent dans AutoCAD de la même manière que dans les programmes Microsoft. Servez-vous-en !

Démêler le ruban

Voici une totale nouveauté révélée par AutoCAD 2009. Dans les versions précédentes, vous étiez environné d'un tas de palettes, de barres d'outils et de

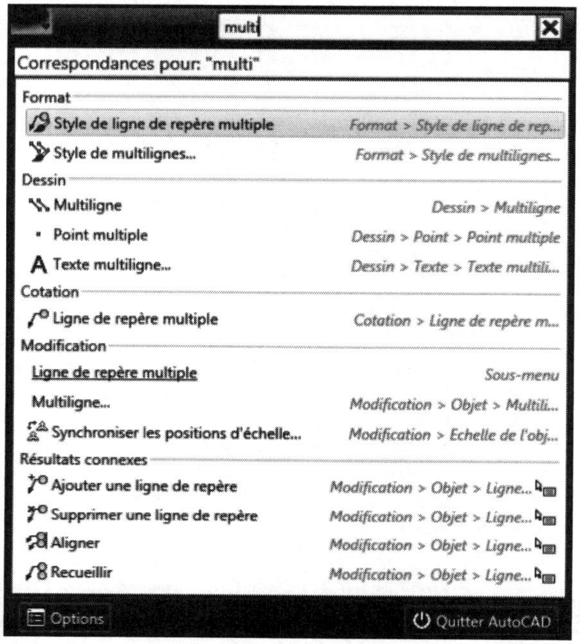

Figure 2.5 Si vous n'arrivez pas à trouver quelque chose dans le ruban ou dans les boutons d'outils, commencez simplement à le saisir !

panneaux de tableau de bord dans lesquels vous deviez rechercher les commandes dont vous aviez besoin. Maintenant, tout (enfin, presque tout) est centralisé en un seul lieu : le ruban. Ceci suppose que vous utilisez l'espace de travail Dessin 2D et annotation. Si vous êtes collé au mode AutoCAD classique, vous pouvez sauter à la prochaine section. Si vous restez encore un peu avec moi, vous découvrirez ce que vous allez manquer.

L'élément d'interface principal, qui est commun aux espaces de travail Dessin 2D et annotation et Modélisation 3D, est le *ruban*, qui est une zone ajustable qui contient différentes collections de panneaux dédiés à des types de tâches et qui sont regroupées sous une demi-douzaine d'onglets. Certains panneaux se signalent par la présence d'un petit triangle noir en bas et à droite de leur cadre. En cliquant sur ce triangle, vous révélez une série supplémentaire de commandes. Vous pouvez aussi cliquer sur l'icône de punaise pour laisser ouverte cette extension. Sinon, elle sera repliée dès que vous aurez cliqué sur un panneau ou éloigné le pointeur de la souris.

Pour les développeurs de chez Autodesk, le ruban est un procédé alternatif pour interagir avec le programme. En théorie, il élimine le besoin d'avoir des menus et des barres d'outils séparés, même si tout un chacun est parfaitement libre d'avoir un autre avis. Le ruban est totalement personnalisable, mais ce n'est pas

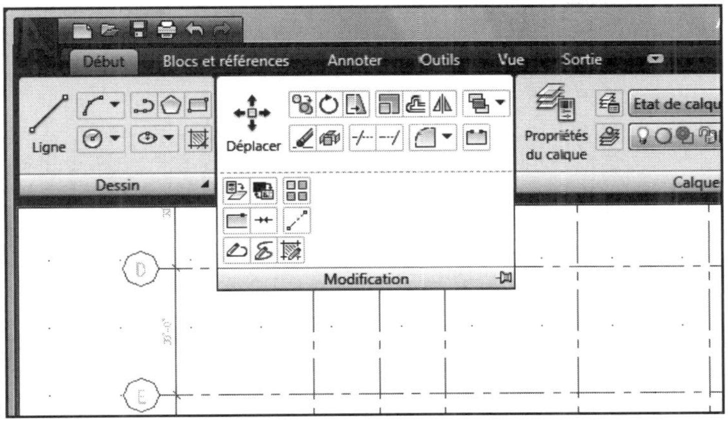

Figure 2.6
Le ruban cache dans ses plis des outils supplémentaires.

là un sujet pour ce livre. Pour en apprendre plus, je vous conseille donc de consulter les rubriques de personnalisation dans l'aide en ligne d'AutoCAD.

Par défaut, le ruban est ancré en haut de l'écran. Mais il peut être déplacé vers n'importe quel bord de celle-ci, ou encore flotter au-dessus la fenêtre d'AutoCAD. Pour gagner un peu de place, utilisez la petite flèche qui se trouve à droite des onglets pour minimiser l'occupation de l'espace par le ruban : un clic enroule les panneaux, ne laissant visibles que leurs titres, un second ne laisse plus apparents que les onglets, et un troisième revient à l'état initial.

Au lieu de menus regroupant des commandes, comme Dessin, Modification, Insertion et ainsi de suite, les onglets du ruban sont organisés par tâches de la manière suivante :

- **Début :** L'onglet Début contient les panneaux Dessin, Modification, Calques, Annotation, Bloc, Propriétés et Utilitaires. Selon la résolution de votre écran, certains de ces panneaux peuvent être réduits en largeur. La plupart des commandes disponibles ici sont traitées dans d'autres parties de ce livre.

- **Blocs et références :** Cet onglet regroupe des panneaux dédiés aux blocs et aux références (surprise !), ainsi qu'à des commandes d'importation ou encore à des outils servant à travailler avec des informations graphiques ou non (attributs, champs et données liées, etc.). Nous nous intéresserons plus tard aux blocs et aux références. Mais l'importation ainsi que la gestion des données sont des sujets qui débordent du cadre de ce livre.

- **Annoter :** Cet onglet étend le panneau minimaliste de l'onglet Début, avec un bien plus grand nombre d'options pour créer du texte, des cotes, des rappels et des tableaux, ainsi que plusieurs outils de marquage et de mise à l'échelle des annotations.

- **Outils :** Eh oui, cette boîte à outils contient des *outils*... Sous cet onglet, vous trouverez une série de panneaux permettant de personnaliser l'interface, d'enregistrer les actions (mais pas dans AutoCAD LT), de charger des applications complémentaires, et ainsi de suite. La plupart des commandes proposées ici débordent du cadre de ce petit livre.

- **Vue :** L'onglet Vue contient des panneaux pour travailler avec les système de coordonnées utilisateur (ou SCU) et les fenêtres, ainsi que pour réorganiser et personnaliser certains éléments de l'interface. Les fenêtres (au sens d'AutoCAD) seront traitées dans le Chapitre 5, mais nous laisserons de côté les autres fonctionnalités proposées sous cet onglet. Pour la plupart des dessins 2D, il y a rarement lieu de changer le système de coordonnées utilisateur, tandis que les commandes regroupées dans le reste des panneaux sont gérées d'une manière plus commode dans d'autres parties du programme.

- **Sortie :** Les panneaux de cet onglet vous permettent de tracer et de publier vos dessins, ou tout simplement de les envoyer par courrier électronique. Certaines de ces fonctions sont abordées dans le Chapitre 16.

En tailleur classique

Je dois l'avouer : l'espace de travail Dessin 2D et annotation ne m'avait pas convaincu lorsqu'il est apparu dans AutoCAD 2007. Mais, grâce au ruban, j'en suis devenu un farouche supporter. Du coup, je travaille la plupart du temps dans cet espace de travail, ce qui explique aussi que l'essentiel des figures de ce livre le montrent en action. Mais si vous préférez un style plus classique, je respecterai votre choix en vous proposant d'autres alternatives.

Changer d'espace

Si vous voulez ouvrir ou créer un fichier de dessin avec l'interface classique d'AutoCAD, suivez ces étapes :

1. **Ouvrez le navigateur de menus et choisissez Outils/Espaces de travail/AutoCAD classique.**

En supposant que vous partez de l'espace Dessin 2D et annotation (ou Modélisation 3D), divers panneaux du ruban et autres palettes vont s'ouvrir et se fermer. Vous vous retrouvez alors avec des barres d'outils stockées sur les bords de la fenêtre, ainsi qu'avec une palette d'outils flottante affichée vers le bord droit de l'écran. Pour l'instant, ne vous inquiétez pas du rôle de cette palette, j'y reviendrai plus loin dans ce chapitre. La configuration par défaut de l'espace de travail AutoCAD classique est illustrée sur la Figure 2.2.

2. **Dans la barre d'outils Accès rapide, cliquez sur le bouton Rapnouv pour débuter un nouveau dessin, ou encore sur Ouvrir pour charger un dessin 2D existant.**

   Dans le premier cas, vous allez voir apparaître la boîte de dialogue Sélectionner un gabarit. Dans le second, c'est la boîte de dialogue Sélectionner un fichier qui va s'afficher.

   Si vous ne voyez pas la boîte de dialogue Sélectionner un gabarit quand vous cliquez sur le bouton Rapnouv, c'est que votre copie d'AutoCAD est configurée pour débuter automatiquement un nouveau dessin en partant d'un gabarit spécifique. Dans ce cas, choisissez la commande Nouveau dans le menu Fichier.

3. **Comme modèle (ou gabarit) pour votre nouveau dessin, choisissez acadiso.dwt si vous voulez utiliser des unités métriques, ou acad.dwt si vous avez une préférence pour les unités anglo-saxonnes (dites aussi impériales). Cliquez ensuite sur Ouvrir. Notez que, sous LT, les noms respectifs de ces fichiers sont acadltiso.dwt et acadlt.dwt.**

   AutoCAD va ouvrir un nouveau dessin totalement vierge en prenant comme modèle le fichier de gabarit que vous avez sélectionné. Si vous ouvrez un fichier existant, localisez-le, cliquez sur son nom puis sur le bouton Ouvrir.

Si vous voulez simplement changer d'espace de travail sans ouvrir un dessin différent, vous pouvez aussi cliquer sur le bouton Passage d'un espace de travail à un autre, vers la droite de la barre d'état. Sélectionnez alors l'espace de travail voulu dans le menu qui apparaît.

Pour basculer d'un mode 2D (par défaut ou classique) vers l'espace de modélisation 3D, procédez de la manière suivante :

1. **Dans le navigateur de menus (ou dans la barre de menus classique), choisissez Outils/Espaces de travail/Modélisation 3D.**

Après quelques tressautements brutaux, AutoCAD finit par ouvrir l'onglet Modélisation de la palette d'outils ainsi que plusieurs panneaux dédiés au travail en 3D dans le ruban. J'ai déjà indiqué que la modélisation 3D n'était pas le sujet de ce livre. Si la 3D vous intéresse, n'hésitez pas vous plonger dans les informations données à ce propos dans l'aide en ligne d'AutoCAD.

AUTOCAD LT

AutoCAD LT n'a ni espace de travail ni gabarit 3D. La seule solution qui reste consiste donc à choisir l'espace Dessin 2D et annotation ainsi que le gabarit voulu. Sélectionnez `acadiso.dwt` si vous voulez utiliser des unités métriques, ou `acad.dwt` pour des unités anglo-saxonnes. N'oubliez pas que, sous LT, les noms respectifs de ces fichiers sont `acadltiso.dwt` et `acadlt.dwt`.

2. **Dans la barre d'outils Accès rapide, cliquez sur le bouton Rapnouv pour débuter un nouveau dessin, ou encore sur Ouvrir pour charger un dessin 3D existant.**

   Selon votre choix, l'une des boîtes de dialogue Sélectionner un gabarit ou Sélectionner un fichier va apparaître.

3. **Comme modèle pour votre nouveau dessin, choisissez acadiso3d.dwt si vous voulez utiliser des unités métriques, ou acad3d.dwt si vous avez une préférence pour les unités impériales. Cliquez ensuite sur Ouvrir.**

Naviguer dans les barres d'outils classiques

Comme dans d'autres programmes Windows plus traditionnels, les barres d'outils de l'espace de travail AutoCAD classique offrent un accès rapide aux commandes d'usage courant. Dans la configuration par défaut, les barres d'outils d'AutoCAD 2009 se présentent de la façon suivante :

- **Barre d'outils Standard :** C'est celle qui se trouve le plus haut, juste au-dessous de la barre de menus. On y trouve les options de gestion de fichiers et d'autres fonctions courantes de Windows, ainsi que certaines commandes propres à AutoCAD, comme le zoom et le panoramique.

- **Barre d'outils Styles :** Située à droite de la barre d'outils Standard, elle sert à sélectionner et contrôler les styles des textes, des cotes et des tableaux. Ces fonctions sont décrites aux Chapitres 13 et 14.

- **Barre d'outils Espaces de travail :** Elle se trouve sous la barre d'outils Standard et sert à passer d'un espace de travail à un autre (ou à gérer les espaces de travail).

- **Barre d'outils Calques :** Elle est placée à droite de la barre d'outils Espaces de travail. Elle contient des commandes et une liste déroulante afin de manipuler les *calques* qui sont l'un des outils fondamentaux d'AutoCAD pour organiser et mettre en forme des objets. C'est au Chapitre 6 que nous décrirons les calques.

- **Barre d'outils Propriétés :** Située à droite de la barre d'outils Calques, elle sert à gérer la mise en forme des propriétés des objets AutoCAD (comme la couleur, le type de ligne ou l'épaisseur de ligne). Lorsque vous serez prêt à jouer avec les propriétés des objets dans AutoCAD, rendez-vous au Chapitre 6.

- **Barre d'outils Dessin :** Placée verticalement sur le bord gauche de la fenêtre du programme, elle contient les commandes les plus fréquemment utilisées du menu Dessin. La plupart des éléments de cette barre d'outils sont décrits dans les Chapitres 8 et 9.

- **Barre d'outils Modification :** Disposée verticalement sur le bord droit de la fenêtre du programme, elle contient les commandes les plus courantes du menu Modification. Le Chapitre 11 vous explique comment utiliser la plupart de ses outils.

- **Barre d'outils Ordre de tracé :** Elle apparaît sous la barre d'outils Modification et sert à définir l'ordre dans lequel des objets sont superposés. Si vous pensez avoir besoin de ce genre de souplesse, voyez ce que dit le système d'aide d'AutoCAD sur la commande ORDRETRACE.

Comme dans d'autres programmes Windows, vous pouvez réorganiser, ouvrir et fermer ces barres d'outils :

- Pour déplacer une barre d'outils, placez le pointeur sur la bordure correspondante (le double trait en relief à l'extrémité gauche ou en haut de la barre d'outils est ce qu'il y a de plus facile à attraper), puis maintenez enfoncé le bouton de la souris et faites glisser.

- Pour ouvrir ou fermer une barre d'outils, cliquez du bouton droit sur n'importe quel symbole de n'importe quelle barre et sélectionnez le nom voulu dans la liste qui apparaît. Vous pouvez aussi passer le menu Outils, puis sélectionner successivement Barres d'outils et AutoCAD.

À l'assaut d'AutoCAD

Pour le reste de ce livre, nous allons nous concentrer sur le dessin 2D, qui représente par ailleurs de loin le meilleur moyen de garder vos pieds au sec avec AutoCAD (évitez simplement de faire tomber de l'eau dans votre ordinateur). Et je vous conseille d'utiliser le navigateur de menus ou le bouton de la barre d'état pour revenir à l'espace de travail Dessin 2D et annotation. Une fois cela fait, vérifiez que l'interface d'AutoCAD se présente comme sur la Figure 2.1.

Les boutons de barres d'outils d'AutoCAD vous offrent des *info-bulles* qui sont de brèves descriptions apparaissant dans un petit rectangle jaune lorsque vous placez le pointeur quelques instants sur un outil. Dans AutoCAD 2009, ces info-bulles proposent deux niveaux d'information. Dans un premier temps, vous voyez une rapide identification de la commande. Si vous laissez le pointeur en place, l'info-bulle s'étend pour afficher une description (souvent accompagnée d'une image graphique) plus poussée de la fonction remplie par l'icône. Aussi utiles que soient ces aides lorsque vous débutez avec AutoCAD, vous voudrez probablement vous en débarrasser tôt ou tard. Vous devrez pour cela en passer par la boîte de dialogue Options (sous l'onglet Affichage, il vous suffit de cocher ou décocher la ligne Afficher les info-bulles).

À la recherche de la barre d'état

La barre d'état apparaît tout en bas de la fenêtre de programme d'AutoCAD (Figure 2.7). Elle affiche, et vous permet de modifier, plusieurs modes, aides et paramètres importants qui contribuent à définir la manière dont vous pouvez créer et modifier un dessin.

Figure 2.7 Ce que vous montre la barre d'état.

Vous pouvez demander à AutoCAD d'afficher les boutons de la barre d'état soit sous forme d'icônes, soit dans un style textuel plus familier aux utilisateurs des versions antérieures du programme. Pour passer d'un mode à l'autre, cliquez avec le bouton droit de la souris sur un des boutons associés aux modes de dessin (vers la gauche de la barre d'état) et choisissez l'option Utiliser les icônes.

Certains de ces paramètres n'auront vraiment de signification que lorsque vous aurez utilisé les commandes qu'ils influencent, mais en voici une brève description, avec les indications nécessaires pour trouver des informations plus détaillées sur chacun d'eux. Regardons ce que nous propose AutoCAD (en allant de la gauche vers la droite) :

- **Coordonnées du curseur :** Cette zone affiche les coordonnées du curseur (X, Y, Z) dans la zone de dessin, par rapport au point d'origine (dont les coordonnées sont 0,0,0). C'est un peu comme un GPS (*Global Positioning System*) à l'intérieur de votre dessin. Le Chapitre 7 décrit les conventions de coordonnées d'AutoCAD et la manière d'utiliser cette zone de la barre d'état.

Si les coordonnées sont estompées, c'est que le suivi des coordonnées est désactivé. Pour le réactiver, cliquez simplement dans la zone des coordonnées. Elles apparaissent alors à nouveau en noir et changent pour refléter les déplacements du curseur.

- **Les modes RESOL, GRILLE et ORTHO :** Ils contrôlent trois des outils qui permettent d'assurer la précision de la création et de la modification des dessins dans AutoCAD :

  - **Mode d'accrochage** force le curseur à se déplacer de façon quantifiée, selon un intervalle constant, entre deux points, ce qui permet de dessiner plus facilement des objets séparés par une distance déterminée.

  - **Affichage de la grille** affiche une série de points séparés par un intervalle régulier servant à définir une distance de référence.

  - **Mode ortho** contraint les déplacements relatifs du curseur sur l'horizontale et la verticale, ce qui permet de tracer plus facilement des dessins alignés sur ces directions.

Nous verrons dans le Chapitre 4 comment configurer ces modes. Pour en savoir plus sur leur utilisation, reportez-vous au Chapitre 6.

- **Le mode de Repérage polaire (POLAIRE) :** Le repérage polaire force le curseur à préférer certains angles lorsque vous dessinez ou éditez des objets. Par défaut, ces angles préférés sont des multiples de 90 degrés, mais vous pouvez spécifier d'autres incréments (par exemple, 30 ou 45 degrés). En cliquant sur ce bouton, vous activez ou désactivez le repérage polaire. Pour savoir comment personnaliser les angles, reportez-vous au Chapitre 7. Notez sans attendre que le repérage polaire et le mode Ortho s'excluent mutuellement : si vous activez l'un, l'autre est automatiquement désactivé.

- **Accrochage aux objets (ACCROBJ) et Repérage d'accrochages aux objets (REPEROBJ) :** L'*accrochage aux objets* est l'un des outils offerts par AutoCAD pour garantir la précision du dessin. Vous pouvez l'utiliser pour vous accrocher à un point d'un objet existant, par exemple, l'extrémité d'un trait ou le centre d'un cercle.

- Lorsque vous activez l'accrochage aux objets, AutoCAD recherche les points qui pourraient servir d'ancrage. Le Chapitre 7 contient des instructions détaillées sur l'utilisation de cette fonctionnalité.

- Lorsque vous activez le repérage d'accrochages aux objets, AutoCAD recherche de manière plus sophistiquée des positions dérivées des points d'accrochage. C'est également au Chapitre 7 que cette fonction avancée est décrite brièvement.

- **Système de Coordonnées Utilisateur Dynamique (SCUD) :** Il ne s'agit pas de déclencher un bombardement, mais tout simplement d'une aide à la création d'objets 3D (évidemment, AutoCAD LT en est dépourvu). Je vous rappelle que la 3D n'est pas l'objet de ce livre.

- **Saisie dynamique (DYN) :** La *saisie dynamique* affiche commandes, options, messages et saisies de l'utilisateur dans la fenêtre de dessin, juste à côté du curseur. De cette manière, vous vous concentrez sur ce que vous dessinez en oubliant plus ou moins la ligne de commande. De plus, la zone de saisie dynamique montre ce que vous entrez en réponse aux messages. J'y reviendrai plus loin dans ce chapitre.

- **Épaisseur des lignes (EL) :** L'une des propriétés que vous pouvez assigner aux objets dans AutoCAD est l'*épaisseur de ligne*, c'est-à-dire l'épaisseur avec laquelle apparaîtront les traits lorsque vous allez tracer votre dessin. Ce bouton vous permet de faire apparaître ou non cette épaisseur à l'écran. (C'est une autre option, dans la boîte de dialogue Tracer, qui applique ou non ce paramètre sur le papier.) Le Chapitre 6 vous dira tout (ou presque) sur l'épaisseur des lignes.

- **Propriétés rapides (PR) :** Lorsque les propriétés rapides (une nouveauté d'AutoCAD 2009) sont activées, la sélection d'un objet dans l'aire graphique provoque l'apparition d'une fenêtre qui affiche ses principales propriétés. Vous pouvez choisir ce que vous voulez voir en cliquant avec le bouton droit de la souris sur ce bouton. Sélectionnez alors la commande Paramètres. Les propriétés des objets sont traitées dans le Chapitre 6.

Le côté droit de la barre d'état contient plusieurs nouveaux boutons : Présentations Vue rapide, Dessins Vue rapide, ceux qui activent les fonctions SteeringWheel et ShowMotion, ainsi que plusieurs autres icônes nettement plus traditionnelles, comme celles qui donnent accès au zoom et au panoramique.

Voici ce que vous pouvez trouver sur la droite de la barre d'état :

- **a et I02_10bModèle et Présentation :** Comme je l'explique plus loin, dans la section "Le plat de résistance : la zone de dessin", la zone de dessin (ou aire graphique) se compose de deux sections superposées, nommées respectivement par défaut Objet et Présentation1 – du moins dans le mode AutoCAD classique. Le bouton Modèle affiche un aspect du dessin appelé *espace objet*. C'est l'endroit où vous créez l'essentiel de votre dessin. Le bouton intitulé Présentation affiche un *espace papier*, dans lequel vous pouvez composer une représentation traçable de votre dessin, associée à un bloc de titre. Une présentation complète comportera une ou plusieurs *fenêtres*, montrant tout ou partie du contenu de l'espace objet à une échelle particulière. Je vous en dirai plus sur les présentations et les fenêtres dans le Chapitre 5.

- **Présentations Vue rapide :** En cliquant sur ce bouton, vous affichez une rangée horizontale de vignettes graphiques représentant toutes les présentations créées dans le dessin courant. Il suffit de cliquer sur l'une de ces vignettes pour activer la présentation correspondante. La barre d'outils qui apparaît sous la rangée Vue rapide contient des boutons permettant notamment de créer une nouvelle présentation, ou encore de publier la présentation sélectionnée.

- **Dessins Vue rapide :** En cliquant sur ce bouton, vous affichez une rangée horizontale de vignettes graphiques représentant tous les dessins actuellement ouverts. Il suffit de cliquer sur l'une de ces vignettes pour activer le dessin correspondant (c'est comme le raccourci Ctrl+Tab, quoi). La barre d'outils qui apparaît sous la rangée Vue rapide est pratiquement la même que pour les présentations, à ceci près que la publication y est remplacée par la commande Ouvrir.

- **Panoramique et Zoom :** Ces boutons fournissent un accès direct à deux commandes d'affichage fréquemment utilisées, PAN et ZOOM. Elles sont décrites dans le Chapitre 12 (en même temps que d'autres outils dédiés à l'affichage).

- **SteeringWheel :** Dans une voiture américaine, cela s'appelle un volant. Ne me demandez pas pourquoi Autodesk a choisi cette métaphore automobile (d'ailleurs, j'en suis toujours à chercher la pédale de l'accélérateur) ! D'autant plus que la correspondance proposée dans la version française est *disque de navigation*. Quoi qu'il en soit, l'aide en ligne d'AutoCAD décrit cette roue comme étant un menu "suiveur". L'idée sous-jacente est que vous pouvez combiner un certain nombre d'opérations d'affichage en un seul "dispositif" d'entrée. Je ferai mention de cette fonctionnalité dans le Chapitre 12, mais retenez dès maintenant qu'elle n'a que peu d'intérêt dans le dessin 2D.

- **ShowMotion :** Cette commande est une nouveauté d'AutoCAD 2009 (mais elle n'est pas incluse dans la version LT). Elle lance un programme d'animation rudimentaire. Comme l'indique l'aide en ligne, vous pouvez générer des effets "comme à la télé" pour réaliser des études de mouvement à partir de vos dessins. Une seule remarque à ce propos : ShowMotion est hors de portée (pour ne pas dire *largement* hors de portée) de ce livre.

- **Agrandir/Réduire la fenêtre (présentations uniquement) :** Lorsque vous activez l'une des présentations, la barre d'état affiche un bouton supplémentaire pour maximiser la fenêtre courante. Cliquez sur ce bouton pour que la fenêtre de l'espace papier remplisse toute la zone de dessin. Un nouveau clic (le bouton indique maintenant Réduire la fenêtre) restaurera la taille normale de la vue (les fenêtres sont décrites dans le Chapitre 5).

- **Contrôles de l'Échelle d'annotation : C**es trois boutons contrôlent la taille et l'apparence des objets annotatifs d'AutoCAD. Comme cette notion d'objet annotatif fait essentiellement référence à du texte, j'expliquerai cette fonctionnalité dans le Chapitre 4 :

- La liste déroulante Échelle d'annotation contient une liste de valeurs d'échelle prédéfinies. Changer ce facteur provoque la mise à jour de tous les objets annotatifs si le bouton ANNOAUTOSCALE est activé (voir ci-après).

- Le bouton Visibilité de l'annotation détermine si les objets annotatifs apparaissent ou non sur le dessin. Lorsque la petite lampe du symbole est éteinte (grise), seuls les objets annotatifs pour l'échelle courante sont visibles. Lorsqu'elle est allumée (jaune), tous les objets annotatifs du dessin sont visibles, et ce, quelle que soit leur échelle.

- Le bouton Ajouter automatiquement des échelles intervertit l'état de la variable système ANNOAUTOSCALE. Celle-ci contrôle la mise à jour automatique des objets annotatifs lorsque l'échelle est modifiée.

- **Passage d'un espace de travail à un autre :** Cette nouveauté d'AutoCAD 2009 affiche un menu qui propose la liste des espaces de travail sauvegardés, y compris les trois espaces par défaut : Dessin 2D et annotation, Modélisation 3D (non disponible dans AutoCAD LT), AutoCAD classique. Tous ceux que vous définissez et sauvegardez sont également affichés dans ce menu. Ce bouton est bien plus rapide que la méthode consistant à ouvrir le navigateur de menus et à parcourir plusieurs niveaux d'options.

- **Déverrouiller/Verrouiller la position des barres d'outils/Fenêtres :** "Où ai-je bien pu ranger cette palette des propriétés ?" Vous n'aurez plus besoin de vous poser cette question : AutoCAD vous permet de verrouiller la position du ruban, des barres d'outils et des palettes (appelées ici "fenêtres" pour une raison totalement inconnue). De cette manière, vous saurez toujours où tout ce petit monde se trouve.

- **DWG Autodesk approuvé :** Vous voyez ce bouton lorsque vous ouvrez un dessin créé avec AutoCAD ou AutoCAD LT. Au cours des dernières années, de plus en plus de programmes sont devenus capables d'effectuer des enregistrements au format DWG. Aux yeux d'Autodesk, il ne s'agit que de pâles copies. Seul vaut l'original, disent-ils.

- **Fichiers de normes associés :** Vous voyez apparaître ce bouton si vous avez activé le contrôle des normes et configuré un fichier de normes de dessin (DWS). Cliquer dessus affiche la boîte de dialogue Configurer les normes. Il s'agit d'un sujet complexe qui n'est pas abordé dans ce livre (pas plus qu'intégré à AutoCAD LT).

- **Gestion des Xréfs :** Vous ne verrez ce bouton et le symbole de notification correspondant que lorsque vous aurez ouvert un dessin qui contient des références dites *xréfs* (des fichiers DWG externes qui sont incorporés dans le dessin en cours). Le Chapitre 18 explique comment utiliser les xréfs et les fonctionnalités de ce bouton.
- **Menu barre d'état :** Presque à l'extrémité droite de la barre d'état, ce minuscule bouton, contenant une flèche pointant vers le bas, fait apparaître un menu qui permet de masquer ou d afficher les différents autres boutons de cette barre au gré de vos convenances et de vos goûts.

- **Nettoyer l'écran :** Non, Autodesk ne passe pas le chiffon sur votre moniteur. Ce bouton libère de l'espace pour travailler en maximisant la fenêtre d'AutoCAD et en masquant la barre de titre, le ruban, les barres d'outils (sauf celle d'accès rapide) et les palettes, ainsi que la barre des tâches de Windows. Pour restaurer ces éléments, cliquez à nouveau sur ce bouton.

Plusieurs boutons de la barre d'état (notamment Mode d'accrochage, Repérage polaire, Accrochage aux objets et Repérage d'accrochage aux objets) disposent maintenant d'un menu contextuel qui offre un accès direct aux options de la commande correspondante. Pour d'autres (comme Affichage de la grille ou encore Saisie dynamique), vous cliquez avec le bouton droit de la souris sur l'icône et vous choisissez l'option Paramètres afin d'ouvrir la boîte de dialogue Paramètres du dessin et d'y spécifier vos options. Nous y reviendrons dans les Chapitres 4 et 6.

Parlez avec les doigts : la fenêtre de commande

Si les barres de titre, le ruban, la barre d'état et le système de saisie dynamique sont l'équivalent Windows d'une nourriture saine (familière, nourrissante et sans danger), alors la fenêtre de commande (ou ligne de commande, ou zone de commande, ou tout autre nom à votre convenance), montrée sur la Figure 2.8, doit plutôt être l'équivalent du steak tartare ou du boudin antillais dans le festin AutoCAD. Venue du fond des âges, elle a une drôle de tête, elle retourne l'estomac des nouveaux venus mais elle fait les délices des *aficionados* d'AutoCAD. Malgré toutes les promesses de la saisie dynamique, la dure vérité (du moins pour l'instant) est que vous allez devoir apprendre à aimer (disons à supporter) la fenêtre de commande si vous voulez devenir un véritable utilisateur d'AutoCAD.

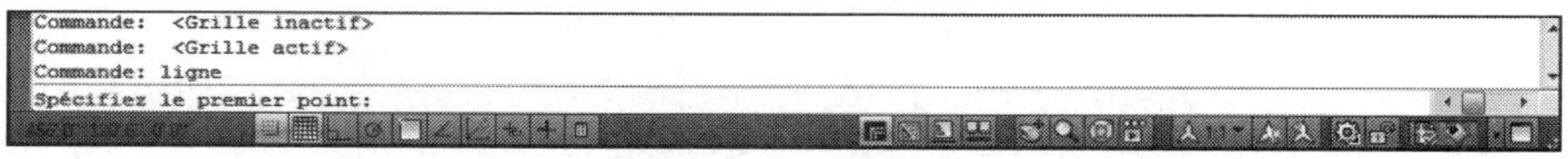

Figure 2.8 Apprenez à obéir à la ligne de commande.

Vous devez devenir un intime de la fenêtre de commande pour une bonne et excellente raison. Elle reste en effet le premier canal de communication entre AutoCAD et vous. Il arrive qu'AutoCAD y affiche des messages, des avertissements ou des erreurs que le système de saisie dynamique ne montre pas (tout simplement parce que la place disponible est insuffisante). Il est vrai que la flèche vers le bas vous permet d'obtenir une liste d'options dans la zone de saisie dynamique. Mais les uns trouveront plus pratique de suivre cette procédure, tandis que d'autres jugeront au contraire moins efficace de chercher la flèche sur le clavier que de simplement baisser les yeux vers la fenêtre de commande. À chacun sa méthode !

AutoCAD aime les touches (du clavier)

En dépit (ou à cause ?) du fait qu'AutoCAD est depuis longtemps le champion des logiciels de CAO sur PC, les nouveaux venus sont généralement étonnés de la quantité de choses qu'ils doivent entrer au clavier. Certes, nombre d'applications plus "modernes" font davantage appel à des techniques purement graphiques, mais plus vous utiliserez AutoCAD et plus vous constaterez qu'aucune autre méthode de saisie n'offre autant de puissance et de souplesse que ce bon vieux clavier (sauf pour ceux qui ont l'habitude de taper à côté des touches).

Le clavier est un outil efficace pour lancer certaines commandes et le *seul* moyen d'exécuter quelques autres. Au lieu de cliquer sur un bouton dans une barre d'outils ou de sélectionner un intitulé dans un menu, vous pouvez lancer une commande en tapant son nom et en appuyant sur la touche Entrée. Mieux encore, il est bien souvent possible de taper le *raccourci* d'un nom de commande et d'appuyer sur la touche Entrée. La plupart de ces raccourcis (ou *alias*) se composent simplement d'une ou deux lettres (par exemple, L pour la commande Ligne ou CP pour la commande COPIER). Les gens qui prennent l'habitude de recourir à ces raccourcis pour les commandes qu'ils utilisent le plus fréquemment s'aperçoivent généralement que leur productivité avec AutoCAD en est fortement améliorée. Même si vous ne vous souciez pas vraiment d'accroître votre propre productivité avec cette technique, sachez tout de même qu'il existe quelques obscures commandes qui ne sont accessibles ni dans le ruban, ni dans les barres d'outils, ni dans les menus déroulants. Si vous voulez vous en servir, il vous faudra bien les taper dans la fenêtre de commande !

TRUC

Certes, tous les alias ne sont pas aussi simples et évidents que L pour LIGNE. Pour en avoir une vue exhaustive, consultez le contenu du fichier des paramètres d'AutoCAD (`acad.pgp`, ou `acadlt.pgp` avec la version LT). Pour cela, ouvrez le navigateur de menus et choisissez Outils/Personnaliser/Paramètres de programme. Faites défiler le texte, et surtout ne changez rien !

Une fois que vous avez lancé une commande (que ce soit à partir d'un bouton d'outil, d'un menu ou au clavier), le système de saisie dynamique et la fenêtre de commande deviennent le point de passage par lequel AutoCAD vous demande de choisir des options. La méthode la plus simple consiste alors à taper la (rarement les) lettre(s) en majuscule apparaissant dans le nom de l'option voulue, puis Entrée.

TRUC

Dans de nombreux cas, vous pouvez activer les options d'une commande en cliquant du bouton droit dans la zone de dessin et en sélectionnant la ligne voulue dans le menu qui apparaît (au lieu de taper la (ou les) lettre(s) de l'option et d'appuyer sur Entrée).

ATTENTION !

J'aime la saisie dynamique. Vraiment. Mais, parfois, elle se bat avec la fenêtre de commande, ce qui peut rendre les choses réellement confuses. Dans les chapitres qui suivent, je vous signalerai les situations où il faut faire preuve de vigilance et de circonspection.

Les étapes qui suivent montrent comment utiliser le clavier pour lancer des commandes, afficher et sélectionner les options disponibles, et surveiller les messages que vous envoie AutoCAD. Si la saisie dynamique est activée, vous n'obtiendrez pas les mêmes résultats. C'est pourquoi je vous conseille de cliquer sur le bouton Saisie dynamique (ou DYN) de la barre d'état pour le désactiver, du moins provisoirement. En suivant les étapes ci-dessous, regardez la fenêtre de commande et prêtez attention à tout ce que vous dit AutoCAD.

1. **Tapez L et appuyez sur Entrée.**

   AutoCAD lance la commande Ligne et affiche l'invite suivante dans la fenêtre de commande (et également à côté du curseur dynamique si vous avez oublié de désactiver le bouton DYN) :

```
LIGNE Spécifiez le premier point :
```

2. **Cliquez à un endroit quelconque dans la zone de dessin.**

   Le curseur vous demande de spécifier le point suivant, et l'invite de la ligne de commande devient :

```
Spécifiez le point suivant ou [annUler] :
```

3. **Cliquez à un autre endroit dans la zone de dessin.**

   AutoCAD trace le premier segment de votre ligne.

4. **Cliquez en un troisième endroit dans la zone de dessin.**

   AutoCAD trace le deuxième segment de votre ligne. L'invite de la fenêtre de commande devient :

```
Spécifiez le point suivant ou [Clore/annUler] :
```

   AutoCAD vous propose maintenant deux options, Clore et annUler, séparées par une barre oblique.

   TRUC

   La ligne de commande d'AutoCAD affiche toujours les options de la commande en cours entre crochets (dans ce cas, il y en a deux : Clore et annUler). Pour activer une option, tapez la ou les lettres qui apparaissent en majuscules et appuyez sur la touche Entrée (de votre côté, la saisie des lettres peut se faire en majuscules ou en minuscules, au choix).

5. **Tapez U et appuyez sur Entrée.**

AutoCAD annule le deuxième segment de votre ligne.

6. **Tapez 300,200 (sans espace) et appuyez sur Entrée.**

   AutoCAD trace un nouveau segment allant jusqu'au point dont la coordonnée X est 300 et la coordonnée Y est 200.

7. **Cliquez encore sur plusieurs autres points, n'importe où dans la zone de dessin.**

   AutoCAD trace les segments correspondants.

8. **Tapez X et appuyez sur Entrée.**

   AutoCAD affiche un message d'erreur (parce que X n'est pas une option valide de la commande Ligne) et vous demande à nouveau un autre point :

```
Point ou option nécessaire
Spécifiez le point suivant ou [Clore/annUler] :
```

Option nécessaire est un jargon de programmeur qui désigne la (ou les) lettre(s) apparaissant en majuscule dans les options qui vous sont proposées et que vous devez taper pour activer l'option correspondante. Ce message d'erreur reflète la manière dont AutoCAD vous parle : "Je ne sais pas ce que vous voulez dire en tapant X. Spécifiez un point ou tapez une lettre que je comprenne."

Si vous avez laissé actif le système de saisie dynamique, vous ne devriez même pas aller jusque-là : AutoCAD va se contenter d'encadrer la lettre de rouge pour signaler qu'il s'agit d'une erreur et il refusera d'aller plus loin tant que vous n'aurez pas effacé la lettre ou appuyé sur la touche Échap.

9. **Tapez C et appuyez sur Entrée.**

   AutoCAD trace le segment final, ce qui crée un contour fermé et met fin à la commande Ligne. Une invite de commande vierge réapparaît, vous indiquant qu'AutoCAD est prêt à recevoir votre prochaine commande :

```
Commande :
```

10. **Appuyez sur la touche F2.**

Vous voyez s'afficher la Fenêtre de texte AutoCAD, qui est simplement une version agrandie de la zone de commande, et dont vous pouvez faire défiler le contenu, comme l'illustre la Figure 2.9.

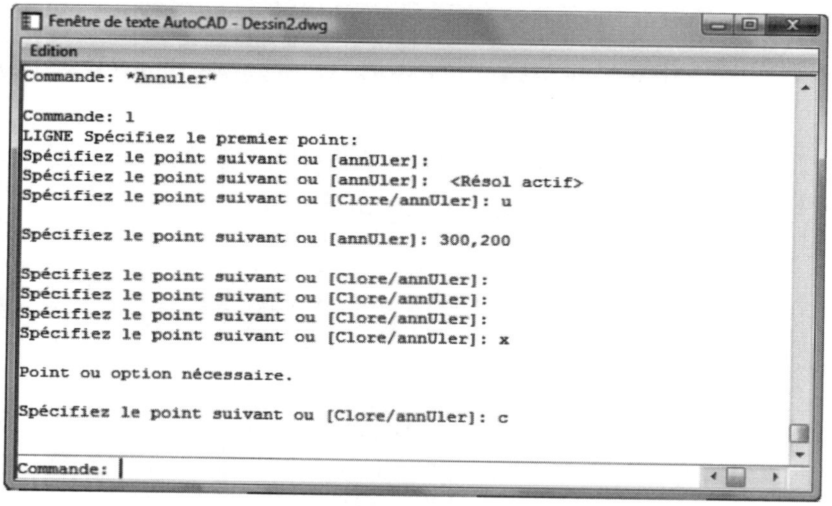

Figure 2.9 La touche F2 affiche une version agrandie de la fenêtre de commande.

La fenêtre de commande normale comporte par défaut trois lignes qui suffisent généralement à vous montrer ce que vous devez voir, mais il vous arrivera d'avoir besoin de consulter l'historique des commandes que vous venez de taper et des messages que vous a envoyés AutoCAD.

11. **Appuyez à nouveau sur la touche F2.**

    La Fenêtre de texte AutoCAD est masquée.

Voici maintenant quelques autres astuces pour se servir efficacement de la ligne de commande :

- **Utilisez la touche Échap pour sortir de l'opération en cours.** Il vous arrivera de perdre le fil de ce que vous êtes en train de faire dans AutoCAD et/ou de ce que vous voyez dans la zone de commande ou à côté du curseur dynamique. Si vous avez besoin de sortir de l'opération en cours, appuyez simplement sur la touche Échap une ou plusieurs fois, jusqu'au moment où vous verrez apparaître l'invite de commande vierge (`Commande :`), sans aucune indication après les deux-points. Comme dans la plupart des applications Windows, la touche Échap sert à annuler. Mais, contrairement à de nombreux programmes, AutoCAD vous tient parfaitement informé de la manière dont se déroule une opération. L'invite de commande vierge indique qu'AutoCAD attend votre prochaine commande.

- **Appuyez sur Entrée pour accepter l'action par défaut.** L'invite de commande contient parfois une action par défaut, placée entre les signes < et >. Par exemple, la première invite de la commande PolyGone est :

```
Entrez le nombre de côtés <4>:
```

La valeur par défaut est ici quatre côtés, et il vous suffit d'appuyer sur la touche Entrée pour l'accepter (autrement dit, vous n'avez pas besoin de taper **4**).

N'OUBLIEZ PAS

AutoCAD utilise deux types de crochets dans l'invite de commande :

  - Les *options de commande* apparaissent entre des *crochets droits* : `[Clore/annUler]`.

    Pour activer une option, tapez la ou les lettres qui apparaissent en majuscules et appuyez sur Entrée. Le système de saisie dynamique n'affiche pas de crochets : il révèle les options lorsque vous appuyez sur la flèche vers le bas.

  - Une *valeur* ou une *option par défaut* apparaît entre des *crochets obliques* : < >.

    Pour sélectionner la valeur ou l'option par défaut, appuyez simplement sur Entrée. Remarquez que les valeurs par défaut apparaissent aussi bien dans la fenêtre de commande que dans le curseur dynamique.

TRUC

Il n'est pas toujours nécessaire d'appuyer sur Entrée pour transmettre à AutoCAD votre saisie. Selon ce que vous faites, il est souvent possible de cliquer sur le bouton droit de la souris et de choisir la première option, Entrer, dans le menu qui apparaît. Et le plus efficace de tout, même pour le plus mauvais des clavistes, consiste à appuyer sur la barre d'espace. Elle joue en effet le même rôle que la touche Entrée, du moins tant que vous n'avez pas saisi de texte.

- **Observez la fenêtre de commande.** Vous y découvrirez beaucoup de choses sur la manière de l'utiliser, rien qu'en regardant ce qui s'y passe chaque fois que vous accomplissez une action. Quand vous cliquez sur un bouton dans une barre d'outils ou lorsque vous sélectionnez une commande dans un menu, AutoCAD affiche automatiquement son nom, aussi bien dans la zone de saisie dynamique que dans la fenêtre de commande. Ceci vous permet d'assimiler plus ou moins naturellement les noms des commandes en observant chaque fois le message émis par AutoCAD.

Quand AutoCAD affiche le nom d'une commande en réponse à ce que vous venez de sélectionner avec la souris (dans le ruban, un menu ou une barre d'outils), il ajoute fréquemment un ou deux caractères supplémentaires au début de ce nom.

- AutoCAD met en général un tiret de soulignement juste avant le nom de la commande (par exemple, _LIGNE au lieu de LIGNE). Le tiret de soulignement est une astuce imaginée par les programmeurs d'AutoCAD pour permettre aux versions localisées dans une autre langue que l'anglais de reconnaître les noms des commandes tels qu'ils sont renvoyés par les menus.

- AutoCAD place parfois une apostrophe devant le nom de la commande et devant le tiret de soulignement (par exemple, `'_ZOOM` au lieu de `ZOOM`). L'apostrophe indique une commande *transparente* : il est possible de la lancer alors qu'une autre commande est déjà en cours sans annuler celle-ci. Par exemple, vous pouvez exécuter la commande LIGNE, lancer de façon transparente la commande ZOOM afin d'agrandir une partie du dessin, puis reprendre la commande LIGNE là où vous l'aviez laissée.

- **Ne modifiez pas la configuration par défaut de la fenêtre de commande.** Comme la plupart des autres éléments de l'écran d'AutoCAD, la fenêtre de commande peut être redimensionnée et déplacée. L'emplacement (en bas de la fenêtre) et la taille par défaut (trois lignes) conviennent pour la plupart des gens. Sachez résister aux tentations (du moins jusqu'à ce que vous maîtrisiez suffisamment l'usage de la fenêtre de commande) !

- **Cliquez du bouton droit dans la fenêtre de commande pour afficher les options qu'elle vous propose.** Vous voyez alors apparaître un menu contenant quelques choix utiles, notamment les six dernières commandes que vous avez exécutées.

- **Utilisez les touches de déplacement vers le haut et vers le bas de votre clavier pour faire défiler la liste des commandes que vous avez tapées récemment.** C'est un moyen très pratique de retrouver une commande pour l'exécuter à nouveau. Utilisez les touches de curseur vers la droite et vers la gauche de votre clavier si vous avez besoin de modifier le texte d'une commande que vous venez de saisir ou de rappeler.

Ah ! Les belles palettes !

Les *palettes* sont des versions sophistiquées des traditionnelles boîtes de dialogue (les technogourous aiment à dire que ce sont des fenêtres *amodales*). Les boîtes de dialogue classiques vous obligent à ne vous occuper que d'elles. Vous y entrez des valeurs, vous cliquez sur leurs boutons, vous y faites toutes sortes d'opérations et vous cliquez finalement sur OK ou sur Annuler pour les refermer. Aussi longtemps qu'une telle boîte de dialogue est ouverte, vous ne pouvez rien faire d'autre. Une palette, en revanche, peut rester ouverte pendant que vous exécutez d'autres commandes qui n'ont rien à voir avec elle, et vous ne l'utilisez que lorsque vous avez besoin de ses fonctions. AutoCAD continue à proposer de nombreuses boîtes de dialogue. Mais, au fil des versions, certaines d'entre elles ont été remplacées par des palettes.

AutoCAD 2009 contient plus d'une douzaine de palettes (AutoCAD LT, de son côté, se contentant d'une demi-douzaine). Les palettes les plus employées sont les suivantes :

- **Propriétés et DesignCenter :** Ces deux palettes sont utilisées respectivement pour contrôler les propriétés des objets et les objets nommés (calques, blocs, et ainsi de suite). Le Chapitre 6 vous explique tout cela plus en détail.

- **Palettes d'outils :** C'est le principe d'une palette de peintre, avec cette différence qu'elles présentent des *contenus* (symboles de dessin et motifs de remplissage) et des *commandes* (il ne s'agit pas ici des commandes dont nous avons parlé jusqu'ici, mais de macros qui regroupent et contrôlent des commandes servant à effectuer des tâches spécifiques). Les Chapitres 15 et 17 vous aideront à révéler vos talents d'artiste.

- **Gestionnaire du jeu de feuilles :** Il vous fournit des outils pour gérer tous les dessins d'un projet via un *jeu de feuilles*. Le Chapitre 5 vous expliquera brièvement pourquoi et comment utiliser cette fonctionnalité (qui, en passant, n'est pas prise en charge par AutoCAD LT).

- **Références externes :** Cette palette est utilisée pour attacher des fichiers externes au dessin courant. Il peut s'agir par exemple d'images bitmap, de fichiers DGN MicroStation ou encore d'autres dessins AutoCAD aux formats DWG et DWF (ou DWFx). Je discuterai des références externes dans le Chapitre 18.

- **Gestionnaire des jeux d'annotations :** Il affiche des notes et commentaires concernant le projet et le dessin rédigés par des utilisateurs de l'application Autodesk Design Review. Si vous vous intéressez à ces jeux d'annotations, voyez ce qu'en dit l'aide en ligne.

- **Calculatrice rapide :** Il s'agit d'une calculatrice scientifique évoluée, capable par exemple d'utiliser des constantes ou des variables. C'est à vous de voir si vous en avez besoin.

2009

- **Calque :** Le centre de contrôle principal pour la gestion des calques était resté pratiquement inchangé depuis quinze ans. Le tout nouveau "palettisé" Gestionnaire des propriétés des calques est bien sûr capable de rester ouvert pendant que vous faites d'autres choses. Mais, plus important, il applique *instantanément* dans le dessin toutes les modifications que vous réalisez dans cette palette. Elle dispose (comme les autres) d'une option qui permet de la rendre transparente afin de voir votre dessin au travers de la palette, comme l'illustre la Figure 2.10.

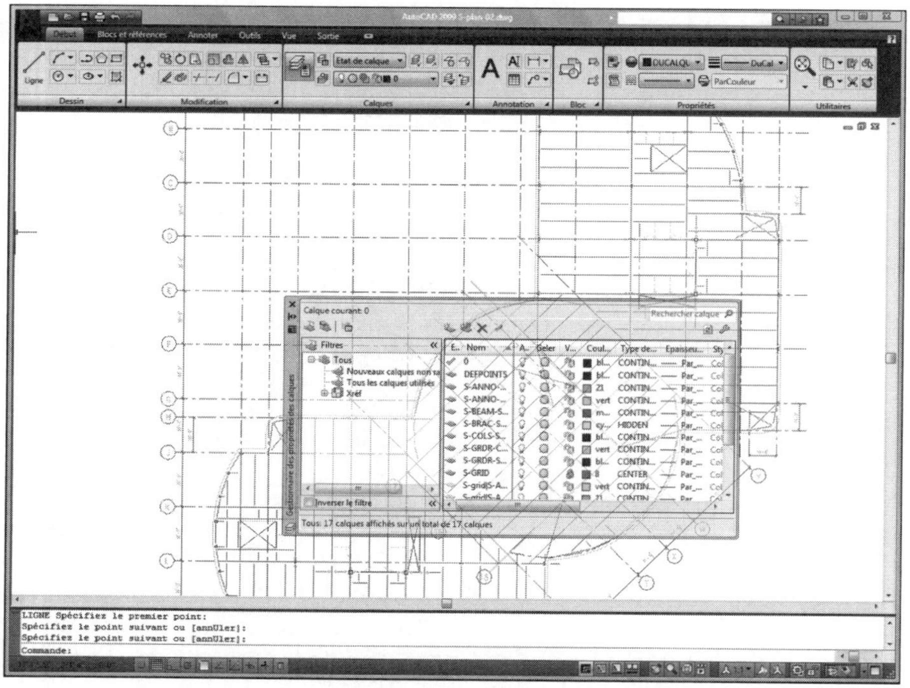

Figure 2.10 La palette Calque flotte dans une semi-transparence au-dessus du dessin.

TRUC

La méthode conventionnelle pour faire apparaître ces palettes consiste à ouvrir le navigateur de menus, à y choisir Outils, puis Palettes et enfin celle que vous voulez activer. D'un autre côté, plusieurs palettes sont associées à un raccourci clavier du style Ctrl+chiffre. Faites basculer vos palettes en jouant de ces combinaisons : Ctrl+1 (Propriétés), Ctrl+2 (DesignCenter), Ctrl+3 (Palettes d'outils), Ctrl+4 (Gestionnaire du jeu de feuilles), Ctrl+7 (Gestionnaire des jeux d'annotations) ou Ctrl+8 (CalcRapide).

TRUC

Je vous signale en passant que la combinaison Ctrl+9 masque ou affiche la fenêtre de commande.

Le plat de résistance : la zone de dessin

Tous ces hors-d'œuvre vous ont probablement mis en appétit pour aborder le plat de résistance : la *zone de dessin* d'AutoCAD, c'est-à-dire l'endroit où vous allez (fort logiquement) réaliser vos dessins. Vous y cliquerez en différents points pour spécifier des emplacements et des distances, cliquerez aussi sur des objets pour les sélectionner afin de les modifier, et utiliserez les fonctions de zoom et de panoramique pour avoir une bonne visibilité sur ce que vous faites.

La majeure partie de ce livre a pour objet de vous montrer comment utiliser la zone de dessin, mais il vous faut commencer par assimiler certaines choses.

Espace objet et présentations dans l'espace papier

L'une des choses qui désorientent le plus les nouveaux utilisateurs d'AutoCAD, c'est qu'un dessin terminé peut être composé d'objets tracés dans des *espaces* différents (indiqués par AutoCAD via deux boutons de la barre d'état).

- L'*espace objet* (celui du *modèle*) est l'endroit où vous pouvez créer et modifier les dessins qui représentent des objets du monde réel (murs, pièces mécaniques, ou tout ce que vous voudrez).

- L'*espace papier* (celui des *présentations*) vous permet de créer des vues particulières sur ces objets, vues qui sont destinées à être tracées (en général avec un cartouche). L'espace papier peut comporter une ou plusieurs présentations, chacune étant susceptible de proposer une disposition personnalisée de vues (ou fenêtres) sur l'espace objet ainsi que son propre cartouche.

TRUC

Les boutons Modèle et Présentation de la barre d'état peuvent être remplacés par des onglets placés sous la zone de dessin (comme une série de feuilles de calcul dans un classeur Microsoft Excel). Pour cela, cliquez sur l'un des deux avec le bouton droit de la souris et choisissez l'option Afficher les onglets Présentation et Objet. Pour restaurer la configuration par défaut, cliquez droit sur l'un de ces onglets, puis choisissez Masquer les onglets Présentation et Objet.

Lorsque vous cliquez sur le bouton Modèle dans la barre d'état, vous voyez le pur espace objet, sans aucune altération (comme sur la Figure 2.11). Lorsque vous cliquez sur le bouton Présentation, vous voyez une présentation dans l'espace papier (comme sur la Figure 2.12). Une présentation complète comprend généralement une ou plusieurs *fenêtres*, c'est-à-dire des vues qui affichent tout ou partie de l'espace objet à une échelle particulière. Une présentation comporte aussi généralement un cartouche (ou bloc de titre) ainsi que d'autres éléments qui n'existent que dans cette présentation et n'apparaissent pas lorsque vous revenez à l'espace objet (pour imager tout cela, dites-vous qu'une présentation ouvre une fenêtre sur l'espace objet, le cartouche correspondant étant comme un cadre autour de cette fenêtre). Ainsi, une présentation réunit l'affichage d'entités de l'espace objet et de l'espace papier, et AutoCAD vous permet de dessiner et de modifier des objets dans l'un ou l'autre de ces espaces. Voyez le Chapitre 5 pour en savoir plus sur la création d'une présentation (donc d'un espace papier) et le Chapitre 16 pour apprendre comment l'imprimer.

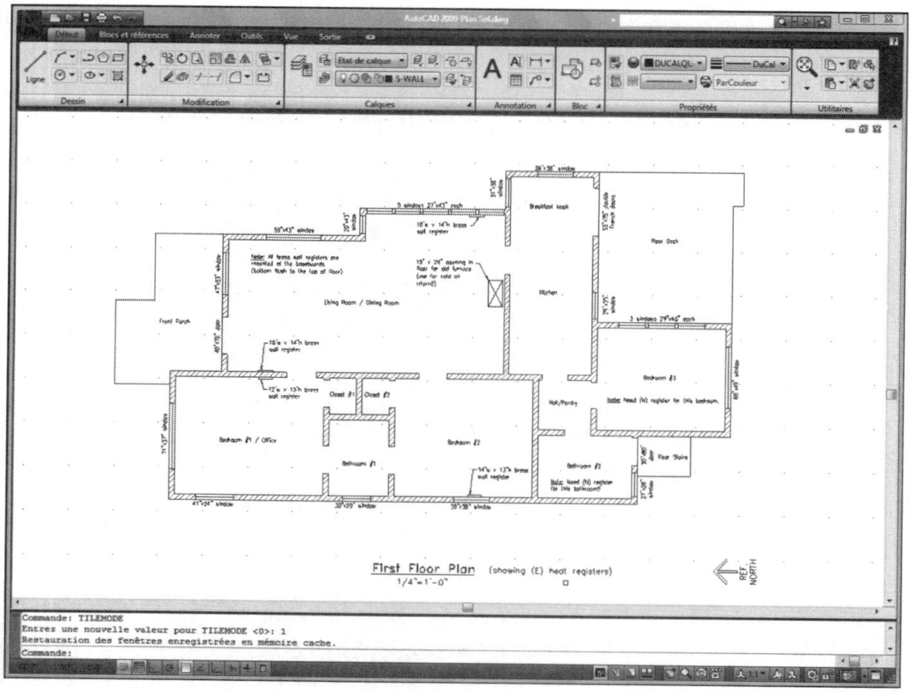

Figure 2.11
Un plan dans l'espace objet.

TRUC

Ce va-et-vient permis par les boutons Modèle/Présentation n'est nécessaire que lorsque vous dessinez quelque chose tout en ayant besoin de le voir dans l'espace papier d'une présentation, ou encore pour ajuster la vue des objets du dessin à l'intérieur de la fenêtre. En pratique, vous ne rencontrerez sans doute

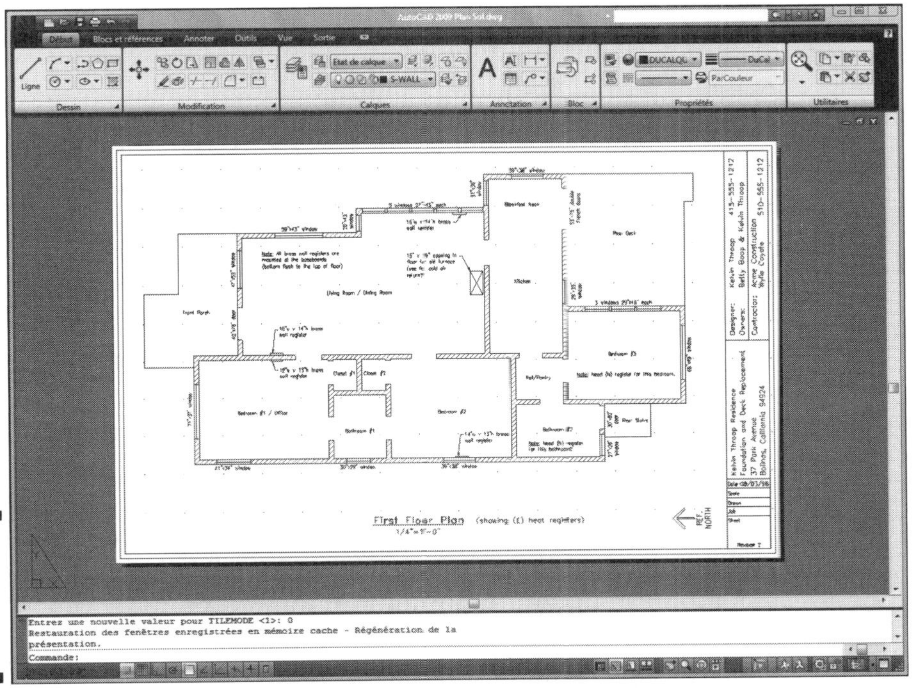

Figure 2.12 Et une présentation du même plan dans l'espace papier.

pas très souvent cette situation. C'est dans l'espace objet que vous réaliserez la majeure partie de votre dessin. Vous n'aurez recours au bouton Présentation, après avoir défini cette présentation dans l espace papier, qu'au moment de tracer ce dessin.

Arrêtons-nous sur l'aire de dessin

Voici encore quelques autres points à savoir sur la zone de dessin d'AutoCAD :

- Utiliser AutoCAD efficacement et en toute confiance suppose de surveiller constamment la fenêtre de commande (pour savoir ce que vous dit AutoCAD), tout en travaillant dans la zone de dessin. Pour la plupart des gens, ce n'est pas un réflexe naturel, et c'est pourquoi le système de saisie dynamique a été introduit par Autodesk. Mais la fenêtre de commande continue à afficher des informations que vous ne trouverez pas ailleurs. Prenez l'habitude d'y jeter un coup d'œil après chaque action que vous effectuez dans la zone de dessin (ou après avoir sélectionné quelque chose dans un menu, dans le ruban, dans une barre d'outils ou dans l'aire graphique).

- Cliquer au hasard dans la zone de dessin n'est pas aussi inoffensif dans AutoCAD que dans la plupart des autres programmes Windows. Cela correspond presque toujours à l'exécution d'une certaine action (en général, spécifier un point ou sélectionner un objet pour le modifier). Vous pouvez expérimenter librement, mais pensez à regarder la fenêtre de commande après chaque clic. Si vous vous égarez, appuyez sur la touche Échap autant de fois que nécessaire pour sortir de l'opération en cours et retrouver une fenêtre de commande vierge.
- Dans la plupart des cas, vous pouvez cliquer du bouton droit dans la zone de dessin pour afficher un menu qui vous proposera différentes options applicables à la situation en cours.

S'amuser avec F1

Le menu d'aide d'AutoCAD (montré depuis le navigateur de menus sur la Figure 2.13) offre bon nombre de possibilités d'aide en ligne (elles sont accessibles également par la touche F1). Je donne ici la description des plus utiles d'entre elles :

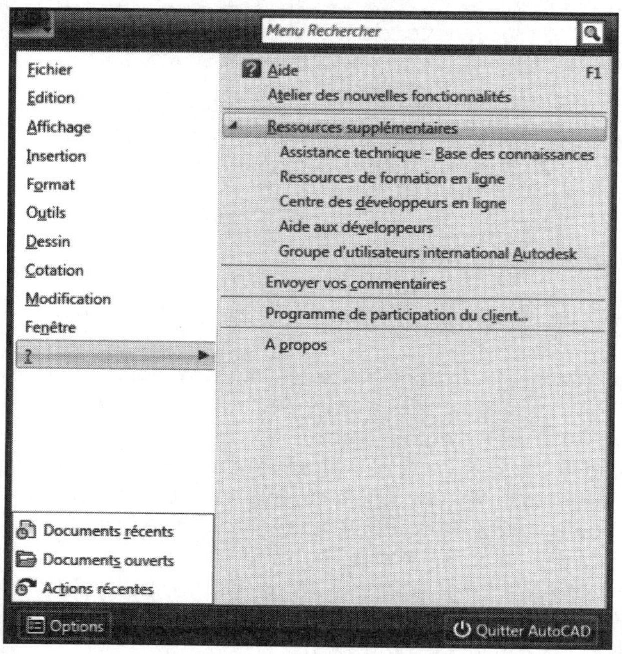

Figure 2.13 AutoCAD peut vous offrir beaucoup d'aide.

- **Aide :** Le système d'aide principal d'AutoCAD 2009, illustré à la Figure 2.14, utilise le même moteur d'aide que les programmes de la suite Office de Microsoft, Internet Explorer et autres applications Windows modernes. A ce titre, il est sensible au contexte. Si, par exemple, vous lancez une commande Ligne et que vous ne savez plus exactement quoi faire ensuite, vous demandez de l'aide et... l'aide arrive. Cliquez sur l'onglet Sommaire pour naviguer dans l'arborescence des manuels en ligne, sur l'onglet Index pour trouver des thèmes ou des commandes et sur l'onglet Rechercher pour localiser des mots particuliers. Dans ce livre, il m'arrivera de vous orienter vers le système d'aide en ligne d'AutoCAD pour y trouver des informations sur des sujets avancés.

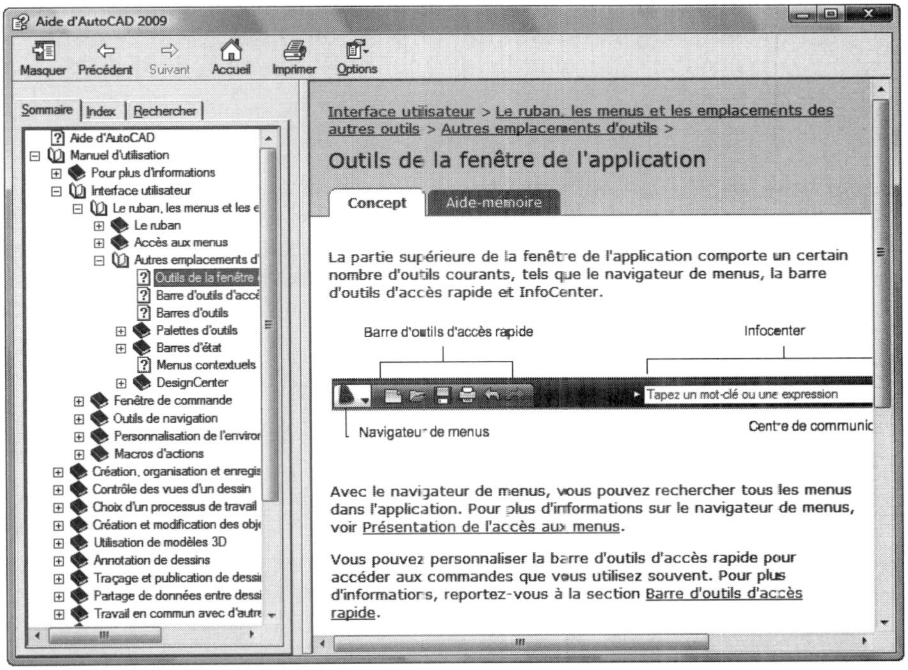

Figure 2.14 L'aide est à portée de votre doigt appelé F1.

- **Atelier des nouvelles fonctionnalités :** Cette fenêtre vous donne toutes sortes d'informations sur les nouveautés d'AutoCAD 2009. Elle est particulièrement utile pour les utilisateurs qui ont effectué une mise à jour depuis une version précédente d'AutoCAD.

- **Ressources supplémentaires :** La plupart des options proposées par le sous-menu Ressources supplémentaires vous connectent à différentes parties du site Web d'Autodesk. La plus utile est certainement Assistance technique – Base des connaissances. À partir de ce lien, vous pouvez effectuer une recherche dans la base de connaissances d'Autodesk, télécharger des mises à jour logicielles et obtenir de l'aide de groupes de discussion sur le Web.

N'OUBLIEZ PAS

AutoCAD est un programme dont les ressources en ligne sont vraiment nécessaires (pour ne pas dire indispensables). Il contient de nombreuses commandes, options et excentricités, et tout le monde, du débutant le plus innocent à l'expert le plus chevronné, peut découvrir quelque chose en utilisant l'aide en ligne d'AutoCAD. Prenez un moment pour explorer l'onglet Sommaire du système d'aide principal et vous faire une idée claire de ce que vous pouvez y trouver. Tout au long de ce livre, je vous orienterai vers différentes pages de cette aide que je considère comme étant particulièrement utiles, mais n'ayez pas peur de la consulter sans attendre mes conseils si vous rencontrez une difficulté (ou tout simplement par curiosité).

Chapitre 3

En piste pour un tour de CAO

Dans ce chapitre :

- Configurer un dessin simple.
- Dessiner quelques objets.
- Zoom et panoramique.
- Éditer des objets.
- Tracer votre dessin.

Dans les deux premiers chapitres, vous avez abordé le monde d'AutoCAD ainsi que son interface. Les chapitres qui suivent vous feront découvrir les propriétés et les techniques qui sous-tendent toute bonne pratique du dessin. Mais vous devez probablement piaffer d'impatience : votre curseur frétille déjà et vous mourez d'envie de dessiner quelque chose ! Ce chapitre va donc vous permettre de découvrir tranquillement les fonctions les plus courantes sous AutoCAD :

- **Configurer un nouveau dessin.**
- **Dessiner quelques objets.**
- **Éditer ces objets.**
- **Faire des zooms et des panoramiques de manière à mieux voir vos objets.**
- **Tracer (imprimer, si vous préférez) votre dessin.**

Une bonne partie des éléments présentés dans ce chapitre devrait sembler mystérieuse à bon nombre d'entre vous. Ne vous inquiétez pas : je vous dirai où vous pouvez retrouver des informations plus précises sur tel ou tel point. Ici, vous allez simplement soulever un coin du voile d'AutoCAD et prendre la piste pour faire un petit tour. Et ne vous inquiétez pas trop si vous faites une petite bosse sur le pare-chocs. Les vraies compétitions vont arriver.

L'objectif de ce chapitre sera de créer le dessin d'une pièce toute simple, disons une sorte de plaque ou de support, comme celle qui est illustrée sur la Figure 3.1. Même si ce type d'objet n'a rien à voir avec votre activité habituelle, cet exercice vous permettra du moins de représenter plusieurs formes simples et classiques et, en même temps, de découvrir des commandes utiles ; bref, de mettre vos pas dans les traces d'AutoCAD pour apprendre à bien marcher sur la piste de la CAO.

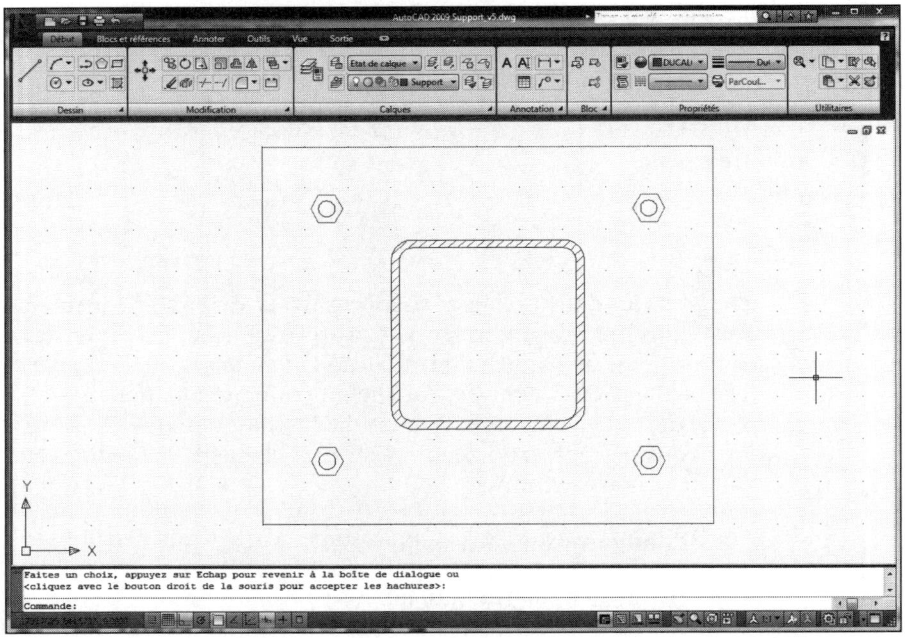

Figure 3.1 Un projet pour s'initier à AutoCAD.

Les figures de ce chapitre vous montrent l'interface proposée par l'espace de travail Dessin 2D et annotation. Elle est présente aussi bien dans la version complète que dans AutoCAD LT. Au fil des étapes développées dans ce chapitre, je vous proposerai de travailler avec le ruban, mais je vous montrerai aussi d'autres méthodes pour exécuter des commandes en utilisant l'espace de travail AutoCAD classique. Je vous suggère d'essayer les différentes méthodes de saisie décrites dans ce chapitre. Vous pourrez ensuite choisir le type d'interface qui vous convient le mieux en toute connaissance de cause.

Même si l'exemple développé ici reste très simple, les procédures qu'il vous fait découvrir s'appuient sur des techniques de dessin tout à fait réalistes et concrètes. Dès maintenant, j'attire votre attention sur l'importance d'une configuration de dessin adaptée, sur le placement des objets sur les calques qui leur conviennent, ou encore sur la nécessité de dessiner et d'éditer avec précision. Certaines des étapes à franchir vous sembleront peut-être un peu compliquées, mais elles reflètent la façon de travailler des utilisateurs expérimentés d'AutoCAD. Mon but est de vous aider à développer de bonnes habitudes et des pratiques justes dès le départ.

Dans ce chapitre (nous travaillerons autrement dans la suite de ce livre), les étapes forment un tout cohérent qui doit donc être suivi pas à pas et de A à Z. C'est un peu comme apprendre à conduire, à ceci près que vous êtes libre de vous arrêter en cours de leçon pour faire une pause.

Si vous remarquez que la sélection ou l'édition des objets fonctionne sur votre ordinateur différemment de ce qui est décrit ici, il est probable que quelqu'un (vous peut-être ?) ait changé la configuration courante sous l'onglet Sélection de la boîte de dialogue Options. Le Chapitre 10 décrit ces réglages et explique comment restaurer les valeurs par défaut d'AutoCAD.

Une configuration simple

Dans la suite de ce chapitre, vous allez découvrir progressivement comment créer, éditer, visualiser et tracer un nouveau dessin. Reportez-vous à la Figure 3.1 pour comparer votre travail avec le but fixé.

Comme vous le conseille le Chapitre 2, faites bien attention aux interactions avec AutoCAD. Regardez à chaque étape ce que vous disent le système de saisie dynamique (à côté du curseur) et la fenêtre de commande. C'est le meilleur moyen de se familiariser avec les noms des commandes et avec leurs options. Si vous ne voyez aucun message apparaître à côté du curseur, cliquez dans la barre d'état sur le bouton Saisie dynamique (ou DYN).

Dans la première série d'étapes, vous allez créer un nouveau dessin à partir d'un gabarit, changer quelques réglages pour définir une échelle au 1:10 (un millimètre sur le dessin équivaut à dix millimètres sur l'objet réel) et sauvegarder le dessin. Comme l'explique le Chapitre 4, configurer un dessin sous AutoCAD n'est pas une tâche facile. Pour autant, il s'agit d'une phase tout à fait importante de votre travail. Si vous ne prenez pas tout de suite de bonnes habitudes, vous rencontrerez plus tard des problèmes sans fin, surtout lors des tracés (sujet traité dans le Chapitre 16).

1. **Lancez AutoCAD à partir du Bureau Windows en faisant un double-clic sur son icône.**

   Si vous ne voyez pas ce raccourci, ouvrez le menu Démarrer, puis choisissez successivement Tous les programmes, Autodesk/AutoCAD 2009 – Français, et enfin AutoCAD 2009 (selon la version que vous utilisez, il peut s'agir de AutoCAD LT 2009).

   La fenêtre principale d'AutoCAD va apparaître. Elle contient un nouveau dessin vierge. Si la disposition de votre écran ne ressemble pas à celle de la Figure 3.1, autrement dit si vous n'êtes pas dans le bon espace de travail, ouvrez le menu Outils et choisissez Espaces de travail/Dessin 2D et annotation (en partant du mode classique). Si c'est la modélisation 3D qui est activée par défaut, ouvrez le navigateur de menus et suivez les mêmes liens que ci-dessus.

2. **Ouvrez le navigateur de menus et choisissez la commande Nouveau.**

   Ne cliquez pas sur le bouton Nouveau. Je vous expliquerai pourquoi dans le Chapitre 4, mais contentez-vous pour l'instant de me croire sur parole. La boîte de dialogue Sélectionner un gabarit va apparaître. Elle propose une liste de gabarits (fichiers d'extension `.dwt`). Ces gabarits sont des modèles qui peuvent servir de point de départ pour les nouveaux dessins. Le Chapitre 4 explique comment créer et utiliser ces gabarits.

3. **Sélectionnez le gabarit appelé acadiso.dwt (voir la Figure 3.2). Cliquez ensuite sur Ouvrir (sous AutoCAD LT, vous choisirez acadltiso.dwt).**

   AutoCAD va créer un nouveau dessin vierge à partir de la configuration définie dans `acadiso.dwt` (ou `acadltiso.dwt`). Il s'agit du gabarit par défaut pour les unités métriques. Si vous voulez travailler en unités impériales, autrement dit en pieds et pouces, choisissez le modèle `acad.dwt` (ou `acadlt.dwt` sous AutoCAD LT). Le Chapitre 4 contient des informations supplémentaires sur ces gabarits.

4. **Cliquez sur tous les boutons qui se trouvent dans la partie gauche de la barre d'état, à l'exception de la saisie dynamique (DYN), jusqu'à ce qu'ils soient désactivés (relâchés).**

   Certains de ces modes peuvent compliquer la sélection des points. Il est donc préférable de commencer par les désactiver, puis d'y faire appel au fur et à mesure des besoins. Je vous indiquerai lesquels utiliser dans les

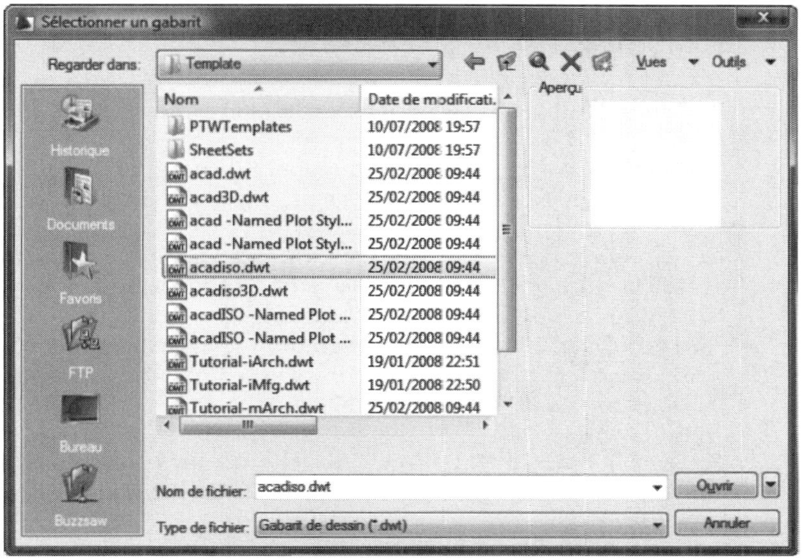

Figure 3.2 Créer un nouveau dessin à partir d'un gabarit.

étapes qui suivent. Je vous demande d'activer au départ la saisie dynamique, mais vous désactiverez ce mode avant de commencer à dessiner réellement quelque chose.

5. **Dans le navigateur de menus, choisissez Format, puis la commande Limites du dessin (elle se trouve vers le bas du sous-menu). Vous pouvez également saisir LIMITES au clavier et appuyer sur Entrée.**

   Les *limites du dessin* définissent votre aire de travail. AutoCAD vous demande de redéfinir les limites de l'espace objet. Pour l'instant, ignorez la saisie dynamique affichée près du curseur et contentez-vous d'observer la fenêtre de commande. L'invite indique :

```
Spécifiez le coin inférieur gauche ou [ACtif/INactif] <0.0000,0.0000>:
```

6. **Appuyez sur Entrée pour conserver le coin inférieur gauche à l'origine des coordonnées, donc en 0,0.**

   AutoCAD vous demande maintenant de définir le coin supérieur droit. Le message ci-après est affiché sur la ligne de commande :

```
Spécifiez le coin supérieur droit <420.0000,297.0000>:
```

7. **Tapez 2750,1850 (sans aucun espace) et appuyez sur Entrée.**

   Les valeurs que vous saisissez apparaissent à côté du curseur (dans le système de saisie dynamique) ainsi que sur la ligne de commande.

   Les coordonnées 2750,1850 correspondent à une aire de 275 mm sur 185 mm (ce qui est un peu plus petit qu'une feuille au format A4 dans le sens de la longueur, donc en mode Paysage) multipliée par un facteur d'échelle de 10 (ce qui est cohérent avec notre présupposé, c'est-à-dire un tracé à une échelle au 1:10). Voyez le Chapitre 4 pour plus d'informations sur les échelles des dessins.

8. **Dans la barre d'état d'AutoCAD, cliquez sur le bouton Mode d'accrochage (RESOL) avec le bouton droit de la souris et choisissez l'option Paramètres.**

   La boîte de dialogue Paramètres de dessin va s'ouvrir sur l'onglet Accrochage/Grille (voir la Figure 3.3).

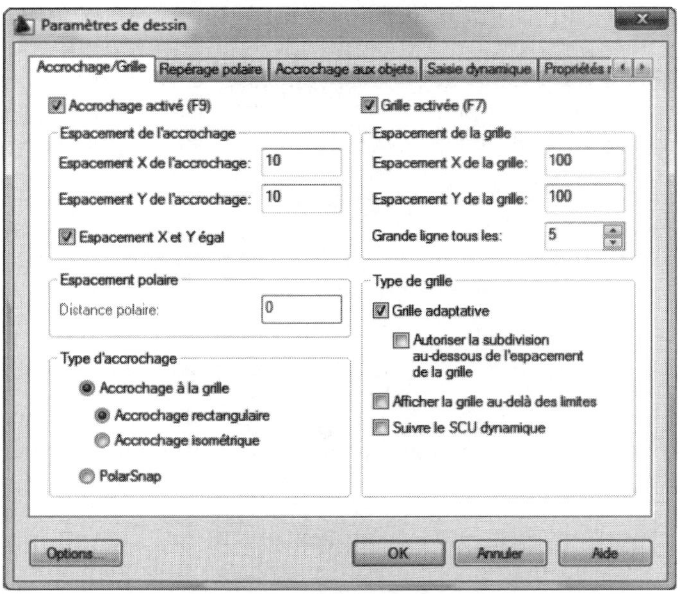

Figure 3.3 Définir la résolution et la grille.

9. **Configurez les valeurs de cette boîte de dialogue comme sur la Figure 3.3 : Accrochage activé, Grille activée, Espacement de l'accrochage en X et en Y égal à 10, Espacement de la grille en X et en Y égal à 100.**

   Lorsque vous changez les espacements en X, les valeurs en Y sont automatiquement mises à jour avec la même valeur, ce qui vous évite un peu de saisie. Les nombres indiqués ci-dessus devraient suffire à notre petit projet.

   La résolution oblige votre curseur à se déplacer sur un quadrillage invisible formé de points virtuels régulièrement espacés (soit dans ce cas, de dix unités en dix unités). Vous pouvez vous servir de ces positions comme de points de référence. La grille affiche une série de points régulièrement espacés. Elle permet donc de se repérer plus facilement et n'est pas imprimée.

10. **Cliquez sur OK.**

    Vous allez voir apparaître dans l'aire de dessin un quadrillage régulièrement espacé de 100 unités en 100 unités. En déplaçant votre curseur et en observant les valeurs de coordonnées affichées dans la saisie dynamique ou à gauche de la barre d'état, vous constaterez qu'elles bondissent de dix unités à la fois.

11. **Ouvrez le navigateur de menus. Choisissez Affichage, Zoom, puis l'option Tout.**

    AutoCAD actualise l'affichage de manière que toute l'aire définie par les limites du dessin soit visible. Vous pouvez donc voir la totalité de la grille.

12. **Cliquez sur le bouton Enregistrer de la barre d'outils Accès rapide (ou utilisez le raccourci Ctrl+S).**

    Comme votre dessin n'est pas encore sauvegardé sur le disque dur, AutoCAD va ouvrir la boîte de dialogue Enregistrer le dessin sous.

13. **Servez-vous de la liste Enregistrer sous pour accéder à un dossier adapté. Vous pouvez également faire un double-clic sur un nom de dossier dans la liste Nom ou faire appel aux boutons de la fenêtre pour localiser la destination souhaitée.**

14. **Entrez maintenant un intitulé à votre convenance dans le champ Nom de fichier.**

    Tapez par exemple Détail, ou encore Support (ou ce que vous voulez : l'important, c'est de s'y retrouver).

Selon la manière dont est configuré votre Explorateur Windows, l'extension `.dwg` peut ou non apparaître dans le champ Nom de fichier. N'entrez pas cette extension. C'est inutile, car AutoCAD va automatiquement l'ajouter à votre place.

15. **Cliquez sur le bouton Enregistrer.**

    AutoCAD sauvegarde votre nouveau fichier DWG dans le dossier que vous avez spécifié.

Eh bien ! Tout cela rien que pour configurer un nouveau dessin ! Le Chapitre 4 traite ce sujet en détail et vous explique pourquoi toutes ces circonvolutions sont nécessaires.

Dessiner un support

Votre dessin étant maintenant correctement configuré, vous êtes prêt à lui ajouter quelques objets. Dans cet exemple, nous utiliserons la commande RECTANG pour dessiner la base d'un support métallique ainsi que son ouverture centrale, la commande CERCLE pour représenter un boulon et la commande POLYGONE pour y ajouter une tête hexagonale (les commandes RECTANG et POLYGONE créent des *polylignes*, c'est-à-dire des objets contenant des lignes droites et/ou des arcs).

AutoCAD, comme la plupart des logiciels de CAO, utilise des *calques* pour l'organisation de tous les objets que vous dessinez. Le Chapitre 6 décrit en détail ces calques ainsi que d'autres propriétés des objets. Dans cet exemple, vous allez créer des calques pour chaque élément de base : le support, le porte-colonne et les boulons. Cela peut sembler trop riche pour si peu de choses. Mais ne vous y trompez pas : lorsque vous aurez à réaliser des dessins complexes, vous devrez utiliser des piles de calques si vous voulez que tout soit correctement organisé.

Des rectangles et des calques

Les étapes qui suivent vous montrent comment créer et utiliser des calques, et comment dessiner des rectangles. Vous apprendrez également à appliquer des raccords aux objets ainsi qu'à les décaler. Vous retrouverez toutes ces notions au fil des chapitres (les calques sont décrits dans le Chapitre 6, la commande RECTANG dans le Chapitre 8, et enfin les commandes RACCORD et DECALER sont expliquées dans le Chapitre 11). Nous allons commencer par créer deux calques, l'un pour le support proprement dit et l'autre pour la colonne centrale.

Nous dessinerons ensuite un rectangle dans le premier calque et l'ouverture dans le second. Suivez ces étapes :

1. **Commencez par vérifier que vous avez bien suivi toutes les étapes de la configuration du dessin telles qu'elles sont décrites dans la section précédente.**

2. **Dans le ruban, activez l'onglet Début.**

   Vous constaterez bien vite que la plupart des commandes fréquemment utilisées pour dessiner en 2D se trouvent sous cet onglet. Si vous avez besoin de vous rafraîchir la mémoire à propos du ruban, des onglets et de leurs panneaux, revoyez le Chapitre 2. Sauf avis contraire de ma part, recherchez sous l'onglet Début les panneaux et les boutons dont vous aurez à vous servir dans les étapes qui suivent.

3. **Dans le panneau Calques, cliquez sur le bouton Propriétés du calque.**

   Ce bouton se trouve sur la gauche du panneau et il est plus grand que les autres (quoi que cela dépende de la résolution de votre affichage). La commande CALQUES est exécutée et AutoCAD affiche la palette du Gestionnaire des propriétés des calques.

4. **Cliquez sur le bouton Nouveau calque.**

   AutoCAD ajoute un calque supplémentaire en lui donnant comme nom par défaut Calque1 (voir la Figure 3.4).

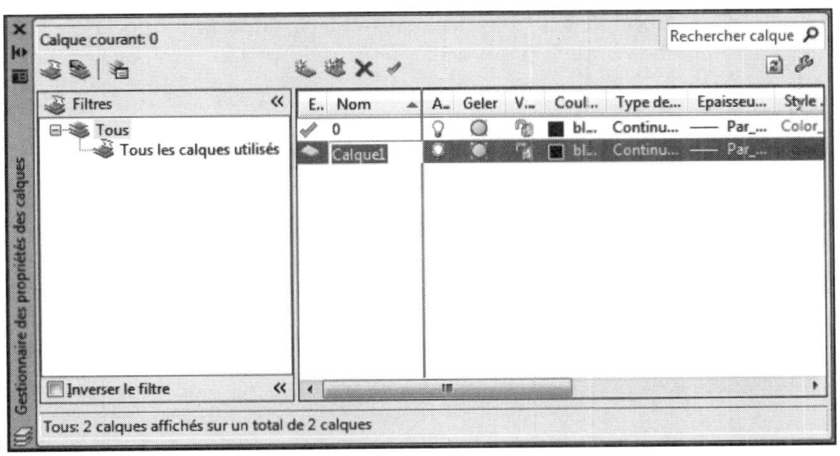

Figure 3.4 Créer un nouveau calque.

5. **Donnez à votre calque un nom plus parlant.**

   En l'occurrence, **Colonne** conviendra.

6. **Cliquez sur le godet de couleur ou sur le nom Blanc dans la ligne du calque Colonne.**

   La boîte de dialogue Sélectionner la couleur apparaît (voir la Figure 3.5).

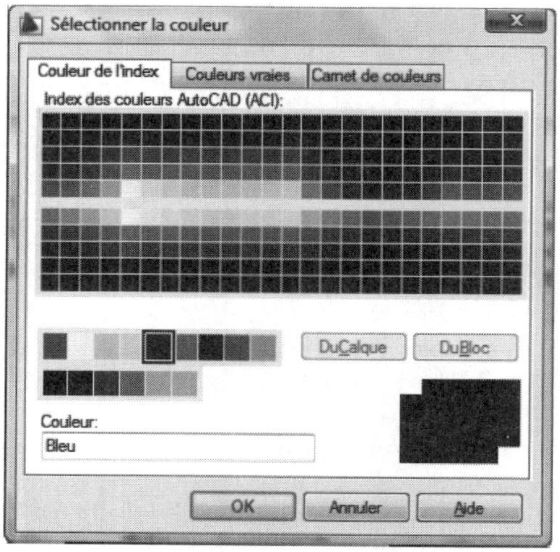

Figure 3.5 Sélectionnez la teinte du calque dans une liste de couleurs standard.

7. **Choisissez la couleur d'index 5 (le bleu foncé) dans la rangée qui se trouve sur la gauche des boutons DuCalque et DuBloc. Cliquez ensuite sur OK.**

   La boîte de dialogue se referme et AutoCAD modifie la couleur du calque Colonne.

8. **Recommencez les étapes 4 à 7 pour créer un calque appelé Support auquel vous attribuerez la couleur 4 (le cyan).**

9. **La ligne du calque Support étant toujours activée, cliquez sur le bouton Définir courant (celui qui affiche une coche verte).**

   Le calque Support est maintenant le calque courant, c'est-à-dire celui sur lequel AutoCAD va placer les objets que vous dessinerez ensuite.

10. **Cliquez sur la croix (en haut et à gauche de la palette) pour refermer la palette Gestionnaire des propriétés des calques.**

    Vérifiez dans le panneau Calques que la liste du milieu (celle qui contient les noms de tous les calques) affiche bien comme nom Support. Vous pouvez maintenant dessiner un rectangle sur le calque Support.

    Vous vous doutez certainement que la commande RECTANG va servir à dessiner votre support rectangulaire. Mais, pour que la prochaine étape garde tout son mystère, vous allez faire semblant de tomber des nues.

11. **Ouvrez le navigateur de menus, puis cliquez dans le champ Rechercher et commencez à taper RECT...**

    Chaque fois que vous entrez une nouvelle lettre, AutoCAD s'efforce de comprendre ce que vous recherchez. Lorsque vous en avez assez dit, la commande qui vous intéresse devrait apparaître en haut de la fenêtre du navigateur de menus. Magique !

12. **Dès que le mot Rectangle apparaît en haut de la liste affichée dans le navigateur de menus, cliquez sur cette entrée.**

    AutoCAD lance la commande RECTANG et il vous demande d'indiquer un premier coin de celui-ci. La fenêtre de commande affiche :

```
Spécifiez le premier coin ou [Chanfrein/Elévation/Raccord/Hauteur/Largeur]:
```

13. **Cliquez dans l'aire de dessin sur le point de coordonnées 500,500.**

    La position courante du curseur est affichée en permanence dans la zone de saisie dynamique, à côté de la croix. Du fait que la résolution a un pas de dix unités, il ne devrait pas être trop difficile d'atterrir au bon endroit. Et vous avez toujours la possibilité d'entrer directement ces coordonnées au clavier (attention de ne pas appuyer sur la barre d'espace en cours de route). Cette position vous laissera assez d'espace pour travailler.

    AutoCAD va maintenant vous demander d'entrer le coin opposé du rectangle. L'icône de flèche dans la "bulle" de saisie dynamique vous indique que plusieurs options sont disponibles. Vous les retrouvez également sur la ligne de commande :

```
Spécifiez un autre coin ou [Aire/Cotes/Rotation]:
```

14. Tapez 900,900 (sans espace) et appuyez sur Entrée.

Assurez-vous d'abord que le bouton Saisie dynamique (DYN) est bien activé avant d'effectuer cette étape. Si ce n'est pas le cas, AutoCAD interprétera vos valeurs comme étant des coordonnées *absolues*, soit 900 unités au-dessus et 900 unités à droite de l'*origine* du dessin. Lorsque le mode de saisie dynamique est actif, une saisie de `900,900` est traitée comme représentant 900 unités vers le haut et 900 unités vers la droite à partir du *dernier point*. Le Chapitre 7 explique ce que sont les coordonnées absolues et relatives.

AutoCAD dessine un rectangle de 900 unités de côté (donc un carré), comme l'illustre la Figure 3.6. Cet objet se trouve sur le calque Support et il hérite de la couleur cyan de celui-ci.

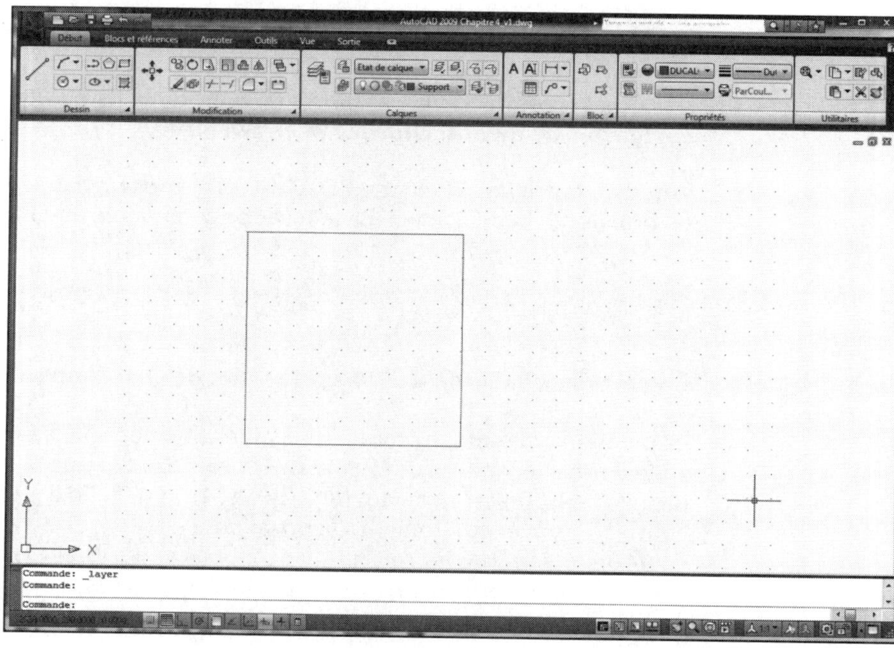

Figure 3.6 Le carré de base du support.

Avant de dessiner la colonne, vous devez changer de calque.

15. Dans le panneau Calques, ouvrez la liste déroulante Calques (celle qui indique pour l'instant Support). Dans cette liste, cliquez ensuite sur la ligne Colonne pour redéfinir le calque courant.

Procéder ainsi vous évite d'ouvrir à nouveau la fenêtre Gestionnaires des propriétés des calques, sélectionner le calque, cliquer sur le bouton Définir courant, puis refermer la palette. Devenir un maître d'AutoCAD est avant tout une question d'efficacité !

16. **Appuyez sur Entrée pour relancer la commande RECTANG.**

    TRUC

    Vous pouvez répéter à tout moment la dernière commande exécutée en appuyant sur la touche Entrée.

    Dans les étapes qui suivent, vous allez créer une ouverture dans la plaque.

17. **Au message demandant de spécifier le premier coin, tapez 800,725 et appuyez sur Entrée.**

18. **Quand AutoCAD vous demande le second coin, tapez 300,450 et appuyez sur Entrée.**

    Un second rectangle apparaît au centre du support.

    Vous allez maintenant arrondir ses angles à l'aide de la commande RACCORD, puis lui donner une certaine épaisseur grâce à la commande DECALER.

19. **Cliquez sur le bouton Raccord du panneau Modification.**

    La commande RACCORD est lancée, et AutoCAD vous demande de sélectionner le premier objet. L'icône fléchée du curseur dynamique vous rappelle que plusieurs options sont disponibles, ce que vous pouvez aussi constater en regardant la fenêtre de commande. Appliquez un rayon de 50 mm à tous vos coins en procédant de la manière suivante :

20. **Tapez R et appuyez sur Entrée. Vous demandez ainsi à spécifier un nouveau rayon de raccord. Tapez 50 et appuyez sur Entrée.**

    AutoCAD vous redemande de sélectionner le premier objet. Vous pourriez cliquer sur chacune des huit lignes à raccorder, mais du fait qu'un rectangle est une polyligne continue, il est plus efficace ici de choisir l'option Polyligne pour créer un arrondi en chaque coin de l'objet.

21. **Tapez P pour activer l'option Polyligne de la commande RACCORD.**

    AutoCAD vous demande de sélectionner une polyligne 2D.

22. **Sélectionnez le rectangle intérieur (celui que vous avez dessiné au cours des Étapes 14 à 16).**

    Les quatre coins du rectangle sont arrondis avec un rayon de 50 unités (50 mm si vous préférez).

    Vous allez maintenant décaler la polyligne pour donner un peu d'épaisseur à votre colonne.

23. **Cliquez sur le bouton Décaler du panneau Modification. La commande DECALER se lance.**

24. **Au message demandant la distance de décalage, tapez 19 et appuyez sur Entrée.**

25. **AutoCAD vous demande de choisir l'objet à décaler. Cliquez sur le rectangle arrondi. Pour spécifier un point sur le côté à décaler, cliquez n'importe où *à l'intérieur* du rectangle arrondi. Appuyez sur Entrée pour terminer l'opération.**

    AutoCAD décale l'objet sélectionné dans la direction du point choisi en réponse au dernier message (Figure 3.7).

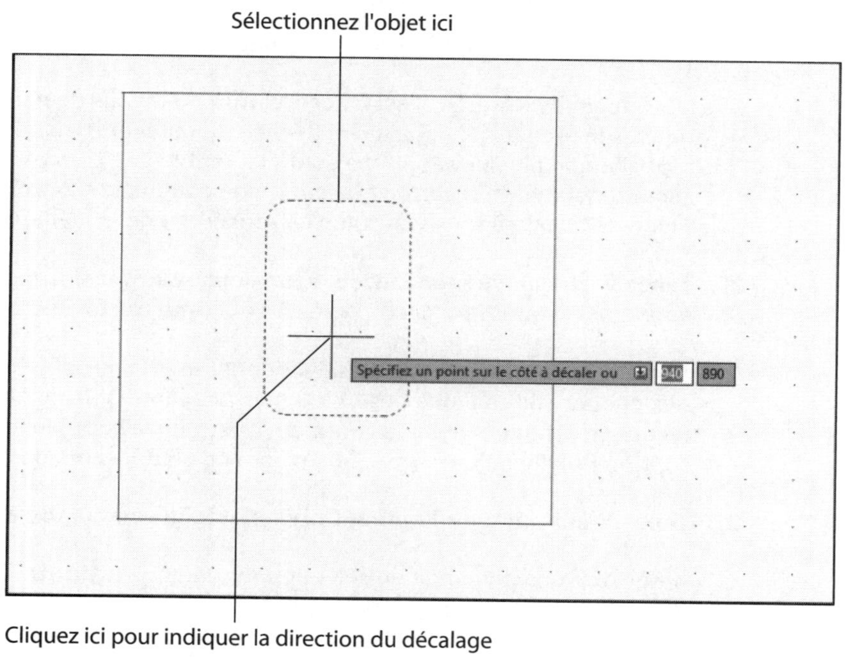

Figure 3.7 Comment donner une certaine épaisseur au décalage.

26. **Appuyez sur Ctrl+S pour sauvegarder le dessin.**

    AutoCAD enregistre le dessin et renomme la version précédente en *nomdessin*.bak (soit par exemple dans cet exercice support.bak). AutoCAD utilise l'extension .bak pour créer des fichiers de sauvegarde.

Encercler le support

Vous pouvez utiliser la commande CERCLE pour dessiner un cercle ayant pour diamètre 38 millimètres et qui sera placé dans son propre calque. Voyons comment procéder :

1. **Répétez les étapes 2 à 6 de la section précédente pour créer un nouveau calque. Appelez-le par exemple Boulons et attribuez-lui la couleur 3 (vert). Activez-le en tant que calque courant.**

   Le nom Boulons devrait apparaître dans la liste déroulante affichée dans le panneau Calques.

2. **Cliquez sur le bouton Cercle dans le panneau Dessin.**

   La commande CERCLE se lance, et AutoCAD vous demande de spécifier le centre. La fenêtre de commande affiche :

```
Spécifiez le centre du cercle ou [3P/2P/Ttr (tangente tangente rayon)]:
```

3. **Cliquez dans l'aire de dessin sur le point de coordonnées 650,650 (ou saisissez ces coordonnées et appuyez sur Entrée).**

   AutoCAD vous demande maintenant de définir la taille du cercle. La ligne de commande indique :

```
Spécifiez le rayon du cercle ou [Diamètre]:
```

   Vous décidez que le filetage devra avoir un diamètre de 38 unités. Mais AutoCAD vous demande par défaut un rayon. Bien que vous soyez probablement capable de faire vous-même le calcul, autant passer par l'option Diamètre et laisser AutoCAD s'occuper du sale boulot.

4. **Tapez D et appuyez sur Entrée pour activer l'option Diamètre.**

AutoCAD affiche le message suivant :

```
Spécifiez le diamètre du cercle:
```

5. **Tapez 38 et appuyez sur Entrée.**

   AutoCAD dessine un cercle dont le diamètre mesure 38 mm. Il se trouve sur le calque Boulons et hérite de la couleur verte de celui-ci (voir la Figure 3.8).

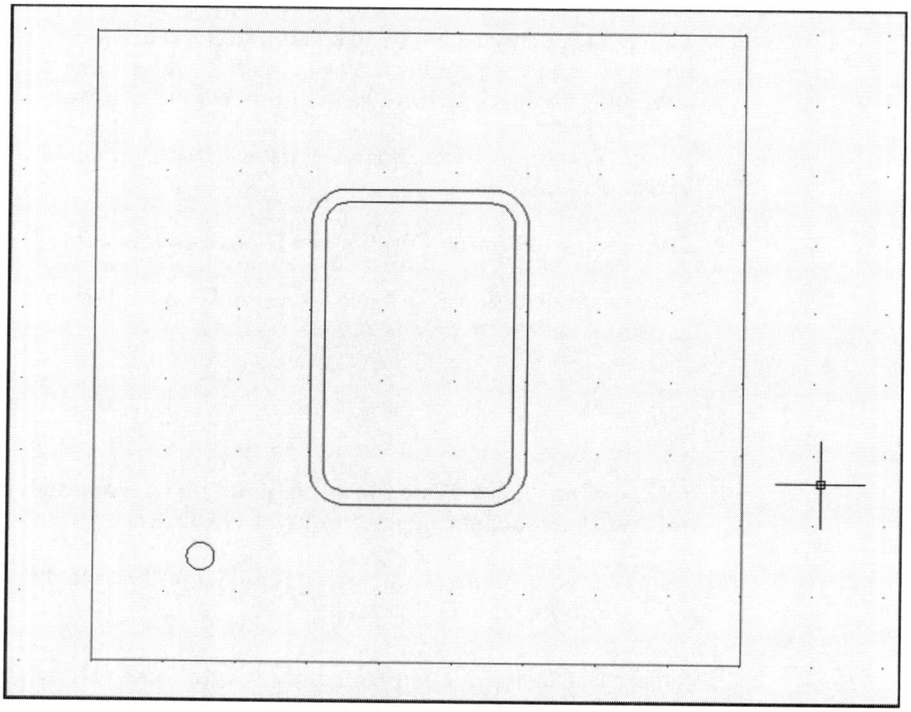

Figure 3.8 Dessiner un cercle.

6. **Appuyez sur Ctrl+S pour enregistrer le dessin.**

Placer votre polygone

Pour boulonner, il faut une tête. Vous allez donc utiliser la commande POLYGONE pour représenter une forme hexagonale sur un calque appelé Têtes (à moins que vous ne préfériez Écrous). En plus de vous montrer comment dessiner des polygones, cette série d'étapes va vous présenter deux techniques de précision extrêmement utiles sous AutoCAD : l'accrochage aux objets et le mode Ortho.

1. **Répétez les étapes 2 à 6 de la section "Des rectangles et des calques". Vous allez y créer cette fois un calque appelé Têtes, pourvu de la couleur 1 (rouge), et que vous définirez comme étant le calque courant.**

   Le nom Têtes devrait apparaître dans la liste déroulante Calques.

   Vous n'avez pas besoin de créer un calque distinct pour chaque type d'objet que vous créez. Vous pourriez par exemple placer le filetage et la tête de boulon (ou d'écrou) dans un même calque appelé Visserie. Les noms des calques ainsi que leur usage dépendent des standards définis dans telle ou telle branche d'activité, ou encore telle ou telle société. Sans oublier une certaine dose de jugement personnel. Si vous finissez par avoir trop de calques, en fusionner deux n'offre pas de difficultés particulières. En revanche, il est nettement plus compliqué de redéployer les objets vers de nouveaux calques si le nombre de ceux-ci est insuffisant.

2. **Cliquez sur le bouton Polygone (celui qui ressemble à un pentagone) dans le panneau Dessin.**

   La commande POLYGONE se lance. AutoCAD vous demande :

```
Entrez le nombre de côtés <4>:
```

   Regardez la Figure 3.9 pour voir à quoi devra ressembler votre polygone une fois le dessin réalisé. Une tête à cinq côtés serait un peu difficile à boulonner dans le monde réel. Nous nous en tiendrons donc au classique hexagone.

3. **Tapez 6 et appuyez sur Entrée.**

   AutoCAD vous demande maintenant de placer le centre du polygone :

```
Spécifiez le centre du polygone ou [Côté]:
```

En déplaçant le curseur près du filetage, vous remarquerez qu'AutoCAD cherche à accrocher certains points, notamment sur des objets existants. Ce comportement résulte de l'accrochage aux objets et du repérage d'accrochage, sujets que nous étudierons dans le Chapitre 5. Si AutoCAD ne semble pas avoir envie de jouer les crocheteurs, cliquez dans la barre d'état sur le bouton Accrochage aux objets (ACCROBJ) afin de l'activer. Vous pouvez également appuyer sur la touche F3.

4. **Déplacez le pointeur au-dessus du cercle que nous venons de dessiner.**

   Une bulle affichée à côté du curseur devrait indiquer "Centre" et une sorte de cible va apparaître autour du centre du cercle. Si vous utilisez le "vrai" AutoCAD (pas la version LT), vous pourrez voir des vecteurs de repérage partant de ce point. Mais laissons cela de côté.

5. **Au moment où la bulle du curseur dynamique indique "Centre" (mais pas "Centre-Intersection" ou quelque chose de similaire), cliquez à cette position.**

   La commande POLYGONE dessine des polygones réguliers basés sur un cercle imaginaire. Le centre de ce cercle est le point que vous venez de choisir.

   AutoCAD demande maintenant :

```
Entrez une option [Inscrit dans un cercle/Circonscrit autour d'un cercle] <I>:
```

6. **Tapez I et appuyez sur Entrée. Vous activez donc l'option Inscrit dans un cercle.**

   L'option *Inscrit* dessine un polygone dont les coins touchent la circonférence du cercle imaginaire. L'option *Circonscrit* dessine un polygone dont les côtés sont tangents à la circonférence du cercle.

   AutoCAD demande maintenant :

```
Spécifiez le rayon du cercle:
```

7. **Activez le mode Ortho en cliquant sur ce bouton dans la barre d'état. Le bouton doit prendre un aspect enfoncé, et la ligne de commande va indiquer <Ortho actif> (dans le cas contraire, cela signifierait que ce mode était déjà opérationnel et vous devrez donc cliquer une seconde fois sur le bouton). Si vous n'aimez pas les boutons, servez-vous de la touche F8.**

8. **Déplacez le pointeur vers la droite de manière que les côtés haut et bas du polygone soient horizontaux. Ne cliquez surtout pas pour l'instant.**

9. **Tapez 38 et appuyez sur Entrée.**

   AutoCAD dessine le polygone. Il se trouve sur le calque Têtes et hérite de la couleur rouge de celui-ci (voir la Figure 3.9).

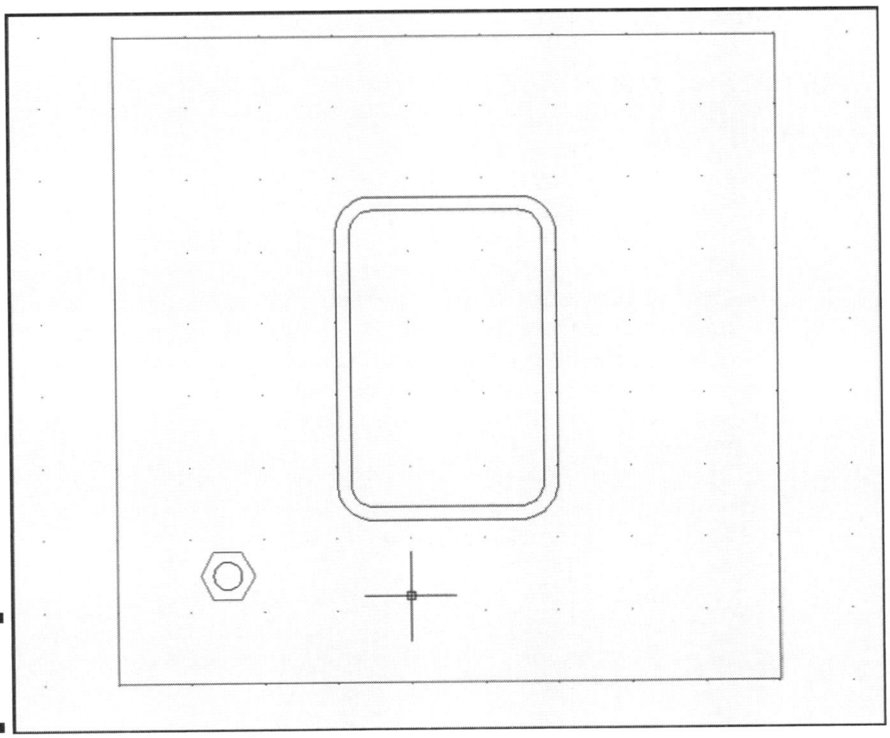

Figure 3.9
Support prêt à être boulonné ?

Il peut arriver que le mode Ortho et l'accrochage aux objets interfèrent avec l'opération de dessin en cours. Dans ce cas, il vous suffit de désactiver ces modes de précision en cliquant sur les boutons correspondants de la barre d'état.

10. **Désactivez le mode Ortho et l'accrochage aux objets en cliquant sur les boutons Mode ortho (ORTHO) et Accrochage aux objets (ACCROBJ) de la barre d'état. Ces boutons doivent prendre un aspect "relâché" et vous allez voir s'afficher les mentions <Ortho inactif> et <Accrobj désactivé> dans la fenêtre de commande.**

11. **Appuyez sur Ctrl+S pour enregistrer le dessin.**

Notre dessin ne ressemble pas encore à un produit commercialisable. Mais patience : nous allons bientôt créer toute la visserie nécessaire. Si votre cerveau commence à bouillonner, vous pouvez faire une petite pause et aller jeter un coup d'œil par la fenêtre (la vraie). Si vous refermez AutoCAD, il vous suffira à votre retour de le relancer et d'ouvrir votre dessin.

Lunettes d'approche avec le zoom et le panoramique

L'exemple de dessin développé dans ce chapitre est simple, petit et peu encombré. Mais ce n'est pas du tout le cas de la plupart des véritables projets AutoCAD. Les dessins techniques sont couramment remplis de lignes, de texte, de cotes et ainsi de suite. Ils sont souvent tracés sur des feuilles de papier dont la longueur se mesure en dizaines et en dizaines de centimètres. Une personne qui pourrait s'acheter un moniteur de cette taille aurait sans doute aussi les moyens de s'offrir un bureau rempli de dessinateurs. Ce n'est pas votre cas, puisque vous lisez ce livre. Comme moi, vous aurez donc besoin du zoom et du panoramique. Souvent.

Je reviendrai plus en détail sur ces indispensables outils dans le Chapitre 12. En attendant, quelques rapides définitions devraient suffire :

- **Zoom :** Il joue sur l'agrandissement de l'affichage. Lorsque vous zoomez, vous vous rapprochez des objets du dessin pour mieux les voir. Lorsque vous "dézoomez", vous vous éloignez du plan de travail pour avoir une vision plus large de l'aide de dessin.

- **Panoramique :** Il vous permet de vous déplacer d'un endroit à un autre sans changer le facteur d'agrandissement. C'est le même principe que l'emploi des barres de défilement dans une application Windows.

Le zoom et le panoramique vous permettent fréquemment de mieux voir les détails, de dessiner avec davantage d'assurance (car vous pouvez visualiser exactement ce que vous faites) et d'éditer plus rapidement (car la sélection des objets est plus facile quand il n'y en pas douze millions sur l'écran).

Heureusement, le zoom et le panoramique en temps réel sont des outils très souples et simples à utiliser sous AutoCAD. Les étapes qui suivent décrivent l'utilisation de ces fonctionnalités. Elles seront étudiées de manière plus approfondie dans le Chapitre 12.

Pour réaliser des zooms et des panoramiques dans votre dessin, suivez ces étapes :

1. **Cliquez avec le bouton droit de la souris sur une partie vide de la zone de dessin. Dans le menu contextuel qui apparaît, choisissez la commande Zoom.**

   L'option Temps réel de la commande Zoom se lance. Le curseur prend l'aspect d'une loupe, et AutoCAD affiche le message suivant dans la fenêtre de commande :

```
Appuyez sur Entrée ou Echap pour sortir ou cliquez avec le bouton
droit de la souris pour afficher le menu contextuel.
```

2. **Déplacez le curseur vers le milieu de l'écran. Appuyez sur le bouton gauche de la souris et laissez-le enfoncé. Faites glisser le curseur jusqu'à ce que le support remplisse pratiquement l'écran.**

   Vous constatez qu'un mouvement vers le haut augmente l'agrandissement (le facteur de zoom) du dessin, tandis qu'un déplacement vers le bas le réduit.

3. **Cliquez avec le bouton droit de la souris pour afficher le menu contextuel du zoom et du panoramique en temps réel (voir la Figure 3.10). Choisissez l'option Panoramique dans ce menu.**

   Le curseur prend la forme d'une main.

4. **Cliquez sur le bouton gauche et faites glisser le dessin jusqu'à ce que le support soit plus ou moins bien centré dans l'aire de travail.**

TRUC

Vous pouvez vous servir du menu contextuel pour basculer entre Zoom et Panoramique autant de fois que vous le voulez. Si vous êtes perdu,

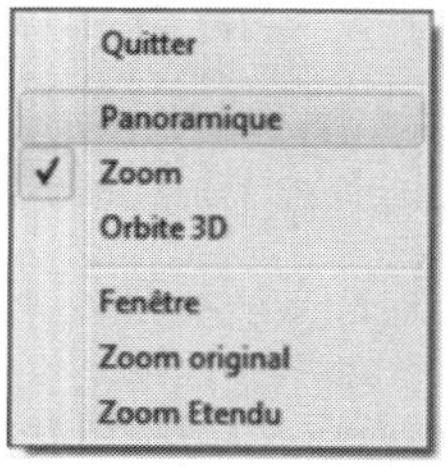

Figure 3.10 Le menu contextuel Zoom/ Panoramique Temps réel.

choisissez Zoom original ou Zoom Étendu pour retrouver une vue plus reconnaissable.

5. **Cliquez avec le bouton droit de la souris et choisissez dans le menu contextuel l'option Quitter.**

   Le curseur d'AutoCAD reprend son aspect habituel.

Éditer pour améliorer

Lorsque vous avez obtenu un affichage plus précis des éléments de votre projet, vous pouvez plus facilement éditer les objets. Dans les sections qui suivent, vous utiliserez la commande RESEAU pour ajouter d'autres filetages et têtes de boulons, la commande ETIRER pour modifier la forme du support, et enfin la commande HACHURES pour remplir la paroi pleine de la colonne.

Déverser des réseaux

La commande RESEAU est un excellent outil pour générer des quantités de nouveaux objets, régulièrement espacés, à partir d'entités existantes. La disposition du réseau peut être *rectangulaire* (les objets sont disposés en lignes et en colonnes) ou *polaire* (en cercle autour d'un point central, comme les rayons d'une roue de bicyclette autour de son moyeu). Dans cet exemple, vous allez utiliser un réseau rectangulaire pour insérer trois autres boulons.

1. **Cliquez sur le bouton Réseau dans le panneau Modification (il affiche quatre petits carrés).**

   Vous pourrez avoir besoin pour cela d'étendre le panneau en cliquant sur le petit triangle situé à droite de l'intitulé Modification.

La commande RESEAU se lance, et AutoCAD affiche la boîte de dialogue Réseau.

2. **Cliquez sur le bouton radio Réseau rectangulaire.**

3. **Cliquez sur le bouton Choix des objets.**

   La boîte de dialogue va disparaître provisoirement, et AutoCAD vous demande de choisir des objets.

4. **Désactivez le mode d'accrochage (RESOL) en cliquant sur le premier bouton à gauche de la barre d'état. Le bouton doit prendre un aspect relâché, et vous voyez s'afficher le message <Résol inactif>.**

   Désactiver provisoirement ce mode permet de sélectionner plus facilement les objets.

5. **Cliquez sur le filetage (le cercle) puis sur la tête (l'hexagone). Vous pouvez aussi entourer l'ensemble d'une fenêtre.**

   TRUC

   Si vous rencontrez des problèmes en essayant de sélectionner les objets, appuyez plusieurs fois sur la touche Échap pour annuler la commande. Relancez ensuite la commande RESEAU et essayez à nouveau.

   AutoCAD continue à envoyer des messages sur la ligne de commande :

```
Choix des objets: 1 trouvé(s), 2 au total
```

6. **Appuyez sur Entrée quand vous avez terminé la sélection des objets.**

   La boîte de dialogue Réseau réapparaît.

7. **Cliquez dans le champ de saisie Rangées. Entrez-y comme valeur 2. Déplacez-vous vers le champ Colonnes. Tapez également la valeur 2.**

   L'objet source est inclus dans le décompte opéré par AutoCAD. L'aperçu vous montre que le réseau comporte quatre objets régulièrement espacés (voir la Figure 3.11).

8. **Cliquez dans le champ Décalage de rangée. Tapez la valeur 600. Cliquez ensuite dans le champ de saisie Décalage de colonne et tapez également 600.**

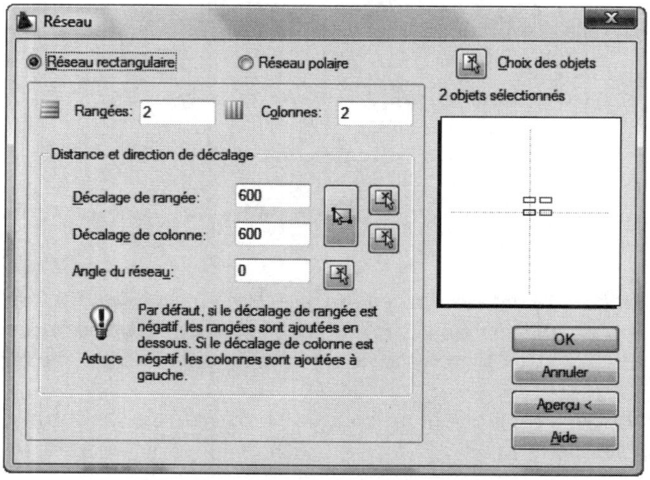

Figure 3.11 La boîte de dialogue Réseau, version multiplication des boulons.

Un réseau rectangulaire crée des rangées et des colonnes régulièrement espacées. Le premier nombre définit l'intervalle vertical entre les rangées. Le second indique l'intervalle horizontal séparant les colonnes.

9. **Cliquez sur le bouton Aperçu.**

   AutoCAD vous montre ce que va donner le réseau si vous acceptez les paramètres actuels. AutoCAD 2009 vous permet même d'utiliser le zoom et le panoramique dans le mode Aperçu si vous avez besoin d'une vue agrandie ou plus détaillée.

10. **Si quoi que ce soit ne vous convient pas, appuyez sur la touche Échap, apportez les changements voulus et demandez à nouveau un aperçu. Si tout vous paraît correct, appuyez sur le bouton droit de la souris pour confirmer vos choix.**

    AutoCAD reproduit les objets sélectionnés en réseau (voir la Figure 3.12).

11. **Appuyez sur Ctrl+S pour sauvegarder le dessin.**

Parfait ! À ceci près que le responsable du projet vient de décider que la colonne centrale devait mesurer non pas 300 unités sur 450, mais 450 unités de côté. Par conséquent, le support est trop petit et la visserie n'est pas non plus à la bonne place. S'il fallait corriger tout cela à la main, vous devriez abuser de la gomme et du grattoir. Autant alors tout recommencer. AutoCAD, à la rescousse !

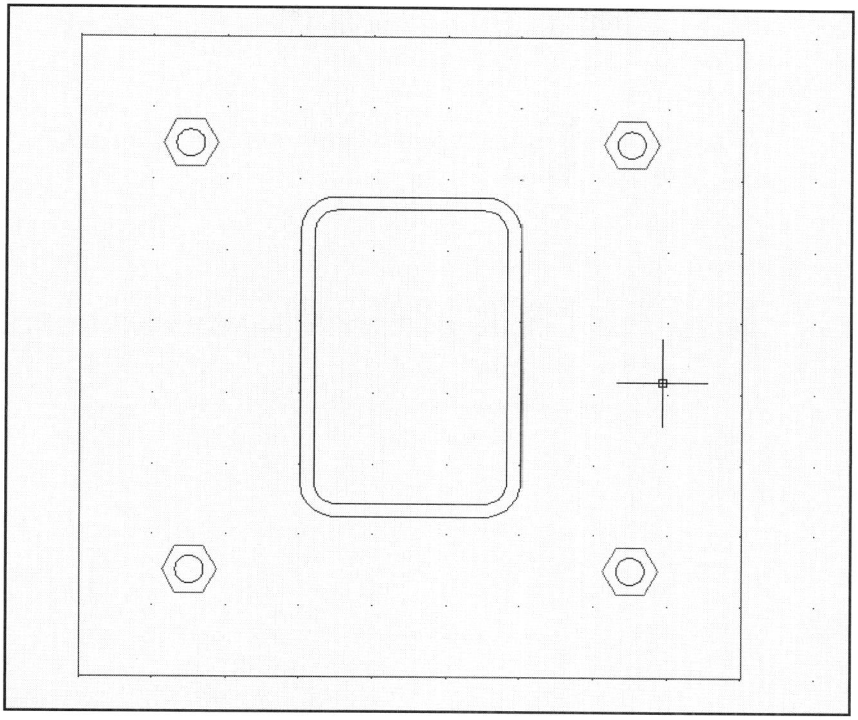

Figure 3.12
Le support est presque terminé.

Étirer des objets

La commande ETIRER est puissante, mais un peu compliquée : elle peut effectivement étirer des objets ou simplement les déplacer selon la manière dont vous les sélectionnez. Toute l'astuce consiste à définir une fenêtre de capture convenablement choisie. Le Chapitre 10 vous donnera des informations plus précises sur les fenêtres de capture et leur utilisation avec la commande ETIRER.

Pour étirer le support et l'axe central, suivez ces étapes :

1. **Cliquez sur le bouton Étirer du panneau Modification (c'est celui qui ressemble à un trapèze rectangle).**

   La commande ETIRER est lancée, et AutoCAD vous demande de sélectionner des objets. C'est l'une des quelques situations dans lesquelles vous devez réellement regarder de près ce qu'indique la fenêtre de commande :

```
Choix des objets à étirer par fenêtre de capture ou polygone...
Choix des objets:
```

2. **Cliquez sur un point situé au-dessus et à droite du support (Point 1 sur la Figure 3.13).**

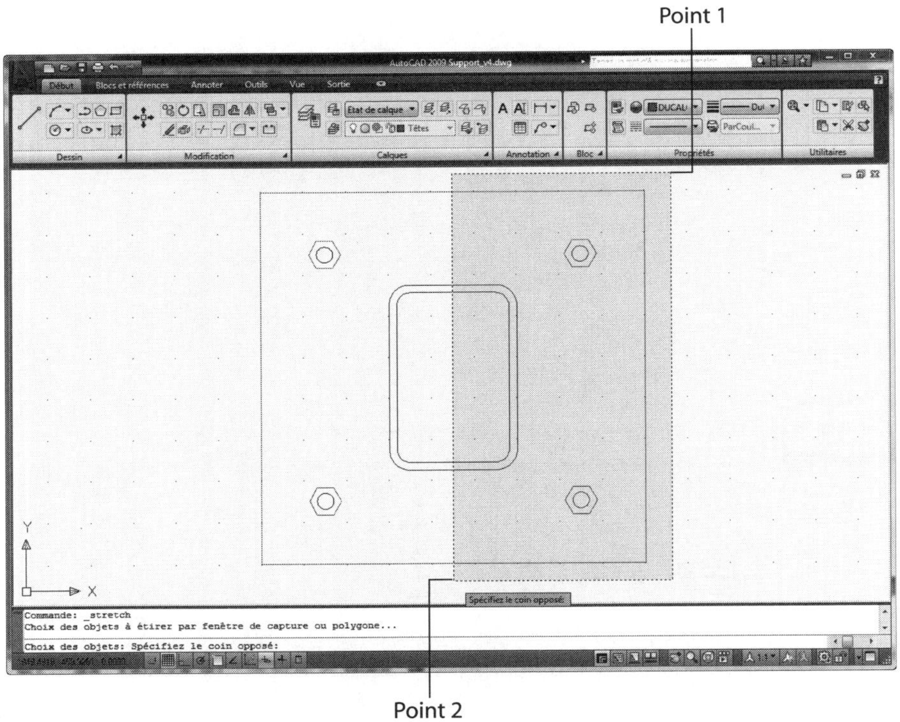

Figure 3.13 Spécifier une fenêtre de capture pour la commande Étirer.

3. **Déplacez le curseur vers la gauche.**

   Le curseur devient un rectangle délimité par un trait en tirets dont l'intérieur est d'un vert un peu translucide. C'est la fenêtre de capture. AutoCAD vous demande :

```
Choix des objets: Spécifiez le coin opposé:
```

4. **Cliquez sur un point situé sous le support, à peu près au milieu de la colonne (Point 2 sur la Figure 3.13).**

   La fenêtre de capture doit traverser aussi bien le support que l'ouverture centrale pour que la commande ETIRER puisse fonctionner correctement (reportez-vous à la Figure 3.13).

   AutoCAD vous demande maintenant :

```
Choix des objets: Spécifiez le coin opposé: 7 trouvé(s)
Choix des objets:
```

5. **Appuyez sur Entrée pour terminer la sélection des objets.**

   Le message vous demande ensuite de spécifier le point de base :

```
Spécifiez le point de base ou [Déplacement] <Déplacement>:
```

6. **Activez les modes d'accrochage (RESOL) et Ortho ainsi que l'accrochage aux objets (ACCROBJ). Pour cela, cliquez sur les boutons correspondants de la barre d'état. Ces boutons doivent prendre un aspect enfoncé.**

7. **Cliquez sur le coin inférieur droit du support.**

   Cet emplacement va servir de point de base pour l'opération d'étirement. Le Chapitre 11 décrit plus en détail les points de base et les déplacements.

   À cet instant, AutoCAD va vous demander :

```
Spécifiez le deuxième point ou <utiliser le premier point comme déplacement>:
```

8. **Déplacez le curseur vers la droite jusqu'à ce que la bulle de saisie dynamique affiche un déplacement de 150 unités avec un angle de 0 degré. Vous pouvez alors cliquer pour étirer les objets.**

   AutoCAD étire le support et l'ouverture centrale de la longueur indiquée (soit 150 unités vers la droite). Les deux boulons, qui étaient entièrement inclus dans la fenêtre de capture, sont simplement déplacés de la même distance et dans la même direction, comme l'illustre la Figure 3.14.

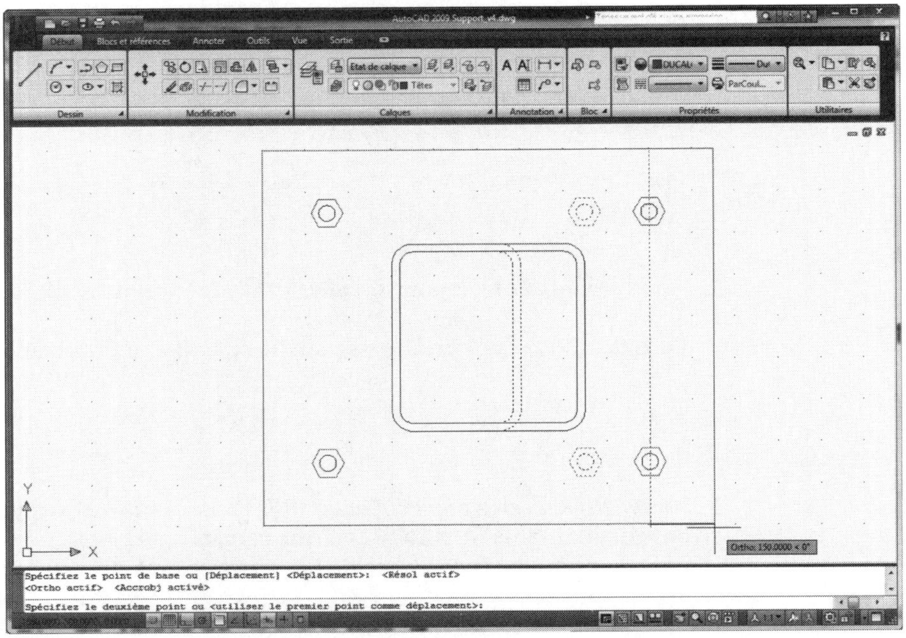

Figure 3.14 Le support est étiré.

Si votre première tentative échoue, appuyez sur la combinaison de touches Ctrl+Z. Essayez à nouveau. La commande Étirer est immensément utile ("Comment faisaient-ils quand les ordinateurs n'existaient pas ?"), mais la maîtrise des fenêtres de capture demande un certain entraînement.

9. **Appuyez sur Ctrl+S pour sauvegarder votre dessin.**

Croiser les hachures

Votre dernier travail va consister à hachurer la paroi de la colonne, c'est-à-dire l'aire qui se trouve entre les deux rectangles arrondis, afin de montrer qu'il s'agit d'une section. Suivez ces étapes :

1. **Désactivez le mode d'accrochage et l'accrochage aux objets en cliquant sur les boutons correspondants de la barre d'état jusqu'à ce qu'ils aient un aspect relâché.**

2. **Répétez les étapes 2 à 6 de la section "Des rectangles et des calques" pour créer un nouveau calque appelé Hachures. Affectez-lui la couleur 2 (jaune) et définissez-le comme calque courant.**

3. **Cliquez sur le bouton Hachures du panneau Dessin (il affiche une sorte de treillis entre quatre lignes).**

   AutoCAD lance la commande Hachures. La boîte de dialogue Hachures et gradient apparaît (avec AutoCAD LT, elle est simplement appelée Hachures). Pour plus d'informations sur cette boîte de dialogue, et les hachures en général, reportez-vous au Chapitre 12.

4. **Dans la liste Motif, sélectionnez le modèle prédéfini ANSI31 (il est formé de lignes obliques parallèles).**

5. **Cliquez en haut et à droite de la fenêtre sur le bouton Ajout : choisir des points.**

   La boîte de dialogue se referme provisoirement.

6. **AutoCAD vous demande de choisir un point interne à la région qui doit être hachurée. Cliquez quelque part entre les deux rectangles aux coins arrondis. Si nécessaire, faites un zoom pour mieux voir cette région.**

   AutoCAD sélectionne les deux polylignes raccordées.

7. **Appuyez sur Entrée pour terminer la sélection des objets.**

   La boîte de dialogue Hachures et gradient réapparaît.

   Cliquez sur le bouton Aperçu afin de vous faire une idée du résultat actuel. Le hachurage semble trop dense.

8. **Appuyez sur la touche Échap pour revenir à la boîte de dialogue Hachures et gradient.**

9. **Dans le champ Échelle, tapez la valeur 5. Cliquez de nouveau sur le bouton Aperçu. Si l'aspect des hachures vous convient, appuyez sur le bouton droit de la souris. Sinon, reprenez à l'Étape 8.**

Votre objet est maintenant terminé. Il devrait ressembler à l'illustration de la Figure 3.15.

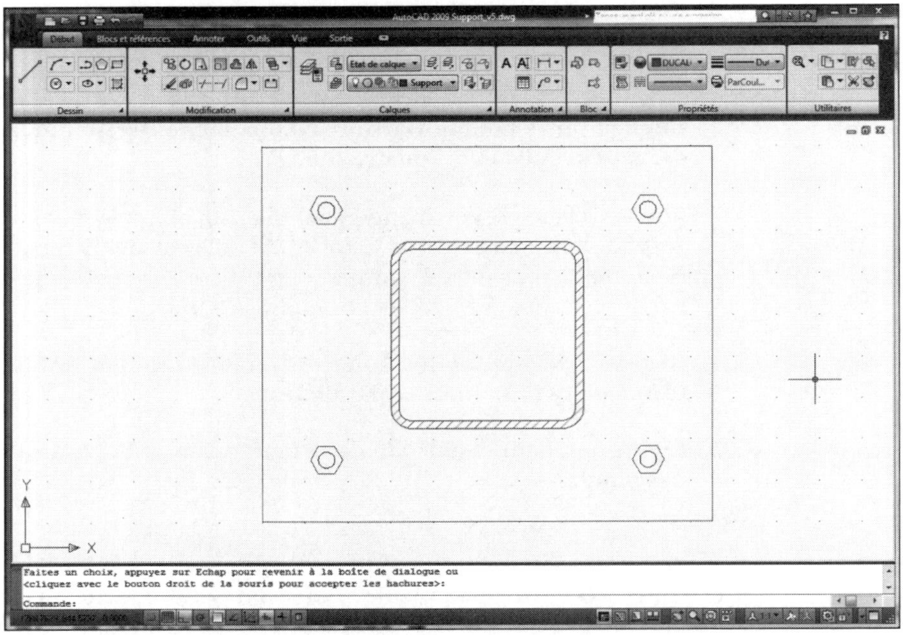

Figure 3.15
La section de la colonne est hachurée.

10. **Dans le navigateur de menus, choisissez Affichage, puis la commande Zoom et enfin l'option Tout.**

    AutoCAD affiche la totalité de l'aire définie par les limites du dessin.

11. **Appuyez sur Ctrl+S pour sauvegarder votre travail.**

TRUC

Tout en progressant dans le dessin et l'édition, vous allez certainement vous demander à quel moment il convient d'activer ou de désactiver les différents modes disponibles sur la barre d'état (l'accrochage, la grille, le mode Ortho, l'accrochage aux objets, etc.). C'est en réalité une affaire d'expérience. Vous commencerez vite à sentir d'instinct quand chacun de ces modes est utile et quand il devient gênant. Dans les chapitres qui suivent, vous trouverez des explications et des conseils plus poussés sur ces techniques.

Suivre le tracé

Regarder les dessins sur l'écran d'un ordinateur et les échanger avec d'autres utilisateurs via le courrier électronique ou un site Web est fort bien. Mais, tôt ou tard, quelqu'un (vous sans doute) demandera à en voir une copie sur papier. Imprimer (ou plutôt tracer pour respecter le vocabulaire des spécialistes) un dessin est nettement plus compliqué qu'effectuer une sortie à partir d'un traitement de texte ou d'un tableur. Vous devez en effet prendre en compte de nombreux paramètres : échelle du dessin, épaisseur des lignes, cartouches, formats de papier spécifiques, etc. Nous étudierons tout cela de près dans le Chapitre 16. Dans l'immédiat, je vais vous présenter une procédure abrégée qui vous aidera à produire un dessin correctement imprimé.

Les étapes qui suivent vous montrent comment tracer l'espace objet du dessin. Comme l'explique le Chapitre 5, AutoCAD offre une fonctionnalité sophistiquée, qu'il appelle *présentations dans l'espace papier*, et qui permet de "maquetter" votre dessin avant de le tracer (notamment pour lui ajouter un cartouche ou encore pour proposer différentes vues de votre construction). Comme je vous ai promis la simplicité, nous oublierons pendant quelque temps espace papier et cartouche. Lorsque vous vous sentirez prêt à affronter ces terrifiants outils, lisez le Chapitre 6 pour apprendre à configurer et à utiliser les présentations dans l'espace papier, et le Chapitre 16 pour (presque) tout savoir sur les tracés.

Pour tracer un dessin, suivez ces étapes :

1. **Cliquez sur le bouton Tracer de la barre d'outils Accès rapide. Vous pouvez aussi appuyer tout simplement sur Ctrl+P.**

   La barre d'outils Accès rapide se trouve sur la gauche de la barre de titre du programme, tout à côté du navigateur de menus.

   AutoCAD affiche la boîte de dialogue Tracer.

2. **Cliquez sur le bouton Plus d'options (il se trouve en bas et à droite de la fenêtre, à la suite du bouton Aide).**

   La boîte de dialogue va proposer des réglages supplémentaires (voir la Figure 3.16).

3. **Dans la rubrique Imprimante/traceur, sélectionnez un dispositif de sortie dans la liste Nom.**

4. **Dans la rubrique Format de papier, sélectionnez dans la liste déroulante une taille de papier pour votre tracé.**

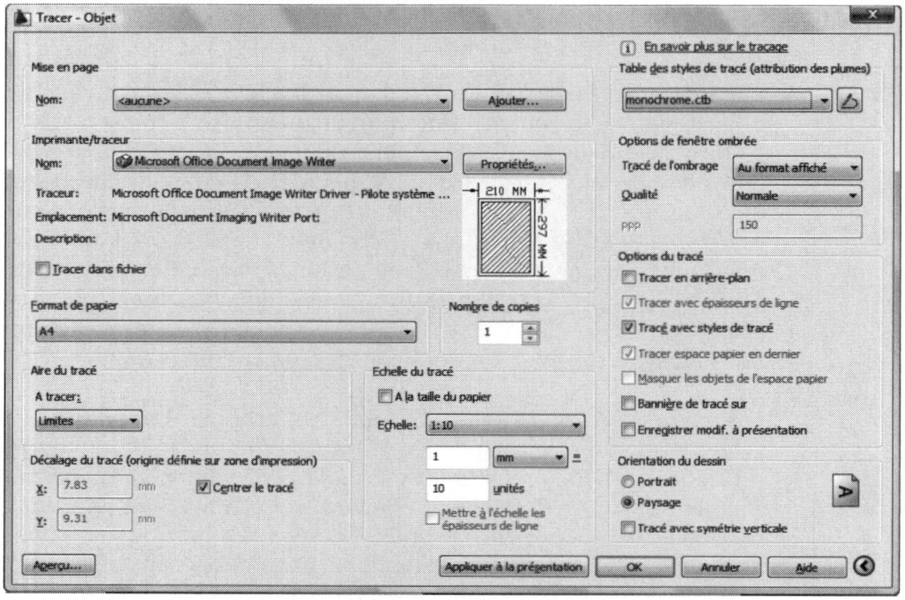

Figure 3.16 La boîte de dialogue Tracer étendue.

Nous pouvons dans cet exemple nous contenter du format A4 (ou davantage).

5. **Dans la rubrique Aire du tracé, choisissez dans la liste l'option Limites.**

   Il s'agit de l'aire totale du dessin, celle que vous avez choisie lorsque vous avez configuré celui-ci au début de ce chapitre.

6. **Dans la rubrique Décalage du tracé, cliquez sur l'option Centrer le tracé.**

   Vous pouvez également définir vous-même le décalage en X et en Y pour positionner le tracé à un endroit spécifique du papier.

7. **Dans la rubrique Échelle du tracé, désélectionnez la case à cocher À la taille du papier. Remplissez les deux champs placés sous la liste Échelle, comme indiqué sur la Figure 3.13 (soit 1 mm pour 10 unités).**

   Vous vous souvenez que nous avons défini au début de ce chapitre le dessin comme ayant une échelle au 1:10. Ce qui signifie donc qu'une unité sur le papier représente dix unités dans le dessin. Les unités papier sont les centimètres. Or, la boîte de dialogue Tracer ne nous propose que des millimètres. En indiquant que un millimètre correspond à dix unités de dessin, nous respectons notre choix.

8. **Dans la rubrique Table des styles de tracé, ouvrez la liste déroulante et choisissez monochrome.ctb.**

   La table des styles de tracé monochrome.ctb vous assure que le tracé sera réalisé en noir et blanc (sinon, les couleurs risqueraient d'être remplacées par des niveaux de gris). Reportez-vous au Chapitre 16 pour en apprendre plus sur les styles de tracé et sur le traitement des couleurs.

9. **Lorsque AutoCAD vous demande si vous voulez appliquer cette table des styles de tracé à toutes les présentations, cliquez simplement sur Oui.**

   Vous pouvez laisser tous les autres paramètres à leur valeur par défaut (reportez-vous à la Figure 3.16).

   TRUC

   Certaines imprimantes vous permettent de tracer plus près du bord du papier que d'autres. Pour trouver la taille de la zone réellement imprimable sur votre matériel, placez le pointeur pendant quelques instants au-dessus de la vignette affichée vers le milieu de la boîte de dialogue, dans la zone Imprimante/Traceur. Une bulle va apparaître. Elle vous renseigne sur le format du papier et sur la zone d'impression.

10. **Cliquez sur le bouton Aperçu.**

    Si l'échelle de tracé que vous avez définie dans la boîte de dialogue n'est pas cohérente avec celle qui a été affectée aux objets annotatifs, AutoCAD vous en avertira et vous demandera de confirmer votre décision. Comme ce dessin ne contient ni texte, ni cotes, et qu'il n'y a aucune raison valable pour rendre notre hachure annotative, on peut cliquer sans remords sur OK pour continuer le tracé.

    NOTE TECHNIQUE

    L'échelle d'annotation contrôle la taille imprimée des textes, des cotes, des hachures ainsi que d'autres types d'objets annotatifs. Du moins, tant que cette échelle est cohérente avec celle du tracé. Les objets annotatifs sont abordés dans le Chapitre 13.

    La boîte de dialogue Tracer disparaît provisoirement. AutoCAD vous montre à quoi le tracé va ressembler sur le papier. Il affiche également dans la ligne de commande le message :

```
Cliquez sur le bouton de sélection et faites glisser verticalement
pour effectuer un zoom, appuyez sur Echap ou Entrée pour quitter
ou cliquez avec le bouton droit de la souris pour afficher le menu contextuel.
```

11. Cliquez avec le bouton droit de la souris et choisissez Quitter.

12. Si l'aperçu n'est pas satisfaisant, ajustez les réglages de la boîte de dialogue Tracer. Reprenez alors à partir de l'étape 10.

13. Cliquez sur OK.

Si la boîte de dialogue de confirmation de l'échelle du tracé apparaît de nouveau, résistez à la tentation de cocher la case Ne plus afficher ce message. Vous pourrez y songer lorsque vous vous serez familiarisé avec les objets annotatifs, ce qui n'est pas encore le cas.

La boîte de dialogue Tracer se referme. AutoCAD génère le tracé et l'envoie à l'imprimante ou au traceur. Quand il a terminé, il affiche, dans le coin inférieur droit de sa fenêtre, une bulle de notification intitulée "Tracé et publication terminés". Vous obtenez des informations détaillées sur l'opération en vous servant du lien qui indique Cliquez pour afficher le rapport de tracé et de publication.

14. Cliquez sur la case de fermeture de la fenêtre de notification Tracé et publication terminés.

Si l'épaisseur que vous obtenez pour les lignes ne vous convient pas, ne jetez pas AutoCAD par la fenêtre ! Apprenez d'abord à jouer de l'épaisseur dans le Chapitre 6 et à maîtriser les styles de tracé dans le Chapitre 16.

15. Appuyez sur Ctrl+S pour sauvegarder votre dessin.

Félicitations ! Vous avez passé avec succès l'examen "Premier tracé avec AutoCAD". Le Chapitre 16 vous en dira plus, bien plus, sur le tout-puissant et parfois déroutant système de tracé d'AutoCAD.

Chapitre 4

Configurer pour réussir

Dans ce chapitre :

- Développer une stratégie de configuration.
- Commencer un nouveau dessin.
- Configurer l'espace objet.
- Créer et utiliser des gabarits de dessin.

De façon surprenante, la configuration du dessin est l'un des aspects les plus délicats de l'utilisation d'AutoCAD. On peut facilement se tromper ou faire quelque chose d'incomplet, et AutoCAD 2009 ne vous offre aucune boîte de dialogue ni aucun outil simple et intuitif pour vous aider à le faire directement. Et pourtant, la configuration du dessin est une chose qu'il est crucial de réaliser correctement. Si vous faites une erreur dans une étape de la configuration, ou si vous l'omettez, elle reviendra tôt ou tard pour vous perturber plus ou moins fortement.

Les conséquences d'une configuration approximative se voient lorsque vous essayez de *tracer* (imprimer) votre dessin. Ce qui vous paraissait satisfaisant à l'écran, en utilisant le zoom, est soudain visiblement à la mauvaise taille ou à la mauvaise échelle sur le papier. Plus qu'à toute autre chose, c'est à l'incapacité de tracer un dessin à la taille et à l'échelle voulues que l'on reconnaît du premier coup d'œil le maladroit qui se prend pour un véritable utilisateur d'AutoCAD. Le Chapitre 5 explique comment tracer un dessin, mais les instructions données dans ce chapitre sont un préalable nécessaire à cette opération. Si vous ne vous y prenez pas comme il faut, il y a de bonnes chances pour que vous vous retrouviez avec un tracé... dégoûtant.

Ce chapitre décrit les décisions que vous devez prendre avant de configurer un nouveau dessin ainsi que les étapes nécessaires à une configuration réussie, et montre comment sauvegarder ces paramètres pour les réutiliser.

N'imaginez *pas* que vous pouvez vous contenter de créer un nouveau fichier DWG vierge pour commencer à dessiner. Autrement dit, *lisez* ce chapitre avant de passer sérieusement aux suivants. Nombre de notions et de commandes d'AutoCAD sont dépendantes d'une configuration correcte du dessin. Votre travail sera beaucoup plus facile à réaliser si vous avez commencé par là. Les quelques minutes que vous aurez investies pour configurer correctement votre dessin pourront vous éviter de perdre des heures par la suite, de même qu'il est nécessaire de prévoir et de préparer ce que vous allez donner à manger à vos invités avant qu'ils arrivent.

Une stratégie de configuration pour vous mettre en appétit

S'il est nécessaire de configurer AutoCAD correctement, c'est d'une part à cause de sa souplesse et d'autre part parce qu'il s'agit de faire de la CAO – de la conception (donc du dessin) assistée par ordinateur. L'ordinateur ne peut pas vous assister dans votre travail de dessin (ou de conception) si vous ne lui donnez aucune indication sur des choses telles que l'échelle, la taille de papier et les unités que vous utilisez. Les raisons suivantes expliquent donc pourquoi la configuration du dessin est si déterminante dans AutoCAD :

- **Papier électronique :** La chose la plus importante que vous puissiez faire pour utiliser AutoCAD agréablement est de travailler sur un dessin correctement configuré, de manière à ce que votre écran se comporte comme une feuille de papier "intelligente". Quand on dessine sur du vrai papier, il faut constamment traduire à l'échelle du dessin les cotes de l'objet réel que l'on représente. Avec AutoCAD, on peut utiliser directement les cotes de l'objet réel dans l'unité utilisée (en mètres, en millimètres, ou même en pieds ou en pouces si le cœur vous en dit). AutoCAD calcule alors pour vous les distances sur l'écran auxquelles correspondent ces cotes et les introduit dans le dessin. Vous pouvez faire en sorte que le pointeur de la souris se cale sur des points particuliers à l'écran, et une grille visible et redimensionnable vous permet de mieux percevoir l'échelle de votre dessin. Mais cette astucieuse fonction ne vous rendra les services que vous en attendez que si vous avez commencé par configurer correctement votre dessin. AutoCAD ne peut faire son travail que si vous lui dites comment il doit s'y prendre.

- **Papier réel :** Il n'est que trop facile de créer sur l'écran un très beau dessin, mais qui ne tiendra pas sur la feuille de papier voulue. Une fois que vous avez terminé votre dessin sur la "feuille de papier intelligente" qu'offre AutoCAD par l'intermédiaire de l'écran, il vous faut généralement l'imprimer sur une feuille de ce papier non intelligent utilisé par l'humanité depuis des millénaires. À ce stade, vous devez prendre en compte les échelles et les tailles de papier standard en usage (et aussi le fait que les gens s'attendent à ce que la taille du dessin soit cohérente avec celle du papier). Si vous avez correctement configuré votre dessin, le traçage sera automatiquement satisfaisant. Dans le cas contraire, il pourra devenir un véritable cauchemar.

- **Ce n'est pas facile :** AutoCAD vous offre des gabarits et des assistants de configuration, mais ces gabarits ne fonctionneront comme il faut que si vous les comprenez. Quant aux assistants, ils sont pour la plupart très décevants même si vous les comprenez. C'est là l'une des principales faiblesses d'AutoCAD. Vous devez vous débrouiller pour comprendre comment faire fonctionner le programme correctement (heureusement que vous avez ce livre pour vous y aider). Si vous vous y plongez sans avoir soigneusement configuré AutoCAD, vous pouvez vous attendre à ce que la réalisation de votre dessin et son traçage se transforment en catastrophe.

Heureusement, configurer AutoCAD correctement est un peu comme préparer un soufflé. La recette est compliquée, mais on peut la maîtriser assez vite en faisant preuve d'attention et de persévérance. La bonne nouvelle, c'est que vous pouvez suivre ce chapitre comme s'il s'agissait de votre émission culinaire télévisée favorite.

TRUC

En travaillant dans AutoCAD, pensez toujours à ce à quoi le résultat final doit ressembler sur le papier. Même vos premiers dessins imprimés devraient avoir l'air d'être faits à la main (à l'exception des traces de grattage).

Avant de vous lancer dans la réalisation d'un projet, vous devez prendre des décisions sur votre nouveau dessin. Les quatre questions ci-après sont absolument cruciales. Si vous n'y répondez pas, ou si vous n'y donnez pas la bonne réponse, vous serez sans doute obligé de recommencer beaucoup de choses par la suite :

- Quelles unités allez-vous utiliser pour votre dessin ?
- À quelle(s) échelle(s) allez-vous le tracer ?
- Sur quel format de papier voulez-vous le tracer ?
- Quel type de cadre ou de cartouche nécessite votre dessin ?

Dans certains cas, vous pouvez différer la réponse à la dernière question, mais il est généralement préférable de s'y attaquer dès le départ.

AutoCAD et le papier

Dans d'autres programmes Windows, vous utilisez l'échelle que vous voulez pour ajuster le contenu d'un document au papier. Vous avez sans doute déjà imprimé une feuille de calcul Excel ou une page Web à une échelle inhabituelle, par exemple 82,5 % de la taille réelle, pour faire tenir l'ensemble du document sur une seule feuille de papier sans pour autant rendre les caractères trop petits.

Pour un dessin industriel, le résultat imprimé doit se conformer à une échelle communément admise (par exemple 1:50 ou ¼"=1'-0") pour être utilisable et compréhensible par d'autres. Mais la fenêtre d'AutoCAD ne vous oblige pas automatiquement à utiliser une échelle et/ou une taille de papier particulières. Si vous commencez simplement à dessiner ce que vous voulez dans la fenêtre d'AutoCAD, il est peu probable que le résultat final tienne correctement sur une feuille de dimensions données à une échelle acceptable.

Ce chapitre vous explique comment commencer votre dessin d'une manière telle que le résultat final vous donne satisfaction. Avec de la pratique, cette manière de procéder deviendra pour vous une seconde nature.

ATTENTION !

Quand on est pressé, il est tentant de récupérer un dessin existant configuré pour l'échelle et la taille de papier que l'on veut utiliser, de faire une copie du fichier DWG, d'effacer les objets qu'il contient et de commencer à dessiner. Soyez prudent, toutefois, si vous procédez de cette façon :

- Quand vous copiez un autre dessin, vous héritez de toutes les erreurs de configuration qu'il peut comporter.
- Si vous partez d'un dessin réalisé avec une ancienne version d'AutoCAD, vous ne pourrez peut-être pas tirer avantage des fonctions qui ont été introduites depuis.

TRUC

Si vous trouvez un dessin qui vous convient et qui a été préparé dans une version récente d'AutoCAD par un utilisateur expérimenté et consciencieux sur la question de la configuration, vous pouvez envisager de l'utiliser. Dans le cas contraire, vous vous porterez mieux en reprenant à zéro la configuration d'un nouveau dessin.

Choisir vos unités

AutoCAD est extrêmement souple en ce qui concerne les unités de dessin. Il vous permet de les définir comme vous voulez. En général, vous allez choisir une unité qui est normalement utilisée pour l'objet que vous représentez. En Europe, ce sont des unités métriques, mais vous pouvez aussi bien avoir à utiliser des pieds ou des pouces pour certains objets aux normes américaines.

Au cours de la configuration de votre dessin, vous allez spécifier deux caractéristiques pour vos unités : *longueurs* (pour mesurer les objets linéaires et les distances) et *angles* (pour mesurer des angles entre des objets non parallèles ou encore des points sur des arcs ou des cercles). Ce choix s'effectue dans la boîte de dialogue Unités de dessin, illustrée à la Figure 4.1 (nous verrons comment procéder dans la section suivante). Résumons la situation :

- Le type **Ingénierie** génère des affichages en pieds et en pouces. Il se sert de décimales pour représenter les unités partielles.
- Le type **Architecture** génère des affichages en pieds et en pouces. Il se sert de fractions pour représenter les unités partielles.
- Le type **Décimal** peut représenter une unité quelconque du monde réel. AutoCAD ne sait donc rien de ce qu'est cette unité, et il ne s'en soucie d'ailleurs pas. Chaque unité de dessin peut être un micron, un millimètre, un pouce, un pied, un mètre, un kilomètre, un mile, un parsec, la longueur d'une des pattes de votre chien, ou toute autre unité que vous trouverez appropriée. La décision vous appartient.
- Le type **Fractionnaire** est également sans unités prédéfinies. Simplement, les valeurs y sont montrées sous la forme de fractions au lieu de nombres décimaux.
- Le type **Scientifique** est lui aussi sans unités. Les valeurs y sont exprimées sous la forme d'exposants, ce qui peut servir pour le dessin de choses dans l'ordre de l'infiniment petit ou de l'infiniment grand. C'est le type à choisir si vous représentez des molécules ou des galaxies.

Les unités angulaires dont vous disposez sont les suivantes :

- Les **Degrés décimaux** montrent les angles sont forme décimale (excellent !). Si la nature de votre travail le permet, c'est le choix de loin le meilleur.
- Le type **Deg/Min/Sec** est basé sur l'ancien style de division des degrés en minutes et des minutes en secondes. Et comme tout cela ne suffit pas

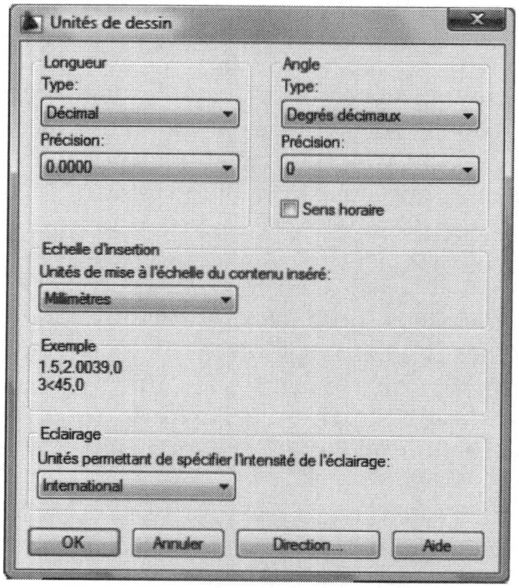

Figure 4.1 La boîte de dialogue Unités de dessin.

à pousser AutoCAD dans ses derniers retranchements, les secondes peuvent à leur tour être divisées en décimales.

- Les **Grades** et les **Radians** font le bonheur des mathématiciens (du moins, à ce que l'on m'a dit), mais ils ne sont pas couramment employés en CAO. Apparemment, l'artillerie française compte en grades. C'est peut-être pour cela qu'il y a parfois des accidents.
- Les **Unités géodésiques** sont semblables aux Deg/Min/Sec, mais avec une division de type Est/Ouest/Nord/Sud à la place du traditionnel cercle de famille. Ainsi, un angle de 300 degrés 0 minute 0 seconde deviendra dans ce système S 30°0'0.00 E.

TRUC

Pour l'immense majorité d'entre nous, les deux types d'unités à connaître et utiliser sont **Décimal** et **Degrés décimaux**. Si vous avez vraiment besoin de faire un autre choix, c'est que vous le saviez d'avance ou que quelqu'un vous oblige à le faire !

Après avoir spécifié un type d'unité, vous dessinez vos objets à la taille de l'écran dans l'unité correspondante, sans vous préoccuper de l'échelle, exactement comme si vous vous trouviez sur le site de construction ou dans l'atelier de l'usine. Vous pouvez ainsi tracer un trait de 2,50 m pour indiquer la hauteur d'un mur aussi bien qu'un trait de 20 cm pour indiquer la découpe nécessaire pour ménager une chatière en bas d'une porte. L'un et l'autre peuvent ne représenter que 5 cm à l'écran pour une certaine résolution de zoom, mais c'est bien la longueur de l'objet (2,50 m ou 20 cm) que connaît AutoCAD. Cette manière de travailler est facile et naturelle pour la plupart des gens formés uniquement à la CAO, mais elle paraît souvent étrange à ceux qui ont l'expérience du dessin industriel à la main. Si vous appartenez à la deuxième catégorie, ne vous inquiétez pas : vous allez vous y habituer très vite.

Lorsque vous utilisez des types de ligne tiretés (Chapitre 6) et des hachures (Chapitre 15), AutoCAD impose une considération supplémentaire sur les unités métriques ou anglo-saxonnes (dites également impériales). La variable système MEASUREMENT contrôle en effet l'échelle des types de ligne ou des motifs de hachurage qui vous sont proposés (en termes d'unités de traçage). Lorsque MEASUREMENT vaut 0, AutoCAD emploie des pieds et pouces (unités impériales). Lorsque MEASUREMENT vaut 1, il se sert d'unités métriques. Si vous partez d'un gabarit adapté (nous allons y revenir un peu plus loin), la variable système MEASUREMENT sera correctement définie et vous n'aurez même pas à vous en soucier. (Si vous voulez en savoir un peu plus sur cette notion de variable système, voyez ce qu'en dit le Chapitre 22.)

Bien peser vos échelles

En France, pour le dessin industriel, on ne parle que d'échelle, avec une représentation du type "2:1" (pour une échelle de 2:1, autrement dit 1 mm sur l'objet réel est représenté par 2 mm sur le papier). J'utilise toutefois dans ce livre le terme "facteur d'échelle", avec sa définition anglo-saxonne, parce qu'il fait partie de la terminologie d'AutoCAD qui est justement un logiciel américain.

Le deuxième choix que vous avez à faire avant de configurer un nouveau dessin est celui de l'échelle à laquelle vous voulez qu'il soit finalement tracé. C'est ce qui vous donne l'*échelle* et le *facteur d'échelle* du dessin, qui sont deux manières différentes d'exprimer la même relation entre les dimensions de l'objet réel et celles de cet objet tracé sur le papier.

D'accord. Vous comprenez bien que vous devez imprimer votre dessin à une *échelle* acceptable pour la discipline dans laquelle vous travaillez. Mais vous vous dites en même temps : "Puisque je dessine à pleine échelle, pourquoi venir m'ennuyer avec cette affaire de *facteur d'échelle* ?" Bon. Asseyons-nous quelques instants autour d'un bon verre. Vous savez maintenant (parce que je vous l'ai dit) que vous représentez les objets du monde réel à leur véritable taille. Mais un dessin contient aussi des choses qui ne sont *pas* réelles, comme du texte, des cotes, des motifs de hachurage, des cartouches, des types de ligne tiretés et ainsi de suite. Et ces objets non réels ont besoin d'être tracés d'une manière lisible sur la feuille de papier.

Supposons par exemple que vous vouliez dessiner un plan de votre garage. Vous devez le faire tenir sur une feuille au format A4, et vous voulez ajouter une légende du genre (soyons originaux) "Mon Garage". Une telle annotation pourrait avoir une hauteur de 10 mm (après tout, c'est un beau garage). Vous la définissez donc comme telle. Maintenant, vous dessinez vos murs, disons de 12 m sur 5 m (c'est vrai que c'est déjà un beau garage) *à pleine échelle* et vous ajoutez votre titre de 10 mm. Vous tracez ensuite votre dessin à l'échelle 1:50. Donc, le mur de 12 m de long va représenter 24 cm sur le papier et le texte sera totalement illisible (divisez 10 mm par 50 pour voir). Vous rétablissez la situation à l'aide du facteur d'échelle du dessin. L'encadré "L'échelle du dessin et le facteur d'échelle du dessin" vous explique comment vous arrivez au facteur d'échelle, et le Tableau 4.1 présente une liste d'échelles standard avec leurs facteurs d'échelle correspondant (aussi bien pour les unités métriques qu'impériales).

L'échelle du dessin et le facteur d'échelle du dessin

Les utilisateurs de la CAO ont deux manières différentes d'évoquer l'échelle à laquelle un dessin doit être tracé : l'échelle du dessin et le facteur d'échelle du dessin.

L'*échelle du dessin* est la manière traditionnelle de décrire une échelle (traditionnelle dans la mesure où elle existe depuis bien plus longtemps que la CAO). Elle est généralement représentée à l'aide du signe deux-points (:) ou du signe égal (=), par exemple 1:4 ou 1 cm = 200 m. Traduisez le signe (:) ou le signe (=) par "correspond à". Dans tous les cas, la valeur qui se trouve à gauche de ce signe correspond à ce que l'on peut mesurer sur le papier, et la valeur qui se trouve à droite à ce que l'on peut mesurer sur l'objet réel, donc à ce que connaît le programme de CAO. N'oubliez pas qu'une échelle métrique ne comporte généralement pas d'indication d'unité. Tout cela n'est que rapport entre grandeurs ! Par exemple, 1:20 signifie qu'une unité du dessin tracé correspond à 20 unités dans le monde réel (ou dans celui de la CAO).

Le *facteur d'échelle du dessin* est une simple valeur numérique qui est un coefficient multiplicateur, comme 100, 20 ou 0,5. Il s'agit d'un facteur de conversion entre ce qui est mesuré sur le dessin une fois tracé et ce qui est mesuré sur l'objet réel (donc là encore ce que connaît le programme de CAO).

Ceux qui ont des souvenirs assez clairs de leurs cours de mathématiques peuvent se rendre aisément compte que l'échelle du dessin et le facteur d'échelle ne sont que deux manières différentes de décrire la même relation. Le facteur d'échelle est le multiplicande qui permet de convertir le premier nombre de l'échelle du dessin vers le second.

Penser annotatif

La version 2008 d'AutoCAD a introduit une nouvelle manière de configurer certains types d'annotations pour qu'ils aient une taille appropriée lors du tracé. Les *objets annotatifs* possèdent une propriété spéciale qui fait que, si vous changez l'échelle d'annotation dans une fenêtre d'une présentation ou dans l'espace objet, tous ces objets (texte, cotes, types de ligne, hachures et blocs de symboles) sont automatiquement ajustés pour qu'ils conservent leur taille correcte dans l'échelle choisie. Les objets annotatifs seront étudiés dans le Chapitre 13. Mais, dans l'immédiat il est tout de même nécessaire de se familiariser avec cette notion de facteur d échelle du dessin, car elle est utile dans quelques autres situations.

Ne choisissez pas vos échelles au gré de votre simple fantaisie. Chaque domaine technique admet généralement un petit nombre d'échelles, selon une progression d'un facteur 2 ou 10. Si vous ignorez ces usages, vous passerez au mieux pour un amateur ou un débutant. Au pire, vous aurez à refaire tous vos dessins en utilisant des échelles acceptées par la profession.

Le Tableau 4.1 donne une liste d'échelles couramment utilisées en architecture, en unités métriques et en unités anglo-saxonnes (impériales), avec le facteur d'échelle associé et l'usage auquel il correspond généralement. Si les dessins que vous réalisez ne semblent pas correspondre à ce qui est indiqué ici, renseignez-vous auprès de collègues ou d'autres dessinateurs sur les échelles en usage dans le domaine qui vous concerne.

Tableau 4.1 : Échelles d'usage courant en architecture.

Échelle	Facteur d'échelle	Utilisation générale
1/16" = 1'-0"	192	Plans de grands immeubles
1/8" = 1'-0"	96	Plans d'immeubles
¼" = 1'-0"	48	Plans de maisons
½" = 1'-0"	24	Plans détaillés
1" = 1'-0"	12	Détails
1:200	200	Plans de grands immeubles
1:100	100	Plans d'immeubles
1:50	50	Plans de maisons

Tableau 4.1 : Échelles d'usage courant en architecture. (*suite*)

Échelle	Facteur d'échelle	Utilisation générale
1:20	20	Plans détaillés
1:10	10	Détails

TRUC

Une fois que vous avez choisi une échelle pour votre dessin, gravez le facteur d'échelle correspondant sur votre bureau et écrivez-le sur votre main ainsi que sur une note autocollante que vous mettrez sur votre écran. Vous aurez besoin de connaître le facteur d'échelle pour de nombreuses opérations de dessin et pour le traçage. Vous devriez être capable d'énumérer le facteur d'échelle de tous les dessins sur lesquels vous travaillez dans AutoCAD sans même avoir à y réfléchir.

ATTENTION !

Même si vous avez l'intention d'utiliser l'option À la taille du papier de la boîte de dialogue Tracer plutôt qu'un facteur d'échelle déterminé, vous devez choisir une échelle pour que les objets non réels, comme le texte, les cotes, les hachures et autres annotations variées, apparaissent dans une taille cohérente. Choisissez donc une échelle qui corresponde approximativement à l'échelle d'ajustement au format, indiquée par AutoCAD dans la zone Échelle du tracé de la boîte de dialogue Tracer. Par exemple, si vous constatez que votre dessin doit être réduit d'un facteur approximativement égal à 90 pour être ajusté au format du papier, choisissez une échelle de 1 = 100 (facteur d'échelle = 100), ou de pouce = 1 pied - 0 pouce (soit un facteur d'échelle de 96) si vous travaillez à un plan d'architecture en unités anglo-saxonnes.

2009

La plupart des gens, la plupart du temps, trouvent que le nombre des échelles proposées dans la liste Échelle de la fenêtre ou dans la boîte de dialogue Tracer est bien trop considérable. AutoCAD propose donc une boîte de dialogue appelée Liste d'échelles, qui vous permet par exemple de retirer toutes les unités impériales si vous travaillez uniquement en unités métriques. Et réciproquement. Voilà qui est bien pratique. Pour redéfinir les valeurs qui vous seront proposées, ouvrez le navigateur de menus et choisissez Format puis Liste d'échelles. En cas d'erreur, cliquez simplement dans cette fenêtre sur le bouton Réinitialiser. Toutes les échelles par défaut retrouveront leur place.

À propos du papier

Connaissant les échelles en usage dans votre secteur d'activité, vous pouvez choisir une échelle provisoire en fonction de ce que vous dessinez. Mais vous ne pourrez être certain que cette valeur est satisfaisante que lorsque vous l'aurez comparée à la taille du papier que vous voulez utiliser pour tracer votre dessin. Là encore, la plupart des industries se servent d'un petit nombre de formats standard. Il existe trois catégories couramment utilisées de tailles standard, illustrées par la Figure 4.2 et le Tableau 4.2 :

- ISO (*International Organization for Standardization*).
- ANSI (*American National Standards Institute*).
- Architectural (normes américaines).

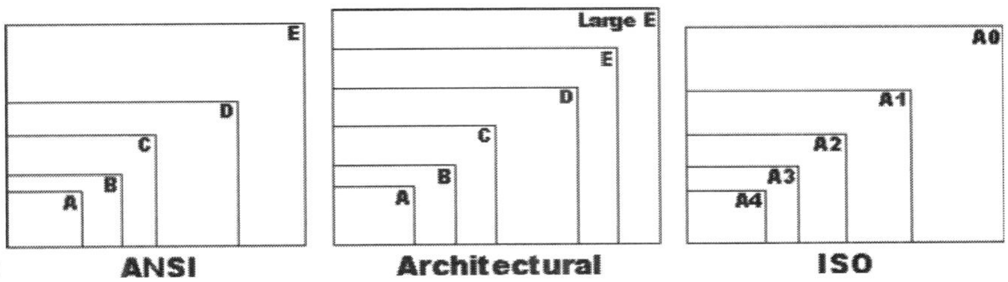

Figure 4.2 Les trois catégories de tailles de papier standard.

Tableau 4.2 : Tailles de papier standard.

Nom standard	Dimensions	Commentaire
ANSI E	34 x 44"	
ANSI D	22 x 34"	Feuille E pliée en deux
ANSI C	17 x 22"	Feuille D pliée en deux
ANSI B	11 x 17"	Feuille C pliée en deux
ANSI A	8,5 x 11"	Feuille B pliée en deux
Architectural Large E	36 x 48"	
Architectural E	30 x 42"	
Architectural D	24 x 36"	Feuille E pliée en deux
Architectural C	18 x 24"	Feuille D pliée en deux
Architectural B	12 x 18"	Feuille C pliée en deux

Tableau 4.2 : Tailles de papier standard. (*suite*)

Nom standard	Dimensions	Commentaire
Architectural A	9 x 12"	Feuille B pliée en deux
ISO A0	841 x 1 189 mm	
ISO A1	594 x 841 mm	Feuille A0 pliée en deux
ISO A2	420 x 594 mm	Feuille A1 pliée en deux
ISO A3	297 x 420 mm	Feuille A2 pliée en deux
ISO A4	210 x 297 mm	Feuille A3 pliée en deux

Vous devez donc sélectionner une catégorie standard en fonction du domaine pour lequel vous travaillez (en Europe, c'est généralement la norme ISO que vous allez utiliser), puis choisir le format en fonction de votre dessin.

Si vous connaissez la taille de papier voulue et le facteur d'échelle du dessin, vous pouvez facilement calculer les dimensions de l'aire de dessin utilisable. Multipliez simplement chacune des deux dimensions de la feuille (X et Y) par le facteur d'échelle. Par exemple, si vous avez choisi une feuille au format ISO A3 et un facteur d'échelle de 100 (l'échelle du tracé est donc de 1 mm = 100 mm), vous disposez d'un espace de dessin correspondant à 29 700 mm par 42 000 mm, soit 29,7 m par 42 m (de quoi caser environ deux terrains de tennis). Si vous utilisez un format ISO, dont la taille est exprimée en millimètres, et que vous dessinez des objets dont les cotes sont en pouces, il vous faut encore diviser le résultat (en millimètres) par 25,4 (car un pouce vaut 25,4 mm). Et si les cotes de vos objets sont en pieds, c'est par 304,8 (car un pied vaut 304,8 mm) que vous devez diviser les dimensions en millimètres de votre espace de dessin pour savoir ce qu'elles représentent au final.

Inversement, si vous connaissez la taille de papier que vous allez utiliser ainsi que la taille réelle de ce que vous allez dessiner et que vous vouliez savoir quelle est la plus grande échelle possible pour tracer votre dessin, vous devez diviser au lieu de multiplier. Divisez les dimensions réelles (X et Y) de l'objet à dessiner par celles (X et Y) de la feuille de papier, prenez la plus grande des deux valeurs obtenues (pour X ou pour Y) et arrondissez le résultat au facteur d'échelle le plus proche parmi ceux qui sont utilisés dans le secteur pour lequel vous travaillez. Par exemple, imaginez que vous vouliez dessiner le plan d'une maison de 20 mètres (20 000 mm) par 15 (15 000 mm) pour le tracer sur une feuille de papier au format A3. Vous divisez 20 000 par 420 et 15 000 par 297 pour obtenir respectivement 47,62 et 50,51. La plus grande de ces deux valeurs correspond ici à la largeur de la maison et au plus petit côté du papier. Le facteur d'échelle d'usage courant le plus proche est 50 (1 mm = 50 mm), ce qui laisse bien peu d'espace pour les marges d'impression et pour le cartouche.

Si vous n'avez pas de calculatrice à portée de main, inutile de créer un raccourci vers celle de Windows sur votre bureau virtuel. AutoCAD est doté de cet accessoire indispensable ! Choisissez le bouton CalcRapide dans le panneau Renseignements (onglet Outils du ruban). Vous voyez ? Elle ressemble vraiment à une calculatrice !

Pour les deux raisons ci-après, vous devez toujours conserver un peu de place autour du dessin lorsque vous choisissez une taille de papier et une échelle de dessin :

- **Laisser de la place pour les marges :** La plupart des traceurs et des imprimantes ne peuvent pas imprimer sur toute la surface du papier et nécessitent une marge. Par exemple, ma bonne vieille imprimante Hewlett-Packard LaserJet 4050 autorise une surface imprimable sensiblement égale à 8 x 10,7 pouces sur une feuille ANSI A de 8,5 x 11 pouces (comme l'explique le Chapitre 16, vous trouverez cette information dans la boîte de dialogue Tracer). Si vous êtes à cheval sur la précision, vous pouvez utiliser les dimensions de la surface réellement imprimable à la place de celles de la feuille de papier pour effectuer les calculs décrits plus haut dans cette section.

- **Annotations :** La plupart des dessins nécessitent quelques annotations (texte ou autre) autour des objets, plus un cartouche pour les encadrer. Si vous ne laissez pas un peu d'espace pour ces annotations et pour le cartouche, vous devrez tout condenser au maximum ou changer de format de papier. Dans les deux cas, vous perdez du temps à un stade du projet où on ne peut généralement pas se le permettre.

Dans certains secteurs industriels, on résout le problème de l'adéquation entre la taille du papier et l'échelle du dessin en divisant le dessin en plusieurs éléments tracés sur autant de feuilles distinctes. C'est une méthode que vous devriez envisager.

Ne craignez pas de commencer avec un crayon et un papier. Un dessinateur industriel expérimenté commence souvent par faire un brouillon rapide que l'on appelle un avant-projet. Un avant-projet comporte généralement un rectangle indiquant la taille de papier envisagée, une indication du cartouche et un schéma très simple de ce qui doit être dessiné. Il aide à griffonner les dimensions de la feuille de papier, de l'espace occupé par le cartouche et des principaux objets à dessiner. Il vous permettra souvent d'identifier les problèmes d'échelle ou de taille de papier avant de commencer à configurer votre dessin, à une étape où il suffit de quelques minutes pour les résoudre, au lieu de vous en apercevoir après avoir commencé à dessiner, quand il faut des heures pour réparer l'erreur.

Défendre vos frontières

Il vous faut maintenant décider du type d'encadrement dont votre dessin a besoin. Vous pouvez opter pour un cartouche complet, un simple rectangle, ou même rien du tout. Si vous avez besoin d'un cartouche, en avez-vous déjà un ? Pouvez-vous emprunter un cartouche existant ou allez-vous en fabriquer un à partir de zéro ? Bien que vous puissiez en dessiner un pour chaque travail, vous gagnerez du temps en réutilisant le même cartouche pour plusieurs dessins. Votre entreprise a peut-être un cartouche standard prêt à l'emploi, et il y a peut-être aussi un dessinateur qui travaille sur le même projet que vous et qui en a déjà réalisé un.

La bonne méthode pour dessiner un cartouche consiste à utiliser un fichier DWG séparé à sa taille de traçage normale (la taille correspondant au format de papier à utiliser, par exemple 841 mm de long sur 594 mm de large pour un tirage au format ISO A1). Il vous suffit alors d'insérer ce fichier ou de le désigner comme référence externe (xréf) dans chaque dessin. Les Chapitres 17 et 18 expliquent comment insérer des fichiers DWG séparés ou les désigner comme références externes.

Devenez créatif avec les gabarits

Lorsque vous lancez AutoCAD dans son espace de travail Dessin 2D et annotation (ou dans l'ancien espace AutoCAD classique), celui-ci crée un nouveau dessin vierge basé sur un gabarit par défaut configuré pour le dessin 2D (`acadiso.dwt` dans la version française, ou `acadltiso.dwt` dans le cas d'AutoCAD LT). Quand vous demandez explicitement à AutoCAD de créer un nouveau dessin, la fenêtre Sélectionner un gabarit, illustrée sur la Figure 4.3, apparaît par défaut. Elle vous permet de choisir un modèle pour votre nouveau dessin.

TRUC

Vous avez peut-être l'habitude d'utiliser des modèles avec Word ou Excel. Les gabarits d'AutoCAD reposent sur le même principe et fonctionnent largement de la même manière (parce qu'Autodesk a fauché l'idée à Microsoft, avec sa bénédiction naturellement).

Un *gabarit* est simplement un dessin dont le nom de fichier se termine par l'extension `.dwt` et que vous pouvez utiliser comme point de départ pour votre projet. Lorsque vous créez un dessin à partir d'un gabarit, AutoCAD ouvre une copie du fichier de ce modèle dans une nouvelle fenêtre d'édition. La première

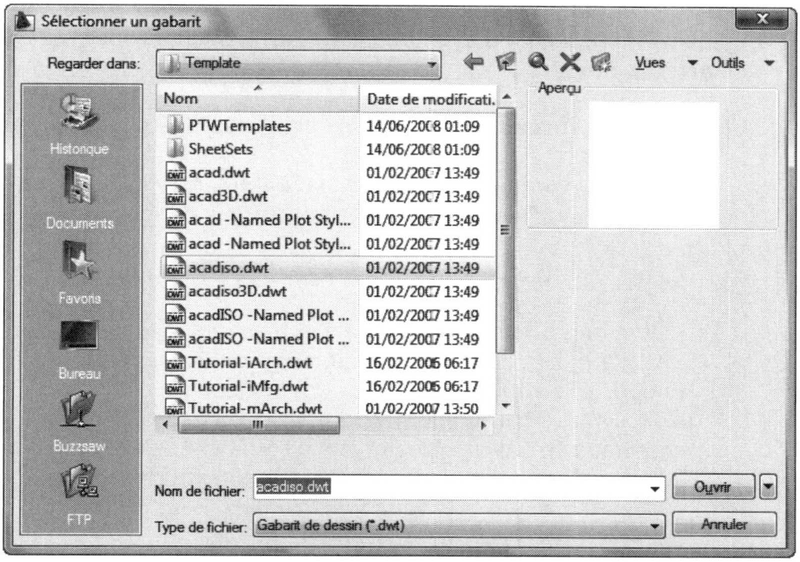

Figure 4.3
Choisissez votre gabarit.

fois que vous enregistrez ce fichier, une boîte de dialogue apparaît pour vous demander le nom que vous voulez lui donner. Le fichier du gabarit lui-même reste inchangé.

L'utilisation d'un gabarit approprié peut vous faire gagner du temps et vous épargner des soucis, car la plupart des paramètres, sinon tous, sont déjà correctement configurés pour vos besoins. Vous savez que les objets seront tracés correctement et vous n'avez plus à vous occuper que de la géométrie du dessin lui-même, des cotes et des annotations. Naturellement, cet optimisme ne se justifie que si la personne qui a créé le gabarit savait ce qu'elle faisait.

Les gabarits fournis avec AutoCAD sont très bien comme points de départ, mais il faudra les modifier en fonction de vos besoins ou créer les vôtres à partir de zéro. En particulier, ils ne correspondent pas nécessairement à l'échelle que vous voulez utiliser. Les instructions que vous allez trouver dans la suite de ce chapitre vont vous dire comment spécifier les aspects de la configuration qui ont trait à l'échelle du dessin.

La seule difficulté avec les gabarits est donc d en créer de bons et de retrouver ensuite celui qui vous convient au moment où il vous le faut. Dans la section "Fabriquer un beau gabarit", plus loin dans ce chapitre, vous découvrirez comment créer des gabarits à partir de vos propres dessins. Pour le moment, je vais vous montrer comment utiliser un gabarit existant, comme ceux qui sont fournis avec AutoCAD (ou ceux que vous avez pu obtenir auprès de vos collègues expérimentés en CAO). Si la chance est avec vous, il doit bien y avoir quelqu'un au bureau qui a conçu des gabarits que vous pouvez utiliser pour démarrer rapidement.

Pour créer un nouveau dessin à partir d'un gabarit, suivez ces étapes :

1. **Lancez la commande Nouveau en appuyant sur Ctrl+N ou en sélectionnant Fichier/Nouveau dans le navigateur de menus.**

   La boîte de dialogue Sélectionner un gabarit apparaît.

   Le premier bouton de la barre d'outils Accès rapide lance la commande RAPNOUV à la place de la commande ordinaire NOUVEAU. Si vous ou quelqu'un d'autre a changé le nom de fichier de gabarit par défaut pour RAPNOUV (sous l'onglet Fichiers de la boîte de dialogue Options), cette commande n'ouvrira *pas* la boîte de dialogue Sélectionner un gabarit. Au lieu de cela, vous vous retrouverez directement devant un dessin vierge, et sans doute pas celui que vous vouliez. Pour autant, il est *possible* d'utiliser RAPNOUV pour se simplifier l'existence. Pour savoir comment procéder, reportez-vous à la section "Fabriquer un beau gabarit", plus loin dans ce chapitre.

2. **Cliquez sur le nom du gabarit que vous voulez utiliser comme point de départ pour votre nouveau dessin. Cliquez ensuite sur le bouton Ouvrir.**

   Une nouvelle fenêtre de dessin apparaît, avec un nom provisoire, par exemple Dessin2.dwg (le fichier du gabarit que vous avez ouvert reste inchangé sur votre disque dur).

   Selon le gabarit que vous avez choisi, votre nouveau dessin pourra être ouvert en activant une présentation au lieu de l'espace objet. Si c'est le cas, cliquez sur le bouton Modèle de la barre d'état (ou sur l'onglet Objet avec l'espace de travail AutoCAD classique) avant de modifier les paramètres décrits dans la section suivante, "De la substance : l'espace objet". J'explique dans le Chapitre 5 comment configurer l'espace papier d'une présentation et en tirer avantage.

3. **Appuyez sur Ctrl+S et enregistrez votre fichier sous un nouveau nom.**

   Prenez le temps de choisir un nom et un emplacement appropriés pour votre fichier.

4. **Faites les modifications nécessaires.**

Pour la plupart des gabarits fournis avec AutoCAD, vous pouvez envisager de changer les unités, les limites du dessin, les paramètres de grille et d'accrochage, et l'échelle globale de cotation. Voyez la section suivante, "De la substance : l'espace objet", pour savoir comment procéder.

5. **Enregistrez à nouveau votre fichier.**

   Si vous pensez dans l'avenir avoir à réaliser d'autres dessins semblables à celui-ci, vous pouvez enregistrer en tant que nouveau gabarit le modèle que vous venez de modifier. Voyez pour cela la section "Fabriquer un beau gabarit", plus loin dans ce chapitre.

TRUC

Certains des gabarits fournis avec AutoCAD comportent un cartouche pour différentes tailles de papier. D'autre part, presque tous les gabarits existent en deux versions : une pour ceux qui utilisent des styles de tracés dépendants de la couleur et une pour ceux qui utilisent des styles de tracés nommés. Vous allez probablement préférer la première version (le Chapitre 16 décrit les deux catégories de styles de tracés et explique pourquoi vous allez sans doute opter pour les styles dépendants de la couleur). Je vous avais prévenu que la configuration du dessin était une chose compliquée !

De la substance : l'espace objet

Une fois que vous avez décidé de l'échelle et du format du papier, vous êtes prêt à configurer votre dessin. La plupart des projets nécessitent une configuration en deux parties :

- Tout d'abord, la configuration de l'espace objet, dans lequel vous allez créer la majeure partie de votre dessin.
- Ensuite, la création d'une ou plusieurs présentations pour le ou les espaces papier qui serviront à tracer le dessin.

Comme je l'ai expliqué dans le Chapitre 2, l'espace objet est l'environnement infiniment grand et en trois dimensions dans lequel vous allez réaliser les objets "réels" de votre dessin. Dans ce qui suit, c'est de lui dont nous allons nous occuper. Le Chapitre 5 vous apprendra à configurer vos présentations.

Spécifier vos unités

Pour commencer, vous devez définir les unités de longueur et les unités d'angle que vous voulez utiliser dans votre nouveau dessin :

1. **Dans le navigateur de menus, sélectionnez Formats/Contrôle des unités.**

   La boîte de dialogue Unités de dessin apparaît (voir la Figure 4.4).

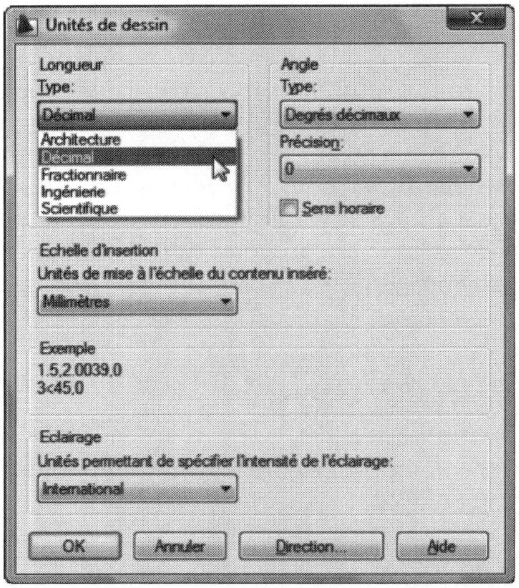

Figure 4.4
Par défaut, il n'y a en fait pas d'unités de longueur.

2. **Dans la liste déroulante Type de la zone Longueur, sélectionnez un type d'unité de longueur.**

   Choisissez le type dont les unités de longueur correspondent à ce que vous voulez faire. Les types Ingénierie et Architecture sont associés à des unités de longueur en pieds et en pouces. Les autres ne sont liés à aucune unité de longueur particulière, et c'est à vous de décider si une unité du dessin représente un millimètre, un centimètre, un mètre, un pouce, un pied, etc. Le type Décimal est normalement celui qui convient pour réaliser un dessin dans une unité métrique.

   AutoCAD est capable de penser en pieds ! Si vous utilisez le type Ingénierie ou le type Architecture (pour travailler en pieds et en pouces),

AutoCAD interprète toute coordonnée que vous entrez comme exprimée en pouces. Vous pouvez préfixer une valeur par le caractère apostrophe (') de votre clavier pour indiquer qu'elle est exprimée en pieds et non en pouces.

3. **Dans la liste déroulante Précision de la zone Longueur, sélectionnez le niveau de précision avec lequel vous souhaitez qu'AutoCAD affiche les coordonnées et les cotes.**

   Ce paramètre définit le niveau de précision avec lequel AutoCAD affiche les coordonnées et les distances, y compris dans certaines boîtes de dialogue. En particulier, la zone des coordonnées de la barre d'état affiche l'emplacement de la position instantanée du curseur avec la précision ainsi définie.

   Les paramètres de précision linéaire et angulaire ne concernent que l'*affichage* des coordonnées, des distances et des angles dans la barre d'état, les boîtes de dialogue, la fenêtre de commande et la saisie dynamique. Pour un dessin enregistré en tant que fichier DWG, AutoCAD utilise toujours la précision maximale dont il dispose pour y stocker la position et la taille de tous les objets que vous dessinez. De plus, il propose des réglages distincts pour contrôler la précision des textes de cotation (voyez à ce propos le Chapitre 14).

4. **Dans la liste déroulante Type de la zone Angle, sélectionnez un type d'unité angulaire.**

   Les plus couramment utilisés sont Degrés décimaux (surtout) et Deg/Min/Sec (de moins en moins).

   La case Sens horaire et le bouton Direction fournissent des options supplémentaires pour la mesure des angles, mais vous aurez rarement besoin de changer les paramètres par défaut : conservez le sens inverse des aiguilles d'une montre (ou sens trigonométrique) et la direction Est (0º).

5. **Dans la liste déroulante Précision de la zone Angle, sélectionnez le niveau de précision avec lequel vous voulez qu'AutoCAD affiche les mesures d'angles.**

6. **Dans la liste déroulante de la zone Échelle d'insertion, sélectionnez l'unité de mesure pour ce dessin.**

   Choisissez votre unité de base pour le dessin courant, autrement dit la distance dans le monde réel représentée par une unité sous AutoCAD.

La boîte de dialogue Unités de dessin propose aussi une section Éclairage dans laquelle vous avez la possibilité de spécifier le type des unités utilisées pour mesurer l'intensité des lumières photométriques. Il s'agit d'une fonctionnalité 3D avancée qui déborde du cadre de ce livre. Pour plus d'informations, visitez l'aide en ligne.

7. **Cliquez sur OK pour fermer la boîte de dialogue et enregistrer vos paramètres.**

Assigner des limites à votre dessin

Votre prochaine tâche est maintenant de définir les *limites* du dessin. Vous êtes sûrement pour la liberté, mais dans certaines limites. Ces dernières représentent la zone de travail rectangulaire dans laquelle vous allez dessiner et qui correspond généralement à la taille du papier. Si vous définissez correctement ces limites, vous en tirez les avantages suivants :

- **Grille :** Lorsque vous activez la grille (que nous décrivons dans la section suivante), celle-ci est affichée dans les limites rectangulaires que vous avez spécifiées. Si ces dernières sont définies correctement et si la grille est activée, vous voyez toujours la zone de travail qui correspond à ce que vous allez finalement tracer et vous ne risquez pas de déborder par mégarde des bords du papier.
- **Zoom Tout :** L'option Tout de la commande ZOOM affiche toute l'*étendue* du dessin (il s'agit de la plus petite zone rectangulaire contenant tous les objets du dessin). Si vous avez correctement défini vos limites et si vous avez réalisé votre dessin à l'intérieur de ce cadre, la commande ZOOM Tout vous offre un moyen rapide de faire un zoom sur votre espace de travail.
- **Tracé :** Si vous imprimez votre projet à partir de l'espace objet, vous pouvez choisir de tracer la zone définie par les limites du dessin. Cette option vous propose une méthode de tracé rapide et fiable, mais seulement si vous avez bien défini vos limites !

En CAO, nombreux sont les dessinateurs qui négligent de définir correctement les limites de leurs dessins. Une fois que vous aurez lu cette section, vous pourrez leur donner des leçons en leur disant pourquoi ils feraient mieux de le faire et comment.

Vous lancez la commande LIMITES à partir du menu, mais toutes les actions qui suivent se déroulent dans la ligne de commande ou dans la zone de saisie dynamique. En dépit de l'importance de ce sujet, AutoCAD ne dispose pas d'une boîte de dialogue pour spécifier les limites du dessin.

Pour définir les limites de votre dessin, suivez ces étapes :

1. **Pour lancer la commande LIMITES, sélectionnez Formats/Limites du dessin dans le navigateur (ou la barre) de menus, ou tapez LIMITES et appuyez sur Entrée.**

   La zone de commande affiche les mentions ci-après, la dernière ligne vous demandant de spécifier la première information nécessaire :

```
Commande: Limites
Restaurer les limites de l'Espace objet:
Spécifiez le coin inférieur gauche ou [ACtif/INactif] <0.0000,0.0000>:
```

   Les valeurs que vous voyez à la fin de la ligne de commande sont les coordonnées par défaut du coin inférieur gauche des limites du dessin. Elles sont indiquées avec l'unité et la précision que vous avez spécifiées dans la boîte de dialogue Unités du dessin. Ce sont les paramètres par défaut que vous appliquez si vous appuyez sur la touche Entrée.

2. **Saisissez les coordonnées du coin inférieur gauche des limites que vous voulez utiliser et appuyez sur Entrée.**

   La valeur que l'on entre habituellement pour ce point est **0,0** (tapez un zéro, une virgule, puis un autre zéro, sans espace). Vous pouvez aussi appuyer simplement sur Entrée pour accepter les valeurs par défaut.

   NOTE TECHNIQUE

   Quelle que soit la valeur affichée à côté du curseur dynamique, AutoCAD enregistrera, si vous appuyez sur Entrée, ce qui est proposé par défaut sur la ligne de commande. Vous devez donc savoir où vous entrez des valeurs. Sinon, vous risquez de finir avec quelques erreurs délicates à débusquer.

   AutoCAD vous demande maintenant les coordonnées du coin supérieur droit des limites du dessin :

```
Spécifiez le coin supérieur droit <420.0000,297.0000>:
```

   Encore une fois, les valeurs de notre exemple sont les valeurs par défaut qui correspondent ici au format ISO A3 exprimé en millimètres (420 x 297 mm), dans l'orientation paysage.

3. **Saisissez les coordonnées du coin supérieur droit des limites que vous voulez utiliser et appuyez sur Entrée.**

Calculez les valeurs de ces coordonnées en multipliant les dimensions du papier que vous allez utiliser par le facteur d'échelle du dessin, dans les unités que vous avez spécifiées à l'étape précédente. Par exemple, si vous configurez un dessin à l'échelle 1 mm = 50 mm (soit un facteur d'échelle de 100) pour le tracer sur une feuille au format A3 (420 x 297 mm) dans l'orientation paysage, après avoir spécifié des unités de dessin en mètres, les coordonnées du coin supérieur droit doivent être respectivement 0,420 m multiplié par 50 pour X, et 0,297 m multiplié par 50 pour Y (ce qui veut dire que vous devez entrer 21.00,14.85 dans la ligne de commande, exactement sous cette forme, avec les points et la virgule, sans espace). Le but de cette opération est d'obtenir que les coordonnées que vous voyez s'afficher dans la zone de coordonnées de la barre d'état d'AutoCAD correspondent aux dimensions réelles de l'objet que vous dessinez, dans l'unité que vous avez spécifiée. Dans le cas de l'exemple ci-dessus, il ne faudra surtout pas oublier que les coordonnées affichées dans la barre d'état sont des mètres.

Si vous avez activé la grille, AutoCAD la réaffiche dans les nouvelles limites une fois que vous avez appuyé sur Entrée.

Si vous utilisez les types d'unités Architecture ou Ingénierie et si vous voulez entrer les cotes en pieds et non en pouces, vous devez ajouter une apostrophe à la fin de la valeur numérique que vous saisissez, par exemple **6'**. Si vous ne le faites pas, AutoCAD suppose que la valeur que vous entrez correspond à des pouces. Notez bien que cette apostrophe est refusée par AutoCAD pour les autres types d'unités.

4. **Ouvrez le navigateur de menus et sélectionnez Affichage/Zoom/Tout.**

   AutoCAD affiche la zone correspondant aux nouvelles limites du dessin.

La grille et l'accrochage dans la zone de dessin

La *grille* d'AutoCAD est un ensemble de points séparés par un espace constant, qui donne une référence visuelle de distance (comme je l'explique dans la section précédente, "Assigner des limites à votre dessin", la grille montre aussi les limites du dessin). Le *mode d'accrochage*, quant à lui, crée un ensemble de points invisibles et équidistants, le curseur se déplaçant alors de l'un à l'autre, selon l'incrément correspondant, au lieu de varier de façon continue. Les points qui constituent la grille de même que les points d'accrochage sont comme les intersections de lignes horizontales et verticales sur un papier quadrillé, mais la grille est simplement une référence visuelle, alors que les points d'accrochage forcent la souris à se déplacer de l'un à l'autre. Vous pouvez (et c'est ce que vous ferez généralement) spécifier des valeurs d'espacement différentes pour la grille et les points d'accrochage.

Pour spécifier l'espacement des points de la grille et des points d'accrochage, utilisez la boîte de dialogue Paramètres de dessin, en suivant ces étapes :

1. **Cliquez du bouton droit sur l'un des boutons Mode d'accrochage ou Affichage de la grille dans la barre d'état, et sélectionnez Paramètres dans le menu contextuel.**

   La boîte de dialogue Paramètres de dessin apparaît avec, au premier plan, l'onglet Accrochage/Grille, comme le montre la Figure 4.5.

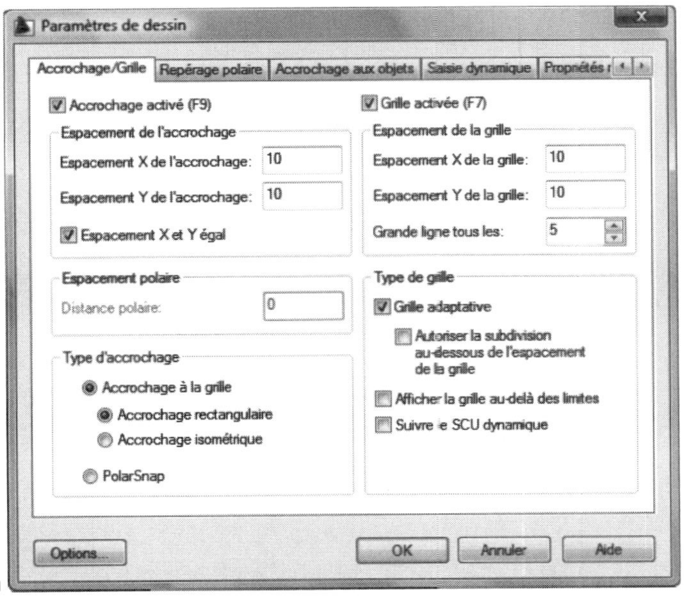

Figure 4.5 C'est ici que vous définissez les paramètres de votre dessin.

   L'onglet Accrochage/Grille se compose de cinq parties, mais nous allons nous occuper uniquement des zones Accrochage et Grille. C'est à peu près tout ce dont vous avez besoin pour dessiner en 2D.

2. **Cochez la case Accrochage activé.**

   Cette action applique le mode d'accrochage avec les paramètres par défaut.

Vous pouvez aussi tout simplement cliquer sur le bouton Mode d'accrochage pour l'activer ou le désactiver. La même remarque s'applique à la grille.

3. **Entrez la valeur voulue dans le champ Espacement X de l'accrochage.**

   Pour définir l'espacement qui convient, utilisez les informations données dans les sections précédentes.

   Dès que vous cliquez dans un autre champ, la valeur que vous venez d'y entrer est automatiquement reprise dans le champ Espacement Y de l'accrochage, ce qui correspond presque toujours à ce que l'on veut faire. Si vous devez procéder autrement, commencez par décocher la case Espace X et Y égal.

4. **Cochez la case Grille activée.**

5. **Entrez la valeur voulue dans le champ Espacement X de la grille.**

   Pour définir l'espacement qui convient, utilisez les informations qui précèdent.

   Dès que vous cliquez dans un autre champ, la valeur que vous venez d'y entrer est automatiquement reprise dans le champ Espacement Y de la grille, ce qui correspond presque toujours à ce que l'on veut faire (c'est exactement la même chose que pour l'espacement des points d'accrochage).

   X correspond à l'espacement horizontal, Y à l'espacement vertical. Au cas où vous l'oublieriez, la zone de dessin d'AutoCAD contient une icône qui le rappelle.

6. **Spécifiez éventuellement d'autres options dans la rubrique Type de grille.**

   Si vous cochez la case Grille adaptative, AutoCAD modifie la densité ou l'espacement entre les points de la grille lorsque vous agrandissez ou réduisez le facteur de zoom. Si vous cochez également l'option Autoriser la subdivision au-dessous de l'espacement de la grille, cet espacement peut devenir plus petit que la valeur choisie, ou bien au contraire plus grand selon la manière dont vous jouez du zoom (sinon, vous pourriez à la limite arriver à ne plus distinguer votre dessin au milieu des points de la grille...).

   Choisir Afficher la grille au-delà des limites permet d'étendre celle-ci à l'ensemble de l'aire graphique, et ce, quel que soit le facteur de zoom courant. En désactivant cette case, vous demandez à AutoCAD de reprendre ses habitudes ancestrales : la grille n'apparaît qu'à l'intérieur des limites du dessin.

Je vous recommande de ne pas activer cette option, car cela vous aide à savoir si vous débordez ou non des limites du dessin. C'est d'ailleurs le moment de définir celles-ci si ce n'est pas encore fait !

L'option Suivre le SCU dynamique (qui ne concerne pas AutoCAD LT) est une fonctionnalité spécifique à la 3D. Elle sert à changer le plan du dessin lorsque la souris survole des objets 3D. Rien de tout cela ne nous concerne dans ce livre.

7. **Cliquez sur OK pour fermer la boîte de dialogue Paramètres de dessin.**

Entrer les propriétés de dessin

Vous avez encore une tâche ménagère à accomplir avant d'en avoir fini avec la configuration de l'espace objet : entrer le résumé des informations dans la boîte de dialogue Propriétés du dessin, illustré sur la Figure 4.6. Ouvrez cette boîte de dialogue en sélectionnant Fichier/Propriétés du dessin dans le navigateur de menus, puis cliquez sur l'onglet Résumé. Entrez l'échelle et le facteur d'échelle du dessin, plus toute autre information que vous trouverez utile.

Ne confondez pas les propriétés du *dessin* (qui sont des informations enregistrées dans son fichier) et les propriétés des *objets* du dessin. Ce sont des choses totalement différentes. Les données que vous saisissez ici peuvent aider quelqu'un (vous peut-être) à savoir comment le projet a été configuré et de quoi il s'agit. Par contre, les propriétés des objets constituent un sujet suffisamment vaste pour mériter son propre chapitre (plus précisément, c'est le Chapitre 6).

Fabriquer un beau gabarit

Vous pouvez créer un gabarit à partir de n'importe quel fichier DWG en utilisant la boîte de dialogue Enregistrer sous. Pour enregistrer un dessin en tant que gabarit, suivez ces étapes :

1. **Dans le navigateur (ou la barre) de menus, sélectionnez Fichier/Enregistrer sous.**

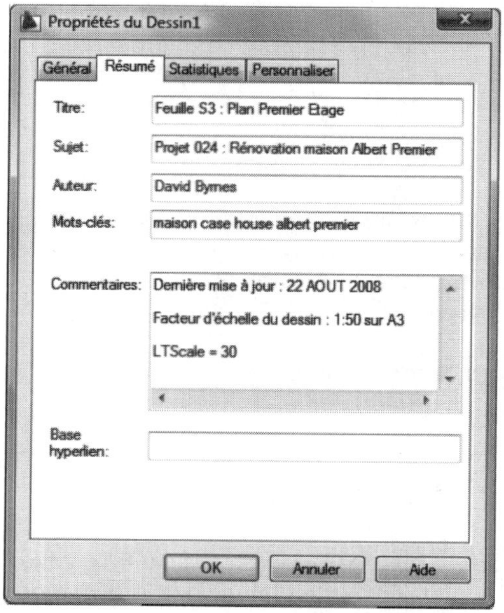

Figure 4.6
Le résumé des propriétés de votre dessin.

La boîte de dialogue Enregistrer le dessin sous apparaît, comme le montre la Figure 4.7.

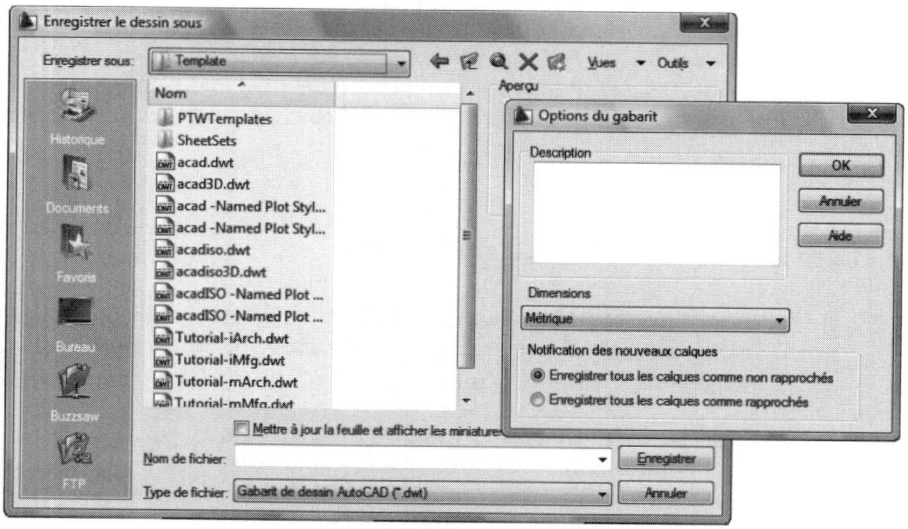

Figure 4.7
Enregistrer un dessin en tant que gabarit.

2. **Dans la liste déroulante Type de fichier, sélectionnez Gabarit de dessin AutoCAD (*.dwt), ou bien Gabarit de dessin AutoCAD LT (*.dwt)**

3. **Naviguez jusqu'au dossier dans lequel vous voulez stocker ce gabarit.**

   Le dossier dans lequel AutoCAD 2009 enregistre par défaut les gabarits s'appelle Template et il est enterré très profondément sous le dossier qui contient votre profil utilisateur. Vous pouvez y enregistrer vos gabarits si vous voulez qu'ils apparaissent dans la liste qui vous sera proposée lorsque vous créez un nouveau dessin. Rien ne vous interdit aussi de stocker vos gabarits personnels dans un autre endroit, mais il vous faudra naviguer jusqu'à cet emplacement chaque fois que vous voudrez les utiliser. Vous trouverez des suggestions supplémentaires dans le paragraphe Note technique qui suit cette liste d'étapes.

4. **Dans le champ Nom de fichier, entrez un nom pour votre gabarit et cliquez sur le bouton Enregistrer.**

   Le dessin est enregistré en tant que gabarit. Une boîte de dialogue apparaît pour vous demander d'entrer une description de votre gabarit et de sélectionner le type d'unité correspondant.

5. **Dans la boîte de dialogue Options du gabarit, sélectionnez le type d'unité utilisé par votre gabarit (Métrique ou Anglo-saxon).**

   C'est maintenant que vous devez entrer cette information clé. Vous ne pourrez plus le faire par la suite, à moins d'enregistrer votre gabarit sous un autre nom. Ne vous fatiguez pas à remplir le champ Description. AutoCAD n'affiche pas ce commentaire dans la boîte de dialogue Sélectionner un gabarit.

6. **Cliquez sur OK pour enregistrer le fichier.**

7. **Pour enregistrer votre projet en tant que dessin normal, sélectionnez Fichier/Enregistrer sous dans le navigateur de menus.**

   La boîte de dialogue Enregistrer le dessin sous apparaît à nouveau.

8. **Dans la liste déroulante Type de fichier, sélectionnez Dessin 2007 AutoCAD (*.dwg).**

   Comme le format DWG n'a pas évolué depuis la version 2007 d'AutoCAD, le type de fichier est proposé de cette façon. Si vous avez besoin d'échanger votre dessin avec des personnes qui ont une longueur de retard, choisissez selon vos besoins le format 2004, 2000 ou encore R14. La procédure à suivre sous AutoCAD LT est comparable.

9. **Naviguez jusqu'au dossier dans lequel vous voulez enregistrer votre dessin.**

   Utilisez un autre dossier que celui dans lequel vous stockez vos gabarits.

10. **Dans le champ Nom de fichier, entrez le nom que vous voulez donner à votre dessin. Cliquez ensuite sur le bouton Enregistrer pour sauvegarder le dessin.**

    Le fichier du dessin est sauvegardé. À partir de maintenant, lorsque vous l'enregistrerez à nouveau, c'est lui, et non le gabarit, qui sera mis à jour.

AutoCAD peut vous prévenir si vous ou quelqu'un d'autre ajoute des calques qui ne sont pas rapprochés. Autrement dit, qui ne sont pas déjà enregistrés et acceptés dans la base de données du dessin. Ceci peut être utile pour se conformer à certains standards dans une importante société où de nombreuses personnes travaillent sur un même projet. Vous pouvez demander à AutoCAD de vous avertir si des calques non rapprochés sont ajoutés au dessin lorsque vous sauvegardez celui-ci en tant que gabarit. Pour cela, cochez l'option Enregistrer tous les calques comme rapprochés dans la boîte de dialogue Options du gabarit (reportez-vous à la Figure 4.7). Par la suite, AutoCAD affichera une bulle de notification sur la barre d'état lorsque quelqu'un voudra ajouter un nouveau calque à un dessin généré depuis ce gabarit.

AutoCAD offre une commande nommée RAPNOUV qui, quand elle est correctement configurée, peut court-circuiter la boîte de dialogue Sélectionner un gabarit et créer directement un nouveau dessin à partir du gabarit que vous avez désigné pour cela (votre favori, si vous voulez). Le premier bouton de la barre d'outils Accès rapide (celui qui représente une feuille de papier) lance en fait RAPNOUV au lieu de la commande NOUVEAU.

Pour que cette commande fasse ce que vous attendez d'elle (c'est RAPide et NOUVeau !), vous devez spécifier le gabarit à utiliser par défaut. Dans le navigateur (ou la barre) de menus, sélectionnez Outils/Options, cliquez sur l'onglet Fichiers. Ouvrez alors les rubriques Paramètres du gabarit, puis Nom fichier de gabarit par défaut pour RAPNOUV (voir la Figure 4.8). Le paramètre par défaut est Aucune, ce qui fait que RAPNOUV se comporte exactement comme NOUVEAU (en ouvrant la boîte de dialogue de sélection du gabarit) aussi longtemps que vous n'avez pas défini un fichier personnel. En spécifiant ici l'emplacement et le nom de votre gabarit favori, vous ouvrirez automatiquement un nouveau dessin basé sur ce modèle chaque fois que vous cliquerez sur RAPNOUV. Elle est pas belle la vie ?

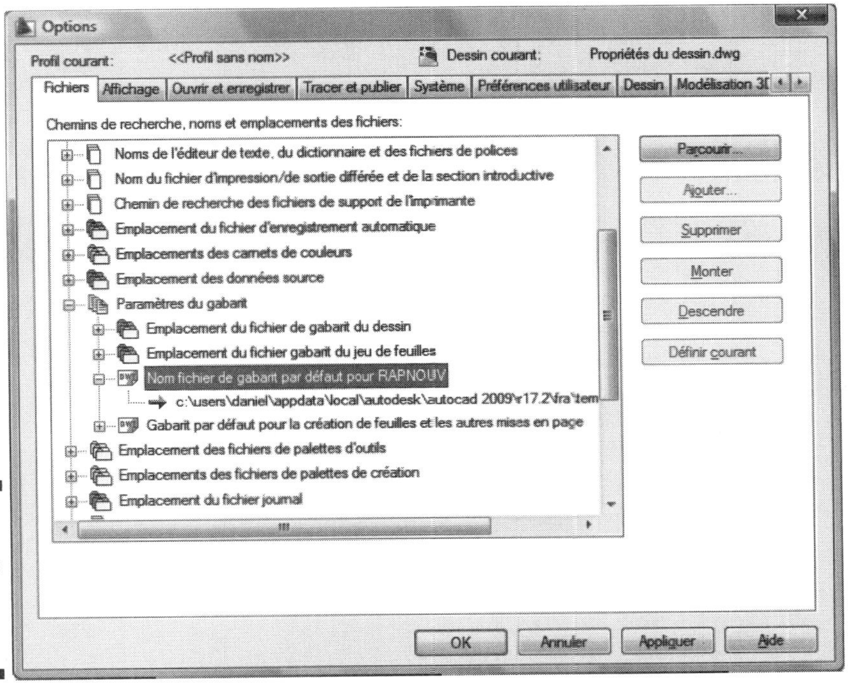

Figure 4.8 La boîte de dialogue Options vous indique où se trouvent vos gabarits.

AutoCAD 2009 stocke ses gabarits et de nombreux autres fichiers de support dans votre dossier d'utilisateur Windows. Pour découvrir où il cache ces trésors, ouvrez le navigateur de menus et choisissez Outils/Options. Dans la boîte de dialogue Options, activez l'onglet Fichiers. Ouvrez alors la rubrique Paramètres du gabarit, puis Emplacement du fichier de gabarit du dessin. Après cette expérience, vous comprendrez mieux ce qu'est le vertige informatique.

Si vous voulez résister à la pression de Microsoft&Autodesk Unlimited, créez un dossier auquel vous pourrez accéder facilement (par exemple, `C:\Acad-perso\Gabarits`, ou ce que vous voudrez sur un lecteur réseau). Stockez dans ce dossier les gabarits que vous utilisez effectivement et servez-vous du bouton Parcourir pour changer ce qui apparaît dans la rubrique Emplacement du fichier de gabarit du dessin (sous l'onglet Fichiers de la boîte de dialogue Options) de manière à pointer vers votre nouveau dossier.

Chapitre 5

Direction Papier

Dans ce chapitre :

- Configurer les présentations dans l'espace papier.
- Boutons ou onglets, choisissez la nouvelle mode.
- Regarder par les fenêtres.
- Travailler dans l'espace papier.

L'essentiel de ce que nous avons étudié dans les chapitres précédents concerne la configuration de l'environnement de l'espace objet, cet univers infiniment grand et en trois dimensions dans lequel vous créez vos tours miroitantes, vos gadgets électroniques dernier cri, ou encore le plan de votre futur jardin, voire tout simplement une cornière en zinc. Cependant, vous avez pu remarquer ici et là que j'expliquais qu'il existait dans AutoCAD un autre environnement totalement différent : l'espace papier.

Bien sûr, tout cela ne constitue que la moitié de l'histoire. Le but de toute cette configuration, vous l'avez bien compris, c'est la sortie du dessin sur un morceau de papier. À moins que vous ne soyez prêt à envoyer votre ordinateur vers le site de travail, il faut que vous traciez sur du papier toutes ces magnifiques conceptions que vous développez sous AutoCAD. La première partie de cette opération consiste à configurer la feuille de présentation dans l'espace papier. C'est ce que j'explique dans ce chapitre. Pour ce qui concerne la seconde partie du processus, autrement dit le traçage proprement dit à partir de l'espace objet ou papier, reportez-vous au Chapitre 16.

Le Chapitre 2 introduit les deux espaces (objet et papier), tandis que le Chapitre 4 vous montre comment configurer l'espace objet pour y dessiner avec efficacité. Avant de plonger dans l'espace papier, il peut tout de même être utile de faire un bref retour sur l'espace objet.

L'*espace objet* est l'environnement de dessin qui est utilisé lorsque le bouton Modèle de la barre d'état est actif. C'est là que vous créez vos objets "réels". Qu'il s'agisse d'entités 2D ou 3D, ces objets forment ce que l'on appelle la *géométrie du modèle*. Lorsque le bouton Modèle est actif, vous voyez uniquement vos entités dans l'espace objet. L'espace papier est totalement invisible.

Avec AutoCAD 2009, il est parfaitement possible d'ignorer totalement les présentations dans l'espace papier, et donc de tout faire (dessiner *et* tracer) uniquement dans l'espace objet. Mais vous vous devez de faire connaissance avec les présentations. Vous vous apercevrez certainement qu'elles rendent les tracés plus cohérents et aussi plus prévisibles. Elles vous procurent également une plus grande souplesse pour obtenir des résultats précis et efficaces. Et vous aurez certainement à collaborer avec des personnes qui font un usage extensif de l'espace papier. Vous devez donc le comprendre si vous envisagez d'échanger des dessins avec d'autres utilisateurs d'AutoCAD.

Présentations à tracer pour tous les goûts

Une *présentation dans l'espace papier* est une représentation d'une feuille de dessin. La géométrie du modèle (la "chose réelle") se trouve dans l'espace objet. Par contre, les objets "non réels" (par exemple un cadre, un cartouche, des notes générales, peut-être aussi des légendes pour les vues ou encore des symboles comme une rose des vents) ont tous vocation à se trouver dans l'espace papier. Même si, en théorie, cet espace est lui aussi infiniment grand et en trois dimensions, il vaut mieux se le représenter comme une surface relativement petite et plane, exactement comme celle de votre feuille de papier.

Non contentes de servir à composer vos feuilles de dessin, les présentations permettent également d'enregistrer des informations de tracé. AutoCAD mémorise les paramètres de configuration du tracé avec chaque présentation ainsi qu'avec l'espace objet. Chacun d'entre eux peut donc être tracé d'une manière totalement différente. En pratique, vous n'avez généralement besoin que d'une seule présentation dans l'espace papier, surtout si vous débutez avec AutoCAD.

Au lieu de vous contenter de lire ce qui suit, vous pouvez aussi ouvrir quelques-uns des exemples fournis avec AutoCAD 2009, voir ce qui se passe quand vous cliquez sur les boutons Modèle et Présentation de la barre d'état, et découvrir ainsi les différentes manières d'utiliser l'espace papier. Vous trouverez de nombreux exemples sous le dossier `\Program Files\AutoCAD 2009\Sample` (essayez en particulier `Existing Condition Plan.dwg` dans le sous-dossier `Sheet Sets\Civil`).

Onglets ou boutons ?

La documentation d'AutoCAD fait parfois référence à l'onglet Objet, ou aux onglet Présentation, et parfois aussi j'utilise les mêmes expressions. Si vous avez fait le choix de l'espace de travail AutoCAD classique, vous voyez effectivement des onglets appelés respectivement Objet, Présentation1, puis Présentation2, et ainsi de suite, dans le coin en bas et à gauche de la zone de dessin. L'espace de travail Dessin 2D et annotation (celui qui a ma préférence dans ce livre) remplace ces onglets par des boutons intitulés Modèle et Présentation dans la barre d'état.

Si vous préférez inverser les rôles (des onglets dans l'espace de travail Dessin 2D et annotation, et des boutons dans l'espace de travail AutoCAD classique), les étapes qui suivent vont vous montrer comment procéder.

Si vous voyez déjà des onglets en bas de la zone de dessin, commencez directement à l'Étape 4.

1. **Si votre barre d'état contient déjà les boutons Modèle et Présentation, cliquez sur l'un d'entre eux avec le bouton droit de la souris et choisissez Afficher les onglets Présentation et Objet.**

   Au moins un onglet devrait apparaître dans le coin inférieur gauche de la zone de dessin. Selon le dessin que vous avez ouvert, il se peut que vous deviez cliquer sur la petite flèche noire, à gauche de la gauche, jusqu'à ce que vous puissiez voir le premier onglet, Objet (c'est la même chose que Modèle).

2. **Déplacez le pointeur de la souris au-dessus des onglets, mais sans cliquer.**

   Une vignette d'aperçu va s'afficher à proximité de l'onglet. En promenant ainsi votre pointeur, vous pourrez sélectionner plus facilement (parce que visuellement) la présentation voulue.

3. **Cliquez sur l'onglet d'une présentation pour l'activer.**

   La présentation remplit l'aire graphique.

   Vous pouvez renommer vos onglets, sauf celui de l'espace objet. Faites simplement un double clic sur l'intitulé et saisissez un autre nom.

4. **Cliquez avec le bouton droit de la souris sur l'un quelconque des onglets et choisissez dans le menu l'option Masquer les onglets Présentation et Objet.**

Les onglets disparaissent, et les boutons Modèle et Présentation retrouvent leur place dans la barre d'état.

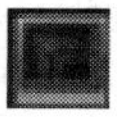

5. **Cliquez sur le bouton Modèle.**

   Vous revenez à l'espace objet, et toutes les présentations dans l'espace papier sont masquées.

6. **Cliquez sur le bouton Présentation.**

   Remarquer qu'en fait ce bouton ne dit pas Présentation, mais qu'il liste le nom actuel de ladite présentation (par défaut, AutoCAD appelle la première Présentation1, la seconde Présentation2, et ainsi de suite). La dernière présentation ouverte apparaît dans la zone de dessin.

7. **Cliquez sur le bouton Présentations Vue rapide de la barre d'état.**

   Alors que le survol des onglets affiche une image de leur contenu, vous devez en fait exécuter une nouvelle commande – VRPRES – pour prévisualiser les présentations. Je reviendrai plus longuement sur cette fonctionnalité dans la prochaine section.

8. **Cliquez sur l'aperçu d'une présentation pour l'activer.**

   La présentation sélectionnée remplit la zone de dessin.

ATTENTION !

Bien entendu, vous pouvez travailler dans la configuration de votre choix (par exemple, utiliser l'espace de travail AutoCAD classique tout en affichant les boutons sur la barre d'état au lieu des onglets). Cependant, si vous changez d'espace de travail puis que vous revenez au mode AutoCAD classique, le passage des onglets aux boutons ne sera pas mémorisé. Pour plus d'informations sur la création d'espaces de travail personnalisés, voyez ce qu'en dit l'aide en ligne d'AutoCAD.

Vue rapide sur les présentations

2009

Dans le Chapitre 2, j'ai présenté le mode Vue rapide qui permet d'afficher dans un bandeau les aperçus de tous les dessins actuellement ouverts. Le mode Présentations Vue Rapide est la seconde des nouvelles fonctionnalités d'AutoCAD 2009 qui permettent de prévisualiser votre dessin et vos présentations.

Dans les versions précédentes d'AutoCAD, avec les boutons activés au lieu des onglets, vous deviez cliquer droit sur le bouton Présentation pour ouvrir un menu contextuel listant toutes les pages disponibles. Mais une image, dit-on, vaut mieux que mille mots ! Place donc à la modernité. Les étapes qui suivent expliquent comment permuter entre espace objet et espace papier :

1. **Cliquez sur le bouton Présentations Vue rapide de la barre d'état.**

   Ce bouton est disponible dans les deux espaces de travail 2D : Dessin 2D et annotation, et AutoCAD classique. Un bandeau apparaît alors au-dessus de la barre d'état. Il affiche des vignettes contenant un aperçu aussi bien du modèle que de toutes les présentations actuellement définies. Sous cette rangée d'images, vous trouvez la barre d'outils Vue rapide. La Figure 5.1 illustre une disposition typique pour un document contenant plusieurs présentations.

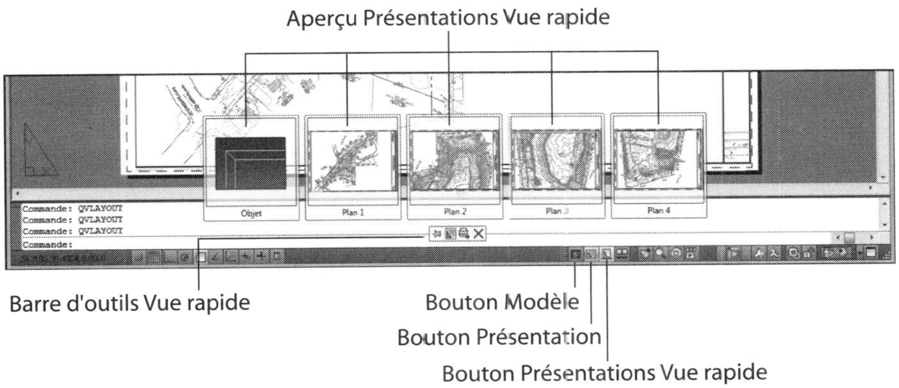

Figure 5.1 Regardez les présentations et choisissez-les rapidement !

N'OUBLIEZ PAS

Ne confondez pas la barre d'outils Vue rapide avec la barre Accès rapide qui se trouve tout en haut de la fenêtre du programme, à côté du grand *A*. AutoCAD est parfois si rapide qu'il est difficile de le suivre !

La barre d'outils Vue rapide contient quatre boutons qui effectuent les tâches suivantes (en allant de gauche à droite) :

- **Fixer les présentations Vue rapide :** Normalement, les petites images disparaissent dès que vous sélectionnez une présentation ou que vous cliquez en dehors du panneau. En activant ce bouton, vous forcez le panneau à rester ouvert en toutes circonstances. Et en le désactivant, vous revenez au comportement initial.

- **Nouvelle présentation :** Cliquez sur ce bouton pour créer une nouvelle présentation contenant une unique fenêtre. L'image associée à cette présentation apparaît à la fin du bandeau.
- **Publier :** Ce bouton ouvre la boîte de dialogue Publier. Vous utilisez la commande PUBLIER lorsque vous voulez "empaqueter" un ensemble de dessins. J'explique cette publication à la mode AutoCAD dans le Chapitre 19.
- **Fermer :** Referme le panneau Présentations Vue rapide si vous l'aviez fixé. Si vous n'avez rien punaisé, il suffit de cliquer dans une autre zone pour obtenir le même résultat.

2. **Déplacez le pointeur de votre souris au-dessus de chaque image du panneau Vue rapide.**

   L'arrière-plan de la vignette se colore pour indiquer la présentation susceptible d'être activée.

   L'image active montre également deux boutons supplémentaires au-dessus de l'aperçu. Celui qui se trouve à droite sert à lancer la commande PUBLIER, exactement comme dans la barre d'outils Vue rapide. Et si vous voulez imprimer directement cette présentation sans pour autant l'afficher, cliquez sur le bouton situé à gauche.

   TRUC

   Si vous avez une souris pourvue d'une molette, vous pouvez redimensionner les aperçus en maintenant enfoncée la touche Ctrl, puis en faisant tourner la petite roue vers l'avant ou vers l'arrière.

3. **Cliquez sur la vignette de l'espace objet ou de la présentation que vous voulez activer.**

   La zone de dessin va montrer l'espace sélectionné, et le panneau Vue rapide se referme.

Créer une présentation

Grâce à l'assistant Créer une présentation, illustré sur la Figure 5.2, la création d'une présentation simple est une opération facile (enfin un assistant utile dans AutoCAD !). Cet assistant peut être lancé par la commande ASSISTPRESENT, mais vous trouverez peut-être plus pratique de sélectionner dans le navigateur de menus Outils/Assistants/Créer présentation.

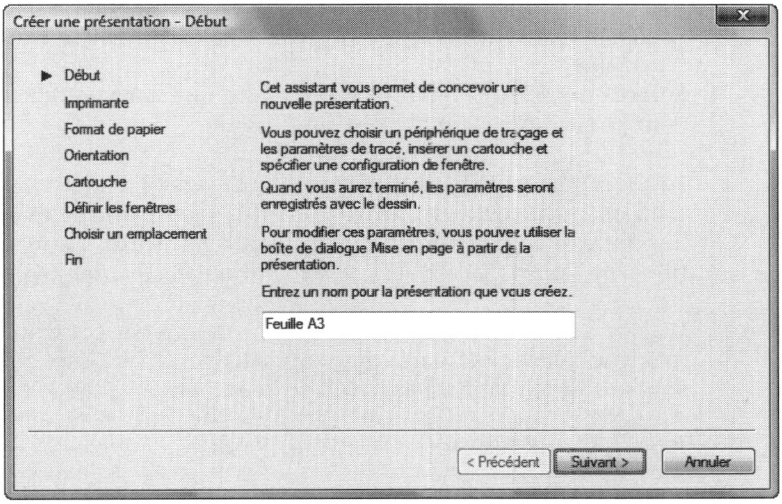

Figure 5.2 L'assistant Créer une présentation.

Bien que l'assistant Créer une présentation vous guide pas à pas dans le processus de création d'une présentation à partir de zéro, il n'élimine pas la nécessité de commencer par réunir un ensemble pertinent de paramètres de présentation. La taille du papier et l'échelle du tracé que vous avez choisies vous offrent un certain espace pour loger votre dessin (voyez ce qui a été dit à ce sujet au Chapitre 4), et les assistants ne sont pas autorisés à transgresser les lois de l'arithmétique pour échapper à cette contrainte. Par exemple, une carte de France à l'échelle 1 cm = 1 km ne tiendra pas, loin s'en faut, sur une feuille de papier au format A3. Autrement dit : à paramètres absurdes, résultat absurde. Heureusement, l'assistant Créer une présentation se prête bien à l'expérimentation, et vous pouvez facilement supprimer une présentation qui ne convient pas.

Pour créer une présentation :

1. **Dans le navigateur (ou la barre) de menus, sélectionnez Outils/Assistants/Créer présentation, ou bien tapez ASSISTPRESENT et appuyez sur Entrée.**

   L'assistant Créer une présentation affiche une première page et il vous demande d'entrer un nom pour cette nouvelle présentation.

2. **Entrez un nom pour votre nouvelle présentation et cliquez sur Suivant.**

À la place du nom par défaut, par exemple Présentation3, je vous conseille d'utiliser un nom plus descriptif, par exemple **Feuille A3**.

3. **Sélectionnez l'imprimante ou le traceur que vous voulez utiliser pour cette présentation, et cliquez sur Suivant.**

   Le choix que vous faites ici est celui du dispositif d'impression *par défaut* pour cette présentation. Vous pourrez choisir par la suite une autre imprimante ou créer des mises en page qui traceront la même présentation sur d'autres matériels (j'y reviendrai dans le Chapitre 16).

   Dans la liste des traceurs configurés proposés par cette boîte de dialogue, plusieurs noms vous sont sans doute familiers parce que ce sont vos imprimantes Windows (les *imprimantes système* dans le jargon d'AutoCAD). Les noms qui se terminent par `.pc3` représentent des pilotes d'imprimantes non système. Pour en savoir plus à ce sujet, voyez le Chapitre 16.

4. **Sélectionnez une taille de papier, ainsi que l'unité (millimètres ou pouces) dans laquelle vous voulez exprimer le format du papier, et cliquez sur Suivant.**

   Les tailles de papier disponibles dépendent de l'imprimante ou du traceur que vous avez sélectionné à l'étape 3.

5. **Sélectionnez l'orientation du dessin sur le papier et cliquez sur Suivant.**

   L'icône contenant la lettre A vous montre à quoi correspond l'orientation que vous sélectionnez.

6. **Dans la page Créer une présentation – Cartouche, cliquez sur Suivant.**

   Je ne vous conseille pas de choisir l'un des deux cartouches proposés ici, car il est peu probable qu'ils soient adaptés à la taille de papier que vous venez de sélectionner.

   AutoCAD 2007 et les versions plus anciennes proposaient un choix de cartouches prédéfinis pour toute une gamme de formats de papier. Malheureusement, Autodesk n'en a laissé que deux dans AutoCAD 2008, et vous les retrouvez dans AutoCAD 2009. Malheureusement, aucun n'est réellement susceptible de vous servir à quoi que ce soit.

   Lorsque vous maîtriserez mieux le programme, vous pourrez dessiner, insérer ou référencer plus tard un cartouche. Voyez les Chapitres 17 et 18 pour plus d'informations sur ce sujet. Vous avez également la possibilité d'ajouter des dessins de cartouches personnalisés au dossier des modèles d'AutoCAD. Si vous voulez savoir où se trouve ce dossier, relisez la dernière section du Chapitre 4 ("Fabriquer un beau gabarit").

7. **Définissez la configuration des fenêtres que vous voulez ajouter à votre présentation, ainsi que leur échelle, et éventuellement leur disposition, et cliquez sur Suivant.**

   Une *fenêtre* dans une présentation (c'est-à-dire dans l'espace papier) est une vue (fenêtre) sur l'espace objet. Vous devez créer au moins une fenêtre pour afficher le modèle dans votre nouvelle présentation. Pour la plupart des dessins 2D, il vous suffit d'une seule fenêtre (option Simple dans la zone Configuration de la fenêtre). Un dessin en 3D pourra souvent bénéficier de plusieurs fenêtres, dont chacune montrera l'objet dans une perspective différente. Je vous en dirai plus sur les fenêtres dans une autre section de ce chapitre.

   Pour l'échelle de la fenêtre, l'option par défaut, Ajuster au format, garantit que la totalité de votre dessin sera affichée dans la fenêtre, mais donne un facteur d'échelle arbitraire. La plupart des dessins techniques nécessitent une échelle

8. **Cliquez sur le bouton Sélectionner l'emplacement, indiquez l'emplacement de la fenêtre (ou des fenêtres) sur le papier en pointant les coins correspondants, puis cliquez sur Suivant.**

   Lorsque vous cliquez sur le bouton Sélectionner l'emplacement, l'assistant Créer une présentation disparaît momentanément pour afficher la présentation provisoire avec le cas échéant le cartouche que vous avez sélectionné. Cliquez successivement sur les deux coins opposés de la fenêtre que vous voulez définir à l'intérieur de l'espace de dessin délimité par le cartouche (ou dans l'espace traçable de la feuille si vous avez sélectionné Rien lors de l'étape 6).

   AutoCAD représente l'espace traçable par un rectangle en pointillé affiché près du bord de la feuille. Si vous ne sélectionnez pas un emplacement pour la ou les fenêtres, l'assistant Créer une présentation définit une fenêtre qui remplit tout l'espace traçable de la feuille.

9. **Cliquez sur Terminer.**

   AutoCAD crée la nouvelle présentation.

Travailler avec les présentations

Une fois que vous avez créé une présentation, vous pouvez la supprimer, la copier, la renommer ou la manipuler à votre guise en ouvrant le panneau Vue rapide et en cliquant droit sur une image d'aperçu. Si vous préférez les onglets, vous pouvez procéder de la même manière, en simplement faisant glisser l'onglet vers une nouvelle position. La Figure 5.3 montre le menu d'options proposé lorsque vous cliquez avec le bouton droit de la souris sur un des aperçus dans le mode Vue rapide.

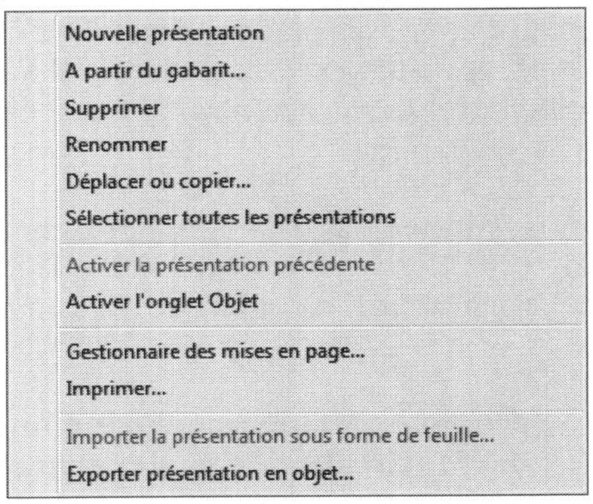

Figure 5.3 Le menu contextuel du mode Présentations Vue rapide.

NOTE TECHNIQUE

L'option À partir du gabarit se réfère à des gabarits de présentation. Une fois que vous avez enregistré des présentations dans un fichier de gabarit (DWT) ou de dessin (DWG), vous pouvez vous en servir pour créer de nouvelles présentations dans d'autres projets. Pour plus de détails, rendez-vous dans l'aide en ligne à la référence des commandes, et plus précisément à l'option Gabarit de la commande PRESENTATION.

De nombreux dessins ne nécessitent qu'une seule présentation dans l'espace papier. Si vous tracez toujours la même vue de l'objet en utilisant pour cela toujours la même imprimante ou le même traceur, avec la même taille de papier, un seul espace papier et donc une seule présentation devrait suffire. En revanche, si vous voulez tracer l'objet de plusieurs manières différentes (par exemple, à différentes échelles, en faisant ou non apparaître différents calques, en rendant visibles des zones différentes, ou avec différentes caractéristiques de ligne), vous voudrez sans doute créer plusieurs espaces papier, donc plusieurs présentations.

Perdu dans l'espace papier

Une fois que vous avez créé une présentation, vous disposez soudainement de deux vues du même dessin : celle de votre modèle original dans l'espace objet, et celle du nouvel onglet Présentation (peut-être avec un beau cartouche et autres fioritures destinées à embellir le tracé). Il est important de garder à l'esprit que ces deux vues reposent sur la *même* géométrie. Si vous changez cette géométrie dans un espace, vous la changez dans tous les autres : il ne s'agit que de points de vue différents sur les mêmes entités ! C'est un peu comme si on se mettait à voir double après avoir un peu abusé de certains breuvages : la duplication n'existe que dans votre esprit brumeux (dans ce cas, dans le monde de la CAO), pas dans le monde réel.

Lorsque vous activez une présentation, vous pouvez faire passer le curseur de l'espace papier (c'est-à-dire dessiner et zoomer sur le papier) à l'espace objet (dessiner et zoomer sur l'objet lui-même, à l'intérieur de la fenêtre – ou de la vue, si vous préférez) de plusieurs manières :

- En double-cliquant, dans la zone de dessin, sur une fenêtre pour faire passer le curseur dans l'espace objet à l'intérieur de cette fenêtre, ou en double-cliquant en dehors de toutes les fenêtres (par exemple, dans l'espace gris à l'extérieur de la feuille) pour faire passer le curseur dans l'espace papier.
- En cliquant sur le bouton Agrandir/Réduire la fenêtre dans la barre d'état (pour plus d'informations, reportez-vous au Chapitre 2).
- En tapant **ESPACEO** (dont le raccourci est **EO**) ou **ESPACEP** (raccourci **EP**) au clavier.
- En cliquant dans la barre d'état sur le bouton Modèle ou Présentation.

Quand le curseur se trouve dans l'espace objet, tout ce que vous dessinez ou éditez modifie le modèle (et apparaît par conséquent dans l'onglet Objet comme dans toutes présentations dans lesquelles est visible la partie correspondante du modèle sous-jacent). Lorsque le curseur est dans un espace papier, tout ce que vous dessinez n'apparaît que dans cette présentation. C'est comme si vous dessiniez sur une feuille transparente posée sur la feuille de papier où vous avez tracé votre objet. Ce qui se trouve au-dessous n'en est pas affecté.

Au premier abord, cette distinction peut être déconcertante (même si vous n'avez pas abusé de certains breuvages). Pour éviter toute confusion, tenez-vous-en à l'approche ci-après (tout au moins, jusqu'à ce que vous soyez familiarisé avec l'espace papier) :

- **Si vous voulez éditer l'objet,** commencez par cliquer sur le bouton Modèle de la barre d'état (ou sur l'onglet Objet). N'essayez pas de modifier l'objet dans une fenêtre d'un espace papier : ce serait une utilisation très inefficace de votre zone de travail.

- **Si vous souhaitez modifier une présentation particulière sans affecter le modèle,** commencez par faire appel à l'une des méthodes décrites plus haut afin d'activer cette présentation, et assurez-vous que le curseur se trouve bien dans l'espace papier.

Dans quel espace suis-je ?

Lorsque vous commencez à travailler avec les présentations, il n'est pas toujours clair comme du cristal de savoir dans quel espace vous vous trouvez : objet ou papier. Un premier point de repère, c'est la barre d'état. Sa partie droite contient en effet plus de boutons si vous vous trouvez dans l'espace objet. Mais il y a tout de même d'autres moyens de le savoir :

- **Regardez l'aspect du curseur :** Si vous êtes dans l'espace papier, vous pouvez déplacer le curseur réticulé (par défaut, une cible et deux grands traits) sur la totalité de la zone de dessin. Si vous vous trouvez dans l'espace objet, ce curseur ne se déplacera que dans la fenêtre active. Dès que vous sortez de cette fenêtre, vous retrouvez le pointeur flèche habituel sous Windows.

- **Essayez de sélectionner des objets du modèle :** Essayez de cliquer sur quelques éléments dont vous savez qu'ils se trouvent dans l'espace objet. Si vous y arrivez, autrement dit s'ils sont mis en surbrillance, vous êtes bien dans l'espace objet. Si rien ne se passe, les objets sont inaccessibles parce vous êtes dans l'espace papier.

- **Vérifiez l'icône du SCU :** L'icône du SCU est ce... disons, symbole "iconique" qui est affiché en bas et à gauche de l'aire de dessin. Dans l'espace objet, ce symbole prend la forme de deux flèches disposées à angle droit et qui indiquent pour l'une la direction X et pour l'autre la direction Y. L'icône de l'espace papier est triangulaire : c'est une forme à trois côtés, fermée, qui figure un plan. Si vous ne voyez aucun de ces symboles, cliquez sur l'onglet Vue du ruban, déroulez le panneau SCU, puis cliquez sur l'option Afficher l'icône SCU (voir la Figure 5.4) A partir du mode d'affichage classique, choisissez Affichage/Affichage/Icône SCU/Actif.

Figure 5.4 Afficher l'icône du SCU.

Fenêtre ouverte sur le dessin

Une *fenêtre* est un objet rectangulaire dans l'espace papier au travers duquel vous visualisez des entités de l'espace objet. Par défaut, une seule fenêtre est créée lorsque vous ajoutez une nouvelle présentation.

Les fenêtres possèdent une échelle de dessin. Une présentation peut comporter plusieurs fenêtres, chacune avec sa propre échelle. Par exemple, une fenêtre pourrait montrer le plan d'un étage d'immeuble à l'échelle 1:200, tandis qu'une autre afficherait une vue agrandie d'une partie d'un appartement au 1:40. Du fait que les fenêtres individuelles disposent de leur échelle personnelle, la présentation elle-même peut être tracée au 1:1.

L'assistant Créer une présentation est parfait pour débuter, mais, dans la vraie vie, la plupart des dessins possèdent un jeu de fenêtres unique, non standardisé. Lorsque vous définissez une présentation, il est souvent plus facile de créer les fenêtres à la volée. La procédure qui suit explique comment s'y prendre :

1. **En utilisant une des techniques présentées plus haut dans ce chapitre, ajoutez une nouvelle présentation à votre dessin.**

   Cliquez par exemple sur le bouton Présentations Vue rapide dans la barre d'état, puis sur le bouton Nouvelle présentation dans la barre d'outils qui apparaît. La vignette de votre présentation toute neuve est insérée au bout du panneau.

2. **Cliquez sur la vignette de la nouvelle présentation pour l'ouvrir.**

   La zone de dessin va afficher la présentation. Celle-ci montre la "feuille" virtuelle et une unique fenêtre centrée sur celle-ci. Vous n'allez pas utiliser cette fenêtre dans ce qui suit.

3. **Placez le pointeur sur l'encadrement de la fenêtre (le cadre devient plus épais) et cliquez pour le sélectionner. Appuyez ensuite sur la touche Suppr.**

   Bien qu'elles ne se comportent pas comme les autres objets de dessin, ce sont pourtant aussi des objets, comme les lignes ou les cercles. Et, à ce titre, il est donc possible de les sélectionner, de les déplacer, de les copier, de les multiplier en réseau – ou de les supprimer.

   La manière de créer des fenêtres dépend de l'espace de travail dans lequel vous vous trouvez : Dessin 2D et annotation, ou AutoCAD classique. Essayons de voir comme s'y prendre dans les deux cas :

4. **Sur le ruban, activez l'onglet Vue. Choisissez ensuite Nouveau dans le panneau Fenêtres. Dans la boîte de dialogue qui apparaît alors, choisissez Unique dans la liste Fenêtres standard puis cliquez sur OK. Dans le mode AutoCAD classique, choisissez Affichage, Fenêtres, puis 1 fenêtre.**

   AutoCAD va vous demander de spécifier le premier coin de la nouvelle fenêtre.

5. **Cliquez sur la page vierge au point qui va définir le premier coin de votre fenêtre.**

   AutoCAD vous demande maintenant de définir le coin opposé.

6. **Sélectionnez un second point pour placer l'angle opposé de la nouvelle fenêtre.**

   AutoCAD dessine la fenêtre (ou plutôt le cadre correspondant) et il y insère la géométrie construite dans l'espace objet. Vous devez maintenant spécifier une échelle de dessin pour cette fenêtre.

   Faire ce travail dès le début, au lieu d'attendre la suite des événements, offre plusieurs avantages :

- Définir une échelle correcte pour vos fenêtres vous permet d'utiliser des objets annotatifs afin de documenter votre projet, qu'il s'agisse de textes, de cotes, de hachures, de blocs ou encore de types de ligne discontinus. Les objets annotatifs seront étudiés au Chapitre 6.

- Définir une échelle correcte pour toutes vos fenêtres vous permet également de tracer facilement la présentation, une fois celle-ci terminée, à une échelle de 1:1 tout en conservant les rapports définis individuellement dans chacune des fenêtres existantes.

7. **Faites un double clic à l'intérieur de la fenêtre à laquelle vous voulez appliquer une échelle.**

   L'espace objet devient actif, comme il se doit, puisque c'est l'espace dans lequel vous allez définir une échelle. Le bouton Échelle de la fenêtre apparaît aussi sur la barre d'état lorsque l'espace objet est activé dans une présentation.

8. **Cliquez sur le bouton Échelle de la fenêtre dans la barre d'état.**

   Ceci ouvre un menu qui liste toutes les échelles enregistrées dans la mémoire d'AutoCAD. Y compris les unités anglo-saxonnes si vous travaillez dans le système métrique, et réciproquement.

   La plupart du temps et pour la plupart des gens, cette liste (que vous retrouvez également dans la boîte de dialogue Tracer, est bien trop longue. Mais AutoCAD, qui pense décidément à tout, propose une boîte de dialogue qui vous permet de supprimer par exemple les unités impériales si les pieds et les pouces n'évoquent pour vous que des parties du corps humain. Pour y accéder, ouvrez le navigateur (ou la barre) de menus, choisissez Format, puis Liste d'échelles. Ajustez les valeurs à votre convenance. Si vous regrettez plus tard votre geste, ouvrez à nouveau la boîte de dialogue et cliquez sur le bouton Réinitialiser. Toutes les échelles par défaut seront restaurées.

9. **Trouvez dans la liste l'échelle que vous voulez appliquer à la fenêtre active et sélectionnez-la.**

   L'affichage du dessin grossit ou se rétrécit en fonction de l'échelle choisie.

   Relisez ce qui précède et demandez-vous à combien de reprises vous allez effectuer des zooms et des panoramiques sur votre dessin. Si vous zoomez à l'intérieur de la fenêtre dont vous venez de définir l'échelle, boum, celle-ci explose ! Heureusement, vous pouvez prévenir non pas les pompiers mais l'incident en empêchant que vous-même ou quelqu'un d'autre puisse par inadvertance détruire votre si belle composition. Les étapes continuent donc :

10. **Assurez-vous que vous êtes dans l'espace papier (faites un double clic sur le fond grisé de la zone de travail et vérifiez que l'icône du SCU est bien triangulaire).**

11. **Sélectionnez le cadre qui délimite la fenêtre dont vous voulez protéger l'échelle et appuyez sur le bouton droit de la souris.**

    Le menu contextuel qui apparaît contient de nombreuses options, dont celles qui sont spécifiques aux fenêtres.

12. **Choisissez l'option Verrouiller la vue, puis Actif.**

    Et voilà AutoCAD prêt à s'adapter à votre vue. Lorsque vous vous trouvez dans l'espace papier, il effectue un zoom normal. Autrement dit, il agrandit ou réduit la vue sur la feuille virtuelle. Si vous êtes dans l'espace objet, un zoom normal changerait votre échelle. Comme vous avez verrouillé la fenêtre, il va passer instantanément dans l'espace papier, opérer le zoom demandé, puis revenir tout aussi instantanément à l'espace objet. Quel prestidigitateur !

TRUC

Il arrive parfois qu'une disposition parfaite de l'espace papier nécessite d'encadrer totalement une petite fenêtre par une plus grande. Ce n'est pas bien difficile à réaliser, et pas non plus bien sorcier à sélectionner. Du moins, tant que vous êtes dans l'espace papier. Par contre, il est impossible d'activer via un double clic une fenêtre entièrement encerclée par une autre. Laissez alors vos doigts venir à la rescousse : la combinaison Ctrl+R permet de circuler entre toutes les fenêtres de l'espace papier, et ce quelle que soit leur disposition.

Vous avez maintenant votre programme d'entraînement en douze étapes pour participer à la grande course des fenêtres ! Bien entendu, toutes ces épreuves de configuration ont un objectif : vous permettre de réaliser parfaitement des sorties parfaites sur le papier. Les tracés sont étudiés dans le Chapitre 16, mais, à ce stade, quelques mots d'introduction ne seront pas inutiles.

À propos des espaces papier et du traçage

Comme je l'ai expliqué dans ce chapitre, vous pouvez utiliser l'espace papier d'AutoCAD pour composer une ou plusieurs *présentations* destinées à tracer votre dessin selon des perspectives variées. Chaque présentation dispose de son propre onglet, et il vous suffit pour l'activer de cliquer sur cet onglet en bas de l'aire de dessin (ou sur le bouton Présentations Vue rapide si vous avez masqué les onglets). AutoCAD sauvegarde individuellement la configuration de tracé de vos présentations (périphérique de sortie, taille du papier, échelle du tracé, et ainsi de suite). Ceci vaut également, comme nous l'avons vu plus haut, pour l'espace objet.

Le choix de l'utilisation de l'espace objet ou d'un espace papier pour tracer un dessin dépend entièrement de la manière dont celui-ci a été configuré. Si vous avez suivi (ou quelqu'un d'autre) une procédure semblable à celle qui est décrite dans ce chapitre, il vous sera sans doute pratique d'utiliser un espace papier pour tracer votre dessin. Dans le cas contraire, effectuez le tracé à partir de l'espace objet.

Les cadres qui entourent les fenêtres seront imprimés si vous ne faites pas attention à l'emplacement où vous les créez. Ce qui signifie que chacune des vues de votre dessin sera affublée d'une jolie bordure. C'est sympathique, mais certainement pas ce que vous voulez obtenir dans tous vos projets. Dans le prochain chapitre, je vous ferai découvrir les propriétés des objets, y compris celle qui est probablement la plus importante de toutes : les *calques*. Vous pouvez définir un calque de manière à ce que les objets qui s'y trouvent ne soient pas tracés, et c'est précisément là que vous devriez placer les encadrements de vos fenêtres.

L'un des arguments en faveur du masquage des onglets au profit de la barre d'état est que cela permet d'agrandir un peu la zone de dessin. Vous pouvez pour cela cliquer avec le bouton droit de la souris sur n'importe quel onglet et choisir l'option Masquer les onglets Présentation et Objet. Il est aussi possible de passer par le navigateur de menus, ou la classique barre de menus, Outils/Option, puis d'activer l'onglet Affichage et de décocher (ou inversement cocher) la case qui indique Afficher les onglets Présentation et Objet. Les onglets s'évanouissent, et deux nouveaux boutons apparaissent dans la barre d'état. A leur tour, ces boutons ont un menu contextuel qui permet de revenir aux onglets. Bascule, quand tu nous tiens !

Si vous n'avez sous la main aucun dessin comportant des présentations, vous pouvez toujours faire appel à l'un des exemples fournis par AutoCAD. Voyez par exemple le dossier `C:\Program files\AutoCAD 2009\Sample\Blocks and Tables - Metric.dwg`. Avec AutoCAD LT, voyez par exemple `C:\Program files\AutoCAD LT 2009\Sample\Elevations.dwg`.

Il est possible de tracer de différentes manières le même objet dans une même présentation en utilisant différentes mises en page. Pour en savoir plus à ce sujet, reportez-vous au Chapitre 16. Si vos projets contiennent de multiples dessins, vous pouvez transformer vos présentations en *jeux de feuilles*. Cette fonctionnalité simplifie la création, la gestion, le traçage et l'échange de projets sophistiqués (mais elle n'est pas disponible dans AutoCAD LT). Reportez-vous également au Chapitre 16 pour plus de détails sur ce sujet.

Deuxième partie

Que le trait soit

Dans cette partie...

Les traits, cercles et autres éléments géométriques constituent le cœur de votre dessin. AutoCAD vous offre de nombreuses commandes de dessin, plusieurs manières de les utiliser pour construire des objets avec précision et quantité de propriétés pour contrôler l'affichage et le tracé de vos objets. Quand vous aurez achevé la géométrie de votre dessin, vous passerez sans doute au moins autant de temps à le modifier au fil de l'évolution de votre conception du projet. Au cours de ce processus, il vous faudra utiliser abondamment le zoom et le panoramique pour avoir une vision exacte de ce que vous avez réalisé.

Dessiner, éditer et modifier les vues affichées sont les fondations du processus de dessin. Cette partie va vous montrer comment rendre ces fondations solides.

Chapitre 6

Gérer vos propriétés

Dans ce chapitre :

- Gérer les calques.
- Gérer d'autres propriétés des objets : couleur, type de ligne et épaisseur de ligne.
- Copier des calques et autres objets nommés avec DesignCenter.

Les applications de CAO sont différentes des autres programmes de dessin. Vous devez être attentif à toutes sortes de petits détails, comme les propriétés des objets et la précision avec laquelle vous spécifiez des points lorsque vous dessinez ou modifiez des entités. Si vous vous contentez de commencer à dessiner sans vous préoccuper de ces questions, vous finirez pas vous retrouver à la tête d'un flot de formes approximatives, qu'il sera bien difficile de modifier, d'afficher et de tracer.

Ce chapitre vous présente les *propriétés des objets*, qui sont des outils et des techniques d'AutoCAD faits pour vous aider à éviter le désordre en CAO. Le Chapitre 7 vous explique les plus importantes des techniques de précision que vous devez observer pour réaliser des dessins AutoCAD efficaces. Les informations proposées dans ces deux chapitres sont essentielles à connaître avant de commencer à dessiner et éditer des objets, ce dont nous parlerons aux Chapitres 8, 9, 10 et 11.

L'exigence la plus inquiétante à laquelle on est confronté quand on commence à utiliser AutoCAD est le nombre de paramètres de propriétés et de caractéristiques de précision qu'il faut prendre en compte, même pour tirer un simple trait. Contrairement à bien d'autres programmes, il ne suffit pas de tracer une ligne *à peu près* à l'endroit voulu et de lui affecter une certaine couleur. Tout cela peut donner l'impression que c'est un peu comme s'il fallait apprendre à piloter une Formule 1 pour aller faire ses courses au coin de la rue (l'avantage, c'est que, une fois que vous serez à l'aise dans le baquet, AutoCAD pourra vous emmener beaucoup plus loin, beaucoup plus vite).

Voici les trois règles de base pour une bonne pratique d'AutoCAD :

- Faites bien attention de maîtriser les *propriétés* de tous les objets que vous dessinez, et en particulier le calque sur lequel se trouve chaque objet. Les calques forment le sujet principal de la prochaine section.
- Faites bien attention d'utiliser et de maîtriser les objets et symboles nommés dans chaque dessin (calques, styles de texte, définitions de cartouches et autres objets non graphiques qui servent à définir l'aspect de tous les objets graphiques du dessin). J'y reviendrai plus loin dans ce chapitre, dans la section intitulée "Utiliser des symboles nommés".
- Faites bien attention de contrôler la *précision* de chaque point et des longueurs que vous utilisez pour dessiner et modifier chaque objet. Les techniques de précision sont discutées dans le Chapitre 7.

Tout cela peut vous sembler décourageant au premier abord, mais les sections qui suivent vont vous aider à donner un visage plus humain à ces tâches.

Maîtriser vos propriétés

C'est comme au Monopoly : chaque objet que vous dessinez dans AutoCAD possède des *propriétés*. Il s'agit tout simplement ici des caractéristiques de cet objet, comme le calque sur lequel il se trouve, sa couleur, son type de ligne, l'épaisseur de celle-ci, ou encore son style de tracé. Ces propriétés vous servent à communiquer des informations sur les caractéristiques des entités que vous représentez : le genre d'objet du monde réel qu'elles modélisent, leur position dans l'espace, le matériau qui les compose ou encore leur importance relative. Avec AutoCAD, vous utilisez aussi ces propriétés pour organiser les objets à des fins de modification et de tracé.

Dans AutoCAD 2009, la palette Propriétés est complétée par une version allégée, la palette *Propriétés rapides*. Lorsque le bouton correspondant est activé dans la barre d'état, la sélection d'un objet ouvre un panneau flottant qui affiche une sélection personnalisable de propriétés possédées par cet objet (si votre barre d'état affiche du texte plutôt que des icônes, recherchez le bouton qui indique PR).

Pour plus d'informations sur l'emploi et la personnalisation du panneau Propriétés rapides, consultez par exemple ce que dit à son sujet la section Interface utilisateur de l'Atelier des nouvelles fonctionnalités (accessible depuis le menu d'aide).

Toutes les propriétés d'un objet peuvent être affichées et modifiées dans la palette Propriétés. Sur la Figure 6.1, la palette Propriétés (et, sur sa droite, le panneau Propriétés rapides) montre les propriétés d'une ligne.

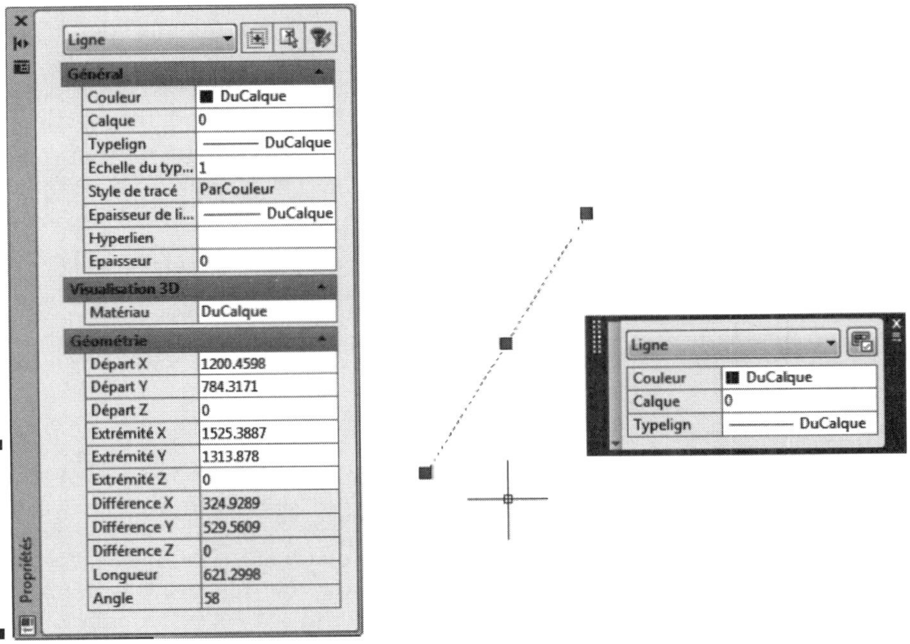

Figure 6.1 Complètes ou rapides ? Voilà en tout cas une ligne riche en propriétés.

Pour afficher ou masquer la grande palette Propriétés, cliquez sur le bouton Propriétés sous l'onglet Vue du ruban (ou dans la barre d'outils Standard si vous êtes en mode AutoCAD classique). Vous pouvez également utiliser la combinaison de touches Ctrl+1. Si vous n'avez sélectionné aucun objet, la palette Propriétés affiche les propriétés *courantes*, c'est-à-dire celles qu'AutoCAD applique à tout nouvel objet que vous dessinez. Lorsque vous sélectionnez un objet, ce sont ses propriétés à lui qui sont proposées dans la palette. Si vous sélectionnez plusieurs objets en même temps, enfin, elle montre uniquement ce qu'ils ont en commun.

TRUC

Un double clic sur un objet affiche toujours la palette Propriétés (si elle était masquée, bien sûr). Si le bouton Propriétés rapides est activé dans la barre d'état, un simple clic sur un objet suffit à faire apparaître ce panneau.

Mettre l'objet sur un calque

Le calque où il réside fait partie des propriétés de chaque objet. Les *calques* (des espaces de dessin indépendants que l'on superpose pour former une image complète) vous sont peut-être familiers si vous avez déjà utilisé des programmes de dessin ou d'imagerie. Comme la plupart des logiciels de CAO, AutoCAD utilise la notion de calque comme principe élémentaire d'organisation des objets que vous représentez. Les objets sont ainsi groupés logiquement dans divers calques selon leur appartenance à une certaine catégorie. Par exemple, les murs, le mobilier et les annotations vont être regroupés respectivement sur trois calques distincts, et cela pour deux raisons principales :

- Vous disposez ainsi d'un moyen de faire apparaître ou disparaître chaque groupe d'objets correspondant à un calque, aussi bien sur l'écran que sur le tracé.
- Les calques fournissent le meilleur moyen de contrôler la couleur, le type et l'épaisseur de ligne des objets.

Pour travailler efficacement avec AutoCAD, vous devez donc commencer par définir plusieurs calques, leur donner un nom et en choisir les propriétés de base (comme la couleur et le type de ligne). Vous dessinez ensuite des objets sur ces calques. Lorsque vous créez un objet, AutoCAD le place automatiquement sur le calque *courant* (celui qui apparaît dans la liste déroulante Contrôles des calques lorsque aucune entité n'est sélectionnée). Si votre projet contient déjà un calque, vous pouvez le rendre courant en le choisissant dans la liste Contrôle des calques, comme l'illustre la Figure 6.2. En mode Dessin 2D et annotation, vous trouverez cette liste dans le panneau Calques de l'onglet Début. En mode AutoCAD classique, il se trouve dans la barre d'outils Calques.

TRUC

Il n'est pas absolument nécessaire de créer *tous* vos calques avant de commencer à dessiner quoi que ce soit. Mais vous gagnerez du temps en partant de quelques calques de base, puis en en complétant la liste au fur et à mesure de vos besoins. De nombreux utilisateurs avancés d'AutoCAD créent d'abord des objets, puis les calques appropriés, et ils déplacent ensuite ces objets vers les nouveaux calques. Vous pouvez facilement changer le calque d'une entité. Il vous suffit pour cela de la sélectionner, puis de choisir le nom voulu dans la liste déroulante Contrôles des calques.

ATTENTION !

Assurez-vous qu'aucun objet n'est sélectionné avant d'utiliser la liste déroulante Contrôles des calques pour changer le calque courant (pour cela, appuyez deux fois sur la touche Échap). Si des objets sont sélectionnés, cette liste déroulante vous permet en fait d'afficher le calque sur lequel ils se trouvent, et le cas échéant de les transférer vers un autre. Quand aucun objet n'est

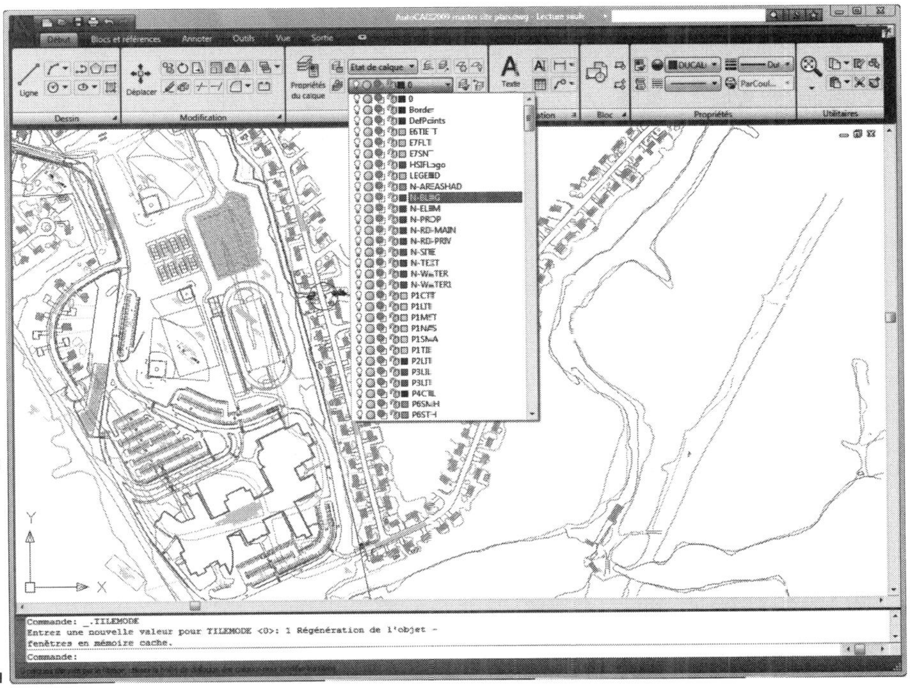

Figure 6.2 Avant de dessiner un objet, sélectionnez le calque correspondant.

sélectionné, cette liste déroulante se contente d'afficher le calque courant (et d'en changer le cas échéant).

Accumuler les propriétés

En dehors du calque, les autres propriétés d'objets que vous allez sans doute vouloir utiliser souvent sont la couleur, le type de ligne, l'épaisseur de ligne, et peut-être le style de tracé. Le Tableau 6.1 donne une description sommaire de ces quatre propriétés.

Dans AutoCAD Release 14 (et les versions plus anciennes), la propriété Couleur contrôlait aussi l'épaisseur du tracé des lignes pour chaque objet. AutoCAD 2000 a introduit un système plus logique, dans lequel vous pouvez affecter une épaisseur de tracé aux objets. Mais aussi logique que paraisse cette méthode, il vous arrivera peut-être, même dans AutoCAD 2009, de vouloir travailler à l'ancienne (c'est-à-dire de définir une épaisseur à partir d'un choix de couleur) par exigence de compatibilité avec les dessins (et leurs auteurs) qui continuent à utiliser ce procédé.

Superposer vos calques

Comment choisir les noms à donner à vos calques et les objets à y placer ? Certains domaines d'activité ont établi des usages qui leur sont spécifiques, et de nombreux bureaux d'études ont défini leurs propres règles en la matière. Certains projets imposent même des exigences particulières en ce qui concerne les calques. Vous pouvez demander à des collègues ou des confrères expérimentés comment ils utilisent les calques dans AutoCAD. Si vous n'arrivez pas à obtenir une réponse complète et satisfaisante, rien ne vous empêche de définir votre propre charte. Chaque ligne de cette charte doit contenir le nom du calque, sa couleur, son type et son épaisseur de ligne par défaut, ainsi que la nature des objets qu'il rassemble. Si vous utilisez des styles de tracés nommés, ajoutez à cette liste le style par défaut (mais ce n'est pas nécessaire pour les tracés traditionnels basés sur la couleur).

Tableau 6.1 : Propriétés d'objets utiles.

Propriété	Contrôle
Couleur	Couleur affichée, et couleur ou épaisseur de ligne tracée
Type de ligne	Caractéristiques des lignes discontinues à l'affichage et au tracé
Épaisseur de ligne	Largeur du trait à l'affichage et au tracé
Style de tracé	Caractéristiques du tracé (voir le Chapitre 13)

AutoCAD vous offre deux manières différentes d'assigner des propriétés aux objets :

- **À partir du calque :** Chaque calque est associé à une couleur, un type de ligne, une épaisseur de ligne et un style de tracé par défaut. À moins que vous n'ayez donné d'autres instructions à AutoCAD, tout objet hérite des propriétés du calque sur lequel il est créé. Dans AutoCAD, cette manière de procéder s'appelle "à partir du calque" (ou *DuCalque*).
- **À partir du bloc :** AutoCAD vous permet aussi de remplacer les propriétés qu'un objet a héritées de son calque, et de spécifier pour lui une couleur, un style et une épaisseur de ligne, un style de tracé qui lui

sont spécifiques. Dans AutoCAD, cette manière de procéder s'appelle "à partir du bloc" (ou *DuBloc*).

TRUC

Si vous avez déjà utilisé d'autres programmes graphiques, vous avez peut-être l'habitude d'assigner à des objets des propriétés diverses, disons une couleur. Si c'est le cas, vous serez sans doute tenté d'utiliser l'approche à partir du bloc plutôt qu'à partir du calque pour affecter des propriétés aux objets dans AutoCAD. *Résistez à cette tentation.*

Dans presque tous les cas, il vaut mieux créer des calques, assigner des propriétés à chacun d'eux, et laisser les objets qui y résident hériter de ces propriétés. Voici deux des avantages de l'approche à partir du calque :

- Elle vous permet d'éditer facilement les propriétés d'un ensemble d'objets que vous avez regroupés dans un calque : il vous suffit de changer les propriétés de celui-ci au lieu d'avoir à les modifier objet après objet.
- Les dessinateurs expérimentés en CAO utilisent l'approche à partir du calque. Si vous avez à travailler sur des dessins faits par d'autres, vous serez bien plus à l'aise si vous avez l'habitude de travailler de la même manière. Vous éviterez également les récriminations d'un responsable de bureau d'études dont le boulot comporte la lourde tâche de faire la leçon aux malheureux débutants qui en sont encore à attribuer des propriétés à partir du bloc.

Si vous suivez mon conseil en assignant les propriétés à partir du calque, il vous suffira de définir les propriétés de chaque calque dans la palette Gestionnaire des propriétés des calques (voir la Figure 6.3). Avant de dessiner un objet, assurez-vous que les listes déroulantes Sélectionner une couleur, Sélectionner un type de ligne et Sélectionner une épaisseur de ligne du panneau Propriétés du ruban (ou de la barre d'outils Propriétés en mode AutoCAD classique) affichent bien le paramétrage DuCalque, comme l'illustre la Figure 6.4.

TRUC

Si le dessin est configuré pour utiliser des styles de tracé basés sur la couleur au lieu de styles de tracé nommés (voyez le Chapitre 16), la liste déroulante Contrôle des styles de tracé sera inactive et affichera ParCouleur.

ATTENTION !

Si vous n'aimez pas faire les choses de travers et vous faire agresser par un responsable de bureau d'études, n'assignez pas de propriétés aux objets de l'une des manières suivantes :

- Ne sélectionnez pas une couleur, un type de ligne, une épaisseur de ligne ou un style de tracé dans la liste déroulante correspondante dans le panneau ou la barre d'outils Propriétés pour dessiner l'objet ensuite. C'est une erreur *très* courante chez les débutants.

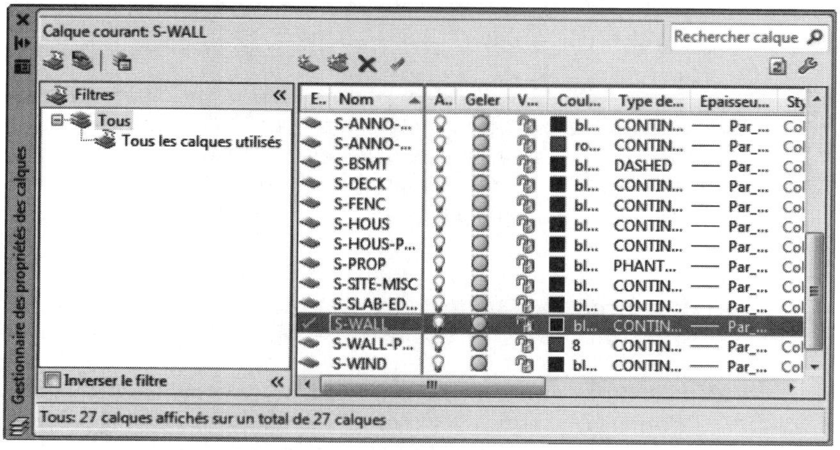

Figure 6.3 Utilisez les calques pour contrôler les propriétés des objets.

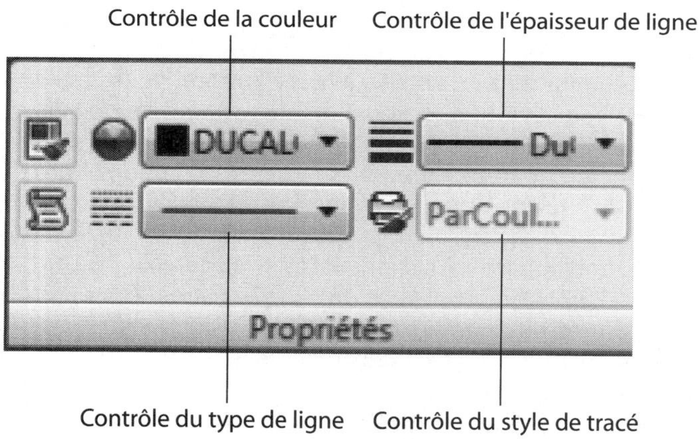

Figure 6.4 À partir du calque pour tout le monde.

- Ne dessinez pas un objet pour le sélectionner ensuite et choisir une ou plusieurs propriétés dans ces mêmes listes déroulantes. C'est aussi une erreur *très* courante chez les débutants.

Si vous préférez faire les choses correctement, affectez ces propriétés à partir du calque, comme je l'explique dans cette section.

TRUC

La commande DEFDUCALQUE d'AutoCAD vous permet de corriger ces propriétés non liées au calque. Dans le navigateur (ou la barre) de menus, choisissez Modification, puis Remplacer par DuCalque. Répondez ensuite aux messages affichés dans la fenêtre de commande. Pour plus de détails, reportez-vous aux explications données dans l'aide en ligne sur DEFDUCALQUE.

Créer un nouveau calque

Si aucun calque existant ne vous convient, vous devez en créer un en utilisant la boîte de dialogue Gestionnaire des propriétés des calques. Suivez ces étapes :

1. **Cliquez sur le bouton Propriétés du calque dans le panneau Calques du ruban (en mode AutoCAD classique, il se trouve dans la barre d'outils Calques), ou tapez CALQUE et appuyez sur Entrée.**

   La palette Gestionnaire des propriétés des calques apparaît. Un nouveau dessin ne possède qu'un calque, appelé 0. Il vous faut donc ajouter les calques dont vous avez besoin pour votre dessin.

2. **Cliquez sur le bouton Nouveau calque (c'est comme une petite explosion jaune au-dessus de la colonne Etat).**

   Le nouveau calque apparaît dans la liste. AutoCAD le nomme Calque1, mais vous pouvez taper un nouveau nom pour le redéfinir facilement, comme le montre la Figure 6.5.

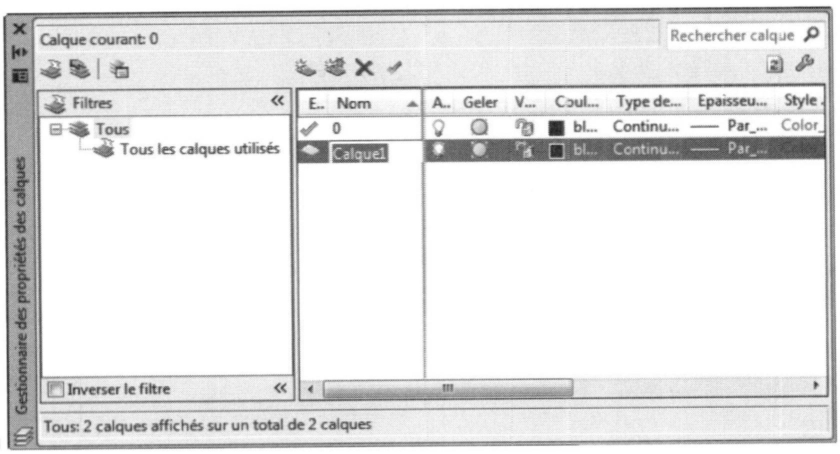

Figure 6.5 Créez un nouveau calque dans la palette Gestionnaire des propriétés des calques.

3. **Tapez un nom pour le nouveau calque.**

TRUC

Entrez si possible le nom du calque avec uniquement la première lettre de chaque mot en majuscule. Pourquoi ? Pour deux bonnes raisons :

- Un nom entièrement en majuscules est beaucoup plus long. Conséquence : il est souvent tronqué dans la liste déroulante de la barre d'outils Calques.

- Un nom entièrement en majuscules donne l'impression que vous CRIEZ, ce qui n'est pas très agréable.

4. **Sur la ligne du nouveau calque, cliquez dans la colonne Couleur, c'est-à-dire sur le nom de la couleur (Blanc par défaut) du nouveau calque.**

   La boîte de dialogue Sélectionner la couleur apparaît, comme le montre la Figure 6.6.

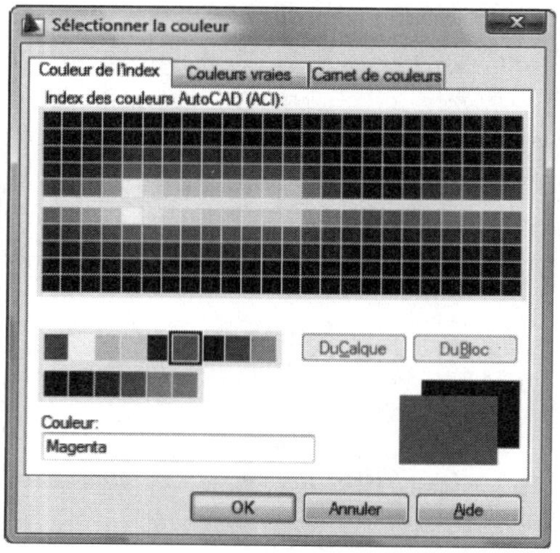

Figure 6.6 La boîte de dialogue Sélectionner la couleur. La couleur Magenta est sélectionnée parmi les couleurs standard.

AutoCAD vous permet de faire votre choix parmi 255 couleurs prédéfinies. C'est l'Index des couleurs AutoCAD (ACI). Un choix aussi vaste convient très bien pour un travail de rendu 3D mais est surabondant pour un dessin industriel ordinaire.

TRUC

Pour l'instant, tenez-vous-en aux neuf couleurs qui vous sont proposées au-dessous de la palette principale, juste à gauche des boutons DuCalque et DuBloc de la boîte de dialogue Sélectionner la couleur. En effet :

- Ces couleurs se distinguent facilement l'une de l'autre.
- L'utilisation d'un petit nombre de couleurs facilite la configuration de vos paramètres de traçage (ce que je décris au Chapitre 16).

AutoCAD vous offre un choix de couleurs encore plus extravagant. Dans la boîte de dialogue Sélectionner la couleur, l'onglet Couleurs vraies vous permet de "fabriquer" la couleur que vous voulez parmi plus de seize millions de nuances, en utilisant l'un des modèles TSL (teinte, saturation, luminance) ou RVB (rouge, vert, bleu). Avec l'onglet Carnet de couleurs, vous pouvez utiliser les systèmes Pantone, DIC et RAL, qui sont très employés par les imprimeurs. Si ce que vous faites nécessite un grand nombre de couleurs ou une correspondance très fidèle entre l'écran et le tracé, la palette de nuances correspondante n'a sans doute pas de mystère pour vous et vous savez vous en servir. Si vous utilisez AutoCAD pour faire des dessins industriels "ordinaires", contentez-vous des couleurs de l'index.

5. **Cliquez sur un godet pour sélectionner la couleur de ce calque, puis sur OK.**

   La boîte de dialogue Gestionnaire des propriétés des calques réapparaît. La couleur que vous venez de sélectionner (son nom ou son numéro) apparaît dans la colonne Couleurs de la ligne du nouveau calque.

   Les sept premières couleurs d'AutoCAD ont non seulement des numéros, mais aussi des noms standard : 1 = rouge, 2 = jaune, 3 = vert, 4 = cyan, 5 = bleu, 6 = magenta, 7 = blanc (mais ce dernier apparaît noir quand il est affiché sur un fond blanc). Les 248 couleurs restantes sont uniquement désignées par leur numéro.

6. **Toujours dans la ligne du nouveau calque, cliquez dans la colonne Type de ligne.**

   La boîte de dialogue Choix du type de ligne apparaît, comme l illustre la Figure 6.7.

   Le type de ligne par défaut est Continuous, c'est-à-dire un trait continu.

   Si vous avez déjà chargé les définitions dont vous avez besoin pour votre dessin, ou si le gabarit que vous avez utilisé contient déjà de telles définitions, la boîte de dialogue Choix du type de ligne les fait apparaître dans la liste Types de ligne chargés. Si ce n est pas le cas, cliquez sur le bouton Charger pour ouvrir la boîte de dialogue Charger ou recharger les types de ligne. Par défaut, AutoCAD affiche dans cette boîte de dialogue les types de ligne du fichier de définition standard `acadiso.lin`

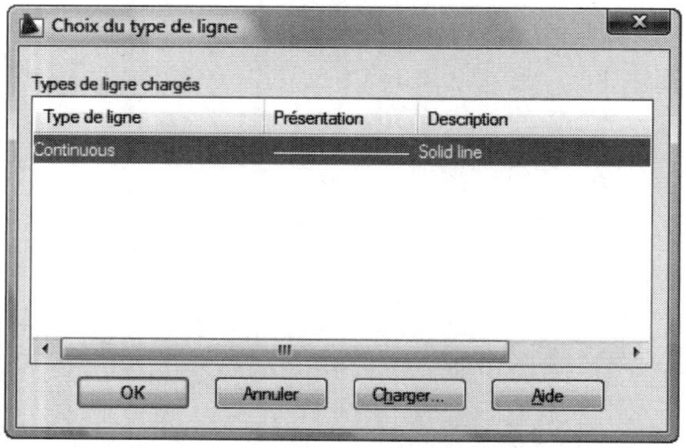

Figure 6.7
La boîte de dialogue Choix du type de ligne.

(pour les unités métriques, l'équivalent pour les unités anglo-saxonnes étant `acad.lin`, ces noms devenant respectivement `acadltiso.lin` et `acadlt.iso` dans AutoCAD LT). Sélectionnez dans cette liste les types de ligne que vous voulez charger et cliquez sur le bouton OK.

ATTENTION !

Les types de ligne dont le nom commence par ACAD_ISO sont normalement destinés aux dessins en unités métriques, mais peu de gens s'en servent. Je vous conseille fortement de résister à la tentation (à moins que l'on ne vous en ait donné l'ordre). Je vous assure qu'il est beaucoup plus facile de travailler avec des types de ligne aux noms un peu plus évocateurs : AXES, TIRETPT, etc.

7. **Cliquez sur le type de ligne voulu dans la liste Types de ligne chargés pour l'appliquer à votre calque, puis cliquez sur OK.**

   La boîte de dialogue Choix du type de ligne disparaît, et vous revenez à la palette Gestionnaire des propriétés des calques. Le nom apparaissant maintenant dans la colonne Type de ligne pour votre calque est celui que vous venez de sélectionner.

8. **Dans la ligne du nouveau calque, cliquez dans la colonne Épaisseur de ligne.**

   La boîte de dialogue Épaisseur de ligne apparaît (voir la Figure 6.8).

9. **Sélectionnez dans la liste l'épaisseur de ligne qui vous convient pour ce calque et cliquez sur OK.**

TRUC

   L'épaisseur de ligne 0.00 mm demande à AutoCAD d'utiliser la plus petite épaisseur possible sur l'écran et sur le tracé. Je vous recommande pour l'instant de laisser ce paramètre à sa valeur *Par_défaut* et de vous

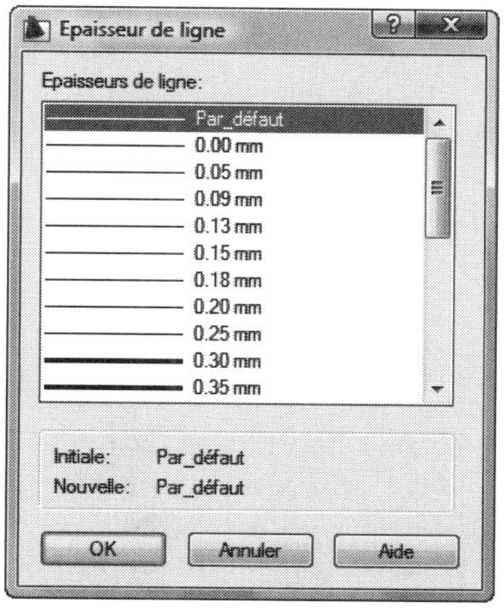

Figure 6.8
La boîte de dialogue Épaisseur de ligne.

servir plutôt d'une correspondance de couleur pour définir l'épaisseur de ligne. Je reviendrai plus en détail sur ce sujet dans le Chapitre 16.

Vous pouvez utiliser la propriété Style de tracé pour assigner au calque un style de tracé nommé, mais seulement si vous utilisez ce type de fonctionnalité dans votre dessin. Dans le cas contraire (c'est-à-dire si le tracé est basé sur la couleur), cette colonne affichera un nom grisé, donc non modifiable, et qui ne changera que si vous choisissez une autre couleur pour le calque. Sinon, il vous est possible ici de définir un style de tracé nommé (mais le Chapitre 16 explique pourquoi vous allez probablement préférer vous en abstenir).

La colonne Tracer détermine si les objets du calque apparaîtront ou non sur les tracés. Il vous suffit de cliquer sur l'icône représentant une imprimante qui apparaît dans cette colonne pour activer ou désactiver cette propriété (l'icône est alors barrée d'un trait rouge). Le contenu du calque continuera tout de même à apparaître sur l'écran.

10. **(Facultatif) Si vous voulez ajouter une description au calque, faites défiler l'affichage vers la droite pour voir la colonne Description. Cliquez deux fois dans la case qui correspond à votre nouveau calque et entrez un commentaire.**

TRUC

Si vous choisissez d'ajouter des descriptions, vous pouvez agrandir la fenêtre de la palette vers la droite pour les lire sans avoir à faire défiler la liste des colonnes.

11. **Pour créer les autres calques dont vous avez besoin, répétez les étapes 2 à 10.**

12. **Parmi vos nouveaux calques, sélectionnez celui que vous voulez définir comme actif et cliquez sur le bouton Courant (la coche verte).**

    C'est dans le calque courant qu'AutoCAD place les nouveaux objets que vous dessinez.

13. **Cliquez sur OK pour accepter vos nouveaux paramètres de calques.**

    Les changements que vous avez apportés dans la palette Gestionnaire des propriétés des calques sont instantanément appliqués, contrairement au fonctionnement dune boîte de dialogue, dans laquelle vous devez d'abord cliquer sur OK pour que les modifications deviennent effectives.

    La liste déroulante Contrôle des calques du ruban affiche maintenant le nom du calque que vous venez de définir comme courant, autrement dit celui dans lequel AutoCAD va placer les nouveaux objets que vous dessinerez.

Si vous n'aimez pas toutes ces nouveautés et que vous êtes un supporter farouche des boîtes de dialogue, sachez qu'AutoCAD a pensé à vous. Il vous suffit de taper la commande CALQCLASSIQ pour afficher le Gestionnaire des propriétés des calques sous la forme d'une boîte de dialogue... classique.

Une fois que vous avez créé des calques, vous pouvez définir comme courant celui que vous voulez. Assurez-vous qu'aucun objet n'est sélectionné, puis choisissez le nom du calque voulu dans la liste déroulante de la barre d'outils Calques.

Manipuler les calques

Une fois que vous avez créé des calques et que vous y avez dessiné des objets, vous pouvez utiliser la boîte de dialogue Gestionnaire des propriétés des calques pour en modifier certaines propriétés. Par exemple, il est possible d'activer ou de désactiver un calque pour afficher ou masquer les objets qu'il contient. Les trois premières icônes, juste à droite du nom d'un calque, contrôlent les modes de visibilité de celui-ci :

- **Actif/Inactif :** Cliquez sur l'icône qui figure une ampoule pour activer ou désactiver la visibilité de tous les objets du calque courant. AutoCAD ne régénère pas le dessin lorsque vous rétablissez la visibilité (pour en savoir plus sur les régénérations, reportez-vous au Chapitre 12).

Une cargaison de types de ligne

Lorsque vous chargez un type de ligne, AutoCAD copie dans le dessin sa définition (c'est-à-dire la manière de créer les tirets, les points et les blancs dont il est constitué), depuis le fichier `acadiso.lin` (unités métriques) ou `acad.lin` (unités anglo-saxonnes). Pour AutoCAD LT, ces noms sont respectivement `acadltiso.lin` et `acadlt.lin`. Ces définitions n'apparaissent pas automatiquement dans d'autres projets. Vous devez charger dans chaque dessin les types de ligne que vous voulez utiliser. Si cela vous conduit à lire régulièrement les mêmes types de ligne dans de nombreux projets différents, il est préférable de les enregistrer dans le ou les gabarits de dessin correspondants (pour savoir comment créer et utiliser un gabarit, reportez-vous au Chapitre 4). Une fois que vous avez enregistré des types de ligne dans un gabarit, ceux-ci seront chargés automatiquement dans tous les nouveaux dessins que vous allez créer à partir de ce modèle.

Il est inutile de faire du zèle avec les types de ligne. Par exemple, il n'est pas nécessaire de charger tous les types de ligne du fichier `acadiso.lin` en partant du principe qu'ils pourraient peut-être servir un jour. Vous seriez simplement encombré d'une liste excessivement longue. La plupart des dessins ne nécessitent qu'un petit nombre de types de ligne et, dans la plupart des domaines d'activité ou des entreprises, on se contente d'à peu près une demi-douzaine de définitions pour l'usage courant. Votre domaine d'activité, votre entreprise ou votre projet peuvent avoir des règles strictes concernant les types de ligne à utiliser dans telle ou telle circonstance.

Si vous êtes du genre inventif et si vous n'êtes pas effrayé à l'idée de modifier un fichier texte contenant des définitions de types de ligne, vous pouvez créer vos propres séquences. Dans l'onglet Sommaire de l'aide en ligne d'AutoCAD, sélectionnez "Guide de personnalisation/Types de ligne personnalisés".

- **Gelé/Libéré :** Cliquez sur l'icône du soleil ou du flocon de neige pour désactiver ou activer la visibilité de tous les objets du calque sélectionné. Lorsque vous libérez des calques, AutoCAD régénère le dessin.
- **Verrouillé/Déverrouillé :** Cliquez sur l'icône représentant un cadenas pour verrouiller (position fermée) ou déverrouiller (position ouverte) des calques. Lorsqu'un calque est verrouillé, les objets qu'il contient sont visibles mais vous ne pouvez pas les éditer.

Vous pouvez réorganiser l'ordre des colonnes en faisant tout simplement glisser leur en-tête vers une nouvelle position. En cliquant avec le bouton droit sur l'étiquette d'une colonne, vous verrez apparaître un menu qui propose notamment de l'activer ou la désactiver.

Actif/Inactif et Gelé/Libéré sont pratiquement identiques. Ces deux options affichent ou masquent le contenu du calque sélectionné. Autrefois, il était généralement plus rapide d'activer des calques que de les libérer, car cette dernière méthode entraîne automatiquement une régénération du dessin. Mais avec nos ordinateurs modernes, nos systèmes d'exploitation dernier cri et la dernière version en date d'AutoCAD, les régénérations ne sont plus un problème (sauf pour des dessins très complexes). La plupart du temps, vous ne constaterez pratiquement pas de différence entre Activer et Libérer.

Vous pouvez réaliser les mêmes opérations (activer/désactiver, geler/libérer ou verrouiller/déverrouiller) en cliquant sur les icônes appropriées, sur la droite du panneau Calques (ou de la barre d'outils correspondante dans l'espace de travail AutoCAD classique).

Quel est l'état de vos calques ?

Supposons que vous deviez travailler sur le plan d'une maison dans lequel un calque affiche les structures porteuses et un autre les gaines et canalisations. En pratique, vous n'aurez probablement jamais besoin de montrer le tout sur le même dessin. Il vous faudra donc gérer vos calques pour fournir à chaque corps de métier ce dont il a besoin. Plutôt que d'activer d'un côté une dizaine de calques, et d'en désactiver une dizaine d'autres d'un autre côté, sachez que vous avez la possibilité d'enregistrer des groupes de configurations de calque dans ce que l'on appelle un *état de calque*. Pour configurer cet état, cliquez dans la palette Gestionnaire des propriétés des calques sur le bouton intitulé Gestionnaire des états de calque (quelle présence d'esprit !). Vous pouvez aussi y accéder à partir des menus en choisissant Format/Gestionnaire des états de calques, ou encore entrer ETATCALQUE dans la fenêtre de commande.

AutoCAD affiche en grisé les calques verrouillés, ce qui vous donne un repère visuel efficace pour différencier ce qui est verrouillé et ce qui ne l'est pas. Vous pouvez définir le degré de cette transparence, ou d'estompage, en éditant la variable système LAYLOCKFADECTRL (voyez le Chapitre 22 pour une présentation des variables système, et l'aide en ligne d'AutoCAD pour des informations spécifiques à celle-ci). Pour annuler l'effet, affectez-lui la valeur 0. Pour l'augmenter ou le diminuer, choisissez une valeur positive.

Si vous vous servez d'un grand nombre de calques, l'utilisation de filtres peut en faciliter l'affichage et la gestion. AutoCAD fournit deux types de filtres de calques : par groupe ou par propriété. Un *filtre de groupe* est simplement un sous-ensemble de calques (on l'obtient en faisant glisser des noms de calques sur la liste du groupe ou en sélectionnant des objets dans le dessin). Un *filtre des propriétés* est un sous-ensemble de calques créé et géré automatiquement par AutoCAD à partir d'un critère que vous avez défini (par exemple, tous les calques dont le nom contient le mot Mur ou dont la couleur de ligne est le vert). Pour en savoir plus à ce sujet, cliquez sur le bouton d'aide dans la palette Gestionnaire des propriétés des calques et intéressez-vous aux informations données sur les filtres de groupe et les filtres des propriétés.

AutoCAD comme AutoCAD LT incluent un ensemble d'outils de gestion des calques qui étaient autrefois incorporés dans les Express Tools (voyez à ce sujet le Chapitre 1). Ces options sont maintenant accessibles depuis le menu Format (voir la Figure 6.9). Les commandes Isolement de calque et Calque inactif sont particulièrement utiles. Cliquez simplement sur un objet pour spécifier le calque à isoler (ce qui désactive tous les autres) ou désactiver. Pour plus d'informations, ouvrez le système d'aide en ligne et choisissez successivement Manuel d'utilisation, Création et modification des objets, Contrôle des propriétés des objets, Utilisation des calques, et enfin Utilisation des calques pour les dessins complexes.

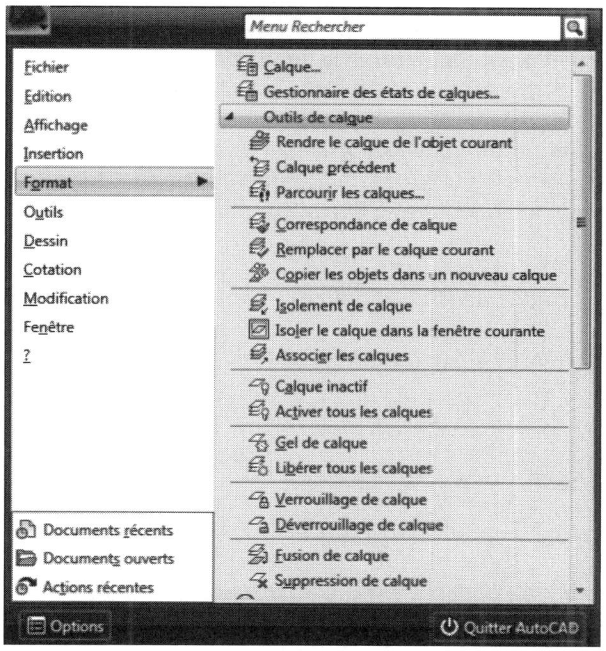

Figure 6.9 Des outils pour mieux gérer les calques.

La commande ISOCALQUE (qui correspond à la commande Format/Outils de calque/Isolement de calque) incorpore la même option d'estompage que pour les calques verrouillés (d'ailleurs, c'est ce qu'elle fait). Tapez PA et appuyez sur Entrée pour définir les paramètres voulus. Pour plus d'informations, consultez ce que dit le système d'aide en ligne sur la commande ISOCALQUE.

Utiliser des symboles nommés

Tout dessin AutoCAD mémorise (sans que vous ne le sachiez) un ensemble de *symboles nommés*. Ils sont organisés en tables de données, et les propriétés qui sont communes à tous les objets AutoCAD sont définies dans ces tables. Par exemple, toutes les lignes d'un dessin sont enregistrées dans un ou plusieurs calques. Il existe donc une propriété "calque" qui est possédée par toutes les lignes et qui est définie dans le tableau des calques. Par contre, les coordonnées qui déterminent la position des extrémités d'une ligne lui sont spécifiques (ou du moins, elles devraient l'être !). La propriété "coordonnées" n'est donc *pas* commune à toutes les lignes.

Les calques sont un exemple typique de symbole nommé. Le tableau des calques contient la liste des calques du dessin en cours, avec les paramètres de chacun d'entre eux (couleur, type de ligne, paramètre Tracer actif ou inactif, et ainsi de suite).

Ni les tables de définition, ni les symboles nommés n'apparaissent en tant qu'objets graphiques sur votre dessin. Ce sont des auxiliaires qui travaillent en coulisses pour que le spectacle se déroule comme prévu. Les objets nommés sont les suivants :

- Calques (étudiés dans ce chapitre) ;
- Types de ligne (traités dans ce chapitre) ;
- Styles de texte (voir le Chapitre 13) ;
- Styles de tableau (voir le Chapitre 13) ;
- Styles de repères multiples (voir le Chapitre 13) ;
- Styles de multilignes (non traités dans ce livre – voyez l'aide en ligne) ;
- Styles de cote (voir le Chapitre 14) ;
- Définitions de blocs et xréfs (voir les Chapitres 17 et 18) ;
- Présentations (voir le Chapitre 5).

Lorsque vous utilisez des commandes comme CALQUE, TYPELIGNE ou COTSTYLE, vous créez ou modifiez des objets nommés. Une fois que vous avez créé des symboles nommés dans un dessin, la palette DesignCenter vous offre des outils qui vous permettent de les copier dans d'autres projets.

Utiliser DesignCenter

DesignCenter n'est pas le meilleur nom possible pour cette palette fort utile (le Chapitre 2 explique comment afficher et utiliser une palette). Elle est en effet très pratique pour accéder aux données de toutes sortes dans les dessins. Alors que la palette Propriétés, que nous avons décrite plus haut dans ce chapitre, concerne les propriétés des objets graphiques, DesignCenter est essentiellement dédié aux symboles nommés : calques, types de ligne, définitions de blocs, styles de texte, et autres éléments ayant une fonction d'organisation dans vos dessins.

La palette DesignCenter (illustrée sur la Figure 6.10) comporte une barre d'outils à son bord supérieur avec au-dessous un ensemble de quatre onglets, un volet de navigation dans sa partie gauche et un volet de contenu dans sa partie droite. Le volet de navigation affiche l'arborescence des dossiers en permettant de développer des fichiers de dessin pour montrer les tables de symboles qu'ils contiennent. Le volet de contenu affiche pour chaque dessin la liste des types d'éléments qu'il contient, ou de la table de symboles sélectionnée dans le volet de navigation.

Les quatre onglets que vous voyez au-dessous de la barre d'outils du DesignCenter contrôlent ce que vous voulez afficher dans les volets de contenu et de navigation :

- **Dossiers :** Affiche les dossiers de vos disques durs locaux et de vos disques réseau. Tout cela ressemble de près à l'Explorateur Windows. Utilisez cet onglet pour copier des symboles nommés depuis des fichiers de dessin qui ne sont pas actuellement ouverts dans AutoCAD.

- **Dessins ouverts :** Montre les dessins chargés dans AutoCAD (c'est celui qui est ouvert sur la Figure 6.10). Utilisez cet onglet pour copier des symboles nommés entre des dessins ouverts.

- **Historique :** Liste les dessins que vous avez dernièrement sélectionnés dans DesignCenter. Utilisez cet onglet pour accéder rapidement à un dessin que vous avez utilisé récemment dans l'onglet Dossiers.

- **DC en ligne :** Donne accès à des bibliothèques de pièces accessibles sur les sites Web d'Autodesk et d'autres sociétés. Il s'agit surtout d'un

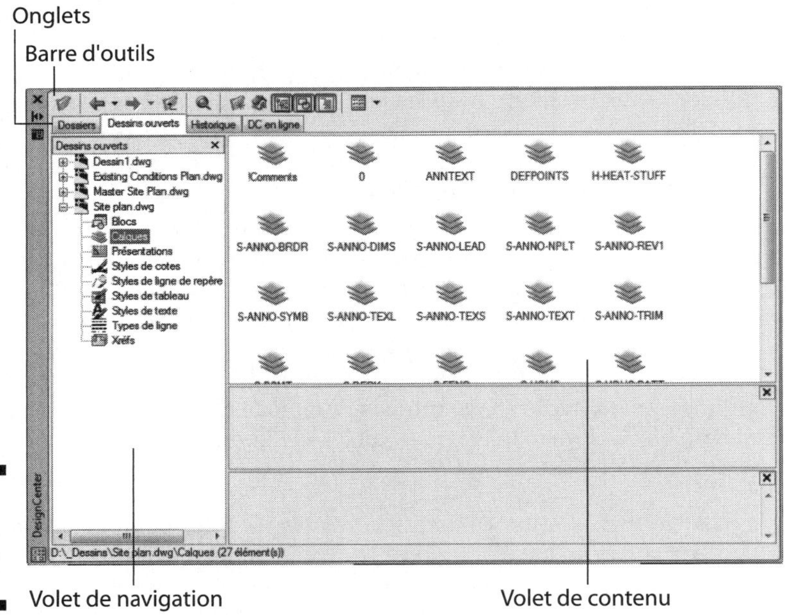

Figure 6.10 La palette DesignCenter d'AutoCAD.

support publicitaire pour vendre des librairies de symboles et promouvoir certains produits. Explorez ce que vous propose cet onglet à la recherche de bibliothèques qui pourraient être utiles dans votre travail.

Les boutons de la barre d'outils permettent d'affiner ce que vous voyez dans les volets de contenu et de navigation. Certains de ces boutons proposent d'activer ou de désactiver différentes parties de ces volets.

Pour utiliser DesignCenter, suivez ces étapes :

1. **Si ce n'est déjà fait, ouvrez depuis le navigateur (ou la barre de menus) la palette DesignCenter en choisissant cette option dans le sous-menu Outils/Palettes.**

   Vous pouvez appuyer sur Ctrl+2, ou encore cliquer sur le bouton DesignCenter de la barre d'outils Standard si vous êtes dans l'espace de travail AutoCAD classique.

2. **Affichez dans le volet de navigation (l'arborescence de gauche) le ou les fichiers que vous voulez utiliser ou dont vous voulez examiner le contenu.**

Si les dessins source sont déjà ouverts, vous accédez à leur contenu à partir de l'onglet Dessins ouverts. Sinon, cliquez sur le bouton Charger de la barre d'outils (c'est le premier), puis naviguez vers le dossier qui contient le fichier voulu.

3. **Sous l'onglet Dessins ouverts (si la source est déjà chargée dans AutoCAD) ou Dossiers (si le dessin source n'est pas ouvert), cliquez dans le volet de navigation sur le signe + placé devant le nom du fichier qui vous intéresse afin de révéler la liste des catégories de symboles nommés qu'il contient.**

   Cette liste est affichée dans l'arborescence du volet de navigation et sous forme d'icônes dans le volet de navigation, à droite.

4. **Dans le volet de navigation, sélectionnez la catégorie qui contient les symboles nommés que vous voulez copier.**

   Le volet de contenu affiche maintenant les symboles nommés individuels qui sont définis dans la catégorie active. Sur la Figure 6.10, par exemple, j'ai sélectionné la catégorie Calques dans le volet de navigation, et des icônes pour chacun des calques du dessin sont affichées dans le volet de contenu.

5. **Sélectionnez puis faites glisser (ou copiez et collez) les objets nommés dont vous avez besoin depuis le volet de contenu jusqu'à un autre dessin ouvert dans AutoCAD. Vous pouvez également cliquer sur le bouton droit de la souris et choisir dans le menu contextuel l'option Ajouter.**

   Les combinaisons Maj+clic et Ctrl+clic permettent d'opérer des sélections continues ou discontinues.

Copier des calques entre dessins

Les étapes précédentes illustrent la procédure générale permettant de copier un objet nommé d'un dessin vers un autre en utilisant DesignCenter. La séquence qui suit précise cette méthode de copie d'un calque. Vous pouvez utiliser le même procédé pour copier des styles de cote, des présentations, des types de ligne, des styles de texte ou encore de tableaux.

1. **La palette DesignCenter étant ouverte (voir ci-dessus), ouvrez le dessin (la *source*) contenant des objets nommés que vous allez copier.**

2. **Ouvrez un second dessin (la *destination*) dans lequel vous allez copier des symboles nommés du premier dessin (en l'occurrence, des calques).**

   Si les deux dessins sont déjà ouverts, assurez-vous que vous pouvez voir votre destination. Sinon, activez l'onglet Vue du ruban, puis cliquez dans le panneau Fenêtre sur l'une des dispositions en mosaïque ou sur le bouton Dessins ouverts afin de sélectionner votre fichier de destination et l'amener au premier plan (voir la Figure 6.11). Dans l'espace de travail AutoCAD classique, vous trouverez ces mêmes options dans le menu Fenêtre.

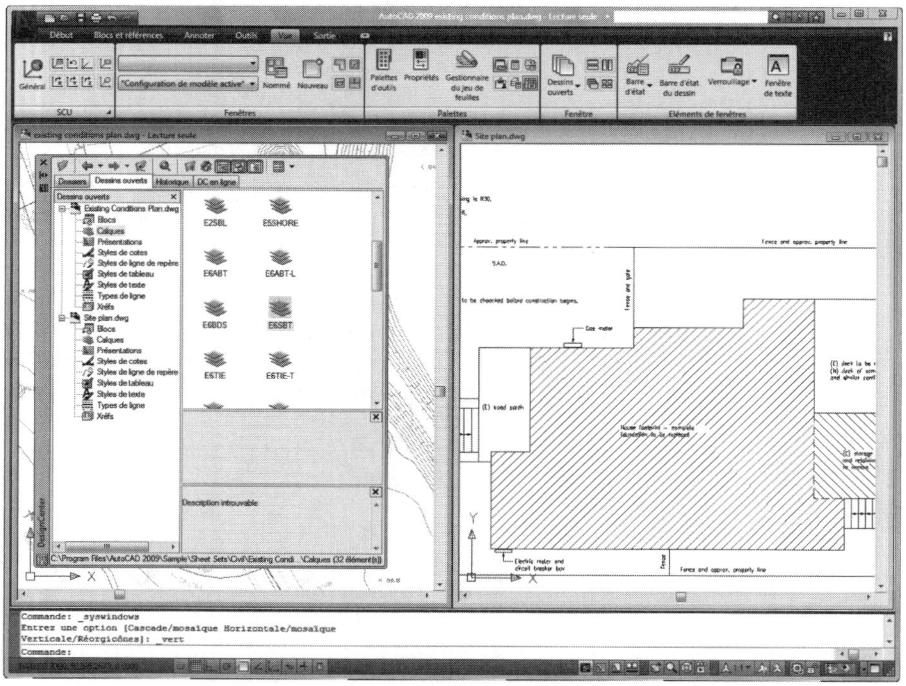

Figure 6.11 Copier un calque d'un dessin vers un autre.

3. **Cliquez sur l'onglet Dessins ouverts de la palette DesignCenter pour faire apparaître dans le volet de navigation vos deux dessins (la source et la destination).**

   Vous pouvez aussi utiliser l'onglet Dossiers, le bouton Charger ou encore l'icône Rechercher pour lister le contenu d'un dessin dans la palette DesignCenter sans l'ouvrir dans AutoCAD.

4. **Cliquez dans le volet de navigation sur le signe + placé devant le nom du fichier qui vous intéresse afin de révéler la liste des catégories de symboles nommés qu'il contient.**

   Cette liste est affichée dans l'arborescence du volet de navigation et sous forme d'icônes dans le volet de contenu, à droite.

5. **Cliquez sur l'icône Calques pour afficher dans le volet de contenu les calques du dessin source.**

6. **Dans le volet de contenu, sélectionnez un ou plusieurs calques.**

7. **Faites glisser votre sélection sur la fenêtre qui affiche le dessin de destination (celle que vous avez ouverte lors de l'Étape 2). Référez-vous si besoin est à la Figure 6.11.**

   AutoCAD copie dans le dessin en cours les calques sélectionnés ainsi que tous leurs attributs (couleurs, types de ligne et autres).

ATTENTION !

Si le dessin courant contient un calque portant le même nom que l'un de ceux que vous voulez copier, l'opération ne changera pas la définition de ce calque. Si vous ajoutez par exemple un calque appelé Portes, dont la couleur est rouge, à un dessin qui contient déjà un calque portant ce nom, mais dont la couleur est verte, les objets qui s'y trouvent resteront verts. Les symboles nommés que vous copiez en utilisant DesignCenter n'écrasent pas les objets portant le même nom dans le dessin de destination. AutoCAD affiche toujours (dans la zone de commande) le message "Les définitions en double seront ignorées" (même s'il n'y a pas de définition en double).

TRUC

Si vous copiez souvent des symboles nommés à partir des mêmes dessins ou des mêmes dossiers, ajoutez-les à la liste des favoris de DesignCenter. Pour cela, cliquez du bouton droit sur le dessin ou le dossier dans le volet de navigation (sous l'onglet Dossiers) et sélectionnez Ajouter aux Favoris dans le menu qui apparaît. Vous ajoutez ainsi à la liste des favoris de DesignCenter un raccourci vers le dossier ou le dessin correspondant.

- Pour afficher votre liste de favoris, cliquez sur le bouton Favoris dans la barre d'outils de DesignCenter.
- Pour accéder à un favori, double-cliquez sur son raccourci dans le volet de contenu.

Chapitre 7

La CAO, un art de précision

Dans ce chapitre :

- Taper des coordonnées au clavier.
- S'accrocher à des points sur des objets existants.
- Utiliser d'autres techniques pour dessiner avec précision.

Dans la pratique de la CAO, et donc d'AutoCAD, la précision du dessin est vitale, plus encore que quand on dessine à la main. Mais, bien sûr, c'est une question essentielle dans les deux domaines (si vous voulez discuter plus avant de ce sujet, voyez un peu plus loin l'encadré "Précision et exactitude en CAO"). Si vous remarquez que le responsable du bureau d'études devient grincheux quand vous assignez des propriétés à partir du bloc au lieu de le faire à partir du calque, attendez de le voir tomber sur quelqu'un (pas vous, j'espère !) qui néglige les techniques de précision en réalisant un dessin dans AutoCAD.

Contrôler votre précision

En CAO, et donc une fois de plus dans AutoCAD, le manque de précision rend beaucoup plus longues et difficiles les tâches ultérieures de modification, de hachurage ou de cotation. N'oubliez pas les notions suivantes :

- De petites imprécisions au premier stade de la création d'un dessin ont souvent de grosses conséquences ultérieures sur la productivité.
- Les dessins peuvent guider le processus ultérieur de fabrication ou de construction, par exemple, pour piloter une machine-outil à commande

numérique. De la précision d'un dessin peuvent dépendre de gros enjeux financiers, et même des vies humaines.

Sur la base de ces réalités, la profession s'est prise de passion pour la précision. Cette dernière est l'une des caractéristiques qui distinguent la CAO d'un travail d'illustration ordinaire. Plus tôt vous deviendrez maniaque de la précision dans AutoCAD, plus vite tout le monde sera content.

Quand il s'agit de dessiner des objets, être précis signifie spécifier avec précision des points et des distances. AutoCAD vous offre pour cela un certain nombre d'outils. Le Tableau 7.1 donne la liste des techniques d'aide à la précision les plus importantes d'AutoCAD et indique les boutons de la barre d'état qui vous permettent d'activer ou de désactiver certaines fonctions.

Tableau 7.1 : Techniques d'aide à la précision.

Technique	Bouton de la barre d'état	Icône du bouton de la barre d'état	Description
Entrée des coordonnées	—	—	Tapez les coordonnées X et Y (ou polaires) exactes.
Accrochage sur un point d'un objet	—	—	Sélectionnez un point sur un objet existant (ne dure que pour la sélection du point).
Entrée directe d'une distance	—	—	Placez le curseur dans la direction voulue et tapez une longueur.
Mode d'accrochage	RESOL		Définit des points d'accrochage à l'intersection d'un réseau imaginaire de lignes droites équidistantes.
Affichage de la grille	GRILLE		Affiche une grille de points régulièrement espacés en lignes et en colonnes (points non imprimables).
Mode ORTHO	ORTHO		Force le curseur à se déplacer selon un angle de 0, 90, 180 ou 270 degrés à partir du point précédent.
Repérage polaire	POLAIRE		Contraint le déplacement du curseur à respecter certains angles.

Tableau 7.1 : Techniques d'aide à la précision. (*suite*)

Technique	Bouton de la barre d'état	Icône du bouton de la barre d'état	Description
Accrochage polaire	___	___	Force le curseur à respecter certaines longueurs selon les angles de repérage polaire.
Accrochage permanent aux objets	ACCROBJ		Sélectionnez des points sur des objets existants (permet de sélectionner successivement plusieurs points).
Repérage des accrochages aux objets	REPEROBJ		Aide le curseur à identifier des positions à partir de plusieurs points d'accrochage aux objets.

Comme je l'explique dans le Chapitre 2, vous pouvez commuter l'affichage des boutons de la barre d'état entre texte et icônes en cliquant droit sur l'un de ces boutons et en cochant ou décochant l'option Utiliser les icônes. Le Tableau 7.1 vous propose les deux versions.

La précision est particulièrement importante lorsque vous créez ou modifiez les formes géométriques (traits, arcs, etc.) de l'objet que vous dessinez. La précision du positionnement est généralement moins importante pour les annotations en tous genres (commentaires, rappels, etc.) qui ont pour objet de décrire et non de représenter.

Avant de vous mettre à dessiner un objet, vérifiez toujours l'état des boutons de la barre d'état (RESOL, GRILLE, ORTHO, POLAIRE, ACCROBJ, REPEROBJ, EL, OBJET ou les icônes équivalentes) et placez-les dans la position qui convient à vos besoins de précision.

- Un bouton qui présente un aspect enfoncé (en creux) indique que la fonction correspondante est activée.
- Un bouton qui présente un aspect en relief indique que la fonction correspondante est désactivée.

Précision et exactitude en CAO

Il arrive souvent que l'on emploie les mots précision ou exactitude sans faire très attention à la différence de sens entre ces deux termes. Il semble donc utile de clarifier ces notions. Dans ce livre, quand j'utilise le mot "précision", je parle de la définition du positionnement d'un objet de manière qu'il se retrouve exactement à l'endroit voulu sur le dessin. Par exemple, deux traits qui sont en contact par leurs extrémités respectives doivent se toucher exactement (leurs extrémités doivent avoir les mêmes coordonnées), et un cercle qui est censé être centré sur les coordonnées 0,0 doit être dessiné avec son centre placé exactement en 0,0. Quand j'utilise le mot "exactitude", je parle cette fois du degré de fidélité avec lequel votre dessin représente l'objet réel qu'il modélise. Un plan architectural exact est un plan dans lequel les cotes des objets représentés en CAO sont fidèles à celles du bâtiment réel.

En CAO, la précision aide généralement à construire des dessins exacts, mais ce n'est pas toujours le cas. Vous pouvez produire un dessin précis qui est en fait inexact parce que vous êtes parti d'informations fausses (par exemple, parce que votre client vous a donné une mesure erronée du terrain). Vous pouvez aussi être amené à exagérer délibérément certaines longueurs pour représenter plus clairement la relation entre certains objets du dessin une fois celui-ci tracé. Même si vous devez sacrifier l'exactitude, ne faites pas de concessions à la précision.

Entrer des coordonnées au clavier

La manière la plus directe de définir des points avec précision consiste à taper leurs coordonnées au clavier. Pour la saisie des coordonnées, AutoCAD utilise différents formats :

- Des coordonnées rectangulaires absolues, sous la forme X,Y (par exemple : 7,4) ;
- Des coordonnées rectangulaires relatives, sous la forme @X,Y (par exemple : @3,2) ;
- Des coordonnées polaires relatives, sous la forme @distance<angle (par exemple : @6<45).

NOTE TECHNIQUE

Les coordonnées cartésiennes tirent leur nom du philosophe, physicien et mathématicien français René Descartes (1596-1650, ce qui lui a laissé le temps d'écrire la célèbre phrase "Je pense, donc je suis"). Dans son *Discours de la méthode*, Descartes développe l'idée selon laquelle tout point d'une surface planaire peut être localisé en mesurant sa distance par rapport à deux axes. Un concept qui fera tellement de chemin qu'il a marqué toute la science moderne. Essayez un peu de penser à un point de votre écran ou de programmer un trajet sur un GPS qui tous les deux ne sauraient rien sur les axes ! Dans ce livre, les coordonnées cartésiennes sont exprimées sous la forme "coordonnées X,Y". Ce qui revient exactement au même.

AutoCAD définit les coordonnées rectangulaires *absolues* (ou cartésiennes, donc) par référence au point 0,0 du dessin, qui est en général son coin inférieur gauche. Les coordonnées rectangulaires relatives et les coordonnées polaires *relatives* sont définies par rapport au dernier point que vous avez pointé ou dont vous avez tapé les coordonnées. La Figure 7.1 montre comment utiliser les trois formats de coordonnées pour dessiner deux segments de droite. Nous partons du point de coordonnées absolues (pour un gabarit métrique standard) 1000,800, pour nous déplacer ensuite de cinq cents unités vers la droite et de deux cents unités vers le haut, en finissant à une distance de six cents unités du point précédent selon un angle de 60 degrés.

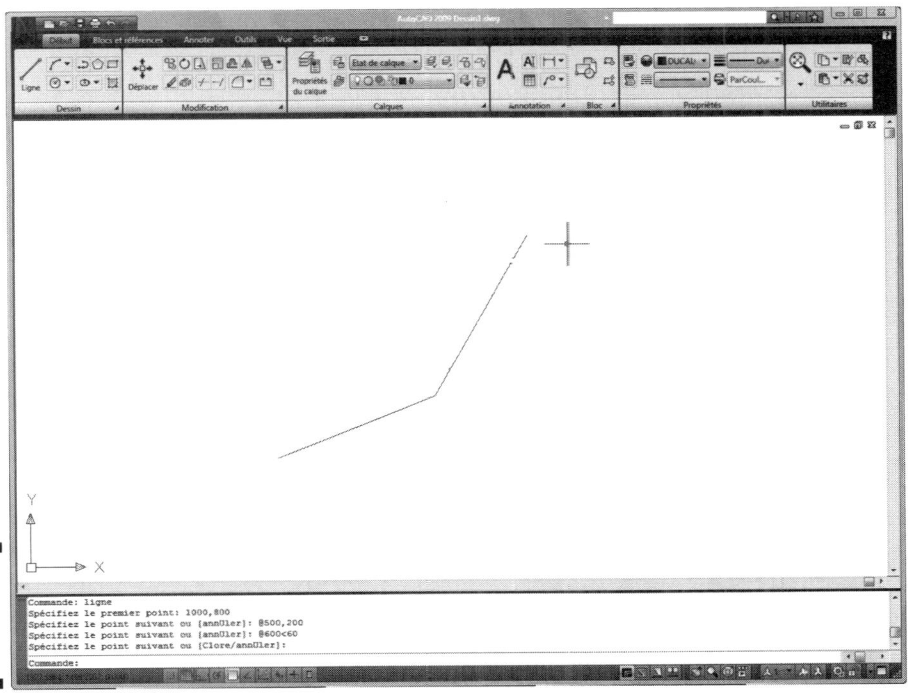

Figure 7.1 Entrez des coordonnées avec le clavier.

AutoCAD comprend aussi les coordonnées polaires absolues selon la notation distance<angle, mais ce format n'est presque jamais utile.

Vous affichez des coordonnées en déplaçant le curseur dans la zone de dessin et en regardant la zone Coordonnées à l'extrémité gauche de la barre d'état. Selon la configuration courante de la saisie dynamique d'AutoCAD, vous pouvez également voir les coordonnées s'afficher à côté de votre curseur. Les coordonnées X, Y affichées doivent refléter le déplacement du curseur. Si elles ne changent pas, cliquez dans la zone Coordonnées de la barre d'état (la fenêtre de commande doit alors afficher le message <Coordonnées actif>).

Les observateurs attentifs de la version complète d'AutoCAD auront sans doute remarqué qu'il y a *trois* nombres affichés à l'extrême gauche de la barre d'état (AutoCAD LT est numériquement battu). En fait, AutoCAD vous montre les coordonnées 3D (X, Y, Z) du curseur. Cependant, pour dessiner en 2D, la troisième valeur (Z) devrait rester égale à zéro. Autant donc continuer à les appeler coordonnées X, Y.

Bien que cela ne saute pas aux yeux, il y a en fait trois modes d'affichage des coordonnées. Chaque fois que vous cliquez dans cette zone, vous passez d'un mode à un autre :

- **Inactif** <Coordonnées actif> **:** Les coordonnées apparaissent en grisé dans la barre d'état, et ces valeurs ne sont pas mises à jour lorsque vous déplacez le pointeur ou sélectionnez un point.

- **Actif, coordonnées X, Y** <coordonnées actif> **:** Les valeurs sont affichées en noir, et les coordonnées rectangulaires absolues X, Y sont actualisées de manière continue quand vous déplacez le curseur. Si aucune commande n'est active, un clic sur cette zone désactive ou réactive simplement l'affichage dynamique des coordonnées.

- **Actif, coordonnées polaires** <coordonnées actif> **:** Ce mode affiche la distance et l'angle par rapport au dernier point sélectionné au lieu des coordonnées cartésiennes. Il apparaît si vous cliquez dans cette zone pendant qu'une commande est active et qu'elle attend la sélection d'un point.

Si vous lancez une commande comme LIGNE, commencez par cliquer en un point, puis cliquez plusieurs fois dans la zone Coordonnées et regardez ce qui se passe : l'affichage passe des coordonnées rectangulaires absolues (X,Y) aux coordonnées polaires relatives (distance et angle par référence au point précédent), et réciproquement. La plupart du temps, l'affichage dynamique des coordonnées polaires relatives est le plus utile des deux.

Quand vous entrez des coordonnées en utilisant la fenêtre de commande, ne mettez *aucun* espace (qui serait interprété par AutoCAD comme un appui sur la touche Entrée). Cette bizarrerie, liée à un souci permanent de productivité, a toujours existé dans AutoCAD. La barre d'espace est plus facile à trouver que la touche Entrée quand on est pressé. Et, comme on dit en Amérique, les dessinateurs de CAO tapent comme des pieds car ils n'ont que des pouces !

TRUC

Si vous utilisez les types d'unité Architecture ou Ingénierie (qui sont basés sur des mesures anglo-saxonnes), l'unité par défaut dans laquelle vous devez entrer les longueurs est le pouce, et non le pied. La saisie des valeurs numériques offre alors quelques particularités :

- Pour spécifier une longueur en pieds, vous devez faire suivre la valeur numérique par le symbole de cette unité (qui est l'apostrophe) :

  6' pour 6 pieds.

- Si vous avez besoin d'entrer une longueur en pieds et en pouces, tapez un tiret pour les séparer :

  6'-6" pour 6 pieds, 6 pouces.

- Le tiret comme le symbole du pouce sont facultatifs lorsque vous entrez des coordonnées ou des longueurs :

  6'6" et **6'6** sont compris de la même manière par AutoCAD, c'est-à-dire comme 6'-6".

- Si vous entrez une coordonnée ou une longueur exprimée en pouces sous forme fractionnaire, vous devez taper un tiret (et non une espace) entre le nombre entier de pouces et la fraction :

  6'6-½ (ou **6'-6-½**) représente 6 pieds, 6 pouces et demi.

- Si ces histoires de tirets vous paraissent confuses, vous pouvez exprimer les longueurs en pouces sous forme décimale :

  Pour AutoCAD, **6'6.5** est la même chose que **6'6-½**, que vous utilisiez le type d'unité Architecture ou Ingénierie.

Prenez un objet et rendez-le accrocheur

Une fois que vous avez dessiné quelques objets avec précision dans un nouveau projet, la manière la plus efficace d'ajouter des entités supplémentaires (tout en gardant la même précision) est de se référer à des points géométriquement précis sur des objets existants (une extrémité, un milieu, et ainsi de suite). AutoCAD appelle ce procédé l'*accrochage aux objets*, parce qu'il consiste à "accrocher" le curseur en un point d'un objet existant.

AutoCAD offre deux manières d'utiliser l'accrochage aux objets :

- **L'accrochage individuel (à un seul point) :** l'acquisition du point d'accrochage s'arrête (c'est logique) dès que vous avez sélectionné le point.
- **Le mode d'accrochage aux objets proprement dit :** l'acquisition des points d'accrochage reste en vigueur jusqu'à ce que vous la désactiviez.

Accrochage individuel

Voici comment tracer des lignes avec précision en utilisant l'accrochage individuel :

1. **Ouvrez un dessin contenant des objets.**

2. **Désactivez si nécessaire le mode d'accrochage aux objets en cliquant sur le bouton Accrochage aux objets (ACCROBJ) dans la barre d'état, de manière qu'il apparaisse en grisé (le message** <Accrobj désactivé> **doit aussi apparaître dans la fenêtre de commande).**

   Bien que vous puissiez utiliser l'accrochage individuel pendant que le mode d'accrochage aux objets (permanent) est activé, il vaut mieux le désactiver jusqu'à ce que vous soyez familiarisé avec ces techniques. Une fois que vous y serez habitué, vous pourrez utiliser les deux en même temps.

3. **Lancez la commande LIGNE en cliquant sur le bouton Ligne dans le panneau Dessin du ruban (ou de la barre d'outils Dessin dans l'espace de travail AutoCAD classique). Vous pouvez également taper au clavier LIGNE (ou simplement L) et appuyer sur Entrée.**

   AutoCAD vous demande de spécifier le premier point de la ligne :

```
Spécifiez le premier point:
```

4. **Maintenez enfoncée la touche Maj, cliquez du bouton droit en un point quelconque de la zone de dessin et relâchez la touche Maj.**

   Si vous n'aimez pas la méthode Maj+Clic droit, vous pouvez utiliser à la place la barre d'outils Accrochage aux objets (à condition de vous trouver dans l'espace de travail AutoCAD classique). Pour l'afficher, cliquez du bouton droit sur n'importe quelle barre d'outils et sélectionnez Accrochage aux objets dans le menu qui apparaît. Dans l'espace de travail Dessin 2D et annotation, cliquez droit sur la barre d'outils Accès rapide, puis choisissez Barres d'outils, AutoCAD et enfin Accrochage aux objets. Vous pouvez maintenant activer un accrochage individuel en cliquant sur le bouton correspondant de cette barre.

Si vous utilisez la méthode Maj+Clic droit, le menu contextuel d'accrochage aux objets apparaît. Il est illustré sur la Figure 7.2.

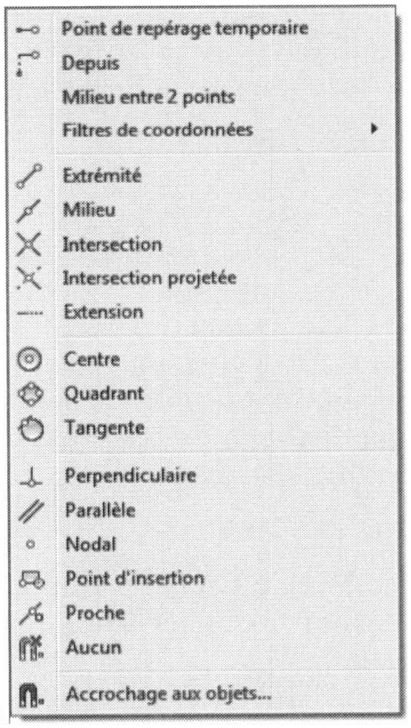

Figure 7.2 Le menu contextuel d'accrochage aux objets.

5. **Sélectionnez dans ce menu un mode d'accrochage aux objets, par exemple Extrémité.**

   Le menu contextuel d'accrochage aux objets disparaît, et la fenêtre de commande affiche un message supplémentaire vous indiquant que vous avez demandé à AutoCAD de rechercher, par exemple, les extrémités (*endpoint*) d'un objet existant :

```
Spécifiez le premier point: _endp de
```

6. **Déplacez lentement le curseur dans votre dessin, en faisant une pause sur différentes lignes ou autres objets (ne cliquez pas pour l'instant).**

Lorsque le curseur se trouve à proximité d'un objet qui possède une extrémité, un carré coloré s'affiche sur celle-ci, indiquant qu'AutoCAD peut accrocher à ce point la ligne que vous êtes en train de créer. Si vous immobilisez le curseur pendant quelques instants, une info-bulle apparaît pour rappeler le mode d'accrochage que vous venez de sélectionner (par exemple, Extrémité).

7. **Quand le carré coloré se trouve sur le point auquel vous voulez effectivement accrocher la nouvelle ligne, cliquez.**

   AutoCAD prend cette position comme point d'accrochage, celui-ci devenant alors le premier point de la ligne suivante. La fenêtre de commande affiche un nouveau message pour vous demander de spécifier la prochaine position :

```
Spécifiez le point suivant ou [annUler]:
```

   Quand vous déplacez maintenant le curseur au-dessus du dessin, AutoCAD ne recherche plus de point particulier, puisque l'accrochage individuel est désactivé dès qu'un point est acquis. Si vous voulez définir l'extrémité de votre ligne par un point d'accrochage, faites de nouveau apparaître le menu contextuel d'accrochage aux objets pour y sélectionner le mode approprié.

8. **Utilisez le procédé Maj+Clic droit décrit à l'étape 4 pour afficher le menu contextuel d'accrochage aux objets et sélectionnez dans celui-ci le mode voulu, par exemple Milieu.**

   La fenêtre de commande affiche un supplément au message précédent, indiquant que vous venez de demander à AutoCAD de rechercher, par exemple, les milieux (*midpoint*) d'objets existants :

```
Spécifiez le point suivant ou [annUler]: _mid de:
```

   Si vous placez le curseur près du milieu d'un objet, c'est maintenant un triangle coloré qui apparaît sur cette position. À chaque mode d'accrochage (Extrémité, Milieu, Intersection, etc.) correspond un symbole différent. Si vous immobilisez le curseur, une info-bulle vous rappelle la signification de ce symbole. La Figure 7.3 montre à quoi ressemble l'écran au cours de cette étape.

9. **Vous pouvez ajouter d'autres segments en sélectionnant des points d'accrochage supplémentaires. Utilisez le même menu contextuel**

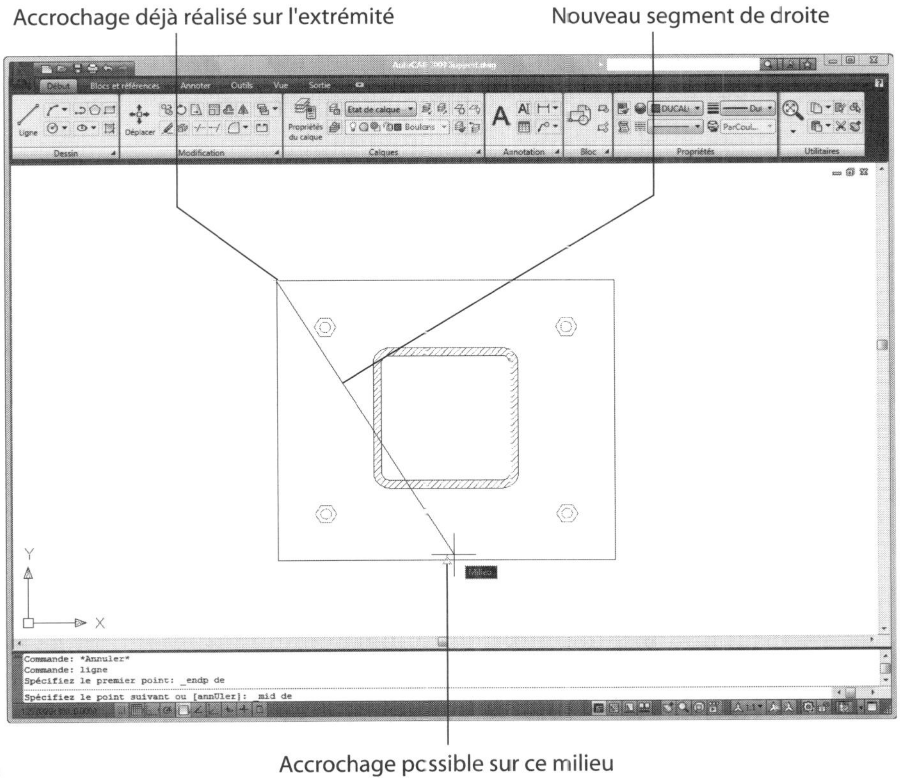

Figure 7.3 Une ligne qui s'accroche.

pour définir un mode d'accrochage individuel avant de spécifier chaque point.

Essayez les modes d'accrochage Intersection, Perpendiculaire et Proche. Si votre dessin contient des arcs ou des cercles, essayez aussi Centre ou Quadrant.

10. **Quand vous vous serez suffisamment entraîné avec l'accrochage individuel aux objets, cliquez du bouton droit en un point quelconque de la zone de dessin et sélectionnez Entrer dans le menu qui apparaît afin de quitter la commande LIGNE.**

N'OUBLIEZ PAS

Il y a une différence entre cliquer du bouton droit et cliquer du bouton droit tout en maintenant enfoncée la touche Maj (Maj+Clic droit) dans la zone de dessin :

- Cliquer du bouton droit affiche un menu contextuel pour la commande en cours (ou différentes options communes si aucune commande n'est active).

- Maj+Clic droit affiche toujours le menu contextuel d'accrochage aux objets.

Laisser courir l'accrochage aux objets

Il est courant d'utiliser de façon répétée un certain mode d'accrochage (par exemple, Extrémité). La fonctionnalité dite des accrochages aux objets répond à cette exigence. Voici comment l'utiliser :

1. **Cliquez du bouton droit sur le bouton Accrochage aux objets (ACCROBJ) dans la barre d'état.**

   Le menu Accrochage aux objets apparaît (voir la Figure 7.4).

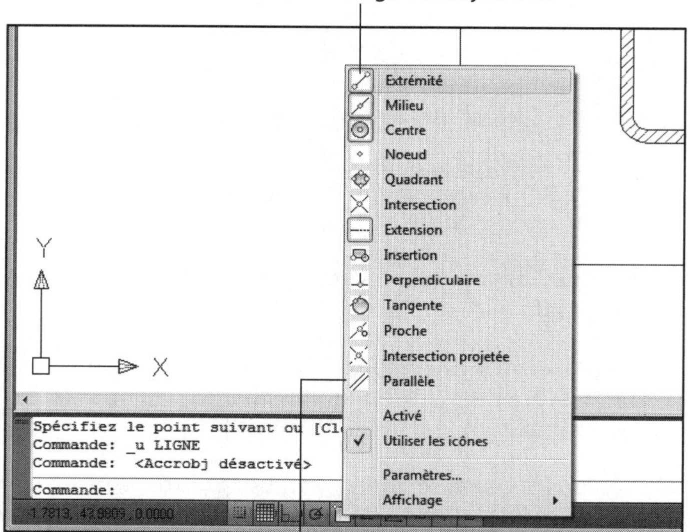

Figure 7.4 Comment s'accrocher à plusieurs propriétés géométriques des objets.

Dans AutoCAD 2009, les boutons Accrochage aux objets, Mode d'accrochage, Repérage polaire etRepérage d'accrochage aux objetsaffichent un menu contextuel lorsque vous cliquez dessus avec le bouton droit de la souris. C'est ce qu'illustre la Figure 7.4. (Accrochage aux objets et Repérage d'accrochage aux objets proposent la même série d'options.) De nombreux paramètres, y compris tous les modes d'accrochage aux objets, peuvent être définis en cliquant directement sur une ligne de menu. Vous n'avez donc plus besoin d'ouvrir la boîte de dialogue Paramètres de dessin, faire vos choix, puis cliquer sur OK pour les confirmer.

2. **Sélectionnez un ou plusieurs modes d'accrochage aux objets en cliquant dans la liste.**

   Les modes actifs sont signalés par un carré bleu qui entoure leur icône (référez-vous à la Figure 7.4).

C'est en cliquant sur le bouton Accrochage aux objets (ACCROBJ) dans la barre d'état que vous activez ou désactivez le mode d'accrochage aux objets. Lorsque ce mode est activé, AutoCAD recherche les points qui correspondent aux méthodes d'accrochage que vous avez cochées dans le menu contextuel correspondant (voir ci-dessus). Comme avec l'accrochage individuel, AutoCAD affiche un symbole (un carré pour une extrémité, un triangle pour un milieu, etc.) pour indiquer qu'il a détecté un point d'accrochage susceptible de vous intéresser. Si vous immobilisez le curseur, une info-bulle apparaît pour vous indiquer le mode d'accrochage correspondant.

TRUC

Si plusieurs modes d'accrochage sont possibles pour un emplacement donné, vous pouvez les passer en revue en appuyant sur la touche de tabulation.

Utilisez l'accrochage individuel ou le mode d'accrochage aux objets pour dessiner avec précision, en vous assurant que les points que vous sélectionnez ainsi coïncident exactement avec des positions données sur des objets existants. En CAO, il ne suffit pas que le positionnement d'un point coïncide presque, ou ait l'air de coïncider. AutoCAD connaît la différence entre "c'est presque ça" et "c'est exactement ça" et il vous causera d'énormes soucis si vous avez l'insouciance d'adopter la première de ces deux voies. La technique de l'accrochage aux objets est le premier moyen mis à votre disposition par AutoCAD pour vous faciliter la réalisation de dessins précis.

TRUC

Vous pouvez également utiliser le modificateur de commande `_mtp` pour accrocher le milieu entre deux points à chaque invite AutoCAD permettant de repérer un point.

Autres méthodes au service de la précision

Voilà maintenant quelques autres techniques offertes par AutoCAD au service de la précision de vos dessins (reportez-vous au Tableau 7.1, plus haut dans ce chapitre) :

- **Résolution :** Quand ce mode est activé, AutoCAD force le curseur à se déplacer sur les nœuds d'un réseau de points imaginaires dont vous pouvez spécifier l'espacement (c'est la "grille d'accrochage", mais ne la confondez pas avec la grille qui a pour seule fonction de fournir un repère visuel). Pour activer ce mode, suivez ces étapes :

  1. *Dans la barre d'état, cliquez du bouton droit sur le bouton Mode d'accrochage (RESOL).*

  2. *Sélectionnez Paramètres dans le menu qui apparaît.*

     La boîte de dialogue Paramètres de dessin apparaît, avec au premier plan l'onglet Accrochage/Grille.

  3. *Entrez la valeur d'espacement qui vous convient dans le champ Espacement X de l'accrochage et cliquez sur OK.*

  Dans AutoCAD 2009, vous pouvez basculer entre deux types de résolutions : l'accrochage à la grille (un ensemble de points disposés en lignes et en colonnes) et l'accrochage polaire, ou PolarSnap (les points d'attraction sont basés sur des distances et des angles). Ces deux options sont disponibles via le menu contextuel associé au bouton : PolarSnap activé, et Grille d'accrochage activée. Voyez plus loin le paragraphe consacré au mode PolarSnap.

- **Ortho :** Le mode Ortho force le curseur à se déplacer selon des angles droits (horizontalement ou verticalement) par rapport à un point de référence. Pour activer ou désactiver ce mode, cliquez sur le bouton Mode ortho (ORTHO) dans la barre d'état ou appuyez sur la touche F8. Comme les dessins techniques contiennent beaucoup de traits à angle droit, vous allez utiliser ce mode très souvent, sans négliger tout de même le repérage polaire.

- **Saisie de distance directe :** Cette technique du type "pointer et taper" est un moyen facile et efficace de dessiner avec précision. Il vous suffit d'indiquer une certaine direction avec le curseur, de taper la distance voulue sur la ligne de commande et d'appuyer sur Entrée. AutoCAD appelle cette méthode "saisie de distance directe" parce qu'elle évite la méthode indirecte qui consiste à saisir au clavier des coordonnées rectangulaires ou polaires. Vous pouvez utiliser la saisie de distance directe chaque fois que le curseur est ancré sur un point et que la fenêtre de commande ou le pointeur dynamique vous demandent le point suivant ou une distance.

C'est généralement avec le repérage polaire que vous utiliserez cette technique pour spécifier des distances dans des directions non orthogonales (par exemple, par incrément angulaire de 45 degrés). Vous pouvez aussi combiner la saisie de distance directe avec le mode Ortho afin de spécifier une distance dans une direction orthogonale (0, 90, 180 ou 270 degrés).

- **Repérage d'accrochage aux objets :** Cette fonctionnalité est une extension de l'accrochage aux objets. Elle permet de dessiner des objets à partir de plusieurs points d'accrochage. Par exemple, vous pouvez acquérir de cette façon un point situé au centre d'un carré à partir des milieux de deux côtés perpendiculaires. Cliquez sur le bouton Repérage d'accrochage aux objets (ACCROBJ) de la barre d'état ou appuyez sur F11 pour l'activer.

- **Repérage polaire :** Quand il est activé, ce mode force le curseur à se déplacer dans des directions correspondant à un multiple d'un angle spécifié (dans le menu contextuel du bouton ou dans la boîte de dialogue Paramètres de dessin). Quand le curseur arrive au voisinage de l'une de ces directions, une info-bulle apparaît contenant la mention `Polaire:` suivie par les coordonnées polaires du point qui sera acquis si vous cliquez à ce moment. Pour spécifier les paramètres du repérage polaire, cliquez du bouton droit sur le bouton Repérage polaire (POLAIRE) dans la barre d'état, et sélectionnez Paramètres dans le menu qui apparaît. La boîte de dialogue Paramètres de dessin apparaît, avec l'onglet Repérage polaire au premier plan. Dans le champ Angle d'incrémentation, sélectionnez dans la liste déroulante la valeur qui vous convient et cliquez sur OK. Pour activer ou désactiver le repérage polaire avec les paramètres spécifiés dans cette boîte de dialogue, cliquez sur le bouton Repérage polaire (POLAIRE) dans la barre d'état ou appuyez sur F10.

  Vous pouvez choisir un angle prédéfini dans le menu contextuel du bouton. Par contre, si vous voulez utiliser un angle qui n'est pas proposé dans le menu, vous devrez ouvrir la boîte de dialogue Paramètres de dessin et définir dans la rubrique Angles supplémentaires une ou plusieurs valeurs personnalisées.

- **Accrochage polaire :** Vous pouvez aussi forcer le curseur à se déplacer selon un multiple d'une distance donnée dans la direction définie par le repérage polaire. Il suffit pour cela de sélectionner l'option PolarSnap (accrochage polaire) au lieu de Accrochage à la grille dans le menu contextuel du bouton Mode d'accrochage (RESOL) ou dans l'onglet Accrochage/Grille de la boîte de dialogue Paramètres de dessin.

Par exemple, si vous activez le repérage polaire après avoir spécifié un incrément d'angle de 45 degrés, puis sélectionnez l'accrochage polaire avec un pas de dix unités, le curseur se déplacera par incrément de 45 degrés d'angle et à dix unités de distance par rapport au point précédent. Cette méthode joue également sur le repérage par accrochage aux objets.

Pour activer l'accrochage polaire, suivez ces étapes :

1. *Cliquez du bouton droit sur le bouton Mode d'accrochage (RESOL) dans la barre d'état.*

2. *Sélectionnez Paramètres dans le menu qui apparaît.*

   La boîte de dialogue Paramètres de dessin apparaît, avec l'onglet Accrochage/Grille au premier plan.

3. *Cliquez sur le bouton radio PolarSnap, entrez le pas voulu dans le champ Distance polaire et cliquez sur OK.*

Si vous voulez revenir au mode d'accrochage ordinaire que nous avons décrit au début de cette section, cliquez droit sur le bouton Mode d'accrochage et choisissez cette fois l'option Grille d'accrochage activée.

- **Activation temporaire :** Les modes que nous venons de voir (Résolution, Ortho et Polaire) restent en vigueur tant que vous ne les désactivez pas. Vous disposez également d'une alternative appelée touche de remplacement temporaire. Dans ce cas, le mode voulu reste actif tant que vous n'appuyez pas sur une certaine touche ou combinaison de touches. Par exemple, le fait d'appuyer sur la touche Maj quand le mode Ortho est désactivé place AutoCAD dans un mode "Ortho actif" jusqu'au moment où cette touche est relâchée. Pour plus d'informations, reportez-vous à la rubrique "Touches de remplacement temporaire" dans l'aide en ligne d'AutoCAD.

TRUC

Si vous êtes en train de découvrir AutoCAD, vous allez peut-être commencer par vous sentir un peu débordé par cette abondance d'outils d'aide à la précision. Mais n'oubliez pas qu'il y a plus d'une manière d'écorcher un chat avec précision, et que tout un chacun n'a pas besoin de les connaître toutes (le chat préférerait certainement que vous ne connaissiez *aucune* méthode d'écorchage). Vous pouvez parfaitement vous contenter d'un sous-ensemble des outils d'AutoCAD pour réaliser des dessins d'une précision parfaite. Je vous conseille de suivre les étapes ci-après :

1. ***Familiarisez-vous avec la saisie des coordonnées, le mode Ortho, la saisie de distance directe et l'accrochage individuel aux objets.***

2. ***Familiarisez-vous ensuite avec les méthodes d'accrochage aux objets et essayez le mode d'accrochage (RESOL). C'est ce que l'on appelle prendre de bonnes résolutions !***

3. ***Une fois que vous serez à l'aise avec ces outils de précision, expérimentez librement le repérage polaire, l'accrochage polaire et le repérage des accrochages d'objet.***

On peut facilement confondre mode d'accrochage et accrochage aux objets. Souvenez-vous que le mode d'accrochage force le curseur à se déplacer en suivant des points dont les coordonnées sont des multiples de l'espacement spécifié (c'est la grille d'accrochage). L'accrochage aux objets vous permet d'acquérir des points sur des objets existants, qu'ils correspondent ou non à ceux de la grille d'accrochage.

Chapitre 8

Comment tirer un trait

Dans ce chapitre :

- Utiliser les commandes de dessin d'AutoCAD pour créer des objets linéaires.
- Lignes et polylignes.
- Vue rapprochée sur les rectangles et les polygones.

Si vous pensez aux coloriages de votre enfance, le souvenir que vous en avez vous suggère peut-être que le dessin est une activité amusante. La CAO impose un peu plus de discipline, mais il est toujours amusant de dessiner des objets avec AutoCAD (croyez-moi sur parole). Avec un ordinateur, on commence généralement par dessiner une *géométrie*, c'est-à-dire des formes définies par des lignes, des cercles, des rectangles, et ainsi de suite, qui représentent l'objet réel qu'il s'agit de figurer. Ce chapitre va vous montrer comment dessiner une géométrie linéaire, c'est-à-dire le plus court chemin d'un point à un autre. Dans le Chapitre 9, je vous proposerai de découvrir quelques courbes.

Une fois que vous aurez créé une certaine géométrie, vous aurez sans doute besoin d'y ajouter des cotes, des annotations et des hachures, mais ces éléments viendront par la suite (dans la troisième partie de ce livre). Votre première tâche consiste à réaliser une bonne géométrie. Vous pourrez ensuite vous préoccuper du reste.

N'OUBLIEZ PAS

Pour dessiner correctement une géométrie dans AutoCAD, il faut avant tout être attentif aux propriétés des objets et à la précision des points que vous spécifiez pour les créer. Ces questions ont été traitées dans les Chapitres 6 et 7. Si jamais vous les avez sautés dans l'espoir d'aller directement aux choses amusantes, prenez tout de suite un peu de temps pour les lire.

Les commandes de dessin d'AutoCAD

Pour en faciliter la description, j'ai reparti les commandes de dessin en trois groupes :

- Les lignes droites et les objets qui en sont composés (c'est l'objet de ce chapitre) ;
- Les courbes (que j'explique dans le Chapitre 9) ;
- Les points (si vous vous demandez ce que c'est, voyez aussi le Chapitre 9).

Le Tableau 8.1 donne une vue d'ensemble des commandes de dessin 2D d'AutoCAD les plus importantes pour représenter des objets linéaires. Il vous indique entre parenthèses le raccourci clavier (ou alias) correspondant (quand il existe). Il montre également comment y accéder à partir du panneau Dessin du ruban, du menu Dessin et de la barre d'outils Dessin (selon que vous préférez l'espace de travail Dessin 2D et annotation ou bien AutoCAD classique).

Tableau 8.1 : Commandes de dessin d'AutoCAD pour les objets linéaires.

Bouton	Commande	Panneau Dessin	Barre d'outils Dessin	Menu Dessin
	LIGNE (L)	Ligne	Ligne	Ligne
	DEMIDROITE	Demi-droite (panneau étendu)	Aucun	Demi-droite
	DROITE (DO)	Droite (panneau étendu)	Droite	Droite
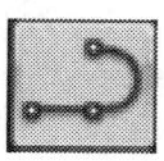	POLYLIGN (PO)	Polyligne	Polyligne	Polyligne
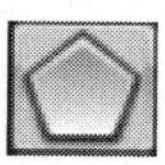	POLYGONE (PG)	Nombre de côtés, centre, côté, inscrit/ circonscrit	Polygone	Polygone
	RECTANG (REC)	Rectangle	Rectangle	Rectangle

Si vous venez d'une version plus ancienne, le ruban d'AutoCAD 2009 est manifestement très différent de ce dont vous aviez l'habitude. Comme de nombreux autres éléments du ruban, le panneau Dessin peut être étendu pour révéler d'autres boutons que vous utilisez une fois, à moins que vous ne le mainteniez ouvert en le "punaisant". Si nécessaire, reportez-vous au Chapitre 2 pour plus d'informations sur le ruban. De la même manière, nombre d'options du menu Dessin font apparaître des sous-menus proposant différentes variantes de la commande correspondante.

Les commandes de dessin d'AutoCAD sont hautement interactives. Elles nécessitent que vous lisiez les messages de la fenêtre de commande ou du curseur dynamique, et parfois que vous y entriez des informations. Une bonne partie des options que vous voyez dans l'invite de la fenêtre de commande est également accessible en cliquant du bouton droit dans la zone de dessin pour ouvrir un menu contextuel, ou encore en appuyant sur les flèches vers le haut et vers le bas afin d'afficher les options dans la zone de saisie dynamique du curseur.

Le système de saisie dynamique d'AutoCAD affiche la plupart des informations que vous pouvez lire dans la fenêtre de commande. Pour utiliser ce système, vérifiez que le bouton Saisie dynamique (DYN) de la barre d'état est bien enfoncé. Mais ne désactivez pas la fenêtre de commande, surtout si vous débutez avec AutoCAD. Elle affiche directement la plupart des renseignements dont vous avez besoin, et, à l'usage, elle reste toujours pratique et efficace.

Quelle est donc la meilleure manière de procéder : taper au clavier une commande de dessin ou la sélectionner dans le ruban (pour l'espace de travail Dessin 2D et annotations), ou bien à l'aide des menus ou des barres d'outils (dans l'espace de travail AutoCAD classique) ? Je vous suggère de commencer par utiliser le panneau (ou la barre d'outils) Dessin et ce, jusqu'à ce que vous ayez bien en mémoire le nom de la commande que vous voulez exécuter. Surveillez ensuite la fenêtre de commande pour voir le nom et les options affichés par AutoCAD. N'oubliez pas que, lorsque vous avez lancé une commande de dessin, vous pouvez cliquer du bouton droit dans la zone de dessin pour faire apparaître un menu contextuel qui contient (entre autres) les options dont vous disposez à cet instant. Une fois habitué à l'utilisation d'une commande, il vous sera sans doute plus pratique de taper son nom (ou le cas échéant, son raccourci) pour la lancer. Le Tableau 8.1 fait apparaître en majuscules les caractères qui correspondent au raccourci de chaque commande.

Dans le droit chemin : lignes, polylignes et polygones

Comme je le répète un peu partout dans ce livre, un programme de CAO est fait pour réaliser des dessins précis. Une bonne partie du temps que vous allez passer avec AutoCAD va consister à dessiner des objets composés de segments rectilignes. Nous allons donc décrire dans le reste de chapitre les commandes suivantes :

- **LIGNE (L) :** Dessine une série de segments de droite, chaque segment étant un objet à part entière.
- **POLYLIGN (PO) :** Dessine une *polyligne*, c'est-à-dire une série de segments ou d'arcs de courbe, l'ensemble constituant un seul et même objet. D'accord, les courbes seront étudiées dans le Chapitre 9. Mais il était tout de même difficilement envisageable de découper cette commande en deux !
- **RECTANG (PC) :** Dessine une polyligne ayant la forme d'un rectangle.
- **POLYGONE (PG) :** Dessine une polyligne ayant la forme d'un polygone régulier (c'est-à-dire une forme fermée dont tous les côtés et tous les angles au sommet sont égaux).

Vous disposez aussi de ces deux commandes pour tracer des lignes droites :

- **DEMIDROITE :** Dessine une ligne droite semi-illimitée, c'est-à-dire qui part d'un point pour s'étendre jusqu'à l'infini dans une seule direction.
- **DROITE (DO) :** Dessine une ligne droite illimitée, passant par un point et s'étendant jusqu'à l'infini dans les deux directions.

TRUC

Les commandes DROITE et DEMIDROITE sont utilisées pour dessiner des lignes de construction destinées à guider la réalisation d'autres éléments de la géométrie du dessin. Ces lignes de construction sont moins utilisées dans AutoCAD que dans d'autres programmes de CAO, car les nombreuses techniques de précision dont vous disposez offrent souvent des méthodes plus efficaces.

Jusqu'au bout de la ligne

La commande LIGNE d'AutoCAD permet de dessiner une série aussi longue que vous voulez de *segments* de droite, liés les uns aux autres, chacun de ces segments étant en fait un objet à part entière, en dépit de l'apparence continue de l'ensemble. Cette construction ne devient un problème que lorsque vous essayez de déplacer ou de modifier d'une manière ou d'une autre une série de segments dessinée avec la commande Ligne : vous devez sélectionner chaque partie séparément. Pour éviter cet inconvénient, utilisez à la place des polylignes si vous voulez que l'ensemble des segments constitue un seul et même objet (les polylignes sont étudiées plus loin dans ce chapitre).

Si vous avez l'habitude de dessiner des lignes dans d'autres programmes, vous pourrez trouver déconcertant au premier abord que la commande LIGNE d'AutoCAD ne s'arrête pas automatiquement lorsque vous avez dessiné un premier trait. AutoCAD continue de vous demander de spécifier le point suivant pour tracer une série de segments (apparemment) connectés. Une fois que vous avez placé le dernier segment de la série, appuyez sur Entrée pour terminer la commande LIGNE.

Contrairement à de nombreuses commandes de dessin d'AutoCAD, LIGNE ne vous noie pas sous une avalanche d'options. Elle se contente de deux : Clore (à partir du troisième segment, pour obtenir un polygone fermé) et annUler qui supprime le dernier segment défini.

Comme toutes les commandes de dessin, LIGNE place les segments (les objets) qu'elle dessine sur le calque courant, en utilisant la couleur, le type de ligne, l'épaisseur de ligne et le style de tracé correspondant.

- Prenez soin de définir correctement ces propriétés avant de commencer à dessiner. Même si elles peuvent être modifiées plus tard, il est souvent plus efficace de les configurer à l'avance. Je vous recommande de sélectionner l'option DuCalque pour la couleur, le type de ligne, l'épaisseur de ligne et le style de tracé. Pour en savoir plus sur cette configuration au moyen du panneau ou de la barre d'outils Propriétés, reportez-vous au Chapitre 6.
- Quand vous aurez fini d'expérimenter et que vous vous mettrez à dessiner réellement, n'oubliez pas d'utiliser les outils d'aide à la précision d'AutoCAD (mode d'accrochage, saisie de coordonnées au clavier, etc.) pour être certain de spécifier comme il faut chaque point de chaque objet. Ces outils sont décrits au Chapitre 7.

Pour dessiner une série de segments avec la commande LIGNE, suivez ces étapes :

1. **Choisissez le calque courant et définissez les autres propriétés que vous voulez appliquer aux segments que vous allez dessiner.**

2. **Cliquez sur le bouton Ligne du panneau Dessin (onglet Début du ruban), ou encore tapez** L **et appuyez sur Entrée. Avec l'espace de**

travail AutoCAD classique, vous retrouvez le même point de départ dans la barre d'outils Dessin ou dans le menu de même nom.

AutoCAD lance la commande LIGNE et vous demande :

```
Spécifiez le premier point:
```

3. **Spécifiez le point de départ en cliquant à l'endroit voulu ou en entrant les coordonnées correspondantes.**

   Si vous faites un véritable dessin, n'oubliez pas d'utiliser les techniques d'aide à la précision décrites au Chapitres 6 et 7. Pour le premier point, le mode d'accrochage, l'accrochage aux objets, le repérage des accrochages d'objet ou encore la saisie des coordonnées sont des techniques qui conviennent bien.

   La ligne de commande vous demande de spécifier le point par lequel se termine le premier segment :

```
Spécifiez le point suivant ou [annUler]:
```

   Vous pouvez également voir les options de la commande dans la zone de saisie dynamique, juste à côté du curseur. Il vous suffit d'appuyer sur la flèche vers le bas pour dérouler la liste des options.

4. **Continuez à spécifier des points en cliquant ou en entrant leurs coordonnées.**

   Encore une fois, pour un véritable dessin, utilisez les outils d'aide à la précision. Pour le deuxième point et les suivants, les techniques que nous avons mentionnées à l'étape précédente sont parfaites, mais vous pouvez y ajouter le mode Ortho et l'entrée de distance directe.

   Une fois que vous avez ajouté le troisième point, AutoCAD ajoute l'option Clore. L'invite de la fenêtre de commande indique maintenant :

```
Spécifiez le point suivant ou [Clore/annUler]:
```

5. **Lorsque vous avez dessiné tous vos segments, vous disposez de deux moyens de terminer la commande LIGNE :**

- Si vous voulez que la forme que vous venez de tracer reste ouverte, appuyez sur Entrée, ou cliquez du bouton droit à un endroit quelconque dans la zone de dessin et sélectionnez Entrer dans le menu qui apparaît.

- Si vous voulez fermer la forme que vous venez de dessiner, tapez **C** et appuyez sur Entrée, ou cliquez du bouton droit à un endroit quelconque dans la zone de dessin et sélectionnez Clore dans le menu qui apparaît (voir la Figure 8.1).

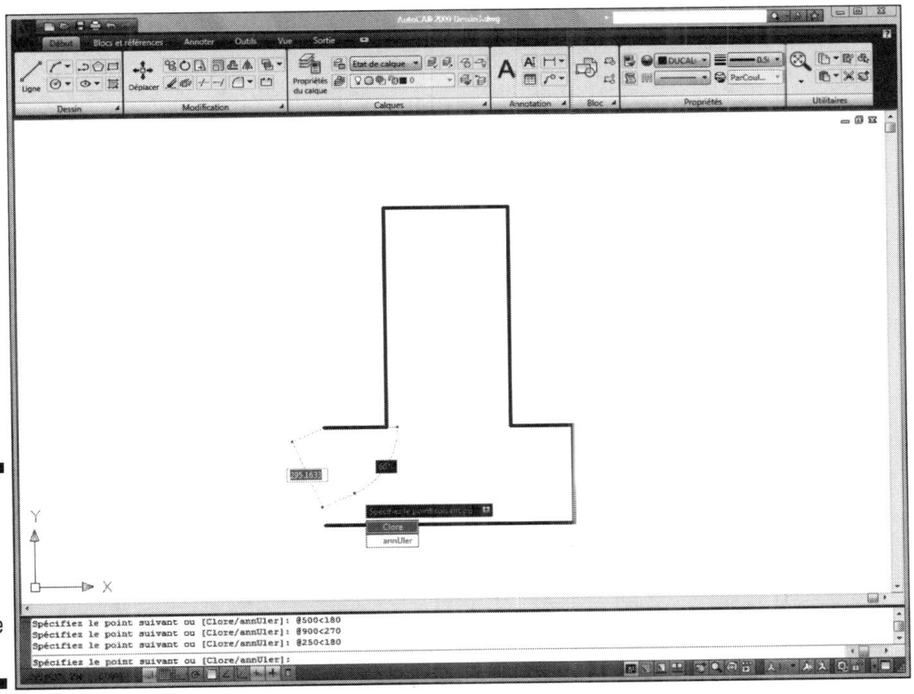

Figure 8.1 La commande LIGNE vous permet de dessiner autant de segments que vous voulez.

AutoCAD dessine le segment final (qui relie l'origine du premier segment au dernier point que vous avez spécifié). Une invite de commande vierge indique que la commande LIGNE est terminée :

```
Commande:
```

Les polylignes pour connecter les lignes

La commande LIGNE convient très bien pour certaines tâches de dessin, mais la commande POLYLIGN offre un meilleur choix et bien plus de souplesse dans de nombreuses situations. Cette commande dessine un objet d'un type particulier, appelé une *polyligne*. Vous entendrez peut-être des dessinateurs expérimentés en CAO parler de *pline*, car c'est le nom original de cette commande en anglais.

Les principales différences entre les commandes LIGNE et POLYLIGN sont les suivantes :

- **La commande LIGNE dessine une série d'objets dont chacun est un simple segment.** Bien que ces segments semblent liés à l'écran, chacun d'eux est un objet à part entière. Si vous en déplacez un, les autres (ceux que vous avez dessinés en même temps) ne bougent pas.
- **La commande POLYLIGN dessine un seul et même objet constitué de plusieurs segments.** Vous ne pouvez pas sélectionner un segment d'une polyligne pour le modifier seul. Vous sélectionnerez en fait l'ensemble de l'objet, et c'est cet objet tout entier qui sera modifié. La Figure 8.2 montre les réponses respectives des commandes LIGNE et POLYLIGN lorsque vous cliquez sur un segment pour le sélectionner.

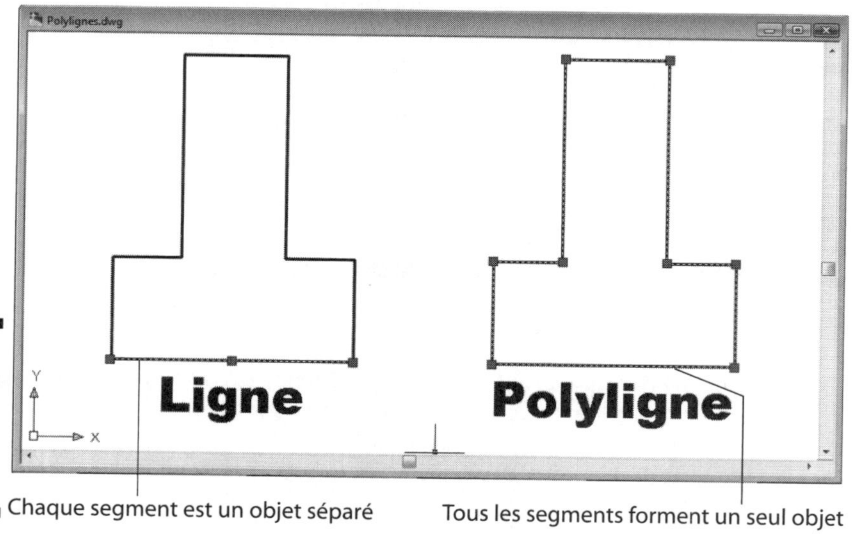

Figure 8.2 Comparaison de l'utilisation des commandes LIGNE et POLYLIGN.

TRUC

Lorsque vous avez besoin de dessiner une série de segments liés les uns aux autres, utilisez la commande POLYLIGN de préférence à LIGNE. Si vous représentez une série de segments dont les extrémités se touchent, il y a de bonnes chances pour que ces segments soient logiquement liés les uns aux autres (ils peuvent par exemple représenter les contours d'un seul et même objet, ou bien encore un trajet continu). Il est alors logique qu'ils soient liés les uns aux autres dans AutoCAD. L'avantage pratique le plus évident des polylignes est que de nombreuses opérations de modification en sont rendues plus efficaces. Lorsque vous sélectionnez un segment d'une polyligne pour l'éditer, c'est la polyligne tout entière qui est affectée.

- **La commande POLYLIGN peut dessiner des segments courbes aussi bien que des segments rectilignes.** Si vous voulez obtenir une série de segments droits et courbes, il vous faut alterner les commandes LIGNE et ARC (les arcs sont décrits dans le Chapitre 9). Avec la commande POLYLIGN, vous passez facilement de l'un à l'autre en choisissant l'option qui convient (voir ci-dessous).

- **Vous pouvez attribuer une largeur à chaque segment d'une polyligne.** La largeur d'une polyligne est une caractéristique visuellement semblable à l'épaisseur de ligne, à ceci près qu'elle peut être uniforme aussi bien que progressive. La possibilité de créer des segments de polyligne avec une certaine largeur était plus importante à l'époque où l'épaisseur de ligne n'était pas encore une propriété d'objet dans AutoCAD. Les dessinateurs avaient l'habitude d'utiliser des polylignes pour tracer sur le papier des segments un peu plus épais que la normale. Il est aujourd'hui bien plus facile et plus efficace d'utiliser la propriété d'épaisseur de ligne (traitée au Chapitre 6) ou un style de tracé (décrit au Chapitre 16) pour obtenir le même résultat.

Une fois que vous avez créé une polyligne, vous pouvez en ajuster chaque segment en déplaçant les *poignées* correspondantes (les petits carrés qui matérialisent les sommets du contour lorsque l'objet est sélectionné). Pour en savoir plus sur la modification d'un objet à l'aide des poignées, reportez-vous au Chapitre 10. Pour des opérations d'édition plus élaborées, vous pouvez utiliser la commande PEDIT, ou convertir la polyligne en une série de segments de ligne et/ou d'arcs en utilisant la commande DECOMPOS (mais vous perdez ainsi la largeur affectée à chaque segment, puisque l'objet n'est plus une polyligne). Pour plus d'informations sur ces deux commandes, reportez-vous à l'aide en ligne d'AutoCAD.

Dessiner une série de segments avec la commande POLYLIGN est pratiquement la même opération qu'avec la commande LIGNE. C'est ce que démontre la procédure qui suit. Surveillez attentivement les messages affichés par

AutoCAD, car la commande POLYLIGN a beaucoup d'options ! Souvenez-vous que vous pouvez cliquer du bouton droit dans la zone de dessin pour ouvrir un menu contextuel, ou encore appuyer sur la flèche vers le bas pour savoir à chaque instant quelles sont les options dont vous disposez.

Pour dessiner une polyligne composée de segments rectilignes, suivez ces étapes :

1. **Choisissez le calque courant et définissez les autres propriétés que vous voulez appliquer aux segments que vous allez dessiner.**

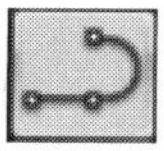

2. **Dans le panneau Dessin, cliquez sur le bouton Polyligne (celui qui ressemble à un hameçon). Dans l'espace de travail AutoCAD classique, vous trouverez la même commande dans la barre d'outils Dessin ou dans le menu de même nom. Vous pouvez également taper** PO **au clavier et appuyer sur Entrée.**

   AutoCAD lance la commande POLYLIGN et affiche une invite vous demandant de spécifier le point de départ.

3. **Spécifiez le point de départ en cliquant à l'endroit voulu ou en entrant au clavier les coordonnées correspondantes.**

   AutoCAD affiche un segment avec l'épaisseur courante pour les polylignes et vous demande de spécifier le point suivant (c'est-à-dire l'extrémité du premier segment) :

```
La largeur courante est de 0.0000.
Spécifiez le point suivant ou [Arc/Demi-larg/LOngueur/annUler/LArgeur]:
```

4. **Si la largeur courante n'est pas nulle, donnez-lui la valeur 0. Pour cela, tapez LA, Entrée, 0, Entrée, 0, comme le montre la séquence suivante (ce que vous devez taper apparaît en gras) :**

```
Spécifiez le point suivant ou [Arc/Demi-larg/LOngueur/annUler/LArgeur]: LA
Spécifiez la largeur de départ <0.0000>: 0
Spécifier la largeur de fin <0.0000>: 0
Spécifiez le point suivant ou [Arc/Demi-larg/LOngueur/annUler/LArgeur]:
```

Contrairement à ce que l'on pourrait croire, spécifier une largeur nulle pour un segment de polyligne ne revient pas à dessiner avec de l'encre invisible, mais signifie que ce segment sera affiché à l'écran avec l'épaisseur de ligne normale, c'est-à-dire minimale. Lorsque vous tracez votre dessin, AutoCAD applique les propriétés de l'objet (épaisseur de ligne ou style de tracé).

5. **Spécifiez les points suivants en cliquant ou en entrant leurs coordonnées.**

   Une fois que vous avez spécifié le second point, AutoCAD ajoute l'option Clore à l'invite de commande :

```
Spécifiez le point suivant ou
        [Arc/Clore/Demi-larg/LOngueur/annUler/LArgeur]:
```

   N'oubliez pas que vous pouvez aussi choisir une option dans le menu qui s'affiche en cliquant sur la zone de dessin avec le bouton droit ou en appuyant sur la flèche vers le bas (voir la Figure 8.3).

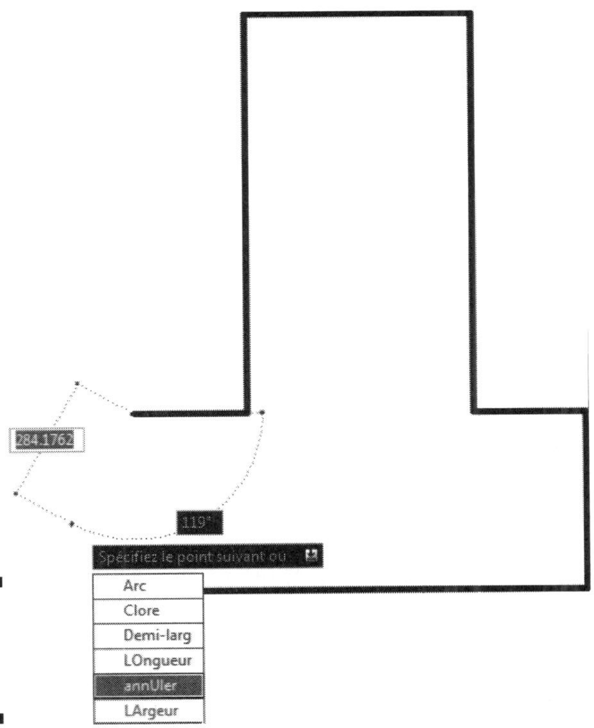

Figure 8.3 Options de la commande POLYLIGN.

6. **Une fois tous les segments voulus dessinés, appuyez sur Entrée (pour laisser le contour ouvert), ou tapez C et appuyez sur Entrée (pour clore le contour).**

   AutoCAD dessine le dernier segment et la fenêtre de commande affiche à nouveau l'invite vierge, montrant ainsi que la commande POLYLIGN est terminée.

Dans la procédure qui suit, je vais pimenter un peu la chose et vous donner un aperçu des sinueuses attractions qui restent à venir en ajoutant un segment courbe à une polyligne.

D'un point de vue technique, un segment courbe dans une polyligne est un arc de cercle, c'est-à-dire une portion de cercle que vous pourriez également dessiner avec la commande ARC d'AutoCAD. AutoCAD peut aussi dessiner d'autres types de courbes, notamment des ellipses et des "splines", mais pas avec la commande POLYLIGN.

Pour dessiner une polyligne qui contient des segments courbes, suivez ces étapes :

1. **Répétez les étapes 1 à 5 de la procédure précédente.**

2. **Une fois que vous êtes prêt à ajouter un ou plusieurs segments courbes, tapez A et appuyez sur Entrée pour sélectionner l'option Arc.**

   Le message vous propose maintenant les options qui concernent les arcs. La plupart d'entre elles correspondent aux nombreuses méthodes de dessin des arcs de cercle dans AutoCAD. Pour en savoir plus sur ce sujet, reportez-vous au Chapitre 9. La fenêtre de commande indique maintenant :

```
Spécifiez l'extrémité de l'arc ou
     [Angle/CEntre/CLore/DIrection/DEmi-larg/LIgne
     /Rayon/Second-pt/annUler/LArgeur]:
```

3. **Spécifiez l'extrémité de l'arc en cliquant à l'endroit voulu ou en entrant ses coordonnées.**

   AutoCAD dessine le segment courbe de la polyligne. L'invite continue de vous proposer les options d'arc.

   Parmi les options dont vous disposez à ce stade, vous pouvez :

- Spécifier des points supplémentaires pour dessiner davantage d'arcs.
- Choisir une autre méthode pour dessiner un arc (par exemple, CEntre ou Second-pt).
- Revenir au dessin de segments rectilignes en utilisant l'option LIgne.

Pour cet exemple, vous allez choisir la troisième de ces solutions.

Parmi les méthodes qui permettent de tracer un arc, la plus utile est peut-être Second-pt. Elle vous fait gagner une certaine souplesse dans le choix de l'orientation de l'arc, mais vous y perdez le raccord tangentiel entre l'arc et le segment précédent. Toutefois, il est parfois préférable de ne pas avoir de tangence entre deux segments consécutifs.

4. **Tapez LI et appuyez sur Entrée pour sélectionner l'option LIgne.**

```
Spécifiez l'extrémité de l'arc ou
    [Angle/CEntre/CLore/DIrection/DEmi-larg
    /LIgne/Rayon/Second-pt/annUler/LArgeur]: LI
```

L'invite vous propose à nouveau les options applicables à un segment rectiligne :

```
Spécifiez le point suivant ou
    [Arc/Clore/Demi-larg/LOngueur/annUler/LArgeur]:
```

5. **Spécifiez les points suivants en cliquant ou en entrant leurs coordonnées au clavier.**
6. **Après avoir dessiné tous les segments voulus, appuyez sur Entrée (ou tapez C et appuyez sur Entrée).**

La Figure 8.4 montre quelques exemples de ce que vous pouvez dessiner avec la commande POLYLIGN en utilisant des segments rectilignes, des arcs ou une combinaison des deux.

Les commandes LIGNE et POLYLIGN sont parfaitement adaptées au tracé de séries de segments consécutifs, mais comment faire pour obtenir des traits parallèles afin de représenter, par exemple, les côtés d'un mur ou les bords d'un axe routier ? Voici quelques options possibles :

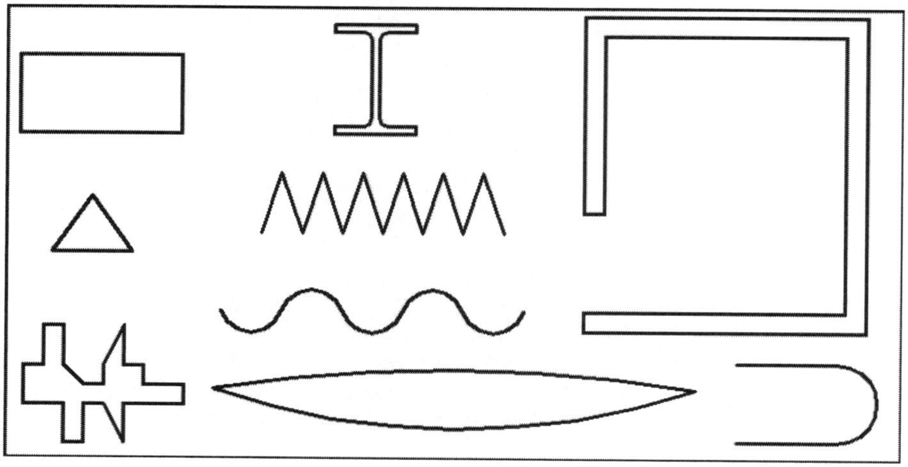

Figure 8.4 Une pléthore de polylignes.

- La commande MLIGNE (ML) vous permet de dessiner des multilignes, c'est-à-dire des suites de segments rectilignes et parallèles. Cette fonctionnalité était très limitée, voire même défectueuse, lorsqu'elle est apparue il y a une bonne dizaine d'années. Elle ne s'est pas réellement améliorée depuis (malgré quelques très légères évolutions au fil du temps). Si vous vous intéressez à cette solution, recherchez dans l'aide en ligne la référence aux commandes MLIGNE et MLSTYLE. Mais soyez prêt à passer pas mal de temps à vous battre avec les multilignes.
- Sous AutoCAD LT (et uniquement dans la version LT), vous disposez d'une commande qui permet de dessiner des lignes doubles (commande DLIGNE ou DL), c'est-à-dire des couples parallèles de segments et/ou d'arcs. En revanche, la commande MLIGNE n'est pas proposée (ce qui est probablement plus une bénédiction qu'un désavantage). Ici, le petit frère l'emporte 1-0 sur le grand !
- Vous pouvez enfin dessiner un ensemble de lignes et/ou d'arcs connectés à l'aide de la commande POLYLIGN, puis utiliser la commande DECALER pour créer un ou plusieurs groupes de segments parallèles. Cette commande est présentée dans le Chapitre 11.

Dessiner un rectangle

Vous pouvez utiliser la commande LIGNE ou la commande POLYLIGN pour dessiner un rectangle segment par segment. Dans la plupart des cas, vous trouverez toutefois plus pratique de faire appel à la commande RECTANG (REC), conçue à cette fin. La procédure suivante montre comment s'y prendre :

1. **Choisissez le calque courant et définissez les autres propriétés que vous voulez appliquer au rectangle que vous allez dessiner.**

2. **Dans le panneau Dessin, cliquez sur le bouton Rectangle. Dans l'espace de travail AutoCAD classique, vous trouverez la même commande dans la barre d'outils Dessin ou dans le menu de même nom. Vous pouvez également taper** REC **au clavier et appuyer sur Entrée.**

   AutoCAD lance la commande RECTANG et vous invite à spécifier un premier coin du rectangle :

```
Spécifiez le premier coin ou
    [Chanfrein/Elévation/Raccord/Hauteur/Largeur]:
```

TRUC

   Les options disponibles vous permettent d'ajouter quelques effets intéressants. Le paramétrage par défaut convient pour la plupart des cas. Pour en savoir plus sur les options dont vous disposez, consultez l'aide en ligne d'AutoCAD pour voir ce qu'elle dit sur la commande RECTANG.

3. **Spécifiez le premier coin du rectangle en cliquant à l'endroit voulu ou en entrant ses coordonnées.**

   AutoCAD vous demande de spécifier le coin suivant du rectangle (le coin opposé du premier) :

```
Spécifiez un autre coin ou [Aire/Cotes/Rotation]:
```

4. **Spécifiez l'autre coin du rectangle en cliquant à l'endroit voulu ou en entrant ses coordonnées.**

TRUC

   Si vous connaissez les dimensions du rectangle que vous voulez dessiner, entrez les coordonnées relatives au premier coin (par exemple, si votre rectangle fait 100 unités de long par 75 unités de large, tapez **@100,75** et appuyez sur Entrée). Le Chapitre 7 explique comment saisir des coordonnées.

   AutoCAD dessine le rectangle.

Contrairement à MLIGNE, la commande RECTANG s'est beaucoup améliorée depuis ses débuts. Vous pouvez spécifier un angle de rotation et, chose très pratique, pour concevoir un aménagement, il est possible de fournir une longueur et une aire. AutoCAD calculera l'autre dimension et dessinera le rectangle.

Dessiner un polygone

Les rectangles et autres lignes ou polylignes fermées sont des *polygones* de types divers, c'est-à-dire des contours fermés constitués d'au moins trois côtés rectilignes. La commande POLYGONE (PG) d'AutoCAD offre un moyen rapide de dessiner des polygones réguliers, dont tous les côtés et tous les angles au sommet sont égaux. Tout comme un individu apparemment parfait, un polygone régulier peut être ennuyeux, mais il est parfois utile.

La procédure suivante montre comment utiliser la commande POLYGONE :

1. **Choisissez le calque courant et définissez les autres propriétés que vous voulez appliquer au polygone que vous allez dessiner.**

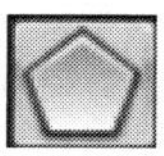

2. **Dans le panneau Dessin, cliquez sur le bouton Polygone. Dans l'espace de travail AutoCAD classique, vous trouverez la même commande dans la barre d'outils Dessin ou dans le menu de même nom. Vous pouvez également taper** PG **au clavier et appuyer sur Entrée.**

   AutoCAD lance la commande POLYGONE et vous demande le nombre de côtés :

```
Entrez le nombre de côtés <4>:
```

3. **Tapez le nombre de côtés du polygone que vous voulez dessiner et appuyez sur Entrée.**

   AutoCAD vous demande maintenant de spécifier le point central de votre polygone :

```
Spécifiez le centre du polygone ou [Côté]:
```

L'option Côté dessine le polygone en spécifiant la longueur de ses côtés, au lieu du centre et du rayon du cercle imaginaire dans lequel la figure est inscrite. La méthode du cercle est la plus courante.

4. **Spécifiez le point central en cliquant à l'endroit voulu ou en entrant ses coordonnées.**

   Vous devez maintenant indiquer si le polygone sera *inscrit dans le cercle* (les sommets touchent la circonférence du cercle) ou *circonscrit au cercle* (les côtés sont tangents au cercle) dont vous allez spécifier le rayon à l'étape suivante :

```
Entrez une option [Inscrit dans un cercle/Circonscrit autour d'un cercle] <I>:
```

5. **Tapez I ou C et appuyez sur Entrée.**

   AutoCAD vous invite à indiquer le rayon du cercle :

```
Spécifiez le rayon du cercle:
```

6. **Pour spécifier le rayon, tapez-le au clavier ou cliquez en un point par lequel passe le cercle.**

   AutoCAD dessine le polygone.

   Si vous entrez une distance au clavier ou que vous cliquez en un point alors que le mode Ortho est activé, le polygone sera aligné de façon orthogonale, comme le montre la Figure 8.5.

La Figure 8.5 illustre le résultat du dessin d'une série de polygones, pratique plus ou moins connue sous le nom de "polygonomanie", encore légale à notre connaissance sur toute la surface de cette planète.

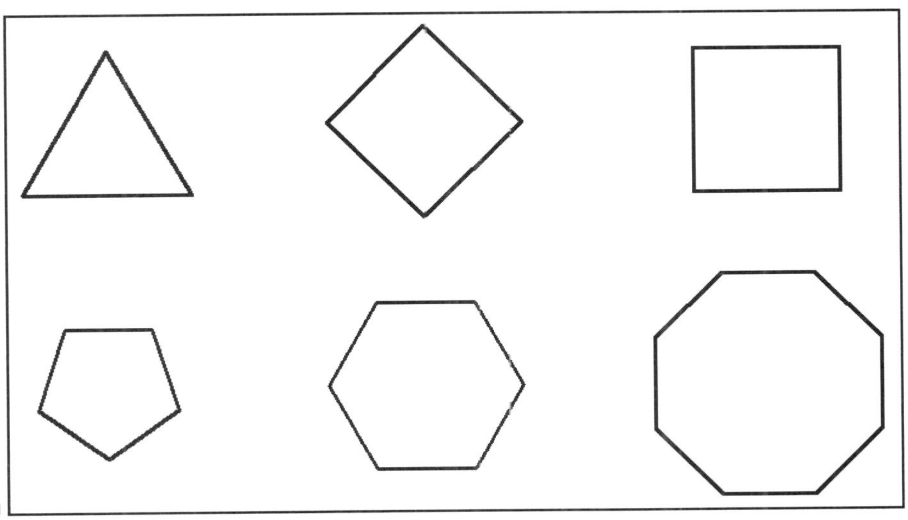

Figure 8.5 Le bal des polygones.

Chapitre 9

Courbes dangereuses, droit devant !

Dans ce chapitre :

- Arrondir les angles avec les cercles, les arcs, les splines et les nuages.
- Les ellipses et les anneaux.
- Faites le point.

Bien que les segments rectilignes soient prédominants dans de nombreux dessins de CAO, même l'objet le plus simple a des chances de comporter quelques courbes. Et si vous dessinez des carrosseries de voitures ou des bâtiments pour un émule de Gaudì, vos dessins ne comporteront sans doute pratiquement que des courbes. Avant de faire le *point*, vous allez voir dans ce chapitre comment utiliser les commandes d'AutoCAD qui permettent de dessiner des lignes courbes :

- **CERCLE :** Dessine un cercle, mais vous l'aviez peut-être deviné.
- **ARC :** Dessine un arc de cercle, c'est-à-dire bel et bien une portion de cercle (avec un centre et un rayon), et non d'ellipse, de parabole ou de tout autre type de courbe.
- **ELLIPSE :** Dessine une ellipse ou un arc d'ellipse.
- **SPLINE :** Dessine une courbe lisse passant par plusieurs points.
- **ANNEAU :** Dessine des anneaux et des cercles avec un motif de remplissage.

- **NUAGEREV :** Dessine des "nuages" de forme libre, que vous pouvez utiliser pour indiquer des zones qui ont été révisées dans le dessin.

Nous allons maintenant décrire chacune de ces commandes.

Un jeu de courbes

Le Tableau 9.1 donne une vue d'ensemble des commandes de dessin 2D d'AutoCAD servant à représenter des objets courbes. Il vous indique entre parenthèses le raccourci clavier (ou alias) correspondant (quand il existe). Il montre également comment y accéder à partir du panneau Dessin du ruban, du menu Dessin et de la barre d'outils Dessin (selon que vous préférez l'espace de travail Dessin 2D et annotation ou bien AutoCAD classique).

Tableau 9.1 : Commandes de dessin d'AutoCAD pour les courbes.

Bouton	Commande	Panneau Dessin	Barre d'outils Dessin	Menu Dessin
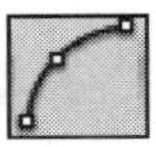	ARC (A)	Arc	Arc	Arc (sous-menu pour les méthodes de définition)
	CERCLE (C)	Cercle	Cercle	Cercle (sous-menu pour les méthodes de définition)
	NUAGEREV	Nuage de révision	Nuage de révision	Nuage de révision
	ANNEAU (AN)	Anneau (dans le panneau étendu)	Aucun	Anneau
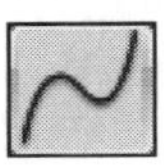	SPLINE (SPL)	Spline (dans le panneau étendu)	Spline	Spline
	ELLIPSE (EL)	Ellipse	Ellipse	Ellipse (sous-menu pour les méthodes de définition)
	ELLIPSE (EL), A	Arc elliptique (menu déroulant Ellipse)	Arc elliptique	Ellipse (sous-menu pour les méthodes de définition)

Dans les espaces de travail Dessin 2D et annotation ainsi que Modélisation 3D, le ruban propose un certain nombre de panneaux qui peuvent être étendus. Ils se signalent pas un petit triangle noir situé à droite de leur barre de titre. Pour étendre un panneau (par exemple Dessin), vous cliquez sur sa barre de titre. Le panneau révèle alors de nouvelles commandes, et le triangle est remplacé par une icône représentant une punaise. Dès que vous avez choisi une commande, le panneau reprend sa taille d'origine. Si vous voulez le forcer à rester grand ouvert, cliquez sur la punaise. Encore une histoire de *pin up* !

Toutes les commandes de dessin ne sont pas disponibles dans chacun des modes de saisie. Quelques-unes, par exemple DEMIDROITE, MLIGNE ou ANNEAU, ne se trouvent pas dans la barre d'outils Dessin de l'espace de travail AutoCAD classique. Vous devrez donc soit les taper au clavier, soit les sélectionner dans le menu Dessin.

Si vous venez d'une version plus ancienne, le ruban d'AutoCAD 2009 peut vous dépayser. Par exemple, vous n'y retrouverez peut-être pas si facilement certaines commandes, tout simplement parce qu'elles ont été déplacées pour correspondre au nouveau paradigme : les tâches d'abord ! Ainsi, tout ce qui concerne la création et l'insertion de blocs se trouve maintenant sous l'onglet Blocs et références. De même, les commandes de texte sont regroupées dans le panneau Annotation du ruban. Par contre, elles se trouvent toujours dans le menu et la barre d'outils Dessin de l'espace de travail AutoCAD classique. Normal, puisque, justement, c'est classique !

Faire un cercle complet

AutoCAD offre un moyen simple et intuitif de dessiner un cercle, et il propose aussi... d'autres moyens. Le plus facile est de spécifier le centre du cercle, puis d'indiquer son rayon (l'option par défaut) ou son diamètre. Vous pouvez aussi définir un cercle en utilisant l'une des options suivantes de la commande (ce sont ces "autres moyens") :

- **3P :** Spécifiez trois points de la circonférence. Correspond à l'option 3 points dans le menu déroulant Cercle du panneau Dessin.
- **2P :** Spécifiez les extrémités d'un diamètre du cercle. Correspond à l'option 2 points dans le menu déroulant Cercle du panneau Dessin.
- **Ttr (tangente tangente rayon) :** Spécifiez deux lignes ou autres objets auxquels le cercle est tangent, ainsi que son rayon. Correspond à l'option 2 points de tangence, rayon dans le menu déroulant Cercle du panneau Dessin.

- **Tangente Tangente Tangente :** Dessine un cercle tangent à trois objets existants valides. Par *valides*, je veux dire à la condition qu'il soit mathématiquement possible de construire un cercle tangent à ces trois objets. Ce type de cercle ne peut être obtenu en tapant une option dans la fenêtre de commande. Il s'agit en fait d'une macro qui doit être choisie dans le menu déroulant Cercle du panneau Dessin.

La Figure 9.1 illustre ces six techniques de dessin de cercles. Que ces méthodes supplémentaires soient utiles ou superflues pour construire un cercle dépend du type de dessin que vous réalisez et de la manière dont on définit une géométrie dans votre domaine d'activité. Familiarisez-vous avec la méthode par défaut (spécification du centre et du rayon), puis essayez les autres pour voir si elles peuvent vous servir. Si elles vous font tourner la tête, vous n'aurez qu'à dessiner vos cercles avec l'option par défaut et utiliser une autre géométrie pour les mettre en place.

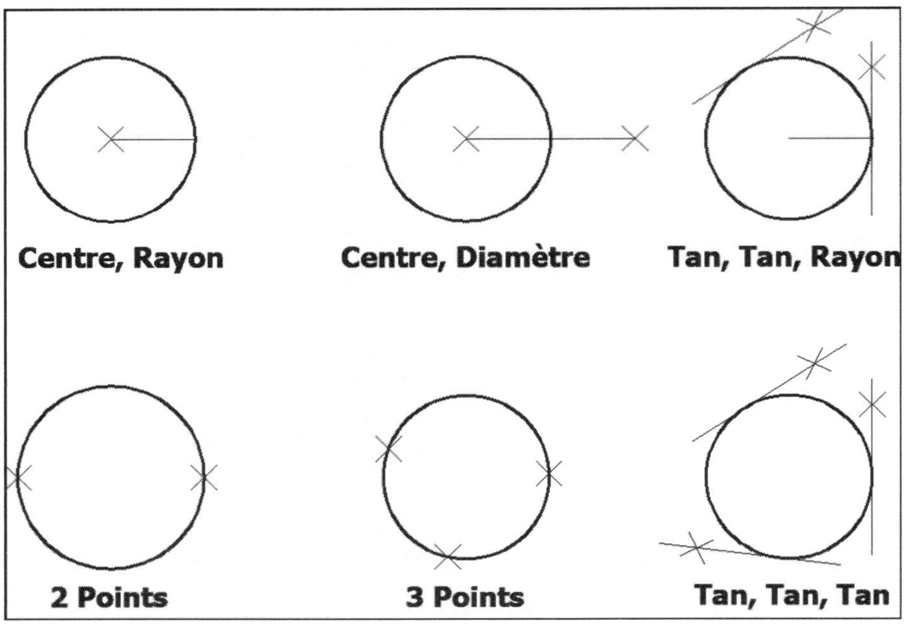

Figure 9.1 Pi R au carré, mais les cercles sont ronds.

Pour utiliser la commande CERCLE, suivez ces étapes :

1. **Choisissez le calque courant et définissez les autres propriétés que vous voulez appliquer au cercle que vous allez dessiner.**

2. **Dans le panneau Dessin, cliquez sur le bouton Cercle. Dans l'espace de travail AutoCAD classique, vous trouverez la même commande dans la barre d'outils Dessin ou dans le menu de même nom. Vous pouvez également taper** C **au clavier et appuyer sur Entrée.**

   AutoCAD lance la commande CERCLE et affiche l'invite suivante (quand la saisie dynamique est activée, vous pouvez également appuyer sur la flèche vers le bas pour afficher un menu d'options) :

```
Spécifiez le centre du cercle ou [3P/2P/Ttr (tangente tangente rayon)]:
```

   Comme le montre le message précédent, vous disposez d'autres méthodes que celle du centre et du rayon pour dessiner un cercle dans AutoCAD (ces autres étant 3P, 2P, Ttr, cette dernière signifiant "spécifier deux lignes tangentes au cercle et son rayon"). Si vous songez à utiliser ces méthodes, recherchez CERCLE dans l'onglet Index de l'aide en ligne d'AutoCAD.

3. **Spécifiez le centre du cercle en cliquant à l'endroit voulu ou en entrant ses coordonnées.**

   N'OUBLIEZ PAS

   Utilisez l'une des techniques de précision décrites dans le Chapitre 7 si vous réalisez un "vrai" dessin. Accrochage aux objets, grille d'accrochage, saisie des coordonnées sont autant de méthodes bien adaptées à la sélection du centre.

   AutoCAD vous invite à spécifier le rayon du cercle :

```
Spécifiez le rayon du cercle ou [Diamètre]:
```

   TRUC

   S'il vous est plus pratique de spécifier le diamètre du cercle que son rayon (vous avez peut-être oublié votre table de multiplication par deux), tapez **D** et appuyez sur Entrée.

4. **Spécifiez le rayon du cercle en entrant la valeur correspondante au clavier, ou en cliquant sur un point de la circonférence.**

   Le premier point sélectionné est le centre. La fenêtre de commande ne vous le dit pas, mais si vous choisissez un second point au lieu d'entrer un nom (ou si vous tapez **D** pour invoquer l'option Diamètre), AutoCAD interprète la distance entre ces deux positions comme étant la valeur du rayon.

Arcologie

Ce qu'AutoCAD appelle un *arc* est tout simplement une partie de cercle. De même qu'avec la commande CERCLE, AutoCAD vous offre donc un moyen facile de définir un arc. Il suffit de spécifier trois points à l'écran. Ils indiquent respectivement le point de départ (une première extrémité), un point par lequel passe l'arc et son autre extrémité.

Facile, non ? Alors, où est le problème ? L'inconvénient est qu'il est souvent nécessaire de spécifier un arc avec une plus grande exactitude que ce que permet cette technique. AutoCAD vous offre aussi des options pour cela, mais elles sont moins simples à mettre en œuvre.

Vous pouvez débuter votre arc en spécifiant d'abord l'une de ses extrémités, ou le centre du cercle correspondant. Si vous choisissez de commencer par le centre, AutoCAD vous demandera d'abord de définir le centre du cercle dont l'arc est une portion, puis de spécifier la première extrémité de cet arc. Tenez compte du fait qu'AutoCAD dessine ses arcs dans le sens inverse des aiguilles d'une montre (c'est-à-dire dans le sens trigonométrique). Une fois que vous avez effectué cette étape, AutoCAD vous donne le choix entre les trois possibilités suivantes :

- **Extrémité de l'arc :** C'est l'option par défaut (et souvent la plus simple), qui consiste à spécifier l'autre extrémité de l'arc, puisque vous avez déjà fourni la première.
- **Angle décrit :** Avec les connaissances déjà acquises (le cercle associé et la première extrémité de l'arc), l'angle permet d'achever de définir l'arc en indiquant la portion du cercle qu'il représente (un angle de 180 degrés, par exemple, correspond à un demi-cercle).
- **Longueur de corde :** C'est le même principe que l'option précédente, avec cette différence qu'il s'agit ici d'indiquer la longueur du segment de droite imaginaire reliant les deux extrémités de l'arc. La plupart des gens utilisent rarement (si ce n'est jamais) cette option.

Si vous avez choisi de commencer par spécifier une extrémité de l'arc, ce sont ces trois options qui vous seront proposées :

- **Second point de l'arc :** C'est l'option par défaut, qui consiste à spécifier un point par lequel passe l'arc, mais qui n'est pas une de ses extrémités. C'est donc ce point, associé aux deux extrémités, qui va définir la courbure de l'arc. Une fois que vous aurez défini ce second point, il vous restera à indiquer l'autre extrémité pour achever de construire l'arc.

- **Centre :** Une fois le centre de l'arc défini, cette option vous ramène aux trois options de la liste précédente (autre extrémité, angle ou longueur de corde).
- **pt Final (point final) :** Contrairement à ce que son nom suggère, cette option ne consiste pas à spécifier directement la seconde extrémité de l'arc, mais plutôt à la spécifier indirectement. Si vous voulez l'utiliser, commencez par étudier soigneusement ce que vous dit l'aide en ligne d'AutoCAD sur les options de la commande Arc. Lorsque vous aurez entré ce paramètre, il vous restera à spécifier soit le centre du cercle correspondant, soit l'angle qui intercepte l arc, soit la direction de l'arc, soit encore le rayon du cercle correspondant.

Afin d'avoir une idée de toutes les possibilités dont vous disposez, cliquez sur la flèche qui suit l'icône d'arc dans le panneau Dessin (ou choisissez la commande Arc dans le menu Dessin de l'espace de travail AutoCAD classique). Regardez alors l'impressionnante liste de choix qui vous est proposée (voir la Figure 9.2). L'utilisation du ruban ou du menu Dessin est aussi la manière la plus directe de se servir de ces différentes options. Du moins jusqu'à ce que vous soyez suffisamment familiarisé avec le programme et que vous deveniez un adepte de la saisie de raccourcis au clavier.

L'exemple suivant montre comment dessiner un arc avec la méthode par défaut, point de départ/second point/extrémité :

1. **Choisissez le calque courant et définissez les autres propriétés que vous voulez appliquer au cercle que vous allez dessiner.**

2. **Dans le panneau Dessin, cliquez sur le bouton Arc. Dans l'espace de travail AutoCAD classique, vous trouverez la même commande dans la barre d'outils Dessin ou dans le menu de même nom. Vous pouvez également taper** A **au clavier et appuyer sur Entrée.**

   AutoCAD lance la commande ARC et vous demande la première extrémité de l'arc. Il affiche l'invite suivante dans la ligne de commande :

```
Spécifiez le point de départ de l'arc ou [Centre]:
```

3. **Spécifiez le point de départ en cliquant à l'endroit voulu ou en entrant ses coordonnées.**

   AutoCAD vous invite à spécifier le second point de l'arc :

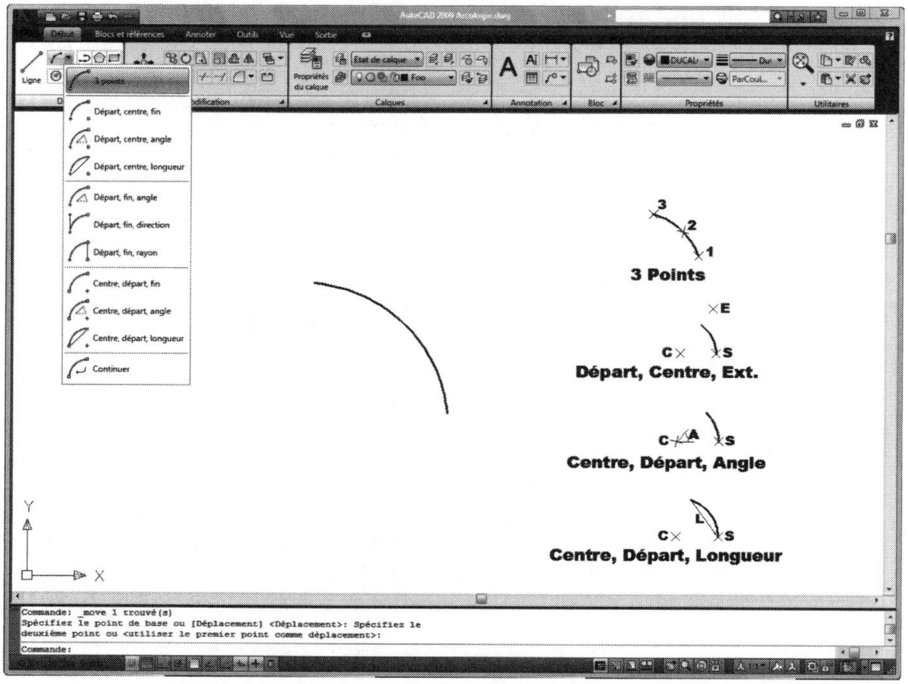

Figure 9.2 Vous disposez d'un déluge d'options pour dessiner un arc.

```
Spécifiez le second point de l'arc ou [Centre/pt FInal]:
```

4. **Spécifiez le second point de l'arc en cliquant à l'endroit voulu ou en entrant ses coordonnées.**

   TRUC

   Il peut s'agir de n'importe quel point situé sur l'arc entre ses deux extrémités. Une fois celles-ci spécifiées, il permet d'en définir la courbure. Utilisez l'accrochage aux objets pour aligner le second point avec un objet existant.

   AutoCAD vous demande maintenant de fournir l'autre extrémité de l'arc. Lorsque vous déplacez le curseur sur l'écran, il vous montre ce que sera l'arc si vous cliquez à cet endroit :

5. **Spécifiez l'extrémité de l'arc en cliquant à l'endroit voulu ou en entrant ses coordonnées.**

   AutoCAD dessine l'arc ; la Figure 9.2 en montre un exemple.

Vous vous souvenez qu'appuyer sur Entrée relance la dernière commande exécutée. Ce qui déroute souvent les nouveaux utilisateurs, c'est que la touche Entrée ne répète pas les options qui viennent d'être choisies. Si vous dessinez par exemple un arc dans le mode Centre, Départ, Fin, puis que vous appuyez sur Entrée, AutoCAD redémarrera la commande Arc avec ses options par défaut, et les trois points que vous choisirez ne vous donneront probablement pas le résultat auquel vous vous attendiez. Leçon à tirer de l'expérience : observez toujours la fenêtre de commande !

Dessiner une ellipse

Une *ellipse* est en quelque sorte un cercle aplati ou allongé avec un grand axe et un petit axe. Ces deux axes déterminent la longueur, la largeur et la courbure de l'ellipse. Un arc elliptique est un arc "découpé" dans une ellipse.

La commande ELLIPSE (EL) d'AutoCAD offre un moyen direct de dessiner une ellipse : spécifiez les deux extrémités de l'un de ses axes et une extrémité de l'autre. Mais, comme la commande ARC, ELLIPSE propose plusieurs autres options :

- **Arc :** Cette option génère un arc elliptique, et non une ellipse complète. La définition d'un arc elliptique passe par les mêmes méthodes que la définition d'une ellipse. La description fournie ci-après s'applique donc également à ce type d'objet.

- **Centre :** Cette option vous permet de définir une ellipse en commençant par spécifier son centre (l'intersection de ses deux axes), puis une extrémité d'un des axes. Vous pouvez ensuite entrer soit la demi-longueur de l'autre axe, soit une rotation autour du grand axe (une ellipse représente aussi la façon dont vous voyez un cercle si vous le faites pivoter autour d'un axe). Si vous choisissez de spécifier une rotation, vous pouvez entrer l'angle correspondant au clavier ou utiliser la souris pour faire glisser l'ellipse, ce qui définit totalement l'objet.

- **Rotation :** Cette option vous permet de spécifier un angle qui définit la courbure de l'ellipse. Plus cet angle est petit, plus l'ellipse est proche d'un cercle (un angle de 0 degré donne en fait un cercle), et plus cet angle est proche de 90 degrés, plus l'ellipse est allongée. C'est tout simplement une application de la définition de l'ellipse comme "cercle aplati", c'est-à-dire ce que vous voyez lorsque vous faites pivoter un cercle autour d'un diamètre. En spécifiant l'angle de cette rotation, vous fixez le petit axe de l'ellipse (son grand axe étant le diamètre du cercle que vous faites pivoter). Enfin, si vous arrivez à visualiser tout cela, vous avez une meilleure imagination que moi.

L'exemple suivant crée une ellipse avec la méthode par défaut, celle des axes. La Figure 9.3 montre une ellipse et un arc elliptique.

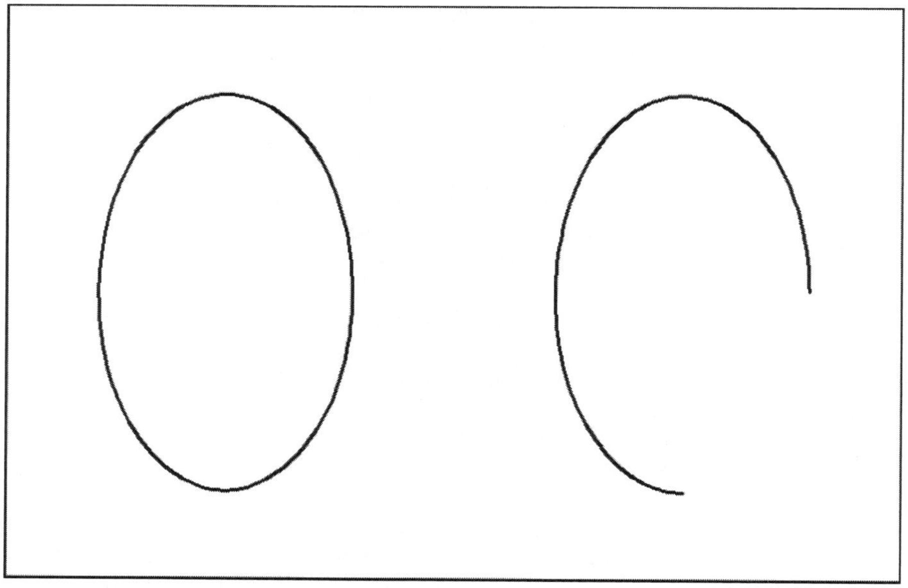

Figure 9.3
Une ellipse et un arc elliptique.

```
Spécifiez une extrémité de l'axe de l'ellipse ou [Arc/Centre]: cliquez pour
        spécifier la première extrémité de l'axe ou entrez ses coordonnées
Spécifiez la deuxième extrémité de l'axe: cliquez pour spécifier la deuxième
        extrémité de l'axe ou entrez ses coordonnées
Spécifiez la distance avec l'autre axe ou [Rotation]: cliquez pour spécifier
        la distance des extrémités de l'autre axe ou entrez cette distance au
        clavier
```

TRUC

Vous pouvez créer un arc elliptique (et non un arc de cercle) en utilisant l'option Arc de la commande ELLIPSE (voilà qui est parfait pour dessiner la trajectoire d'un boulet de canon !). Vous avez aussi la possibilité de dessiner une ellipse complète et d'utiliser l'une des commandes AJUSTER ou COUPURE pour en supprimer une portion et obtenir de cette façon un arc elliptique.

Spline : la courbe sinueuse

La plupart des personnes qui utilisent un programme de CAO le font pour réaliser des dessins précis : lignes droites, courbes soigneusement définies, points spécifiés avec précision, etc. AutoCAD n'est pas conçu pour vous permettre de libérer vos instincts artistiques, mais même un dessin de CAO méticuleusement exécuté peut nécessiter des courbes de forme libre. C'est ce que permet l'outil Spline d'AutoCAD.

Dans AutoCAD, vous pouvez utiliser une spline de deux manières différentes :

- Faites-vous une idée visuelle de la forme et de l'emplacement de la courbe, et ne vous inquiétez pas trop de sa précision. C'est l'approche libre, de nature schématique et imprécise, que nous décrivons ici.
- Définissez avec précision les points et les caractéristiques de courbure de votre spline.

Derrière leur apparente désinvolture, les courbes spline d'AutoCAD sont en fait des objets mathématiques extrêmement précis dont le nom complet est "NURBS curves" (*Non-Uniform Rational B-Spline curves*). Les mathématiciens et certains concepteurs d'objets mécaniques ou industriels se préoccupent beaucoup de la précision des caractéristiques des courbes qu'ils utilisent. C'est pour eux que les commandes SPLINE et EDITSPLINE proposent un certain nombre d'options avancées. Si vous avez besoin de réaliser une spline précise, faites une recherche sur ce mot dans l'onglet Index de l'aide en ligne d'AutoCAD.

Si vous laissez de côté les options avancées, il est facile de dessiner une spline. La procédure suivante dessine une courbe de forme libre en utilisant la commande SPLINE :

1. **Choisissez le calque courant et définissez les autres propriétés que vous voulez appliquer au cercle que vous allez dessiner.**

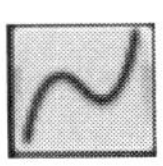

2. **Dans le panneau étendu Dessin, cliquez sur le bouton Spline. Dans l'espace de travail AutoCAD classique, vous trouverez la même commande dans la barre d'outils Dessin. Vous pouvez également taper** SPL **au clavier et appuyer sur Entrée.**

   AutoCAD lance la commande SPLINE et vous demande de définir la première extrémité de la courbe. Il affiche l'invite suivante dans la ligne de commande :

```
Spécifiez le premier point ou [OBjet]:
```

3. **Spécifiez le point de départ en cliquant à l'endroit voulu ou en entrant ses coordonnées.**

   AutoCAD vous invite à définir le point suivant :

```
Spécifiez le point suivant:
```

4. **Choisissez d'autres points en cliquant à l'endroit voulu ou en entrant leurs coordonnées.**

   Une fois que vous avez spécifié le deuxième point, appuyez sur la flèche vers le bas pour afficher des options supplémentaires. La ligne de commande indique :

```
Spécifiez le point suivant ou [Clore/Tolérance] <tangente de départ>:
```

TRUC

Comme il s'agit ici de dessiner une courbe de forme libre, vous n'aurez généralement pas besoin d'utiliser l'accrochage aux objets (ou d'autres techniques d'aide à la précision) pour spécifier les points de votre spline.

5. **Une fois que vous avez choisi le point final de votre spline, appuyez sur Entrée.**

   AutoCAD vous invite à spécifier successivement la tangente pour le point de départ et la tangente pour le dernier point :

```
Spécifiez la tangente de départ:
Spécifiez la tangente de fin:
```

NOTE TECHNIQUE

Les deux invites précédentes permettent de contrôler la courbure au point de départ et à l'extrémité de la courbe, ce qui en détermine la forme générale. Dans la plupart des cas, il vous suffira d'appuyer sur Entrée en réponse à chacune de ces deux invites pour obtenir un résultat qui vous convienne.

6. **Appuyez deux fois de suite sur Entrée pour accepter les directions par défaut des deux tangentes.**

   AutoCAD dessine la spline.

La Figure 9.4 montre quelques exemples de splines.

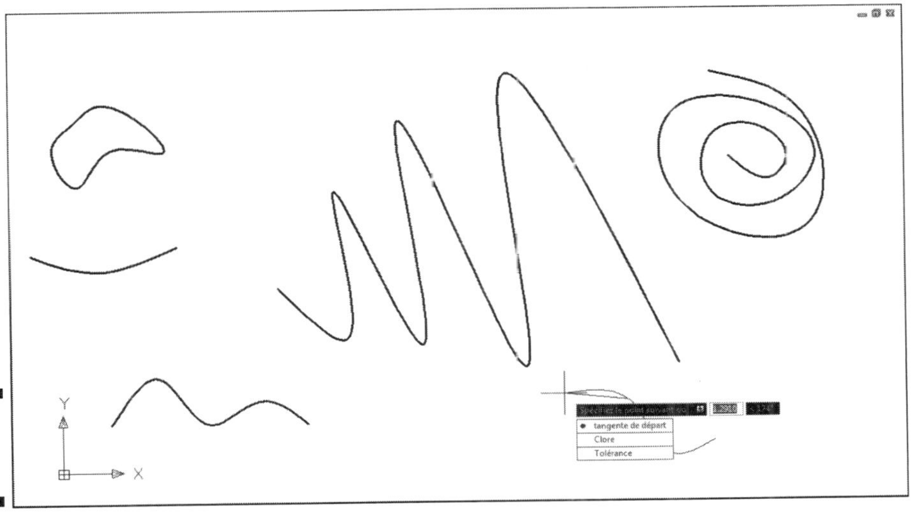

Figure 9.4 Une collection de splines.

Une fois que vous avez dessiné une spline, vous pouvez l'éditer à l'aide de ses poignées pour en ajuster la forme. Voyez le Chapitre 10 pour plus d'informations sur l'utilisation des poignées. Pour en apprendre plus sur le contrôle des splines, recherchez dans l'aide en ligne d'AutoCAD les rubriques consacrées à la commande EDITSPLINE.

Dessiner un anneau

Un anneau n'est rien d'autre qu'un objet polyligne particulier constitué de deux cercles concentriques, avec un remplissage entre les deux.

Quand vous lancez la commande ANNEAU (AN), AutoCAD vous demande de spécifier le diamètre interne (le trou...) et le diamètre extérieur de l'anneau, ce que vous pouvez faire en entrant les valeurs correspondantes au clavier ou en cliquant successivement sur deux points dont la distance donne le diamètre demandé. Après avoir répondu à ces deux questions, vous devrez encore spécifier le centre de l'anneau. Mais au lieu de s'arrêter là comme on pourrait le croire, AutoCAD continue de vous demander de spécifier un centre pour y placer un nouvel anneau identique au précédent. Pour arrêter cette multiplication de couronnes, appuyez simplement sur Entrée.

L'exemple suivant dessine un anneau de 1,5 cm de diamètre intérieur et de 3,5 cm de diamètre extérieur. La Figure 9.5 présente deux exemples d'anneaux.

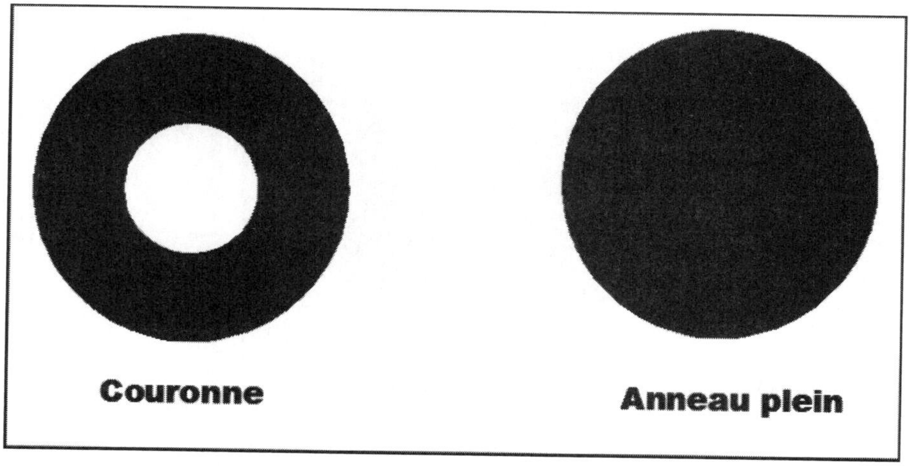

Figure 9.5 Anneau creux, anneau plein.

```
Spécifiez le diamètre interne de l'anneau <0.5000>: 1.5 Entrée
Spécifiez le diamètre externe de l'anneau <1.0000>: 3.5 Entrée
Spécifiez le centre de l'anneau ou <Quitter>: cliquez à l'endroit
          voulu ou entrez les coordonnées du centre pour autant
          d'anneaux supplémentaires que vous voulez
Spécifiez le centre de l'anneau ou <Quitter>: Entrée
```

TRUC

Comme l'illustre la Figure 9.5, vous pouvez utiliser la commande ANNEAU pour créer un disque plein : il suffit de spécifier un diamètre interne égal à 0.

Nuages de révision à l'horizon

Dans de nombreux domaines d'activité, il est d'usage de présenter un jeu de dessins à un certain stade de l'étude, puis de les soumettre à nouveau au fur et à mesure du développement du projet, avec des révisions (corrections, clarifications et modifications demandées). Ceux qui reçoivent ces dessins aiment pouvoir identifier facilement ce qui a changé. Une pratique courante consiste à mettre en évidence les éléments modifiés en les entourant de nuages de forme quelconque. La commande NUAGEREV permet de dessiner rapidement de tels objets.

Il est facile de dessiner un nuage de révision. C'est tout simplement un contour constitué d'une série d'arcs successifs. Il faut commencer par cliquer une fois avec la souris dans la zone de dessin pour définir le point de départ du périmètre du nuage, après quoi il suffit de déplacer le curseur autour des objets voulus (en cliquant éventuellement de loin en loin pour définir les arcs formant le contour du nuage). Lorsque le curseur revient à proximité du point de départ, AutoCAD ferme automatiquement votre nuage.

L'exemple suivant montre comment dessiner un nuage de révision à partir de l'invite de commande. La Figure 9.6 illustre à quoi ressemble ce type d'objet.

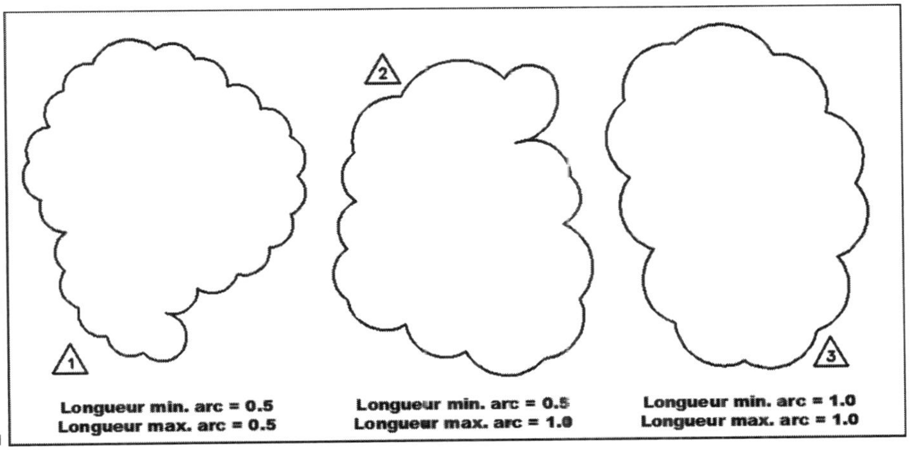

Figure 9.6 Quelques sympathiques nuages.

```
Commande: NUAGEREV
Longueur minimale de l'arc: 15  Longueur maximale de l'arc: 15  Style: Normal
Spécifiez le point de départ ou
        [Longueur de l'arc/Objet/Style] <Objet>:
        cliquez sur un point le long du périmètre
        que vous voulez donner à votre nuage
Réticule de guidage le long du trajet du nuage...
        Déplacez le curseur pour définir le périmètre du nuage
```

Vous n'avez pas besoin de cliquer à nouveau. Il vous suffit de déplacer votre curseur : le tracé suit le mouvement. AutoCAD trace alors un nouveau lobe chaque fois que le déplacement atteint la longueur minimale définie pour l'arc.

Une fois que vous avez fait le tour complet, AutoCAD ferme le nuage et vous dit qu'il a accompli sa mission :

```
Nuage de révision terminé.
```

Voici quelques conseils pour utiliser les nuages de révision :

- Il est bon d'avoir un calque réservé aux nuages de révision, de manière à pouvoir tracer le dessin avec ou sans les nuages.
- Vous trouverez sans doute plus facile de contrôler la forme de vos nuages si vous désactivez le mode Ortho avant de lancer la commande NUAGEREV.
- Vous pourrez avoir besoin d'ajouter à chaque nuage un triangle contenant un nombre, comme sur la Figure 9.6, pour indiquer le numéro de la révision correspondante. Un bloc associé à un attribut est un bon moyen de répondre à un tel besoin (pour savoir comment faire, voyez le Chapitre 17).

Si vous trouvez trop grands ou trop petits les lobes du nuage que vous venez de dessiner, effacez-le, lancez à nouveau la commande NUAGEREV et utilisez l'option Longueur de l'arc pour changer la longueur minimale et la longueur maximale de l'arc. Par défaut, chacune de ces deux longueurs est égale à 15 unités métriques (ou à 0.5 unité impériale) de votre dessin multiplié par la valeur courante de la variable système COTECH (facteur d'échelle global appliqué aux variables de cotation). Si vous spécifiez des valeurs différentes pour la longueur minimale et la longueur maximale, la différence sera plus grande entre les lobes successifs et votre nuage aura l'air plus "nuageux", en tout cas moins géométrique et régulier. Heureusement, ces options vont au-delà du strict nécessaire. Si vous avez correctement défini la valeur de la variable système COTECH en configurant votre dessin (voyez pour cela le Chapitre 4), NUAGEREV devrait vous donner des nuages dotés d'arcs par défaut tout à fait satisfaisants.

Faites le point

Contrairement à ce que pourraient croire certains, cette section n'est pas une plaisanterie. J'ai hésité à traiter des points dans ce livre, mais je ne voulais pas donner un prétexte aux réclamations des lecteurs : "Comment, point de points dans AutoCAD 2009 pour les Nuls ?"

Dans AutoCAD, le mot "point" désigne deux choses différentes :

- Un *emplacement* dans le dessin, que vous spécifiez (en entrant ses coordonnées, en cliquant avec la souris ou en utilisant une des techniques de précision).
- Un *objet* que vous dessinez avec la commande POINT.

Tout au long de ce livre, et notamment dans ce chapitre, je vous demande de spécifier des points. J'utilise alors la première de ces deux significations du terme. Cette section va vous montrer comment dessiner un objet que l'on appelle un point.

Dans AutoCAD, un objet *point* peut servir à deux choses différentes :

- **À identifier un endroit particulier dans votre dessin pour les gens qui le liront.** Un point peut être affiché à l'écran, soit tout simplement comme un point, soit sous forme de symbole, par exemple, une croix entourée d'un cercle.
- **À définir un nœud auquel il est possible d'accrocher des objets.** Vous pourrez alors utiliser ces nœuds comme références pour construire votre dessin. C'est le mode *nodal* d'accrochage aux objets. Avec cette façon de procéder, ces points constituent un procédé supplémentaire pour dessiner avec précision. Une personne qui lira votre dessin pourra très bien en ignorer l'existence.

Ce qui rend compliqués les objets point d'AutoCAD, ce sont leurs innombrables options d'affichage, offertes pour les deux utilisations différentes que nous venons de décrire (et peut-être même d'autres que je n'ai pas encore découvertes). C'est la boîte de dialogue Style des points, qui vous permet de spécifier la manière dont un objet point est représenté sur votre dessin (voir la Figure 9.7).

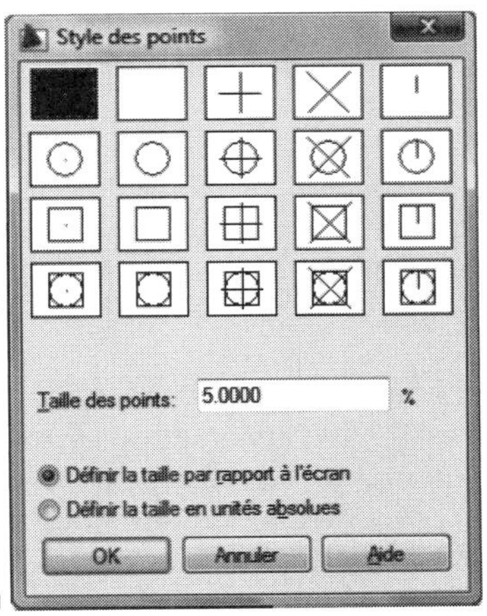

Figure 9.7 La boîte de dialogue Style des points vous permet de définir l'affichage des objets point.

Vous pouvez accéder à cette boîte de dialogue à partir du navigateur de menus (espace de travail Dessin 2D et annotation) ou du menu traditionnel (dans l'espace de travail AutoCAD classique) en choisissant Format/Style de points. La partie supérieure de cette boîte de dialogue montre les différents styles que vous pouvez attribuer à vos points. Il ne vous reste qu'à sélectionner celui qui vous convient.

Le premier des styles proposés, un simple pixel, n'est pas très facile à voir à l'écran, et le second est tout simplement invisible. Évitez-les si vous voulez que vos objets point apparaissent à l'écran et sur le tracé. Le pixel, qui est le style par défaut, convient pour un point d'accrochage qui ne sera pas gênant sur le tracé.

Les autres réglages de la boîte de dialogue Style des points contrôlent la taille à laquelle les points apparaîtront à l'écran dans différentes résolutions de zoom. La configuration par défaut donne généralement satisfaction. Si ce n'est pas le cas, cliquez sur le bouton Aide pour apprendre comment les modifier.

Une fois que vous avez spécifié le style des points, il est facile de les placer sur l'écran. L'exemple suivant montre comment créer un objet point à partir de la ligne de commande :

```
Commande: POINT Entrée
Modes point courants:  PDMODE=0  PDSIZE=0.0000
Spécifiez un point: cliquez à l'endroit voulu ou entrez
                    les coordonnées du point
```

Les variables système PDMODE et PDSIZE qui apparaissent dans la fenêtre de commande correspondent au mode d'affichage des points et à leur taille, donc à ce que vous spécifiez dans la boîte de dialogue Style des points. Si vous voulez connaître la correspondance entre la valeur de ces variables et les options de cette boîte de dialogue, c'est que vous avez les dispositions *ad hoc* pour devenir un fou de la CAO. Consultez la rubrique consacrée à la commande POINT (dont le raccourci est PT) dans l'aide en ligne d'AutoCAD. Vous y trouverez les réponses à vos questions.

Le nombre de points que vous placez dépend de la manière dont vous exécutez la commande. Si vous tapez **POINT** (ou **PT**) au clavier, et que vous appuyez ensuite sur Entrée, AutoCAD va créer un point unique et revenir à l'invite de commande. Si vous lancez cette commande en cliquant sur l'outil correspondant dans la barre d'outils Dessin du mode AutoCAD classique, celle-ci se répétera automatiquement, c'est-à-dire qu'elle vous demandera à nouveau de spécifier un point. Pour arrêter la commande une fois votre travail terminé, appuyez simplement sur la touche Échap. Finalement, si vous passez par le ruban ou le menu Dessin classique, AutoCAD vous laissera le choix entre placer un point, plusieurs points ou encore faire appel à deux commandes qui créent également des objets point : DIVISER et MESURER. Leur rôle consiste à placer des points de construction sur des objets, ce qui est souvent fort utile. Pour plus d'informations, voyez ce que dit l'aide en ligne d'AutoCAD sur ces commandes.

Chapitre 10

Pour une poignée de sélections

Dans ce chapitre :

- Éditer en commençant par lancer une commande.
- Sélectionner des objets avec un maximum de souplesse.
- Éditer un objet en utilisant ses poignées.

La modification (ou édition) des objets est l'autre versant de leur création et, dans AutoCAD, vous allez y passer beaucoup de temps (beaucoup plus qu'à dessiner les mêmes objets à partir de rien). C'est en partie parce que le processus de conception et de dessin est par nature itératif, mais aussi parce que AutoCAD permet de modifier un objet proprement et simplement.

N'OUBLIEZ PAS

Quand vous modifiez des objets dans AutoCAD, vous devez être tout aussi attentif à la précision de leur positionnement et de leurs cotes que lorsque vous les créez. Prenez soin de commencer par vous familiariser avec les techniques d'aide à la précision décrites au Chapitre 7 avant d'appliquer à un véritable dessin les méthodes d'édition qui sont présentées ici.

Commande ou sélection ?

AutoCAD offre trois styles d'édition :

- Modifier en commençant par lancer une commande.
- Modifier en commençant par sélectionner.
- Modifier en manipulant directement des objets (via leurs poignées).

TRUC

AutoCAD fait référence à la première technique sous l'appellation *verbe-nom*, et à la seconde sous l'intitulé *nom-verbe*. Quand vous voyez cette terminologie, par exemple dans la boîte de dialogue Options ou dans le système d'aide en ligne, ne vous inquiétez donc pas : vous ne passez pas le concours d'entrée dans les grandes écoles !

Commencer par lancer une commande

Avec cette méthode, vous commencez par lancer une commande et vous sélectionnez ensuite les objets auxquels elle doit s'appliquer. Ce procédé peut vous sembler fonctionner à l'envers, à moins que vous ne soyez un vieux briscard d'AutoCAD ou un vétéran des systèmes d'exploitation à ligne de commande (dans lesquels on commençait par taper le nom d'une commande, puis les noms des fichiers ou autres objets auxquels on voulait l'appliquer). Cette méthode convient surtout aux utilisateurs expérimentés et pressés qui sont disposés à mémoriser la plupart des commandes qu'ils utilisent. Il n'est pas étonnant que ce soit le style d'édition par défaut dans AutoCAD. Et c'est aussi la *seule* technique donnant accès à certaines commandes d'édition (comme RACCORD et COUPURE).

Commencer par sélectionner

Avec cette méthode, vous suivez les mêmes étapes (et dans le même ordre) que dans la plupart des applications Windows : vous commencez par sélectionner l'objet, puis vous activez la commande que vous voulez lui appliquer.

Cette technique d'édition est la plus facile à assimiler. Elle rend aussi AutoCAD plus accessible pour le débutant ou l'utilisateur occasionnel.

Manipulation directe d'objets

La manipulation directe est un raffinement de la méthode précédente, dans laquelle vous effectuez des opérations de modification courantes en utilisant la souris pour saisir l'objet sélectionné et lui appliquer une certaine action, par exemple déplacer tout ou partie de l'entité jusqu'à un autre emplacement. Aucune commande nommée n'est utilisée. C'est la souris (et la manière dont vous utilisez ses boutons pour cliquer) qui produit les modifications désirées.

AutoCAD permet la manipulation directe au moyen d'une technique puissante mais un peu compliquée, qui est la modification par les *poignées*. Les poignées sont ces petits carrés de couleur que vous voyez apparaître sur un objet lorsque vous le sélectionnez. Vous pouvez les utiliser pour étirer, déplacer, copier, faire pivoter ou modifier un objet d'une manière quelconque. Ces techniques d'édition peuvent rendre le style de modification par sélection plus facile que la méthode par commande. Les complications proviennent du grand nombre de choses que vous pouvez faire avec un objet une fois que vous l'avez sélectionné.

Choisir un style d'édition

Ce chapitre repose principalement sur l'édition en commençant par lancer une commande (nous parlerons aussi de l'emploi des poignées à la fin de ce chapitre). AutoCAD est un programme qui repose fondamentalement sur le principe premier de l'usage de la commande. À ses débuts, d'ailleurs, il ne connaissait que cette technique, et ce n'est que par la suite qu'a été introduite la méthode d'édition par sélection. AutoCAD 2009 hérite de ce trait ancestral. Si je donne la priorité à la modification en commençant par lancer une commande, c'est pour les raisons suivantes :

- C'est le style d'édition par défaut d'AutoCAD, celui auquel sont habitués tous les vétérans du programme.
- C'est cohérent avec le fonctionnement de toutes les commandes d'édition (certaines ne fonctionnent que de cette façon).
- Il en résulte une plus grande souplesse dans la sélection des objets, ce qui est particulièrement utile avec des dessins denses et compliqués.

Une fois que vous savez utiliser l'édition par lancement de commande, il vous suffit d'inverser l'ordre de nombreuses opérations de modification pour les effectuer en commençant par sélectionner. Mais si vous ne commencez pas par vous familiariser avec cette méthode, vous serez complètement déconcerté par certaines commandes très utiles d'AutoCAD qui ne fonctionnent que dans ce mode, comme COUPURE et ETIRER (elles ignorent que tel ou tel élément est déjà actif et vous demandent de sélectionner les objets voulus).

Une bonne partie des informations fournies dans ce livre supposent que vous utilisez les paramètres de sélection par défaut d'AutoCAD. Si vous constatez que la sélection des objets ou l'édition à l'aide des poignées fonctionne autrement que ce qui est décrit dans ce chapitre, allez regarder ce que disent les paramètres de l'onglet Sélection dans la boîte de dialogue Options (voir la Figure 10.1). Pour y accéder, cliquez sur le bouton Options, en bas du navigateur de menus, ou choisissez Outils/Options dans l'espace de travail AutoCAD classique. Les cases des sept options suivantes doivent être cochées (toutes les autres devraient donc être désactivées) :

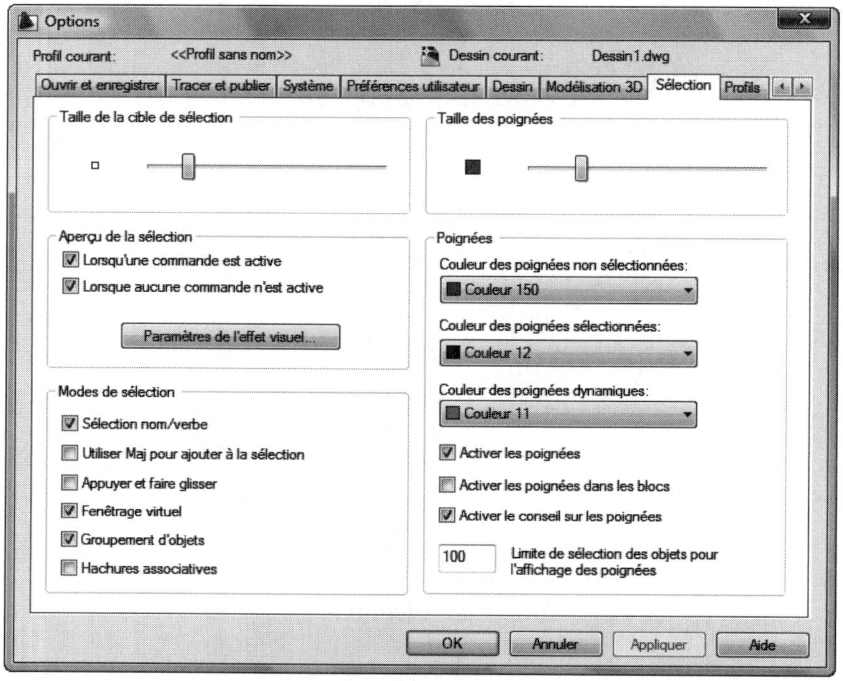

Figure 10.1 La boîte de dialogue Options permet de choisir les modes de sélection.

- Aperçu de la sélection Lorsqu'une commande est active.
- Aperçu de la sélection Lorsque aucune commande n'est active.
- Sélection nom/verbe.
- Fenêtrage virtuel.
- Groupement d'objets.
- Activer les poignées.
- Activer le conseil sur les poignées.

TRUC

Pour en apprendre plus sur ces options, laissez quelques instants le pointeur de la souris flotter au-dessus d'une ligne. Une info-bulle va apparaître pour vous donner des informations utiles sur l'option.

Attrapez-le !

Une partie de la souplesse du travail d'édition sous AutoCAD vient d'une équivalente souplesse dans la sélection des objets. Par exemple, la modification par la méthode de la commande en premier offre seize modes de sélection ! (Je décris les plus utiles dans ce chapitre.) Mais que cette abondance ne vous inquiète pas. Dans la plupart des cas, vous pourrez vous contenter de trois de ces modes :

- Sélectionner un objet unique en cliquant dessus.
- Entourer totalement des objets dans une *fenêtre de sélection* (coin gauche d'abord, puis coin droit opposé).
- Inclure une partie ou la totalité des objets dans une *fenêtre de capture* (coin droit d'abord, puis coin gauche opposé).

Sélectionner un objet à la fois

La manière la plus évidente de sélectionner des objets consiste à les pointer (en cliquant dessus) un par un. Ce mode de sélection vous permet de "cumuler" les objets sélectionnés en construisant ce qu'AutoCAD appelle un *jeu de sélection*. Cette convention pourra toutefois être différente de ce à quoi vous êtes habitué. Dans la plupart des programmes Windows, en effet, si vous sélectionnez d'abord un objet puis un autre, le premier est désélectionné par l'activation du second, qui est finalement seul à être actif.

Dans AutoCAD, ce n'est pas ainsi que les choses se passent : *tous* les objets que vous sélectionnez, l'un après l'autre, le restent (sélectionnés) et ce, quel que soit leur nombre. Au bout du compte, tous les objets sur lesquels vous avez cliqué sont donc ajoutés au jeu de sélection, et ce quel que soit leur nombre. Il est vrai que vous pouvez changer ce comportement pour que les choses se passent comme dans les autres programmes Windows (en cochant dans l'onglet Sélection de la boîte de dialogue Options la case Utiliser Maj pour ajouter à la sélection), mais je vous déconseille de le faire. La plupart des commandes d'édition affectent l'ensemble des objets sélectionnés.

Des fenêtres de sélection à droite et à gauche

Sélectionner des objets l'un après l'autre convient très bien si vous voulez en éditer un petit nombre, mais il arrive souvent en CAO que l'on ait à modifier une grande quantité d'entités à la fois. Voulez-vous vraiment sélectionner en cliquant dessus l'un après l'autre 132 arcs, lignes ou cercles ?

Comme la plupart des programmes graphiques pour Windows, AutoCAD propose une fenêtre de sélection qui vous permet de saisir un ensemble d'objets grâce à un cadre rectangulaire. Comme vous pouvez sans doute le deviner au point où nous en sommes, la version AutoCAD de cette fonction est plus puissante que son équivalent dans d'autres programmes graphiques pour Windows et, par conséquent, un peu déconcertante au premier abord. AutoCAD appelle sa version le *fenêtrage virtuel*. Voyons comment l'utiliser.

Si vous cliquez sur une zone vierge du dessin (un endroit où ne se trouve aucun objet), vous dites implicitement à AutoCAD que vous voulez spécifier une fenêtre (ou une boîte) de sélection. Si, à partir de ce premier point, vous déplacez le curseur vers la droite, cela veut dire que vous voulez sélectionner tous les objets qui seront *entièrement* inclus dans cette fenêtre de sélection. Si, en revanche, vous déplacez le curseur vers la gauche à partir de ce premier point, vous dites à AutoCAD que vous voulez sélectionner tous les objets qui appartiendront au moins *partiellement* à cette zone, ce qui s'appelle alors une sélection par capture.

La terminologie d'AutoCAD pour ces deux types de zones de sélection peut vous paraître un peu confuse :

- Lorsque vous déplacez le curseur de la gauche vers la droite après avoir cliqué une première fois (pour sélectionner tous les objets qui se trouvent entièrement dans la zone que vous allez définir), vous effectuez une sélection par *fenêtre*.
- Lorsque vous déplacez le curseur de la droite vers la gauche après avoir cliqué une première fois (pour sélectionner tous les objets qui se trouvent au moins partiellement dans la zone que vous allez définir), vous effectuez une sélection par *capture* (ou par *intersection)*.

Pour distinguer commodément ces deux modes, vous pouvez les appeler respectivement sélection par fenêtre (de gauche à droite) et sélection par capture (de droite à gauche). Pour vous aider à y voir plus clair, AutoCAD vous indique visuellement (et fort heureusement) la différence. Une fenêtre de sélection (que vous dessinez de gauche à droite) est représentée par un cadre continu et un remplissage bleu, alors qu'une sélection par capture (de droite à gauche) est représentée par un cadre en pointillé et un remplissage vert.

Les Figures 10.2 et 10.3 montrent respectivement une sélection par fenêtre et une sélection par capture en action.

Il est possible de combiner toutes ces méthodes pour sélectionner les entités de votre choix dans un groupe. Chaque objet ou groupe d'objets que vous sélectionnez s'ajoute à ceux qui l'étaient déjà. Cela vous permet de créer un

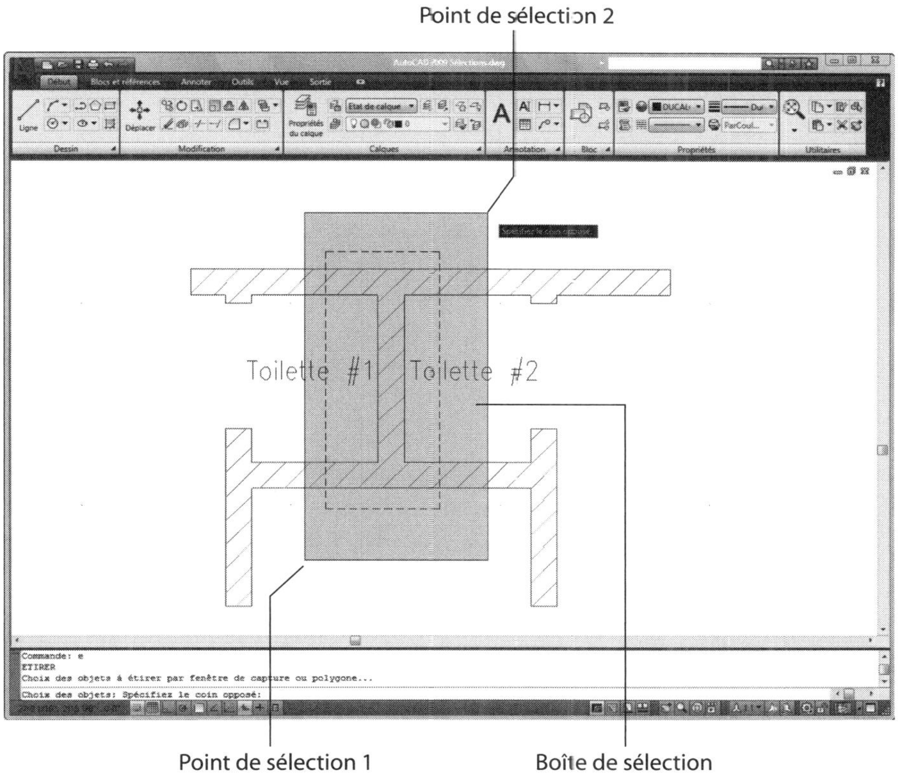

Figure 10.2
Une fenêtre de sélection (cadre continu), dessinée de gauche à droite, ne sélectionne que les objets qu'elle entoure entièrement.

ensemble aussi compliqué que vous voulez d'objets pour lui appliquer une ou plusieurs commandes de modification.

TRUC

Vous pouvez utiliser la touche Maj en combinaison avec n'importe lequel des trois modes de sélection standard (sélection individuelle, sélection par fenêtre, sélection par capture) pour désélectionner des objets (donc les retirer du jeu de sélection). Cette fonction est particulièrement utile lorsque vous construisez une sélection dans un dessin extrêmement dense. Vous pouvez regrouper un vaste ensemble d'objets au moyen d'une sélection par fenêtre ou par capture, puis maintenir enfoncée la touche Maj pour choisir les éléments à exclure de cette sélection.

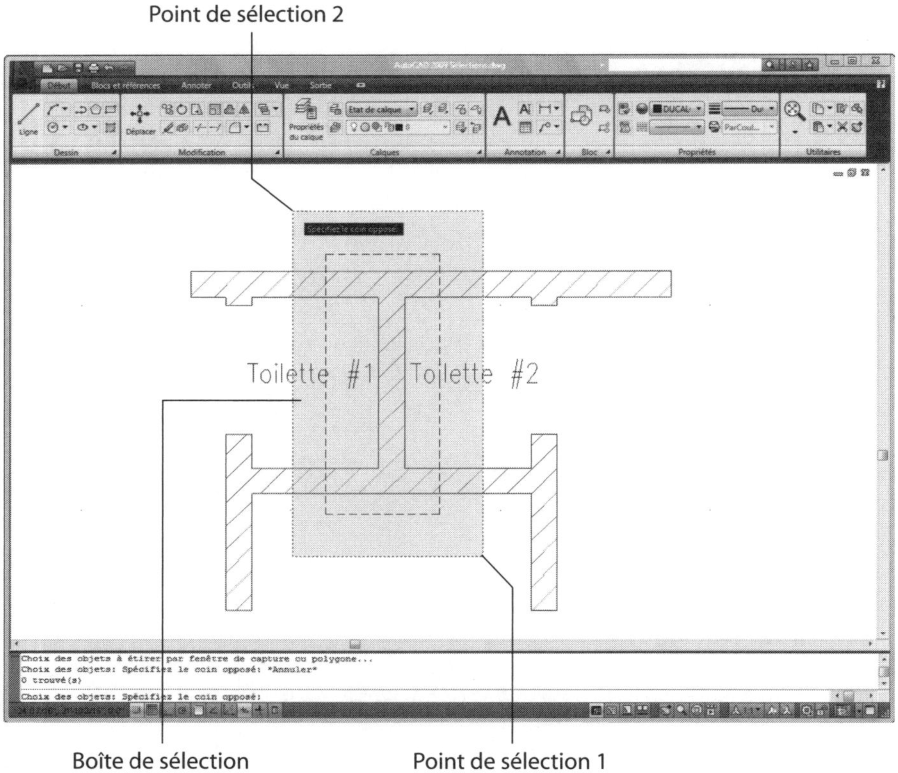

Figure 10.3 Une fenêtre de capture (cadre en pointillé) dessinée de droite à gauche) sélectionne tous les objets qui se trouvent au moins partiellement dans le cadre.

Perfectionner la sélection

Lorsque vous modifiez des objets par la méthode de la commande en premier, vous disposez de toutes les possibilités de sélection que nous venons de décrire (sélection individuelle, sélection par fenêtre, sélection par capture), et d'une quantité d'autres. Si vous tapez un point d'interrogation (?) et que vous appuyez sur Entrée lorsque vous voyez une invite Choix des objets dans la fenêtre de commande, AutoCAD affiche la liste des options de sélection dont vous disposez :

```
Fenêtre/Dernier/Capture/BOîte/TOUT/Trajet/SPolygone/CPolygone/Groupe
/Ajouter/Supprimer/Multiple/Précédent/annUler/AUto/uniQue/SOus-objet/Objet
```

Les options Sous-objet et Objet concernent les solides 3D et ne sont donc pas disponibles dans AutoCAD LT. Quoi qu'il en soit, ce livre ne couvre pas les constructions 3D.

Le Tableau 10.1 présente un résumé des options de sélection les plus utiles pour l'édition des objets par la méthode de la commande en premier.

Tableau 10.1 : Principales options de sélection utiles dans une commande.

Option Raccourci	Description
FenêtreF	Tous les objets entièrement inclus dans un rectangle que vous définissez en sélectionnant deux points.
DernierD	Le dernier objet que vous avez dessiné parmi ceux qui sont visibles dans la zone de dessin.
CaptureC	Tous les objets inclus au moins partiellement dans un rectangle que vous définissez en sélectionnant deux points.
TOUTTOUT	Tous les objets qui se trouvent sur des calques qui ne sont pas gelés et qui sont dans l'espace courant (espace objet ou espace papier).
TrajetT	Tous les objets touchant une polyligne imaginaire dont vous spécifiez les sommets en cliquant aux endroits voulus.
SPolygoneSP	Tous les objets entièrement inclus dans un polygone dont vous spécifiez les sommets en cliquant aux endroits voulus.
CPolygoneCP	Tous les objets inclus au moins partiellement dans un polygone dont vous spécifiez les sommets en cliquant aux endroits voulus.
PrécédentP	L'ensemble des objets de votre précédente sélection.

Pour utiliser l'une des options qui vous sont proposées à l'invite Choix des objets de la ligne de commande, tapez les lettres qui apparaissent en majuscules dans le libellé de chaque option et appuyez sur Entrée (le Tableau 10.1 rappelle également ces raccourcis). Après avoir sélectionné tous les objets voulus, appuyez à nouveau sur Entrée pour dire à AutoCAD que vous avez terminé la sélection et que vous voulez passer à l'opération de modification elle-même.

L'*aperçu de la sélection* met en surbrillance les éléments survolés par le curseur afin d'indiquer les objets qui seraient inclus dans la sélection. D'autre part, le remplissage coloré et translucide des fenêtres de sélection et de capture (ou sélection de l'aire) permet de visualiser facilement les objets concernés. Voilà qui devrait donc lever tous vos doutes sur les objets que vous sélectionnez. Ces fonctionnalités peuvent être configurées sous l'onglet Sélection de la boîte de dialogue Options (revoyez la Figure 10.1).

L'exemple suivant montre comment utiliser la commande EFFACER en commençant par lancer cette commande, avec utilisation de différentes options de sélection. Les techniques de sélection utilisées dans cet exemple sont applicables à la plupart des commandes d'édition d'AutoCAD :

1. **Pour être sûr qu'aucune commande n'est en cours et qu'aucun objet n'est sélectionné, appuyez sur la touche Échap. Profitez-en aussi pour vous assurer que l'onglet Début du ruban est bien activé.**

   Si des objets sont déjà sélectionnés lorsque vous lancez une commande de modification, celle-ci s'appliquera à ces entités (vous utiliserez donc en fait le mode de modification par sélection des objets), au lieu de vous demander de créer un jeu de sélection (mode de modification par commande). Pour les raisons exposées plus haut dans ce chapitre, c'est ce dernier mode que vous devez commencer par utiliser, jusqu'à ce que vous soyez assez familiarisé avec ce processus. Vous pourrez essayer ensuite le mode d'édition par sélection préalable si vous le souhaitez (il suffit de faire les choses dans l'ordre inverse).

2. **Cliquez sur le bouton Effacer dans le panneau Modification du ruban (ou dans la barre d'outils de même nom dans l'espace de travail AutoCAD classique).**

   L'invite `Choix des objets` apparaît dans la ligne de commande ainsi que dans la zone de saisie dynamique (si celle-ci est activée).

3. **Sélectionnez deux ou trois objets en cliquant successivement sur chacun d'eux.**

   AutoCAD ajoute à la sélection chaque objet sur lequel vous cliquez. Tous ces objets apparaissent en pointillés. Il continue d'afficher l'invite `Choix des objets`.

4. **Définissez une fenêtre de sélection, de manière qu'elle contienne entièrement plusieurs objets.**

   Placez le curseur à un point qui se trouve au-dessous et à gauche des objets que vous voulez inclure dans la fenêtre de sélection. Cliquez. Relâchez le bouton de la souris. Déplacez le curseur jusqu'à un point qui se trouve au-dessus et à droite des objets à inclure dans la fenêtre de sélection. Cliquez à nouveau.

Tous les objets qui sont entièrement inclus dans la fenêtre sont sélectionnés.

5. **Définissez une fenêtre de sélection par capture, de manière qu'elle contienne entièrement certains objets, et partiellement quelques autres.**

   Placez le curseur en un point qui se trouve au-dessous et à droite des objets que vous voulez inclure dans la fenêtre de capture. Cliquez. Relâchez le bouton de la souris. Déplacez le curseur jusqu'à un point qui se trouve au-dessus et à gauche des objets à inclure dans la fenêtre de sélection. Cliquez à nouveau.

   Tous les objets qui sont entièrement ou partiellement inclus dans la fenêtre de capture sont sélectionnés.

6. **Tapez SP et appuyez sur Entrée pour activer l'option de sélection SPolygone.**

   AutoCAD vous demande de spécifier les points qui vont définir le polygone de sélection.

7. **Cliquez sur une série de points pour définir un polygone et appuyez sur Entrée.**

   La Figure 10.4 montre un exemple d'une telle sélection. Tous les objets qui sont entièrement inclus dans le polygone sont sélectionnés.

8. **Appuyez sur Entrée pour terminer la sélection des objets.**

   AutoCAD efface tous les objets sélectionnés.

Remarquez comment vous avez pu combiner plusieurs méthodes pour construire un jeu de sélection, puis appuyer sur Entrée pour appliquer la commande aux objets sélectionnés. La plupart des commandes d'édition d'AutoCAD fonctionnent de cette manière (dans ce mode de travail, bien sûr).

Si, juste après avoir effacé un jeu de sélection, vous réalisez qu'en fait vous ne vouliez pas vraiment détruire tous ces objets, vous pouvez cliquer sur le bouton Annuler dans la barre d'outils Accès rapide (ou Standard dans l'espace de travail AutoCAD classique) pour les restaurer. Mais AutoCAD a encore un tour dans son sac pour redonner vie à ce que vous avez effacé : la commande

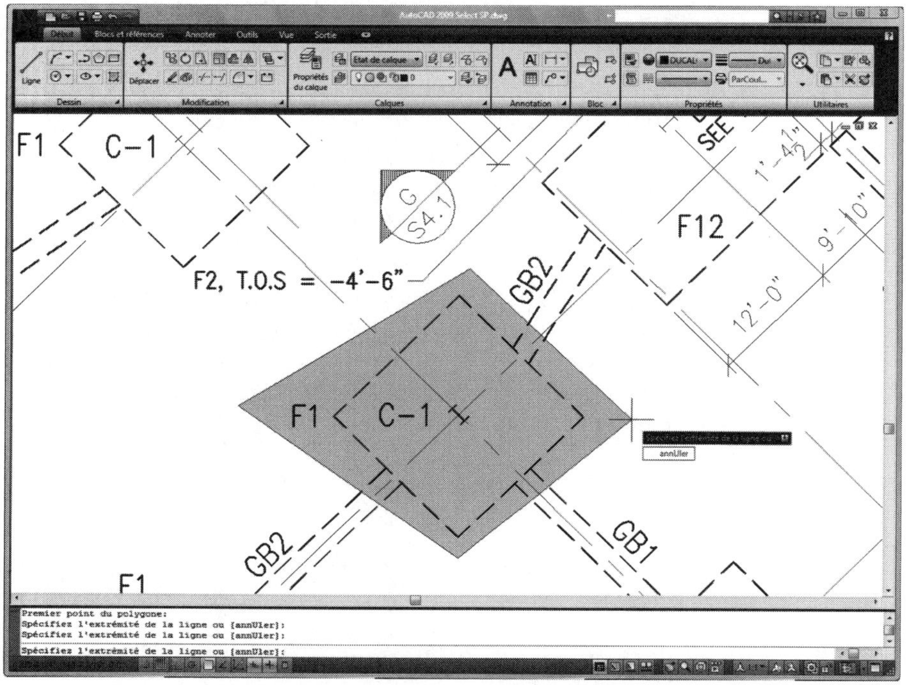

Figure 10.4 Prenez des objets au lasso avec un SPolygone.

REPRISE. Elle rétablit tous les objets supprimés par la dernière commande EFFACER (et ce, même si vous avez exécuté d'autres commandes entre-temps).

La commande EFFACER n'est pas la seule qui vous permette de "gommer" des objets inutiles dans votre dessin. Si vous utilisez la barre de menus classique, vous disposez d'une option Édition/Effacer. Et, quel que soit l'espace de travail dans lequel vous êtes installé, il existe encore plus simple : sélectionner un élément et appuyer sur la touche Suppr !

Histoires de poignées

Bien que le style de modification par commande soit le plus répandu et le plus souple dans AutoCAD, il n'est pas le seul possible. L'*édition par les poignées* est une adjonction utile à ce mode de modification, en particulier quand vous ne voulez travailler que sur un ou deux objets. Vous avez peut-être déjà rencontré les poignées dans d'autres applications graphiques. Même si vous êtes un utilisateur expérimenté de ces autres programmes, vous n'avez encore jamais vu de poignées utilisées exactement de la même manière que dans AutoCAD.

Tout ce que vous pouvez réaliser à l'aide des poignées peut aussi être fait par le style de modification "commande en premier". Dans certaines situations, les poignées sont un peu plus efficaces ou un peu plus pratiques, mais vous pouvez être sûr que l'édition via une commande pourra toujours faire le travail. Si vous ne voulez apprendre qu'un style de modification, autant que ce soit celui-là. Autrement dit, vous êtes libre de sauter cette section, tout au moins jusqu'à ce que vous soyez à l'aise avec le mode d'édition par commande.

À propos des poignées

Les poignées sont les petits carrés qui apparaissent sur un objet une fois que vous l'avez sélectionné.

Dans le principe, les poignées d'AutoCAD fonctionnent comme celles que vous pouvez rencontrer dans d'autres programmes Windows. Mais au lieu de cliquer et de faire glisser une poignée, vous devez ici cliquer, relâcher le bouton de la souris, déplacer le curseur, puis cliquer à nouveau au nouvel emplacement de la poignée (en séparant en deux opérations la sélection du point de départ et du point d'arrivée, AutoCAD vous permet d'utiliser diverses techniques, comme l'accrochage aux objets, pour sélectionner chaque point).

Pour les utilisateurs avancés, les poignées d'AutoCAD sont plus sophistiquées que celles que l'on rencontre dans la plupart des autres programmes, car elles permettent des manipulations bien plus étendues. Vous pouvez par exemple les utiliser pour déplacer, étirer ou copier un objet, mais aussi pour lui appliquer une rotation, créer une symétrie, ou encore lui donner une taille différente. Les poignées fonctionnent également comme un *accrochage aux objets visibles*, en quelque sorte comme de petits aimants qui attirent vers eux le curseur.

Empoignons un exemple

Les sections qui suivent décrivent en détail les cinq modes de modification par les poignées : ETIRER, DEPLACER, ROTATION, ECHELLE et MIROIR. Pour les explorer, suivez ces étapes :

1. **Appuyez sur Échap pour vous assurer qu'aucune commande n'est active et qu'aucun objet n'est sélectionné. Si nécessaire, cliquez également sur le bouton Propriétés rapides de la barre d'état afin de le désactiver.**

   AutoCAD affiche l'invite de commande vierge, indiquant qu'aucune commande n'est en cours d'exécution.

2. **Cliquez sur un objet à l'écran pour le sélectionner et afficher ses poignées.**

   Les poignées (matérialisées par des carrés bleus) apparaissent en différents points de l'objet. Notez que l'invite de commande d'AutoCAD reste vierge. Vous n'avez encore lancé aucune commande, ni aucune opération d'édition.

3. **Cliquez sur un autre objet.**

   Ce second objet et celui que vous avez activé à l'étape précédente sont maintenant tous deux sélectionnés, ce qu'indiquent leurs poignées respectives.

4. **Cliquez sur l'une des poignées d'un des deux objets.**

   Le carré bleu devient rouge. Il est maintenant prêt à être utilisé pour une opération de modification.

   Les options d'édition dont vous disposez sont alors affichées dans la ligne de commande. La première à apparaître est ETIRER.

5. **Appuyez sur la barre d'espace pour faire apparaître successivement dans la ligne de commande les cinq modes de modification que vous pouvez utiliser :**

```
** ETIRER **
Spécifiez le point d'étirement ou [point de Base/Copier/annUler/Quitter]:
** DEPLACER **
Spécifiez le point de déplacement ou [point de Base/Copier/annUler/Quitter]:
** ROTATION **
Spécifiez l'angle de rotation ou [point de
Base/Copier/annUler/rEFérence/Quitter]:
** ECHELLE **
Spécifiez le facteur d'échelle ou [point de
Base/Copier/annUler/rEFérence/Quitter]:
** MIROIR **
Spécifiez le deuxième point ou [point de Base/Copier/annUler/Quitter]:
```

   Chaque fois que vous appuyez sur la barre d'espace, la ligne de commande et le curseur dynamique passent au mode de modification suivant. Si vous déplacez le curseur (sans cliquer) entre deux pressions sur la barre d'espace, vous voyez apparaître à l'écran la modification de votre objet produite par le mode courant. Comme vous pouvez le constater, chaque opération réalisée en utilisant les poignées se présente de la même manière qu'en tapant le nom de la commande correspondante. Choisir ETIRER, par exemple, fait apparaître à l'écran une version étirée de l'objet.

TRUC

Appuyer sur la barre d'espace est un bon moyen de se familiariser avec les divers modes de modification par les poignées, mais il y a un chemin plus direct pour sélectionner un mode particulier. Une fois que vous avez activé une poignée, cliquez du bouton droit pour afficher un menu contextuel. Ce menu contient toutes les options d'édition dont vous pouvez disposer, ainsi que d'autres choix.

TRUC

Si vous appuyez sur la flèche vers le bas, la zone de saisie dynamique affiche également un menu dans lequel vous pouvez sélectionner une option spécifique à la fonction d'édition courante, comme l'illustre la Figure 10.5.

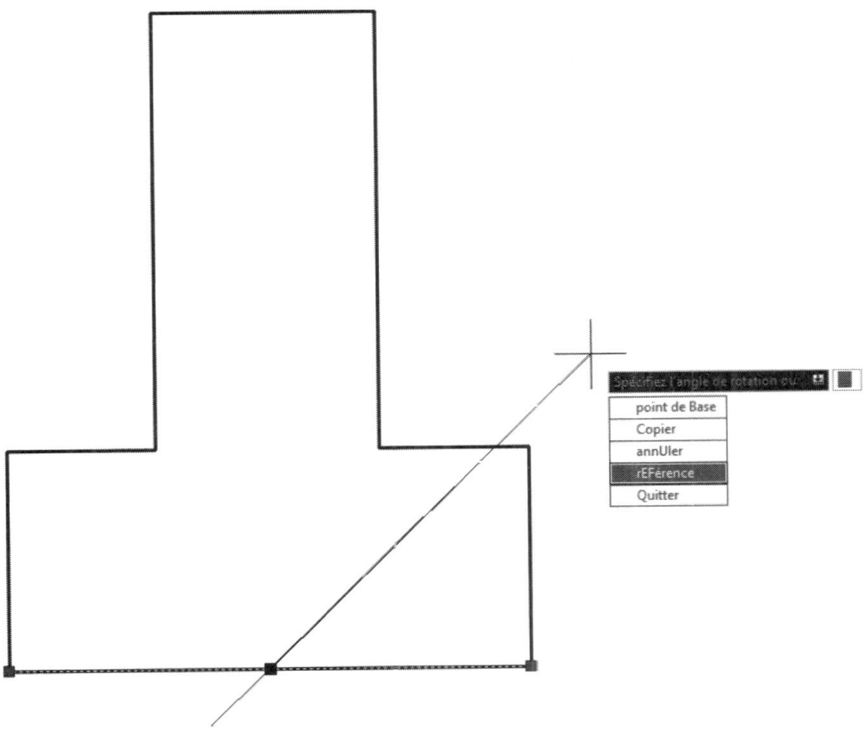

Figure 10.5 Le menu de modification par les poignées affiché par le curseur dynamique.

6. **Appuyez sur la barre d'espace autant de fois que nécessaire pour faire réapparaître l'option ETIRER (ou celle que vous voulez) dans la ligne de commande.**

7. **Faites glisser la poignée dans la direction voulue pour étirer votre objet (ou pour lui appliquer la modification souhaitée).**

   AutoCAD met à jour l'image de l'objet au fur et à mesure que vous déplacez le curseur pour vous montrer ce que vous obtiendrez lorsque vous allez cliquer pour de bon.

8. **Cliquez encore une fois pour mettre fin à l'opération de modification.**

   L'objet avec la poignée rouge (celle que vous avez utilisée) est modifié. Les autres ne changent pas.

9. **Cliquez à nouveau sur la poignée que vous avez choisie à l'étape 4 (elle ne se trouve plus au même endroit) pour l'utiliser dans une autre opération de modification.**

10. **Cette fois, approchez le curseur de l'une des poignées de l'autre objet. Lorsque vous sentez l'attraction magnétique qu'elle exerce, cliquez à nouveau pour connecter ces deux poignées.**

    Le point représenté par la poignée que vous avez déplacée coïncide maintenant exactement avec le point correspondant à la poignée de l'autre objet.

11. **Appuyez sur Échap pour désélectionner tous les objets et faire disparaître les poignées.**

La Figure 10.6 montre une poignée (rouge) d'une ligne déplacée vers une poignée (bleue) d'une autre ligne pour les connecter. Les lignes épaisses sont les deux lignes originales, et les lignes maigres montrent respectivement le déplacement de la poignée et l'emplacement de la ligne après modification si vous cliquez sur ce point. L'utilisation d'une poignée pour réaliser un accrochage à un objet visible offre le même avantage qu'un accrochage individuel, tel que nous l'avons décrit au Chapitre 7 : il garantit la précision en assurant que les objets vont se rencontrer exactement à l'endroit prévu.

Essayez librement toutes les options d'édition par les poignées pour faire connaissance avec leurs effets sur l'objet sélectionné. Comme DEPLACER et ETIRER sont ici les modes de modification les plus utiles, nous allons les décrire individuellement.

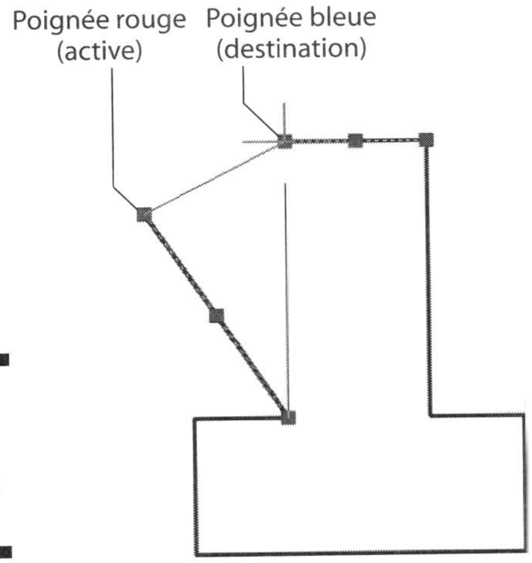

Figure 10.6 Utilisez des poignées pour connecter deux objets.

Déplacez-moi ça !

À l'époque où on dessinait à la main, déplacer un objet était toujours un terrible pensum. Il fallait commencer par le gratter avec une lame de rasoir pour le faire disparaître (si on en était encore à l'ébauche au crayon, on pouvait se contenter de le gommer), puis le redessiner entièrement au nouvel emplacement. Cette opération obligeait généralement à gratter par la même occasion des éléments qui ne faisaient pas partie de l'objet à déplacer et elle produisait de la poussière qu'il fallait évacuer proprement. La CAO libère le dessinateur de cette corvée. Et la modification par les poignées d'AutoCAD permet entre autres de déplacer facilement un objet. C'est ce que décrivent les étapes ci-après :

1. **Sélectionnez un ou plusieurs objets.**

   Utilisez comme il vous convient les trois modes de sélection (sélection individuelle, fenêtre de sélection ou sélection par capture) décrits dans la section "Attrapez-le !", plus haut dans ce chapitre.

2. **Cliquez sur une poignée pour la rendre "chaude" (rouge).**

   À ce stade, peu importe sur quelle poignée vous cliquez. Au fur et à mesure que vous allez vous familiariser avec cette technique d'édition, vous allez découvrir que certaines poignées sont de meilleurs points de référence que d'autres pour chaque type de modification.

3. **Cliquez du bouton droit à un endroit quelconque dans la zone de dessin et sélectionnez Déplacer dans le menu qui apparaît.**

4. **Placez le curseur au point que vous voulez utiliser comme référence du déplacement et cliquez.**

   À partir du moment où vous avez cliqué, AutoCAD affiche ce que sera la nouvelle position de l'objet en fonction de l'endroit où vous placez le curseur. C'est ce que montre la Figure 10.6. Lorsque vous cliquez à nouveau, l'objet vient prendre place à l'endroit correspondant.

5. **Appuyez sur Échap pour désélectionner tous les objets et faire disparaître les poignées.**

Copier, une forme plus douce de déplacement

Si vous avez été attentif en lisant la section "Empoignons un exemple", plus haut dans ce chapitre, vous avez peut-être remarqué en appuyant sur la barre d'espace que COPIER ne faisait pas partie des cinq modes de modification par les poignées. Pourquoi ? Parce que chacun de ces modes comporte une option Copier (comme le montrent les invites de la fenêtre de commande). Autrement dit, vous pouvez ETIRER en copiant, DEPLACER en copiant, appliquer une ROTATION en copiant, appliquer une ECHELLE en copiant, et enfin appliquer un effet MIROIR en copiant.

L'option Copier laisse en place les objets sélectionnés et effectue l'opération de modification sur un duplicata de ces objets.

C'est avec le mode DEPLACER que l'on se sert le plus souvent, et de loin, de l'option Copier. Si vous réfléchissez un instant à ce que signifie "DEPLACER en copiant", vous verrez que ce n'est qu'une manière plus compliquée de dire "copier". Les étapes suivantes montrent comment copier rapidement des objets en utilisant les poignées :

1. **Sélectionnez un ou plusieurs objets.**

2. **Cliquez sur une des poignées.**

3. **Cliquez du bouton droit à un endroit quelconque de la zone de dessin et sélectionnez Déplacer dans le menu qui apparaît.**

   Si vous voulez copier des objets au sens normal du terme (c'est-à-dire les dupliquer), vous devez commencer par sélectionner le mode

DEPLACER de modification par les poignées, faute de quoi vous allez vous retrouver en mode ETIRER.

4. **Cliquez à nouveau avec le bouton droit et sélectionnez Copier dans le menu qui apparaît.**

5. **Placez le curseur à l'endroit où vous voulez copier les objets et cliquez.**

   Les nouveaux objets apparaissent à l'emplacement que vous venez de désigner.

6. **Si vous voulez réaliser des copies supplémentaires, vous pouvez continuer de cliquer pour mettre les reproductions aux endroits voulus.**

7. **Appuyez deux fois sur la touche Échap : d'abord pour mettre fin à l'opération de copie, puis pour désélectionner tous les objets et faire disparaître les poignées.**

Savoir s'étirer

Dans AutoCAD, étirer un objet signifie l'agrandir aussi bien que le réduire. Quand vous utilisez la modification par les poignées en mode ETIRER, vous pouvez donc faire l'un comme l'autre. On peut supposer que les programmeurs d'AutoCAD n'ont pas osé vous infliger une commande ETIREETCOMPRESSE.

Le mode ETIRER ne fonctionne pas de la même manière que les autres. Par défaut, il n'affecte que l'objet dont une poignée est active (donc affichée en rouge), et non tout le jeu de sélection. Vous pouvez toutefois vous affranchir de ce comportement en maintenant enfoncée la touche Maj pour cliquer sur plusieurs poignées (elles deviennent donc toutes rouges). Pour étirer plusieurs objets en utilisant le mode ETIRER, suivez ces étapes :

1. **Désactivez le mode Ortho en cliquant sur le bouton correspondant de la barre d'état jusqu'à ce qu'il apparaisse en relief et que le message <Ortho inactif> s'affiche dans la ligne de commande.**

   Le mode Ortho contraint le déplacement à être orthogonal, c'est-à-dire à s'effectuer selon un angle de 0 ou un multiple de 90 degrés par rapport au point d'origine. Pour un véritable travail d'édition, vous préférerez souvent activer le mode Ortho. Mais pour faire connaissance avec l'opération d'étirement, il est plus simple de s'en passer.

2. **Sélectionnez plusieurs objets, dont au moins une ligne.**

3. **Cliquez sur une poignée à l'extrémité d'une ligne.**

   Cette poignée devient rouge et tous les objets restent sélectionnés. Lorsque vous déplacez le curseur, seule la ligne sur laquelle se trouve la poignée rouge est modifiée. C'est ce qu'illustre la Figure 10.7.

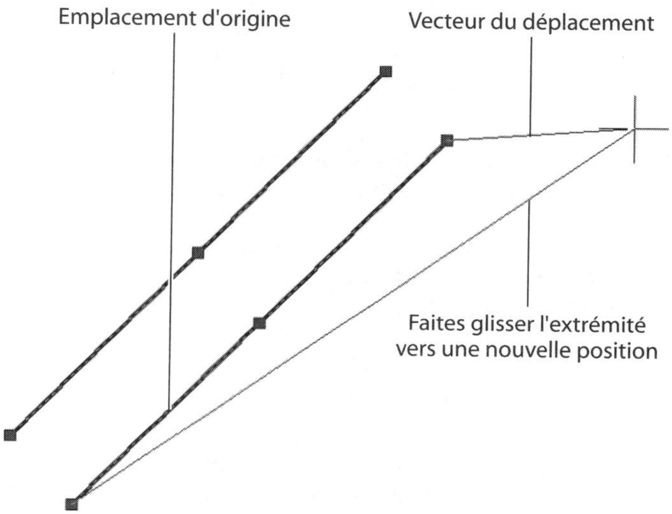

Figure 10.7 Faites glisser l'extrémité d'une ligne dans le mode de modification ETIRER.

4. **Cliquez à l'endroit où vous voulez amener l'extrémité de la ligne.**

   La ligne est allongée ou raccourcie en fonction du nouvel emplacement de l'extrémité que vous avez déplacée.

5. **Sur la même ligne, cliquez sur la poignée du milieu.**

   Cette poignée devient rouge, et lorsque vous bougez le curseur, c'est maintenant la ligne entière qui se déplace. C'est toujours le mode ETIRER, mais c'est le résultat de l'utilisation de la poignée du milieu.

6. **Cliquez à l'endroit où vous voulez amener la poignée du milieu.**

   La ligne est placée à l'endroit correspondant.

7. **Appuyez sur la touche Maj, puis cliquez sur une poignée à l'extrémité d'une ligne.**

8. **Maintenez enfoncée la touche Maj, puis cliquez sur une poignée à l'extrémité d'une autre ligne.**

   Les deux poignées sur lesquelles vous avez cliqué devraient apparaître en rouge.

   TRUC

   Vous pouvez continuer de faire rougir d'autres poignées en maintenant enfoncée la touche Maj. Toutes ces poignées deviendront actives.

9. **Relâchez la touche Maj et cliquez à nouveau sur l'une des poignées rouges.**

   Relâcher la touche Maj signifie que vous avez terminé de sélectionner les poignées que vous allez maintenant déplacer. Cliquer sur l'une des poignées rouges définit le point de départ du déplacement que vous allez appliquer à votre sélection.

10. **Cliquez à l'endroit où vous voulez amener la poignée que vous venez de désigner comme référence du déplacement.**

    Tous les objets ayant une poignée rouge sont étirés pour refléter ce déplacement. C'est ce qu'illustre la Figure 10.8.

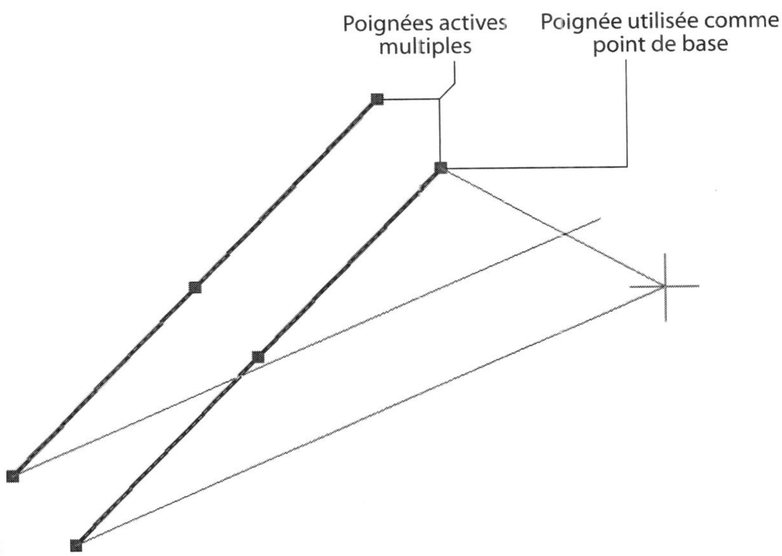

Figure 10.8 Étirez plusieurs objets à la fois en utilisant plusieurs poignées.

11. **Activez le mode Ortho en cliquant sur le bouton correspondant de la barre d'état jusqu'à ce qu'il apparaisse en creux et que le message <Ortho actif> s'affiche dans la ligne de commande. Répétez les étapes 2 à 10 pour voir les effets du mode Ortho sur l'opération ETIRER.**

TRUC

Dans la plupart des opérations de modification réelles, vous préférerez activer le mode Ortho ou le mode d'accrochage polaire avant une opération ETIRER. Ce mode est très pratique pour toutes sortes de tâches de dessin et de modification parce qu'il vous permet de positionner facilement, et avec toute la précision voulue, les contours de vos objets.

Chapitre 11

Éditer, c'est toujours dessiner

Dans ce chapitre :

- Déplacer, copier et étirer des objets.
- Manipuler des objets entiers.
- Modifier des parties d'un objet.
- Modifier les propriétés d'un objet.

Dans le Chapitre 10, vous avez appris qu'AutoCAD propose plusieurs méthodes pour modifier les objets. Vous avez également appris comment effectuer des sélections pour pouvoir éditer vos objets. Dans ce chapitre, vous allez découvrir les principales commandes d'édition d'AutoCAD.

Les sections qui suivent couvrent ces commandes en suivant la méthode par "sélection de commande d'abord".

Dans je l'ai expliqué dans le Chapitre 10, le lancement d'une commande avant de procéder à l'édition des objets (mode *verbe-nom* dans le jargon d'AutoCAD) est l'une des trois approches dont vous disposez. C'est celle que je vous propose de suivre, car c'est la seule qui fonctionne pour toutes les commandes d'édition d'AutoCAD.

À vos marques, prêt ? Modifiez !

Le Tableau 11.1 présente un résumé des commandes d'édition d'AutoCAD les plus fréquemment utilisées. Il montre les icônes correspondantes dans le ruban ainsi que dans les barres d'outils et menus classiques. Il donne également leur nom officiel suivi (si possible) de leur raccourci à l'usage des clavistes émérites. Les boutons du ruban se trouvent dans le panneau Modification de l'onglet Début pour l'espace de travail Dessin 2D et annotation. Si vous avez conservé l'espace de travail AutoCAD classique, vous trouverez ces boutons dans la barre d'outils Modification ainsi que dans le menu de même nom.

Tableau 11.1 : Commandes d'édition d'AutoCAD.

Bouton	Commande	Panneau Modification	Barre d'outils Modification	Menu Modification
	EFFACER (EF)	Effacer	Effacer	Effacer (également dans le menu Édition)
	COPIER (CP)	Copier	Copier	Copier (mais pas Édition/Copier)
	MIROIR (MI)	Miroir	Miroir	Miroir
	DECALER (DC)	Décaler	Décaler	Décaler
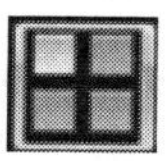	RESEAU (RE)	Réseau (panneau étendu)	Réseau	Réseau
	DEPLACER (DP)	Déplacer	Déplacer	Déplacer
	ROTATION (RI)	Rotation	Rotation	Rotation
	ECHELLE (EH)	Échelle	Échelle	Échelle
	ETIRER (E)	Étirer	Étirer	Étirer
	MODIFLONG (MG)	Modifier la longueur (panneau étendu)	Aucun	Modifier la longueur

Tableau 11.1 : Commandes d'édition d'AutoCAD. (*suite*)

Bouton	Commande	Panneau Modification	Barre d'outils Modification	Menu Modification
	AJUSTER (AJ)	Ajuster	Ajuster	Ajuster
	PROLONGE (PR)	Prolonger	Prolonger	Prolonger
	COUPURE (CU) ; deux points	Coupure	Coupure	Coupure
	COUPURE (CU) ; un point	Couper au niveau du point (panneau étendu)	Aucun	Aucun
	JOINDRE (J)	Joindre (panneau étendu)	Joindre	Joindre
	CHANFREIN (CF)	Chanfrein (panneau étendu)	Chanfrein	Chanfrein
	RACCORD (RD)	Raccord (panneau étendu)	Raccord	Raccord
	DECOMPOS (DE)	Décomposer	Décomposer	Décomposer

Que vous lanciez une commande de modification en cliquant sur un bouton dans le ruban ou dans une barre d'outils, en sélectionnant une option dans un menu ou en tapant son nom, AutoCAD va presque toujours vous demander de spécifier dans la fenêtre de commande des points, des distances et des options. N'oubliez jamais de lire à chaque étape ce que vous indiquent les messages, surtout lorsque vous apprenez à utiliser une commande de modification. Si vous perdez de vue ces informations, vous avez peu de chances de parvenir à vos fins.

TRUC

Le système de saisie dynamique d'AutoCAD affiche les options des commandes juste à côté du curseur. Lorsque vous y voyez l'indicateur de saisie accompagné d'un symbole directionnel, appuyez sur la flèche vers le bas pour afficher dans un menu déroulant la liste des options disponibles. Vous pouvez alors utiliser la souris pour sélectionner une option (voir la Figure 11.1). La flèche vers le haut permet de rappeler la ou les saisies précédentes.

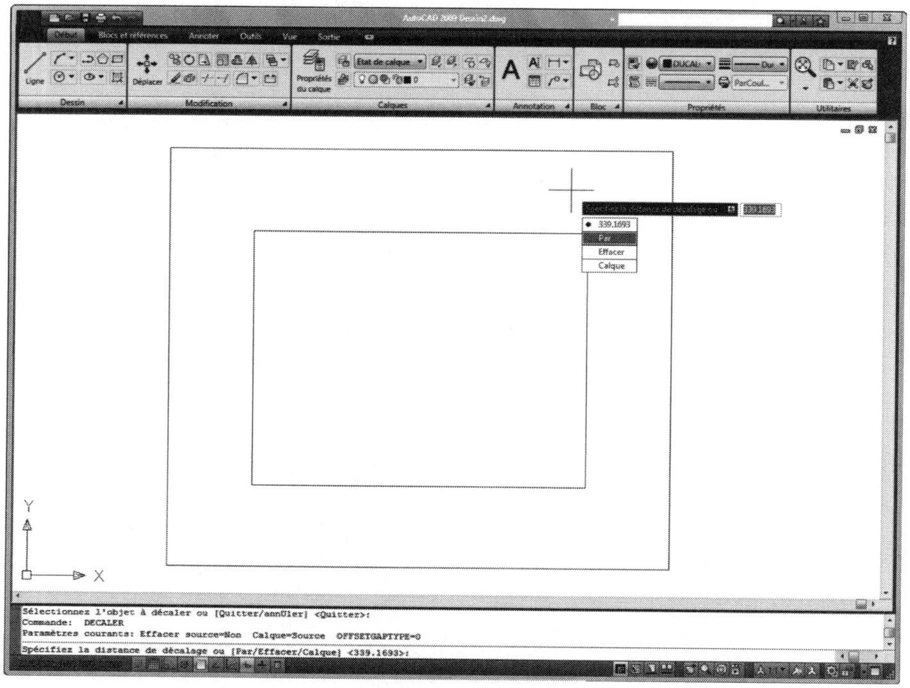

Figure 11.1 Choisir des options à partir du curseur de saisie dynamique.

N'OUBLIEZ PAS

Comme je l'ai expliqué au Chapitre 7, il est essentiel d'être attentif à la précision lorsque vous dessinez ou éditez des objets si vous voulez faire du bon travail en CAO. Si vous avez déjà utilisé un logiciel de dessin et si vous avez l'habitude de déplacer, étirer ou modifier visuellement des objets de diverses manières, il vous faudra prendre vos distances avec cette habitude pour modifier des objets dans AutoCAD. En CAO, rien ne peut ruiner un dessin plus rapidement que des modifications approximatives, dans lesquelles vous bricolez des objets jusqu'à ce qu'ils vous paraissent visuellement satisfaisants, sans vous préoccuper de la précision de leurs dimensions et de leur positionnement.

Les trois grands classiques : déplacer, copier et étirer

Pour de nombreux dessinateurs, déplacer, copier et étirer des objets sont les trois opérations de modification les plus courantes. AutoCAD répond à ces besoins avec les commandes COPIER DEPLACER et ETIRER.

Point de base et déplacement

Les commandes COPIER, DEPLACER et ETIRER vous demandent toutes de spécifier à quelle distance et dans quelle direction vous voulez que les objets sélectionnés soient copiés, déplacés ou étirés. Une fois la commande entrée et vos objets sélectionnés, AutoCAD vous demande successivement deux informations :

```
Spécifiez le point de base ou [Déplacement] <Déplacement>:
Spécifiez le deuxième point ou
      <utiliser le premier point comme déplacement>:
```

D'une façon qui manque un peu de clarté, ces invites vous disent que vous disposez de deux méthodes différentes pour spécifier à quelle distance et dans quelle direction vous voulez copier, déplacer ou étirer les objets sélectionnés :

- **La méthode la plus courante consiste à désigner à l'aide du dispositif de pointage (ou à entrer leurs coordonnées au clavier) deux points qui définissent le vecteur de déplacement.** AutoCAD les appelle respectivement point de base et deuxième point (d'où le nom de "méthode du point de base"). Imaginez une flèche pointant du point de base vers le deuxième point : cette flèche (ou plus exactement ce vecteur) définit à quelle distance et dans quelle direction les objets sélectionnés doivent être copiés, déplacés ou étirés.

- **L'autre méthode consiste à entrer un couple de nombres X,Y (sans espace), qui représente une distance et non plus un point.** Cette distance est le déplacement absolu qui définit l'action de copier, déplacer ou étirer les objets sélectionnés (raison pour laquelle elle s'appelle "méthode du déplacement").

Comment AutoCAD peut-il savoir si votre réponse à sa première question est un point de base ou un déplacement ? Cela dépend de la manière dont vous réagissez au second message. Vous commencez par définir un point à l'écran ou vous entrez des coordonnées au clavier. Pour la seconde question, vous avez deux possibilités :

- Si vous désignez un point avec la souris ou si vous entrez des coordonnées, AutoCAD se dit : "Voilà un vecteur de déplacement !", et il déplace les objets sélectionnés selon un vecteur imaginaire défini par les deux points que vous venez de spécifier.

- Si vous appuyez sur Entrée en réponse à la seconde question, AutoCAD se dit : "La réponse à ma première question était donc un déplacement", et il utilise alors le couple de nombres X,Y que vous avez entré en réponse à la première question en tant que distance absolue du déplacement.

Ce qui rend si confuse cette histoire de déplacement, c'est qu'AutoCAD vous permet de désigner un point à la suite de la première invite, puis d'appuyer sur Entrée à la suite de la seconde. Comme dans le premier des deux cas ci-dessus, AutoCAD se dit également : "Voilà un vecteur de déplacement !", mais il traite cette fois les coordonnées du point que vous avez fourni comme un déplacement absolu. De ce fait, si les coordonnées du point que vous avez saisies représentent des distances relativement grandes, les objets sélectionnés peuvent se retrouver copiés, déplacés ou étirés loin au-delà des limites du dessin. Les objets sont en quelque sorte perdus dans l'espace, ce dont vous ne vous apercevrez sans doute pas tout de suite du fait du niveau de zoom auquel vous vous trouverez le plus souvent. Vous aurez l'impression que les objets se sont tout simplement évanouis. En résumé, soyez prudent lorsque vous appuyez sur Entrée en utilisant les commandes COPIER, DEPLACER et ETIRER. N'appuyez sur Entrée en réponse à la seconde invite que si vous voulez vraiment qu'AutoCAD prenne votre réponse à la première question comme déplacement absolu. Si vous faites une erreur, cliquez sur le bouton Annuler pour revenir en arrière, et recommencez. Vous pouvez aussi utiliser la fonction Zoom Étendu (décrite au Chapitre 12) pour retrouver les objets égarés dans l'espace.

Déplacer

Les étapes suivantes montrent comment utiliser la commande DEPLACER dans le mode d'édition standard, en recourant à la méthode du point de base pour indiquer à quelle distance et dans quelle direction vous voulez déplacer les objets sélectionnés. Cette procédure donne également des recommandations détaillées sur la manière d'utiliser des techniques d'aide à la précision dans une opération de modification :

1. **Appuyez sur Échap pour vous assurer qu'aucune commande n'est active et qu'aucun objet n'est sélectionné.**

2. **Cliquez sur le bouton Déplacer dans le panneau ou la barre d'outils Modification (il représente deux flèches entrecroisées).**

AutoCAD affiche l'invite demandant de choisir des objets.

3. **Sélectionnez un ou plusieurs objets.**

   Vous pouvez utiliser la technique de sélection de votre choix, parmi celles qui sont décrites dans la section "Perfectionner la sélection" du Chapitre 10.

4. **Une fois que vous avez sélectionné tous les objets voulus, appuyez sur Entrée.**

   AutoCAD affiche l'invite suivante :

```
Spécifiez le point de base ou [Déplacement] <Déplacement>:
```

5. **Spécifiez un point de base en cliquant à l'endroit voulu ou en entrant ses coordonnées.**

   Ce point définit l'origine de la flèche imaginaire qui indique à quelle distance et dans quelle direction vous voulez que les objets sélectionnés soient déplacés. Une fois que vous avez spécifié un point de base, il est assez facile de comprendre ce qui se passe car AutoCAD affiche une image provisoire des objets qui suit le déplacement du curseur. La Figure 11.2 montre à quoi ressemble alors l'écran.

   TRUC

   Choisissez votre point de base sur les éléments à déplacer, ou à proximité de ceux-ci. Si vous voulez prendre un point précis sur l'un des objets, vous pouvez utiliser une méthode d'accrochage aux objets.

   AutoCAD affiche l'invite suivante :

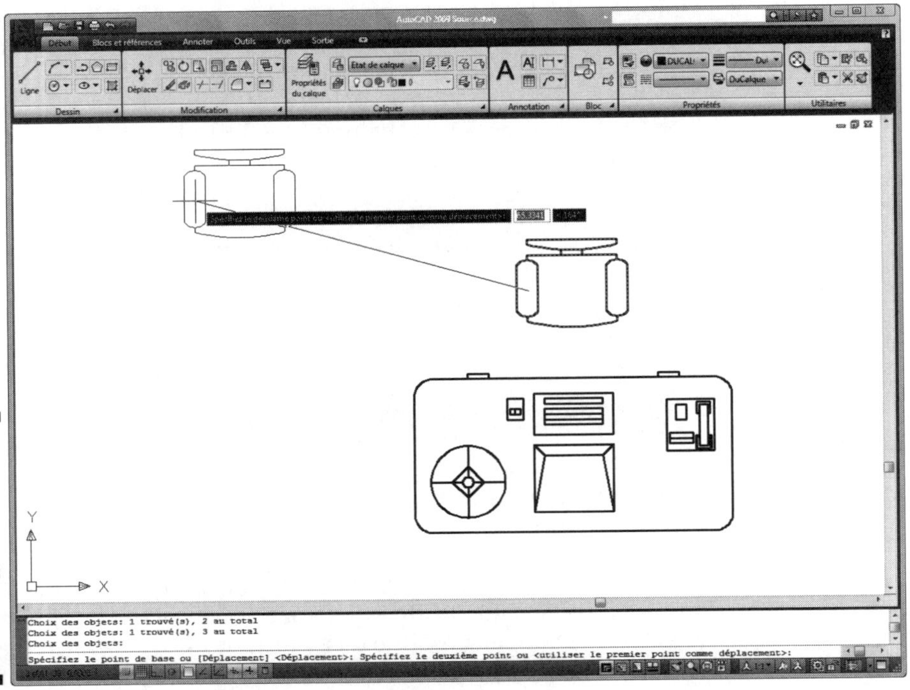

Figure 11.2 La commande DEPLACER vous permet de visualiser le déplacement des objets avant de confirmer l'opération.

```
Spécifiez le deuxième point ou
        <utiliser le premier point comme déplacement>:
```

6. **Spécifiez le deuxième point en cliquant à l'endroit voulu ou en entrant ses coordonnées.**

   Le second point définit la pointe de votre flèche imaginaire représentant le déplacement. Une fois que vous l'avez spécifié, AutoCAD déplace les objets.

ATTENTION !

N'appuyez pas directement sur Entrée en réponse à cette invite ! Si vous le faites, AutoCAD traite les coordonnées X,Y du premier point spécifié en tant que déplacement absolu, et les objets prennent le large de façon imprévisible. Je répète : *N'appuyez par sur Entrée à la suite de ce message !* C'est là une des erreurs les plus courantes que commettent les nouveaux utilisateurs d'AutoCAD, et elle peut réellement polluer votre dessin avec des objets indésirables.

TRUC

Voici quelques techniques d'aide à la précision couramment utilisées pour spécifier le deuxième point :

- Utilisez un mode d'accrochage aux objets pour désigner un deuxième point précis sur une autre entité du dessin.
- Entrez des coordonnées relatives ou polaires, comme je l'ai expliqué au Chapitre 7. Par exemple, si vous tapez **@6,2**, AutoCAD déplace les objets sélectionnés de six unités vers la droite et de deux unités vers le haut. Si vous tapez **@3<45**, AutoCAD déplace les objets de trois unités selon un angle de 45 degrés.
- Utilisez la saisie de distance directe pour déplacer les objets sélectionnés dans une direction orthogonale ou polaire. Pour savoir comment procéder, reportez-vous au Chapitre 7.

Copier

La commande COPIER fonctionne de façon presque identique à la commande DEPLACER, à la seule différence qu'AutoCAD laisse les objets sélectionnés à leur place et en crée une copie au nouvel emplacement.

Par défaut, la commande COPIER permet de réaliser plusieurs copies du même groupe d'objets. Si vous ne voulez dupliquer qu'une seule fois votre sélection, appuyez sur Entrée dès que la première copie est réalisée.

L'option Mode (raccourci 0) vous propose deux choix simples : Unique, si vous souhaitez réaliser une seule copie, ou Multiple, pour reproduire plusieurs fois de suite le même objet sans voir à reprendre toute la procédure. Il vous suffira dans ce cas de spécifier une série de déplacements pour dupliquer votre sélection autant de fois que vous le voulez. Pratique, non ?

TRUC

COPIER comporte une option Rétablir qui permet de supprimer une par une les copies successives de la sélection sans quitter la commande.

Copie entre dessins

Il existe une variante utile de la commande COPIER qui vous permet de copier des objets d'un dessin à un autre. C'est la commande COPIERPRESS, accompagnée de son *alter ego* COLLERPRESS.

COPIERPRESS et COLLERPRESS utilisent le presse-papiers de Windows pour enregistrer temporairement des objets d'un dessin afin de pouvoir les copier dans le même fichier ou dans un autre projet. Le panneau Utilitaires du ruban, ou la barre d'outils Standard du mode classique, inclut d'ailleurs les grands standards de Windows que sont les boutons Copier, Couper et Coller.

Si vous utilisez l'espace de travail Dessin 2D et annotation et que vous ne trouvez pas le panneau Utilitaires (à moins que vous n'ayez simplement masqué le ruban), n'oubliez pas que Windows associe toujours au presse-papiers les raccourcis clavier Ctrl+X (couper), Ctrl+C (copier) et Ctrl+V (coller). C'est d'ailleurs souvent la manière la plus efficace de s'y prendre.

On peut facilement confondre les commandes COPIER et COPIERPRESS.

- COPIER est la commande principale d'AutoCAD pour copier des objets à l'intérieur d'un même dessin.
- COPIERPRESS, avec ses sœurs jumelles COUPERPRESS et COLLER-PRESS, est la version AutoCAD du copier-coller par l'intermédiaire du Presse-papiers de Windows.

Le Tableau 11.2 donne un résumé des commandes d'AutoCAD liées au presse-papiers, en indiquant les choix correspondants dans le menu contextuel, le bouton correspondant du panneau Utilitaires et celui de barre d'outils Standard.

Tableau 11.2 : Les commandes de Presse-papiers d'AutoCAD.

Commande	Menu contextuel	Bouton de la barre d'outils Standard
COUPERPRESSCouper	Couper	Couper (Ctrl+X)
COPIERPRESSCopier	Copier (liste déroulante Copier)	Copier (Ctrl+C)
COPIERBASECopier avec point de base	Copier avec point de base (liste déroulante Copier)	Aucun (Ctrl+Maj+C)
COPIERLIENAucun	Copier le lien (liste déroulante Copier)	Aucun
COLLERPRESSColler	Coller (liste déroulante Coller)	Coller (Ctrl+V)
COLLERBLOCColler en tant que bloc	Coller en tant que bloc (liste déroulante Coller)	Aucun (Ctrl+Maj+V)
COLLERHYPERLIEN	Coller comme hyperlien (liste déroulante Coller)	Aucun

Tableau 11.2 : Les commandes de Presse-papiers d'AutoCAD. (*suite*)

Commande	Menu contextuel	Bouton de la barre d'outils Standard
COLLERORIGColler vers les coordonnées d'origine	Coller vers les coordonnées d'origine (liste déroulante Coller)	Aucun
COLLAGSPECAucun	Collage spécial (liste déroulante Coller)	Aucun

Étirer

La commande ETIRER présente une ressemblance superficielle avec les commandes COPIER et DEPLACER : elle vous demande aussi de spécifier un point de base ou un déplacement, et elle "bouge" des objets (ou des parties d'objets) vers d'autres endroits du dessin. Toutefois, elle présente des différences importantes qui déconcertent souvent les nouveaux utilisateurs d'AutoCAD, au point que certains renoncent à apprendre à s'en servir. C'est une erreur, car c'est une commande utile. Elle permet de réaliser en quelques secondes des modifications qui nécessiteraient plusieurs minutes avec d'autres procédés. Voilà certaines choses qu'il est nécessaire de savoir si vous voulez sympathiser avec la commande Etirer :

- **Sélection des objets :** Pour utiliser efficacement la commande ETIRER, vous devez utiliser la méthode de la sélection par capture (ou l'option CPolygone) afin de sélectionner les objets concernés. Si vous avez oublié de quoi il s'agit, reportez-vous à la section "Perfectionner la sélection" dans le Chapitre 10. La Figure 11.3 vous en montre un exemple.

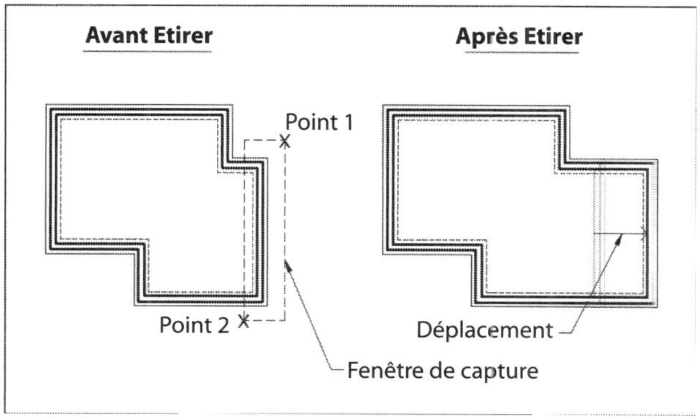

Figure 11.3 Pour sélectionner des objets pour la commande Etirer, utilisez une sélection par capture.

- **Points de définition :** La commande ETIRER opère sur les points qui définissent les objets (extrémités d'une ligne, sommets d'une polyligne, centre d'un cercle, etc.) selon la règle suivante : si un de ces points se trouve dans la zone de capture que vous avez spécifiée, AutoCAD le déplace et ajuste l'objet correspondant en conséquence.

  Par exemple, si votre fenêtre de capture contient l'une des deux extrémités d'une ligne mais pas l'autre, la commande ETIRER déplace ce premier point et redessine la ligne en fonction du nouvel emplacement de l'extrémité sélectionnée. C'est comme si vous aviez un élastique tendu sur un plan entre deux points et que vous en déplaciez l'une des extrémités.

- **Raccourcir et allonger :** La commande ETIRER peut allonger ou raccourcir les lignes, selon la fenêtre de capture et le déplacement que vous spécifiez. Autrement dit, elle peut non seulement étirer mais aussi compresser les objets.

- **Choisir le bon mode :** Vous allez généralement préférer activer le mode Ortho ou le repérage polaire avant d'utiliser la commande ETIRER, faute de quoi vous risquez d'étirer les objets dans des directions qui ne seront pas forcément celles que vous souhaitez. C'est ce qu'illustre la Figure 11.4.

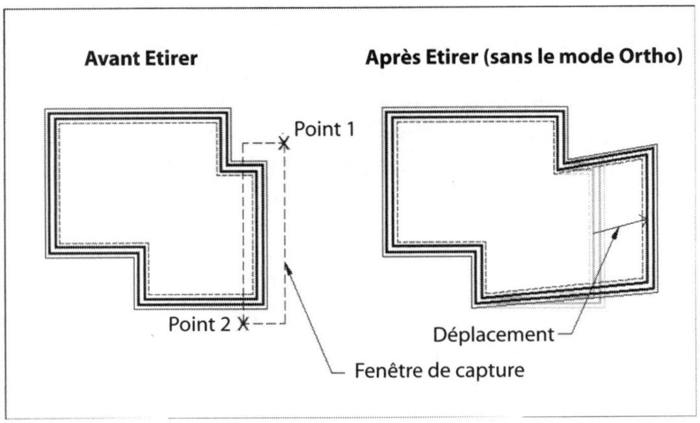

Figure 11.4 Utilisez de préférence la commande ETIRER en mode Ortho ou avec le repérage polaire.

Les étapes suivantes montrent comment étirer les lignes :

1. **Dessinez quelques lignes en prenant comme modèles les traits épais de la Figure 11.5.**

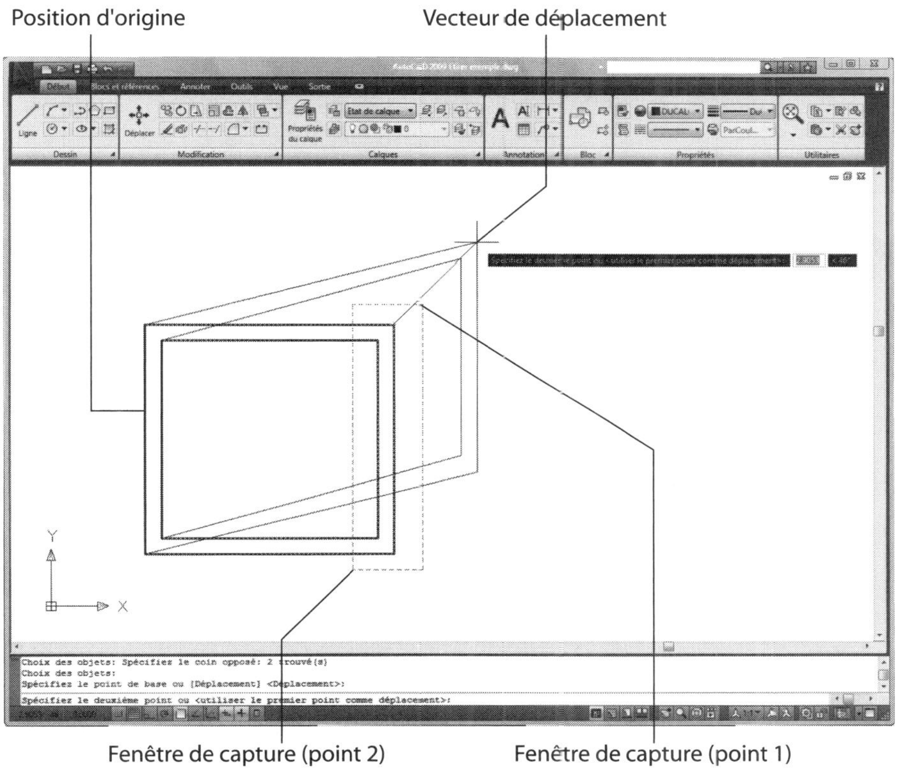

Figure 11.5 Faites glisser les points sélectionnés pour étirer des objets.

Vous pouvez utiliser des objets simples pour vous habituer à cette commande. Vous passerez ensuite à des constructions plus compliquées (polylignes, cercles, arcs, etc.).

2. **Appuyez sur Échap pour vous assurer qu'aucune commande n'est active, ni aucun objet sélectionné.**

3. **Cliquez sur le bouton Étirer dans le panneau Modification du ruban (ou dans la barre d'outils Modification de l'espace de travail AutoCAD classique).**

   AutoCAD vous invite à choisir des objets, avec un avertissement qui vous suggère d'utiliser une fenêtre de capture ou un polygone :

```
Choix des objets à étirer par fenêtre de capture ou polygone...
Choix des objets:
```

4. **Spécifiez une fenêtre de capture qui contienne certaines extrémités des lignes, mais pas toutes.**

   La Figure 11.5 montre un exemple de fenêtre de capture qui contient entièrement les deux lignes verticales de la partie droite de l'objet et qui coupe les quatre lignes horizontales, entourant uniquement une extrémité de chacune d'elles.

   N'OUBLIEZ PAS

   Pour spécifier une fenêtre de capture, cliquez à un endroit, déplacez le pointeur vers la gauche et cliquez en un deuxième point qui sera le coin opposé de cette fenêtre.

5. **Appuyez sur Entrée pour mettre fin à la sélection des objets.**

   AutoCAD affiche l'invite suivante :

```
Spécifiez le point de base ou [Déplacement] <Déplacement>:
```

6. **Pour spécifier un point de base, utilisez l'accrochage aux objets pour choisir un certain emplacement sur un objet existant, ou entrez ses coordonnées X,Y absolues.**

   Cette étape est identique à l'étape 5 de la procédure décrite plus haut dans ce chapitre pour la commande DEPLACER. AutoCAD affiche l'invite suivante :

```
Spécifiez le deuxième point ou
    <utiliser le premier point de déplacement>:
```

   TRUC

   Utilisez le bouton Mode ortho de la barre d'état pour activer et désactiver ce mode. Déplacez le curseur pour juger des différences de comportement dans les deux cas.

   La Figure 11.5 montre à quoi ressemble l'écran lorsque vous déplacez le curseur avec le mode Ortho désactivé.

7. **Activez le mode Ortho et spécifiez le deuxième point. Vous allez généralement utiliser pour cela une saisie de distance directe, l'accrochage en un point d'un objet existant ou la saisie de coordonnées X,Y relatives.**

   Une fois que vous avez spécifié le deuxième point, AutoCAD étire les objets. Remarquez que cette opération a déplacé les deux lignes verticales de droite (parce que la fenêtre de sélection contenait toutes leurs extrémités), alors qu'elle a allongé ou rétréci les quatre lignes horizontales (du fait que la fenêtre de sélection ne contenait qu'une extrémité de chacune d'elles).

La commande ETIRER nécessite un certain apprentissage, mais elle en vaut la peine. Créez des objets de divers types et entraînez-vous à leur appliquer la commande ETIRER avec différentes fenêtres de sélection, tout en variant la position du point de base et du deuxième point.

La fenêtre de commande vous demande `Choix des objets à étirer par fenêtre de capture ou polygone`, mais cliquer sur des points comme lors de l'Étape 4 ne vous permet pas d'accéder à la seconde option (revoyez le Chapitre 10 si vous avez besoin de réviser cette technique). Pour définir une sélection par polygone de capture, tapez **CP** à la suite du message `Choix des objets` et appuyez sur Entrée.

Manipulations supplémentaires

Les commandes décrites dans cette section (ROTATION, ECHELLE, RESEAU et DECALER) offrent d'autres moyens, en plus de DEPLACER, COPIER et ETIRER, de manipuler des objets ou d'en créer de nouvelles versions. Les procédures indiquées ici pour chaque commande supposent que vous êtes déjà familiarisé avec les techniques de sélection, de modification et d'aide à la précision que nous avons vues dans les procédures consacrées aux commandes DEPLACER, COPIER et ETIRER, plus haut dans ce chapitre.

Rotation

La commande ROTATION (RI) fait pivoter un ou plusieurs objets autour d'un point que vous spécifiez. Pour l'utiliser, suivez ces étapes :

1. **Appuyez sur Échap pour vous assurer qu'aucune commande n'est active et qu'aucun objet n'est sélectionné.**

2. **Cliquez sur le bouton Rotation dans le panneau Modification du ruban (ou dans la barre d'outils Modification de l'espace de travail AutoCAD classique).**

3. **Sélectionnez un ou plusieurs objets et appuyez sur Entrée pour mettre fin à cette sélection.**

AutoCAD vous demande un point de base pour savoir comment faire pivoter les objets sélectionnés :

```
Spécifiez le point de base:
```

4. **Spécifiez le point de base en cliquant à l'endroit voulu ou en entrant ses coordonnées.**

   Le point que vous spécifiez devient celui autour duquel AutoCAD va faire pivoter les objets. Vous devez maintenant spécifier un angle de rotation :

```
Spécifiez l'angle de rotation ou [Copier/Référence] <0>:
```

5. **Spécifiez l'angle de rotation en entrant une mesure d'angle et appuyez sur Entrée. Si l'angle proposé par défaut vous convient, appuyez simplement sur Entrée.**

   Vous pouvez aussi définir un angle à l'écran en déplaçant le curseur jusqu'à ce que la zone Coordonnées de la barre d'état indique la valeur désirée. Il ne vous reste plus qu'à cliquer. Le mode Ortho et le mode d'accrochage polaire permettent de spécifier plus facilement des angles déterminés (par exemple 45 ou 90 degrés), tandis que l'accrochage aux objets facilite l'obtention d'un alignement parfait avec d'autres éléments.

   Une fois que vous avez spécifié l'angle de rotation à l'aide du dispositif de pointage ou du clavier, AutoCAD fait pivoter les objets vers leur nouvelle position. Par défaut, la commande ROTATION se contente de faire tourner les objets sélectionnés. L'option Copier duplique la sélection tout en laissant les objets d'origine en place.

Échelle

Si vous avez lu tout mon radotage du Chapitre 4 sur l'échelle et le facteur d'échelle du dessin, vous vous attendez peut-être à ce que la commande ECHELLE (raccourci EH) exécute comme par magie une transformation de l'échelle de tout votre dessin. Cette chance ne vous est pas accordée. Elle ne fait qu'agrandir ou réduire un ou plusieurs objets d'un certain facteur. Voici comment procéder :

1. **Appuyez sur Échap pour vous assurer qu'aucune commande n'est active et qu'aucun objet n'est sélectionné.**

2. **Cliquez sur le bouton Échelle dans le panneau Modification du ruban (ou dans la barre d'outils Modification de l'espace de travail AutoCAD classique).**

3. **Sélectionnez un ou plusieurs objets et appuyez sur Entrée pour mettre fin à la sélection des objets.**

   AutoCAD vous demande un point de base pour savoir comment agrandir ou réduire les objets sélectionnés :

```
Spécifiez le point de base:
```

4. **Spécifiez le point de base en cliquant à l'endroit voulu ou en entrant ses coordonnées.**

   Le point de base devient le point par rapport auquel sera appliqué le facteur d'échelle que vous demande maintenant AutoCAD :

```
Spécifiez le facteur d'échelle ou [Copier/Référence] <1.0000>:
```

   AutoCAD n'applique pas la commande ECHELLE à chaque objet individuellement à partir de son propre point de base (la plupart des objets d'un dessin AutoCAD n'ont d'ailleurs pas de point de base). AutoCAD utilise le point que vous spécifiez pour déterminer la manière de redéfinir tous les objets sélectionnés. Par exemple, si vous sélectionnez un cercle dans la commande ECHELLE et que vous spécifiez un emplacement en dehors de ce cercle comme point de base, puis un facteur d'échelle de 2, non seulement AutoCAD agrandira le cercle d'un facteur 2, mais il l'éloignera aussi du point de base en multipliant par 2 la distance correspondante.

5. **Tapez un facteur d'échelle et appuyez sur Entrée.**

   Un facteur d'échelle supérieur à 1 augmente la taille de l'objet. Un facteur d'échelle inférieur à 1 réduit sa taille. AutoCAD agrandit ou rétrécit l'objet selon le facteur d'échelle que vous avez spécifié, en utilisant comme référence le point de base spécifié à l'étape précédente.

À l'instar de ROTATION, la commande ECHELLE dispose d'une option Copier qui vous permet d'obtenir des clones agrandis ou réduits des objets sélectionnés, et ce, sans rien changer à ces derniers. De même, ces deux commandes mémorisent le dernier facteur d'échelle ou angle de rotation utilisé au cours de la même séance de travail.

Réseau

La commande RESEAU (raccourci RE) est un peu comme une supercommande COPIER : elle sert à créer une grille rectangulaire d'objets selon des espacements X et Y constants, ou une roue sur laquelle les objets sont distribués en fonction d'un espacement angulaire constant. Vous pouvez par exemple vous servir de la première pour mettre en place les fauteuils d'un auditorium, et de la seconde pour représenter les rayons d'une roue de bicyclette.

Les étapes ci-après décrivent la création d'un réseau rectangulaire, que vous allez sans doute utiliser plus souvent sa version polaire :

1. **Appuyez sur Échap pour vous assurer qu'aucune commande n'est active et qu'aucun objet n'est sélectionné.**

   Vous pouvez aussi sélectionner des objets avant de lancer la commande RESEAU et passer directement à l'étape 2.

2. **Cliquez sur le bouton Réseau dans le panneau Modification – vous devrez le dérouler d'abord – du ruban (ou dans la barre d'outils Modification de l'espace de travail AutoCAD classique).**

   La boîte de dialogue Réseau apparaît (voir la Figure 11.6). Au lancement de la commande, la mention "0 objet sélectionné" apparaît en haut et à droite de la boîte de dialogue.

3. **Assurez-vous que l'option Réseau rectangulaire est bien activée, puis cliquez sur le bouton Choix des objets.**

   La boîte de dialogue Réseau se referme provisoirement, ce qui vous permet de sélectionner des éléments en utilisant la méthode de votre choix.

4. **Sélectionnez un ou plusieurs objets. Appuyez sur Entrée pour mettre fin à l'opération et revenir à la boîte de dialogue Réseau.**

   Le nombre d'objets sélectionnés est indiqué en haut et à droite de la boîte de dialogue.

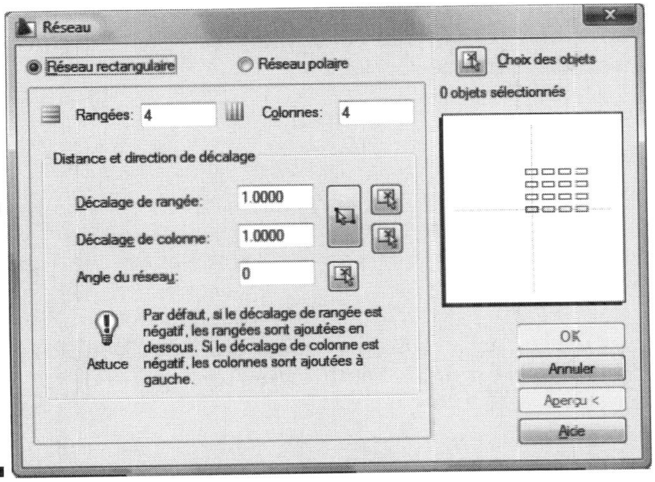

Figure 11.6 La commande RESEAU distribue des copies des objets selon un réseau rectangulaire ou polaire.

5. **Remplissez les cinq champs de la boîte de dialogue : Rangées, Colonnes, Décalage de rangée, Décalage de colonne et Angle du réseau.**

   Si vous voyez un champ appelé Centre et un aperçu circulaire dans la boîte de dialogue, c'est que vous avez activé le mode Réseau polaire. Revenez à l'option Réseau rectangulaire et poursuivez.

   Le nombre de rangées et le nombre de colonnes comprennent la rangée et la colonne des objets originaux (ceux que vous avez sélectionnés). Autrement dit, si vous entrez 1 dans le champ Rangées ou dans le champ Colonnes, aucun nouvel objet ne sera créé dans la direction correspondante. Les champs Décalage de rangée et Décalage de colonne permettent de spécifier l'espacement entre deux rangées et deux colonnes, respectivement. L'angle du réseau indique si le résultat doit subir une rotation de la valeur spécifiée. Avec un angle égal à 0, le réseau sera simplement aligné sur le curseur.

6. **Cliquez sur le bouton Aperçu.**

   La boîte de dialogue Réseau disparaît de nouveau, et AutoCAD vous montre comment se présente le réseau avec votre paramétrage actuel.

   Autrefois, l'aperçu était figé, ce qui fait que vous ne pouviez pas réellement savoir ce qui se passait si votre réseau débordait des limites de l'écran. Avec AutoCAD 2009, il est maintenant possible d'effectuer des zooms et des panoramiques sur le dessin afin de juger du résultat tout entier.

7. **Si l'aperçu du réseau vous convient, cliquez sur le bouton droit de la souris. Si vous voulez changer les paramètres définis lors de l'étape 5, appuyez sur la touche Échap.**

Décaler

La commande DECALER permet de créer une copie d'une ligne, d'une polyligne, d'un cercle, d'un arc ou d'une spline, parallèlement à l'original. Pour l'utiliser, suivez ces étapes :

1. **Cliquez sur le bouton Décaler dans le panneau Modification du ruban (ou dans la barre d'outils Modification de l'espace de travail AutoCAD classique).**

   AutoCAD affiche les paramètres courants de la commande et vous demande de spécifier la distance de décalage, c'est-à-dire la distance entre l'objet original et la copie que vous allez créer :

```
Paramètres courants: Effacer source=Non  Calque=Source  OFFSETGAPTYPE=0
Spécifiez la distance de décalage ou [Par/Effacer/Calque] <Par>:
```

2. **Entrez une distance de décalage et appuyez sur Entrée.**

   Vous pouvez aussi indiquer une distance de décalage en choisissant deux points sur l'écran. Avec cette méthode, il est préférable d'utiliser l'un des modes d'accrochage pour spécifier avec précision une distance précise entre deux objets.

   AutoCAD vous demande maintenant de sélectionner l'objet dont vous voulez créer une copie décalée :

```
Sélectionnez l'objet à décaler ou [Quitter/Annuler] <Quitter>:
```

3. **Sélectionnez un unique objet tel qu'une ligne, une polyligne ou un arc.**

   Remarquez que vous ne pouvez sélectionner qu'un objet à la fois par cette commande. AutoCAD vous demande maintenant dans quelle direction vous désirez décaler la copie de l'objet :

```
Spécifiez un point sur le côté à décaler ou
[Quitter/Multiple/annUler] <Quitter>:
```

4. **Cliquez vers le côté de l'objet correspondant à la direction dans laquelle vous souhaitez décaler la copie.**

   La distance de l'objet à laquelle se trouve le curseur lorsque vous cliquez est sans importance. Il s'agit simplement ici d'indiquer une direction.

   AutoCAD répète maintenant l'invite `Sélectionnez l'objet à décaler`, au cas où vous voudriez appliquer la commande à d'autres objets :

```
Sélectionnez l'objet à décaler ou [Quitter/Annuler] <Quitter>:
```

5. **Si vous voulez appliquer la commande DECALER à d'autres objets, revenez à l'étape 3 pour chacun d'eux, ou appuyez sur Entrée si vous avez terminé.**

La Figure 11.7 montre la commande DECALER en action. Pour plus d'informations sur les options de la commande (et Multiple, Effacer comme calque sont toutes utiles), voyez ce qu'en dit la section de référence des commandes dans l'aide en ligne d'AutoCAD.

TRUC

Si vous voulez décaler une série de lignes liées les unes aux autres (constituant par exemple les murs dans un plan de maison), assurez-vous d'abord que vous l'avez dessinée en tant que polyligne, ou que vous avez converti en polyligne l'ensemble des segments de droite et/ou d'arcs dont elle est constituée avec la commande PEDIT (consultez l'aide en ligne d'AutoCAD pour en apprendre plus sur cette commande). Si vous dessinez une série de segments avec la commande LIGNE et que vous essayez de décaler l'ensemble, vous devrez sélectionner successivement chaque trait et lui appliquer l'opération. Pire encore, les segments ne seront généralement pas jointifs comme vous pouviez vous y attendre, car AutoCAD ne les considère pas comme étant connectés. Vous éviterez ces problèmes en utilisant la commande DECALER avec une polyligne, qui sera traitée par AutoCAD comme un seul et même objet. Pour en savoir plus sur les lignes et les polylignes, voyez le Chapitre 8.

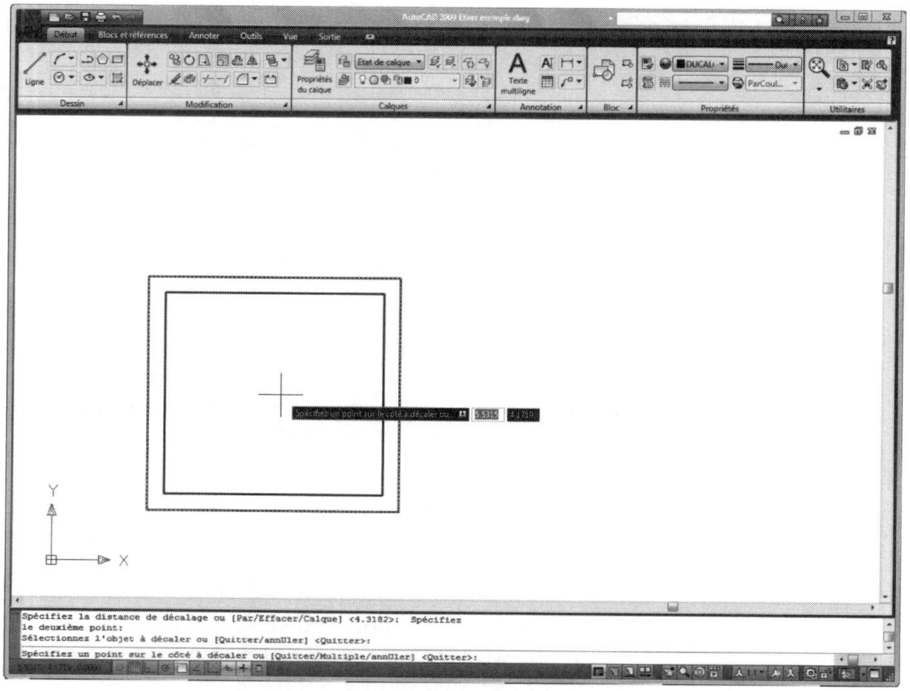

Figure 11.7 Décaler une ligne.

Découpages en tous genres

Les commandes de cette section (AJUSTER, PROLONGE, COUPURE, RACCORD, CHANFREIN et JOINDRE) sont utiles pour raccourcir ou allonger des objets, pour les diviser en deux, ou encore pour les reconnecter.

Ajuster et prolonger

AJUSTER (raccourci AJ) et PROLONGE (raccourci PR) sont deux commandes jumelles servant à raccourcir et prolonger des lignes, des polylignes et des arcs. Elles sont le yin et le yang, les Laurel et Hardy, les Don Quichotte et Sancho Pança de l'édition sous AutoCAD. Comme elles sont pratiquement identiques (de même que les messages correspondants), les étapes ci-après s'appliquent à toutes les deux. J'y montre les invites de la commande AJUSTER, sachant que celles de la commande PROLONGE sont presque les mêmes :

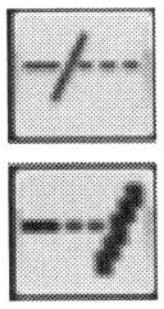

1. **Cliquez sur le bouton Ajuster dans le panneau Modification du ruban (ou dans la barre d'outils Modification de l'espace de travail AutoCAD classique).**

   AutoCAD vous demande de spécifier les bords de coupe, appelés arêtes sécantes (ou les limites si vous avez choisi la commande PROLONGE) :

```
Paramètres courants: Projection=SCU, Côté=Aucun
Sélectionnez les arêtes sécantes...
Sélectionnez les objets ou <tout sélectionner>:
```

2. **Appuyez sur Entrée si vous voulez que tous les objets du dessin servent de couteau pour l'ajustement (ou de mur pour l'étirement). Sinon, sélectionnez un ou plusieurs objets individuels. Appuyez sur Entrée pour terminer votre sélection.**

   Les objets sélectionnés lors de cette étape vont déterminer les points de coupure ou les limites jusqu'auxquelles ils seront prolongés.

   La partie gauche de la Figure 11.8 montre un bord de coupe (pour la commande AJUSTER) et sa partie droite montre une limite (pour la commande PROLONGE).

   AutoCAD vous demande maintenant de sélectionner les objets que vous voulez ajuster ou prolonger :

```
Sélectionnez l'objet à ajuster ou utilisez la touche Maj pour le prolonger ou
[Trajet/cApture/Projection/Côté/eFfacer/annUler]:
```

3. **Sélectionnez un objet unique à ajuster ou à prolonger. Dans le cas d'un ajustement, cliquez sur la portion de l'objet qui doit être coupée par AutoCAD.**

   AutoCAD ajuste ou prolonge l objet selon les bords de coupe ou les limites que vous avez sélectionnés à l'Étape 2. Si AutoCAD ne peut pas réaliser l'opération (par exemple, si l entité spécifiée comme bord de coupe et l'objet à ajuster sont parallèles), la ligne de commande affiche un message d'erreur comme `L'objet ne coupe pas une arête`.

TRUC

AJUSTER et PROLONGE ne vous permettent normalement que de choisir un seul objet à la fois. Mais il y a quelques exceptions. Vous pouvez en effet taper **T** et appuyer sur Entrée pour utiliser le mode de sélection TRAJET. Celui-ci est très pratique pour ajuster ou prolonger un

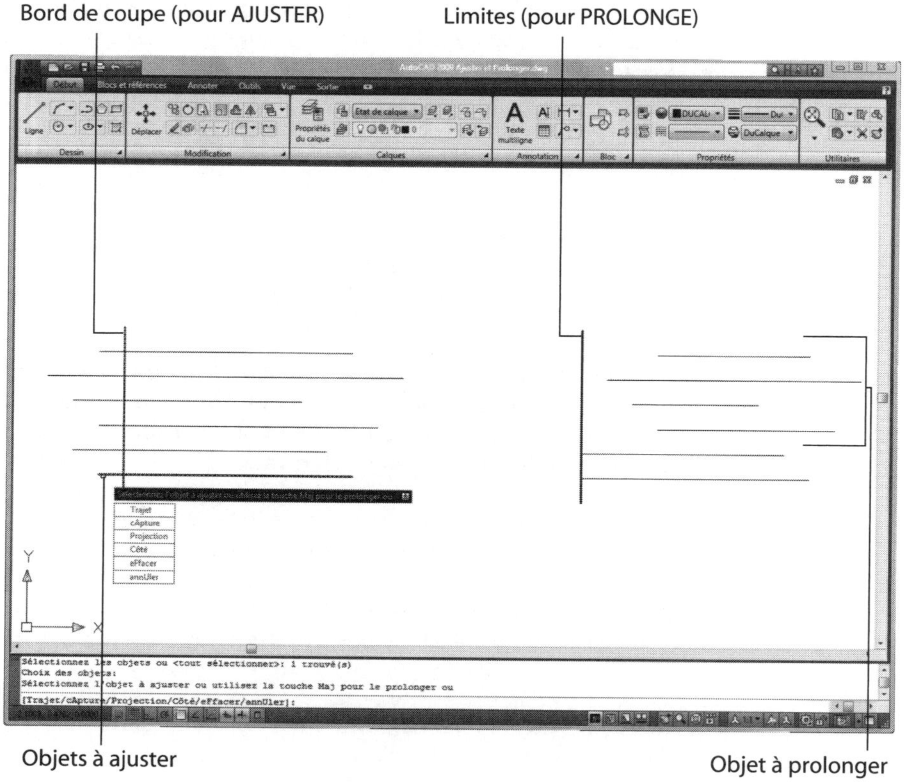

Figure 11.8 Anatomie des opérations pour les commandes AJUSTER et PROLONGE.

groupe important d'objets d'un grand coup d'épée. Vous disposez également d'un classique mode Capture (tapez **A**) ou tout simplement de la possibilité de tracer une fenêtre virtuelle en allant de la gauche vers la droite. Pour plus d'informations sur ces méthodes, revoyez le Chapitre 10.

AutoCAD continue de vous inviter à sélectionner d'autres objets à ajuster ou prolonger :

```
Sélectionnez l'objet à ajuster ou utilisez la touche Maj pour le prolonger ou
[Trajet/cApture/Projection/Côté/EFfacer/annUler]:
```

4. **Sélectionnez d'autres objets ou appuyez sur Entrée lorsque vous avez terminé.**

Voici un conseil à trois têtes. Si vous avez ajusté ou prolongé un objet par erreur et que la commande AJUSTER ou PROLONGE est toujours en cours d'exécution, tapez **U** et appuyez sur Entrée pour annuler la dernière opération d'ajustement ou de prolongation. Si un élément parasite refuse d'être ajusté parce qu'il ne coupe pas l'arête sécante, vous pouvez vous en débarrasser en tapant **F** (pour Effacer) suivi d'Entrée afin de le supprimer sans quitter la commande AJUSTER. Et enfin, qui peut le plus peut le moins : il est possible d'alterner entre AJUSTER et PROLONGE sans quitter personne : il vous suffit d'appuyer sur la touche Maj pour basculer entre les deux.

L'exemple de la Figure 11.8 montre un ajustement sur une seule arête sécante, dans lequel la partie des lignes qui se trouve à gauche de ce bord va être coupée. Il est aussi courant d'utiliser la commande AJUSTER pour tronquer une ligne entre deux bords de coupe. Dans ce cas, vous pouvez couper la partie de la ligne qui se trouve entre ces deux bords, ou les deux parties de la ligne qui se trouvent à l'extérieur de l'espace défini par les bords de coupe. *Tout* sélectionner (l'option par défaut) signifie que la totalité des objets du dessin va devenir un bord de coupe ou une limite. Cette méthode fonctionne bien dans ce cas. Mais faites attention à vos doigts !

La commande MODIFLONG (raccourci MG) fournit d'autres méthodes commodes pour allonger (ou raccourcir) des lignes, des arcs ou des polylignes. Pour obtenir ce résultat, vous pouvez spécifier une distance absolue (ou *delta*), un pourcentage d'allongement ou encore une longueur totale. Pour en savoir plus, recherchez la référence à la commande MODIFLONG dans le système d'aide d'AutoCAD.

Coupure

La commande COUPURE sert à effacer des portions d'objet (ligne, polyligne, cercle, arc, spline) entre deux points spécifiés, mais elle peut aussi vous servir à diviser en deux un objet sans retirer de matériau visible. Sinon, elle n'a rien à voir avec la pause que vous espérez (AutoCAD ne propose pour l'instant aucune commande permettant de faire un *break*, mais je continue à espérer).

Si vous voulez supprimer des portions régulièrement espacées dans un objet (par exemple, pour le faire apparaître en pointillé), n'utilisez pas la commande COUPURE. Passez plutôt par un type de ligne en pointillé d'AutoCAD (pour en savoir plus sur ce sujet, voyez le Chapitre 7).

L'exemple suivant montre comment utiliser la commande COUPURE (raccourci CU) sur un objet :

1. **Cliquez sur le bouton Coupure dans le panneau Modification du ruban (ou dans la barre d'outils Modification de l'espace de travail AutoCAD classique).**

   AutoCAD vous invite à sélectionner un objet à couper et un seul.

2. **Sélectionnez un objet unique, par exemple une ligne, une polyligne ou un arc.**

   Le point de l'objet sur lequel vous allez cliquer a une double utilité : il permet de sélectionner l'objet, bien sûr, mais il devient aussi le premier *point de coupure par défaut* (c'est-à-dire qu'il définit l'une des extrémités de la portion de l'objet que vous allez couper). Vous devez donc soit utiliser l'une des techniques d'aide à la précision d'AutoCAD, comme l'accrochage aux objets, pour définir un point précis, soit utiliser l'option `1er point` (que nous allons voir à l'étape suivante) pour spécifier à nouveau le premier point de coupure.

   AutoCAD vous demande maintenant de spécifier le deuxième point de coupure, ou de taper **1** et d'appuyer sur Entrée pour spécifier à nouveau le premier point de coupure :

```
Spécifiez le deuxième point de coupure ou [1er point]:
```

3. **Si le point que vous avez choisi lors de l'étape précédente n'est pas satisfaisant comme point de coupure, tapez 1 et appuyez sur Entrée pour le spécifier à nouveau en utilisant une technique d'aide à la précision, comme l'accrochage aux objets.**

   Dans ce cas, AutoCAD vous demande ensuite de spécifier le deuxième point :

```
Spécifiez le deuxième point de coupure:
```

4. **Indiquez le deuxième point de coupure en cliquant à l'endroit voulu ou en entrant ses coordonnées.**

   AutoCAD efface la portion correspondante de l'objet, entre le premier et le second point de coupure.

Si vous voulez couper un objet en deux morceaux sans rien en supprimer, cliquez sur le bouton Couper au niveau du point, dans la version étendue du panneau Modification du ruban ou de la barre d'outils Modification. Sélectionnez d'abord l'objet, puis un point sur cet objet. Ce point va servir à AutoCAD à scinder l'objet en deux. Vous pouvez alors déplacer, copier ou manipuler de toute autre manière en tant qu'objet à part entière chacun des deux morceaux de l'entité originale.

Raccords et chanfreins

Alors que les commandes AJUSTER, PROLONGE et COUPURE s'appliquent aux objets sélectionnés à titre individuel, les commandes RACCORD et CHANFREIN nécessitent un couple d'objets. Comme l'illustre la Figure 11.9, la commande RACCORD crée une liaison courbe entre deux lignes, tandis que CHANFREIN produit un raccordement rectiligne.

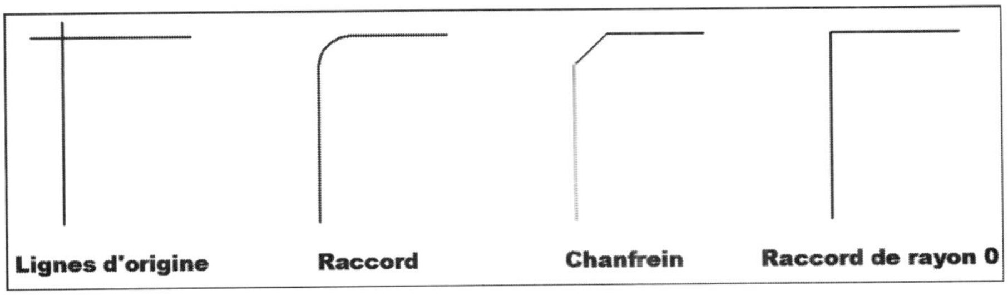

Figure 11.9 Raccordez deux lignes avec les commandes RACCORD et CHANFREIN.

Les étapes ci-après décrivent l'utilisation de la commande RACCORD (raccourci RD). CHANFREIN (CF) fonctionne de manière similaire, à ceci près qu'au lieu de définir un rayon de raccord, vous spécifiez deux distances, ou bien une longueur et un angle de chanfrein :

1. **Cliquez sur le bouton Raccord dans le panneau Modification du ruban (ou dans la barre d'outils Modification de l'espace de travail AutoCAD classique).**

   AutoCAD affiche les paramètres de raccord courants et vous invite à sélectionner le premier objet à raccorder, tout en vous proposant quatre options :

```
Paramètres courants: Mode = AJUSTER, Rayon = 0.0000
Sélectionnez le premier objet ou [anrUler/Polyligne/Rayon/Ajuster/Multiple]:
```

2. **Tapez R et appuyez sur Entrée pour spécifier le rayon du raccord.**

AutoCAD vous invite à spécifier le rayon que vous voulez utiliser pour ce raccord :

```
Spécifiez le rayon du raccord <0.0000>:
```

3. **Saisissez la valeur du rayon et appuyez sur Entrée.**

   Le nombre que vous avez tapé sera le rayon de l'arc qui va raccorder les deux lignes. AutoCAD vous demande à nouveau de sélectionner le premier objet :

```
Sélectionnez le premier objet ou [annUler/Polyligne/Rayon/Ajuster/Multiple]:
```

4. **Sélectionnez la première des deux lignes que vous voulez raccorder.**

   AutoCAD vous demande de sélectionner le deuxième objet à raccorder :

```
Sélectionnez le deuxième objet ou utilisez la touche Maj pour appliquer un
coin:
```

5. **Sélectionnez la deuxième ligne à raccorder.**

   AutoCAD raccorde les deux objets en dessinant un arc ayant le rayon spécifié à l'Étape 3.

Vous pouvez aussi raccorder deux lignes en spécifiant un rayon égal à zéro pour qu'elles se rencontrent en un point. Si vous avez de nombreuses lignes à raccorder (quel que soit le rayon utilisé), servez-vous de l'option Multiple pour accélérer le processus.

En maintenant appuyée la touche Maj avant de sélectionner la seconde ligne, vous obtiendrez automatiquement une intersection "propre" (la même que celle obtenue en définissant un rayon de raccord nul). La commande CHANFREIN possède également cette option de sélection. En d'autres termes, il est possible de basculer entre raccord et chanfrein sans changer de commande.

Joindre

Utilisez la commande JOINDRE pour "reboucher" des lignes, des arcs, des arcs elliptiques, de splines et des polylignes. Si les lignes sont colinéaires, ou si les arcs, splines, polylignes et autres arcs elliptiques se trouvent sur un chemin courbe semblable, la commande JOINDRE créera une seule et même entité à la place des objets source (voir la Figure 11.10).

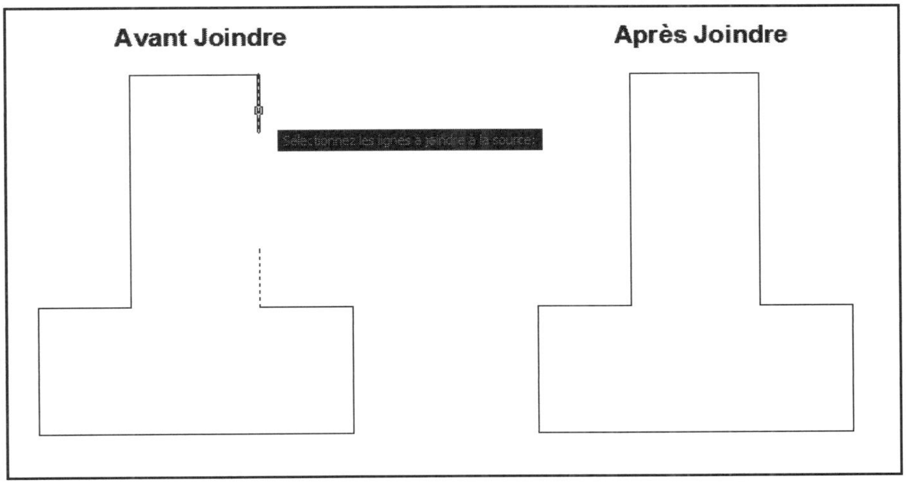

Figure 11.10 Joindre des objets séparés.

Les étapes ci-après décrivent l'utilisation de la commande Joindre :

1. **Cliquez sur le bouton Joindre dans le panneau Modification – vous devrez le dérouler d'abord – du ruban (ou dans la barre d'outils Modification de l'espace de travail AutoCAD classique).**

   AutoCAD vous invite à sélectionner l'objet source.

2. **Sélectionnez l'objet que vous voulez relier à d'autres entités.**

   Les messages affichés par AutoCAD dépendent de la nature de l'objet sélectionné. Dans le cas d'une ligne, par exemple, il demandera :

```
Sélectionnez les lignes à joindre à la source:
```

3. **Si nécessaire, continuez à sélectionner d'autres lignes colinéaires pour les joindre avec l'objet source.**

   AutoCAD continue à vous poser la même question jusqu'à ce que vous terminiez la sélection en appuyant sur Entrée.

4. **Appuyez sur Entrée pour terminer la commande.**

AutoCAD joint les objets sélectionnés afin de former une seule entité. Le nouvel élément hérite des propriétés de l'objet source (calque, type de ligne, et ainsi de suite).

TRUC

Vous pouvez transformer un arc en cercle, ou encore un arc elliptique en une ellipse complète grâce à l'option Fermer (raccourci E) de la commande JOINDRE.

Polir les propriétés

Lorsque vous pensez à modifier un objet, vous songez probablement avant tout à modifier sa *géométrie* : le déplacer, l'étirer, en faire des copies, et ainsi de suite. C'est de ces types de modifications que traite ce chapitre.

Il existe une autre façon de procéder qui consiste à modifier les *propriétés* d'un objet. Comme je l'explique au Chapitre 6, tout objet d'un dessin AutoCAD possède un ensemble de propriétés non géométriques, notamment le calque auquel il appartient, sa couleur, son type, son épaisseur de ligne et peut-être même son style de tracé. Il vous faudra parfois redéfinir certaines de ces propriétés (par exemple, si vous vous êtes trompé en choisissant le calque sur lequel vous avez dessiné un objet). Voyons quatre manières courantes de modifier les propriétés d'un objet dans AutoCAD :

- **La palette Propriétés :** Elle offre le procédé le plus souple pour modifier des propriétés. Sélectionnez un objet, cliquez du bouton droit dans la zone de dessin et choisissez Propriétés dans le menu qui apparaît. La palette correspondante apparaît. Elle affiche la liste des propriétés de l'objet sélectionné. Pour éditer l'une d'elles, cliquez dessus et entrez la nouvelle valeur ou sélectionnez-la dans la liste proposée.
- **Le panneau Propriétés rapides :** Cette nouveauté d'AutoCAD 2009 est activée en cliquant sur son bouton dans la barre d'état. Lorsque vous sélectionnez ensuite un objet, un panneau s'affiche près du curseur. Comme la palette Propriétés, ce panneau contient des valeurs que vous pouvez éditer en cliquant dans les champs correspondants. Il est possible de choisir ce qui est montré dans le panneau Propriétés rapides en cliquant dessus avec le bouton droit de la souris et en choisissant l'option Personnaliser. Reportez-vous à l'aide en ligne d'AutoCAD pour apprendre comment procéder.
- **Les barres d'outils Calques et Propriétés :** Sélectionnez les objets voulus puis choisissez dans les listes déroulantes de ces barres d'outils (ou dans le panneau Propriétés du ruban) la nouvelle valeur de chaque propriété à ajuster. Cette méthode est tout à fait acceptable pour changer de calques, mais beaucoup moins pour d'autres propriétés. Pour en savoir plus à ce sujet, voyez le Chapitre 6.

Polir les propriétés (*suite*)

- **Copier les propriétés :** Vous pouvez utiliser le bouton Copier les propriétés (c'est celui qui affiche une sorte de pinceau) pour appliquer les propriétés d'un objet à un autre. Vous trouverez ce bouton dans le panneau Propriétés du ruban, dans la barre d'outils Standard de l'espace de travail AutoCAD classique, ou encore dans le système de menus (Modification/Copier les propriétés). Cette fonction repose sur le même principe que le bouton Reproduire la mise en forme que l'on trouve dans les applications Microsoft. Cette opération fonctionne même entre des objets qui appartiennent à des dessins différents.

- **Changer d'espace :** J'ai présenté dans les Chapitres 4 et 5 les notions d'espace objet et d'espace papier. Il peut arriver que l'on ajoute une certaine géométrie dans l'espace papier, puis qu'on réalise qu'elle aurait dû se trouver dans l'espace objet (et réciproquement). La commande Modifier l'espace (CHANGESPACE), autrefois localisée dans les outils Express, est maintenant intégrée à AutoCAD et à AutoCAD LT. Vous la trouverez dans le menu Modification ou encore en déroulant le panneau Modification du ruban. Pour plus d'informations, consultez l'aide en ligne d'AutoCAD en recherchant les informations données sur la commande CHANGESPACE.

Chapitre 12

Zoom sur le zoom

Dans ce chapitre :

- Zoom et panoramique.
- Nommer et restaurer une vue.
- Zoom et panoramique dans l'espace papier.
- Régénérer l'affichage.

L'un des avantages de la CAO (et donc d'AutoCAD) sur le dessin manuel est sa capacité à vous offrir différentes vues sur votre dessin. Vous pouvez utiliser le zoom pour faire un gros plan ou au contraire pour obtenir un aperçu d'ensemble, ou bien la fonction Panoramique pour déplacer la vue dans la fenêtre courante sans changer le facteur d'agrandissement. Dans la plupart des cas, vous *devrez* même vous servir fréquemment de ces fonctions pour pouvoir dessiner et modifier correctement vos projets.

Un dessin technique regorge de traits, d'annotations et de cotes. Les fonctions Zoom et Panoramique vous permettent de mieux voir les détails, de dessiner en confiance (parce que vous distinguez ce que vous faites) et de modifier plus rapidement (parce qu'il est plus facile de sélectionner des objets quand il n'y en a pas des myriades sur l'écran). Ce chapitre décrit les fonctions de contrôle de l'affichage les plus utiles d'AutoCAD.

Zoom et panoramique : voir ce que vous voulez à la taille que vous voulez

S'approcher pour voir un objet de plus près (l'agrandir sur l'écran) s'appelle faire un zoom avant. Se reculer pour avoir une vue plus large s'appelle faire un zoom arrière. Déplacer son point de vue pour visualiser une autre partie du dessin sans changer le facteur d'agrandissement s'appelle faire un panoramique.

La possibilité de faire un zoom avant ou arrière sur votre dessin est l'un des grands avantages offerts par AutoCAD sur le dessin manuel. Vous pouvez faire un travail détaillé sur de très petits objets, puis effectuer un zoom arrière pour voir tout l'appartement, tout l'immeuble ou même tout le quartier dans une perspective olympienne.

La fonction Panoramique est étroitement liée au zoom. Si vous faites un zoom avant de façon telle qu'une partie de votre dessin n'apparaisse plus sur l'écran, le panoramique va vous permettre de déplacer la fenêtre d'affichage dans toutes les directions afin de visualiser une autre partie du dessin sans changer le niveau de zoom. AutoCAD rend cette fonction facile à utiliser grâce aux barres de défilement et au panoramique *en temps réel*. Que signifie en temps réel ? Tout simplement que vous voyez les objets se rapprocher et s'éloigner en même temps que vous faites glisser la molette de votre souris. Bien entendu, c'est votre point de vue qui se déplace, pas les objets !

Le panoramique et le niveau de zoom définissent ce que l'on appelle la vue. Une *vue* est constituée par la portion visible de votre dessin avec le facteur d'agrandissement courant. Chaque fois que vous changez le niveau de zoom ou que vous vous déplacez sur votre dessin en utilisant la fonction Panoramique, vous établissez une nouvelle vue. Vous avez la possibilité de donner un nom à une vue pour y revenir facilement, comme je l'expliquerai plus loin dans ce chapitre.

Pour bien comprendre tout cela, rien ne vaut un exemple. Commencez donc par dessiner quelques objets, ou contentez-vous de charger un des dessins que vous trouverez dans le dossier \Program Files\AutoCAD 2009\Sample (ou encore \Program Files\AutoCAD LT 2009\Sample).

2009

L'accès aux commandes a été modifié dans AutoCAD 2009, et cela impacte naturellement celles qui sont les plus employées, dont notamment ZOOM et PAN (le raccourci de panoramique). Toutes deux possèdent maintenant un bouton dans la barre d'état, que ce soit dans l'espace de travail Dessin 2D et annotation comme dans l'espace AutoCAD classique. En plus, le panneau Utilitaires du ruban contient un bouton Panoramique et toute une liste d'options de zoom. Si vous préférez toujours le mode AutoCAD classique, vous retrouverez ces mêmes boutons dans la barre d'outils Standard.

L'utilisation des fonctions Zoom et Panoramique dans AutoCAD est aussi simple et souple que possible. C'est ce que vous montrent les étapes suivantes :

1. **Cliquez sur le bouton Zoom de la barre d'état. Dans la barre d'outils Standard, vous le retrouverez sous le bouton Zoom Temps réel (il représente une loupe associée à un signe ±).**

   La version "ligne de commande" du zoom est lancée, et AutoCAD affiche le message suivant :

```
Spécifiez le coin d'une fenêtre, entrez un facteur d'échelle (nX ou nXP) ou
[Tout/Centre/DYnamique/ETendu/Précédent/Echelle/Fenêtre/Objet] <temps réel>:
```

2. **Appuyez sur Entrée pour accepter l'option par défaut, Temps réel.**

   La commande ZOOM est lancée avec l'option Temps réel. Le curseur prend la forme d'une loupe, et la zone de commande affiche le message suivant :

```
Appuyez sur Entrée ou Echap pour sortir ou cliquez avec le
bouton droit de la souris pour afficher le menu contextuel.
```

3. **Placez le curseur vers le milieu de la fenêtre du dessin, maintenez enfoncé le bouton gauche de la souris et faites glisser le curseur vers le haut ou vers le bas jusqu'à ce que le dessin remplisse pratiquement toute la fenêtre.**

   TRUC

   Faire glisser le curseur vers le haut donne un zoom avant et faire glisser le curseur vers le bas donne un zoom arrière.

4. **Cliquez du bouton droit dans la zone de dessin pour afficher le menu contextuel Zoom/Panoramique Temps réel, montré sur la Figure 12.1. Sélectionnez l'option Panoramique.**

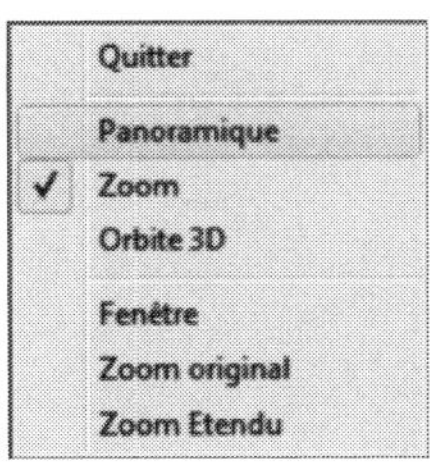

Figure 12.1 Le menu contextuel Zoom/Panoramique Temps réel.

Le curseur prend la forme d'une main.

L'option Orbite 3D concerne exclusivement le déplacement dans les dessins 3D, qui ne nous concernent pas dans ce livre. Comme il se doit, AutoCAD LT est dépourvu de cette option.

5. **En maintenant enfoncé le bouton gauche de la souris, faites glisser le dessin dans la direction que vous voulez.**

   Vous pouvez utiliser le menu contextuel pour basculer autant de fois que vous voulez entre Zoom et Panoramique. Si vous ne savez plus où vous êtes dans votre dessin, sélectionnez Zoom original ou Zoom Étendu pour revenir à une vue reconnaissable.

6. **Cliquez du bouton droit dans la zone de dessin et sélectionnez Quitter.**

   Le curseur reprend sa forme normale.

Dans l'exemple précédent, vous avez commencé avec le zoom et vous avez continué avec le panoramique. Vous pouvez aussi faire l'inverse : dans la barre d'état, cliquez sur le bouton Panoramique (celui qui représente une main), puis utilisez comme vous venez de le faire le menu contextuel pour basculer vers la fonction Zoom. Quelle que soit la manière dont vous y accédez, il est important de savoir que Zoom Temps réel et Panoramique Temps réel (ou Panoramique dynamique) sont deux aspects d'une seule et même fonction d'AutoCAD. Vous pouvez à tout moment passer de l'un à l'autre (ou à une fonction liée, comme Zoom Fenêtre) en utilisant le menu contextuel.

Vous pouvez aussi vous servir de la molette ou du bouton du milieu de la souris pour le zoom ou le panoramique (selon les caractéristiques de votre dispositif de pointage) :

- Faites tourner la molette vers l'avant pour faire un zoom avant et vers l'arrière pour faire un zoom arrière.
- Pour zoomer jusqu'aux limites de votre dessin, double-cliquez sur la molette ou sur le bouton du milieu.
- Pour faire un panoramique, maintenez enfoncé le bouton du milieu ou la molette tout en déplaçant la souris.

Vous pouvez ajuster la direction du zoom réalisé à l'aide de la mollette de votre souris en changeant la valeur de la variable système ZOOMWHEEL (voyez le Chapitre 22 pour une description du rôle et de l'édition des variables système).

Par défaut, cette variable est égale à 0. Si vous lui attribuez la valeur 1, le rôle de la mollette est inversé.

Les opérations de zoom et de panoramique utilisant la molette ou le bouton du milieu de la souris dépendent d'une obscure variable système d'AutoCAD nommée MBUTTONPAN. Lorsque MBUTTONPAN est égal à 1 (la valeur par défaut), vous pouvez utiliser le bouton du milieu pour le zoom et le panoramique comme nous venons de le décrire. Si vous donnez la valeur 0 à MBUTTONPAN, un clic sur le bouton du milieu affiche un menu contextuel d'accrochage aux objets, comme dans certaines versions antérieures d'AutoCAD. Si vous ne pouvez pas utiliser le bouton du milieu de votre souris pour faire un zoom ou un panoramique, donnez la valeur 1 à MBUTTONPAN (ce qui vous donnera également accès au menu contextuel d'accrochage aux objets via la combinaison Maj+clic droit).

Le zoom et le panoramique en temps réel constituent le moyen le plus simple et le plus interactif de vous déplacer dans vos dessins. Dans certaines situations, toutefois, cette méthode est moins efficace et moins précise que les bonnes vieilles options de la commande ZOOM. Nous allons décrire les plus importantes dans ce qui suit.

Une autre manière d'effectuer des panoramiques consiste à utiliser les barres de défilement qui se trouvent sur les bords de la zone de dessin. Voilà qui ne dépayse pas des autres programmes Windows ! Procédez comme dans n'importe quelle autre application : cliquez sur les flèches qui se trouvent aux extrémités des barres défilement pour opérer un panoramique en vous déplaçant d'un pas à la fois ; ou bien faites glisser le curseur pour avancer ou reculer en continu. Par défaut, les barres de défilement (ou encore ascenseurs) sont activées aussi bien dans AutoCAD que dans AutoCAD LT. Vous pouvez les désactiver en ouvrant la boîte de dialogue Options à partir du navigateur de menus, ou de la barre de menus dans l'espace de travail AutoCAD classique. Sous l'onglet Affichage, cochez ou décochez la case Afficher les barres de défilement dans la fenêtre de dessin. Mon avis sur la question est qu'il est souvent préférable de se passer de ces barres pour gagner un peu de place sur l'écran au profit du dessin.

L'heure du zoom

Le zoom en temps réel est très bon jusqu'à un certain point. Vous pouvez en effet disposer d'un contrôle bien plus poussé sur l'affichage si vous utilisez des méthodes alternatives. Le zoom est d'ailleurs d'un usage si fréquent dans AutoCAD qu'il est bon de connaître plusieurs moyens de s'en servir.

Dans les nouveaux espaces introduits par le ruban, vous trouvez dans le panneau Utilitaires des liens vers toutes les options de la commande ZOOM que nous allons étudier. Le bouton qui affiche une grande loupe est associé à un menu que vous ouvrez en cliquant sur le petit triangle noir qui se trouve sous l'icône (voir la Figure 12.2). Le bouton Zoom de la barre d'état agit différemment : il lance la commande ZOOM en mode invite de commande.

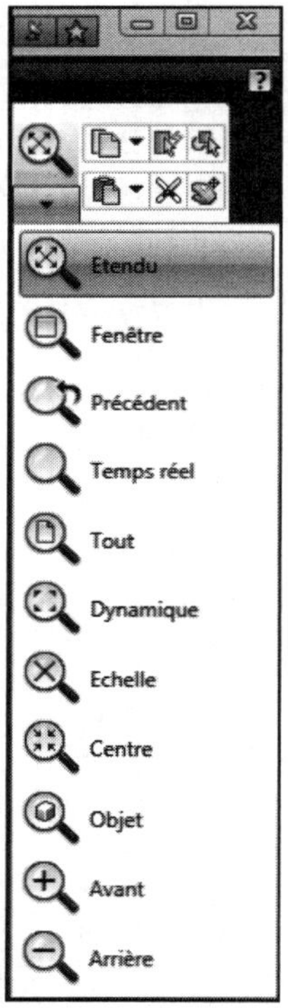

Figure 12.2
Un menu qui magnifie le dessin.

Dans la barre d'outils Standard de l'espace de travail AutoCAD classique, le bouton du milieu, parmi les trois consacrés au zoom, est accompagné d'une petite flèche. En cliquant dessus et en maintenant enfoncé le bouton de la souris, vous découvrirez une nouvelle série de boutons donnant accès aux diverses options de la commande ZOOM (AutoCAD appelle cela des icônes déroulantes).

Comme AutoCAD suppose que vous vous y reprenez à deux fois, il affiche dans le ruban comme dans la barre d'outils Standard le dernier bouton utilisé.

La commande ZOOM dispose de plusieurs options, dont les plus importantes sont les suivantes :

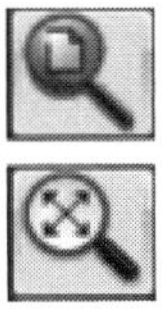

- **Tout et Étendu :** La variante Zoom Étendu (le bouton avec une flèche à quatre points dans l'icône de la loupe) adopte automatiquement le facteur d'agrandissement nécessaire pour afficher tous les objets du dessin en cours. L'option Tout fait la même chose, à moins que les limites du dessin ne soient plus grandes que cette vue étendue, auquel cas elle affiche la zone rectangulaire définie par ces limites. Si vous avez correctement défini les limites du dessin (voyez le Chapitre 4), l'option Tout de la commande ZOOM est un bon moyen d'afficher l'ensemble de votre espace de travail. Ces deux options sont particulièrement utiles quand vous êtes allé un peu trop loin en zoomant en avant, ou quand vous vous êtes égaré avec le panoramique et que vous voulez revenir au dessin complet.

  TRUC

  Il est bon de faire un Zoom Tout ou un Zoom Étendu et d'enregistrer votre dessin avant de le fermer. De cette façon, vous garantissez :

  - Que la personne qui ouvrira le dessin la prochaine fois (vous-même ou quelqu'un d'autre) verra s'afficher une vue d'ensemble.
  - Que des objets que vous auriez copié accidentellement bien au-delà de ce que vous pensiez seront visibles, et donc que vous pourrez les remettre à leur place ou les effacer.
  - Que l'aperçu du dessin qui apparaît dans la boîte de dialogue Sélectionner un fichier affichera le dessin entier au lieu d'un tout petit morceau impossible à identifier.

- **Fenêtre :** Cette option est idéale pour effectuer un zoom avant rapidement et avec précision. Elle agrandit une portion rectangulaire de votre dessin que vous spécifiez en cliquant sur deux points. Ces points définissent la diagonale d'une fenêtre entourant la zone que vous voulez voir.

  Notez que l'option Fenêtre de la commande ZOOM n'est pas une opération du type cliquer-glisser, contrairement à d'autres programmes Windows et, de façon déroutante, à l'option Fenêtre du Zoom/Panoramique en temps réel. Avec l'option Fenêtre de la commande ZOOM, vous cliquez sur un coin puis sur l'autre pour définir un cadre.

- **Échelle (*n*X ou *n*XP) :** L'option *n*X effectue un zoom proportionnellement à l'affichage actuel. Une valeur inférieure à 1 produit un zoom arrière et une valeur supérieure à 1 donne un zoom avant. Vous pouvez aussi considérer cette valeur comme un facteur d'échelle : 0.5X réduit de moitié la taille d'affichage des objets et 2X double leur taille apparente. (L'option *n*XP permet de zoomer sur des objets de l'espace objet dans une fenêtre d'un espace papier. Pour en savoir plus sur l'espace papier, voyez le Chapitre 6.)

- **Temps réel :** Cette technique que nous avons décrite un peu plus haut vous permet de faire un zoom avant ou un zoom arrière en déplaçant le curseur vers le haut ou vers le bas tout en maintenant enfoncé le bouton gauche de la souris. On l'appelle aussi parfois *dynamique*.

- **Précédent :** Cette option annule la dernière opération de zoom et/ou de panoramique. C'est la machine à remonter le temps (jusqu'à de multiples générations), mais sans les costumes d'époque.

- **Objet :** Cette option demande à calculer le facteur d'agrandissement de manière que tous les objets sélectionnés occupent au mieux l'écran. C'est en quelque sorte le microscope d'AutoCAD !

TRUC

AutoCAD propose par défaut une transition régulière entre les vues lorsque vous utilisez les commandes de zoom et de panoramique. L'idée sous-jacente est que vous risquez d'être un peu désorienté si vous faites un Zoom Tout en partant d'une vue très agrandie d'une toute petite partie du dessin. Effectivement, il n'est jamais agréable de laisser traîner tous ces résidus de construction sur l'écran. Opérer des zooms et des panoramiques progressifs peut donc être une bonne idée, du moins jusqu'à ce que vous sachiez retrouver votre chemin et, comme le Petit Poucet, sortir de la forêt en ramassant les cailloux sur votre passage... Si, comme moi, vous trouvez que cette fonctionnalité n'offre pas un grand intérêt, tapez **VTOPTIONS** et décochez dans la boîte de dialogue qui s'affiche l'option Activer l'animation pour le panoramique & le zoom.

TRUC

Certaines options de la commande ZOOM nécessitent un peu d'entraînement. Je vous conseille d'utiliser surtout le zoom et le panoramique en temps réel, en y ajoutant : l'option Zoom Fenêtre pour vous placer rapidement sur un endroit précis, Zoom Précédent pour revenir en arrière si besoin est, et les options Zoom Tout ou Zoom Étendu pour afficher tout le dessin.

2009

De tout temps, les commandes ZOOM et PAN ont étroitement collaboré dans AutoCAD. Jusqu'à ce que vienne AutoCAD 2009 et l'introduction de deux nouveaux outils d'affichage (trop complexes par ailleurs pour qu'on y fasse référence comme à de simples commandes). L'un d'entre eux, le Cube de visualisation, fonctionne uniquement en 3D. L'autre (SteeringWheel) a une configuration 2D qui est en réalité bien moins pratique que les classiques zooms et panoramiques. La taille limitée de ce livre m'interdit de traiter de la 3D. Si vous voulez en savoir plus sur ce sujet, consultez le Manuel d'utilisation dans l'aide en ligne d'AutoCAD. Pour ce qui concerne l'affichage des vues 3D, reportez-vous notamment à la section Contrôle des vues d'un dessin/Utilisation des outils de visualisation 3D.

Appeler une vue par son nom

Si vous utilisez souvent le zoom et le panoramique pour afficher la même région, vous allez probablement gagner du temps en créant pour cette zone une vue nommée. Une vue nommée s'obtient en donnant un nom à une région particulière de votre dessin. Une fois que vous avez créé une vue nommée, vous pouvez la restaurer rapidement. La commande VUE (raccourci VU), qui affiche la boîte de dialogue du même nom, permet de créer et de restaurer une vue nommée.

Les tâches dévolues au Gestionnaire de vues se sont accrues dans AutoCAD 2009. D'ailleurs, un bon gestionnaire n'en fait jamais assez, vous ne trouvez pas ? Il ne se contente donc plus de vues statiques, mais il y ajoute maintenant des vues cinématiques et des navigations enregistrées (ce qu'AutoCAD appelle des *prises de vue*). Les vues sont pratiquement aussi vieilles qu'AutoCAD. Par contre, les prises de vues sont une nouveauté de la version 2009. Peut-être avez-vous remarqué le bouton ShowMotion dans la barre d'état ? Vous y êtes. Et vous pouvez non seulement créer des scènes animées, mais aussi leur ajouter de jolies transitions. Cependant, ce type de production est associé à la 3D. Et comme la 3D n'est pas traitée dans ce livre, vous devriez visiter l'aide en ligne, et en particulier l'Atelier des nouvelles fonctionnalités, pour en apprendre plus sur les mouvements cinématiques et l'enregistrement de navigations.

Pour créer une vue nommée, suivez ces étapes :

1. **Utilisez le zoom et le panoramique pour afficher la vue à laquelle vous voulez assigner un nom.**

2. **Sélectionnez Affichage/Vues existantes dans le navigateur (ou la barre de) de menus.**

   La boîte de dialogue Gestionnaire de vues apparaît.

3. **Cliquez sur le bouton Nouveau.**

   La boîte de dialogue Propriétés de la nouvelle vue/prise de vue apparaît (voir la Figure 12.3).

4. **Dans le champ Nom de la vue, entrez le nom que vous souhaitez donner à votre nouvelle vue.**

5. **(Facultatif) Dans le champ Catégorie de vue, entrez une nouvelle rubrique ou sélectionnez-en une à l'aide de la liste déroulante.**

   Les catégories de vues vous permettent d'organiser vos vues ainsi que certaines caractéristiques de leur affichage, essentiellement dans des

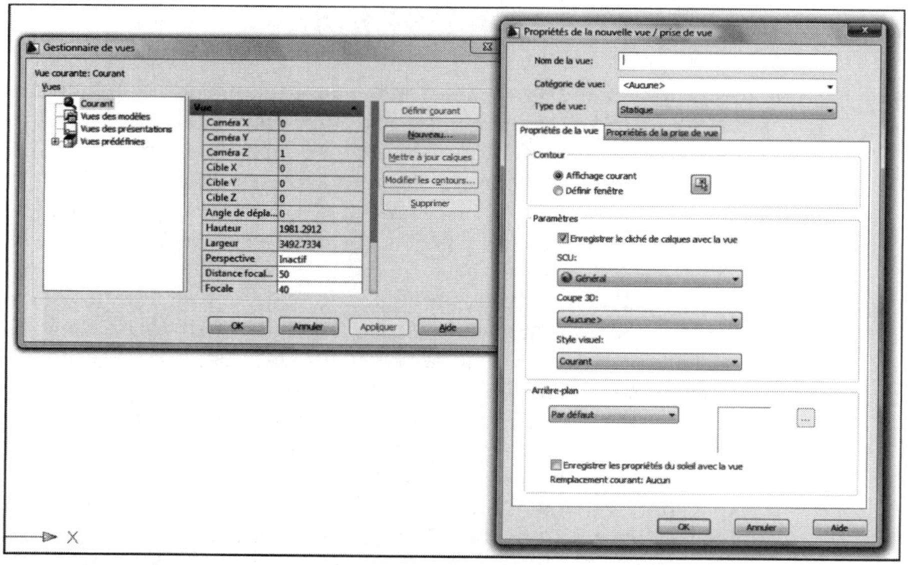

Figure 12.3 Faites-vous une nouvelle vue.

jeux de feuilles. Vous pouvez laisser ce champ vierge si vous n'utilisez pas de jeux de feuilles.

AutoCAD LT ne prend pas en charge les catégories de vues, pas plus que la définition d'un arrière-plan dans la boîte de dialogue Nouvelle vue.

6. **Assurez-vous que la liste Type de vue indique Statique.**

   Si vous voulez en savoir plus sur les options Cinématique et Navigation enregistrée, reportez-vous dans l'aide d'AutoCAD à l'Atelier des nouvelles fonctionnalités.

7. **S'il n'est pas déjà sélectionné, cliquez dans la rubrique Contour sur le bouton radio Affichage courant.**

   Si vous voulez nommer une vue autre que celle qui est affichée actuellement, sélectionnez le bouton radio Définir fenêtre au lieu de l'option Affichage courant. Cliquez ensuite sur l'icône Définir fenêtre d'affichage et spécifiez successivement deux coins opposés du rectangle définissant la région voulue (comme si vous vouliez zoomer sur cette zone).

8. **Confirmez ou modifiez les choix proposés dans le cadre Paramètres.**

Si vous activez l'option Enregistrer le cliché de calques avec la vue, certains des réglages de calque actuels seront restaurés en même temps que la vue (visibilité, état gelé ou non, etc.). Concernant la visibilité des calques, reportez-vous au Chapitre 6. Les paramètres qui parlent de SCU, de coupe 3D et Style visuel concernent essentiellement les dessins 3D. Vous pouvez ignorer ces options dans un dessin 2D. D'ailleurs, les deux derniers ne sont même pas proposés dans AutoCAD LT.

9. **Cliquez sur OK.**

   La fenêtre Nouvelle vue disparaît, et vous voyez dans la liste de la fenêtre Vue la nouvelle vue que vous venez de définir.

10. **Cliquez sur OK.**

    La boîte de dialogue Gestionnaire de vues disparaît.

Pour restaurer une vue nommée, sélectionnez Affichage/Vues existantes dans le menu ou tapez **VUE** (raccourci **VU**) dans la fenêtre de commande et appuyez sur Entrée. La boîte de dialogue Gestionnaire de vues s'affiche. Dans la liste des vues existantes, cliquez sur le groupe Vue des modèles ou Vue des présentations (selon l'espace dans lequel vous avez sauvegardé votre vue), puis sur le nom de celle que vous désirez restaurer. Cliquez ensuite sur le bouton Définir courant et enfin sur OK pour fermer la boîte de dialogue.

TRUC

Pour tracer la zone définie par une vue nommée, voyez le Chapitre 16.

Zoom et panoramique au pays des présentations

Toutes les opérations de zoom et de panoramique décrites dans ce chapitre s'appliquent aux présentations dans l'espace papier aussi bien qu'à l'espace objet (si la différence entre espace objet et espace papier n'est pas claire pour vous, voyez les Chapitres 4 et 5). Il y a toutefois une petite complication : dans une présentation (c'est-à-dire dans un onglet autre qu'Objet, du moins si vous laissez les onglets affichés), le curseur peut tout aussi bien se trouver dans l'espace papier que dans une zone de l'espace objet à l'intérieur d'une fenêtre. Le zoom et le panoramique auront donc un effet différent selon l'espace dans lequel se trouve le curseur à ce moment. Vous pouvez passer de l'un à l'autre en utilisant les commandes ESPACEO (raccourci EO) et ESPACEP (raccourci EP).

Utilisez les étapes suivantes pour en expérimenter les effets :

1. **Ouvrez un dessin contenant au moins un espace papier avec un cartouche et une ou plusieurs fenêtres.**

   Si vous n'avez pas encore réalisé un tel dessin, vous pouvez utiliser l'exemple d'AutoCAD que vous trouverez à l'adresse suivante :

```
C:\Program Files\AutoCAD 2009\Sample\Sheet Sets\Architectural\A-05.dwg
```

   Avec AutoCAD LT, essayez cet exemple :

```
C:\Program Files\AutoCAD LT 2009\Sample\Tallship.dwg
```

2. **Cliquez sur le bouton Présentations Vue rapide dans la barre d'état, puis sur l'une des vignettes d'aperçu autre que celle qui indique Objet. Si vous utilisez le système d'onglet, il vous faudra cliquer sur l'un des onglets autre que Objet.**

   AutoCAD affiche l'espace papier pour cette présentation, avec le cartouche et les fenêtres. Cliquez sur le fond de la zone de dessin pour refermer le panneau Présentations Vue rapide.

3. **Tapez ESPACEP (ou EP) et appuyez sur Entrée.**

   Vous pouvez aussi double-cliquer dans la partie grise de la zone de dessin, si elle est visible.

   Vous devriez voir l'icône triangulaire du SCU de l'espace papier, en bas et à gauche de la fenêtre. Si ce n'est pas le cas, cliquez sur l'onglet Vue du ruban, puis déroulez le panneau SCU et cliquez sur l'option Afficher l'icône SCU. Dans l'espace de travail AutoCAD classique, choisissez Affichage/Affichage/Icône SCU/Actif. Le curseur se trouve maintenant dans l'espace papier, et le zoom et le panoramique agissent sur tous les objets de la présentation, y compris le cartouche.

4. **Tapez Z, appuyez sur Entrée, puis tapez T et appuyez de nouveau sur Entrée.**

   AutoCAD affiche la totalité de la présentation, comme l'illustre la Figure 12.4.

5. **Utilisez à volonté le zoom et le panoramique en vous servant des techniques décrites dans ce chapitre.**

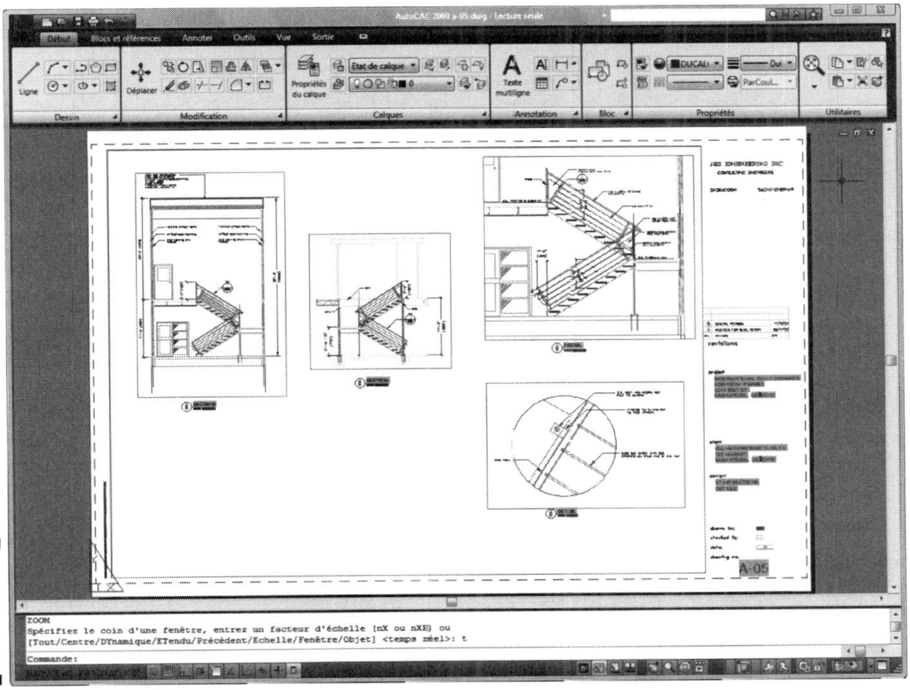

Figure 12.4 L'ensemble de la présentation est affiché.

Le zoom et le panoramique affectent l'apparence du cartouche comme du reste (voir la Figure 12.5). C'est comme si vous déplaciez la feuille imprimée devant vous sans bouger la tête.

6. **Revenez à la vue d'ensemble (Z, Entrée, A, Entrée).**

   AutoCAD affiche à nouveau l'ensemble de la présentation.

7. **Tapez maintenant ESPACEO (ou EO) et appuyez sur Entrée.**

   Vous pouvez aussi double-cliquer après avoir placé le curseur sur une fenêtre.

   Vous devriez voir s'afficher l'icône du SCU de l'espace objet (si ce n'est pas le cas, voyez l'Étape 3 ci-dessus). Le curseur se trouve maintenant dans l'espace objet, à l'intérieur de la fenêtre, et le zoom comme le panoramique ne vont alors s'appliquer qu'aux objets qui sont visibles dans cette fenêtre. L'affichage du cartouche reste inchangé.

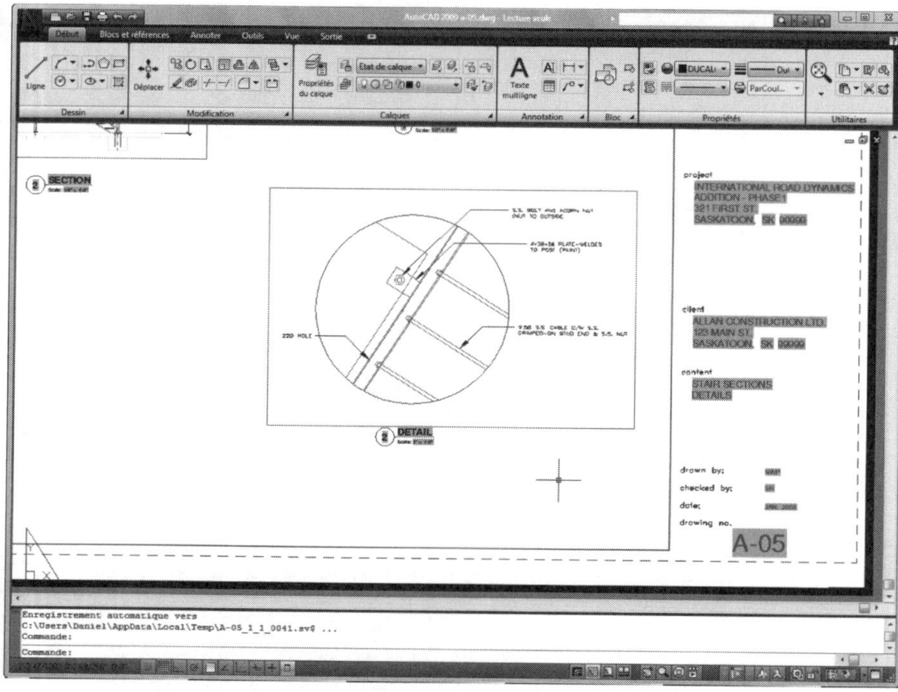

Figure 12.5 Zoomez dans un espace papier.

8. **Utilisez à volonté le zoom et le panoramique en vous servant des techniques décrites dans ce chapitre.**

   Le zoom et le panoramique n'affectent pas l'affichage du cartouche (voir la Figure 12.6). C'est comme si vous déplaciez une image de l'espace objet derrière un cadre.

Dans un véritable dessin, il vaut généralement mieux éviter d'utiliser le zoom et le panoramique dans une fenêtre une fois qu'elle a été configurée (voyez pour cela le Chapitre 5). L'échelle de la fenêtre s'en trouve modifiée, ce qui compromet le tracé. Je ne vous ai demandé de le faire ici que pour illustrer la différence de fonctionnement du zoom et du panoramique selon que l'on se trouve dans l'espace objet ou dans l'espace papier.

Si le cartouche est affecté par un zoom ou un panoramique dans une fenêtre sur l'espace objet, c'est que quelqu'un a verrouillé cette fenêtre pour éviter le genre d'incident contre lequel je vous met en garde dans le paragraphe précédent (vous voyez aussi dans la zone de commande un message du genre "La fenêtre est verrouillée. Passez dans l'espace

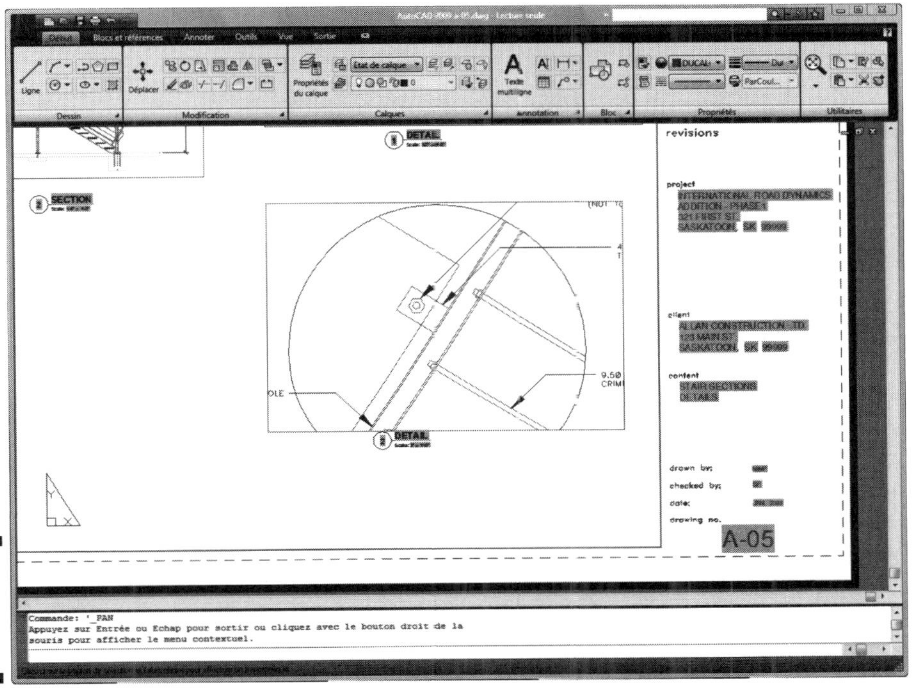

Figure 12.6 Zoomez dans une fenêtre de l'espace objet.

papier".). Si vous avez besoin de verrouiller ou de déverrouiller des fenêtres, reportez-vous au Chapitre 5 (quand vous êtes dans l'espace papier, activez la palette Propriétés par Ctrl+1, cliquez sur le bord de la fenêtre voulue, puis changez dans la rubrique Divers de la palette la valeur de l'option Affichage verrouillé).

9. **Sélectionnez Zoom Précédent dans le panneau Utilitaires du ruban (ou Affichage/Zoom/Précédent dans la barre de menus du mode AutoCAD classique) autant de fois que nécessaire pour restaurer la vue originale.**

10. **Tapez EP et appuyez sur Entrée.**

    Une fois terminé ce que vous aviez à faire, laissez toujours le curseur dans l'espace papier.

11. **Refermez le dessin en cliquant sur le bouton Non dans la boîte de dialogue qui apparaît pour fermer le fichier sans enregistrer les modifications.**

Inutile pour cet exemple d'enregistrer les modifications au cas où vous auriez par mégarde modifié l'échelle de la fenêtre.

Dans la plupart des cas, un espace papier est configuré une fois pour toutes, comme je l'ai expliqué au Chapitre 5, et on n'y revient que pour tracer le dessin. Vous ne passerez sans doute pas beaucoup de temps à utiliser le zoom et le panoramique dans les présentations de l'espace papier. Ces fonctions servent à obtenir une meilleure visibilité sur ce que vous dessinez et ce que vous modifiez, et l'espace objet est fait pour cela. Mais si vous voulez utiliser le zoom dans un espace papier (par exemple, pour voir de plus près une partie du cartouche), assurez-vous que l'icône du SCU, dans le coin inférieur gauche de la zone de dessin, affiche bien un grand triangle.

TRUC

Les commandes MAXFENETRE et MINFENETRE vous permettent de développer et de restaurer une fenêtre dans la présentation courante. Elles fournissent une alternative au passage entre espace objet et présentation, tout en évitant les problèmes potentiels posés par un zoom sur les fenêtres de l'espace papier. La façon la plus simple d'exécuter ces commandes consiste à cliquer sur le bouton correspondant de la barre d'état (il se trouve à droite des boutons de navigation).

Savoir se régénérer

NOTE TECHNIQUE

Lorsque vous effectuez un zoom ou un panoramique sur votre dessin, vous vous demandez peut-être quel est le rapport entre l'image que vous voyez sur l'écran et le fichier DWG sauvegardé par AutoCAD sur votre disque dur. Et même si vous ne vous posez aucune question, je vais quand même y répondre !

Lorsque vous dessinez ou éditez des objets, AutoCAD enregistre toutes les propriétés géométriques (pour simplifier, leur position et leur taille) sous une forme extrêmement précise (il se sert de nombres en virgule flottante avec une double précision, rien que cela !). Cette précision est toujours conservée lorsque vous sauvegardez le fichier DWG. En revanche, et pour des raisons plutôt évidentes liées notamment à la précision de votre système informatique, il ne se sert pas de toutes ces décimales pour afficher votre dessin à l'écran. Il convertit donc ces nombres en valeurs entières, bien sûr moins sophistiquées, mais qui vont faciliter la création des vues qui vous sont proposées dans l'aire de dessin.

La bonne nouvelle, c'est que cette conversion rend le zoom, le panoramique et tout autre changement de l'affichage nettement plus rapides. La mauvaise nouvelle, c'est que cette conversion (appelée ici régénération) peut parfois entraîner l'apparition de quelques défauts.

Dans la plupart des cas, AutoCAD se charge automatiquement des régénérations. Vous verrez parfois apparaître un message du genre `Régénération du modèle` ou `Régénération de la présentation`, qui vous indique qu'AutoCAD est en train de régénérer le dessin sans vous demander votre avis.

D'un autre côté, si vous voyez apparaître dans la ligne de commande un intrigant message du genre `Régénération en attente`, vous devez en déduire qu'AutoCAD n'est *pas* en train d'effectuer une régénération de l'écran, même si cette opération semble nécessaire à cet instant. Il peut aussi vous demander de confirmer la régénération. Tous ces messages sont une façon de vous dire : "Ce qui est affiché en ce moment ne correspond peut-être pas exactement à la version réelle qui est enregistrée dans la base de données du dessin. Je vais donc recalculer l'affichage lors de la prochaine régénération."

La commande REGNAUTO (que vous ne trouverez pas dans AutoCAD LT) définit la manière dont AutoCAD gère les régénérations automatiques. Elle contrôle en fait la valeur d'une variable système appelée REGENMODE (reportez-vous au Chapitre 22 pour plus d'informations sur les variables système, et sur celle-ci en particulier).

- La valeur par défaut de REGNAUTO (ou de REGENMODE) vaut 1 dans les nouveaux dessins. Elle dit à AutoCAD de régénérer automatiquement votre dessin si c'est nécessaire pour synchroniser l'affichage à l'écran avec la base de données enregistrée dans le fichier DWG.
- L'autre valeur, 0 (Inactif), demande à AutoCAD de ne pas effectuer de régénération automatiquement, mais d'afficher le message Régénération en attente sur la ligne de commande. Vous pouvez alors forcer une régénération si vous le souhaitez en lançant la commande REGEN.

ATTENTION !

Ne confondez pas la commande REGEN et la commande REDESS. REGEN (Affichage/Régénérer dans le système de menus) lance le processus de synchronisation que nous venons de décrire. REDESS (Affichage/Redessiner dans les menus) se contente de redessiner l'affichage sans essayer de le synchroniser avec la base de données du dessin. La commande REDESS était utile à l'époque où les ordinateurs étaient vraiment très lents et quand les anciennes versions d'AutoCAD ne traitaient pas l'affichage aussi efficacement qu'aujourd'hui, mais elle est devenue pratiquement obsolète.

TRUC

La commande REGNTOUT (Affichage/Régénérer tout dans les menus) régénère toutes les fenêtres dans une présentation de l'espace papier. Si vous lancez cette commande dans l'espace objet, elle a le même effet que REGEN.

Troisième partie

Si les dessins pouvaient parler

Dans cette partie...

Les textes, les cotes et les hachures (ces embellissements si mystérieux pour le non-initié) ont toujours été des éléments importants de clarification dans le dessin industriel. Avec AutoCAD, ils ont une souplesse qu'ils n'avaient pas au temps du dessin manuel, et vous pouvez les modifier et les mettre à jour rapidement pour refléter les modifications de l'objet correspondant. Les textes, les cotes et les hachures que vous ajoutez "parlent" de la géométrie du dessin, pour mieux faire saisir aux autres ce qu'il décrit exactement.

Une fois que vous aurez ainsi réalisé quelques dessins "parlants", vous aurez sans doute envie de faire passer ces messages en les imprimant (ou plutôt en les traçant). Le Chapitre 16 est votre passeport vers ces nouveaux rivages du tracé. Il vous expliquera en quoi les méthodes de tracé proposées par AutoCAD influent sur la pratique des utilisateurs et surtout comment obtenir sur le papier des dessins séduisants et à la bonne échelle.

Chapitre 13

Texte avec caractère

Dans ce chapitre :

- Créer un texte annotatif.
- Utiliser des styles pour contrôler l'apparence du texte.
- Créer un texte sur une ou plusieurs lignes.
- Utiliser des champs et des masques de fond.
- Créer des listes à puces et numérotées.
- Travailler avec les colonnes et les paragraphes.
- Modifier le contenu et les propriétés du texte.
- Créer des tableaux.
- Dessiner des repères.

Bien que l'adage "Une image vaut mille mots" soit souvent vrai, il est tout aussi vrai que le simple fait d'ajouter quelques mots dans un dessin peut vous éviter d'avoir à créer des milliers de lignes et d'arcs. C'est ce que permet l'usage de pièces normalisées. Par exemple, il vaut mieux avoir recours à l'annotation "Goupille cannelée ISO 8739 – 5 x 20" associée à une représentation schématique de la pièce, plutôt que de la dessiner en détail en espérant que le client comprendra de quoi il s'agit !

En CAO, la plupart des dessins contiennent du texte sous forme de notes explicatives, d'indications sur les objets et de titres. Ce chapitre va vous expliquer comment ajouter du texte dans vos dessins et vous montrer comment tirer parti des objets de texte annotatifs d'AutoCAD et des styles de texte, comment rechercher des mots spécifiques et vérifier votre orthographe. Le Chapitre 14 est consacré aux cotes, c'est-à-dire à la partie du texte qui décrit les dimensions des objets.

TRUC

Dans la plupart des cas, l'ajout de texte, de cotes et autres symboles descriptifs est une tâche que vous ne devez entreprendre qu'après avoir dessiné au moins une partie de la géométrie de vos objets. Dans un dessin de CAO, le texte et autres indications ont normalement pour rôle de compléter la géométrie. Ils n'ont pas d'existence autonome. Il est donc généralement nécessaire de mettre en place votre géométrie avant d'ajouter les éléments textuels. Bien des dessinateurs trouvent plus efficace de commencer par dessiner le plus de choses possible et de n'ajouter qu'à la fin toutes les annotations et les cotes. Cette manière de travailler évite d'avoir à faire des allers-retours dans lesquels on perd pas mal de temps entre le travail de dessin proprement dit, le texte et la cotation.

Comme je l'ai déjà indiqué dans le Chapitre 4, les objets annotatifs offrent une méthode directe pour l'insertion de notes, de cotes et autres annotations dans vos dessins. Ce chapitre présente les textes annotatifs. Fort logiquement, les cotes et les hachures annotatives sont abordées dans les chapitres correspondants. Voyez aussi un peu plus loin l'encadré "Annotativement vôtre".

Prêt à écrire

Dans AutoCAD, il est à peine plus difficile d'ajouter du texte dans un dessin que de le saisir dans un traitement de texte. Voici les étapes de base, que j'expliquerai plus en détail dans les sections qui suivent :

1. **Créez un nouveau style de texte AutoCAD ou sélectionnez un style existant (il contient la police et les autres caractéristiques de texte que vous voulez utiliser).**

   À l'égal de tout traitement de texte qui se respecte, AutoCAD utilise des *styles*, c'est-à-dire des collections de propriétés de formatage, afin de contrôler l'apparence du texte dans vos dessins. J'y reviendrai dans la prochaine section.

2. **Créez un calque pour le texte et faites-en le calque courant.**

   TRUC

   Pour rendre vos dessins AutoCAD efficaces et faciles à éditer (pour vous comme pour les autres), créez vos textes dans leur propre calque. La plupart des bureaux et cabinets spécialisés ont leurs propres standards définissant notamment la manière de nommer les calques recevant les textes, ou plus largement d'autres types d'objets spécifiques.

3. **Lancez l'une de ces deux commandes pour entrer le texte :**

   - TEXTMULT (qui a la chance d'avoir deux raccourcis, TT et TX) crée un paragraphe de texte (un texte multiligne).

   - TEXTE crée un objet texte sur une seule ligne.

4. **Spécifiez les paramètres demandés par la fenêtre de commande (point de départ, justification, et si nécessaire hauteur et angle de rotation du texte notamment).**

5. **Tapez le texte.**

6. **(Facultatif) Pour un texte annotatif, affectez des échelles d'annotation à la légende que vous venez de saisir.**

Vous êtes probablement déjà familier avec la plupart de ces étapes, surtout si vous avez déjà utilisé un traitement de texte. Dans la suite de ce chapitre, nous verrons les particularités des styles de texte d'AutoCAD, les deux types de textes proposés et les manières de contrôler la hauteur ainsi que la justification.

Du texte qui a du style

C'est sur la base de styles de texte qu'AutoCAD assigne des propriétés à des lignes ou à des paragraphes de texte. Ces styles de texte sont semblables aux styles de paragraphe d'un traitement de texte : ils définissent la police ainsi que d'autres paramètres qui déterminent l'aspect des caractères. Un style de texte d'AutoCAD contient :

- La police.
- Une hauteur de police que vous pouvez spécifier ou laisser à 0 pour pouvoir la modifier par la suite.
- Des effets spéciaux (par exemple, italique).
- Des effets vraiment spéciaux, comme du texte vertical ou à l'envers, dont presque personne ne se sert.

Avant d'ajouter du texte à un dessin, utilisez la boîte de dialogue Style de texte (elle s'ouvre depuis le menu Format ou en tapant la commande STYLE) pour sélectionner un style de texte existant ou en créer un nouveau selon ce que vous voulez faire. Vos annotations pourront provoquer des réponses inattendues (ou pas de réponse du tout) si elles apparaissent en caractères cunéiformes (ça existe vraiment) ou cyrilliques.

TRUC

La boîte de dialogue Style de texte contient une propriété intitulée Annotatif. Vous pouvez également affecter cette propriété à vos anciens dessins en les ouvrant, puis en cochant cette option, et enfin en réenregistrant le fichier au format d'AutoCAD 2009.

Annotativement vôtre

L'un des grands avantages d'AutoCAD est qu'il vous offre en permanence de multiples méthodes pour réaliser vos tâches de dessin. L'inconvénient, bien entendu, c'est qu'il y a bien plus de choses compliquées à apprendre. Vous pourriez par exemple vous spécialiser dans une technique de travail, puis être embauché dans un bureau qui a développé d'autres méthodes. La solution, du moins celle que ce livre s'efforce de fournir, est de vous donner au moins un aperçu de la plupart des méthodes courantes.

AutoCAD 2009 propose trois procédés différents pour insérer des annotations dans vos dessins :

- **Ajouter du texte et des cotes dans l'espace objet, en multipliant le facteur d'échelle du dessin (voir à ce sujet le Chapitre 4) par la taille de tracé souhaitée.** Supposons par exemple que quelqu'un ait dessiné le plan d'un étage à l'échelle impériale ¼" = 1'-0" (ce qui correspond à un facteur d'échelle du dessin de 48) et que vous vouliez que vos notes apparaissent avec une hauteur de 1/8" lors du tracé du dessin. Le texte devra alors être créé avec une hauteur de 6" (soit 1/8" fois 48). Prenons un autre exemple. Imaginez que vous dessiniez une pièce mécanique à l'échelle 1 mm = 20 mm (soit un facteur d'échelle de 20). Vous voulez que les annotations fassent 3,5 mm de haut sur le dessin une fois celui-ci tracé. La hauteur que vous devez spécifier pour le texte correspondant est donc de 20 fois 3,5 mm, soit 70 mm. Et si vous dessinez le plan d'une maison à l'échelle 1 mm = 50 mm (soit un facteur d'échelle de 50), pour du texte qui doit faire 5 mm de haut sur le tracé, vous devez spécifier une hauteur de texte de 50 fois 5 mm, soit 250 mm.
- **Ajouter du texte et des cotes dans des présentations de l'espace papier.** Comme l'espace papier est tracé à l'échelle 1:1, vos annotations doivent y être créées à leur taille de tracé exacte. Le calcul des échelles se réduit alors à une multiplication par 1, ce qui est à la portée de tout le monde. Cependant, il est parfois préférable que les légendes se trouvent dans le même espace que la géométrie du dessin, et vous risquez également d'avoir à dupliquer des notes dans chaque présentation.
- **Ajouter du texte et des cotes dans l'espace objet en utilisant des styles annotatifs pour les légendes et les cotes.** Créez-les à leur taille de tracé réelle, puis affectez des *échelles d'annotation* pour toutes les échelles de tracé voulues. Changer l'échelle d'annotation sur la barre d'état modifie automatiquement l'échelle visible dans le dessin.

Annotativement vôtre (*suite*)

Le grand intérêt des objets annotatifs est qu'ils couvrent toutes les échelles de tracé. De plus, comme ils se trouvent dans l'espace objet, ils n'ont pas à être dupliqués dans de multiples présentations. L'un des concepts les plus difficiles à assimiler pour les nouveaux utilisateurs est la nécessité de jongler avec des échelles apparemment bizarres (par exemple une hauteur de texte de 6") pour obtenir un tracé correct. Les objets annotatifs vous permettent de placer vos notes dans l'espace objet tout en spécifiant la taille correspondant à la sortie sur papier. AutoCAD se charge alors de tous les calculs d'échelles à votre place.

Les objets annotatifs comprennent les textes simples et multilignes (traités dans ce chapitre), les cotes et les rappels (étudiés dans le Chapitre 14), les hachures (voir le Chapitre 15) ainsi que les blocs et les attributs (étudiés dans le Chapitre 17). Par défaut, seuls les objets annotatifs dans l'échelle d'annotation courante telle qu'elle est définie dans la barre d'état sont affichés, mais un astucieux bouton à bascule situé à droite de la liste Échelle d'annotation vous permet si nécessaire de visualiser les objets annotatifs pour toutes les échelles.

La méthode annotative exige une étape supplémentaire par rapport aux deux autres techniques indiquées plus haut. Au lieu de créer simplement votre texte (ou tout autre objet annotatif), vous procédez comme à l'habitude, puis vous lui ajoutez une échelle d'annotation. Ce processus est décrit en détail dans ce chapitre et dans ceux qui suivent.

La plupart des dessins ne nécessitent qu'un petit nombre de styles de texte. Vous pouvez créer un style pour toutes les notes, les étiquettes d'objets et les annotations, un autre pour les titres spéciaux, et un autre encore pour les cotes (j'y reviendrai dans le Chapitre 14). Un cartouche peut nécessiter une ou deux polices supplémentaires, surtout si vous voulez reproduire les caractères utilisés dans le logo d'une entreprise ou d'un projet.

TRUC

Comme pour les calques, votre entreprise peut avoir ses propres règles en matière de styles de texte. Si c'est le cas, vous ferez plaisir à tout le monde en vous conformant à ces règles. L'une des meilleures manières d'utiliser vos styles de texte de façon efficace et cohérente est de les définir dans un gabarit que vous utiliserez pour créer vos nouveaux dessins (si votre société est bien organisée, elle a sans doute déjà des gabarits de dessin contenant les styles de texte adéquats). Si vous avez besoin d'informations sur la création et l'utilisation de gabarits, reportez-vous au Chapitre 4. Il y a un autre procédé pratique qui consiste à copier des styles de texte existants d'un dessin à un autre en utilisant la palette DesignCenter. Pour savoir comment procéder, voyez le Chapitre 6.

Polices en folies

Lorsque vous créez un style de texte dans AutoCAD, vous avez le choix entre un grand nombre de polices de caractères. AutoCAD peut utiliser deux types de polices : ses propres polices natives au format SHX (compiled SHape) et les polices Windows TTF (TrueType) :

- **SHX :** dans la boîte de dialogue Style de texte, les noms des polices SHX apparaissent précédés d'une icône représentant un compas et suivis de l'extension `.shx`. Ces polices donnent généralement de meilleures performances, car elles sont optimisées pour AutoCAD.
- **TTF :** dans la boîte de dialogue Style de texte, les noms des polices TrueType apparaissent précédés du symbole TT. Ces polices vous offrent un plus grand nombre d'options. Elles sont aussi plus amusantes, mais elles ont tendance à ralentir AutoCAD lors de l'utilisation du zoom ou du panoramique, ainsi que pendant la réalisation de sélections et d'accrochages aux objets. Les polices TrueType peuvent aussi compliquer les choses si vous échangez des dessins avec d'autres utilisateurs d'AutoCAD.

Vous pouvez sans inconvénient utiliser avec modération une police TrueType, par exemple pour le logo du cartouche, mais d'une façon générale, il vaut mieux vous en tenir chaque fois que vous le pouvez aux polices SHX d'AutoCAD.

AutoCAD 2009 ne reconnaît pas les polices au format OpenType. Mais ce n'est pas bien grave (pour les mêmes raisons que ci-dessus).

La plus utilisée des polices d'AutoCAD est ROMANS.SHX (Roman Simplex). (Vous pouvez aussi rencontrer SIMPLEX.SHX, qui en est une ancienne version.) ROMANS.SHX est un bon choix d'usage général. Évitez les polices compliquées et les polices grasses. Elles peuvent ralentir AutoCAD et elles sont généralement moins lisibles que les polices plus simples. Ne perdez pas de vue que vous êtes en train de faire de la CAO, pas du dessin d'illustration ou de la reproduction d'enluminures médiévales !

Chaque fois que possible, n'utilisez que les polices qui sont fournies avec AutoCAD et AutoCAD LT (ce sont les mêmes). Par défaut, AutoCAD installe ses polices SHX dans le dossier \Program Files\AutoCAD 2009\Fonts. Tant que vous n'avez rien ajouté à ce dossier, vous pouvez l'ouvrir pour visualiser la liste des polices standard. Sachez qu'AutoCAD n'incorpore pas les polices dans les dessins. Ceux-ci ne contiennent que des références aux fichiers installés localement soit dans le dossier d'AutoCAD (pour les polices SHX), soit dans celui de Windows (pour les polices TTF). Si vous utilisez des polices différentes, il vous sera beaucoup plus compliqué d'échanger vos dessins avec d'autres utilisateurs. Et si une raison quelconque vous oblige à le faire, notez-le et n'oubliez pas soit d'envoyer la police avec le fichier DWG (en supposant qu'elle n'est pas couverte par un *copyright*, ce qui est généralement le cas), soit de prévenir le destinataire que le texte apparaîtra différemment sur son système. L'utilisation des polices fournies avec AutoCAD évite tous ces tracas. Pour en savoir plus sur la manière de traiter les polices quand vous envoyez ou recevez des dessins, reportez-vous au Chapitre 19.

Une affaire de style

Les étapes suivantes décrivent comment sélectionner un style de texte existant ou en créer un nouveau avant d'entrer des légendes dans un dessin (si vous voulez vous exercer avec un dessin existant qui utilise divers styles de texte, vous pouvez ouvrir le fichier C:\Program Files\AutoCAD 2009\Sample\Architectural - Annotation Scaling and Multileaders.dwg). AutoCAD LT propose d'ailleurs le même exemple.

1. **Sous l'onglet Début du ruban, déroulez le panneau Annotation, puis cliquez sur l'option Style de texte. Dans AutoCAD classique, choisissez Format/Style de texte. Ou bien encore, tapez** STYLE **et appuyez sur Entrée.**

   La boîte de dialogue Style de texte apparaît (voir la Figure 13.1).

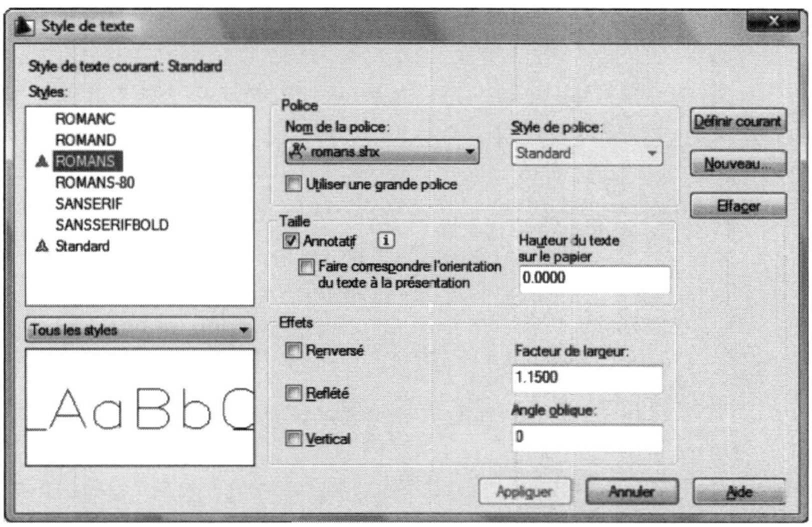

Figure 13.1 Texte avec style.

2. **Dans la liste Styles, sélectionnez chaque proposition l'une après l'autre pour voir les styles de texte qui ont été créés dans ce dessin.**

   Notez en particulier le nom de la police correspondante et l'aspect qu'elle offre dans la zone Aperçu.

3. **Si vous trouvez un style de texte qui vous convient, sélectionnez-le dans la liste Styles, puis passez directement à l'étape 9.**

   Ce qui rend un style de texte acceptable dépend des pratiques d'un domaine d'activité, des usages de votre entreprise et de vos préférences personnelles. Les informations données dans les sections précédentes peuvent vous aider à vous décider. Dans le cas contraire, demandez à un collègue expérimenté ou essayez de reproduire le texte que vous voyez sur un dessin imprimé. Si vous partez de rien, je vous conseille vivement d'utiliser des styles annotatifs (regardez le symbole triangulaire qui se trouve devant le nom du style).

4. **Si vous ne trouvez pas un style qui vous convient, ou si vous préférez créer le vôtre, cliquez sur le bouton Nouveau.**

   Faites attention au style qui est courant lorsque vous cliquez sur Nouveau. Si ce style est annotatif, votre nouveau style le deviendra automatiquement. Et réciproquement. Il n'est pas compliqué de cocher ou décocher la case Annotatif, mais autant se préoccuper en amont de cette question, bien avant de l'oublier.

   La boîte de dialogue Nouveau style de texte apparaît. Elle contient un champ dans lequel vous pouvez entrer le nom de votre nouveau style.

5. **Tapez un nom pour votre nouveau style de texte et cliquez sur OK.**

   Votre nouveau style est ajouté à la liste Styles et devient le style courant.

6. **Dans la liste déroulante Nom de la police, sélectionnez une police de caractères.**

   ROMANS.SHX est la meilleure police d'usage général pour la plupart des dessins. Si vous préférez en utiliser une autre, commencez par relire les suggestions et les avertissements donnés dans la section précédente.

   La police que vous avez sélectionnée est assignée à votre nouveau style de texte.

7. **Pour créer un style de texte annotatif, cochez la case Annotatif. Dans le cas contraire, désactivez-la (ce que je ne conseille pas, vous l'avez bien compris).**

   Vous pouvez cliquer sur la petite icône *i* qui suit l'option Annotatif pour demander des informations supplémentaires au système d'aide d'AutoCAD.

8. **Spécifiez les autres paramètres du style de texte.**

   Le style illustré sur la Figure 13.1 est associé aux valeurs suivantes :

   - Hauteur du texte sur le papier (ou simplement Hauteur pour un style non annotatif) = `0.0`
   - Facteur de largeur = `1.15`
   - Angle oblique = `0.0`
   - Désactivation de toutes les cases à cocher autres qu'Annotatif.

   Une hauteur égale à 0 donne au style une hauteur variable, ce qui signifie que vous pourrez spécifier celle-ci séparément pour chaque objet de texte utilisant ce style. Si vous attribuez une hauteur fixe (c'est-à-dire non nulle) à un style de texte, tous les caractères utilisant ce style auront la même hauteur. Les styles à hauteur variable sont donc plus souples. En revanche, les styles à hauteur fixe permettent de créer plus facilement du texte ayant des dimensions cohérentes. L'utilisation d'une méthode plus que de l'autre dépend surtout des pratiques en usage dans votre entreprise. Encore une fois, renseignez-vous auprès de vos collègues.

   Les cotes utilisent des styles de texte pour formater l'apparence de leurs légendes. Lorsque vous créez un style de texte destiné à être utilisé pour des cotes, vous *devez* définir une hauteur égale à zéro. Sinon, le paramètre qui contrôle le texte de cotation ne fonctionnera pas et vous vous retrouverez généralement avec des caractères énormes ou au contraire microscopiques. Cet avertissement mériterait même d'être rappelé deux fois, car c'est l'une des erreurs les plus courantes chez les nouveaux utilisateurs d'AutoCAD.

9. **Cliquez sur le bouton Appliquer, puis sur Fermer.**

   La boîte de dialogue se ferme et le style de texte que vous avez sélectionné ou créé est maintenant celui qui sera appliqué aux nouveaux objets de texte.

Du texte à la bonne échelle

Pour le cas (improbable) où vous auriez choisi de ne pas utiliser des styles de texte annotatifs, cette section devrait vous faire comprendre qu'il est encore temps de changer d'avis...

Au Chapitre 4, j'ai expliqué l'importance du choix d'un bon facteur d'échelle au stade de la configuration du dessin. Je vous ai averti que vous auriez besoin de connaître le facteur d'échelle de votre dessin pour de nombreuses tâches décrites dans d'autres chapitres de ce livre. Eh bien, nous y sommes ! Mais avant de poursuivre, n'oubliez pas : vous pouvez éviter bien des calculs compliqués en utilisant des textes annotatifs. Après tout, il n'y a qu'une simple case à cocher...

NOTE TECHNIQUE

L'*échelle du dessin* est la manière traditionnelle de décrire une échelle avec un signe égal (=) ou un signe deux-points (:) (par exemple, 1 cm = 1 km, ou 1:20, ou encore 2:1). Le *facteur d'échelle du dessin* représente la même relation à l'aide d'un simple nombre, comme 10 000, 20 ou 0,5. Ce facteur permet d'obtenir le deuxième nombre de l'échelle du dessin en le multipliant par le premier. En France, pour le dessin industriel, on ne parle que d'échelle, avec une représentation du type "2:1" (pour une échelle de 2:1, ce qui fait 1 mm sur l'objet réel donne 2 mm sur le papier). Nous utilisons toutefois dans ce livre le terme "facteur d'échelle" parce qu'il fait partie de la terminologie d'AutoCAD.

La hauteur du texte sur le tracé

La plupart des domaines d'activité ont leurs propres usages (en plus des normes) quant à la hauteur du texte sur le dessin une fois tracé. Dans les normes ISO, la dimension nominale du texte est définie par la hauteur des lettres, avec une série de valeurs admises en millimètres (2,5, 3,5, 5, 7, 10, 14 et 20 mm). Pour ce qui est des usages de votre domaine d'activité ou de votre entreprise, interrogez vos collègues.

Calculer la hauteur d'un texte non annotatif dans AutoCAD

Pour calculer la hauteur d'un texte non annotatif dans AutoCAD, vous devez connaître le facteur d'échelle de votre dessin, la hauteur du texte que vous voulez obtenir sur le tracé et l'emplacement de la touche de multiplication de votre calculatrice. Voici les étapes à suivre :

1. **Déterminez le facteur d'échelle de votre dessin.**

   Si vous avez configuré votre dessin, vous devez connaître son facteur d'échelle, comme nous l'avons vu au Chapitre 4. Si vous n'avez pas configuré votre dessin, demandez à la personne qui l'a fait, en espérant qu'elle soit dans les parages...

Il existe d'autres méthodes aidant à retrouver le facteur d'échelle d'un dessin existant. Vous pouvez par exemple rechercher la présence d'une note ou d'une indication dans le cartouche. Si vous disposez d'une sortie tracée, il est également possible de mesurer des distances sur le papier en vous servant d'une règle d'architecte ou d'ingénieur. Enfin, si les cotes du dessin se trouvent dans l'espace objet, vous pouvez contrôler la valeur de la variable système DIMSCALE (celle qui contrôle l'échelle de cotation). Voyez à ce sujet le Chapitre 14.

2. **Déterminez la hauteur dans laquelle vous voulez voir apparaître votre texte sur le dessin une fois tracé.**

   La section précédente vous fait quelques suggestions dans ce sens.

3. **Multipliez les deux nombres que vous avez déterminés aux étapes 1 et 2.**

Le Tableau 13.1 donne la liste de quelques échelles et hauteurs de texte courantes en unités anglo-saxonnes et en unités métriques. Vous devez savoir calculer le facteur d'échelle de votre dessin et la hauteur de texte à spécifier en fonction de ce que vous voulez obtenir, mais vous pouvez utiliser ce tableau pour vérifier que vous ne vous êtes pas trompé (je vous donne un indice : multipliez le nombre de la deuxième colonne par celui de la troisième colonne pour obtenir celui de la quatrième colonne).

Tableau 13.1 : Échelles et hauteurs de texte d'usage courant.

Échelle du dessin	Facteur d'échelle	Hauteur du texte tracé	Hauteur du texte dans AutoCAD
1/8" = 1'-0"	96	"	12"
¼" = 1'-0"	48	"	6"
¾" = 1'-0"	16	"	2"
1" = 1'-0"	12	"	1½"
1 mm = 100 mm	100	3,5 mm	350 mm
1 mm = 50 mm	50	3,5 mm	175 mm

Tableau 13.1 : Échelles et hauteurs de texte d'usage courant. (*suite*)

Échelle du dessin	Facteur d'échelle	Hauteur du texte tracé	Hauteur du texte dans AutoCAD
1 mm = 20 mm	20	3,5 mm	70 mm
1 mm = 10 mm	10	3,5 mm	35 mm

Une fois que vous avez déterminé la hauteur de votre texte dans AutoCAD, vous pouvez l'utiliser pour définir la hauteur d'un style de texte ou d'un objet de texte individuel. Si vous affectez une hauteur non nulle à un style de texte (voyez l'étape 8 de la section "Une affaire de style", plus haut dans ce chapitre), tous les textes que vous créerez avec ce style utiliseront cette hauteur fixe. Si vous spécifiez 0 comme hauteur, AutoCAD vous demandera cette valeur chaque fois que vous dessinerez un objet de texte dans ce style.

TRUC

Cette discussion sur la hauteur du texte suppose que vous ajoutiez le texte non annotatif dans l'espace objet, ce qui est la pratique habituelle. Occasionnellement, vous voudrez peut-être le faire dans une présentation de l'espace papier (par exemple, pour ajouter du texte dans le cartouche ou pour ajouter des notes qui ne sont pas nécessairement liées à la géométrie de l'espace objet). Lorsque vous créez du texte dans un espace papier, c'est sa hauteur réelle (sur le tracé), et non la hauteur multipliée par le facteur d'échelle, que vous devrez spécifier.

Une ligne ou deux ?

Pour des raisons historiques (pour tout dire, parce que les possibilités d'AutoCAD en matière de texte étaient autrefois bien plus rudimentaires qu'elles ne le sont aujourd'hui), AutoCAD offre deux types différents d'objets texte, et donc deux commandes correspondantes. Le Tableau 13.2 montre les différences entre ces deux méthodes.

Bien que vous puissiez être tenté d'ignorer la vieille commande de texte sur une ligne, il est bon de savoir se servir des deux. La commande TEXTE (ou TXTDYN si vous préférez, mais c'est pareil) est un peu plus simple que TEXTMULT et elle est donc utile pour créer des éléments de légendes simples sur une seule ligne, comme de brèves annotations ou des étiquettes d'objets.

Tableau 13.2 : Les deux types de texte d'AutoCAD.

Objet de texte	Commande Icône du bouton	Commentaires
Texte multiligneTEXTMULT (TX ou TT)		L'objet de texte peut comporter plusieurs lignes (avec retour chariot). Le paragraphe est considéré par AutoCAD comme un objet unique. Il est possible d'appliquer certaines options de mise en forme (par exemple pour créer des listes à puces ou numérotées, ou encore des colonnes).
Texte sur une seule ligneTEXTE		Conçu pour saisir une seule ligne. Le texte apparaît directement dans le dessin au fur et à mesure que vous le saisissez. Il est possible de créer plusieurs lignes en appuyant sur Entrée, mais chacune est traitée comme un objet distinct.

Et votre texte sera justifié

Les commandes TEXTE et TEXTMULT offrent toutes deux une richesse déconcertante d'options de justification (autrement dit, la manière dont le texte vient se positionner à partir du ou des points que vous avez spécifiés dans le dessin). Dans la plupart des cas, l'option de justification par défaut (à gauche pour la commande TEXTE, en haut et à gauche pour la commande TEXTMULT) convient très bien. Il pourra vous arriver de vouloir utiliser une autre justification (par exemple, Centre pour une étiquette ou pour un titre). Ces deux commandes proposent des options pour changer la justification du texte. Je décrirai et montrerai plus loin l'utilisation de ces commandes.

Cette bonne vieille ligne

En dépit de ses limitations, la commande TEXTE est utile pour des étiquettes et autres brèves annotations, pour lesquelles TEXTMULT serait d'un emploi un peu lourd. La procédure suivante montre comment entrer du texte en utilisant la commande TEXTE d'AutoCAD.

TRUC

Vous pouvez aussi utiliser la commande TEXTE pour créer plusieurs lignes de texte : il vous suffit d'appuyer sur Entrée après avoir saisi chaque ligne. L'inconvénient est que chacune de ces lignes est un objet distinct. Si vous voulez par la suite modifier le texte qui se trouve dans un groupe de lignes obtenu de cette façon, AutoCAD ne pourra rien pour vous. Vous devrez modifier chaque ligne séparément et reporter s'il le faut manuellement certains mots d'une ligne à la suivante.

Contrairement à TEXTMULT, tout ce que fait la commande TEXTE passe par la ligne de commande ou par le système de saisie dynamique. Ne les quittez pas des yeux !

Voici comment entrer du texte en utilisant la commande TEXTE :

1. **Définissez comme courant le calque approprié, comme je l'ai expliqué au Chapitre 6.**

2. **Définissez comme courant le style de texte approprié (voir plus haut dans ce chapitre la section "Du texte qui a du style").**

   Il est possible de choisir un style existant à partir de l'invite de commande de TEXTE, mais il est préférable de définir le style courant avant de lancer cette commande.

   Une alternative au passage par la boîte de dialogue Style de texte consiste à dérouler le panneau Annotation dans le ruban, puis à choisir le nom voulu dans la liste déroulante affichée juste en dessous de l'intitulé Style de texte. Avec l'espace de travail AutoCAD classique, vous retrouverez cette liste dans la barre d'outils Styles.

3. **(Facultatif) Utilisez le bouton Repérage d'accrochage aux objets (ACCROBJ) de la barre d'état pour désactiver le mode d'accrochage aux objets.**

   Pour entrer du texte, il est généralement inutile de s'accrocher à un point d'un objet existant. Pour autant, ce n'est pas une règle d'or. Par exemple, il est peut être intéressant d'utiliser l'option Centre pour positionner avec précision une lettre ou un nombre au centre d'un cercle.

4. **Dans le panneau Annotation, cliquez sur le bouton Ligne. Dans le mode AutoCAD classique, sélectionnez Dessin/Texte/Ligne. Ou tapez simplement** TEXTE **au clavier.**

   Le bouton Texte multiligne (celui qui contient un A) dans le panneau Annotation (ou la barre d'outils Dessin) lance la commande TEXTMULT, que je décrirai dans la section suivante. Évitez-le dans l'immédiat.

   S'il s'agit du premier objet annotatif que vous créez dans cette session de dessin, AutoCAD affiche une boîte de dialogue intitulée Sélectionner l'échelle d'annotation. Elle vous avertit que vous êtes sur le point de créer un objet annotatif et vous demande de définir l'échelle selon laquelle cette annotation doit s'afficher. Cliquez sur OK pour continuer, l'échelle 1:1 étant le choix le plus logique par défaut.

AutoCAD vous indique le style de texte courant ainsi que le paramètre de hauteur correspondant et le "caractère" annotatif ou non de l'objet. Il vous demande soit de spécifier un point de départ pour votre texte, soit de sélectionner une option si vous voulez commencer par changer le style ou la justification du texte :

```
Style de texte courant: "Standard" Hauteur de texte: 2.5000 Annotatif: Oui
Spécifiez le point de départ du texte ou [Justifier/Style]:
```

Si le style de texte est annotatif, la hauteur affichée dans le message est celle qui correspond à l'espace objet, et non celle qui apparaîtra lors du tracé. Par exemple, si le style de texte est créé avec une hauteur de texte papier fixée à 0,2000, et que l'échelle d'annotation est de 1:2, le message d'AutoCAD indiquera `Hauteur de texte : 0.4000`.

5. **Si l'alignement par défaut (BG, c'est-à-dire en bas à gauche) ne vous convient pas, tapez J, appuyez sur Entrée et sélectionnez une autre option de justification.**

   Si vous avez besoin d'informations plus détaillées sur les options de justification, voyez ce que dit l'aide en ligne d'AutoCAD sur la commande TEXTE.

6. **Spécifiez le point d'insertion pour le premier caractère de votre texte.**

   Vous pouvez entrer au clavier les coordonnées de ce point, utiliser votre dispositif de pointage pour cliquer à l'endroit voulu sur l'écran, ou appuyer sur Entrée pour placer une nouvelle ligne de texte juste au-dessous de la précédente (si vous venez d'en saisir une).

   AutoCAD vous demande maintenant la hauteur du texte :

```
Spécifiez la hauteur <2.5>:
```

7. **Spécifiez la hauteur du texte.**

   Cette invite n'apparaît pas si vous utilisez un style de texte à hauteur fixe (c'est-à-dire non nulle). Si vous avez besoin d'informations sur les styles de texte, voyez la section "Une affaire de style", plus haut dans ce chapitre.

AutoCAD vous demande l'angle de rotation du texte :

```
Spécifiez l'angle de rotation du texte <0>:
```

8. **Pour spécifier cet angle de rotation, vous l'entrez au clavier et appuyez sur Entrée, ou vous faites pivoter la ligne à l'écran avec la souris et vous cliquez à l'endroit voulu.**

   AutoCAD vous demande enfin d'entrer le texte.

9. **Tapez la première ligne de texte et appuyez sur Entrée.**

10. **Si vous voulez ajouter d'autres lignes au-dessous de la première, continuez de saisir le texte pour chacune, en appuyant sur Entrée à la fin de chaque ligne.**

    La Figure 13.2 montre du texte apparaissant à l'écran au fur et à mesure qu'il est saisi au clavier.

Figure 13.2 Un objet texte sur une ligne.

11. **Pour terminer la commande Texte, appuyez sur Entrée au début d'une ligne vierge.**

    AutoCAD ajoute dans le dessin le nouvel objet texte sur une ligne (ou les nouveaux objets si vous en avez entré plusieurs).

TRUC

Pour aligner exactement plusieurs lignes de texte, commencez par définir avec précision le positionnement de la première et appuyez sur Entrée à la fin de chaque ligne pour saisir aussitôt le texte qui suit, de manière que celui-ci apparaisse juste au-dessous de la ligne précédente. Sinon, l'alignement de plusieurs lignes de texte est plus difficile à réaliser (à moins que vous n'ayez utilisé l'accrochage à un point d'un objet existant ou une combinaison plus ou moins compliquée d'accrochage aux objets et de filtres de coordonnées, ou encore que vous ne soyez d'une adresse extraordinaire). Pour éditer par la suite une ligne de texte, sélectionnez-la, cliquez sur le bouton droit et choisissez la commande Éditer texte. Vous pouvez alors modifier votre texte à sa position exacte dans le dessin et dans sa hauteur courante. Nous reviendrons sur ce mode d'édition "en place" un peu plus loin.

Lorsque vous modifiez une annotation, vous disposez des mêmes modes de travail que dans n'importe quel éditeur de texte. Si vous voulez éditer d'autres propriétés, par exemple la hauteur, sélectionnez le texte, cliquez dessus du bouton droit et sélectionnez Propriétés dans le menu qui s'affiche. Utilisez la palette Propriétés pour modifier les paramètres voulus.

2009

Si le bouton Propriétés rapides de la barre d'état est activé, cliquer une fois sur une ligne de texte suffit à afficher le panneau correspondant. Vous pourrez alors éditer directement certaines des valeurs (mais pas toutes) proposées par la palette Propriétés.

Travailler avec le texte annotatif

Comme je le décris dans l'encadré "Annotativement vôtre", quelques étapes de plus sont nécessaires pour tirer pleinement profit des textes sur une ou plusieurs lignes que vous créez en utilisant des styles annotatifs. Vous devez affecter aux objets texte les échelles que vous allez (probablement) utiliser dans votre dessin, puis définir l'échelle d'annotation en conséquence. Les étapes qui suivent expliquent comment procéder pour obtenir le résultat escompté :

1. **Assurez-vous que le texte à éditer est annotatif en plaçant le curseur au-dessus. Cliquez pour le sélectionner.**

   Un texte créé avec un style annotatif et auquel aucune échelle d'annotation n'a encore été appliquée se signale par la présence d'un symbole triangulaire sur la droite du curseur réticulé (la grande croix qui matérialise la position du pointeur). Si ce symbole n'apparaît pas, le texte n'est *pas* annotatif.

Vous pouvez rendre annotatifs des objets texte individuels même s'ils n'ont pas été créés ainsi. Il vous suffit pour cela de sélectionner le texte voulu, d'ouvrir la palette Propriétés en appuyant sur Ctrl+1, et enfin de changer la valeur de la ligne Annotatif de Non en Oui (si les Propriétés rapides sont activées, vous pouvez effectuer directement cette opération dans le panneau qui s'affiche lorsque vous sélectionnez l'objet). Mais, pour autant, il y a peu de raisons d'employer une telle méthode. En attendant d'être suffisamment familiarisé avec les textes annotatifs et de décider si vous voulez les utiliser aussi bien dans vos nouveaux dessins que dans les anciens, je vous conseille de créer vos textes annotatifs en utilisant des styles appropriés, plutôt que de passer par la palette Propriétés (ou le panneau Propriétés rapides) pour modifier l'état de textes individuels.

2. **Cliquez avec le bouton droit de la souris sur votre objet texte et choisissez dans le menu contextuel l'option Échelle de l'objet annotatif, puis Ajouter/Supprimer échelles.**

   La boîte de dialogue Échelle des objets d'annotation apparaît. Elle montre une liste de toutes les échelles d'annotation affectées à l'objet sélectionné. Dans le cas d'un nouveau texte ou tout autre objet annotatif, la seule échelle disponible pour l'instant est celle qui est indiquée dans la barre d'état.

3. **Cliquez sur le bouton Ajouter de la boîte de dialogue Échelle des objets d'annotation.**

   La boîte de dialogue suivante, Ajouter des échelles à l'objet, affiche la liste de toutes les échelles disponibles pour le dessin.

4. **Sélectionnez la ou les échelles voulues dans la liste, en appuyant si nécessaire sur la touche Ctrl pour choisir une succession de valeurs. Cliquez sur OK quand vous avez terminé.**

   Vous revenez à la boîte de dialogue Échelle des objets d'annotation. Les valeurs que vous venez de choisir apparaissent dans la liste principale.

   Fort gentiment, AutoCAD vous permet de sélectionner toutes les échelles que vous voulez. Mais vos dessins seront moins compliqués à gérer si vous vous limitez à celles dont vous êtes à peu près certain de vous servir. En cas de besoin, rien ne vous interdit de reprendre ces étapes pour ajouter de nouvelles valeurs d'échelle à votre objet annotatif.

La plupart du temps, et pour la plupart des gens, la boîte de dialogue Ajouter des échelles à l'objet contient bien trop de définitions. C'est pourquoi AutoCAD propose une bien commode boîte de dialogue Modifier la liste d'échelles qui vous permet par exemple de retirer toutes les unités impériales si vous ne travaillez jamais en pieds et en pouces. Pour cela, activez l'onglet Annoter du ruban, puis cliquez sur le bouton Liste d'échelles dans le panneau Échelle d'annotation (ou choisissez Format/Liste d'échelles dans l'espace de travail AutoCAD classique). En cas d'erreur, il vous suffit de cliquer sur le bouton Réinitialiser de la boîte de dialogue Modifier la liste d'échelles pour rétablir toutes les échelles par défaut.

5. **Cliquez sur OK.**

   Quand vous allez passer le pointeur au-dessus de votre texte (le principe est le même pour tout objet annotatif), vous allez maintenant voir deux symboles triangulaires. Ne vous inquiétez pas : vous voyez double, et c'est normal !

6. **Ouvrez la liste Échelle d'annotation sur la barre d'état et sélectionnez l'une des valeurs que vous venez d'ajouter à l'objet.**

   Les objets annotatifs (dans ce cas, un texte) vont voir leur taille changer en fonction de la nouvelle échelle choisie. Si vous cliquez sur une valeur que vous n'avez pas retenue lors de l'étape 3, l'objet va disparaître du dessin, à moins que la bascule Visibilité de l'annotation (juste à droite de la liste Échelle d'annotation) ne soit placée en mode Afficher les objets annotatifs pour toutes les échelles.

   Cette fonctionnalité est plutôt complexe à maîtriser, et elle met en jeu de multiples options, une masse de paramètres et des hordes de variables système. Pour approfondir le sujet tranquillement, référez-vous à l'Atelier des nouvelles fonctionnalités (depuis le menu Aide). Choisissez dans la liste du haut AutoCAD 2008 (la version dans laquelle les objets annotatifs ont été introduits), puis la rubrique Mise à l'échelle des annotations.

La Figure 13.3 montre deux versions d'un même dessin, avec le même texte affiché dans différentes échelles d'annotation. Vous remarquerez que le texte non annotatif (le nom de la pièce) reste inchangé dans les deux situations.

En dire plus avec du texte multiligne

Si votre inspiration est trop grande pour un texte court, l'objet texte multiligne d'AutoCAD vous donne l'espace nécessaire. La procédure qui suit montre

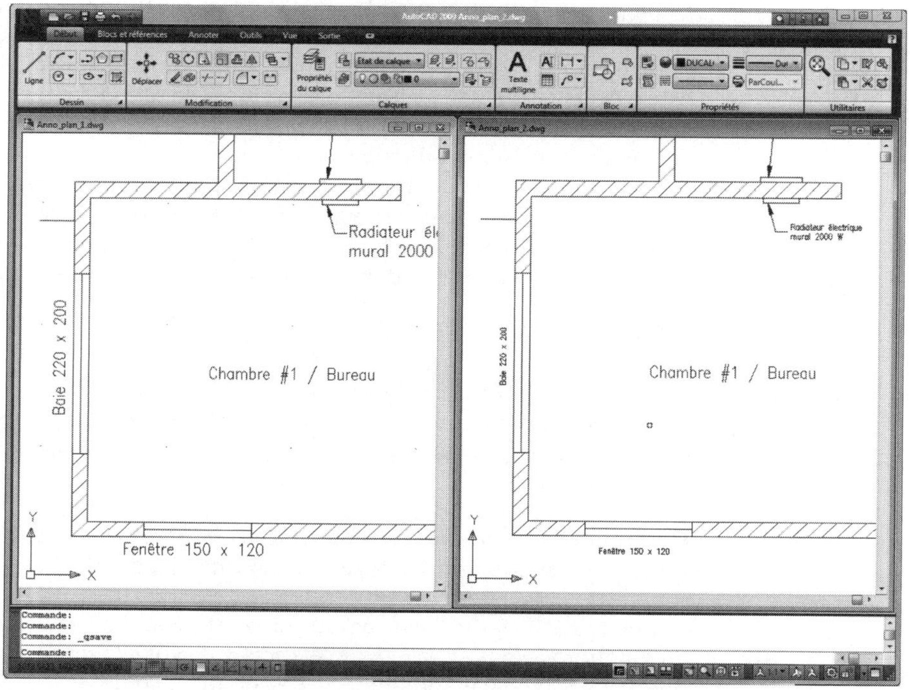

Figure 13.3 Le texte annotatif se met automatiquement à la bonne taille lorsque l'échelle d'annotation change.

comment créer des paragraphes de texte en utilisant la commande TEXTMULT (texte multiligne).

Faites-le avec TEXTMULT

La commande TEXTMULT commence par vous demander de spécifier un certain nombre de points et d'options. Comme l'ordre dans lequel se présentent ces demandes est un peu déconcertant, lisez soigneusement les étapes suivantes.

Voici comment utiliser la commande TEXTMULT :

1. **Définissez comme courants le calque et le style de texte appropriés, et désactivez le repérage d'accrochage aux objets, comme dans les étapes 1 à 3 de la section précédente.**

2. **Dans le panneau Annotation du ruban, cliquez sur le bouton Texte multiligne (celui qui contient un A). Dans le mode de travail AutoCAD**

classique, vous ferez de même dans la barre d'outils Dessin. Vous disposez également de l'option Dessin/Texte/Texte multiligne dans les menus. Enfin, vous pouvez simplement taper TX ou TT au clavier.

La ligne de commande affiche le style de texte courant et la hauteur de texte correspondante, et vous demande de spécifier le premier coin du rectangle imaginaire qui va déterminer la largeur de l'objet de texte pour le retour à la ligne :

```
Style de texte courant: "S-NOTES"  Hauteur de texte: 6  Annotatif: Oui
Spécifiez le premier coin:
```

3. **Cliquez sur un point dans la zone de dessin.**

   AutoCAD vous demande de spécifier le coin opposé du rectangle :

```
Spécifiez le coin opposé ou [Hauteur/Justifier/Espacement
lignes/Rotation/Style/Largeur/Colonnes]:
```

4. **Si la hauteur par défaut du texte ne vous convient pas, tapez H et appuyez sur Entrée.**

   La ligne de commande vous demande la nouvelle hauteur du texte :

```
Spécifiez la hauteur <6.0000>:
```

5. **Entrez la hauteur voulue pour le texte.**

   Si vous avez besoin d'informations, voyez la section "Du texte à la bonne échelle", plus haut dans ce chapitre. Si vous créez votre texte dans l'espace objet, je vous conseille vivement d'utiliser un style annotatif.

   AutoCAD vous redemande maintenant le coin opposé de votre rectangle :

```
Spécifiez le coin opposé ou [Hauteur/Justifier/Espacement lignes/
        Rotation/Style/Largeur/Colonnes]:
```

6. **Si la justification par défaut (du haut à gauche) ne vous convient pas, tapez J, appuyez sur Entrée et entrez les caractères de l'option qui vous convient.**

   Si vous avez besoin d'explications sur les options de justification, recherchez ce que dit l'aide en ligne d'AutoCAD sur la commande TEXTMULT.

7. **Cliquez sur un autre point dans la zone de dessin.**

   Ne vous préoccupez pas de la hauteur du rectangle que vous créez en désignant ce deuxième point. Le seul paramètre qui compte ici est sa largeur. AutoCAD ajuste la hauteur du rectangle de texte en fonction du nombre de lignes que vous entrez. Ne vous inquiétez pas trop non plus de la largeur. Vous pourrez toujours l'ajuster par la suite.

   La fenêtre sans cadre de l'éditeur de texte multiligne apparaît avec la règle de tabulation et de retrait ainsi que le ruban (ou la barre d'outils) de mise en forme, comme l'illustre la Figure 13.4.

   Si vous n'êtes pas définitivement accroché à l'espace de travail AutoCAD classique, un onglet auparavant caché va venir s'ajouter au ruban : Texte multiligne (reportez-vous à la Figure 13.4). C'est une alternative commode à la barre d'outils de formatage du texte ainsi qu'à l'éditeur "en place" affiché via le bouton droit de la souris.

   Si vous travaillez dans l'espace Dessin 2D et annotation mais que vous préférez tout de même utiliser la barre d'outils Format du texte, changez la valeur de la nouvelle variable système MTEXTTOOLBAR (voyez le Chapitre 22 à propos des variables système). La valeur par défaut (2) affiche uniquement le ruban. En redéfinissant la valeur de MTEXTTOOLBAR à 1, vous obtiendrez à la fois le ruban et la barre d'outils. Quant à la valeur 0, elle ne produit rien d'intéressant.

8. **Vérifiez la police et la hauteur du texte.**

   La police et la hauteur du texte doivent être bonnes si vous avez suivi correctement les Étapes 1, 4 et 5. Si ce n'est pas le cas, vous pouvez changer ces paramètres en utilisant les listes déroulantes Police et Hauteur du texte (dans les panneaux Formatage et Style du ruban, ou dans la barre d'outils Format de texte).

9. **Entrez votre texte dans la zone de saisie de l'éditeur de texte multiligne.**

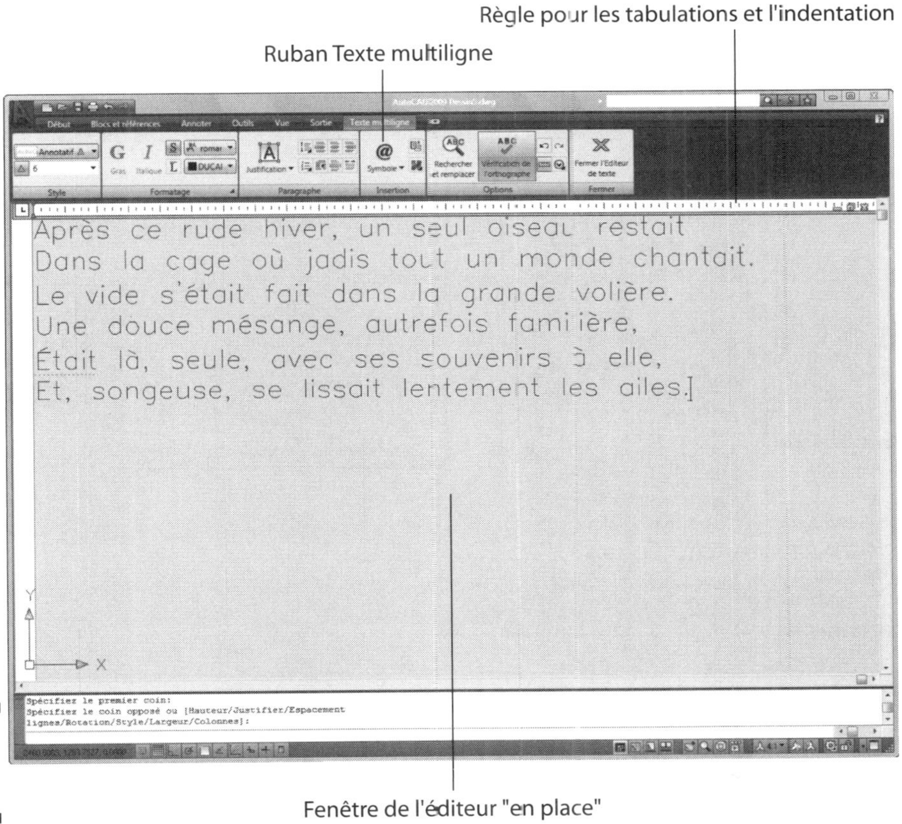

Figure 13.4 Ajoutez du texte multiligne.

AutoCAD envoie automatiquement à la ligne le texte que vous entrez. Si vous voulez forcer un retour à la ligne manuel à un endroit particulier, appuyez simplement sur Entrée.

TRUC

Dans de nombreuses industries, les textes doivent être affichés par convention en majuscules. Si tel est le cas, et si vous avez oublié l'emplacement de la touche qui verrouille le clavier en position Majuscules, cliquez sur la fenêtre d'édition avec le bouton droit de la souris et choisissez l'option MAJ Auto.

10. Si vous souhaitez modifier la mise en forme de tout ou partie de votre texte, sélectionnez-le, cliquez dessus du bouton droit et sélectionnez l'option appropriée dans le menu qui apparaît (voir la Figure 13.5).

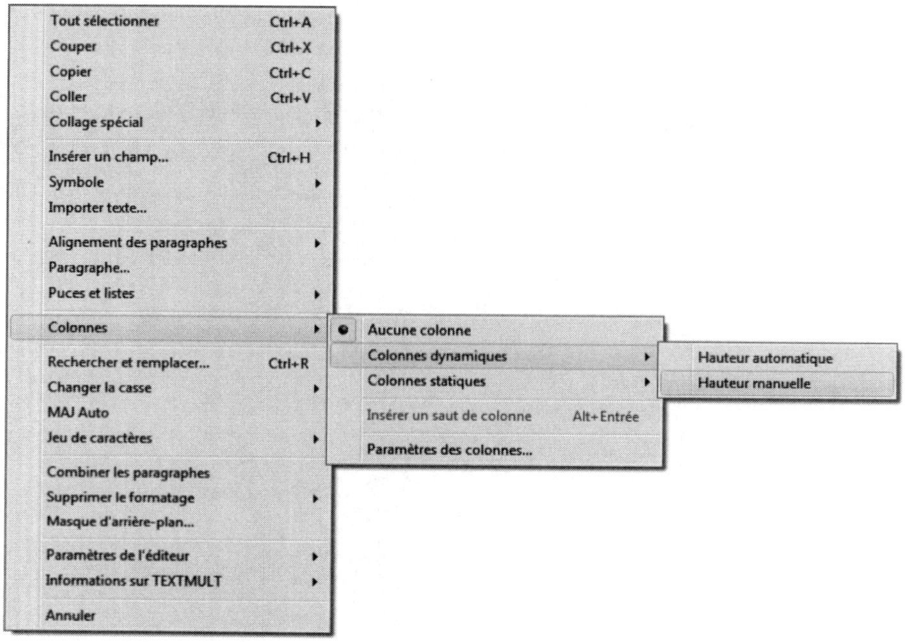

Figure 13.5 Le menu contextuel des options de mise en forme du texte multiligne.

11. **Cliquez dans le panneau Fermer du ruban sur le bouton Fermer l'éditeur de texte (ou sur OK dans la barre d'outils Format de texte). Vous pouvez également appuyer sur Ctrl+Entrée.**

    L'éditeur de texte multiligne se ferme et AutoCAD ajoute votre texte dans le dessin.

12. **Ajoutez des échelles d'annotation au nouvel objet de texte multiligne.**

    Les étapes à suivre sont exactement les mêmes que pour un texte simple. En cas de besoin, reportez-vous plus haut à la section "Travailler avec le texte annotatif ".

Comme vous pouvez le constater dans le ruban, dans la barre d'outils Format du texte comme dans le menu contextuel, la commande TEXTMULT vous propose de nombreuses options. Vous pouvez ainsi masquer ou afficher la barre d'outils, la règle ou les options, ou encore donner un fond opaque à la fenêtre d'édition. Le menu contextuel vous permet également d'accéder à la création de puces et de listes, ou encore à l'Atelier des nouvelles fonctionnalités (en cliquant sur Informations sur TEXTMULT).

La barre d'outils (comme le menu) contient un bouton de mise en forme des fractions. Vous disposez également d'options pour l'insertion de retraits et de tabulations, d'une fonction de recherche et de remplacement, une autre pour la mise en majuscules ou en minuscules, d'un sous-menu pour l'insertion de symboles et un mode d'importation de texte à partir d'un fichier TXT (format ASCII) ou RTF (*Rich Text Format*). Si vous pensez avoir besoin de ces fonctionnalités, cliquez sur l'onglet Sommaire dans l'aide en ligne d'AutoCAD, ouvrez la rubrique de référence des commandes dans l'aide en ligne et lisez les informations données sur TEXTMULT.

De la puissance pour vos textes

Deux des options du menu contextuel de la commande TEXTMULT sont suffisamment utiles pour mériter d'être approfondies : Insérer un champ et Masque d'arrière-plan.

Quand TEXTMULT met un masque

Lorsque vous activez le masque d'arrière-plan, AutoCAD cache les parties des objets qui se trouvent directement sous le texte. Voici comment appliquer cette fonctionnalité :

1. **Cliquez droit dans la fenêtre de l'éditeur de texte multiligne et choisissez dans le menu contextuel l'option Masque d'arrière-plan.**

   La boîte de dialogue Masque d'arrière-plan apparaît.

2. **Cochez la case Utiliser le masque d'arrière-plan.**

3. **Cliquez au choix sur Utiliser la couleur d'arrière-plan du dessin (pour que le masque prenne la couleur de fond de l'aire de dessin) ou sur la liste des couleurs pour choisir une teinte à votre convenance (dans ce cas, le texte est placé sur un rectangle plein doté de la couleur sélectionnée).**

4. **Cliquez sur OK pour revenir à l'éditeur de texte multiligne.**

TRUC

Si le masquage ne donne pas l'effet escompté, utilisez l'une des commandes ORDRETRACE ou TEXTEPREMIERPLAN pour placer le texte "au-dessus" d'autres objets. Vous pouvez accéder à cette commande depuis le panneau Modification, sous l'onglet Début du ruban. Notez que l'espace de travail AutoCAD classique possède également une barre d'outils Ordre de tracé.

Joueur de champ

L'option Insérer un champ crée un champ de texte qui est automatiquement mis à jour chaque fois que vous ouvrez, sauvegardez, tracez ou régénérez le dessin. Ces champs peuvent contenir des données comme la date, le nom du fichier ou encore celui de l'auteur du dessin. Ces informations proviennent du système d'exploitation, de la boîte de dialogue Propriétés du dessin, de la configuration de jeux de feuilles (non disponible dans AutoCAD LT) ou encore des variables système d'AutoCAD (voir à ce sujet le Chapitre 22). Voyons comment insérer un champ lorsque vous saisissez un texte multiligne :

1. **Cliquez droit dans la fenêtre de l'éditeur de texte multiligne et choisissez dans le menu contextuel l'option Insérer un champ (vous trouverez également un bouton Insérer champ dans le panneau Insertion du ruban).**

   La boîte de dialogue Champ apparaît.

2. **Choisissez un nom de champ dans la liste de gauche.**

3. **Choisissez un format dans la liste de droite (ou entrez un format d'affichage pour les dates).**

4. **Cliquez sur OK.**

TRUC

Si vous voyez apparaître quatre tirets au lieu d'une valeur de champ valide, vous avez probablement besoin de réaliser l'une des actions suivantes :

- Régénérer le dessin (voir le Chapitre 12).
- Sauvegarder le dessin.
- Renseigner certaines valeurs dans la boîte de dialogue Propriétés du dessin (voir le Chapitre 4) puis effectuer une régénération.
- Configurer des jeux de feuilles (voir le Chapitre 16).

Numéroter votre texte multiligne

Un autre avantage du texte multiligne, c'est qu'il supporte des listes numérotées et des puces. Cette fonctionnalité est particulièrement utile pour créer des notes dans un dessin, ce qu'illustre la Figure 13.6. AutoCAD automatise ce processus en vous permettant de créer de véritables listes numérotées ou à puces.

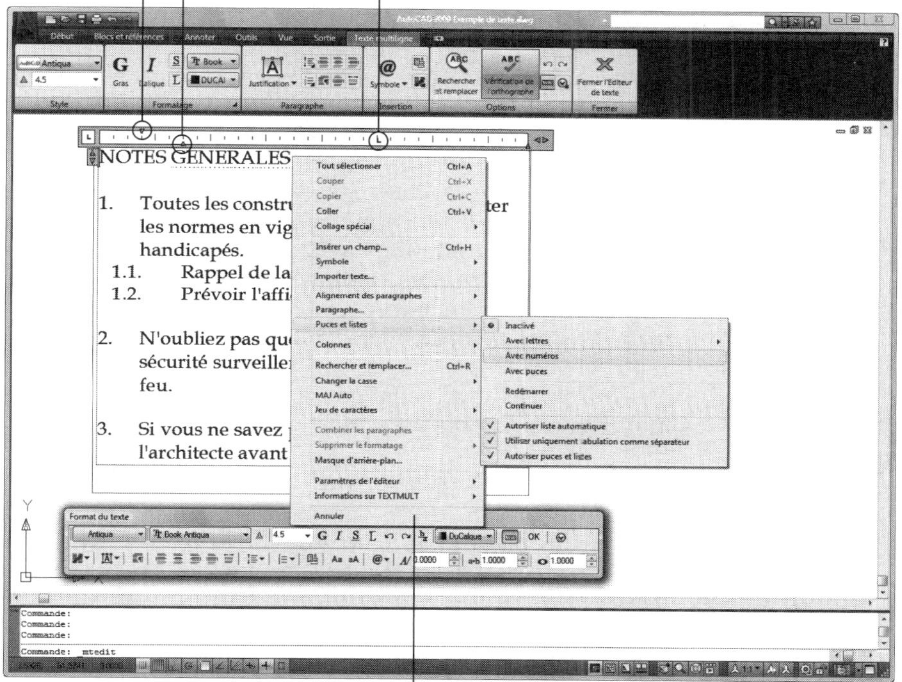

Figure 13.6 Tabulez, indentez ou numérotez vos listes.

1. **Suivez les étapes 1 à 8 de la section "Faites-le avec TEXTMULT" afin d'activer l'éditeur de texte.**

2. **Tapez un titre. En voici un exemple : Notes Générales.**

   Si vous voulez que votre titre soit souligné, cliquez sur le bouton correspondant dans le panneau Formatage du ruban ou dans la barre d'outils Format du texte avant de saisir le titre. Entrez celui-ci, puis cliquez à nouveau sur le bouton pour arrêter le soulignement. Appuyez sur Entrée pour passer à la ligne suivante, puis de nouveau sur Entrée pour laisser un peu plus d'espace.

3. **Dans le panneau Paragraphe du ruban, cliquez sur le bouton Numérotation. Vérifiez que les modes Autoriser liste automatique, Utiliser**

uniquement tabulation comme séparateur, et Autoriser puces et listes sont bien cochées. Cliquez ensuite sur Avec numéros. Vous retrouvez ces mêmes réglages en cliquant droit dans la fenêtre d'édition du texte et en sélectionnant dans le menu contextuel les options voulues. C'est ce qu'illustre la Figure 13.6.

La valeur 1 suivie d'un point apparaît au début de la ligne courante. Le curseur bondit alors vers le premier taquet de tabulation visible dans la règle qui se trouve au-dessus de la fenêtre de l'éditeur de texte multiligne.

L'option Avec numéros insère un nombre suivi d'un point devant tous les éléments d'une liste. De même, vous pouvez créer une liste à puces en activant l'une des options Avec puces ou Avec lettres. Une liste automatique, comme son nom l'indique, incrémente automatiquement chaque numéro de ligne d'une liste lorsque vous appuyez sur Entrée pour passer au paragraphe suivant.

Pour conserver l'alignement courant sans renuméroter la ligne qui suit, appuyez sur la combinaison Maj+Entrée.

4. **Tapez le texte voulu sur la ligne courante.**

   Lorsque vous passez à la ligne, AutoCAD aligne le texte en fonction des taquets de tabulation. En d'autres termes, le texte est automatiquement indenté.

5. **Appuyez sur Entrée pour passer à la ligne suivante.**

   Exactement comme le fait votre traitement de texte favori, AutoCAD insère immédiatement le numéro suivant au début du nouveau paragraphe. Le tout est parfaitement aligné, ainsi que l'illustre la Figure 13.6.

   Pour obtenir des numéros imbriqués, comme sur la Figure 13.6, appuyez tout simplement sur la touche de tabulation au début d'une nouvelle ligne. Si vous changez ensuite d'avis, vous pouvez revenir à la numérotation principale en vous plaçant en début de ligne puis en appuyant sur la combinaison Maj+Tab.

6. **Répétez les étapes 4 et 5 afin de créer les lignes (à puces ou numérotées) successives de votre note.**

   Pour des raisons de lisibilité, il est parfois utile d'ajouter des espaces entre les lignes d'une note. Si vous appuyez deux fois de suite sur Entrée, AutoCAD (comme tout traitement de texte qui se respecte) pense que vous en avez fini avec votre liste et il désactive la numérotation des lignes. AutoCAD est intelligent. Vous devez donc l'être encore plus que lui. Si vous placez le curseur à la fin de la première note et que vous appuyez sur Entrée, vous obtiendrez une ligne vierge. Le problème est alors le suivant : cette ligne vierge est également numérotée et, par conséquent, votre ligne numéro 2 devient la ligne numéro 3. Appuyez simplement sur la touche de retour arrière. Le numéro affiché en tête de la ligne vierge disparaît, et la note 2 reprend la valeur attendue. Lorsque vous supprimez un numéro, les valeurs résiduelles sont automatiquement ajustées.

Si vous n'aimez pas l'espacement horizontal des numéros ou encore l'alignement des lignes suivantes, vous pouvez les ajuster facilement en manipulant les marqueurs de tabulation et d'indentation de la règle associée à l'éditeur.

7. **Dans la règle de tabulation et de retrait (en haut de la fenêtre de saisie de texte), faites glisser vers la droite l'index du bas (le triangle pointant vers le haut) sur une courte distance.**

   Sur la règle, la glissière supérieure contrôle l indentation de la première ligne de chaque paragraphe. La glissière inférieure, elle, contrôle la mise en retrait de la deuxième ligne du paragraphe et des suivantes. Une mise en retrait d'une ou de deux graduations sur la règle convient le plus souvent.

8. **Cliquez dans la règle juste au-dessus du curseur du bas.**

   Un petit symbole en forme de L apparaît au-dessus du curseur. C'est un repère de tabulation. Vérifiez que le coin du L est bien aligné horizontalement avec la pointe du curseur du bas. Si ce n'est pas le cas, cliquez et faites glisser ce L pour le positionner correctement.

TRUC

Si vous préférez entrer au clavier la position du retrait et du repère de tabulation plutôt que de les ajuster à l'écran, ouvrez la boîte de dialogue Paragraphe (cliquez sur le bouton correspondant dans le panneau Paragraphe du ruban ou cliquez du bouton droit dans la fenêtre de saisie de texte et sélectionnez Paragraphe dans le menu contextuel). Quelle que soit la manière dont vous procédez, si vous commencez par sélectionner du texte, les modifications que vous apportez ainsi à la mise en retrait et aux tabulations s'appliquent au texte en surbrillance. Si aucun texte n'est actuellement sélectionné, ces modifications s'appliquent uniquement au paragraphe dans lequel se trouve le curseur.

En colonne par deux !

2009

Version après version, AutoCAD emprunte de plus en plus aux traitements de texte. Autrefois, il y avait de simples indentations, puis vinrent les listes numérotées et les puces. Et enfin arriva la possibilité de créer une disposition en colonnes.

Celles-ci existent en deux saveurs : statique et dynamique.

- Avec des colonnes statiques, vous spécifiez le nombre de colonnes dans lesquelles le texte doit couler. Celles-ci ont toujours la même hauteur, et le texte peut déborder dans la dernière colonne s'il est trop long.
- Les colonnes dynamiques, comme vous pouvez vous y attendre, sont plus souples et plus avenantes. Leur hauteur peut être ajustée individuellement, et de nouvelles colonnes sont automatiquement ajoutées pour s'adapter à la longueur du texte.

Dans les deux cas, une boîte de dialogue Paramètres de colonnes vous permet de spécifier explicitement des valeurs au lieu de faire glisser des poignées.

La Figure 13.7 montre un bloc de texte multiligne formaté en mode dynamique avec l'option Hauteur manuelle.

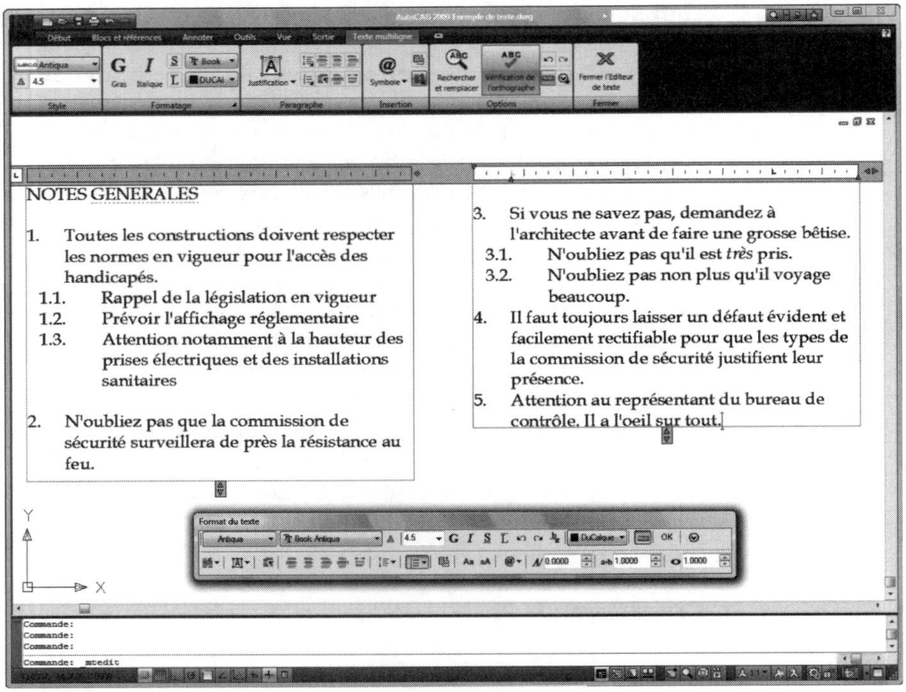

Figure 13.7 Des colonnes dynamiques pour vos textes.

Mettre un texte en colonne est une opération simple à réaliser. Pour cela, suivez ces étapes :

1. **Ouvrez un dessin contenant un objet texte multiligne de bonne taille, ou créez-en un dans un nouveau dessin.**

   Si vous disposez déjà d'un fichier contenant une liste de spécifications ou des notes générales, cliquez avec le bouton droit de la souris dans l'éditeur de texte multiligne et choisissez la commande Importer texte. Dans la boîte de dialogue Sélectionner un fichier, vous avez le choix entre deux types de documents : texte simple (TXT) ou enrichi (RTF).

2. **Si l'éditeur n'est pas déjà ouvert, faites un double clic sur votre texte multiligne, ou cliquez une fois dessus, puis cliquez avec le bouton droit de la souris et choisissez dans le menu contextuel l'option Éditer textmult.**

3. **Cliquez sur le bouton Colonnes dans le panneau Insertion du ruban (ou dans la barre d'outils Format du texte), puis choisissez l'une des options Colonnes dynamiques ou Colonnes statiques.**

   Dans le premier cas, sélectionnez une hauteur automatique ou manuelle. Avec des colonnes manuelles, AutoCAD va afficher des poignées en bas de chacune d'entre elles afin de pouvoir régler leur amplitude (comme sur la Figure 13.7). La hauteur automatique affiche une unique poignée sur la première colonne, de manière à ce que la hauteur de toutes les colonnes demeure constante. De nouvelles colonnes sont ajoutées (ou supprimées) si nécessaire en fonction de la longueur du texte.

   Dans l'éditeur de texte multiligne, la flèche double affichée à droite de la règle sert à modifier la largeur de l'espace dévolu au texte. Lorsqu'il y a plusieurs colonnes, elle permet d'ajuster leur espacement. La largeur de colonne est alors réglable en cliquant sur le symbole en losange.

   Si vous optez pour des colonnes statiques, sélectionnez leur nombre à partir du menu. Cliquez par exemple sur 2 pour répartir votre texte sur deux colonnes, et ce quelle que soit la longueur du texte. Il est dans ce cas possible soit de provoquer un débordement, soit au contraire de se retrouver avec des colonnes vides.

4. **Cliquez sur Fermer l'éditeur de texte dans le panneau Fermer du ruban (ou sur OK dans la barre d'outils Format du texte) pour valider la disposition en colonnes.**

Vous pouvez parfaitement revenir à une disposition purement verticale en revenant aux options des Colonnes et en choisissant cette fois Aucune colonne.

Modifier du texte multiligne

Une fois que vous avez créé un texte multiligne, vous le modifiez tout à fait normalement : sélectionnez-le, cliquez dessus du bouton droit et sélectionnez Éditer textmult dans le menu qui apparaît (ou choisissez Propriétés).

- L'option Éditer textmult ouvre la fenêtre de l'éditeur de texte multiligne pour vous permettre de modifier vos paragraphes et leur mise en forme.
- L'option Propriétés ouvre la palette Propriétés, dans laquelle vous modifiez à votre guise les propriétés de cet objet de texte.
- Si le mode Propriétés rapides est activé dans la barre d'état, la sélection d'un texte multiligne suffit à ouvrir le panneau correspondant. Vous pouvez y éditer certaines des propriétés du texte sans avoir à en passer par la palette complète.

La manière la plus facile de changer la largeur de paragraphe d'un texte multiligne (pour redéfinir l'emplacement du retour à la ligne automatique) est d'utiliser la modification par les poignées. Sélectionnez l'objet, cliquez sur la poignée de l'un de ses coins, relâchez le bouton de la souris, déplacez le curseur et cliquez de nouveau. Le Chapitre 10 décrit en détail la modification par les poignées.

AutoCAD, comme presque tous les autres programmes aujourd'hui disponibles sur cette planète (et peut-être même sur d'autres planètes), dispose d'un vérificateur d'orthographe ainsi que d'un outil de recherche et de remplacement pour le texte et les cotes. Pour vérifier la bonne rédaction de vos textes (dans le dessin tout entier ou l'intérieur d'une sélection), choisissez Vérifier l'orthographe dans le panneau étendu Texte sous l'onglet Annoter du ruban (ou Vérification de l'orthographe dans le panneau Options de l'onglet Texte multiligne, ou encore Outils/Vérifier l'orthographe dans le menu classique, et c'est tout).

La boîte de dialogue Vérifier l'orthographe va s'afficher. Indiquez où l'orthographe doit être contrôlée (dans tout le dessin, dans l'espace courant ou dans les objets sélectionnés) puis cliquez sur Démarrer. Pour effectuer une recherche et/ou un remplacement, faites appel à la commande Rechercher dans le menu Édition. Cet outil est directement disponible dans l'éditeur de texte multiligne : cliquez avec le bouton droit de la souris et choisissez l'option Rechercher et remplacer. Dans tous les cas, vous allez voir apparaître la boîte de dialogue Rechercher et remplacer. Pour plus de détails sur ces opérations (au demeurant très classiques), consultez dans l'aide en ligne d'AutoCAD ce qui concerne les commandes ORTHOGRAPHE et RECHERCHER.

Créer des tableaux

Croyez-moi sur parole : vous ne savez pas ce que veut dire "pénible ' tant que vous n'avez pas essayé de disposer une série de données en lignes et en colonnes rien qu'avec les commandes LIGNE et TEXTE. L'objet tableau d'AutoCAD, de même que les commandes TABLEAU (raccourci TB) et STYLE-TABLEAU, rendent ce travail presque amusant.

Curieusement, les tableaux d'AutoCAD 2009 ne sont *pas* des objets annotatifs. Vous ne disposez donc que de deux méthodes pour les insérer dans vos dessins. Vous pouvez les créer soit dans l'espace objet, en ajustant leur taille selon le facteur d'échelle du dessin (revoyez le Chapitre 4 en cas de besoin), soit dans un espace papier en les définissant avec leur format tracé réel (ce qui me semble être plus simple).

Les tableaux aussi ont du style

L'apparence des tableaux (qu'il s'agisse du texte comme du quadrillage) est contrôlée par des styles (exactement comme pour le texte). Servez-vous de la commande STYLETABLEAU pour créer et modifier ces styles. Voici la procédure à suivre :

1. **Sous l'onglet Début, déroulez le panneau Annotation et cliquez sur l'intitulé Style de tableau (vous pouvez également choisir Format/ Style de tableau dans le menu classique).**

   La boîte de dialogue Style de tableau apparaît.

2. **Dans la liste Styles, sélectionnez un style de tableau prédéfini que vous voulez utiliser comme point de départ à personnaliser.**

   Choisissez par exemple l'option Standard (elle peut être la seule si aucun style n'est encore défini).

3. **Cliquez sur le bouton Nouveau. Votre nouveau style va reproduire la configuration choisie lors de l'étape 2.**

   La boîte de dialogue Créer un nouveau style de tableau s'affiche.

4. **Entrez un nom pour le nouveau style, puis cliquez sur Continuer.**

   La boîte de dialogue Nouveau style de tableau apparaît (voir la Figure 13.8).

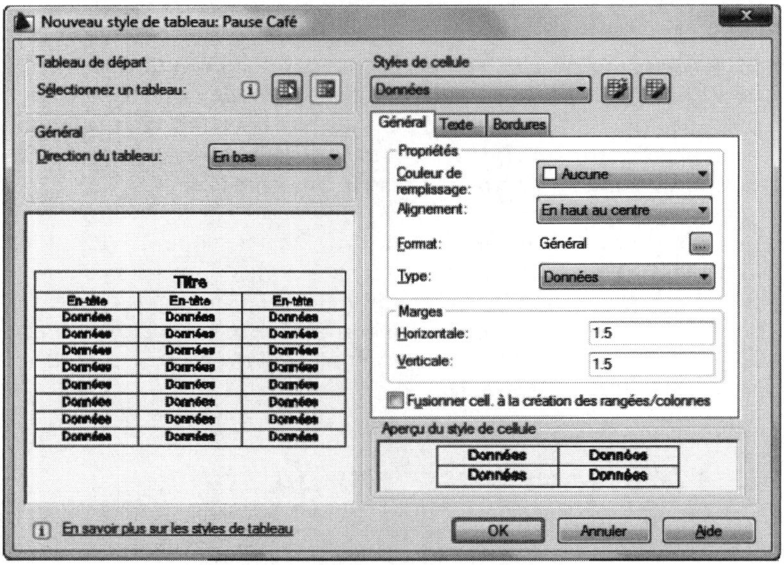

Figure 13.8 Créer un nouveau style de tableau.

5. **Dans la zone Styles de cellules, l'option Données étant affichée dans la liste, spécifiez les propriétés du texte, des marges et des bordures (autrement dit, la mise en forme de toutes les cellules sauf les en-têtes des colonnes et le titre).**

   Les valeurs les plus susceptibles d'être personnalisées sont le style du texte et sa hauteur, voire la couleur des caractères et des bordures (sous l'onglet de même nom). Si vous conservez l'option DuBloc, le texte et la grille hériteront de la couleur active au moment où le tableau est créé. Il s'agira de celle du calque courant si vous suivez les conseils donnés dans la section "Accumuler les propriétés" du Chapitre 6.

6. **Répétez l'étape 5 en choisissant successivement En-tête et Titre dans la liste Styles de cellules.**

7. **Cliquez sur OK pour refermer la boîte de dialogue Nouveau style de tableau.**

La boîte de dialogue Style de tableau réapparaît.

8. **Sélectionnez votre nouvelle mise en forme dans la liste Styles, puis cliquez sur le bouton Définir courant (facultatif).**

   Votre nouveau style est activé, et AutoCAD l'utilisera pour tout tableau que vous allez maintenant créer dans ce dessin.

9. **Cliquez sur Fermer.**

   La boîte de dialogue se referme. Vous êtes maintenant prêt à ajouter un tableau. C'est ce que nous allons apprendre à faire dans la prochaine section.

TRUC

Vous pouvez accéder à la boîte de dialogue Format des cellules du tableau directement depuis les pages Titre, En-tête et Données de la fenêtre Nouveau style de tableau. Cette boîte de dialogue fournit des options supplémentaires pour formater les cellules en fonction de leur contenu.

AutoCAD mémorise les styles de tableaux dans le fichier DWG. Un style défini dans un dessin n'est donc pas immédiatement disponible dans les autres. Vous pouvez copier un style de tableau d'un dessin dans un autre en faisant appel à DesignCenter (cette procédure est décrite au Chapitre 6 pour ce qui concerne les styles de cotes, mais la démarche est exactement la même ici).

Créer et éditer des tableaux

Une fois votre style défini et activé, la commande TABLEAU (raccourci TB) vous permet d'ajouter facilement un tableau dans votre dessin. Voici comment :

1. **Choisissez un calque courant adapté.**

   En supposant que vous conserviez avec la valeur DuCalque les paramètres de couleur, de type de ligne et d'épaisseur de ligne (comme le suggère le Chapitre 6), les propriétés du calque courant contrôleront celles des parties de votre tableau qui sont définies avec l'option DuBloc (voir l'étape 5 de la section précédente).

2. **Dans le panneau Annotation (onglet Début du ruban), cliquez sur le bouton Table (ou choisissez Dessin/Tableau dans le menu classique).**

   La boîte de dialogue Insérer un tableau s'affiche.

3. **Sélectionnez un style dans la liste déroulante Style de tableau.**

4. **Choisissez un Type d'insertion.**

   - La méthode la plus simple est *Spécifiez le point d'insertion*. Il vous suffit alors de définir l'emplacement du coin supérieur gauche du tableau (ou le coin inférieur gauche si vous avez défini une direction En haut en créant votre style). Vous devez alors indiquer le nombre et la largeur des colonnes, ainsi que le nombre et la hauteur des lignes par défaut.

   - Avec l'option *Spécifiez la fenêtre*, vous avez à pointer le coin supérieur gauche et le coin inférieur droit d'une fenêtre délimitant le tableau. Dans ce cas, AutoCAD détermine automatiquement la largeur des colonnes ainsi que le nombre de lignes à inclure.

5. **Remplissez la zone Paramètres des rangées et des colonnes.**

   Si vous avez choisi, lors de l'étape 4, de spécifier une fenêtre, AutoCAD affecte la valeur Auto aux champs Largeur de colonne et Rangées. Il se sert alors des dimensions globales du tableau que vous spécifiez aux étapes 7 et 8.

6. **Cliquez sur OK.**

   AutoCAD vous demande de spécifier le point d'insertion du tableau.

7. **Cliquez sur un point ou entrez ses coordonnées.**

   Si, au cours de l'étape 4, vous avez demandé à spécifier un point d'insertion, AutoCAD va dessiner les bordures du tableau, placer le curseur dans la case du titre, puis afficher l'onglet Texte multiligne dans le ruban (ou la barre d'outils Format du texte si vous utilisez l'espace de travail AutoCAD classique).

8. **Si vous avez opté pour l'option Spécifiez la fenêtre lors de l'étape 4, définissez le coin opposé du rectangle délimitant le tableau.**

   AutoCAD dessine le tableau. Il détermine la largeur des colonnes et le nombre de lignes à partir de la taille que vous avez donnée à celui-ci.

9. **Saisissez un titre pour votre tableau.**

10. **Appuyez sur les touches fléchées ou sur la touche Tab pour vous déplacer d'une case à l'autre. Saisissez dans chacune d'entre elles la valeur ou le texte voulu.**

En cliquant droit sur une case vous ouvrez un menu contextuel qui propose de nombreuses autres options, y compris la copie d'une cellule vers une autre, la fusion de plusieurs cases, l'insertion de lignes et de colonnes, l'édition de la mise en forme ou encore l'insertion d'un bloc (autrement dit d'un symbole graphique, sujet sur lequel je reviendrai dans le Chapitre 17).

TRUC

Les champs, décrits plus haut dans ce chapitre, fonctionnent également avec les tableaux. Il est donc possible d'insérer un champ dans une case. Vous pourriez par exemple vous servir de cette possibilité pour réaliser une partie d'un cartouche en y ajoutant automatiquement la date en cours et le nom du dessinateur.

11. **Cliquez dans le ruban sur le bouton Fermer l'éditeur de texte (ou sur OK dans la barre d'outils Format du texte).**

La Figure 13.9 montre un exemple de tableau en cours d'insertion.

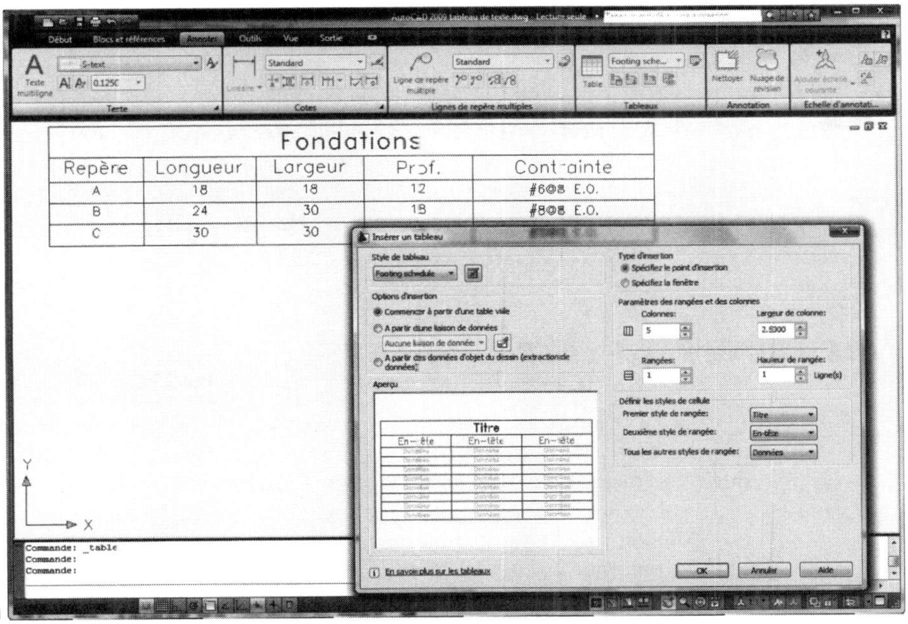

Figure 13.9 La boîte de dialogue Insérer un tableau et un exemple de tableau.

Pour éditer par la suite le contenu d'une cellule, il suffit de double-cliquer à l'intérieur de celle-ci. Pour modifier une largeur de colonne ou une hauteur de rangée, cliquez sur la bordure du tableau. Cliquez ensuite sur une des poignées bleues et déplacez-la (appuyez en même temps sur la touche Ctrl pour changer uniquement la largeur d'une certaine colonne, et non celle du tableau entier). Pour éditer d'autres aspects du tableau ou de cases individuelles, effectuez une sélection puis servez-vous de la palette Propriétés ou du panneau Propriétés rapides pour opérer les changements voulus (l'utilisation de la touche Maj permet de sélectionner un groupe de cases).

Au lieu de passer par la boîte de dialogue Insérer un tableau, vous pouvez importer le contenu d'une feuille de calcul Microsoft Excel. Pour cela, sélectionnez dans Excel les cellules voulues, puis copiez-les vers le presse-papiers. Revenez à AutoCAD. Choisissez dans le menu Édition la commande Collage spécial, puis le format Entités AutoCAD. AutoCAD va essayer de coller non seulement le contenu des cellules, mais aussi leur mise en forme. Cependant, vous aurez probablement à ajuster les largeurs de colonnes et à modifier certaines propriétés du tableau importé.

Vous pouvez aussi vous diriger dans la direction inverse (d'AutoCAD vers Excel ou un autre programme) via un fichier CSV (*Comma Separated Value*). Voyez ce que dit l'aide en ligne d'AutoCAD sur la commande EXPORTERTABLEAU.

Il est également possible d'extraire des données d'attributs vers un tableau. Voyez le Chapitre 17 pour plus d'informations sur les blocs et les attributs. Il est également possible d'effectuer des calculs (simples) dans des tableaux à partir de fonctions prédéfinies ou en entrant vos propres expressions arithmétiques. Pour en savoir plus sur ce sujet, reportez-vous dans l'aide en ligne d'AutoCAD à la rubrique "Utilisation de formules dans les cellules d'un tableau" (vous y accéderez facilement en effectuant une recherche sur le critère "tableau formules").

Des repères à tête pointue

Ne vous inquiétez pas. Je ne vous parle pas ici d'une tribu de féroces Apaches, mais des flèches qui pointent d'un commentaire vers un objet ou une zone que vous avez besoin d'embellir par quelque verbiage descriptif.

Les lignes de repère multiples représentent une très nette amélioration sur ce qui était proposé avant leur introduction par AutoCAD 2008. Ces repères multiples sont des objets uniques, capables de pointer dans plusieurs directions en même temps. Et, cerise sur le gâteau, ils peuvent être annotatifs, exactement comme les textes, les cotes ou encore les hachures.

AutoCAD n'aime pas jeter. C'est pourquoi vous trouverez en cherchant un peu deux anciennes méthodes de création de repères simples, c'est-à-dire une note/une flèche. Vous ne trouverez pas les commandes LREPERE et LREPE-

RERAP (repère rapide) dans les panneaux, les menus ou les barres d'outils. Ces quasi-retraitées sont donc réservées aux vrais amateurs de la ligne de commande. Avec LREPERE (raccourci LE), vous devez vous contenter de placer votre pointe de flèche, de tracer une ou plusieurs lignes de repère, et enfin de saisir votre note. Pas d'options, pas besoin de réfléchir. LREPERERAP est une version améliorée, qui dispose d'une boîte de dialogue permettant de définir certaines options et qui vous demande de définir la largeur du texte multiligne. Dans les deux cas, contrairement aux repères multiples, les lignes de repère et la légende sont créées en tant qu'objets séparés.

Trouver ses repères

Vous pouvez dessiner des lignes de repère multiples sous la forme d'objets uniques contenant du texte multiligne et des lignes de repère à l'aide de la commande LIGNEDEREPMULT. Pour cela, suivez ces étapes :

1. **Définissez comme courant un calque qui convient pour les annotations.**

2. **Définissez le style que vous voulez appliquer à votre ligne de repère multiple.**

   Vous pouvez choisir un nom dans la liste Style de ligne de repère multiple du panneau étendu Annotation (onglet Début du ruban) ou dans les barres d'outils Styles ou Ligne de repère multiple (dans l'espace de travail AutoCAD classique), ou bien encore en créer un (à partir de l'intitulé Style de ligne de repère multiple, toujours dans le panneau étendu Annotation ou de la commande de même nom dans le menu Format). Reportez-vous à l'aide en ligne d'AutoCAD pour plus d'informations à ce sujet.

3. **Cliquez maintenant sur le bouton Ligne de repère multiple dans le panneau Annotation, ou bien sur le premier bouton de la barre d'outils Ligne de repère multiple dans l'espace de travail AutoCAD classique.**

   La ligne de commande vous demande de sélectionner l'emplacement de la pointe de flèche :

```
Spécifiez l'emplacement de la pointe de flèche de la ligne de repère ou [Ligne
de guidage de la ligne de repère en premier/Contenu en premier/Options]
<Options>:
```

La méthode initiale par défaut consiste à placer la pointe de flèche, puis la ligne de guidage, c'est-à-dire le petit trait horizontal reliant la ligne de repère au texte. À la suite de quoi, AutoCAD affiche l'éditeur de texte multiligne qui vous permet de saisir votre note. Si vous préférez positionner d'abord la ligne de guidage, tapez **L**. Pour entrer le contenu en premier, tapez **C**.

Pour dessiner une courbe au lieu d'une ligne droite, spécifiez le nombre de points qui vont la définir et appuyez sur Entrée pour afficher les options disponibles dans la fenêtre de commande ou dans la zone de saisie dynamique. Reportez-vous à l'aide en ligne pour plus d'informations sur ces options.

4. **Indiquez le point sur lequel vous souhaitez faire pointer la flèche du repère.**

   Si vous utilisez un mode d'accrochage aux objets pour sélectionner votre point, AutoCAD associe le repère à l'objet correspondant. Si vous déplacez par la suite cet objet, AutoCAD met à jour automatiquement le repère pour le faire pointer vers le nouvel emplacement.

   AutoCAD vous demande maintenant le point suivant, à partir duquel il va dessiner un segment se terminant par la pointe de la flèche.

5. **Indiquez un second point.**

   AutoCAD trace un trait entre la pointe de flèche et ce point.

   Si ce deuxième point est trop proche du premier pour qu'il soit possible de dessiner la pointe de la flèche, il est tout simplement ignoré par AutoCAD.

   Par défaut, AutoCAD autorise la sélection de deux points pour la ligne de rappel : un premier pour localiser la pointe de la flèche, et un second pour positionner la ligne de guidage. Si cela ne vous suffit pas, relancez la commande et choisissez Options, puis Nombre maximal de points et définissez alors une nouvelle valeur.

   Une fois la ligne de guidage en place, AutoCAD ouvre l'éditeur de texte multiligne.

6. **Entrez votre commentaire.**

   Vous retrouvez toutes les fonctions et options de formatage qui ont été décrites plus haut dans ce chapitre.

7. **Cliquez sur Fermer l'éditeur de texte (dans le panneau) ou sur OK (dans la barre d'outils).**

   La fenêtre de l'éditeur de texte multiligne se ferme et votre commentaire est placé dans le dessin à côté de la ligne de repère.

La Figure 13.10 montre plusieurs exemples de repères.

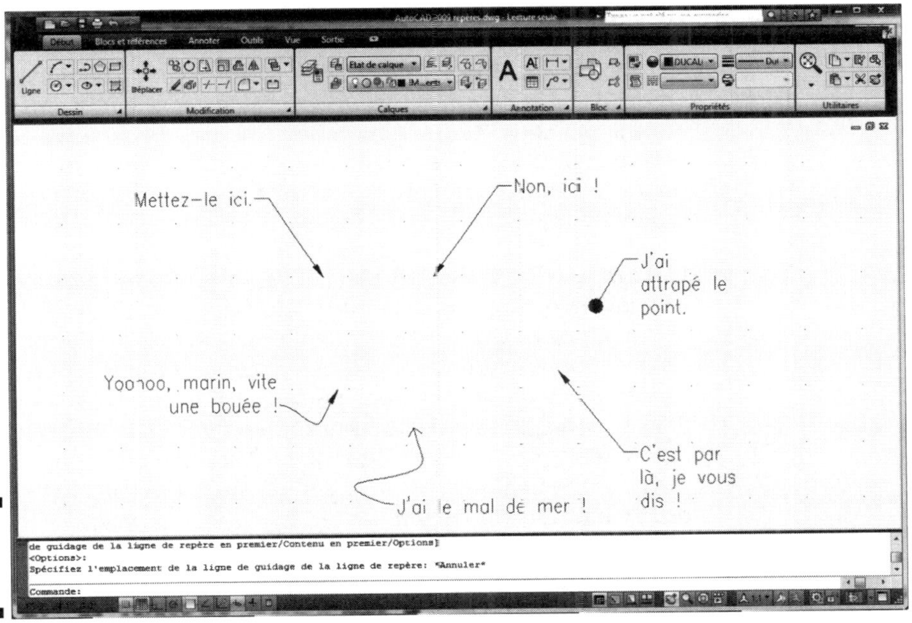

Figure 13.10 Une réunion de repères.

Options multiples pour repères multiples

En plus de LIGNEDEREPMULT elle-même, plusieurs autres commandes (aux noms certes plutôt compliqués si ce n'est exotiques) de formatage, de dessin et d'édition sont proposées par AutoCAD 2009 :

- **MODIFLIGNEDEREPMULT :** Utilisez cette commande pour ajouter ou supprimer des lignes de repère des repères multiples. Vous trouverez chacune de ces fonctions dans la liste déroulante Ligne de repère multiple du panneau Annotation. Dans l'espace de travail AutoCAD classique, vous pouvez également ouvrir le menu Modification et choisir successivement Objet/Ligne de repère multiple/Ajouter (ou Supprimer) une ligne de repère.

- **STYLELIGNEDEREPMULT :** Les repères multiples, comme les textes, les tableaux et les cotes, sont formatés à partir de styles nommés. Pour afficher la boîte de dialogue Gestionnaire des styles de lignes de repère multiples (qui ressemble à une version simplifiée de la boîte de dialogue Gestionnaire des styles de cote), choisissez Style de ligne de repère multiple dans le panneau étendu Annotation (sous l'onglet Début du ruban), ou bien encore l'option de même nom dans le menu Format.

- **ALIGNLIGNEDEREPMULT :** Utilisez cette commande pour aligner une série de lignes de repère. Vous pouvez également cliquer sur Aligner dans le panneau étendu Annotation (ou dans la barre d'outils Ligne de repère multiple de l'espace de travail AutoCAD classique, ou encore ouvrir le menu Modification et choisir successivement Objet/Ligne de repère multiple/Aligner).

- **COLLECTLIGNEDEREPMULT :** Les repères multiples peuvent contenir non seulement du texte, mais aussi des blocs (vous les découvrirez dans le Chapitre 17). Cette commande permet de rassembler un groupe de repères contenant différents blocs en un seul repère contenant l'ensemble de ces blocs. Vous pouvez également cliquer sur Recueillir dans le panneau étendu Annotation (ou dans la barre d'outils Ligne de repère multiple de l'espace de travail AutoCAD classique, ou encore ouvrir le menu Modification et choisir successivement Objet/Ligne de repère multiple/ Recueillir).

Pour plus d'informations sur toutes ces commandes, recherchez leurs noms dans le système d'aide en ligne d'AutoCAD.

N'OUBLIEZ PAS

Les repères multiples et les styles de repères multilignes peuvent être ou non annotatifs. Les rendre annotatifs et leur affecter des échelles d'annotation appropriées peut faire gagner beaucoup de temps si vous devez par exemple tracer à différentes échelles des vues détaillées.

Chapitre 14

Les joies de la cotation

Dans ce chapitre :

- Comprendre les cotes et les types de cote.
- Utiliser des styles de cote d'autres dessins.
- Créer et modifier vos propres styles de cote.
- Choisir une méthode de cotation.
- Dessiner et éditer des cotations associatives.
- Modifier des cotes.
- Dessiner des repères.

En dessin industriel (qu'il s'agisse de CAO ou de dessin manuel), les cotes sont des indications textuelles associées à des traits et à des flèches, qui indiquent sans ambiguïté les dimensions des différents objets du dessin. Bien qu'il soit théoriquement possible de réaliser tous les éléments dont est constituée une cote en utilisant les commandes de dessin d'AutoCAD, comme LIGNE et TEXTMULT, il s'agit d'une tâche si courante qu'AutoCAD offre des commandes spéciales pour l'accomplir plus efficacement. Ces commandes de cotation rassemblent les éléments dont est constituée une cote en un ensemble pratique et facile à modifier. Mieux encore, si vous modifiez un objet (par exemple, en l'étirant), AutoCAD met automatiquement à jour les cotes correspondantes pour refléter les nouvelles dimensions de cet objet, comme le montre la Figure 14.1. Et, de surcroît, les cotes associatives d'AutoCAD ajustent automatiquement leur taille lorsque vous changez l'échelle d'annotation dans l'espace objet, ou l'échelle de la fenêtre dans une présentation de l'espace papier. Les objets annotatifs en général sont décrits dans le Chapitre 13. Ici, nous nous intéresserons de plus près aux cotes annotatives.

AutoCAD contrôle la présentation des cotes au moyen de styles de cote, tout comme il contrôle la mise en forme du texte au moyen de styles de texte (il utilise d'ailleurs aussi des styles de texte pour définir l'apparence des légendes

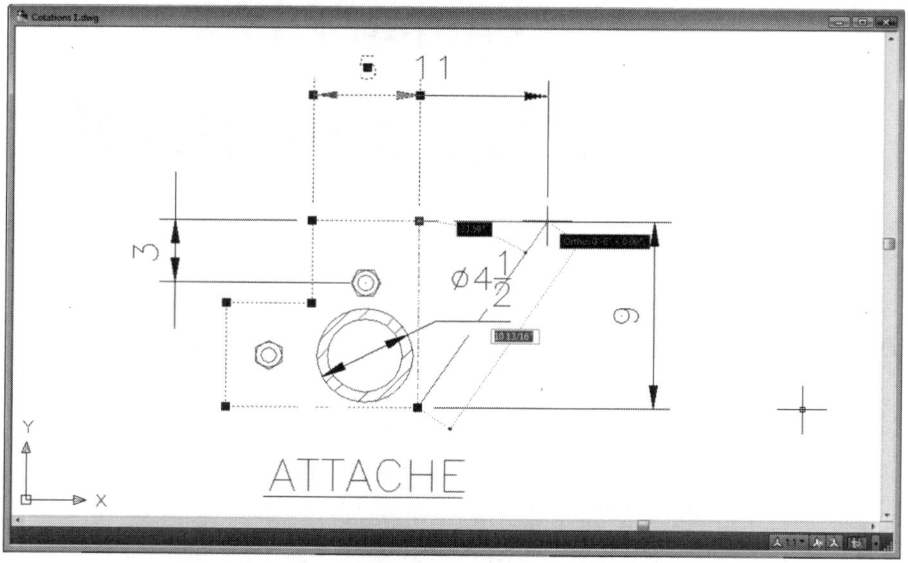

Figure 14.1 Quand vous modifiez un objet, ses cotes sont automatiquement mises à jour.

dans les cotes). Mais les styles de cote sont beaucoup plus compliqués que les styles de texte, car elles comportent de nombreux éléments dont il est nécessaire de contrôler l'aspect. Une fois que vous aurez trouvé ou créé un style qui vous convient, vous pourrez utiliser des commandes de cotation pour dessiner des cotes associées à des points importants de vos objets (par exemple, les extrémités d'une ligne).

ATTENTION !

La cotation dans AutoCAD est un sujet vaste et compliqué. C'est même si compliqué qu'il y a chez Autodesk un spécialiste extrêmement calé en la matière qui ne s'occupe que de ça. Il porte d'ailleurs le titre de "DimWit" (littéralement, "imbécile", N.D.T.). Amusant, non ? Chaque domaine d'activité a ses propres conventions, habitudes et manies en matière de cotation. Comme toujours, AutoCAD fait de son mieux pour les satisfaire toutes, ce qui rend les choses un peu plus tortueuses pour tout le monde. Ce chapitre décrit l'essentiel des principes et des commandes qu'il vous est nécessaire de connaître pour commencer à coter un dessin. Soyez prêt à consacrer un certain temps à étudier comment (re)créer les types de cotation spécialisés utilisés dans votre domaine d'activité.

N'OUBLIEZ PAS

Ce n'est qu'après avoir dessiné au moins une partie de la géométrie de vos objets que vous pouvez commencer à ajouter des cotes dans votre dessin (faute de quoi vous n'avez tout simplement rien à coter !). Vous verrez que vous serez plus efficace si vous ajoutez les cotes de façon groupée, plutôt que de dessiner une ligne pour la coter aussitôt, dessiner une autre ligne et la coter, et ainsi de suite.

Pourquoi des cotes en CAO ?

Au premier abord, on pourrait croire que la CAO a rendu les cotes obsolètes. Après tout, vous vous conformez à toutes mes recommandations sur l'utilisation des techniques d'aide à la précision d'AutoCAD pour dessiner et modifier vos objets, et vous les dessinez avec leurs véritables dimensions, n'est-ce pas ? Votre client, ou l'entreprise qui fabrique la pièce, dispose de toutes ces dimensions (y compris les angles) dans le fichier DWG du dessin, non ? Désolé, mais la réponse est effectivement non (en tout cas, pour la dernière question). Voici quelques-unes des raisons pour lesquelles la cotation traditionnelle, héritée par la CAO du dessin industriel à la main, a des chances de continuer à exister quelque temps encore :

- **Certaines personnes veulent un dessin sur papier (ou en ont vraiment besoin) pour fabriquer ou construire quelque chose.** Nous n'en sommes pas encore au stade où il suffira de porter un ordinateur à la ceinture (ou ailleurs) pour fabriquer la pièce ou construire le bâtiment.
- **Dans de nombreux domaines d'activité, les dessins sur papier sont toujours la référence juridique.** Votre entreprise peut très bien fournir à ses clients aussi bien les fichiers DWG que les dessins tracés correspondants, mais votre contrat prévoit probablement que ce sont les dessins sur papier qui servent de référence devant un tribunal en cas de litige. Il est d'ailleurs possible que le contrat mette en garde contre le procédé qui consiste à mesurer des dimensions sur le dessin (ce qui revient à les extraire du fichier AutoCAD). Seules les cotes sont censées fournir les informations nécessaires à la construction ou la fabrication de l'objet.
- **Au-delà des dimensions ou des angles, les cotes servent aussi à donner des informations supplémentaires.** En particulier, elles peuvent indiquer des tolérances, ou signaler que certaines mesures se retrouvent en différents endroits du dessin.

Aussi, gardez toujours à l'esprit cette vieille règle d'or du dessin industriel : "Ce n'est pas la taille de l'objet dessiné qui compte, mais les cotes qui sont indiquées."

À la découverte des cotes

Avant de nous plonger dans les techniques que vous allez utiliser pour créer des styles de cote, puis des cotes, nous allons passer en revue une partie de la terminologie employée par AutoCAD sur ce thème. Si vous êtes déjà familier avec le vocabulaire de la cotation en CAO, vous pouvez vous contenter de parcourir cette section en jetant un coup d'œil aux figures qui s'y trouvent. Dans le cas contraire, lisez ce qui suit.

Anatomie d'une cote

AutoCAD utilise les termes présentés sur la Figure 14.2 et expliqués dans la liste ci-dessous pour désigner les éléments dont est constituée une cote :

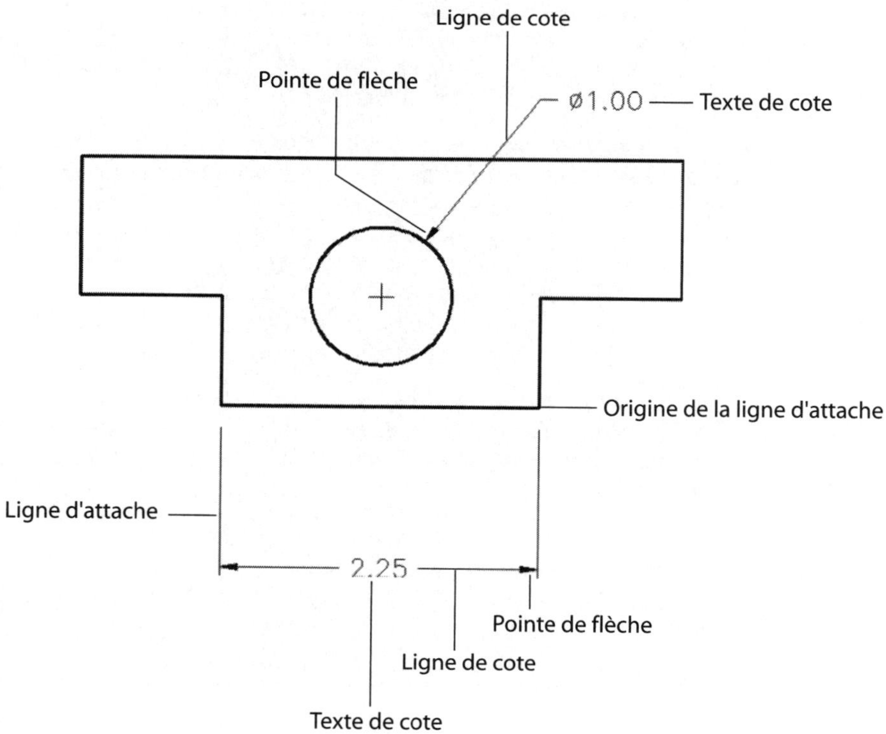

Figure 14.2 Les éléments d'une cote.

- **Texte de cote :** C'est généralement un nombre qui indique une longueur ou un angle. Le texte d'une cote est aussi susceptible de comporter d'autres informations en plus ou à la place de cette valeur. Vous pouvez par exemple ajouter un suffixe tel que `TYP` pour indiquer qu'une cote est caractéristique de ce type de configuration, ou encore insérer une description comme `Voir détail 3b`.

- **Ligne de cote :** Une ligne de cote est associée au texte d'une cote qui indique une longueur ou une distance et s'étend (horizontalement, verticalement, obliquement ou parallèlement à la direction de l'objet mesuré) sur la distance correspondant à la valeur de la cote. (Pour d'autres types de cotes, par exemple un rayon ou un diamètre, cette ligne pointe simplement vers l'objet coté). Avec le paramétrage du style de cote par défaut d'AutoCAD (selon les normes ISO pour la version française), le texte de la cote est centré horizontalement sur la ligne de cote et apparaît au-dessus de celle-ci (la ligne passe à côté du texte de la cote), comme le montre la Figure 14.2. Mais vous pouvez aussi changer ces paramètres pour faire apparaître le texte différemment, par exemple à la manière américaine (le texte étant centré non seulement horizontalement mais aussi verticalement sur la ligne de cote), comme le montre la Figure 14.2. Pour en savoir plus, voyez la section "Ajuster un style de cote", plus loin dans ce chapitre.

- **Pointes de flèche :** Les pointes de flèche apparaissent à l'extrémité des lignes de cote et indiquent l'étendue correspondant à la valeur de la cote. Le style de cote par défaut d'AutoCAD utilise la pointe de flèche fermée pleine montrée sur la Figure 14.2, mais vous pouvez choisir parmi de nombreux symboles (AutoCAD appelle d'ailleurs toujours ce symbole une pointe de flèche, même lorsqu'il s'agit d'une "petite marque").

- **Lignes d'attache :** Les lignes d'attache relient les extrémités des lignes de cote aux points que vous avez sélectionnés sur un objet (en utilisant généralement une méthode d'accrochage) pour indiquer justement la cote correspondante. Par une convention du dessin industriel, il y a généralement un petit espace entre la ligne d'attache et le contour de l'objet (c'est le cas dans AutoCAD). Une ligne d'attache dépasse aussi légèrement son point de rencontre avec la ligne de cote correspondante. Si vous avez besoin de coter des cercles ou des axes, il est aussi possible d'associer un type de ligne tiret-point à une ligne d'attache ou aux deux. En règle générale, les lignes d'attache débordent légèrement au-delà de leur point d'intersection avec la ligne de cote.

Guide pratique de la cotation

AutoCAD fournit plusieurs types de cote et plusieurs commandes pour les créer. La Figure 14.3 présente les types les plus courants et la liste ci-après en donne la description :

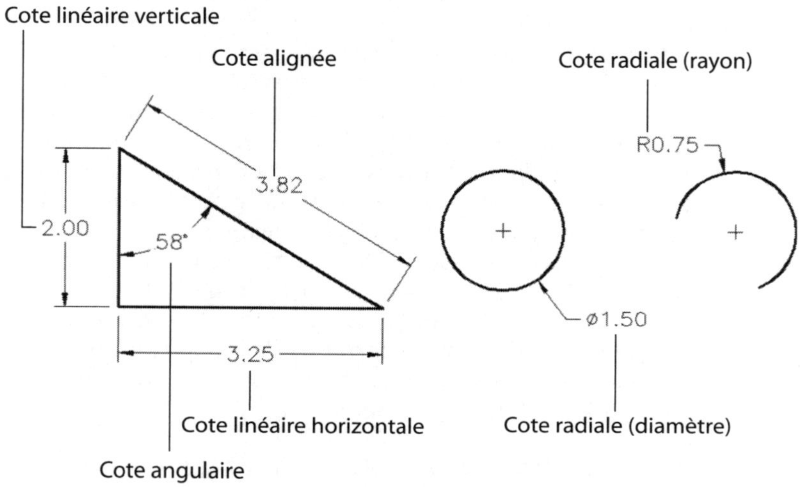

Figure 14.3 Des types de cote couramment utilisés.

- **Cotes linéaires :** Une *cote linéaire* mesure l'extension linéaire d'un objet ou la distance linéaire entre deux objets. Elle correspond le plus souvent à une distance horizontale ou verticale, mais vous pouvez aussi bien avoir des cotes linéaires correspondant à des angles quelconques.

- **Cotes alignées :** Une *cote alignée* est semblable à une cote linéaire, mais la ligne de cote est orientée selon le même angle que le segment reliant les points de départ des lignes d'attache.

- **Cotes radiales :** Une *cote radiale* indique le rayon (ou le diamètre) d'un cercle ou d'un arc de cercle. Le texte d'une cote radiale peut être placé à l'intérieur ou à l'extérieur du cercle ou de l'arc correspondant (voir la Figure 14.3). Si la cote est placée à l'extérieur, AutoCAD ajoutera par défaut une petite croix au centre de l'arc ou du cercle. Comme l'illustre la Figure 14.3, AutoCAD ajoute automatiquement le symbole approprié à ce type de cote.

Dans la plupart des disciplines, on cote le diamètre dans le cas d'un cercle entier (par exemple, un trou circulaire) et le rayon lorsqu'il s'agit d'un arc ou d'une partie de cercle.

- **Cotes angulaires :** Une *cote angulaire* indique l'angle que font entre elles deux lignes ou l'angle correspondant à deux points sur un arc (ou sur un cercle). La ligne de cote est tracée sous forme d'un arc dont le centre est l'intersection des deux lignes, ou bien le centre de l'arc (ou du cercle) sur lequel se trouvent les deux points qui définissent l'angle mesuré. La valeur de la cote indique l'amplitude de l'angle.

Il y a encore d'autres types de cote disponibles dans AutoCAD, à savoir : Ligne de base, Tolérance, Ordonnée, Marque centrale ou encore Repère. Pour savoir comment dessiner des repères, reportez-vous à la section "Des repères à tête pointue", à la fin du Chapitre 13. Pour en savoir plus sur les autres types de cote, recherchez "cotes" dans l'onglet Index de l'aide en ligne d'AutoCAD.

Associativité des cotes

Par défaut, AutoCAD regroupe tous les éléments de chaque cote (lignes d'attache, ligne de cote, pointes de flèche et texte) dans un objet de *cote associative*. Le terme associative signifie deux choses :

- L'ensemble des éléments qui constituent une cote associative fonctionne comme un objet unique. Lorsque vous cliquez sur une partie quelconque d'une telle cote, c'est l'objet tout entier qui est sélectionné.

- La cote est connectée aux points de l'objet que vous avez spécifiés pour la créer. Si vous modifiez la taille de l'objet (par exemple, en l'étirant), la cote associative est automatiquement mise à jour en conséquence : les lignes et les pointes de flèche se déplacent, et le texte indique la nouvelle valeur.

J'appelle *cote associative basée sur la géométrie* une cote qui réunit ces deux caractéristiques, parce qu'elle est entièrement déterminée par la géométrie de l'objet auquel elle est liée.

Pour des raisons historiques, AutoCAD est également capable de créer des cotes qui ne possèdent que la première caractéristique d'associativité indiquée précédemment (la cote se comporte comme une seule et même entité, mais elle n'est pas directement liée à l'objet dont elle indique une dimension). Autodesk appelle maintenant ces cotes non associatives, ce qui est une source de confusion pour ceux qui utilisent AutoCAD depuis longtemps, parce que ces mêmes cotes s'appelaient auparavant associatives ! Enfin, AutoCAD peut aussi créer des cotes qui ne possèdent aucun type d'associativité (ni regroupement des éléments en un seul et même objet, ni lien avec la géométrie d'un objet). Autodesk appelle ces dernières des cotations décomposées, mais avant AutoCAD 2002, elles s'appelaient non associatives ! Pour avoir des indications supplémentaires sur la manière de savoir quel type de cote va créer AutoCAD, reportez-vous à la section "Contrôler et modifier l'associativité des cotes", plus loin dans ce chapitre.

Vos outils de cotation

Le panneau Annotation, sous l'onglet Début du ruban, vous donne accès aux commandes de cotation (vous disposez également de l'onglet Annoter, du menu Cotation ou encore de la barre d'outils Cotation dans l'espace de travail AutoCAD classique).

Quel que soit votre espace de travail préféré, il faut reconnaître que, si vous ajoutez plusieurs cotes à la suite, la barre d'outils Cotation est plus efficace parce qu'elle rend ces commandes plus accessibles, propose davantage d'options et est organisée d'une manière plus cohérente que le ruban. Pour afficher ou masquer cette barre d'outils, il vous suffit de cliquer du bouton droit sur la barre Accès rapide, puis de choisir Barres d'outils, AutoCAD et enfin Cotation.

Les commandes de cotation ont généralement des noms assez longs et plus ou moins alambiqués (comme COTANG, COTLIN ou COTRAYON). Mais ces commandes ont également des alias (en l'occurrence et respectivement CAN, COTL et COTY) que vous pouvez taper au clavier. Si vous insérez de nombreuses cotes et que vous ne voulez pas passer votre temps à revenir au ruban ou à la barre d'outils Cotation, mémorisez les formes abrégées des commandes que vous utilisez le plus souvent. Vous trouverez dans l'aide en ligne des informations détaillées sur tout cela : dans le sommaire, ouvrez la section consacrée aux commandes dont le nom commence par la lettre C, puis intéressez-vous à celles dont les trois premières lettres disent COT.

Coter avec style(s)

La création d'un style de cote efficace, qui donne à vos cotes la présentation que vous désirez, est le défi le plus difficile dans l'utilisation des fonctions de cotation d'AutoCAD. Comme chaque dessin contient ses propres styles de cote, les modifications que vous apportez à un tel style ne s'appliquent qu'au dessin dans lequel vous les avez effectuées. En revanche, une fois que vous avez défini les styles de cote voulus dans un dessin, vous pouvez vous en servir comme gabarit ou comme point de départ pour d'autres réalisations.

Un *style de cote* est un ensemble de paramètres de dessin, que l'on appelle des *variables de cotation*, qui sont une catégorie particulière des variables système (présentées au Chapitre 22).

Si vous voulez voir la liste des variables de cotation et de ce qu'elles permettent de contrôler, reportez-vous dans l'aide en ligne d'AutoCAD à la partie Référence des commandes, puis Variables système, et enfin D - Variables système. Les noms qui vous intéressent ici commencent tous par DIM.

Vous pouvez créer des styles de cote avec la propriété *Annotatif*. Les étapes permettant de définir des styles de cote annotatifs et non annotatifs sont explicitées dans les sections qui suivent. Bien qu'il soit possible de rendre annotatives des cotes qui ne l'étaient pas à partir de la palette Propriétés, il est bien plus efficace d'activer la propriété Annotatif dans un style de cote, de manière à ce que toutes les cotes créées dans ce style soient automatiquement des objets annotatifs.

Emprunter un style de cote existant

Si vous avez la chance de travailler pour une entreprise qui a défini des styles de cote qui conviennent à votre projet, vous ferez l'économie d'une partie du travail de création. Dans le cas où le style de cote dont vous avez besoin existe déjà dans un autre dessin, vous pouvez utiliser la palette DesignCenter pour le copier dans votre projet. Pour réviser cette procédure, voyez les sections "Utiliser DesignCenter" et Copier des calques entre dessins" dans le Chapitre 6. Il vous suffit de remplacer "calques" par "styles de cote".

Les objets annotatifs sont apparus avec AutoCAD 2008. Un dessin enregistré dans une version antérieure ne possédera donc pas ce type de propriété. C'est là un point à ne pas oublier si vous voulez faire appel à DesignCenter pour récupérer des styles de cote.

Créer et gérer des styles de cote

Si vous avez vraiment besoin de créer vos propres styles de cote ou si vous voulez modifier un style de cote que vous avez copié à partir d'un autre dessin, c'est la boîte de dialogue Gestionnaire des styles de cote qui vous permettra de le faire (voir la Figure 14.4).

Tout nouveau dessin que vous créez à partir du gabarit par défaut `acadiso.dwt` (dans la version française d'AutoCAD) contient le style de cote ISO par défaut correspondant, ISO-25 (`acad.dwt` propose l'équivalent en pieds et pouces sous le nom de Standard). Bien que vous puissiez utiliser et modifier le style de cote

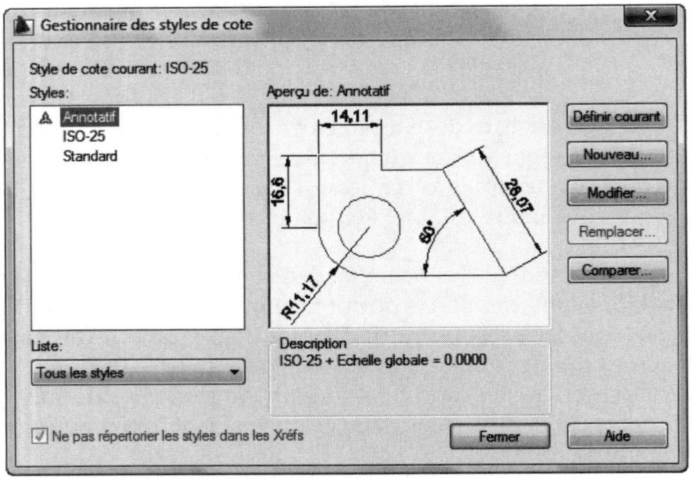

Figure 14.4 Encore un "gestionnaire", cette fois pour les styles de cote.

par défaut, nous vous suggérons de le conserver comme il est et de créer votre ou vos propres styles avec les paramètres qui conviennent à ce que vous voulez faire. Vous pourrez ainsi toujours utiliser le style de cote par défaut comme référence. Plus important, vous éviterez de cette façon une éventuelle confusion de noms qui pourrait altérer la présentation de vos cotes si votre dessin est inséré dans un autre (le Chapitre 17 décrit ce conflit potentiel).

Les nouveaux dessins créés sous AutoCAD 2009 ou AutoCAD LT 2009 contiennent deux styles de cote par défaut. Comme indiqué dans le paragraphe précédent, le premier est toujours ISO-25 (ou Standard). Un second lui est ajouté : Annotatif. Ce style est simplement un clone de ISO-25, la seule différence tenant aux valeurs du facteur d'échelle global (correspondant à la variable système DIMSCALE).

Voici comment créer un style de cote :

1. **Ouvrez l'onglet Début du ruban, cliquez sur le triangle qui permet de dérouler le panneau Annotation et cliquez sur le bouton Style de cote. Dans l'espace de travail AutoCAD classique, cliquez sur le bouton de même nom dans la barre d'outils Styles. Vous pouvez également choisir dans les menus la commande Format/Style de cote.**

   La boîte de dialogue Gestionnaire des styles de cote apparaît.

2. **Dans la liste Styles, sélectionnez le style de cote existant dont vous voulez utiliser la configuration comme point de départ pour votre nouvelle création.**

Avec un dessin créé à partir du gabarit par défaut acadiso.dwt, cette liste comporte les styles de cote ISO-25 et Annotatif. Choisissez par exemple le premier.

3. **Cliquez sur le bouton Nouveau pour créer un nouveau style de cote reprenant les paramètres du style sélectionné.**

   La boîte de dialogue Nouveau style de cote apparaît.

4. **Entrez le nom que vous voulez donner à votre nouveau style de cote et indiquez s'il sera ou non annotatif en cochant ou décochant la case correspondante. Cliquez ensuite sur Continuer.**

   Pour créer un style de cote annotatif, cochez l'option Annotatif. Et réciproquement. Reportez-vous au Chapitre 13 pour plus d'explications sur les objets annotatifs.

   La boîte de dialogue Nouveau style de cote : *nom de votre nouveau style de cote* apparaît. Elle est virtuellement identique à la boîte de dialogue Modifier le style de cote : *nom du style de cote*, illustrée à la Figure 14.5 (voyez la section suivante).

5. **Adaptez les paramètres à votre convenance dans chacun des sept onglets de cette boîte de dialogue.**

   La section suivante donne la description de ces paramètres.

6. **Cliquez sur OK pour fermer la boîte de dialogue Nouveau style de cote.**

   La boîte de dialogue Gestionnaire des styles de cote réapparaît.

7. **Cliquez sur le bouton Fermer.**

   La boîte de dialogue Gestionnaire des styles de cote se ferme.

   Votre nouveau style de cote devient immédiatement opérationnel, autrement dit courant. AutoCAD va donc automatiquement l'utiliser pour les cotes que vous allez ajouter à ce dessin.

8. **Créez quelques cotes pour tester votre nouveau style de cote.**

ATTENTION !

Évitez de modifier des styles de cote existants que vous n'avez pas créés vous-même, à moins que vous ne soyez certain de l'usage auquel ils sont destinés. Lorsque vous changez la configuration d'un style de cote, toutes les cotes qui utilisent ce style sont modifiées en conséquence. Changer un seul petit paramètre peut ainsi être lourd de conséquences sur un grand nombre de cotes dans votre dessin. Dans le doute, demandez au créateur du style de cote à quel usage il est destiné et quelles seraient les conséquences d'une modification. Si vous ne pouvez pas obtenir ces informations, créez un nouveau style de cote à partir d'un style existant plutôt que d'éditer celui-ci.

NOTE TECHNIQUE

Vous pouvez aller plus loin dans la création de styles de cote en créant des styles secondaires (que l'on appelle aussi sous-styles ou familles de styles), qui sont des variantes d'un style principal, ne s'appliquant qu'à un type de cote particulier (par exemple, angulaire ou de rayon). Vous préférerez peut-être éviter dans la mesure du possible cette complication supplémentaire mais sachez que, si vous voyez, dans la liste Styles de la boîte de dialogue Gestionnaire des styles de cote, des noms mis en retrait, ce sont des styles de cote secondaires. Si vous voulez en savoir plus à leur sujet, ouvrez depuis le sommaire de l'aide en ligne d'AutoCAD les rubriques successives Manuel d'utilisation, Annotation de dessins, Cotes et tolérances, Utilisation des styles de cote, et enfin Présentation des styles de cote (onglet Procédure).

Ajuster un style de cote

Lorsque vous cliquez sur le bouton Nouveau ou le bouton Modifier dans la boîte de dialogue Gestionnaire des styles de cote, AutoCAD affiche une boîte de dialogue Nouveau/Modifier le style de cote : *nom du style de cote*, proposant une impressionnante quantité de paramètres (à manier avec précaution). La Figure 14.5 montre le premier onglet de cette boîte de dialogue (Lignes) avec les paramètres du style de cote par défaut ISO-25.

Heureusement, l'aperçu proposé dans tous les onglets de cette boîte de dialogue vous montre immédiatement le résultat de la plupart des modifications que vous apportez aux paramètres. Avec cet aperçu et quelques essais, vous arriverez généralement à vous en tenir à un nombre raisonnable de groupes de réglages, et donc de styles. Si vous avez besoin d'informations supplémentaires, utilisez l'aide de la boîte de dialogue : laissez quelques instants le pointeur de souris survoler le paramètre à propos duquel vous désirez en savoir plus.

TRUC

Avant de commencer à modifier les paramètres d'un style de cote, il est important que vous sachiez à quoi doivent ressembler vos cotes au moment du tracé. Si vous n'êtes pas sûr des usages de votre domaine d'activité en la matière, renseignez-vous auprès de vos collègues ou de vos confrères, ou reprenez les paramètres d'un dessin tracé dont vous savez qu'il constitue une bonne référence.

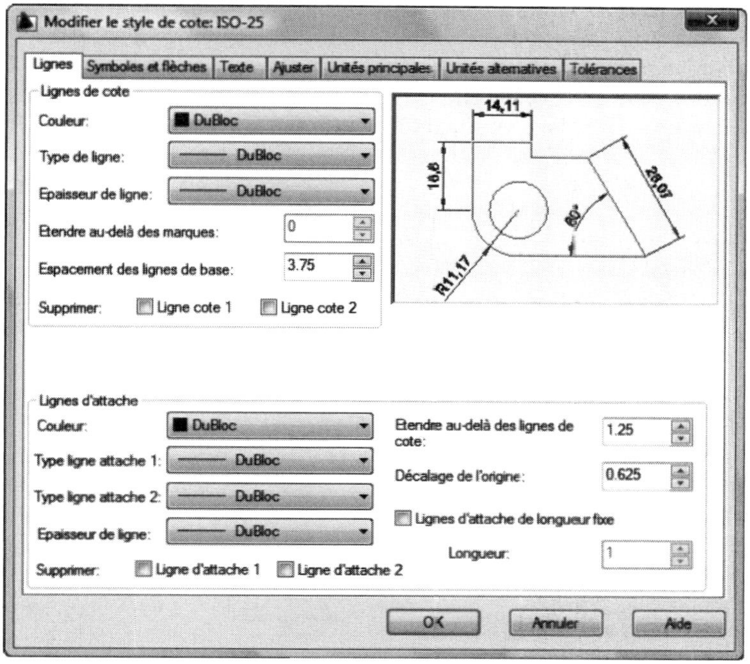

Figure 14.5 Modifiez les paramètres d'un style de cote.

Les sections qui suivent présentent les onglets les plus importants de la boîte de dialogue Nouveau/Modifier le style de cote, en mettant en lumière les options les plus utiles. Notez que, lorsque vous spécifiez un paramètre de distance ou une longueur pour un style annotatif, c'est en fonction de la taille que vous désirez obtenir sur le tracé que vous devez le faire. Pour obtenir le résultat final avec des styles qui ne sont pas annotatifs, AutoCAD applique à ces paramètres la valeur de l'échelle générale que vous entrez sous l'onglet Ajuster.

Lignes, symboles et flèches

Les paramètres des deux onglets Lignes et Symboles et flèches permettent de définir la présentation de base de tous les aspects de vos cotes, à l'exception du texte. Utilisez ces onglets pour spécifier le type et la taille des flèches, ainsi que les caractéristiques des lignes de cote et des lignes d'attache.

Texte

Utilisez l'onglet Texte pour définir le style et la hauteur (voyez le Chapitre 13) du texte de vos cotes, ainsi que son positionnement par rapport aux lignes de cote et aux lignes d'attache. Pour ce qui est du paramètre Style, vous voudrez sans doute remplacer le style de texte proposé par défaut par quelque chose qui utilise une police plus agréable que `TXT.SHX`, par exemple `ROMANS.SHX`. Si la valeur par défaut du paramètre Hauteur ne vous convient pas, modifiez-la en fonction de vos besoins (elle est généralement trop grande pour la plupart des situations). Choisissez par exemple une taille de 3 mm, ou toute autre valeur plausible (voir la Figure 14.6).

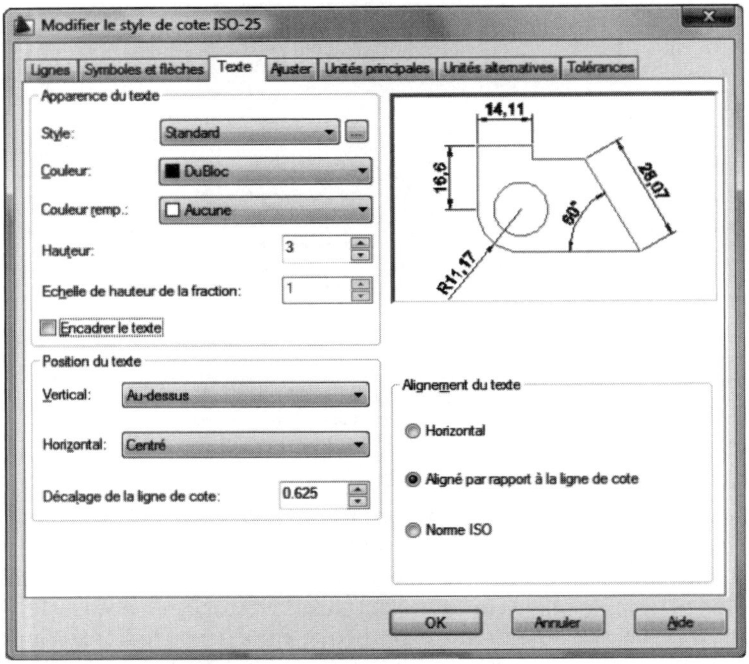

Figure 14.6 Mettez le texte de vos cotes en pleine forme.

Le style de texte que vous spécifiez dans un style de cote *doit* posséder une hauteur variable. Autrement dit, le paramètre Hauteur que vous spécifiez dans la boîte de dialogue Style de texte (qui apparaît quand vous cliquez sur le bouton contenant des points de suspension à droite du champ Style) *doit* être égal à 0. Pour en savoir plus sur cette question, reportez-vous au Chapitre 13. Si vous spécifiez ici une hauteur fixe pour le texte, la valeur Hauteur du style de texte prévaudra sur ce même paramètre défini dans l'onglet Texte de la boîte de dialogue Nouveau/Modifier le style de cote (relisez la phrase, elle va s'éclairer). Ce comportement est au mieux déconcertant, au pire inacceptable. Pour éviter ce problème, pensez donc à utiliser un style de texte à hauteur variable, c'est-à-dire nulle. Point. Et si cet avertissement ne suffit pas encore, faites une copie de ce paragraphe, encadrez-le et accrochez-la au-dessus de votre moniteur. De toute manière, *seuls* les débutants commettent ce genre d'erreur. Pas vous.

Les normes et les usages d'une industrie ou d'une entreprise dictent généralement la taille du texte des cotes. Quoi qu'il en soit, assurez-vous de ne pas choisir une taille qui soit trop petite pour rester lisible sur votre tracé.

L'onglet Ajuster

Cet onglet contient quantité d'options (dans lesquelles il n'est pas forcément évident de se retrouver) qui permettent de contrôler les conditions et la manière dont AutoCAD ajuste le texte des cotes quand il manque de place entre les lignes de cote et les lignes d'attache. Les paramètres par défaut correspondent au mode "Je fais de mon mieux pour vous aider", c'est-à-dire qu'AutoCAD déplace le texte, les lignes et les flèches automatiquement, de manière que rien ne recouvre rien. Si le résultat ne vous paraît pas satisfaisant, choisissez les options qui semblent convenir à vos besoins. Sélectionnez dans la rubrique Position du texte le bouton radio Au-dessus de la ligne de cote, sans ligne de repère. Faites de même dans la zone Ajustement pour la case Tracer ligne de cote entre lignes d'attache. Vous pourrez toujours par la suite déplacer vous-même le texte grâce à ses poignées, comme je l'explique plus loin.

Même si AutoCAD fait tout ce qu'il peut pour vous aider, il lui arrive de se tromper sur vos intentions quant à la disposition de votre texte de cote et des flèches. Si vous avez du mal à obtenir ce que vous voulez, ne vous cassez pas la tête (de flèche) : sélectionnez la cote, cliquez droit et choisissez dans le menu la commande Inverser la flèche.

Plus important, l'onglet Ajuster contient l'option Annotatif (voir la Figure 14.7). L'emploi de cotes annotatives, comme je le conseille dans ce chapitre, rendra la gestion de vos cotations moins stressante !

Comme pour les textes (voir à ce sujet le Chapitre 13), vous disposez de trois méthodes différentes pour coter vos dessins :

- **Vous pouvez insérer des cotes annotatives dans l'espace objet.** Affectez des échelles d'annotation aux cotes, et celles-ci changeront automatiquement de taille en fonction de la valeur choisie dans la liste Échelle d'annotation de la barre d'état. Ce système est selon moi le meilleur, aussi bien pour les débutants que pour les utilisateurs expérimentés.

- **Vous pouvez insérer des cotes non annotatives dans l'espace objet.** Si votre dessin comporte des zones nécessitant des échelles différentes, vous avez la possibilité de créer plusieurs styles de cote, un pour chaque échelle. C'est probablement la méthode la moins pratique,

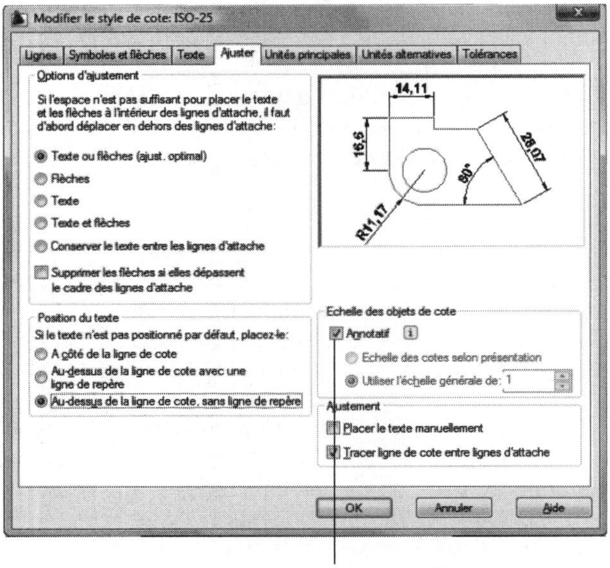

Figure 14.7 Ajustez le texte de vos cotes et n'oubliez pas l'échelle.

surtout dans le cas d'un dessin nécessitant des vues avec des échelles différentes.

- **Vous pouvez insérer dans l'espace papier des cotes annotatives ou non.** Sélectionnez sous l'onglet Ajuster de la boîte de dialogue Modifier le style de cote le bouton radio Échelle des cotes selon présentation, puis dessinez des cotes dans une présentation de l'espace papier.

TRUC

Je vous recommande de vous exercer d'abord avec les cotes annotatives dans l'espace objet. Si vous souhaitez par la suite travailler directement dans l'espace papier, commencez par consulter ce que dit l'aide en ligne d'AutoCAD des méthodes de cotation. Du fait que les cotes annotatives sont une nouveauté assez récente, que la version classique, non annotatives, de ces cotes est toujours présente, et en tenant compte du coefficient moyen de résistance au changement, on peut raisonnablement penser que de nombreux bureaux prendront leur temps avant de basculer pour de bon vers l'annotativité.

NOTE TECHNIQUE

C'est la variable système DIMSCALE qui correspond au paramètre Utiliser l'échelle générale de. AutoCAD accepte pour cette variable une valeur nulle, ce qui peut servir pour des techniques de cotation particulières dans un espace papier. Lorsque l'une des options Échelle des cotes selon présentation (pour les cotes insérées dans une présentation de l'espace papier) ou Annotatif (pour des cotations redimensionnables dans l'espace objet) est activée, la variable DIMSCALE prend automatiquement la valeur 0. Pour en savoir plus sur les options supplémentaires de l'échelle des cotes, voyez le Chapitre 22 ou recherchez ce que dit l'aide en ligne d'AutoCAD sur la variable DIMSCALE.

L'onglet Unités principales

Cet onglet vous donne un contrôle particulièrement détaillé (peut-être trop) sur la manière dont AutoCAD met en forme les caractères du texte d'une cote. Ce sont en général les paramètres Format des unités et Précision que vous allez vouloir spécifier, avec parfois un suffixe pour les nombres sans unité (par exemple, mm pour des millimètres si les unités employées dans votre dessin ne sont pas évidentes). Vous pouvez aussi choisir l'option qui vous convient dans la zone Suppression des zéros, selon que vous voulez afficher 0,5000, 0,500, ou 0,5 ("Suppression des zéros !" semble être un excellent cri de ralliement pour la prochaine fête du bureau).

Autres paramètres de style

Si vous avez besoin d'afficher les cotes dans deux unités différentes (par exemple, en millimètres et en pouces), utilisez l'onglet Unités alternatives pour activer l'affichage des unités secondaires et indiquer les paramètres correspondants. Si vous avez à spécifier des tolérances (par exemple `3.5 +/- 0.01`), utilisez l'onglet Tolérances pour configurer ces tolérances au format souhaité.

ATTENTION !

Les paramètres de l'onglet Tolérances de la boîte de dialogue Nouveau/Modifier le style de cote permettent d'ajouter des tolérances de fabrication au texte des cotes ordinaires (comme `+0,2` ou `+/-0,1`). AutoCAD dispose aussi d'une commande TOLERANCE (raccourci TO) qui génère des symboles spéciaux que l'on appelle des *tolérances géométriques*. Si vous en avez besoin, vous savez sans doute de quoi il s'agit. Si vous n'en avez jamais entendu parler, vous pouvez les ignorer. Pour en savoir plus à ce sujet, recherchez "tolérance géométrique" dans l'onglet Index de l'aide en ligne d'AutoCAD.

Dessiner des cotes

Une fois que vous avez créé ou copié un style de cote approprié, vous êtes prêt à définir des cotes. Heureusement, il est assez facile de créer des cotes dans un dessin en utilisant des styles existants.

Quand on veut coter quelque chose dans AutoCAD, on peut sélectionner un objet (par exemple, un segment de ligne ou de polyligne), ou uniquement des points sur cet objet (par exemple, les extrémités d'un segment de ligne ou de polyligne). Si vous sélectionnez un objet, AutoCAD identifie automatiquement les points susceptibles d'être cotés, comme les extrémités d'un segment. Si vous préférez choisir des points, utilisez l'accrochage aux objets (voyez le Chapitre 7). Les points que vous sélectionnez (ou qui sont trouvés automatiquement par AutoCAD) sont les *origines* des lignes d'attache de la cote. Lorsque vous modifiez la taille d'un objet (par exemple, en l'étirant), AutoCAD déplace automatiquement ces points d'origine et met à jour le texte de la cote pour indiquer la nouvelle longueur correspondante.

Si vous n'utilisez pas l'accrochage aux objets ou autre technique d'aide à la précision d'AutoCAD pour sélectionner les points d'origine d'une cote, le texte de celle-ci ne reflétera sans doute pas avec une totale exactitude la longueur correspondante sur l'objet. Une telle imprécision peut être la cause de sérieux problèmes. Dans le doute, accrochez-vous à l'objet !

Quand vous configurez un nouveau dessin, et que vous voulez utiliser des cotes annotatives, assurez-vous que l'option Annotatif est bien cochée sous l'onglet Ajuster de la boîte de dialogue Nouveau/Modifier le style de cote (reportez-vous à la Figure 14.7). Si vous n'êtes pas convaincu par les objets annotatifs, n'oubliez pas dans ce cas de modifier le paramètre Utiliser l'échelle générale de, toujours sous l'onglet Ajuster de la boîte de dialogue Nouveau/Modifier le style de cote, en lui donnant pour valeur le facteur d'échelle de votre dessin. Avant de définir une cote dans un dessin que vous n'avez pas configuré vous-même, commencez par vérifier que ce paramétrage est correct.

C'est via la fenêtre de commande et/ou le système de saisie dynamique que les commandes de création de cotes d'AutoCAD vous demandent les informations nécessaires. Surveillez donc attentivement cette zone, surtout quand vous utilisez une commande de cotation pour la première fois.

Aligner quelques cotes linéaires

Les cotes linéaires sont les plus utilisées et, parmi elles, les cotes horizontales et verticales sont les plus courantes. L'exemple suivant met en évidence toutes les techniques importantes pour créer de telles cotes, ainsi que leurs variantes *alignées* :

1. **Utilisez la commande LIGNE pour dessiner une ligne non orthogonale (c'est-à-dire un segment qui ne soit ni horizontal ni vertical).**

   Un angle d'environ 30 degrés conviendra bien pour cet exemple.

   Si vous voulez coter un objet autre qu'une ligne, utilisez ces étapes comme guide de la marche à suivre, en utilisant la commande appropriée à l'objet en question et en entrant les données correspondantes.

2. **Définissez comme courant un calque approprié à la cotation.**

   Comme pour les textes, il est judicieux de dédier dans chaque dessin un calque aux cotes. Si vous avez besoin d'informations, revoyez le Chapitre 6.

3. **Définissez comme courant le style de cote approprié à ce que vous voulez faire.**

   Si nécessaire, reportez-vous à la section "Créer et gérer des styles de cote", plus haut dans ce chapitre. Sinon, faites votre choix en déroulant le panneau Annotation (objet Début du ruban) et en cliquant sur le nom voulu dans la liste déroulante Style de cote (vous trouverez son équivalent dans la barre d'outils Styles de l'espace de travail AutoCAD classique).

4. **Cliquez sur le bouton Linéaire, toujours dans même panneau Annotation, ou tapez** COTL **et appuyez sur Entrée. Vous pouvez aussi sélectionner Cotation/Linéaire dans le système de menus, ou bien encore cliquer sur le bouton Cotation linéaire dans la barre d'outils Cotation (dans l'espace de travail AutoCAD classique).**

   AutoCAD vous demande :

```
Indiquez le premier point d'origine de la ligne d'attache ou
        <sélectionnez un objet>:
```

5. **Pour spécifier l'origine de la première ligne d'attache, utilisez l'accrochage aux objets pour désigner une des extrémités de votre segment.**

   Si vous avez du mal à trouver le point voulu en utilisant le mode d'accrochage aux objets, servez-vous de l'accrochage individuel à une extrémité. Pour cela, maintenez enfoncée la touche Maj en cliquant du bouton droit de la souris dans la zone de dessin et sélectionnez Extrémité dans le menu qui apparaît (le Chapitre 7 vous en dit plus sur l'accrochage aux objets).

   AutoCAD vous demande maintenant :

```
Indiquez le second point d'origine de la ligne d'attache:
```

6. **Utilisez à nouveau l'accrochage aux objets pour spécifier le second point d'origine de la ligne d'attache (en l'occurrence, l'autre extrémité de la ligne).**

Si vous déplacez le curseur au-dessus ou en dessous de la ligne, AutoCAD dessine une cote horizontale (soit la longueur du déplacement de la gauche vers la droite). Si vous déplacez le curseur vers la gauche ou vers la droite de la ligne, il dessine une cote verticale (soit la longueur du déplacement de bas en haut). Si l'explication vous paraît un peu obscure, ce procédé vous semblera très clair dès que vous l'aurez essayé.

AutoCAD vous demande :

```
Indiquez la position de la ligne de cote ou
[textMult/TExte/Angle/Horizontale/Verticale/Rotation]:
```

7. **Déplacez la souris de manière appropriée pour générer une cote du type qui vous convient (horizontale ou verticale), puis cliquez à l'endroit où vous voulez placer la ligne de cote.**

   AutoCAD dessine la cote.

   Lorsque vous spécifiez la position de la ligne de cote, votre souhait n'est pas en général de vous accrocher à d'autres objets. Il est préférable que la ligne de cote et le texte correspondant soient placés dans une partie relativement dégagée du dessin. Si nécessaire, désactivez temporairement l'accrochage aux objets (par exemple, en cliquant dans la barre d'état sur le bouton Repérage d'accrochage aux objets) pour éviter ce genre d'inconvénient.

   Si vous voulez pouvoir aligner facilement les lignes de cote de deux cotes voisines, activez le mode d'accrochage (à ne pas confondre avec l'accrochage aux objets) après avoir défini un espacement approprié (c'est plus facile à dire qu'à faire). Choisissez seulement ensuite les points qui déterminent la position de la ligne de cote. Si vous avez besoin d'informations sur le mode d'accrochage, reportez-vous au Chapitre 4.

8. **Pour créer une autre cote linéaire dans l'autre orientation (verticale ou horizontale), répétez les étapes 4 à 7.**

9. **Cliquez sur le bouton qui se trouve à côté de l'icône Linéaire pour dérouler le menu correspondant, puis choisissez l'option Alignée. Vous pouvez également taper** COTA **et appuyer sur Entrée. On bien encore sélectionner Cotation/Alignée dans le système de menus, voire cliquer sur le bouton Cotation alignée dans la barre d'outils Cotation (dans l'espace de travail AutoCAD classique). Comme toujours vous avez un choix varié dans tous les rayons !**

AutoCAD vous propose une option pour sélectionner un objet au lieu de sélectionner deux points d'origine pour les lignes d'attache (cette option vous est également proposée avec la commande de cotation linéaire) :

```
Spécifiez le premier point d'origine de la ligne d'attache
        ou <sélectionnez un objet>:
```

10. Appuyez sur Entrée pour activer l'option proposée.

AutoCAD vous demande :

```
Choix de l'objet à coter:
```

11. Sélectionnez la ligne ou tout autre objet que vous voulez coter.

AutoCAD identifie automatiquement les extrémités de la ligne et les utilise comme points d'origine des lignes d'attache, comme l'illustre la Figure 14.8.

TRUC

Sur la figure, la ligne d'extension est scindée en deux parties à l'aide de la commande COUPURECOTE (elle est décrite plus loin dans ce chapitre).

AutoCAD vous demande :

```
Indiquez la position de la ligne de cote ou
[textMult/TExte/Angle]:
```

12. Cliquez à l'endroit voulu pour positionner la ligne de cote.

AutoCAD dessine la cote.

Mettre les cotes annotatives à l'échelle

Si vous avez créé vos cotes en utilisant un style annotatif, vous pouvez ajuster la taille à laquelle elles seront tracées sur le papier en leur associant une liste d'échelles à partir de la palette Propriétés, puis en choisissant le rapport voulu dans la liste Échelle d'annotation de la barre d'état. Le processus est exactement le même que pour du texte (décrit dans le Chapitre 13) ou pour des

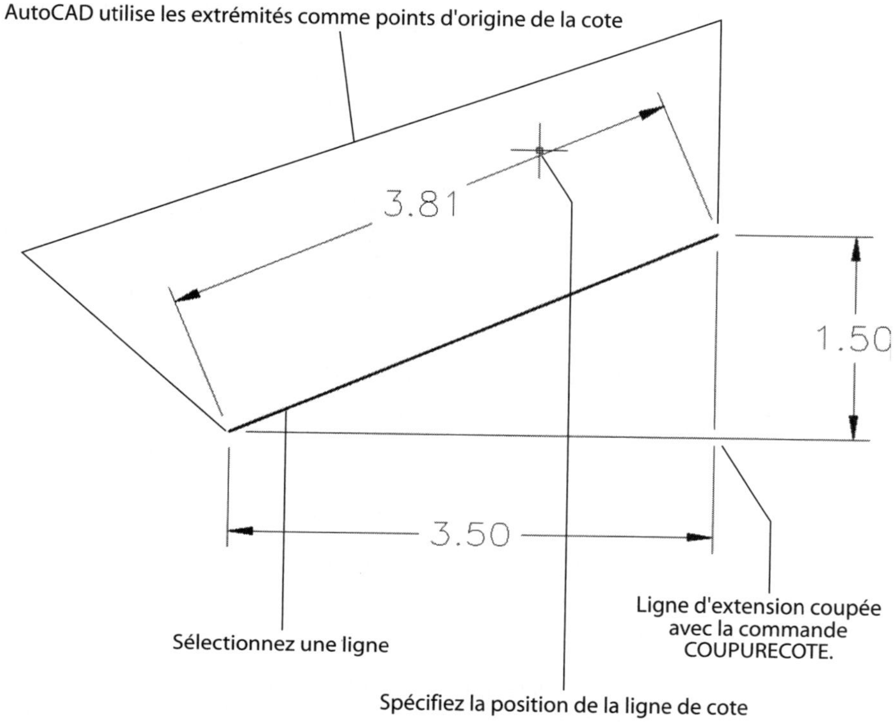

Figure 14.8 Dessinez une cote linéaire en sélectionnant un objet.

hachures (étudiées au Chapitre 15). Reportez-vous au Chapitre 13 pour plus d'informations.

Dessiner d'autres types de cote

Après vous être fait la main avec les cotes linéaires ordinaires, vous devriez arriver à maîtriser rapidement les autres types de cote couramment utilisés. Dessinez quelques lignes, quelques arcs et quelques cercles, et essayez les autres commandes du panneau Annotation (ou de l'onglet Annoter du ruban, ou encore du menu Cotation voire de la barre d'outils Cotation si vous travaillez dans l'espace AutoCAD classique).

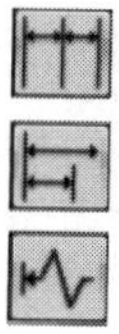

Pour dessiner une série de cotes adjacentes dont les lignes de cote soient parfaitement alignées, utilisez la commande COTCONT (raccourci CTN). Pour dessiner une cote au-dessus d'une ou de plusieurs cotes plus petites, faites appel à la commande COTLIGN (raccourci COTL). Si vous voulez placer une cote qui ne montre pas la distance mesurée par AutoCAD, servez-vous de la commande COTLINRACCOURCIE. Reportez-vous à la Figure 14.9 pour quelques exemples de variations sur le thème des cotes.

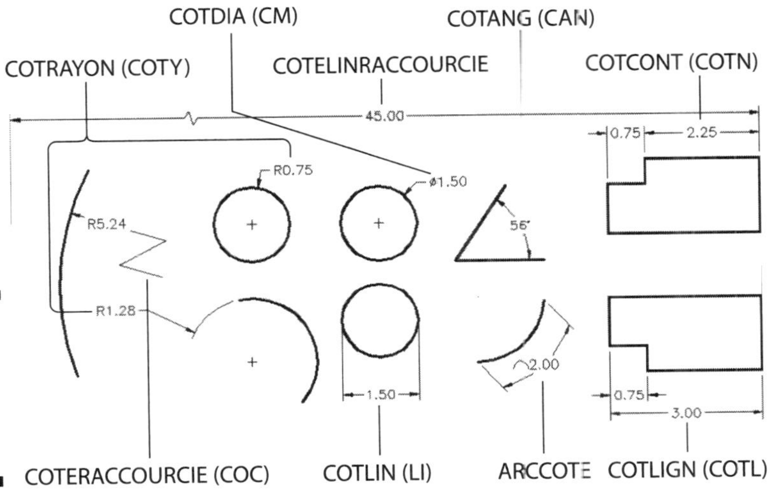

Figure 14.9 Ce que permettent diverses commandes de cotation.

Si vous vous servez souvent de ces commandes, vous trouverez peut-être que COTRAP (COTation RAPide) offre un moyen... rapide de dessiner de nombreuses cotes en une seule opération (mais pas dans AutoCAD LT). Cette commande peut y compris se formater automatiquement elle-même en cotes continuées ou de ligne de base selon les besoins.

Les cotations d'arc réalisées avec la commande ARCCOTE mesurent une longueur de circonférence, et non un rayon. Assurez-vous d'abord que ce type de cote est accepté dans votre domaine d'activité. La cote standard des arcs est celle de leur rayon (comme sur la Figure 14.3).

Modifier des cotes

Après avoir dessiné des cotes, vous pouvez modifier l'emplacement des différentes parties de chaque cote et en éditer le texte. Les éléments qui constituent une cote sont regroupés par AutoCAD dans un même objet. Lorsque vous cliquez sur un élément quelconque d'une cote, c'est l'ensemble de celle-ci qui est sélectionné.

Modifier la géométrie d'une cote

La manière la plus facile de modifier l'emplacement d'un élément d'une cote est d'utiliser la méthode d'édition par les poignées, décrite au Chapitre 10. Cliquez simplement sur une cote pour la sélectionner, puis sur la poignée à déplacer et faites-la glisser jusqu'au nouvel emplacement voulu. Vous verrez que certaines poignées contrôlent certaines directions du déplacement. Expérimentez pendant quelques minutes pour voir comment elles se comportent.

Si vous voulez modifier l'aspect d'un élément spécifique d'une cote (par exemple, en changeant de type de pointe de flèche ou en supprimant une ligne d'attache), utilisez pour cela la palette Propriétés (pour avoir des informations sur cette palette, voyez le Chapitre 11). Tous les paramètres de cotation de la boîte de dialogue Nouveau/Modifier le style de cote (voyez la section "Ajuster un style de cote", plus haut dans ce chapitre) sont disponibles dans la palette Propriétés quand une ou plusieurs cotes sont sélectionnées.

Dans le dessin manuel, il est considéré comme de mauvaise pratique de faire se couper des lignes d'objets (c'est-à-dire la géométrie réelle) et des lignes de cote ou d'attache. La commande COUPURECOTE vous demande de sélectionner une cote, puis un objet qu'elle traverse. Sur la Figure 14.8, la ligne d'attache sur la droite de la ligne de cote 3.50 est coupée par le bas de la ligne d'attache de la cotation verticale 1.50.

La commande Ajuster l'espacement (ESPACECOTES) applique une séparation donnée entre des cotes linéaires ou angulaires existantes. Autrefois, espacer régulièrement des cotes (autrement qu'en qu'utilisant la commande COTLIGN lors de leur création) réclamait de pénibles manipulations mettant en œuvre le mode d'accrochage (RESOL) et la commande DEPLACER.

TRUC

Si vous cliquez du bouton droit dans la zone de dessin après avoir sélectionné une ou plusieurs cotes, le menu contextuel propose plusieurs options utiles pour modifier certains réglages ou pour assigner un autre style de cote.

ATTENTION !

Lorsque vous changez la valeur d'un paramètre dans la palette Propriétés, vous *remplacez* la valeur par défaut fournie par le style de cote courant pour la ou les cotes sélectionnées. Si vous avez besoin d'apporter la même modification à plusieurs cotes, il vaut mieux créer un nouveau style et l'assigner à celles-ci. Pour changer le style associé à une ou plusieurs cotes, vous disposez de la palette Propriétés ou du menu contextuel.

Vous pouvez utiliser la palette Propriétés afin d'activer les fonctionnalités de masquage de l'arrière-plan pour les textes des cotes (voir le Chapitre 13). La procédure est la même que celle qui est décrite plus haut, dans la rubrique "Ajuster un style de cote". Autrement dit, vous sélectionnez vos cotes, vous affichez la rubrique Texte dans la palette Propriétés, puis vous choisissez dans la liste déroulante Couleur de remplissage soit une couleur, soit l'option Arrière-plan (ce qui donne généralement les meilleurs résultats). Pour vous assurer que les cotes apparaissent au-dessus des autres objets, vous disposez également des commandes Ordre de tracé (ORDRETRACE) et Placer le texte et les cotes au premier plan (TEXTEPREMIERPLAN). Choisissez alors les textes, les cotes, ou les deux. Voyez le Chapitre 13 pour plus d'informations.

La commande Décomposer (DECOMPOS) du panneau Modification, sous l'onglet Début du ruban (ou dans la barre d'outils Modification) appliquée à une cote, la partage en ses divers éléments, c'est-à-dire en un ensemble de lignes et d'objets de texte multiligne. Ne faites pas cela ! La décomposition d'une cote la rend beaucoup plus difficile à modifier proprement et empêche AutoCAD d'en mettre automatiquement à jour le texte (c'est-à-dire la dimension mesurée).

Modifier le texte d'une cote

Dans la plupart des cas, vous ne devriez pas avoir à modifier le texte d'une cote. En supposant que vous ayez dessiné votre géométrie avec la précision nécessaire et spécifié les points d'origine de chaque cote avec l'exactitude qui convient, AutoCAD affichera le texte correctement. Si vous modifiez la taille de l'objet associé, AutoCAD mettra automatiquement à jour les lignes et le texte de la cote. Il vous faudra toutefois de temps à autre remplacer (par une autre valeur) le texte d'une cote, ou y ajouter un préfixe ou un suffixe afin d'obtenir ce que vous voulez.

Comme AutoCAD utilise un objet de texte multiligne pour créer le texte d'une cote, l'édition de ce texte dispose des mêmes options que la modification d'un texte ordinaire. Malheureusement, le menu contextuel des cotes ne propose pas de commande permettant d'éditer leur texte. Pour cela, sélectionnez la cote et cliquez dans le champ Remplacement du texte (section Texte de la fenêtre Propriétés). Pour utiliser l'éditeur de texte multiligne, tapez **DDEDIT** (ou plus simplement **ED**).

Le texte par défaut que vous voyez alors apparaître est <>, qui se comporte comme indicateur d'emplacement pour la véritable longueur. Autrement dit, AutoCAD insère cette véritable longueur en tant que texte de la cote (et met à jour le texte si vous modifiez cette distance en déplaçant les points d'origine des lignes d'attache). AutoCAD ne vous interdit pas de remplacer cette longueur "vraie" par une autre valeur ou par la chaîne de texte que vous voulez. Vous pouvez aussi conserver la vraie longueur, mais en y ajoutant un préfixe ou un suffixe avant ou après les signes <>. En d'autres termes, si vous entrez <> Max et que la longueur réelle est 12,00, AutoCAD affiche `12.00 Max` comme texte de cette cote. Si par la suite vous étirez l'objet de telle manière que cette longueur devienne 14,50, AutoCAD met à jour automatiquement le texte de la cote, qui devient `14,50 Max`. Vous pouvez apprécier ici tout l'avantage qu'il y a à dessiner et éditer avec précision votre géométrie !

Résistez à la tentation de changer le texte par défaut en remplaçant les signes <> par une valeur numérique. Non seulement cette opération empêcherait AutoCAD de mettre à jour le texte de la cote, mais, ce qui est pire, vous n'auriez plus aucun indice visuel pour vous indiquer que le texte par défaut a été neutralisé (à moins de l'éditer à nouveau). Si vous avez besoin de remplacer le texte de nombreuses cotes, c'est peut-être parce que le créateur du dessin n'a pas été assez attentif aux techniques d'aide à la précision en le réalisant. Je ne montre personne du doigt, mais vous voyez certainement de qui je veux parler...

Contrôler et modifier l'associativité des cotes

Lorsque vous ajoutez des cotes en sélectionnant des objets ou en spécifiant des points sur des objets par une technique d'accrochage, AutoCAD crée normalement des cotes associatives (donc basées sur la géométrie). Celles-ci sont liées aux objets et se déplacent avec eux. C'est le cas dans les dessins créés avec la version 2002 et toutes les suivantes d'AutoCAD.

Dans un dessin qui a été réalisé avec une version d'AutoCAD antérieure à l'édition 2002, vous devez donner la valeur 2 à la variable système DIMASSOC pour qu'AutoCAD 2009 puisse créer des cotes associatives basées sur la géométrie. Afin d'effectuer facilement cette modification pour le dessin en cours, ouvrez la boîte de dialogue Options (sélectionnez Outils/Options), cliquez sur l'onglet Préférences utilisateur et cochez la case Rendre associatives les nouvelles cotes. Sachez que ce paramétrage ne sera appliqué qu'aux cotes que vous allez créer à partir de ce moment. Vous allez donc vous retrouver avec, dans votre dessin, de nouvelles cotes associatives (basées sur la géométrie) et d'anciennes cotes, nettement moins associatives (à moins de faire appel à la commande COTEREASSOCIER, décrite ci-dessous). Si vous avez besoin d'informations supplémentaires sur cette question, recherchez la variable système DIMASSOC dans l'aide en ligne d'AutoCAD.

Vous avez peu de chance d'avoir souvent besoin des trois commandes ci-après mais, si c'est le cas, recherchez le nom de chacune d'entre elles à partir de l'onglet Index de l'aide en ligne d'AutoCAD.

- **COTEREASSOCIER :** Si vous avez des cotes qui ne sont pas basées sur la géométrie (probablement parce qu'elles ont été créées avec une ancienne version d'AutoCAD) ou qui sont associées à des objets qui ne sont pas les bons, vous pouvez utiliser la commande COTEREASSOCIER (également accessible par le menu Cotation/Réassocier cotes ou via le panneau étendu Cotes, sous l'onglet Annoter du ruban) pour les connecter à des points sur des objets de votre choix.

- **COTDISSOCIER :** Cette commande fait le contraire de la précédente. Elle coupe le lien (l'association) entre une cote associative et l'objet auquel elle était attachée.

- **COTREGEN :** Dans de rares et particulières circonstances, AutoCAD ne met pas à jour automatiquement les cotes associatives basées sur la géométrie (Autodesk pourrait peut-être les appeler "cotes associatives généralement basées sur la géométrie mais qui s'endorment quelquefois au boulot"). Dans une telle situation, la commande COTREGEN les réveillera.

Chapitre 15

Hachures et motifs de remplissage

Dans ce chapitre :

- Ajouter des hachures dans vos dessins.
- Copier des hachures existantes.
- Utiliser des types de hachure prédéfinis et définis par l'utilisateur.
- Réaliser un remplissage uni ou dégradé.
- Utiliser des hachures annotatives.
- Définir les contours de la zone à hachurer.
- Modifier des hachures.

Si vous ressentez l'envie, le besoin ou tout simplement la nécessité de remplir certains contours des objets que vous dessinez avec des hachures (selon les bons vieux usages du dessin industriel), des motifs de remplissage divers et variés, ou encore des couleurs unies ou dégradées, vous êtes dans le bon chapitre. Continuez.

En dessin industriel, on utilise couramment des hachures pour représenter une coupe d'un objet. En architecture, on se sert aussi souvent d'un motif de remplissage pour figurer un matériau ou l'arrangement des briques d'un mur. Naturellement, on peut aussi employer des motifs de remplissage pour dessiner une carte en mettant en évidence, par exemple, divers types de terrain (cela évite de construire une maison au milieu de la route). Enfin, rien n'empêche d'utiliser des couleurs de remplissage dans tout type de dessin. La Figure 15.1 montre un exemple de hachures et de motifs de remplissage.

Comme je l'ai déjà signalé au Chapitre 13, les hachures sont un autre composant des objets annotatifs d'AutoCAD. Comme je l'explique plus loin dans la section

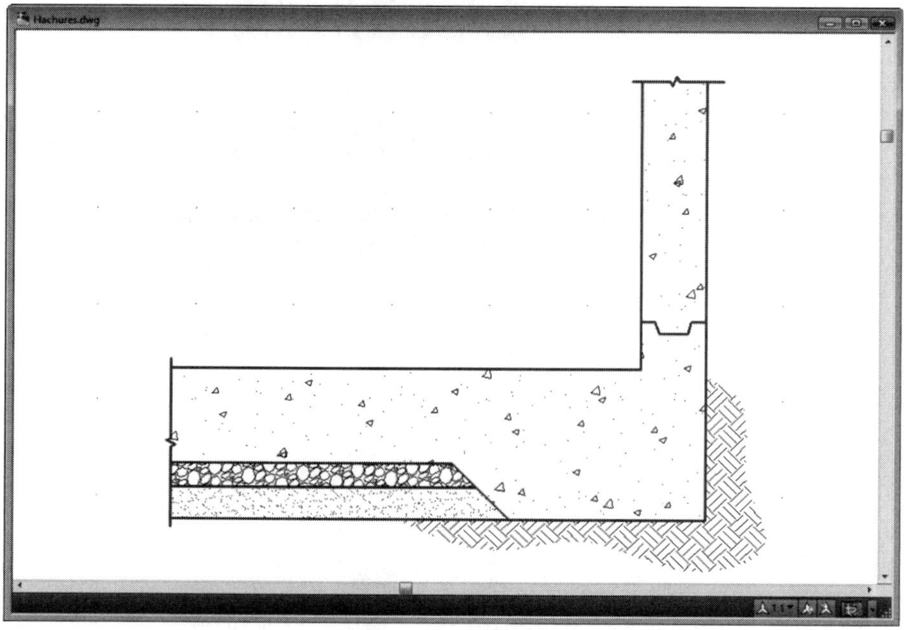

Figure 15.1 Hachures et motifs peuvent rendre un dessin plus parlant.

"L'angle et l'échelle de hachurage", les motifs de hachurage ont un facteur d'échelle, et peuvent être créés de manière à ce que cette échelle soit automatiquement mise à jour lorsque la valeur de l'échelle d'annotation change.

Dans AutoCAD, un hachurage est un objet à part entière qui remplit un certain espace, qui possède un aspect déterminé par le motif qui lui a été assigné et qui est associé aux objets délimitant cet espace (par exemple, des lignes, des polylignes ou des arcs). Si vous déplacez ou étirez ces limites, AutoCAD met (normalement) à jour le hachurage de façon à remplir ces nouvelles limites.

ATTENTION !

N'abusez pas des hachures. Le but du hachurage est de clarifier votre dessin, pas de le surcharger. Si votre dessin tracé ressemble à un patchwork de hachures en tous genres, il est temps de le simplifier.

N'OUBLIEZ PAS

Le hachurage est une autre manière d'annoter votre dessin. Il participe de la même démarche que le texte et la cotation. Comme je l'ai expliqué au début du Chapitre 13, vous travaillerez en général plus efficacement si vous regroupez l'ajout d'annotations vers la fin du processus de dessin. Essayez de commencer par aller le plus loin possible dans le dessin de votre géométrie, puis hachurez les parties qui le nécessitent.

Hach... Hach... Hachures ! (à vos souhaits)

Cette section décrit la marche à suivre pour ajouter des hachures dans un dessin en utilisant la boîte de dialogue Hachures et gradient, illustrée sur la Figure 15.2. Vous pouvez utiliser ces indications pour commencer rapidement à créer des hachures. Lorsque vous aurez besoin d'informations plus détaillées sur telle ou telle partie du processus, reportez-vous ci-après à la section "Aller plus loin avec les hachures".

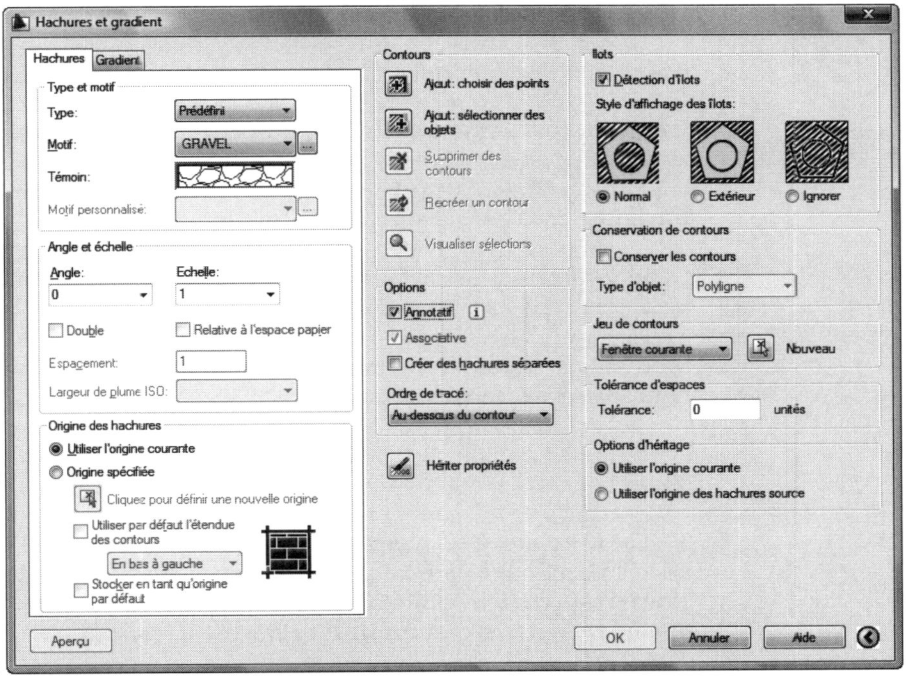

Figure 15.2 L'onglet Hachures de la boîte de dialogue Hachures et gradient.

TRUC

Pour voir les options supplémentaires (celles qui apparaissent sur la droite de la Figure 15.2), cliquez en bas et à droite de la boîte de dialogue sur la flèche Plus d'options. Et inversement...

Les étapes qui suivent montrent comment hachurer une zone délimitée en utilisant la méthode "Choisir des points" pour la sélectionner :

1. **Ouvrez un dessin contenant une géométrie qui forme un contour totalement clos ou dessinez un contour fermé en utilisant les commandes de dessin décrites aux Chapitres 8 et 9.**

   Le contour de la zone que vous voulez hachurer doit être fermé. Les commandes CERCLE, POLYGONE, RECTANG, ainsi que les commandes LIGNE et POLYLIGNE avec l'option Clore, sont très pratiques pour créer des contours de zones à hachurer (pour en savoir plus sur l'utilisation de ces commandes, voyez les Chapitres 8 et 9).

2. **Définissez comme courant un calque approprié, comme l'explique le Chapitre 6.**

   Il est généralement préférable d'avoir un calque réservé aux hachures.

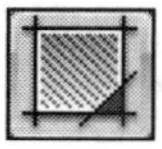

3. **Lancez la commande Hachures en tapant** H **suivi de Entrée. Si vous aimez faire plus compliqué, vous disposez du bouton Hachures dans le panneau Dessin du ruban (dans la barre d'outils Dessin si vous travaillez dans l'espace AutoCAD classique).**

   La boîte de dialogue Hachures et gradient apparaît (ou simplement Hachures dans AutoCAD LT).

4. **Dans la liste déroulante Type, sélectionnez Prédéfini, Défini par l'utilisateur ou Personnalisation.**

   Les options Prédéfini et Défini par l'utilisateur conviennent dans la plupart des cas. Pour en savoir plus, reportez-vous à la section suivante.

5. **Si vous avez choisi un type prédéfini (ou personnalisé) à l'étape précédente, sélectionnez un motif de hachurage dans la liste déroulante Motif (respectivement Motif personnalisé) ou en cliquant sur le bouton qui se trouve à droite du champ correspondant.**

   Si vous avez sélectionné Défini par l'utilisateur, vous n'avez pas besoin de choisir un motif.

6. **Dans les listes déroulantes correspondantes, sélectionnez un angle et une échelle pour votre motif de hachurage (ou un angle et un espacement si vous avez sélectionné Défini par l'utilisateur à l'étape 4).**

   Pour en savoir plus à ce sujet, reportez-vous à la section "L'angle et l'échelle de hachurage", plus loin dans ce chapitre.

7. **Choisissez les options voulues pour votre motif.**

Pour cet exemple, laissez désactivée la case Annotatif. Essayez d'abord les vieilles méthodes avant d'aborder, plus loin dans ce chapitre, la section"Hachurer pour le troisième millénaire".

Ne confondez pas *Annotatif* et *Associatif*. Même si ce sont deux mots polysyllabiques qui commencent par un *A* et qui se trouvent l'un à côté de l'autre dans la boîte de dialogue. Les *hachures annotatives* sont automatiquement redimensionnées lorsque vous changez l'échelle d'annotation dans l'espace objet ou dans une fenêtre de l'espace papier. Les *hachures associatives* (actives par défaut) s'adaptent d'elles-mêmes au contour lorsque celui-ci est modifié.

Par défaut toujours, lorsque vous sélectionnez plusieurs régions fermées puis que vous cliquez sur OK, les hachures ainsi créées forment un seul objet. Si vous voulez avoir la possibilité d'éditer chaque zone hachurée individuellement, cochez l'option Créer des hachures séparées. Servez-vous de la liste Ordre de tracé pour spécifier si les hachures doivent se trouver en avant-plan ou en arrière-plan des limites qu'elles remplissent (et/ou d'autres objets de dessin).

8. **Cliquez sur le bouton Ajout : choisir des points.**

   La boîte de dialogue Hachures et gradient disparaît (provisoirement) et vous êtes de nouveau dans votre dessin avec l'invite suivante dans la ligne de commande :

```
Choisir un point interne ou [Sélectionner objets/supprimer Contours]:
```

9. **En cliquant avec la souris, sélectionnez un point à l'intérieur du contour que vous voulez hachurer.**

   AutoCAD analyse le dessin et détermine le contour à utiliser. Dans un dessin complexe, cette recherche peut prendre plusieurs secondes. AutoCAD fait apparaître en pointillé le contour qu'il a ainsi détecté.

   Si AutoCAD détermine un contour qui n'est pas le bon, cliquez du bouton droit, sélectionnez Effacer tout dans le menu qui apparaît, et essayez à nouveau.

10. **Cliquez du bouton droit n'importe où dans la zone de dessin et sélectionnez Entrer dans le menu qui apparaît pour confirmer que le contour déterminé par AutoCAD est bien celui que vous vouliez.**

    La boîte de dialogue Hachures et gradient réapparaît.

11. **Cliquez sur le bouton Aperçu pour vous faire une idée du résultat.**

    La boîte de dialogue Hachures et gradient disparaît (provisoirement) à nouveau et AutoCAD vous montre dans votre dessin le résultat de ce que vous venez de sélectionner :

```
Faites un choix, appuyez sur Echap pour revenir à la boîte de dialogue ou
<cliquez avec le bouton droit de la souris pour accepter les hachures>:
```

12. **Cliquez n'importe où sur le dessin ou appuyez sur la touche Échap pour faire réapparaître la boîte de dialogue Hachures et gradient.**

13. **Ajustez les réglages voulus en utilisant de nouveau l'aperçu jusqu'à ce que vous soyez satisfait du résultat.**

14. **Cliquez sur OK.**

    AutoCAD ajoute les hachures dans le contour choisi, selon les paramètres sélectionnés. Si vous modifiez ce contour, le hachurage sera automatiquement redimensionné pour remplir la nouvelle aire.

ATTENTION !

Il arrive parfois qu'AutoCAD perde quelque chose en route et ne recalcule pas un hachurage dont vous avez modifié le contour. Si cela se produit, effacez puis recréez votre motif dans le contour redimensionné.

Aller plus loin avec les hachures

La suite de ce chapitre va vous montrer comment aller plus loin avec les techniques présentées dans la section précédente. Je vais vous expliquer comment copier un hachurage existant, comment vous servir des différentes options de la boîte de dialogue Hachures et gradient (y compris du mode annotatif) et comment sélectionner des contours plus complexes.

Hachurer à partir de zéro

Vous pouvez utiliser des motifs de hachurage prédéfinis, définis par l'utilisateur ou personnalisés. Dans la plupart des cas, vous allez utiliser un motif prédéfini ou défini par l'utilisateur, à moins qu'une âme généreuse ne vous ait fait don d'un motif personnalisé.

Copier les propriétés d'un hachurage

Un moyen rapide de créer un hachurage consiste à cliquer sur le bouton Hériter propriétés de la boîte de dialogue Hachures et gradient pour copier les propriétés d'un objet de hachurage existant. Si vous (ou quelqu'un d'autre) avez déjà ajouté dans votre dessin un hachurage possédant les propriétés qui vous intéressent, cliquez sur ce bouton puis sur le motif existant.

Le bouton Hériter propriétés a pour effet de reproduire dans la boîte de dialogue Hachures et gradient les mêmes caractéristiques que l'objet de hachurage sélectionné. Vous utiliserez ces paramètres tels quels ou vous les modifierez à votre guise pour créer un nouveau style.

La cohérence est une bonne chose dans le dessin industriel, en particulier en CAO car tout ou partie de votre dessin pourra être utilisé très longtemps. Il est bon de s'en tenir à un petit nombre de motifs de hachurage, d'angles et d'échelles pour les dessins que vous réalisez dans un même domaine ou pour une même entreprise. Renseignez-vous sur les usages qui ont cours dans votre domaine d'activité ou votre entreprise, ou tout simplement sur les conventions adoptées pour le projet auquel vous participez.

Les motifs de hachurage prédéfinis

Pour utiliser les motifs de hachurage fournis avec AutoCAD, sélectionnez Prédéfini dans la liste déroulante Type de l'onglet Hachures de la boîte de dialogue Hachures et gradient.

Vous disposez des deux moyens suivants pour spécifier un motif de hachurage prédéfini :

- **La liste déroulante Motif :** Si vous connaissez le nom du style de hachurage voulu, sélectionnez-le dans la liste déroulante Motif. Les noms sont classés par ordre alphabétique, à l'exception du motif SOLID (remplissage uniforme par une couleur) qui apparaît tout en haut de la liste.
- **Le bouton Palette de motifs :** Si vous ne connaissez pas le nom du style des hachures que vous souhaitez appliquer, cliquez sur le bouton qui se trouve à droite de la liste déroulante Motif (celui qui contient des points de suspension) pour faire apparaître la boîte de dialogue Palette de motifs de hachures qui présente un aperçu de chaque type de hachures.

AutoCAD dispose de 72 motifs prédéfinis. De quoi faire votre marché ! Vous y trouvez en particulier les motifs standardisés ANSI (*American National Standards Institute*) et ISO (*International Organization for Standardization*). La Figure 15.3 montre certains des motifs de hachurage de l'onglet Autres prédéfinis de cette boîte de dialogue. On y trouve tout ce que l'on veut, de l'herbe (*grass*) aux étoiles (*stars*). Les noms qui commencent par AR- sont destinés à des projets de type architectural et ces motifs utilisent des facteurs d'échelle différents des autres.

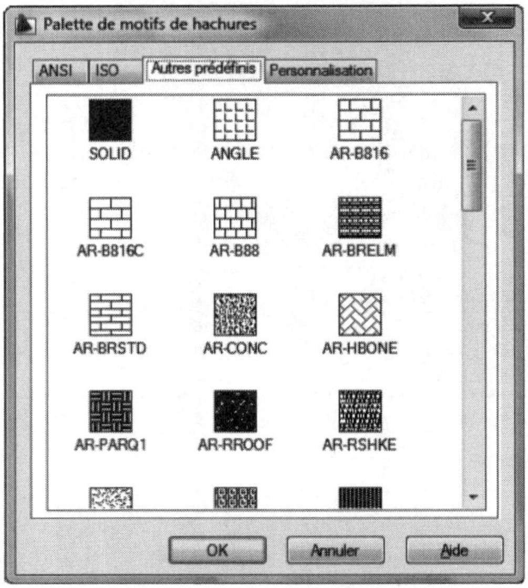

Figure 15.3 Une abondance de motifs pour vos hachures.

Une fois que vous avez sélectionné un motif, spécifiez l'angle et l'échelle que vous voulez lui appliquer, comme je l'explique dans la section "L'angle et l'échelle de hachurage", plus loin dans ce chapitre.

À vous de choisir : les hachures définies par l'utilisateur

L'option Défini par l'utilisateur de la boîte de dialogue Hachures et gradient permet de réaliser un motif de hachures formé de lignes parallèles. Utilisez cette option pour créer un motif simple en spécifiant l'espacement entre les lignes (en unités de dessin pour des hachures non annotatives, ou en unité dans l'espace papier pour des hachures annotatives). Par exemple, vous pouvez créer de cette manière un motif de remplissage pour des pièces représentées en coupe en spécifiant en centimètres la distance entre les lignes des hachures.

Après avoir sélectionné Défini par l'utilisateur dans la liste déroulante Type de la boîte de dialogue Hachures et gradient, vous devez spécifier l'angle et l'espacement des lignes (pas l'échelle). Et si vous voulez un motif fait de lignes croisées perpendiculaires, il vous suffit de cocher en plus la case Double.

L'angle et l'échelle de hachurage

Un motif de hachurage prédéfini ou personnalisé nécessite que vous indiquiez l'angle et l'échelle. Vous n'aurez généralement pas de difficultés pour définir l'angle approprié, mais la question de l'échelle peut être un peu plus délicate. Les motifs de hachurage d'AutoCAD (à quelques rares exceptions près) ne représentent pas des objets du monde réel. Vous n'avez donc pas besoin d'une précision totale lorsque vous définissez leur échelle. L'important est qu'ils aient un bon rendu. Cela étant posé, comment s'y prendre ?

Un remplissage solide avec une couleur unie

Vous n'êtes pas obligé de le deviner, mais AutoCAD traite le remplissage d'un contour par une couleur unie comme un type de hachurage. Sélectionnez tout simplement l'option SOLID, tout en haut de la liste déroulante Motif de l'onglet Hachures de la boîte de dialogue Hachures et gradient.

Comme tout autre objet, un remplissage par une couleur unie (de type SOLID) prend la couleur de l'objet courant (ou la couleur du calque si vous avez sélectionné l'option DuCalque dans la liste déroulante Contrôle de la couleur). Autrement dit, commencez par définir comme courant le calque approprié ou vérifiez que la couleur de l'objet courant est celle qu'il vous faut (reportez-vous au Chapitre 6 pour plus de détails) avant de sélectionner le type de motif SOLID.

Vous disposez de plusieurs autres moyens pour créer un remplissage par une couleur unie dans AutoCAD :

- Si vous voulez un cercle plein, utilisez la commande ANNEAU en spécifiant un diamètre interne égal à zéro (voir le Chapitre 9).
- Si vous voulez un ou plusieurs segments de ligne avec une largeur uniforme ou progressive, utilisez la commande POLYLIGN avec l'option Largeur. Les commandes POLYLIGN et ANNEAU sont décrites au Chapitre 8.

Un remplissage solide avec une couleur unie (*suite*)

- Si vous voulez un motif dégradé (qui commence par une couleur et se termine par une autre) dans une ou plusieurs directions, utilisez l'onglet Gradient de la boîte de dialogue Hachures et gradient (vous ne le trouverez pas dans AutoCAD LT). Cette option permet de créer un remplissage en dégradé. Vous pouvez spécifier la ou les couleurs, l'orientation et l'angle de ce dégradé.

Un remplissage par une couleur unie ou un dégradé de couleurs est un bon moyen d'imiter le *poché* (ancienne technique de dessin qui consistait à colorier des zones avec un crayon de couleur claire, généralement rouge, pour donner un ombrage léger sur le bleu). La figure associée à cet encadré montre des exemples de remplissage solide et dégradé.

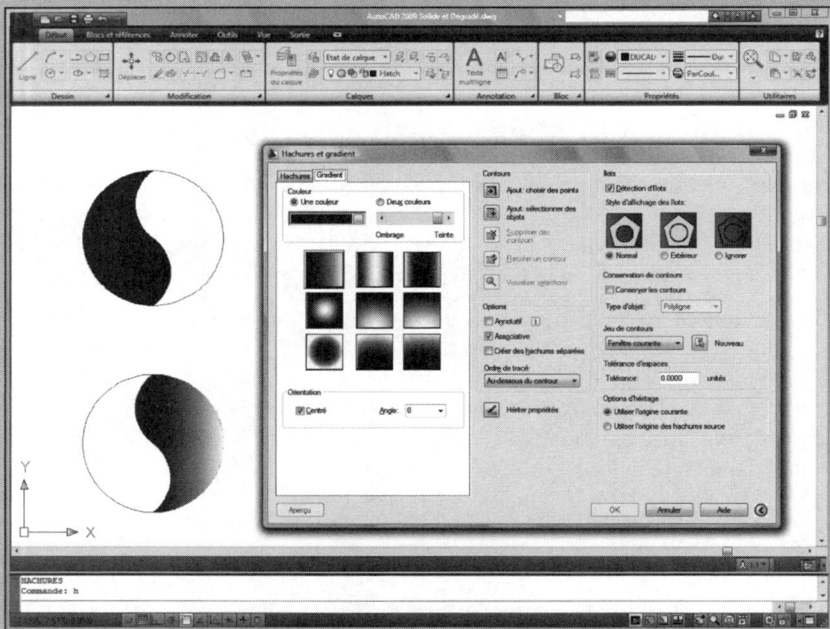

La réponse à cette question dépend de ce que vous avez choisi : le hachurage annotatif d'AutoCAD 2009, ou l'ancienne technique non annotative ? Dans le premier cas, vous êtes rapide et épris de modernité et vous passez directement à la prochaine section, "Hachurer pour le troisième millénaire". Dans le second cas, vous devez calculer l'échelle de votre motif à partir du facteur d'échelle du dessin (voyez à ce sujet le Chapitre 4). En règle générale, les motifs offrent leur meilleur aspect lorsque leur échelle se situe quelque part entre la moitié et les trois-quarts du facteur d échelle du dessin. Par exemple, le motif EARTH (dans l'onglet Autres prédéfinis de la boîte de dialogue Palette de motifs et de hachures de la Figure 15.3) donne de bons résultats dans un dessin à pleine échelle (1:1) avec une échelle de hachurage de 0.75. Si vous l'utilisez dans un dessin à l'échelle 1:12 (soit un facteur de 12), c'est une échelle de hachurage de 12 x 0.75, donc 9.0, que vous devez utiliser. Ce procédé simple permet de vous assurer de la cohérence de votre hachurage (l'espace entre les lignes sera le même) à toutes les échelles de tracé.

Autodesk a créé des motifs essentiellement dédiés à l'architecture (dont le nom commence par *AR-*) avec dans l'idée de leur appliquer une échelle de hachurage de 1.0, mais le résultat n'est pas toujours à la hauteur des espérances. Vous devrez parfois modifier légèrement ce coefficient pour obtenir ce que vous désirez. Remarquez que ces motifs ont la particularité de représenter des objets réels.

Hachurer pour le troisième millénaire

Avec des hachures annotatives, vous pouvez oublier tous ces horribles calculs de facteur d'échelle. Vous partez d'une échelle papier de 1:1 (finalement, toute cette superbe géométrie est bien destinée à être tracée, non ?). Là encore, la plupart des motifs de hachurage ont un meilleur rendu lorsque leur échelle se situe entre 0,5 et 0,75 fois celle du tracé. Essayez par exemple de voir ce que donne la valeur 0,75.

Les étapes qui suivent vous expliquent comment créer des hachures annotatives :

1. **Suivez les étapes 1 à 6 de la section "Hach... Hach... Hachures !", plus haut dans ce chapitre.**

   En d'autres termes, ouvrez la boîte de dialogue Hachures et gradient (ou seulement Hachures sous AutoCAD LT) et choisissez un motif, un angle et une échelle.

2. **Dans la rubrique Options de la boîte de dialogue, cochez la case Annotatif.**

   Cette fois, vous allez créer des objets annotatifs de type hachures. Il ne faut donc pas oublier d'activer ce mode.

3. **Continuez en reprenant les étapes 8 à 14 de la section "Hach... Hach... Hachures !".**

   La boîte de dialogue Hachures et gradient apparaît et disparaît au fur et à mesure de vos choix et de vos aperçus. Lorsque vous demandez un aperçu, AutoCAD affiche :

```
Faites un choix, appuyez sur Echap pour revenir à la boîte de dialogue ou
<cliquez avec le bouton droit de la souris pour accepter les hachures>:
```

4. **Lorsque votre hachurage vous semble convenir, cliquez sur le bouton droit de la souris pour terminer la commande et afficher vos hachures.**

   AutoCAD hachure la région qui se trouve à l'intérieur des limites choisies. Si vous avez correctement créé l'objet annotatif, vous pourrez voir le symbole correspondant (une sorte de règle triangulaire) lorsque le pointeur de la souris se trouvera au-dessus du motif.

5. **Sélectionnez votre objet hachures. Cliquez avec le bouton droit de la souris et choisissez Échelle de l'objet annotatif, puis Ajouter/Supprimer échelles afin d'affecter des échelles annotatives à votre motif.**

   La boîte de dialogue Échelles des objets d'annotation apparaît. Vous y voyez la liste de toutes les échelles annotatives associées à l'objet sélectionné. Dans le cas d'un nouveau motif de hachurage, la seule valeur qui doit normalement apparaître est celle de l'échelle d'annotation courante, soit par défaut 1:1 pour un nouveau dessin.

6. **Dans la boîte de dialogue Échelles des objets d'annotation, cliquez sur le bouton Ajouter.**

   La boîte de dialogue Ajouter des échelles à l'objet s'affiche. Elle montre toutes les valeurs d'échelles actuellement enregistrées dans le dessin.

7. **Sélectionnez les échelles voulues. Appuyez sur la touche Ctrl tout en cliquant sur différentes lignes pour opérer une classique sélection multiple. Cliquez sur OK quand vous avez terminé.**

   Vous revenez à la boîte de dialogue Échelles des objets d'annotation. Les choix que vous venez d'opérer apparaissent dans la liste principale.

Il est parfaitement inutile de sélectionner toutes les échelles possibles et imaginables. Tenez-vous-en uniquement à celles dont vous pouvez réellement avoir besoin.

8. **Cliquez sur OK.**

   Une fois que vous avez affecté des échelles annotatives à une hachure elle-même annotative, vous allez voir un double symbole triangulaire lorsque vous promènerez votre pointeur au-dessus de l'objet. Comme quoi voir double, c'est parfois voir juste !

9. **Ouvrez la liste déroulante Échelle d'annotation dans la barre d'état d'AutoCAD ou du dessin, et sélectionnez l'une des échelles que vous venez d'ajouter à l'objet.**

   L'espacement du motif change en fonction de la valeur choisie pour l'échelle d'annotation. Si vous sélectionnez une échelle ne correspondant à aucune des valeurs sélectionnées lors de l'étape 7, la valeur par défaut (1:1) sera appliquée au hachurage.

La Figure 15.4 montre deux versions du même dessin. L'un est rempli d'un motif annotatif, et l'autre du même motif, mais dans le mode non annotatif. Comme le montrent les valeurs des échelles d'annotation montrées dans les barres d'état des fenêtres de dessin, les hachures annotatives changent d'échelle, tandis que celles qui ne sont pas annotatives ne bougent pas. Avant l'apparition d'AutoCAD 2008, la seule manière d'obtenir le même résultat consistait à créer deux calques distincts, un par échelle, et à hachurer deux fois l'objet.

Définir le contour d'un hachurage

Après avoir spécifié le motif de hachurage, l'angle et l'échelle que vous voulez utiliser, il vous reste à définir le contour qui marque les limites de la zone qui sera hachurée. Vous disposez pour cela de deux méthodes :

- Désigner des points dans la ou les zones que vous souhaitez hachurer.
- Sélectionner des objets qui définissent les contours de ces zones.

Les processus à suivre dans l'un ou l'autre cas sont source de confusion pour la plupart des gens. Il vous faudra sans doute un peu de pratique pour vous y habituer.

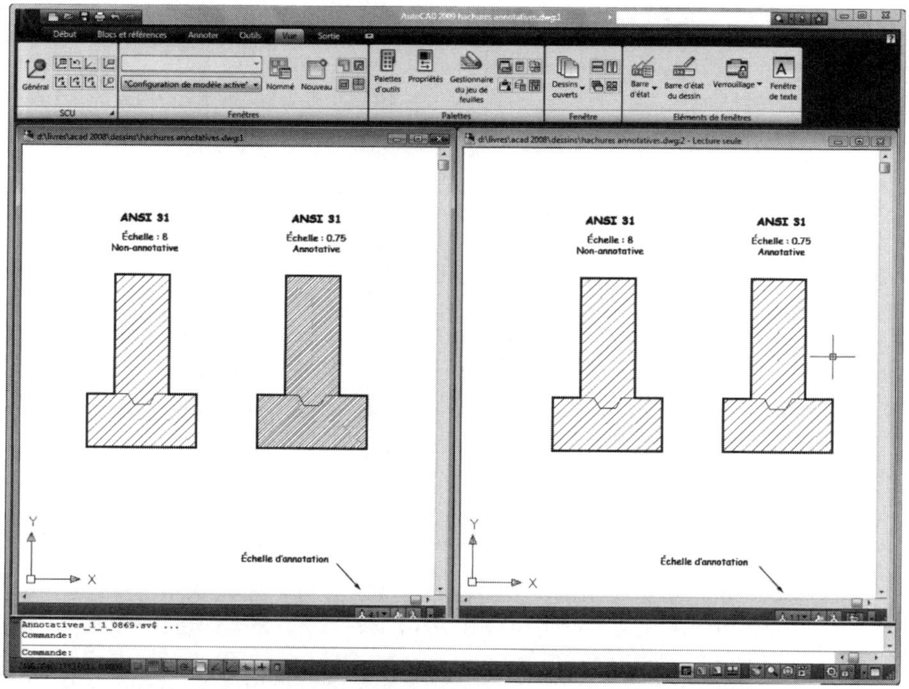

Figure 15.4 Hachures annotatives (ou non).

Le principe de chacune de ces deux méthodes est simple s'il s'applique à des zones également simples, c'est-à-dire à des contours fermés à l'intérieur desquels ne se trouve aucun autre objet. Dans une telle situation, vous disposez de deux possibilités dans l'onglet Hachures de la boîte de dialogue Hachures et gradient :

- Cliquer sur le bouton Ajout : choisir des points, puis sur un point qui se trouve à l'intérieur du contour à hachurer.
- Cliquer sur le bouton Ajout : sélectionner des objets et sélectionner le ou les objets qui définissent le contour *totalement fermé* de l'aire à hachurer.

Les choses se compliquent peu ou prou si un contour fermé se trouve à l'intérieur d'un autre, comme sur la Figure 15.5. Le bouton Aperçu de la boîte de dialogue Hachures et gradient vous permettra de faire des expériences afin d'avoir une idée plus claire de ce qui se passe dans cette situation.

N'OUBLIEZ PAS

Je vous ai déjà prévenu : les limites doivent être totalement fermées pour qu'AutoCAD puisse les hachurer. C'est une raison supplémentaire pour

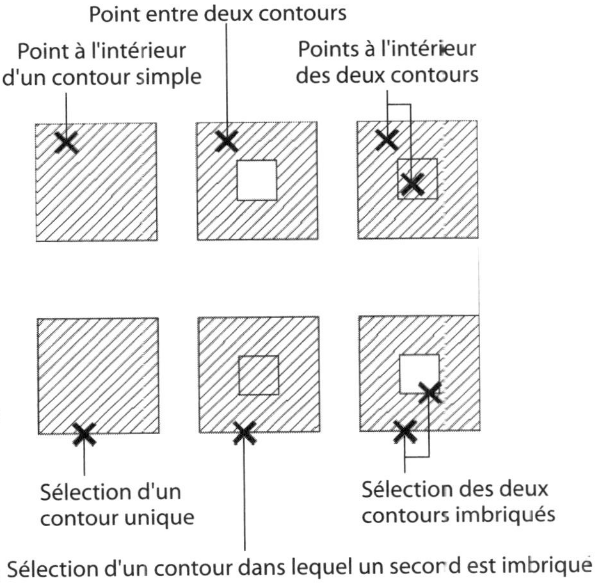

Figure 15.5 Choisissez un ou plusieurs points pour spécifier la zone à hachurer.

employer systématiquement les techniques de précision décrites dans ce livre quand vous dessinez ou éditer des objets. Si le contour n'est pas parfaitement clos ou si l'intersection de lignes n'est qu'apparente, vous risquez de n'obtenir qu'un message d'erreur tout à fait désagréable.

TRUC

Si les conditions de hachurage ne sont pas remplies, vous devrez "réparer" vos lignes ou vos objets de façon à ce que le contour soit parfaitement fermé. Vous pouvez parfois vous servir de la commande RACCORD avec un rayon nul pour forcer deux lignes à se rejoindre exactement. Une autre technique consiste à superposer avec précision deux extrémités en utilisant l'édition avec les poignées. Ces deux méthodes sont décrites au Chapitre 10.

Palette d'outils et hachures

Avec les palettes d'outils décrites au Chapitre 2, vous placez des hachures en un clic : cliquez sur l'icône du motif de hachures que vous voulez utiliser et faites-la glisser dans un contour fermé. C'est tout. Si vos besoins en matière de hachurage sont assez simples, vous pouvez vous créer une palette d'outils pour les motifs et les échelles que vous utilisez souvent. Pour en savoir plus, recherchez "hachures, palettes " dans l'aide en ligne d'AutoCAD.

Modifier des objets hachurés

Lorsque vous serez familiarisé avec la boîte de dialogue Hachures et gradient, il vous sera facile de modifier un motif de hachurage existant. Suivez ces étapes :

1. **Sélectionnez un motif de hachures.**

2. **Cliquez du bouton droit sur un endroit quelconque de la zone de dessin et sélectionnez Éditer les hachures dans le menu qui apparaît.**

   Vous pouvez également faire un double clic sur le motif.

   La boîte de dialogue Éditer les hachures apparaît. Elle affiche les paramètres de l'objet hachures que vous avez sélectionné.

3. **Apportez toutes les modifications que vous souhaitez, utilisez le bouton Aperçu pour voir si le résultat vous convient, puis cliquez sur OK pour les accepter.**

Vous pouvez aussi utiliser la palette Propriétés (décrite au Chapitre 6) pour la plupart des modifications que vous avez besoin d'apporter à un motif de hachures. Elle est particulièrement pratique pour modifier plusieurs motifs à la fois. La panneau Propriétés rapides d'AutoCAD 2009 permet d'obtenir le même résultat avec encore plus d'efficacité.

Pour appliquer rapidement à un objet hachures les propriétés d'un autre, utilisez le bouton Copier les propriétés dans le panneau Propriétés sous l'onglet Début du ruban ou dans la barre d'outils Standard (ou encore sur le bouton Hériter propriétés dans la boîte de dialogue Hachures et gradient).

La multitude d'options offertes par les boîtes de dialogue Hachures et gradient et Éditer les hachures vous permet de personnaliser totalement vos motifs de hachurage. Certaines options sont très utiles, d'autres sans doute moins. Vous pouvez définir facilement une nouvelle origine pour vos hachures, hachurer des régions qui ne sont pas pleinement visibles à l'écran, ou encore hachurer plusieurs zones à la fois tout en traitant ces motifs comme des objets individuels.

Vous pouvez trouver l'aire de n'importe quelle région hachurée en sélectionnant simplement le motif qui la remplit puis en ouvrant la palette Propriétés. L'aire est affichée dans la rubrique Géométrie, en bas de la palette.

Chapitre 16

Pour tracer un dessin

Dans ce chapitre :

- Configurer imprimantes et traceurs.
- Tracer dans l'espace objet.
- Tracer à la bonne échelle.
- Tracer des présentations dans l'espace papier.
- Tracer les épaisseurs de ligne et les couleurs.
- Contrôler le tracé à l'aide de styles.
- Résoudre les problèmes de tracé.

En dépit du nombre croissant d'entreprises dans lesquelles on trouve un ordinateur (ou deux) sur chaque bureau, bon nombre de personnes ont encore besoin d'utiliser – ou veulent utiliser – des dessins imprimés. Vous pensez peut-être qu'avec AutoCAD vous n'avez plus besoin de la version papier de votre dessin et qu'un affichage à l'écran suffit. Même si c'est vrai pour vous, il vous faudra peut-être donner des versions sur papier à des collègues moins à la page que vous et qui n'ont pas AutoCAD. Vous pourrez aussi trouver pratique d'imprimer votre dessin pour l'examiner dans le bus entre votre domicile et votre bureau. Vous vous apercevrez peut-être qu'en revoyant un dessin à la manière d'autrefois, avec un crayon et du papier, on identifie des erreurs qu'on ne voit pas à l'écran.

Quelle qu'en soit la raison, vous aurez besoin tôt ou tard d'imprimer votre dessin, sans doute assez tôt. Selon le point où vous en êtes dans votre projet, le tracé est en quelque sorte l'examen de fin d'année, l'heure de vérité de votre dessin. Ce chapitre va vous aider à réussir ce test.

Ici on n'imprime pas, on trace

Le terme "tracer" était à l'origine utilisé pour désigner ce que l'on faisait avec une machine qui imprimait sur du papier beaucoup plus grand que les formats classiques (parfois plus d'un mètre de large). Ces traceurs utilisaient généralement des stylets pour dessiner à la manière d'un robot sur de grandes feuilles de vélin ou de Mylar, et ces feuilles pouvaient à leur tour être utilisées pour réaliser de nombreux exemplaires à faible coût (les bleus). Le terme "imprimer" était réservé à ce que l'on faisait avec une imprimante ordinaire qui utilisait du papier au format habituel du courrier (A4), et parfois au format A3.

De nos jours, AutoCAD, comme la plupart de ses utilisateurs, ne fait plus guère de distinction entre tracer et imprimer. Les vieux briscards d'AutoCAD disent généralement "tracer" et vous pouvez les imiter si vous voulez avoir l'air dans le coup.

Quel que soit le mot que vous préférez utiliser, il est incomparablement plus compliqué de tracer un dessin dans AutoCAD que d'imprimer un document dans un traitement de texte ou un tableur. La CAO dispose d'une plus grande diversité de traceurs et d'imprimantes, de types de dessins et de procédures de sortie que toute autre application informatique. AutoCAD s'efforce de vous aider à apprivoiser la jungle des combinaisons de tracé possibles, mais vous vous apercevrez peut-être qu'il vous faudra un certain temps pour vous familiariser avec le paysage et y trouver une bonne route pour tracer (ou imprimer) vos dessins.

Commencer par s'entendre avec le système

L'une des difficultés que vous allez rencontrer pour tracer votre dessin est qu'AutoCAD a deux manières différentes de communiquer avec vos traceurs et vos imprimantes. Un système d'exploitation (et le programme que vous utilisez avec celui-ci) fait appel à un logiciel particulier que l'on appelle un *pilote* (ou *driver*) d'imprimante, qui a pour rôle de mettre en forme les données à imprimer et de les envoyer à l'imprimante ou au traceur. Lorsque vous configurez Windows pour qu'il reconnaisse une nouvelle imprimante connectée à votre ordinateur ou à votre réseau, vous installez le pilote fourni avec ce matériel ("Avancez la Rolls, James. Et tant que vous y êtes, apportez-moi un Gin Tonic et un tracé au format A0"). AutoCAD, comme les autres applications, fonctionne avec les imprimantes que vous avez configurées sous Windows. AutoCAD les appelle imprimantes système parce que l'accès à ces périphériques lui est fourni par le système Windows.

Mais AutoCAD, à la différence d'autres programmes pour Windows, ne peut pas se contenter de cette situation. Il se trouve que certains périphériques d'impression, en particulier certains grands traceurs, ne sont pas pilotés très efficacement par les pilotes d'impression du système Windows. C'est pour cette raison qu'AutoCAD est fourni avec plusieurs pilotes *non-système* (qui ne sont donc pas installés en tant qu'éléments de Windows) pour des traceurs et des imprimantes de constructeurs comme Hewlett-Packard, Xerox et Océ. Ces pilotes ignorent l'ordre et la discipline qui régissent habituellement la communication avec les imprimantes installées sous Windows, cela afin de faire les choses un peu plus rapidement et avec plus de souplesse.

Il est généralement plus facile d'utiliser un pilote d'imprimante système déjà installé sous Windows, et ce procédé fonctionne bien avec de nombreux périphériques, en particulier ceux qui se contentent de papier de format normal, comme les imprimantes laser et à jet d'encre. Toutefois, si vous avez un traceur de plus grandes dimensions, vous pourrez obtenir un résultat plus rapide et de meilleure qualité, ou un plus grand nombre de fonctions de traçage en installant un pilote non-système. Pour en savoir plus, sélectionnez dans l'onglet Sommaire de l'aide en ligne d'AutoCAD Guide des pilotes et des périphériques/ Utilisation des traceurs et des imprimantes.

Configurer le traceur

Pour le moment, vous devez simplement vous assurer qu'AutoCAD va reconnaître les périphériques que vous voulez utiliser pour tracer. Les étapes ci-après montrent comment faire :

1. **Lancez AutoCAD et ouvrez un dessin existant (ou créez un nouveau dessin).**

2. **Sélectionnez dans le navigateur (ou la barre) de menus Outils/ Options pour ouvrir la boîte de dialogue Options et cliquez sur l'onglet Tracer et publier.**

3. **Cliquez sur la flèche pointant vers le bas dans la liste déroulante Utiliser comme périphérique de sortie par défaut (en haut à gauche dans l'onglet), comme l'illustre la Figure 16.1.**

   Cette liste comporte deux types de périphériques, (difficilement) reconnaissables aux deux icônes qui les représentent :

   - Une icône d'imprimante laser, avec une feuille de papier sortant par le haut, indique une imprimante système installée sous Windows.

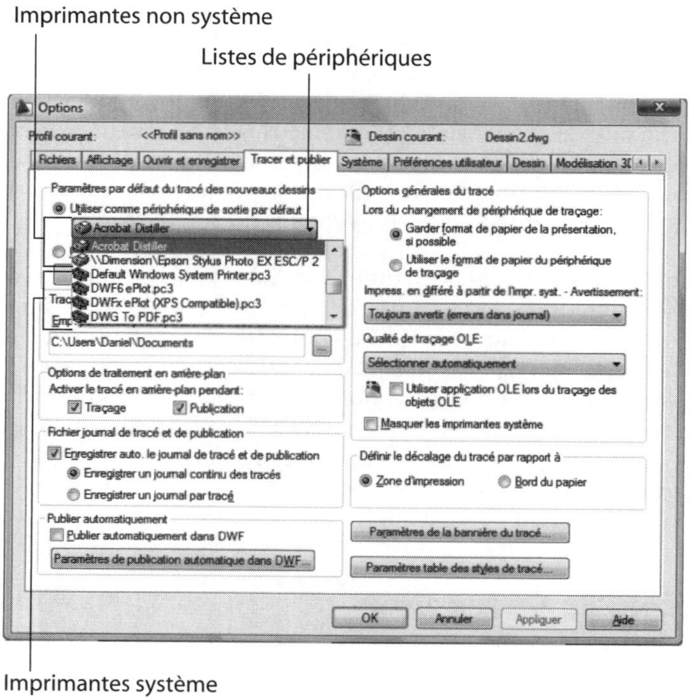

Figure 16.1
Des imprimantes système et des imprimantes non-système.

- Une icône de traceur, avec une feuille de papier sortant par l'avant, indique une imprimante ou un traceur non-système (donc propre à AutoCAD).

TRUC

Les noms des configurations non-système se terminent toujours par .pc3, parce qu'elles sont stockées dans des fichiers d'AutoCAD d'un type particulier appelé Plot Configuration version 3. Si vous avez du mal à distinguer les icônes, vous pouvez reconnaître un périphérique non-système par le fait que son nom se termine par `.pc3`.

4. **Vérifiez que la liste comporte bien les imprimantes et les traceurs dont vous voulez pouvoir vous servir dans AutoCAD.**

   Si ce n'est pas le cas, sélectionnez Démarrer/Imprimantes et télécopieurs/Ajouter une imprimante (sous Windows XP) ou Démarrer/Panneau de configuration/Matériel et audio/Imprimante/Ajouter une imprimante/Ajouter une imprimante locale (sous Windows Vista). Si votre modèle ne figure pas dans la liste des imprimantes par défaut de Windows, fermez l'assistant, installez son pilote en vous servant du CD qui a été fourni avec le matériel ou, mieux encore, téléchargez la dernière version de ce pilote sur le site Web du constructeur.

5. **Sélectionnez le périphérique que vous souhaitez définir comme périphérique de sortie par défaut pour vos nouveaux dessins.**

6. **Cliquez sur OK pour fermer la boîte de dialogue en validant les modifications que vous venez d'effectuer.**

C'est avec l'assistant Ajouter un traceur d'AutoCAD que vous pouvez configurer un traceur non-système. Choisissez Gestionnaire de traçage dans le menu Traceur, sous l'onglet Sortie du ruban, ou bien Fichier/Gestionnaire de traçage dans l'espace de travail AutoCAD classique, pour afficher une fenêtre contenant un raccourci vers cet assistant. Faites un double clic sur ce lien pour le lancer. Il ressemble à l'assistant Ajout d'imprimante de Windows. Si vous savez installer une imprimante ordinaire sous Windows, vous pouvez probablement ajouter un traceur non-système dans AutoCAD. Une fois que vous avez accompli toutes les étapes de l'assistant, AutoCAD enregistre les informations correspondantes dans un fichier PC3. La plupart des gens se satisfont des pilotes et/ou configurations standard, mais, comme nous le mentionnons plus loin, des versions personnalisées de ces pilotes peuvent permettre de disposer de réglages supplémentaires, comme des formats de papier additionnels.

Tracer, tout simplement

Donc, vous me croyez. Vous savez que vous n'allez pas maîtriser le traçage dans AutoCAD en cinq minutes, mais ça ne change rien au fait que votre patron, votre employé, votre femme, votre mari, le contremaître de votre chantier, ou encore votre fille de onze ans vous demandent tous un tracé de votre dessin le plus vite possible et vous cassent les pieds pour l'obtenir.

Le traçage réussi en seize étapes

Je vais vous présenter la procédure rapide, celle qui va droit au but, pour imprimer un dessin assez simple. Rien que seize étapes ! Cette procédure suppose que vous tracez votre dessin à partir de l'espace objet, c'est-à-dire que le bouton Objet de la barre d'état est enfoncé pour afficher votre dessin de la manière dont vous voulez l'imprimer (le traçage d'une présentation dans l'espace papier est décrit dans la section "Tracer la présentation du paysage", plus loin dans ce chapitre). Cette procédure ne prend pas en compte les épaisseurs de ligne (voir plus loin la section "Tracer des lignes épaisses et des couleurs"). Elle devrait toutefois vous donner pour résultat une feuille de papier présentant une ressemblance raisonnable avec ce que vous voyez sur l'écran de votre ordinateur.

Pour tracer directement un dessin, monochrome et sans échelle particulière, suivez ces étapes :

1. **Ouvrez le dessin dans AutoCAD.**

2. **Cliquez sur le bouton Objet dans la barre d'état pour être sûr de bien tracer le contenu de l'espace objet. Si vous préférez les onglets, c'est bien sûr sur l'onglet Objet de la fenêtre de dessin que vous devrez cliquer.**

   L'espace objet et l'espace papier sont décrits aux Chapitres 4 et 5, et j'explique plus loin dans ce chapitre comment imprimer une présentation dans l'espace papier.

3. **Utilisez le zoom pour afficher toute l'étendue du dessin de manière à pouvoir vérifier ce que vous allez tracer (sélectionnez Affichage/Zoom/Étendu dans le menu AutoCAD classique, ou cliquez sur la flèche située sous le bouton Zoom dans le panneau Utilitaires du ruban et choisissez Étendu).**

   L'étendue d'un dessin est le plus petit rectangle pouvant contenir tous les objets de celui-ci.

4. **Pour afficher la boîte de dialogue Tracer, cliquez sur le bouton de même nom dans la barre d'outils Accès rapide (ou Standard dans le mode AutoCAD classique, ou choisissez Fichier/Tracer dans le système de menus).**

   La boîte de dialogue Tracer apparaît (voir la Figure 16.2).

5. **Dans la rubrique Imprimante/traceur, sélectionnez le dispositif de sortie dans la liste Nom.**

6. **Dans la section Format de papier, choisissez un format accepté par votre imprimante ou votre traceur.**

   Bien entendu, vous devez vous assurer que ce format est suffisamment grand pour contenir tout le dessin à l'échelle à laquelle vous voulez le tracer. Si vous souhaitez par exemple obtenir un tirage A3 alors que votre imprimante est limitée au A4, vous avez perdu. Ou alors, il vous faudra constituer un stock de ramettes et d'adhésif.

7. **Dans la zone Aire du tracé, choisissez l'option Étendu.**

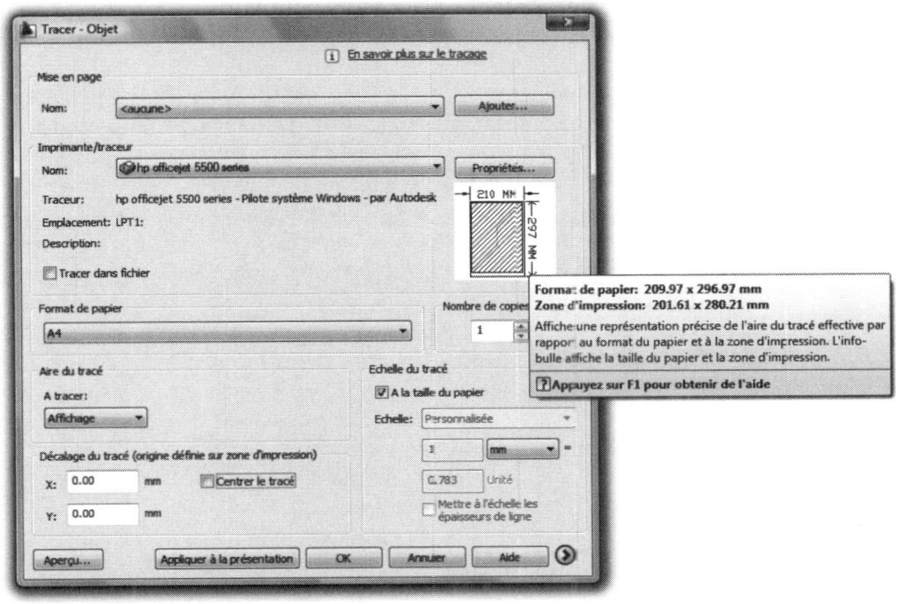

Figure 16.2 La boîte de dialogue Tracer.

Si vous avez correctement spécifié les limites du dessin (voir à ce sujet le Chapitre 4), sélectionnez l'option Limites de façon à tracer l aire de dessin que vous avez définie. L'option Fenêtre est utile si vous voulez simplement tracer une partie du dessin en sélectionnant deux coins opposés d'une zone rectangulaire.

8. **Dans la zone Décalage du tracé, cochez la case Centrer le tracé.**

   Vous pouvez aussi spécifier un certain décalage horizontal et/ou vertical afin de positionner le tracé à un endroit particulier du papier.

9. **Dans la zone Échelle du tracé, cochez la case À la taille du papier, ou bien désactivez cette option et spécifiez une échelle (en la choisissant dans la liste déroulante ou en la tapant dans les deux champs de saisie).**

   Pour de "vrais" tracés, vous définirez une échelle spécifique. Mais, pour l'instant, vous pouvez vous contenter d'ajuster le dessin à la taille du papier. Sinon, reportez-vous un peu plus loin à la section "N'ajustez pas, sortez l'échelle !"

10. **Cliquez sur le bouton Plus d'options (tout en bas et à droite de la fenêtre).**

La boîte de dialogue s'agrandit pour vous proposer des réglages supplémentaires (voir la Figure 16.3).

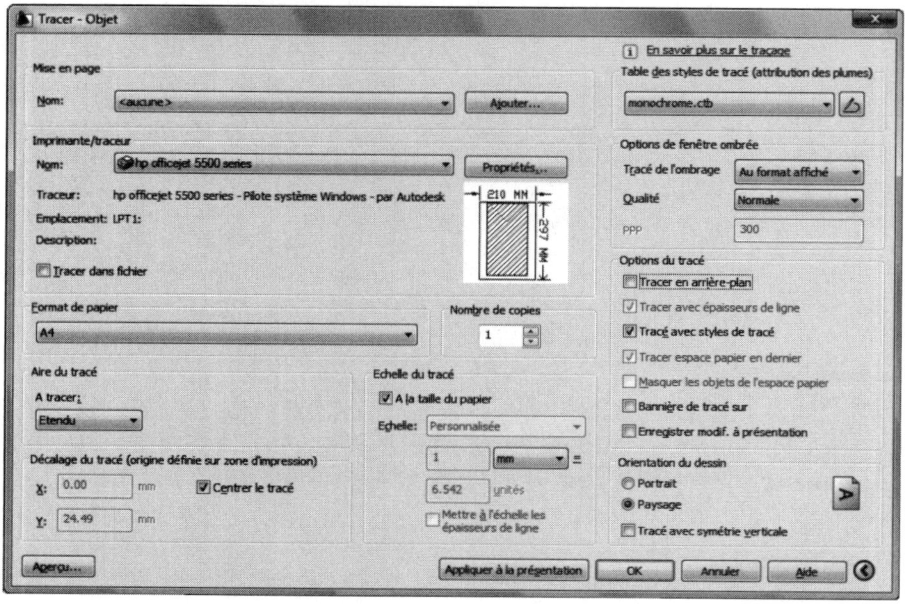

Figure 16.3 La boîte de Dialogue Tracer en mode Étendu.

11. **Dans la rubrique Table des styles de tracé (attribution des plumes), choisissez dans la liste déroulante Monochrome.ctb ou Monochrome.stb.**

TRUC

AutoCAD peut vous demander si vous voulez appliquer cette table de styles de tracé à vos productions ultérieures (notamment dans l'espace papier). Répondez par Oui si vous voulez que ce style monochrome soit utilisé aussi bien dans les présentations de l'espace papier que dans l'espace objet. Si ce style ne doit s'appliquer qu'à l'onglet de dessin courant, cliquez sur Non.

La section "Tracer avec style", plus loin dans ce chapitre, décrit les tables des styles de tracé.

12. **Dans la zone Options du tracé, assurez-vous que, comme sur la Figure 16.3, l'option Tracé avec styles de tracé est cochée et que Enregistrer modif. à présentation est désactivée.**

N'enregistrez surtout pas maintenant les modifications apportées aux paramètres du tracé. Vous voulez simplement faire une expérience, et donc que la configuration courante s'applique uniquement au tracé que vous allez réaliser (et par conséquent qu'AutoCAD la réinitialise pour la fois suivante).

Lorsque vous serez plus à l'aise avec les tracés, vous voudrez sans doute activer cette option de manière à ce qu'AutoCAD mémorise vos réglages et les applique par défaut. D'un autre côté, vous pouvez également cliquer sur le bouton Appliquer à la présentation pour enregistrer votre paramétrage actuel afin de l'utiliser dans les futurs tracés réalisés pour cet onglet (l'espace objet, en l'occurrence) de ce dessin.

13. **Dans la zone Orientation du dessin, choisissez Portrait ou Paysage.**

    La représentation de la feuille de papier, au milieu de la boîte de dialogue Tracer, devrait vous aider à décider de la bonne orientation. Si ce n'est pas le cas, demandez à afficher un aperçu complet (voir ci-après).

14. **Cliquez sur le bouton Aperçu. Vérifiez que l'orientation et la taille de votre dessin conviennent au format du papier, comme l'illustre la Figure 16.4. Cliquez droit puis choisissez Quitter (ou appuyez sur Échap) pour revenir à la boîte de dialogue Tracer.**

15. **Si vous avez identifié un problème quelconque avec l'aperçu, modifiez en conséquence les paramètres de traçage (par exemple, l'échelle ou l'orientation du dessin). Recommencez la procédure jusqu'à ce que le résultat soit satisfaisant.**

16. **Cliquez sur OK pour tracer le dessin.**

    Lorsque AutoCAD a fini de générer et d'envoyer le tracé, il affiche une notification sur la barre d'état afin de vous en prévenir. Pour désactiver cet avertissement, cliquez droit sur l'icône qui apparaît tout à fait à droite de la barre d'état et désélectionnez l'option de notification.

Comme promis, il y a bien seize étapes. Si pour une raison quelconque le tracé n'a pas donné les résultats que vous attendiez, souvenez-vous : je vous avais prévenu qu'AutoCAD était plutôt compliqué quand il s'agit de tracer (on peut même dire caractériel). Lisez la suite de ce chapitre pour connaître tous les détails sur les nombreuses options qui peuvent ruiner votre tracé. Si vous êtes vraiment pressé, passez directement à la section sur la résolution des problèmes, "Problèmes de traçage", à la fin de ce chapitre.

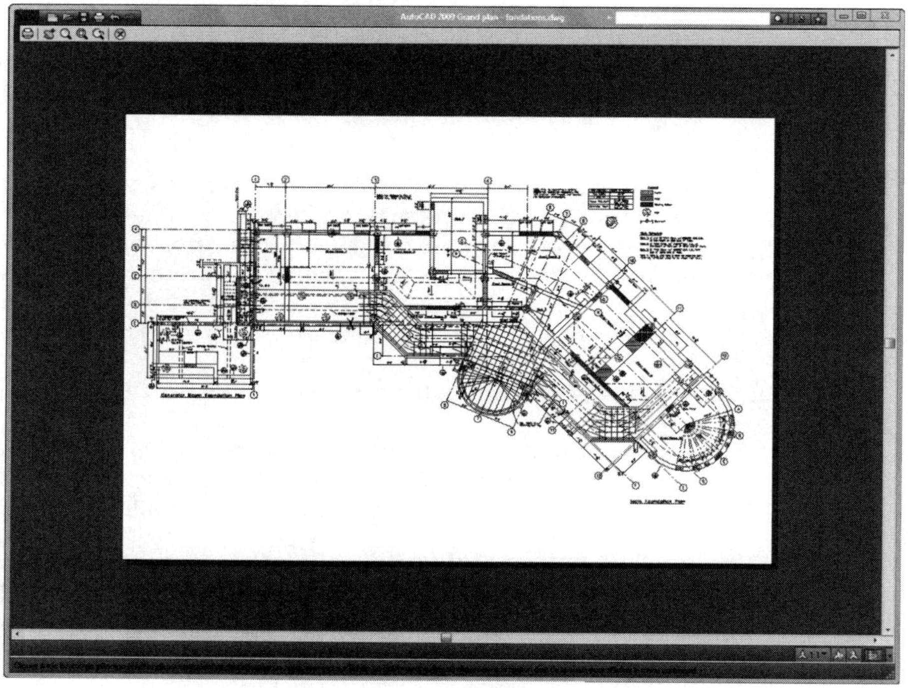

Figure 16.4 L'aperçu du tracé.

Aperçu une, deux

Pour tracer efficacement un dessin, l'un des secrets est d'utiliser abondamment la fonction d'aperçu d'AutoCAD.

La vue partielle au format timbre-poste qui est affichée au milieu de la boîte de dialogue Tracer vous offre un contrôle simple et rapide pour vérifier que votre tracé tient sur la feuille de papier et qu'il est tourné dans la bonne direction. Si l'aire de tracé à l'échelle courante est trop grande, AutoCAD le signale en montrant de minces lignes rouges d'avertissement là où le dessin sera tronqué.

Cliquez sur le bouton Aperçu pour obtenir une vue entière dans une fenêtre distincte. Vous voyez exactement ce que donnera votre dessin sur le papier et comment les couleurs, les épaisseurs des lignes et autres propriétés des objets apparaîtront au moment du tracé. Il est possible d'effectuer des zooms et des panoramiques à partir du menu contextuel (ils vous servent uniquement à mieux juger du résultat, mais ne changent rien à votre configuration de tracé).

N'ajustez pas, sortez l'échelle !

Dans la plupart des situations du monde réel, vous voulez tracer à une échelle spécifique et non laisser AutoCAD choisir lui-même une échelle qui ne fera que remplir la plus grande surface possible de papier. Si vous désirez tracer le contenu de l'onglet Objet d'un dessin à la bonne échelle, vous avez donc besoin de connaître le facteur d'échelle de ce dessin. Le Chapitre 4 décrit les concepts correspondants et le Chapitre 13 fournit des conseils pour déterminer le facteur d'échelle d'un dessin réalisé par une autre personne.

Si votre dessin a été créé à une échelle standard (disons par exemple 2:1 ou 1:50), il vous suffit de choisir la bonne valeur dans la liste déroulante Échelle de la boîte de dialogue Tracer. Si votre échelle n'est pas proposée dans cette liste, vous devrez entrer le rapport entre distance tracée et distance de dessin dans AutoCAD dans les deux champs situés sous la liste Échelle (voir la Figure 16.5). La manière la plus simple d'exprimer ce rapport consiste généralement à taper 1 dans le champ du haut, puis le facteur d'échelle du dessin dans le champ du bas (reportez-vous au Chapitre 4 pour des explications plus détaillées).

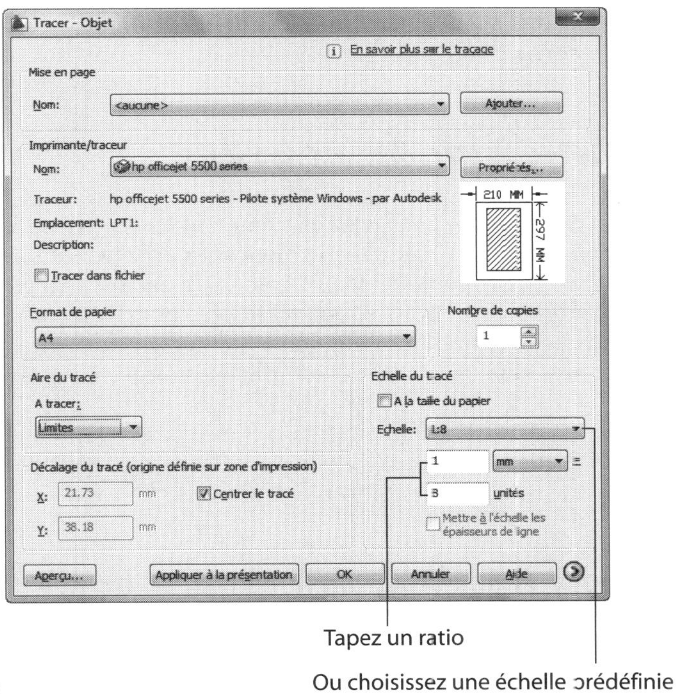

Figure 16.5 Des rapports et des échelles.

Le responsable de votre service peut avoir modifié la liste des échelles dans le but d'ajouter des valeurs personnalisées, ou encore de supprimer des échelles inutiles dans votre domaine d'activité. Si vous devez par exemple concevoir des tasses à expresso pour une firme milanaise, il est clair que vous n'aurez jamais à imprimer un dessin à une échelle du genre 1 mm = 1 m.

Dans certains domaines d'activité, il est courant d'effectuer des tirages dans un format réduit de moitié. Pour tracer votre espace objet de cette façon, doublez le facteur d'échelle du dessin. Par exemple, un dessin au 1:50 a un facteur d'échelle de 50. Pour réduire de moitié la taille du tracé, entrez simplement 1 et 100 dans les deux champs situés sous la liste Échelle.

Même si vous travaillez à un dessin qui a été créé pour être tracé à une échelle particulière, l'option À la taille du papier est le moyen le plus pratique de réaliser rapidement un tracé de vérification de taille réduite. Par exemple, les dessinateurs de votre bureau d'études peuvent créer des dessins destinés à être tracés au format A0 (840 x 1 192 mm), alors que vous avez accès à une imprimante laser qui dispose d'un bac à papier au format A3 (297 x 420 mm). En utilisant l'option À la taille du papier pour imprimer en A3 un dessin qui est fait pour être tracé au format A0, vous obtenez un tracé de vérification exactement quatre fois plus petit que le tracé normal. Vous n'y verrez pas aussi clairement les détails, mais il vous donnera un moyen pratique d'en contrôler visuellement la correction.

Tracer la présentation du paysage

Dans la section précédente, vous avez vu comment tracer la représentation de votre dessin dans l'espace objet, en commençant par sélectionner l'espace objet avant d'ouvrir la boîte de dialogue Tracer. Un espace papier vous donne toutefois de nombreuses options supplémentaires pour contrôler l'aspect de votre tracé, sans avoir à modifier pour cela la géométrie correspondante. Dans diverses situations, vous préférerez donc utiliser un espace papier pour tracer.

L'espace papier est l'environnement qui est spécifiquement conçu pour réaliser des tracés de vos dessins. Si vous avez besoin de réviser vos notions sur cet espace ou sur les présentations, (re)voyez le Chapitre 5.

Réussir ses tracés dans l'espace papier

Comme je l'explique dans le Chapitre 5, AutoCAD propose deux méthodes pour passer de l'espace objet plein écran aux présentations dans l'espace papier enregistrées dans le dessin, et inversement. Si vous préférez le traditionnel système d'onglets, il vous suffit de cliquer sur celui que vous voulez activer. Sinon, vous disposez dans la barre d'état des boutons Modèle, Présentation, Présentations Vue rapide (décrits dans le Chapitre 5).

Dans AutoCAD 2009, le menu contextuel est remplacé par le nouveau bouton Présentations Vue rapide de la barre d'état. Celui-ci offre une manière plus directe de visualiser, sélectionner et gérer les présentations dans l'espace papier. Le Chapitre 5 explique en détails ces nouveautés. Dans cette section, je vous propose de vous en servir pour tracer vos présentations.

Tracer un dessin dans un espace papier est une opération très proche de son équivalent dans l'espace objet. Vous devez surtout commencer par identifier la présentation qui vous intéresse et la sélectionner avant d'ouvrir la boîte de dialogue Tracer :

1. **Cliquez dans la barre d'état sur le bouton Présentations Vue rapide.**

   Le panneau Vue rapide va s'afficher en bas de la zone de dessin. Il affiche un aperçu de l'espace objet et de chaque présentation enregistrée dans le fichier DWG.

2. **Déplacez le pointeur de la souris sur la vignette associée à la présentation que vous voulez tracer.**

   Des icônes apparaissent lorsque vous survolez les images : Publier en haut et à droite, Tracer en haut et à gauche. La commande PUBLIER est brièvement décrite dans le Chapitre 19. Ici, nous nous en tiendrons à TRACE.

3. **Cliquez sur le bouton Tracer, en haut et à gauche de l'aperçu.**

   La boîte de dialogue Tracer apparaît. Le nom de la présentation courante est indiqué dans la barre de titre de la fenêtre (sur la Figure 16.6, il s'agit de "Présentation Format A2").

   Si personne n'a encore défini de présentation dans le dessin, AutoCAD en crée une par défaut. Si le paramètre Afficher le Gestionnaire des mises en page des nouvelles présentations, sous l'onglet Affichage de la boîte de dialogue Options, a été activé, vous devriez voir s'afficher d'abord la fenêtre du Gestionnaire des mises en page. Contentez-vous de la refermer. N'oubliez pas que la présentation par défaut ne conviendra probablement pas pour un "vrai" travail. Mais elle vous permet du moins de vous familiariser avec la procédure de tracé. Reportez-vous au Chapitre 5 pour réviser la création de présentations.

4. **Spécifiez un nom de traceur ou d'imprimante ainsi qu'un format de papier.**

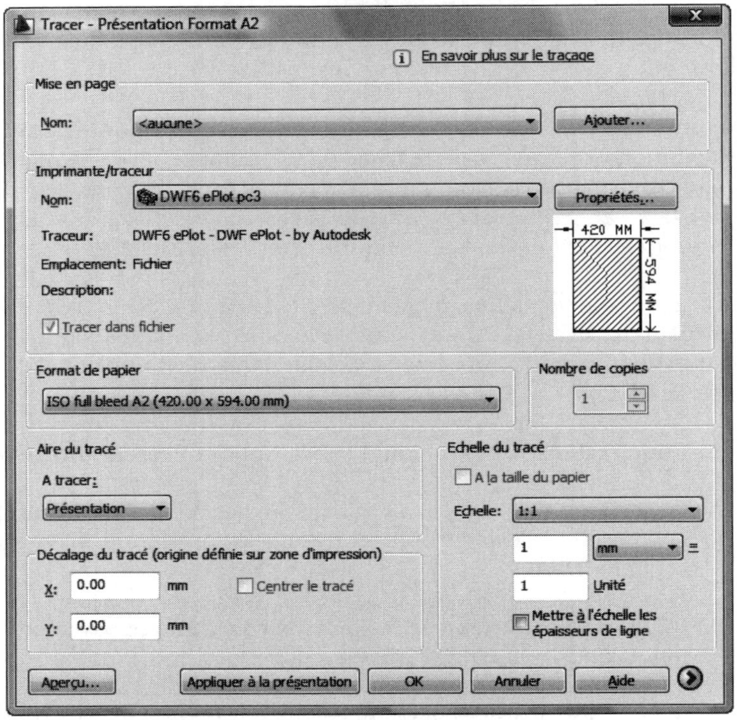

Figure 16.6 Paramètres de tracé pour une présentation dans l'espace papier.

TRUC

Si vous ne disposez pas d'une imprimante capable de sortir un grand format, vous pouvez vous rabattre sur un dispositif envoyant la sortie vers un fichier, par exemple `DWF6 ePlot.pc3`.

5. **Dans la liste déroulante À tracer, choisissez l'option Présentation (comme sur la Figure 16.6).**

   Ce choix n'est disponible que si vous tracez une présentation. De même, le mode Limites n'est proposé que dans l'espace objet.

6. **Spécifiez éventuellement un décalage horizontal et/ou vertical (ou conservez des valeurs nulles dans les champs X et Y).**

   Un décalage nul dans les deux directions place le coin inférieur gauche de l'aire de tracé dans l'angle inférieur gauche de la zone imprimable.

7. **Indiquez une échelle du tracé de 1:1.**

L'un des grands avantages offertes par les présentations est que vous n'avez pas besoin de vous soucier de l'échelle du dessin pour le tracer (d'où d'ailleurs le nom espace *papier*). La Figure 16.6 illustre une configuration adaptée au tracé d'une présentation.

Pour réduire de moitié la taille du tracé, il vous suffit de sélectionner une échelle de 1:2 dans la liste déroulante Échelle. Dans ce cas, activez également l'option Mettre à l'échelle les épaisseurs de ligne afin de réduire en proportion l'épaisseur des traits (cette question est traitée plus loin dans ce chapitre).

Si la présentation est trop grande pour le format maximum de papier toléré par votre imprimante ou votre traceur à une échelle de tracé de 1:1, choisissez le mode Étendu dans la zone Aire du tracé, puis activez l'option À la taille du papier dans la rubrique Échelle du tracé. Si vous voulez que votre présentation soit adaptée à une certaine taille de papier, quittez la boîte de dialogue Tracer. Utilisez alors le Gestionnaire des mises en page pour personnaliser la présentation (vous pouvez aussi en faire d'abord une copie et modifier uniquement cette dernière).

8. **Cliquez sur le bouton Plus d'options et modifiez à votre convenance les réglages supplémentaires qui vous sont proposés.**

   Reportez-vous aux Étapes 11 à 13 de la section "Le traçage réussi en seize étapes".

9. **Cliquez sur le bouton Aperçu. Vérifiez la taille et l'orientation du dessin dans la fenêtre de prévisualisation, puis cliquez droit et choisissez Quitter pour revenir à la boîte de dialogue Tracer.**

   Si vous remarquez un problème dans l'aperçu, ajustez votre configuration de tracé. Reprenez l'Étape 8 jusqu'à ce que le résultat soit satisfaisant.

10. **Cliquez sur OK pour créer le tracé.**

Tracer des lignes épaisses et des couleurs

Dans les sections précédentes, nous vous avons introduit dans le monde ténébreux du tracé. Ces sections vous ont montré comment créer des tracés monochromes à la bonne échelle et avec des lignes uniformes, que ce soit dans l'espace objet ou dans l'espace papier. Tout cela peut vous suffire. Mais si vous avez besoin de contrôler l'épaisseur des lignes et les couleurs, ou encore d'ajouter des effets spéciaux (comme des ombrages), lisez ce qui suit.

Tracer avec style

Un style de tracé permet de substituer aux propriétés des objets d'autres propriétés qui ne seront utilisées que pour leur tracé (pour en savoir plus sur les propriétés des objets, reportez-vous au Chapitre 6). Ces propriétés comprennent notamment l'épaisseur de ligne, la couleur ou encore l'ajout de niveaux de gris. La Figure 16.7 montre toutes les options disponibles. Elles se présentent dans deux formes différentes :

- Les styles de tracé dépendants de la couleur.
- Les styles de tracé nommés.

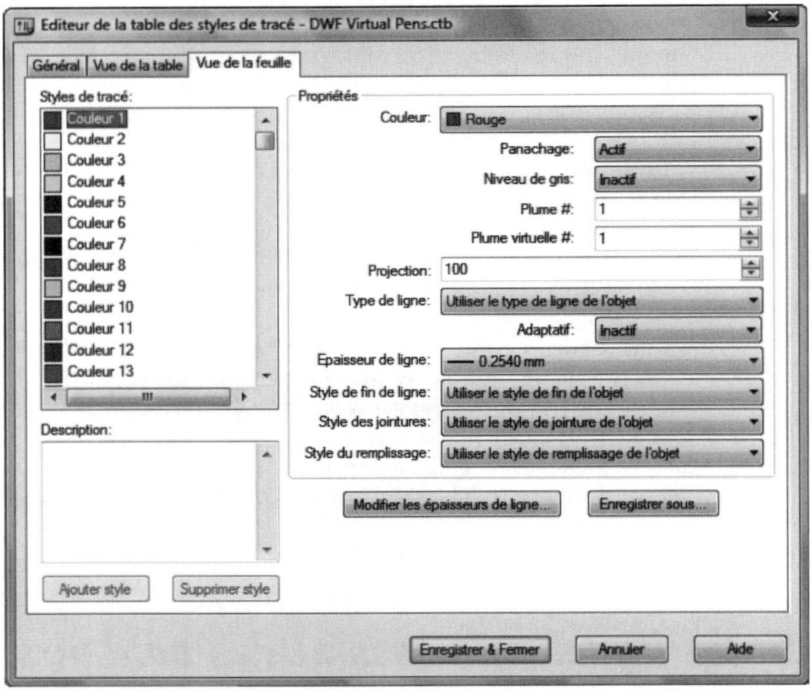

Figure 16.7 Modifiez une table de styles de tracé dépendants de la couleur.

Un style de tracé dépendant de la couleur repose sur la procédure de tracé standard des versions d'AutoCAD antérieures à la version 2000, alors qu'un style de tracé nommé offre une manière plus moderne de travailler.

Il n'est pas absolument impossible que vous n'ayez jamais besoin de vous préoccuper des styles de tracé. Si les dessins que vous voulez tracer sont construits avec des calques et des propriétés d'objet (en particulier l'épaisseur de ligne) qui reflètent la manière dont vous voulez que les objets soient tracés, vous pouvez vous dispenser de ces styles. Quoi qu'il en soit, la plupart des gens s'en servent, et vous devriez au moins faire leur connaissance.

Voici les deux raisons les plus courantes qui justifient l'emploi des styles de tracé :

- **Associer des couleurs d'affichage à des épaisseurs de ligne.** Si cette idée vous paraît loufoque, attendez pour vous faire une opinion d'avoir lu la section "Tracer des lignes minces ou épaisses", plus loin dans ce chapitre.
- **Tracer les lignes en niveaux de gris sur une imprimante ou un traceur monochrome.** Ces lignes seront tracées dans le niveau de gris qui leur sera assigné, et pas en noir. Les dessinateurs utilisent parfois ce procédé pour faire apparaître en demi-teinte certains éléments qui autrement auraient tendance à masquer les objets les plus importants du dessin. Un niveau de gris est exprimé sous forme d'un pourcentage, 100 % représentant le noir, et 0 % étant invisible.

Utiliser les styles de tracé

Si vous voulez que certains objets de votre dessin soient tracés avec des propriétés différentes de leurs propriétés d'affichage, vous avez besoin de styles de tracé. Par exemple, vous pouvez tracer des objets avec des épaisseurs de ligne ou des couleurs différentes de celles que vous utilisez à l'écran. Ou bien, comme je l'ai évoqué dans la section précédente, vous pouvez avoir besoin d'associer des couleurs d'affichage à des épaisseurs de ligne sur le tracé. AutoCAD regroupe les styles de tracé dans des tables de styles de tracé, chacune étant stockée dans un fichier séparé.

Une *table de styles de tracé dépendants de la couleur* est stockée dans un fichier CTB (*Color TaBle*). Elle associe les 255 couleurs d'affichage d'AutoCAD à 255 styles de tracé. AutoCAD attache automatiquement un style de tracé dépendant de la couleur à chaque objet et ce, sur la base de la couleur qui lui est affectée. Les tables de styles de tracé dépendants de la couleur sont particulièrement pratiques pour mimer l'ancienne approche d'AutoCAD Release 14 (et versions antérieures), qui consistait justement à associer des couleurs d'affichage à des épaisseurs de ligne sur le tracé. Cette méthode est restée d'usage courant dans de nombreuses entreprises.

Les tables des styles de tracés nommés ont été introduites dans AutoCAD, et ce sont des propriétés des objets, exactement comme la couleur, le type ou l'épaisseur de ligne. Une *table de styles de tracé nommés* est stockée dans un fichier STB (*Style TaBle*). Partant de là, vous créez des styles de tracé et vous leur donnez les noms que vous voulez. Vous pouvez alors assigner les noms de ces styles de tracé à des calques ou à des objets (pour en savoir plus sur les propriétés des calques et des objets, reportez-vous au Chapitre 6).

Pour utiliser une table de styles de tracé et les styles qu'elle contient (qu'ils soient nommés ou dépendants de la couleur), vous devez l'attacher à l'espace objet ou à une présentation dans l'espace papier. Cette table n'affectera alors que l'espace correspondant. Ce principe vous permet de tracer un même dessin de différentes manières en associant à chaque onglet son propre style.

Pour attacher un style de tracé à l'espace objet ou à un espace papier, sélectionnez sa vignette dans le panneau Présentations Vue rapide et cliquez sur le bouton Tracer (vous pouvez également cliquer sur le bouton droit de la souris et choisir l'option Gestionnaire des mises en page). Sélectionnez le nom voulu dans la liste Table des styles de tracé (attribution des plumes). N'oubliez pas de cliquer d'abord sur le bouton Plus d'options dans la boîte de dialogue Tracer. Si vous voulez voir un exemple, reportez-vous à la section "Contrôler l'épaisseur de ligne tracée avec la couleur d'affichage", plus loin dans ce chapitre.

NOTE TECHNIQUE

Quand vous créez de façon normale un nouveau dessin (c'est-à-dire en utilisant un gabarit de dessin comme l'explique le Chapitre 4), c'est ce gabarit qui détermine si vous pouvez choisir des styles de tracé dépendants de la couleur (fichiers CTB) ou des styles de tracé nommés (fichiers STB). C'est pour cette raison que la plupart des gabarits de dessin fournis avec AutoCAD sont proposés dans deux versions : avec styles de tracé dépendants de la couleur et styles de tracé nommés. Si vous voulez passer dans un dessin d'un type de styles de tracé à un autre, utilisez la commande CONVERTPSTYLES.

Créer des styles de tracé

Si vous êtes vraiment veinard, vous n'aurez pas à utiliser des styles de tracé. Si vous êtes un peu moins chanceux, vous en aurez besoin, mais vous trouverez certainement quelqu'un qui pourra vous faire cadeau d'une table de styles de tracé déjà configurée. Si c'est le cas, vous devez placer le ou les fichiers CTB ou STB dans votre sous-dossier Plot Styles pour qu'AutoCAD puisse les reconnaître (pour identifier l'emplacement de ce dossier, ouvrez la boîte de dialogue Options, cliquez sur l'onglet Fichiers et ouvrez la rubrique Chemin de recherche des fichiers de support de l'imprimante/Chemin de recherche de la table des styles de tracé).

Si vous n'êtes décidément pas du genre à gagner à la loterie, il vous faudra compter sur vos propres forces, c'est-à-dire que vous devrez savoir comment créer votre table de styles de tracé. Voici comment procéder :

1. **Dans le ruban, activez l'onglet Sortie. Cliquez ensuite sur le bouton Gestionnaire des styles du tracé, dans le panneau Traceur. Si vous utilisez le menu classique, vous choisirez Fichier/Gestionnaire des styles du tracé.**

   Le dossier Plot Styles s'ouvre dans sa propre fenêtre.

2. **Double-cliquez sur le raccourci du programme Assistant Ajouter une table des styles de tracé.**

3. **Lisez le premier écran de l'assistant et cliquez sur Suivant.**

4. **Sélectionnez l'option Commencer avec un brouillon, ou l'une des trois autres options si vous voulez partir des paramètres enregistrés dans un autre fichier, puis cliquez sur Suivant.**

   Les étapes suivantes de cette procédure supposent que vous avez sélectionné l'option Commencer avec un brouillon. Si vous en avez fait un autre choix, suivez simplement les indications de l'assistant.

   TRUC

   Si le créateur d'un dessin vous donne un fichier AutoCAD R14/ AutoCAD LT 98 PC2 (version 2) ou AutoCAD R12/AutoCAD LT 95 PCP (version 1), sélectionnez l'option Utiliser un fichier PCP ou PC2. Avec cette option, l'assistant importe automatiquement les paramètres d'association des couleurs d'affichage aux épaisseurs de ligne tracées.

5. **Sélectionnez le type de table de styles de tracé que vous voulez : une table de styles de tracé dépendants des couleurs (fichier CTB) ou une table de styles de tracé nommés (fichier STB). Cliquez sur Suivant.**

   Sélectionnez la table de styles de tracé dépendants des couleurs si vous voulez associer des couleurs d'affichage à des épaisseurs de ligne sur le tracé. Sélectionnez une table de styles de tracé nommés pour que les couleurs soient tracées telles que vous les voyez à l'écran et pour créer des styles de tracé nommés que vous pourrez ensuite appliquer aux calques et aux objets.

6. **Entrez un nom pour le nouveau fichier CTB ou STB, puis cliquez sur Suivant.**

7. **Cliquez sur le bouton Éditeur de la table des styles de tracé.**

La fenêtre Éditeur de la table des styles de tracé apparaît (vous la retrouvez sur la Figure 16.7). L'onglet qui est activé à ce stade dépend du type de style que vous voulez définir.

Si vous choisissez lors de l'Étape 5 une table des styles de tracé nommés, la fenêtre de l'éditeur s'ouvre dans le mode *Vue de la table*, avec un style appelé Normal en haut de la première colonne, une seconde colonne vierge, et des boutons appelés Ajouter style et Supprimer style en bas de la fenêtre. Les nouveaux styles nommés que vous allez créer seront insérés dans les colonnes de droite. Pour plus d'informations, cliquez sur le bouton Aide de la boîte de dialogue.

8. **Si vous avez créé une table de styles de tracé dépendants de la couleur, assignez à chaque couleur utilisée dans le dessin une épaisseur de ligne, un niveau de gris ou une autre propriété traçable. Si vous avez opté pour une table de styles de tracé nommés, cliquez sur le bouton Ajouter style, puis assignez des propriétés de tracé à chacun des styles nommés que vous créez.**

Pour déterminer les couleurs utilisées dans un dessin, activez la fenêtre d'AutoCAD et ouvrez la palette Gestionnaire des propriétés des calques en cliquant sur le bouton Propriétés du calque dans le panneau Calques du ruban (ou dans la barre d'outils Calques si vous utilisez l'espace de travail AutoCAD classique).

Pour modifier un paramètre concernant l'ensemble des couleurs ou des styles nommés, commencez par les sélectionner toutes ou tous. Pour cela, cliquez sur la première couleur ou le premier style nommé, maintenez enfoncée la touche Maj, puis cliquez sur la dernière couleur ou le dernier style nommé (comme vous le savez certainement, il est aussi possible d'effectuer des sélections discontinues en faisant entrer la touche Ctrl dans le jeu). Chaque modification que vous réalisez à partir de là s'applique à toutes les couleurs ou tous les styles nommés qui viennent d'être sélectionnés.

9. **Cliquez sur le bouton Enregistrer & Fermer pour fermer la boîte de dialogue Éditeur de la table des styles de tracé. Dans l'assistant, cliquez sur le bouton Terminer.**

Le dossier Plot Styles affiche maintenant votre nouveau fichier CTB ou STB.

10. **Quittez le dossier Plot Styles en cliquant sur la case de fermeture dans sa barre de titre.**

La création de votre première table de styles de tracé peut être un moment effrayant du fait du grand nombre d'options dont vous disposez. Souvenez-vous simplement que votre justification la plus vraisemblable est que vous voulez associer des couleurs d'affichage à des épaisseurs de ligne sur le tracé (ce qui est décrit en détail dans la section suivante). N'oubliez pas aussi que vous pourrez réduire considérablement l'effort à accomplir en vous procurant un fichier CTB ou STB auprès du créateur du dessin que vous voulez tracer.

Au Chapitre 6, je vous ai recommandé de vous contenter des neuf couleurs standard d'AutoCAD pour vos calques, plutôt que de faire un patchwork avec les 255 couleurs disponibles. Si vous suivez mon conseil, le travail que vous aurez à faire pour créer une table de styles dépendants de la couleur en sera considérablement réduit, car vous n'aurez à assigner des propriétés de tracé que pour neuf couleurs au lieu de 255.

Pour tester systématiquement vos fichiers CTB, utilisez le fichier d'exemple `C:\Program Files\AutoCAD 2009\Sample\Plot Screening and Fill Patterns.dwg`. Ce dessin contient un tableau d'échantillons pour les 255 couleurs d'AutoCAD. Certaines présentations de ce dessin (comme Grayscale et Screening 25 %) montrent aussi comment deux fichiers CTB distincts attachés à la même présentation peuvent produire des résultats complètement différents.

Les styles nommés promettent beaucoup, mais il y a certains domaines (notamment les cotes et les tableaux) où ils ne fonctionnent pas aussi bien que les traditionnels tracés basés sur la couleur. Les propriétés des cotes vous permettent d'affecter des couleurs différentes aux lignes de cote, aux lignes d'attache et au texte. L'objectif est clairement de permettre à différents composants d'une cote d'être tracés avec des épaisseurs variées. Par exemple, le texte d'une cote pourrait apparaître dans un corps plus ou moins gras, disons le même que celui des annotations, tandis que le trait des lignes de cote et d'attache resterait plus fin. Mais, du fait que les styles nommés sont basés sur les objets ou les calques, vous n'avez aucun contrôle individualisé sur les différents éléments qui constituent une cote. La même limitation vaut pour les tableaux, où vous avez la possibilité d'affecter une couleur au texte et une autre aux bordures.

Si vous êtes *vraiment* emballé par la fonctionnalité Vraies couleurs d'AutoCAD qui lui permet d'afficher seize millions de couleurs et si vous décidez de vous en servir, alors il n'est plus question d'utiliser des styles de tracé dépendants de la couleur pour contrôler l'épaisseur des lignes (ces styles de tracé n'affectent que les épaisseurs de ligne des objets qui utilisent la palette traditionnelle des 255 couleurs de l'index d'AutoCAD). Dans ce cas, définissez les épaisseurs de ligne en tant que propriétés d'objet et créez des styles de tracé nommés pour contrôler l'épaisseur du tracé.

Tracer avec les vétérans

"La couleur, c'est la couleur et l'épaisseur de ligne, c'est l'épaisseur de ligne" est peut-être une très bonne idée, mais Autodesk savait en donnant vers 1999 des épaisseurs de ligne aux objets que les vieux utilisateurs d'AutoCAD n'abandonneraient pas du jour au lendemain leurs anciennes habitudes d'associer des couleurs d'affichage à des épaisseurs de ligne sur le tracé. Cette possibilité existe donc toujours dans AutoCAD 2009.

La plupart des vétérans d'AutoCAD ont choisi de s'en tenir à leur bonne vieille méthode, tout au moins jusqu'à maintenant. Il y a plusieurs raisons à cela, notamment l'inertie, le nombre de dessins et les procédures de tracé construits sur cette base, les applications tierce partie qui ne prennent pas entièrement en compte les nouvelles méthodes et le besoin d'échanger des dessins avec des clients et des sous-traitants qui n'ont pas encore mis à jour AutoCAD. Autrement dit, l'effet d'onde dû à tous ceux qui préfèrent (ou ont besoin de) continuer à utiliser l'association couleur/épaisseur de ligne sur le tracé n'est pas prêt de s'arrêter. Ne soyez pas surpris si vous êtes entraîné par ce courant pendant quelque temps.

Le paramétrage par défaut d'AutoCAD 2009 est de tracer les épaisseurs de ligne des objets. C'est donc la méthode la plus simple si vous n'avez pas à prendre en compte les préférences ou les habitudes historiques des personnes avec lesquelles vous échangez des dessins. L'association de couleurs d'affichage à des épaisseurs de ligne sur le tracé nécessite un certain travail initial, mais une fois que vous avez défini ces associations, l'effort supplémentaire est minime.

Tracer des lignes minces ou épaisses

Il y a bien longtemps, les dessinateurs qui travaillaient à la main ont développé une pratique consistant à tracer des traits de différentes épaisseurs (ou largeurs), afin de distinguer divers types d'objets. Ils obtenaient ce résultat en utilisant des stylos spéciaux avec des plumes de différents diamètres ou des crayons au plomb sur lesquels ils appliquaient une pression plus ou moins forte. Comme on ne peut généralement pas procéder de la même manière avec une souris d'ordinateur (faute de bouton à pression variable et de bille de roulement expansible), les développeurs d'AutoCAD ont adopté deux procédés pour permettre à l'utilisateur de spécifier une épaisseur de ligne à l'écran ou sur le tracé :

- Associer des couleurs d'affichage à des épaisseurs de ligne sur le tracé. Cette approche d'usage courant est décrite au Chapitre 6.
- Afficher à l'écran les mêmes épaisseurs de ligne que celles qui seront tracées. Cette approche a été introduite avec AutoCAD 2000.

Contrôler l'épaisseur de ligne sur le tracé avec l'épaisseur de ligne de l'objet

Tracer une épaisseur de ligne pour un objet est une chose triviale, à condition que le créateur du dessin ait pris la peine d'assigner des épaisseurs de ligne aux calques ou aux objets (pour en savoir plus, voyez le Chapitre 6). Assurez-vous seulement que la case Tracer avec épaisseurs de ligne est cochée dans la fenêtre Tracer étendue (cliquez sur Plus d'options). Si nécessaire, vous devrez auparavant désactiver la case Tracer avec styles de tracé, du fait que ces styles substituent aux épaisseurs de ligne des objets leurs propres réglages. Vous pouvez également accéder à toutes ces options pour l'espace objet ou papier voulu via le Gestionnaire des mises en page. Il est accessible en cliquant droit sur le bouton Présentations Vue rapide de la barre d'état ou encore dans le panneau Traceur de l'onglet Sortie du ruban, ou bien à partir du menu Fichier.

TRUC

Si vous ne voulez tracer *aucune* épaisseur de ligne, vous devez désactiver à la fois les options Tracer avec épaisseurs de ligne et Tracer avec styles de tracé. La validation de ce dernier paramètre entraîne automatiquement l'activation du traçage des épaisseurs de ligne.

Contrôler l'épaisseur de ligne tracée avec la couleur d'affichage

Pour associer des couleurs d'affichage à des épaisseurs de ligne tracées, il vous faut une table de styles de tracé dépendants de la couleur (un fichier CTB), comme je l'explique plus haut dans la section "Tracer avec style". Si vous tracez un dessin réalisé par quelqu'un d'autre, son créateur devrait pouvoir vous donner le fichier CTB approprié, ou au minimum un fichier PCP ou PC2 avec lequel vous pourrez produire rapidement le fichier CTB. Tout au moins, il faut aussi demander à cette personne de vous fournir un document imprimé montrant à quelle épaisseur de ligne associer chaque couleur d'affichage. Utilisez les instructions de la section "Tracer avec style" pour copier ou créer le fichier CTB nécessaire.

ATTENTION !

Malheureusement, il n'existe aucune norme régissant l'association des couleurs d'affichage aux épaisseurs de ligne du tracé. Chaque bureau d'études fait ce qu'il veut. C'est pour cette raison qu'il est si utile de recevoir un fichier CTB, PCP ou PC2 avec un dessin venant d'une tierce personne.

Une fois que vous avez placé le fichier CTB approprié dans votre dossier Plot Styles, suivez ces étapes pour l'utiliser :

1. **Cliquez sur le bouton Présentations Vue rapide de la barre d'état pour afficher le panneau correspondant. Déplacez le pointeur de la souris au-dessus de l'image représentant l'espace (objet ou papier) que vous voulez tracer.**

   Des icônes permettant d'accéder aux commandes PUBLIER et TRACE apparaissent en haut de la vignette active.

2. **Cliquez sur le bouton Tracer dans le coin supérieur gauche de l'image sélectionnée.**

   La boîte de dialogue Tracer apparaît. Cliquez si nécessaire sur le bouton Plus d'options pour agrandir la boîte de dialogue.

3. **Dans la zone Table des styles de tracé (attribution des plumes) de la boîte de dialogue Tracer étendue, sélectionnez le fichier CTB voulu dans la liste Nom, comme l'illustre la Figure 16.8.**

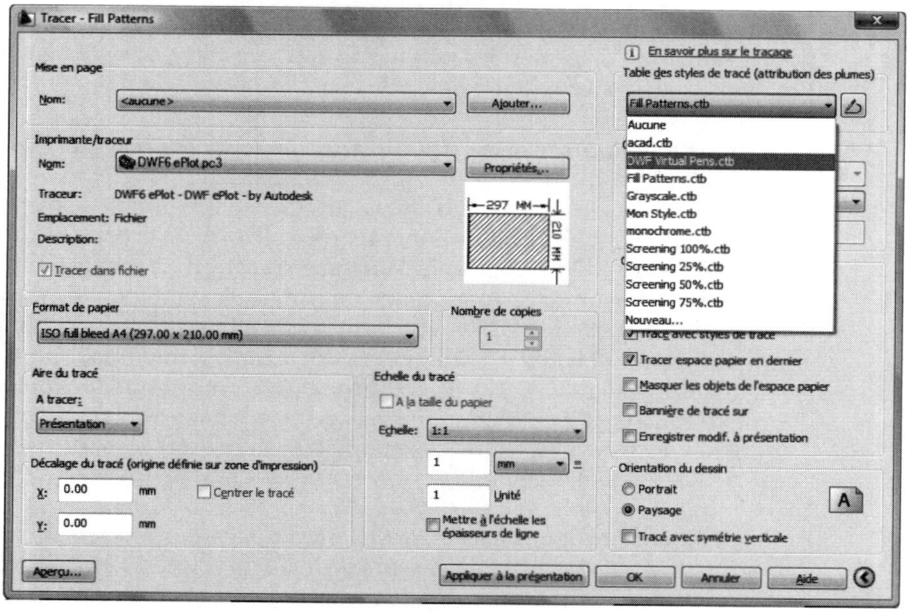

Figure 16.8 Sélectionnez une table de styles de tracé pour associer des couleurs d'affichage à des épaisseurs de ligne sur le tracé.

Cette action attache la table de styles de tracé (le fichier CTB) à l'espace que vous avez sélectionné à l'étape 1.

4. **Cliquez sur le bouton Appliquer à la présentation.**

   AutoCAD enregistre la configuration de tracé en l'associant à la configuration de la présentation courante. Si vous sauvegardez le dessin, AutoCAD se servira du fichier CTB sélectionné comme style de tracé par défaut lorsque vous imprimerez plus tard cette présentation.

5. **Poursuivez normalement les procédures de tracé décrites plus haut dans ce chapitre.**

Si votre dessin utilise un style de tracé nommé et non un style de tracé dépendant de la couleur, suivez la même procédure, mais en sélectionnant un fichier STB au lieu d'un fichier CTB lors de l'étape 3.

TRUC

Le panneau Propriétés de l'onglet Début du ruban vous indique si le dessin courant a été configuré pour utiliser des styles de tracé dépendants de la couleur ou des styles de tracé nommés. Si la liste déroulante qui se trouve en bas et à droite de ce panneau est inactive (elle apparaît en grisé), le dessin utilise des styles de tracé dépendants de la couleur. Si elle est active, le dessin utilise des styles de tracé nommés.

Tracer en couleurs

Tracer les couleurs que vous voyez à l'écran ne nécessite aucune astuce particulière. En l'absence d'une table de styles de tracé (c'est-à-dire si vous avez spécifié Aucune dans la liste déroulante Table des styles de tracé (attribution des plumes) de la boîte de dialogue Tracer), AutoCAD envoie au traceur les informations sur les couleurs telles qu'elles apparaissent à l'écran. Pourvu que vous disposiez d'un traceur ou d'une imprimante couleur, vous devriez obtenir sur le papier la même chose que ce que vous voyez à l'écran.

Si vous attachez une table de styles de tracé à une présentation ou à l'espace objet (comme l'explique la section précédente), vous pouvez, si vous le voulez vraiment, associer les couleurs d'affichage à d'autres couleurs sur le tracé. Dans la plupart des cas, vous préférerez éviter ce genre de confusion. Conservez donc la valeur Utiliser la couleur de l'objet (paramètre Couleur dans l'onglet Vue de la feuille de la boîte de dialogue Éditeur de la table des styles de tracé).

ATTENTION !

Si votre intention est de ne *pas* tracer en couleurs, prenez soin de sélectionner Noir pour la propriété Couleur de tous vos styles de tracé. Si vous essayez de tracer en couleurs sur un traceur ou une imprimante monochrome, vous vous apercevrez sans doute que les objets en couleurs apparaissent dans différents niveaux de gris, comme dans une photo en noir et blanc, une couleur claire étant rendue par un gris léger et une couleur plus foncée par un gris plus sombre. Ce *tramage* n'est généralement pas ce que l'on veut obtenir dans un dessin de CAO. Pour éviter cela, utilisez la boîte de dialogue Éditeur de la table des styles de tracé (voir plus haut la section "Créer des styles de tracé") pour sélectionner Noir comme valeur de la propriété Couleur (le paramétrage par défaut est Utiliser la couleur de l'objet). Si vous n'avez pas déjà spécifié une table de tracé, choisissez Monochrome.ctb ou Monochrome.stb (qui sont des tables de styles de tracé prédéfinies d'AutoCAD) dans la liste déroulante Table des styles de tracé (attribution des plumes) de la boîte de dialogue Tracer.

TRUC

Pour voir l'étendue complète des couleurs AutoCAD disponibles sur votre traceur ou pour apprécier comment une table de styles de tracé particulière affecte le tracé, tracez le fichier d'exemple `C:\Program Files\AutoCAD 2009\Sample\Plot Screening and Fill Patterns.dwg`. L'onglet Screening 100 % de ce dessin contient un tableau d'échantillons pour les 255 couleurs de base d'AutoCAD.

Dans le doute, faites tracer à l'extérieur

Que vous traciez ou non à une échelle particulière, avec différentes épaisseurs de ligne ou non, en couleurs ou non, vous pouvez envisager de faire appel à une société de services extérieure pour certains de vos tracés. L'utilisation au bureau d'une imprimante laser ou à jet d'encre convient très bien pour réaliser rapidement une sortie aux fins de vérification. Le tracé dans un grand format, quant à lui, peut être lent et prendre beaucoup de temps. Si vous avez besoin de tracer beaucoup de dessins, il pourra vous arriver de passer un après-midi entier à charger du papier, à recharger des cartouches d'encre et à découper les feuilles (et plus longtemps encore si vous rencontrez des difficultés).

Un bon prestataire de services dispose de gros traceurs, très chers, que vous ne pouvez que rêver de posséder, et c'est à lui que revient le travail de les faire fonctionner et de les entretenir. La seule exigence est d'avoir une coordination efficace avec lui et de lui envoyer tout ce dont il a besoin pour fournir les tracés demandés. Certaines sociétés de services peuvent tracer directement à partir de vos fichiers DWG, mais d'autres vont vous demander des fichiers de tracé PLT (plot).

Si vous avez à choisir un prestataire pour vos tracés, tournez-vous plutôt vers ceux qui sont habitués au dessin technique et, quel que soit votre choix, commencez par faire quelques essais avant de passer aux tracés définitifs dont vous avez vraiment besoin. Étudiez aussi le problème de la refacturation de ce service à vos clients !

Mise en page, alias Configuration de tracé

L'option de mise en page permet de spécifier le traceur, le format de papier, et divers autres paramètres que vous allez utiliser pour tracer un certain espace (objet ou papier) d'un certain dessin. AutoCAD gère de manière indépendante la configuration de mise en page de l'espace objet et de chaque présentation dans l'espace papier. Lorsque vous cliquez sur le bouton Appliquer à la présentation dans la boîte de dialogue Tracer (ou que vous activez l'option Enregistrer modif. à présentation et que vous cliquez sur OK), AutoCAD mémorise les réglages de tracé que vous avez définis en tant que mise en page pour l'espace objet ou papier courant.

Vous pouvez aussi donner des noms à vos mises en page et les sauvegarder. L'avantage de cette méthode, c'est qu'elle vous permet de changer rapidement de configuration, ou encore de copier une mise en page d'une présentation vers une autre. Les mises en page nommées sont mémorisées avec le dessin, mais il est possible de les importer à partir d un autre document (grâce au Gestionnaire des mises en page, décrit un peu plus loin).

Si vous voulez vous amuser un peu, vous pouvez créer des mises en page nommées pour tracer le même espace papier (ou objet) de plusieurs manières différentes, ou encore pour copier des paramètres de tracé d'une présentation à une autre, ou d'un dessin à un autre. Utilisez le bouton Ajouter (dans la zone Mise en page de la boîte de dialogue Tracer) pour créer une mise en page nommée avec les paramètres de tracé courants. Après quoi, il sera facile de restaurer une configuration grâce à la liste déroulante Nom (toujours dans la section Mise en page de la boîte de dialogue Tracer).

Pour aller encore plus loin dans le contrôle, cliquez avec le bouton droit de la souris sur le bouton Présentations Vue rapide de la barre d'état et choisissez Gestionnaire des mises en page (ou la commande Fichier/Gestionnaire des mises en page dans le système de menus classique). Dans la boîte de dialogue qui s'affiche, vous pouvez créer ou éditer vos mises en page (voir la Figure 16.9). Cliquez sur le bouton Modifier pour ouvrir la boîte de dialogue Mise en page. Elle est pratiquement identique à la boîte de dialogue Tracer. La différence essentielle est que vous modifiez ici des réglages, et non le tracé lui-même. Le bouton Définir courant copie la configuration sélectionnée dans la liste Mise en page vers la présentation courante (ou vers l'espace objet, selon le cas). Avec le bouton Importer, vous récupérez une mise en page à partir d'un autre dessin ou d'un gabarit (fichier DWT).

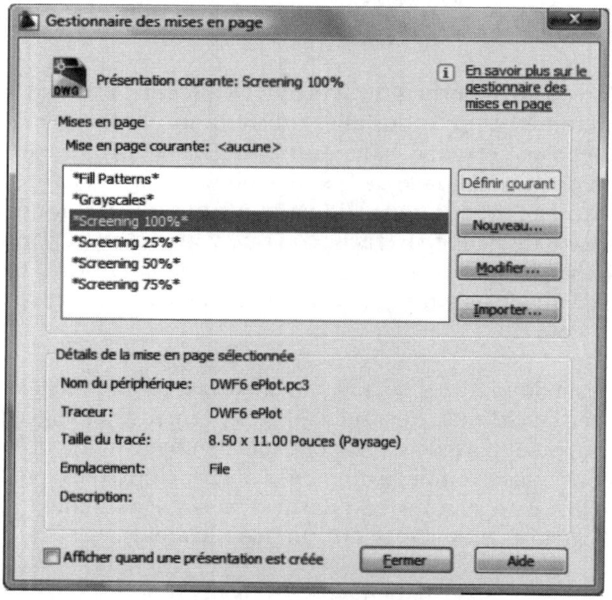

Figure 16.9 La boîte de dialogue Gestionnaire des mises en page.

Continuons le dialogue de traçage

Dans les sections précédentes de ce chapitre, j'ai abordé les options les plus importantes de la boîte de dialogue Tracer. Cette section va maintenant vous révéler quelques détails supplémentaires qui vont vous faciliter la vie pour tracer. Je laisse de côté tous les particularismes et autres aspects purement communautaristes, qui ne servent qu'à alimenter les conversations à l'heure de l'apéritif. Mais je signale quelques options qui peuvent être utiles à l'occasion et qui enrichiront votre vocabulaire pour mieux converser avec la boîte de dialogue Tracer.

TRUC

Utilisez l'aide rapide de la boîte de dialogue Tracer si vous avez besoin d'en savoir plus sur l'une de ses options :

1. **Placez le pointeur sur l'option ou le bouton sur lequel vous avez besoin d'informations.**

2. **Si la bulle d'aide qui apparaît ne vous suffit pas, cliquez sur le bouton Aide en bas de la boîte de dialogue.**

3. **Pour un aperçu plus conceptuel sur le sujet, cliquez sur le lien En savoir plus sur le traçage (en haut et à droite, après avoir agrandi la**

boîte de dialogue en cliquant sur Plus d'options) afin d'obtenir des renseignements complémentaires.

Voyons de plus près ce que nous réserve encore la boîte de dialogue Tracer :

- **Imprimante/traceur :** Comme je l'explique dans la section "Configurer le traceur", plus haut dans ce chapitre, vous commencez par utiliser la liste déroulante Nom pour sélectionner une imprimante (ou un traceur) système Windows, ou une imprimante (ou un traceur) non-système que vous voulez utiliser pour tracer votre dessin.

  Le bouton Propriétés ouvre la boîte de dialogue Éditeur de configuration du traceur, dans laquelle vous pouvez modifier les caractéristiques du support (le type de papier) ainsi que d'autres propriétés propres à l'imprimante ou au traceur sélectionné. En particulier, il est possible de définir des formats de papier personnalisés.

  Comme si les options de la boîte de dialogue Tracer d'AutoCAD n'étaient pas déjà assez abondantes, certains pilotes de traceur cachent des paramètres importants dans la fenêtre Éditeur de configuration du traceur, le plus souvent derrière le bouton Propriétés personnalisées, dans la partie inférieure de la boîte de dialogue (par exemple, si vous utilisez le pilote système Windows amélioré pour traceurs HP – voyez le site www.designjet.hp.com –, en cliquant sur le bouton Propriétés personnalisées vous accédez à la possibilité de définir les formats de papier dont vous allez disposer dans la boîte de dialogue Tracer).

  Pour ajouter à la confusion, si vous changez quelque chose dans la boîte de dialogue Éditeur de configuration du traceur, AutoCAD vous propose d'enregistrer ces modifications dans un fichier PC3 séparé. Vous devriez alors sélectionner l'option Enregistrer les modifications dans le fichier suivant (vous créez ainsi un nouveau fichier de configuration AutoCAD qui contiendra vos paramètres modifiés) et entrer pour ce fichier de configuration un nom reconnaissable par la suite. Lorsque vous voulez tracer votre dessin avec des paramètres personnalisés déjà enregistrés, n'oubliez surtout pas de sélectionner le fichier de configuration AutoCAD PC3 correspondant dans la liste déroulante Nom de la zone Imprimante/traceur, à la place de l'imprimante système Windows.

- **Tracer dans fichier :** Si vous avez besoin de tracer votre dessin dans un fichier plutôt que directement sur du papier, activez cette option et spécifiez le nom et l'emplacement (le dossier) du fichier une fois que vous avez cliqué sur OK.

Cette fonction est particulièrement utile si vous voulez publier un fichier DWF (*Design Web Format*) sur un site Web. Vous pouvez aussi l'utiliser pour créer des fichiers à envoyer à un service de traçage extérieur.

AutoCAD 2009 ajoute un format supplémentaire aux options de publication électronique : DWFx. Il s'agit d'une version du DWF qui se conforme au langage XPS de description de page de Microsoft. Pour la plupart des gens, l'aspect le plus intéressant de l'affaire est que le fichier de tracé résultant pourra être affiché dans l'Explorateur Windows (mais uniquement sous Windows Vista).

Le pilote `DWG To PDF.pc3` permet d'obtenir une version PDF de votre dessin. Ce format universel peut être affiché non seulement dans le célébrissime Acrobat Reader, mais aussi dans de nombreuses autres applications.

- **Bannière de tracé sur :** Cette option permet d'activer, désactiver et/ou configurer le contenu d'une chaîne de texte qu'AutoCAD ajoute automatiquement dans un coin de chaque tracé. Une bannière peut contenir des informations utiles, comme le nom du fichier de dessin ou la date et l'heure du tracé.

- **Aire du tracé :** Spécifiez ici la surface du dessin à tracer. Vous avez principalement le choix entre Étendu, Affichage et Fenêtre, que vous traciez à partir de l'espace objet ou d'un espace papier. La dernière option est libellée Limites si vous tracez à partir de l'espace objet et Présentation si vous tracez à partir d'un espace papier. Si vous avez créé des vues nommées dans le dessin, AutoCAD ajoute une option Vue.

  - **Affichage** signifie ce qui apparaît à cet instant dans la zone de dessin pour l'onglet sélectionné (y compris tout espace blanc ou noir autour des objets).

  - **Étendu** signifie la plus petite zone rectangulaire contenant tous les objets du dessin.

  - **Fenêtre** signifie une zone rectangulaire que vous spécifiez en cliquant sur le bouton correspondant.

  - **Limites** (seulement pour l'espace objet) signifie la totalité de votre dessin, sur la base des limites que vous avez spécifiées lorsque vous l'avez configuré. Vous n'avez pas oublié de le faire ? Si ? Reportez-vous au Chapitre 4.

  - **Présentation** (seulement pour un espace papier) signifie que c'est l'ensemble de l'espace papier tel qu'il est configuré qui sera tracé.

- **Vue** signifie une vue nommée que vous choisissez dans la liste correspondante (la création et l'utilisation des vues nommées sont décrites au Chapitre 12).

C'est en général l'option Présentation que vous utiliserez pour tracer à partir d'un espace papier. Pour l'espace objet, le choix dépend du fait que vous avez ou non configuré correctement votre dessin et de ce que vous désirez tracer. Si vous avez commencé par définir les limites du dessin, comme je vous le suggère au Chapitre 4, sélectionnez Limites pour tracer l'ensemble de votre aire de dessin. Si vous voulez tracer un dessin dont les limites n'ont pas été définies correctement, sélectionnez plutôt Étendu. Si vous souhaitez tracer uniquement une certaine portion de l'espace objet, sélectionnez Vue ou Fenêtre.

- **Décalage du tracé :** Un décalage du tracé défini par les positions X = 0 et Y = 0 place l'origine du tracé au coin inférieur gauche de la zone traçable. Si vous voulez décaler la position du tracé sur la feuille de papier, entrez des valeurs non nulles dans les deux champs de cette zone ou cochez la case Centrer le tracé (celle-ci ne sera pas disponible si vous avez choisi le mode Présentation dans la liste À tracer).

- **Options de fenêtre ombrée :** Si votre dessin comporte des fenêtres montrant des rendus d'objets 3D ou des objets ombrés, utilisez les options de cette zone pour contrôler l'apparence du tracé.

- **Options du tracé :** les options Tracer avec épaisseurs de ligne et Tracer avec styles de tracé permettent de spécifier si AutoCAD utilise les fonctions décrites dans les sections "Tracer avec style" et "Tracer des lignes minces ou épaisses", plus haut dans ce chapitre.

  La case à cocher Masquer les objets de l'espace papier permet de spécifier si AutoCAD cache les objets qui sont masqués par d'autres entités lorsqu'un modèle 3D est affiché dans une fenêtre. Si votre dessin est uniquement en 2D, cette option ne joue aucun rôle. Dans le cas contraire, elle fonctionne comme l'option Lignes cachées de la commande ORBITE3D. Si la question vous intéresse, recherchez dans le sommaire de l'aide en ligne d'AutoCAD ce qui est dit sur cette commande.

- **Orientation du dessin :** Spécifiez dans cette zone l'orientation que vous voulez donner à votre dessin (Portrait ou Paysage) sur la feuille de papier. Vous cocherez la case Tracé avec symétrie verticale pour inverser votre dessin (certains disent que c'est utile dans l'hémisphère Sud, mais je ne l'ai pas vérifié).

AutoCAD génère normalement les tracés en "bloquant" le déroulement du programme pour profiter d'un maximum de ressources système.

AutoCAD 2009 propose une fonctionnalité de traçage en tâche de fond qui vous redonne la main plus rapidement. Si votre ordinateur est suffisamment rapide et si vous disposez d'une bonne quantité de mémoire, n'hésitez pas à activer cette méthode de tracé. Ouvrez la boîte de dialogue Options (au clavier, **OP** est un bon raccourci), activez l'onglet Tracer et publier, puis choisissez l'option Traçage dans la zone Options de traitement en arrière-plan.

TRUC

Si vous souhaitez automatiser le tracé d'une série de dessins, intéressez-vous aux jeux de feuilles d'AutoCAD. Ils sont en effet pour une part conçus pour publier un groupe de dessins en une seule opération. Pour plus d'explications sur le sujet, ouvrez l'aide en ligne d'AutoCAD, activez le sommaire, puis cliquez respectivement sur Manuel d'utilisation, Choix d'un processus de travail avant de commander et enfin Utilisation de feuilles dans un jeu de feuilles.

Problèmes de traçage

Quel que soit le nombre de fois que vous lirez ce chapitre ou le soin avec lequel vous étudierez la documentation d'AutoCAD, vous rencontrerez tôt ou tard des problèmes de traçage. Vous risquez surtout de vous trouver dans cette situation en essayant de tracer des dessins réalisés par d'autres personnes, parce que vous ne connaîtrez pas toujours les conventions de tracé dont elles se servent (ces conventions ne sont pas au cœur de l'espionnage moderne, elles servent uniquement à définir une approche standardisée pour éviter autant que faire se peut les problèmes potentiels). Le Tableau 16.1 donne la description de quelques-uns des problèmes de traçage les plus courants, avec leurs solutions.

Tableau 16.1 : Problèmes de traçage et solutions.

Problème	Solution possible
Rien ne sort du traceur (pilote d'imprimante système).	Voyez si vous pouvez imprimer sur ce périphérique avec d'autres applications Windows. Si la réponse est non, ce n'est pas un problème AutoCAD. Essayez l'aide en ligne de Windows pour les imprimantes. Avec Windows XP, sélectionnez Démarrer/Aide et support, choisissez la rubrique Impression et télécopie, puis cliquez sur le lien Résolution d'un problème d'impression. Avec Windows Vista, ouvrez le menu Démarrer puis choisissez Aide et support, tapez **problèmes impression** dans le champ Rechercher, appuyez sur Entrée et cliquez enfin sur le lien Résoudre les problèmes d'imprimante.

Tableau 16.1 : Problèmes de traçage et solutions. (*suite*)

Problème	Solution possible
Rien ne sort du traceur (pilote d'imprimante non-système).	Sélectionnez Gestionnaire de traçage dans le panneau Traceur de l'onglet Sortie (ou Fichier/Gestionnaire de traçage dans le système de menus), double-cliquez sur le fichier de configuration de votre périphérique de traçage et vérifiez la configuration des paramètres.
Les objets ne sont pas tracés tels qu'ils apparaissent à l'écran.	Vérifiez les paramètres de la table de styles de tracé que vous utilisez, ou essayez de travailler sans table de styles de tracé.
Les objets sont tracés en demi-teintes ou dans des couleurs délavées.	Dans la table des styles de tracé, sélectionnez Noir pour toutes les couleurs.
L'option Ajuster au format ne fonctionne pas bien dans l'espace papier.	Dans la zone Aire du tracé, sélectionnez Étendu au lieu de Présentation.
Avec le pilote d'imprimante système amélioré pour les traceurs HP (à télécharger sur le site du constructeur), il manque certains formats de papier.	Dans la zone Imprimante/traceur de la boîte de dialogue Tracer, cliquez sur le bouton Propriétés, puis sur Propriétés personnalisées (dans la liste du haut) et enfin sur le bouton Propriétés personnalisées (sous l'onglet Paramètres du périphérique et du document de l'éditeur de configuration du traceur). Pour plus de détails, reportez-vous à l'aide d'AutoCAD, notamment aux explications sur les commandes TRACEUR et GESTTRACEUR.
Quelque chose d'autre va mal.	Vérifiez le journal de tracé et de publication en cliquant sur l'icône Rapport sur les détails du tracé/de la publication disponible, à droite de la barre d'état. Regardez les messages d'erreur qui y sont enregistrés.

Quatrième partie

Partager ses dessins

Dans cette partie...

Lorsque vous aurez réalisé votre géométrie et que vous y aurez ajouté tout le texte nécessaire, vous vous sentirez peut-être en droit de penser que vous avez fini votre travail. Mais AutoCAD vous permet de faire bien plus ! Les blocs et les références externes vous aident à gérer vos données dans vos dessins, entre plusieurs dessins et sur un réseau. Si vous avez l'intention de partager des dessins, que ce soit avec vos collègues sur le projet auquel vous travaillez ou avec des personnes d'entreprises extérieures, il vous faut penser à la cohérence de l'organisation et de la présentation de ces dessins, autrement dit aux normes en usage dans la CAO.

Internet est le plus grand moyen de rencontre et d'échange ayant jamais existé et AutoCAD offre de remarquables possibilités dans ce domaine (mais aussi quelques pièges potentiels). Avec ce que vous allez découvrir dans cette partie, vous apprendrez à donner et à recevoir presque instantanément.

Chapitre 17

Des blocs et des bitmaps

Dans ce chapitre :

- Introduction aux blocs.
- Créer des définitions de blocs.
- Insérer des blocs.
- Utiliser des attributs dans un bloc.
- Supprimer des définitions de blocs indésirables.

Le Chapitre 11 vous a montré comment copier des objets dans un dessin ou même d'un dessin à un autre. C'est l'une des manières d'utiliser AutoCAD pour gagner en efficacité. Vous pouvez copier un fichier DWG et le modifier pour créer un nouveau dessin relativement proche du précédent, ce qui est encore plus productif s'il vous arrive souvent de composer des dessins similaires. Mais tous ces procédés ne sont que de petites choses insignifiantes au regard de ce que nous allons décrire dans ce chapitre pour traiter des dessins, des parties de dessin, des dessins enregistrés au format DWF (Design Web Format) ou encore des images numérisées comme des modules réutilisables et actualisables. Si vous voulez vous servir encore plus efficacement d'AutoCAD, vous avez besoin d'apprendre à utiliser les blocs, les références externes ainsi que les fichiers DWF et bitmap.

Un *bloc* est une collection d'objets regroupés pour former une seule entité. Ce bloc une fois constitué peut alors être *inséré* plusieurs fois dans le même dessin, toutes ses instances restant identiques. Si vous modifiez sa *définition de bloc*, chaque instance sera automatiquement mise à jour. Bien qu'un bloc fasse partie d'un dessin, vous pouvez en transférer des copies dans d'autres dessins. Et il est aussi possible d'ajouter à un bloc des champs de texte à remplir, que l'on appelle des *attributs*.

Autrefois (en fait, avant AutoCAD 2008), les valeurs des attributs de blocs étaient limitées à une seule ligne de texte comportant au plus 255 caractères. Mais, depuis, AutoCAD a introduit les attributs multilignes, qui disposent d'une bonne partie des options de formatage des textes multilignes. De surcroît, les blocs, qu'ils comportent ou non des attributs, peuvent également être définis comme étant des objets annotatifs (cette notion est étudiée dans le Chapitre 13).

Dans ce chapitre, je vous présente l'ABC des blocs : les bases de leur création, leur insertion, l'ajout d'attributs, et l'élimination de définitions de blocs devenues inutiles ou indésirables. Dans le Chapitre 18, je vous montrerai comment aller encore plus loin dans l'emploi de données de dessin préexistantes, qu'il s'agisse de blocs dynamiques, de diverses variantes de références externes (y compris les fichiers DGN de MicroStation) et d'images numérisées.

Les blocs, de même que les références externes, les calques sous-jacents DWF, les images bitmap et les fichiers DGN vous permettent de réutiliser votre travail, ou celui d'autres personnes, ce qui vous fait économiser énormément de temps (ou vous cause des problèmes considérables si vous faites l'erreur de modifier un fichier dont dépend le travail de quelqu'un d'autre). Utilisez ces procédés pour gagner du temps lorsque vous le pouvez, mais faites preuve de prudence et d'organisation pour éviter les problèmes.

TRUC

La manière dont vous pouvez utiliser les blocs et les xréfs dépend beaucoup de votre profession et de l'entreprise dans laquelle vous travaillez. Certaines disciplines et certaines sociétés font un usage considérable de ces méthodes de gestion des dessins, avec une organisation extrêmement précise, alors que d'autres ne s'y intéressent pas vraiment. Informez-vous sur les usages locaux auprès de vos collègues et suivez ce qu'ils vous disent.

Jongler avec les blocs

Commençons par un peu de théorie sur les blocs, après quoi vous jonglerez avec eux en liberté. Pour utiliser un bloc dans un dessin, il vous faut deux choses : une *définition de bloc* et une ou plusieurs *références* (ou *insertions*) de bloc. Comme AutoCAD ne rend pas toujours parfaitement claire la distinction entre ces deux notions, vous devez commencer par comprendre ce dont il s'agit pour éviter toute confusion.

Une définition de bloc réside dans une zone invisible de votre dessin qui s'appelle la *table des blocs* (évoquée au Chapitre 6). La table des blocs est une sorte de livre de recettes graphiques permettant de "cuisiner" divers types de blocs. Chaque définition de bloc est une recette de ce livre, qui sert donc à "cuisiner" un type de bloc particulier. Bon appétit ! Lorsque vous insérez un bloc (ce que nous apprendrons à faire un peu plus loin), AutoCAD crée un objet spécial appelé une référence de bloc. Cette référence pointe vers la recette graphique correspondante et dit à AutoCAD : "Dessine-moi en suivant les instructions de cette recette."

Bien qu'un bloc puisse ressembler à une collection d'objets stockés ensemble et ayant reçu un nom, c'est en fait véritablement une recette graphique (la définition du bloc), plus un ou plusieurs pointeurs vers cette recette (les références de bloc). Chaque fois que vous insérez un certain bloc, vous créez un pointeur vers la recette correspondante.

Les blocs présentent un certain nombre d'avantages. En particulier :

- **Ils permettent de regrouper des objets d'une manière logique.** Vous pouvez par exemple dessiner une vis en utilisant des lignes et des arcs et créer une définition de bloc pour tous les objets dont elle est constituée. Lorsque vous insérez ensuite le bloc correspondant, AutoCAD le traite comme une seule et même entité pour les opérations qu'il lui applique, par exemple la copie, le déplacement, et ainsi de suite.

- **Ils permettent de gagner du temps et de faire moins d'erreurs.** Il est naturellement beaucoup plus rapide d'insérer un bloc que de dessiner à nouveau toute la géométrie correspondante. Moins vous avez de géométrie à dessiner, moins vous risquez de faire des erreurs.

- **Leur stockage est efficace si vous utilisez le même bloc à de nombreuses reprises.** Si vous insérez quinze fois le même bloc dans un dessin, AutoCAD ne stocke sa définition qu'une seule fois. Les quinze références qui pointent vers cette définition consomment beaucoup moins d'espace disque que la répétition en quinze exemplaires de la géométrie du bloc.

- **Ils permettent de modifier toutes les instances d'un symbole dans un dessin en éditant simplement la définition du bloc.** Cet avantage est le plus important. Si vous décidez de changer un type de vis dans tout votre dessin, il vous suffit de modifier en conséquence la définition de bloc correspondant. Doté de cette nouvelle recette graphique, AutoCAD met à jour toutes les vis de ce type dans votre dessin, quel que soit leur nombre. C'est incomparablement plus rapide que d'effacer toutes les vis périmées pour les remplacer par des exemplaires du nouveau modèle.

- **Avec les blocs dynamiques, il est possible de faire varier l'apparence de chaque instance.** Grandiose ! Si votre projet nécessite différents types de vis, il vous suffit de changer une référence en une autre (en supposant bien sûr que votre vis de base soit définie en tant que bloc dynamique). Chaque instance du bloc pourrait donc montrer un type de vis différent. Ce qui est évidemment beaucoup plus efficace que de créer quinze blocs différents ! La création des blocs dynamiques est traitée dans le Chapitre 18.

Les blocs ne sont toutefois pas aussi avantageux pour des éléments utilisés dans de multiples dessins, en particulier dans le cas où plusieurs personnes travaillent sur différentes parties d'un ou plusieurs projets et se les échangent. La raison en est qu'un bloc, une fois placé dans un dessin, réside définitivement dans celui-ci. Une modification ultérieure apportée à *ce* bloc dans *ce* dessin sera ignorée par tous les autres dessins qui utilisent initialement la même définition. Si vous placez le logo de votre entreprise dans tous vos dessins et que vous décidez de modifier ce bloc, vous devrez effectuer la mise à jour manuellement partout.

Si vous avez simplement besoin de regrouper des objets pour pouvoir plus facilement les sélectionner, les copier, les déplacer, et ainsi de suite, tapez **GROUPE** (ou son raccourci **GP**) dans la fenêtre de commande et appuyez sur Entrée pour ouvrir la boîte de dialogue Grouper des objets (ou Gestionnaire de groupe sous AutoCAD LT). Entrez un nom pour le groupe, cliquez sur le bouton Nouveau (AutoCAD LT vous propose de créer un groupe, mais c'est la même chose), sélectionnez des objets (appuyez sur Entrée quand vous avez terminé) et cliquez sur OK. Le raccourci clavier Ctrl+H permet d'activer et de désactiver le "regroupement" des composants d'un groupe. Lorsque ce regroupement est activé, cliquer sur un de ses membres sélectionne l'ensemble du groupe. Lorsqu'il est désactivé, vous pouvez sélectionner individuellement chaque objet.

Créer une définition de bloc

Pour créer une définition de bloc avec des objets du dessin courant, utilisez la boîte de dialogue Définition de bloc (il y a un autre moyen qui consiste à insérer en tant que bloc dans le dessin courant un fichier indépendant, ce que j'expliquerai dans la section suivante). Les étapes qui suivent montrent comment créer une définition de bloc en utilisant la boîte de dialogue Définition de bloc :

1. **Dans le panneau Bloc, sous l'onglet Début du ruban, cliquez sur le bouton Créer (ou sur Créer bloc dans la barre d'outils Dessin si vous utilisez l'espace de travail AutoCAD classique).**

   La boîte de dialogue Définition de bloc apparaît (voir la Figure 17.1).

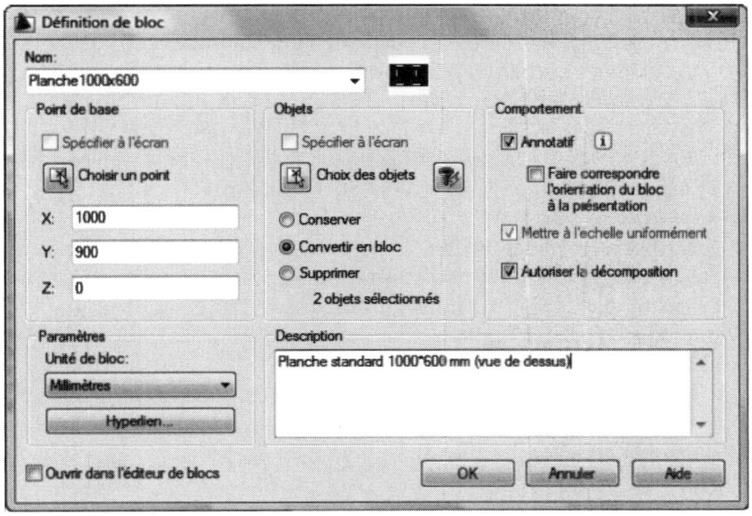

Figure 17.1 La boîte de dialogue Définition de bloc.

Les calques jouent un rôle important pour la création des objets qui constituent un bloc. Un élément de bloc créé dans un calque donné prendra certaines des propriétés de ce calque, comme sa couleur, son type de ligne et son style de tracé. Mais si vous créez un bloc en utilisant une géométrie définie sur le Calque 0, celle-ci n'aura pas de caractéristiques propres (la couleur ou type de ligne). À l'instar d'un caméléon, le bloc prendra les caractéristiques du calque dans lequel il est inséré.

2. **Dans le champ Nom, entrez le nom que vous souhaitez donner à votre définition de bloc.**

   Si vous entrez le nom d'une définition de bloc existante, AutoCAD remplace celle-ci par le nouvel ensemble d'objets que vous allez sélectionner. Ce processus s'appelle *redéfinition de bloc.*

   Pour voir la liste des noms de tous les blocs du dessin courant, ouvrez la liste déroulante Nom.

3. **Spécifiez le point de base (ou point d'insertion) du bloc, en utilisant l'une des deux méthodes suivantes :**

   • Entrez les coordonnées du point d'insertion dans les champs X, Y et Z.

- Cliquez sur le bouton Choisir un point et spécifiez l'emplacement voulu dans le dessin (utilisez l'accrochage aux objets ou autre technique d'aide à la précision, comme nous l'avons vu au Chapitre 7, pour spécifier un point sur l'un des objets du bloc).

Le point de base est celui qui servira plus tard à insérer le bloc, comme nous allons le voir dans la section suivante.

TRUC

Faites en sorte d'utiliser une position significative comme point de base sur le groupe d'objets (par exemple, le coin inférieur gauche), de manière à savoir exactement ce qui va se passer lorsque vous allez par la suite insérer le bloc.

4. **Cliquez sur le bouton Choix des objets, puis sélectionnez les entités que vous désirez inclure dans le bloc (appuyez sur Entrée une fois que vous avez terminé).**

   AutoCAD utilise les objets sélectionnés pour créer une définition de bloc ainsi que pour définir une icône qui sera affichée à droite du nom du bloc. La Figure 17.2 présente un exemple de point de base associé à un groupe d'objets au cours du processus de définition d'un bloc.

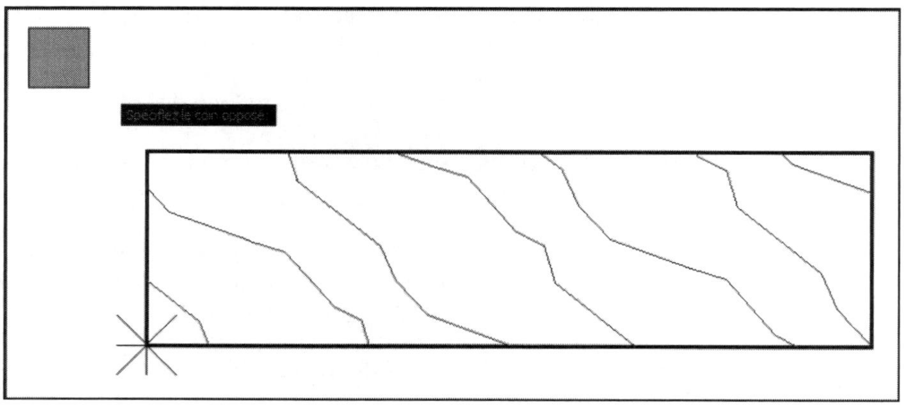

Figure 17.2 Construire un bloc.

5. **Dans la zone Objets, cliquez sur le bouton radio de l'option qui vous convient pour dire à AutoCAD ce qu'il doit faire avec les objets utilisés pour définir le bloc : Conserver, Convertir en bloc ou Supprimer.**

L'option par défaut, Convertir en bloc, est généralement la meilleure. Voyez ce que dit l'étape 9 sur chaque choix.

6. **Dans la liste déroulante Unité de bloc, sélectionnez l'unité d'insertion en fonction de laquelle le bloc sera mis à l'échelle.**

   Lorsque, par la suite, vous ferez glisser le bloc d'un dessin vers un autre via la palette DesignCenter (voir le Chapitre 6) ou une palette d'outils (voir plus loin), le facteur d'échelle par défaut avec lequel le bloc sera inséré sera défini par l'unité que vous spécifiez ici et celle du dessin de destination. Attention donc aux incohérences !

   TRUC

   Trois options supplémentaires de la boîte de dialogue Définition de bloc vous donnent un contrôle accru sur ce qui se passe lorsque votre bloc est inséré :

   - Si la case Annotatif est cochée, vous pouvez associer plusieurs échelles de tracé au bloc, puis afficher ce bloc à différentes tailles en vous servant de la liste Échelle d'annotation de la barre d'état. J'explique les tenants et les aboutissants des objets annotatifs dans le Chapitre 13.

   - Si la case Mettre à l'échelle uniformément est cochée, il ne sera pas possible d'insérer le bloc en spécifiant des facteurs d'échelle différents en X, Y et Z. Cette case est automatiquement sélectionnée si l'option Annotatif est cochée.

   - Si la case Autoriser la décomposition est désactivée, les blocs ne pourront pas être décomposés pendant ou après leur insertion dans un dessin.

7. **Dans la zone Description, entrez un commentaire sur le bloc.**

   Le moment est venu de penser en administrateur de base de données et d'entrer une description claire qui vous permettra, ainsi qu'à d'autres personnes, d'identifier ce bloc sans ambiguïté. Bref, ce commentaire n'est pas indispensable, mais renseigner ce champ est quand même une bonne idée.

8. **Vérifiez que la case Ouvrir dans l'éditeur de blocs est bien désactivée.**

   L'Éditeur de blocs ne vous sert à rien si vous n'envisagez pas d'ajouter des fonctionnalités dynamiques à votre bloc. Nous étudierons les blocs dynamiques dans le Chapitre 18.

9. **Cliquez sur OK pour terminer le processus de définition du bloc.**

AutoCAD mémorise la nouvelle définition dans la table des blocs du dessin. Les boutons radio parmi lesquels vous devez faire votre choix lors de l'Étape 5 jouent le rôle suivant :

- Si vous avez sélectionné l'option *Convertir en bloc* (l'option par défaut), AutoCAD remplace en fait les objets sélectionnés par une référence pointant vers la définition du bloc. Vos objets sont donc toujours visibles à l'écran, et apparemment identiques à ce qu'ils étaient quelques instants plus tôt. Mais ils ont pourtant changé de nature et ils constituent maintenant une simple instance de bloc. Ils ont perdu leur caractère autonome. La plupart du temps, il s'agit du meilleur choix.

- Si vous avez choisi l'option *Conserver*, le bloc est créé, mais les objets sélectionnés restent à leur place et n'ont aucun lien avec la définition du bloc. Ils continuent donc à faire preuve d'un total individualisme.

- Avec l'option *Supprimer* enfin, les objets disparaissent, mais la définition de bloc est bel et bien créée dans la table.

  Si vous avez entré le nom d'un bloc déjà existant lors de l'étape 2, AutoCAD vous avertit qu'il est sur le point de redéfinir l'ancien bloc. Répondez Oui pour accepter cette redéfinition. Dans ce cas, toutes les instances du bloc présentes dans le dessin courant seront actualisées.

Vous pouvez inclure dans une définition de bloc un type particulier d'objet de texte variable, appelé une *définition d'attribut*. Lorsque vous insérez un bloc contenant une ou plusieurs définitions d'attribut, AutoCAD vous demande d'entrer les valeurs des champs de texte correspondants. Les attributs sont utiles pour les éléments d'informations variables dans les cartouches (numéro de plan, titre, et ainsi de suite) et pour les symboles qui contiennent différents codes ou références. Nous verrons plus loin dans ce chapitre comment créer et utiliser une définition d'attribut.

Prenez l'habitude de conserver les éléments de dessin que vous utilisez souvent dans un ou plusieurs dossiers que vous aurez créés dans ce but. Vous pourrez utiliser l'une des techniques suivantes pour fabriquer une bibliothèque de blocs destinée à contenir les éléments que vous utilisez fréquemment :

- Créer un fichier DWG séparé pour chaque bloc.

- Stocker un certain nombre d'éléments en tant que définitions de bloc dans un dessin, puis utiliser DesignCenter pour importer les définitions voulues vers le dessin dans lequel vous avez besoin de les utiliser.

Insérer des blocs

AutoCAD offre plusieurs procédés pour insérer un bloc (ou un fichier de dessin entier), mais le plus couramment utilisé et le plus souple consiste à utiliser la boîte de dialogue Insérer. Voilà la procédure que vous pouvez suivre pour insérer un bloc :

1. **Définissez comme courant un calque approprié, comme nous l'avons vu au Chapitre 6.**

   Il est conseillé d'insérer chaque bloc sur un calque qui soit en relation avec sa géométrie ou son utilisation :

   - Si tous les objets de la définition du bloc se trouvent sur le même calque, il est généralement préférable d'insérer le bloc sur ce calque.
   - Si les objets qui constituent le bloc sont répartis sur plusieurs calques, sélectionnez l'un d'entre eux pour y insérer le bloc.

   Si certains des objets dont est constitué le bloc ont été créés sur le calque 0, ils hériteront de la couleur, du type de ligne et autres propriétés d'objets du calque sur lequel vous allez insérer le bloc. C'est le principe du caméléon.

2. **Cliquez sur le bouton Insertion dans le panneau Bloc du ruban (ou sur le bouton Insérer bloc dans la barre d'outils Dessin de l'espace de travail AutoCAD classique).**

   La boîte de dialogue Insérer apparaît (voir la Figure 17.3).

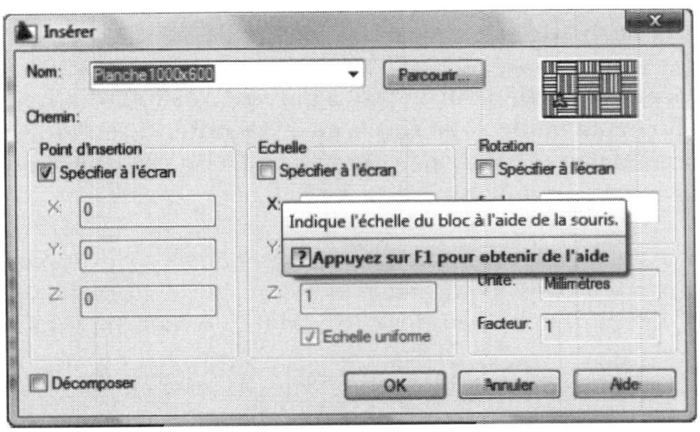

Figure 17.3
La boîte de dialogue Insérer.

3. **Entrez le nom de la définition de bloc, ou le nom d'un fichier externe, en utilisant l'une de ces deux méthodes :**

   - Utilisez la liste déroulante Nom pour sélectionner la définition de bloc voulue parmi celles du dessin courant.

   - Cliquez sur le bouton Parcourir pour sélectionner un fichier DWG externe à partir duquel AutoCAD pourra créer une définition de bloc.

   Vous pouvez utiliser un dessin externe pour remplacer une définition de bloc dans le dessin courant. Si vous cliquez sur Parcourir et que vous choisissez un fichier dont le nom correspond à une définition de bloc qui existe dans le dessin courant, AutoCAD vous en avertit puis met à jour la définition actuelle à partir du contenu de ce fichier externe. Ce processus s'appelle la *redéfinition d'un bloc*. Il met à jour automatiquement toutes les instances de ce bloc dans le dessin courant, c'est-à-dire toutes les références qui pointent vers la définition correspondante.

4. **Entrez le point d'insertion, l'échelle et l'angle de rotation du bloc.**

   Pour spécifier ces paramètres, vous avez le choix entre cocher la case Spécifier à l'écran ou remplir avec les valeurs adéquates les champs correspondants.

   TRUC

   Pour donner la même valeur au paramètre d'échelle en X, Y et Z (c'est le cas général), cochez la case Échelle uniforme. Dans la plupart des cas, c'est exactement ce que vous voulez obtenir.

5. **Si vous souhaitez qu'AutoCAD crée une copie de tous les objets dont est constitué le bloc au lieu d'insérer seulement une référence qui pointe vers la définition de ce bloc, cochez la case Décomposer.**

6. **Cliquez sur OK.**

7. **Si vous avez coché pour l'un des paramètres (point d'insertion, échelle ou angle de rotation) la case Spécifier à l'écran, répondez aux demandes de la fenêtre de commande ou du curseur dynamique pour fournir ces paramètres.**

Une fois que vous avez inséré un bloc, tous les éléments qui appartiennent à ce bloc se comportent comme une seule et même entité. Lorsque vous sélectionnez l'un de ces objets, c'est donc le bloc tout entier qui est sélectionné.

TRUC

Vous pouvez aussi insérer un bloc en faisant glisser un fichier DWG depuis l'Explorateur Windows pour le déposer dans la fenêtre ouverte du dessin courant. AutoCAD vous demande alors de spécifier un point d'insertion, et optionnellement l'échelle et l'angle de rotation. De même, vous pouvez faire glisser une définition de bloc depuis la section correspondante de la palette DesignCenter et la déposer dans la fenêtre ouverte du dessin courant (DesignCenter est décrit au Chapitre 6).

AutoCAD offre encore une manière supplémentaire d'insérer un bloc : les palettes d'outils, décrites au Chapitre 2. Tout comme vous l'avez fait pour le hachurage (voir Chapitre 15), vous devez commencer par créer et configurer les outils appropriés, qui apparaîtront sous forme d'icônes dans la palette correspondante. La méthode la plus facile consiste à cliquer du bouton droit sur un dessin dans DesignCenter et à sélectionner Créer une palette d'outils dans le menu qui apparaît. Un nouvel onglet est alors ajouté aux palettes d'outils. Il contient toutes les définitions de bloc du dessin sur lequel vous avez cliqué du bouton droit. Pour utiliser cette nouvelle palette, faites simplement glisser l'icône du bloc voulu pour la déposer sur votre dessin. Comme avec les hachures, cette méthode ne vous donne pas la possibilité de spécifier une échelle d'insertion, ni d'utiliser les outils d'aide à la précision d'AutoCAD pour spécifier le point d'insertion. Il vous sera donc peut-être nécessaire de déplacer le bloc jusqu'à l'endroit voulu après l'avoir inséré. Je vous conseille de commencer par apprendre à maîtriser les autres méthodes d'insertion décrites dans ce chapitre (en particulier la boîte de dialogue Insérer et la palette DesignCenter). Si vous vous apercevez que vous insérez souvent les mêmes blocs, vous pourrez alors envisager de créer une palette d'outils dans laquelle vos objets favoris seront rassemblés. Pour en savoir plus sur ce sujet, recherchez ce que dit l'aide en ligne d'AutoCAD sur la création et l'utilisation des palettes d'outils.

ATTENTION !

Soyez prudent lorsque vous insérez un dessin dans un autre. Si ces deux dessins contiennent des calques qui portent le même nom tout en ayant des définitions différentes, les objets du dessin inséré prennent les caractéristiques du calque correspondant dans celui qui les reçoit. Par exemple, si vous insérez des lignes bleues en pointillé d'un calque nommé Murs dans un dessin qui possède également un calque nommé Murs mais dont les lignes sont rouges et continues, les objets insérés deviendront rouges et continus. Les mêmes règles s'appliquent aux types de ligne, aux styles de texte, aux styles de cote et aux définitions de bloc qui sont incorporées dans le dessin que vous insérez.

TRUC

Si vous avez besoin de modifier une définition de bloc après avoir inséré celui-ci une ou plusieurs fois (donc après en avoir créé une ou plusieurs instances), utilisez la commande MODIFBLOC (Modifier dans le panneau Bloc du ruban, ou Outils/Éditeur de blocs dans le système de menus). Recherchez cette commande dans l'aide en ligne d'AutoCAD ou d'AutoCAD LT.

Les attributs : remplir les champs vierges

Dans AutoCAD, les *attributs* sont des champs de texte à remplir que vous pouvez ajouter à vos blocs. Quand vous créez une définition de bloc et que vous l'insérez ensuite plusieurs fois dans un dessin, toute la géométrie de ce bloc reste exactement la même dans toutes ses instances (qu'il s'agisse des lignes, des cercles, des annotations, et ainsi de suite). Les attributs apportent un peu plus de souplesse sous la forme de chaînes de texte qui peuvent être personnalisées dans chaque bloc inséré.

Par exemple, imaginez que vous ayez l'habitude d'identifier les pièces de vos dessins par une lettre ou un numéro dans un cercle. Si vous voulez créer un bloc pour ce symbole, vous ne pouvez évidemment pas utiliser pour cela un objet de texte ordinaire avec la commande TEXTE ou TEXTMULT. La chaîne de texte serait toujours la même pour toutes les instances du bloc, ce qui ne servirait à rien pour distinguer les pièces.

Vous pouvez en revanche créer une définition d'attribut, qui va se comporter comme un "conteneur" pour une chaîne de caractères, laquelle peut varier chaque fois que vous insérez le bloc. Vous pouvez alors inclure cette définition d'attribut lorsque vous créez votre bloc (comme je l'explique dans la section "Créer une définition de bloc", plus haut dans ce chapitre). Chaque fois que vous insérerez ce bloc, AutoCAD vous demandera une valeur d'attribut pour chaque définition d'attribut incluse dans le bloc.

Pendant longtemps, les attributs de blocs ont été limités à une unique ligne de texte variable comportant au plus 255 caractères. AutoCAD 2008 a introduit des attributs multilignes offrant l'essentiel des options de formatage des textes également multilignes. Pour plus d'informations sur la création et l'insertion de ces blocs, référez-vous à la rubrique "Définition d'attribut multiligne" dans l'index de l'aide en ligne d'AutoCAD.

La documentation et les boîtes de dialogue d'AutoCAD utilisent souvent le terme "attribut" pour se référer indistinctement à une définition d'attribut ou à une valeur d'attribut. À mon avis, une bonne partie de la confusion sur la notion d'attribut résulte de cette approximation. Souvenez-vous simplement qu'une définition d'attribut est le champ de texte ou l'indicateur d'emplacement dans la définition de bloc, alors qu'une valeur d'attribut est la chaîne de texte que vous allez spécifier en insérant le bloc.

Créer une définition d'attribut

C'est la boîte de dialogue Définition d'attribut qui vous permet de créer une définition d'attribut (subtil, n'est-ce pas ?). La procédure est assez semblable à la création d'une chaîne de texte, à cette différence près que vous avez un peu plus d'informations à fournir. Pour créer des définitions d'attributs, suivez ces étapes :

1. **Définissez comme courant le calque sur lequel vous voulez créer la définition d'attribut.**

2. **Cliquez sur le bouton Définir des attributs, que vous trouverez en déroulant le panneau Bloc du ruban (ou sélectionnez Dessin/Bloc/ Définir les attributs dans la barre de menus classique). Ceci lance la commande ATTDEF (raccourci AT).**

   La boîte de dialogue Définition d'attribut apparaît (voir la Figure 17.4).

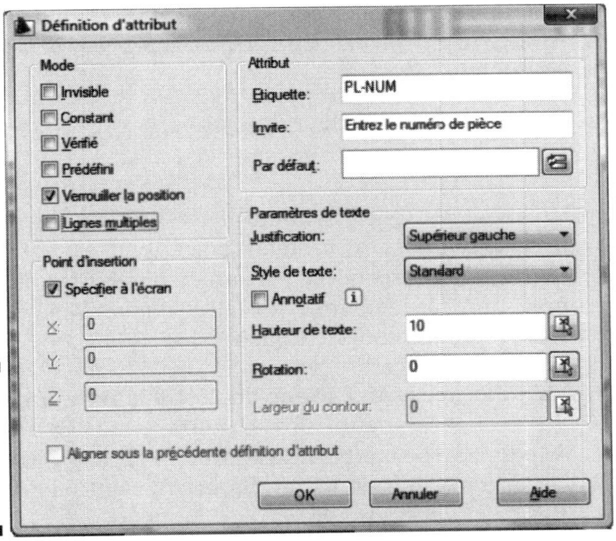

Figure 17.4 La boîte de dialogue Définition d'attribut.

Il n'est que rarement nécessaire d'utiliser les options de la zone Mode (Invisible, Constant, Vérifié ou Prédéfini). Laissez ces cases non cochées. Si vous êtes curieux de savoir ce que font ces différents modes, laissez planer quelques instants le pointeur de la souris sur ces options (ou cliquez sur le bouton Aide).

3. **Sélectionnez ou désélectionnez la case à cocher Verrouiller la position.**

   Si cette option est activée, les attributs ne pourront pas être repositionnés à l'intérieur du bloc inséré. L'ensemble sera donc traité comme un objet unique. Décocher cette case permet de déplacer les attributs à l'aide de leurs poignées sans toucher au reste du bloc.

4. **Sélectionnez ou désélectionnez l'option Lignes multiples.**

   Cocher cette option désactive le champ Par défaut dans la rubrique Attribut et affiche un bouton qui permet d'accéder à l'éditeur de texte multiligne. Vous ne disposez pas de toute la panoplie d'options qu'offre la commande TEXTMULT, mais vous pouvez tout de même surligner ou souligner le texte, un clic droit vous permettant d'importer un texte, d'affecter un masque d'arrière-plan, etc. Reportez-vous à l'aide en ligne pour plus d'informations.

5. **Dans la zone Attribut, spécifiez l'étiquette (l'équivalent du nom du champ dans une base de données, qui doit être un identificateur unique), l'invite (ce qui sera demandé à l'utilisateur) et la valeur (sous-entendue par défaut).**

   L'étiquette ne doit contenir aucune espace, mais les champs Invite et Valeur le peuvent.

   Des champs prédéfinis sont utilisables dans les valeurs d'attributs afin d'entrer une donnée qui sera automatiquement mise à jour (comme la date, un nom de fichier ou encore le contenu d'une variable système). Cliquez simplement sur le bouton qui suit le champ Valeur. Pour plus d'informations, reportez-vous au Chapitre 13.

6. **(Facultatif) Si vous avez sélectionné l'option Lignes multiples lors de l'Étape 4, cliquez sur le bouton Ouvrir l'éditeur de texte multiligne (il affiche trois points et se trouve à la droite du champ Par défaut) et entrez la valeur d'attribut en lui appliquant les options de formatage voulues. Cliquez ensuite sur OK.**

   La valeur que vous saisissez ici est le texte par défaut enregistré dans la définition de l'attribut, et vous pouvez le modifier lorsque vous insérez celui-ci.

7. **Dans la zone Paramètres de texte, spécifiez la justification, le style de texte, la hauteur, l'angle de rotation et la largeur du contour (cette dernière option est disponible uniquement pour les attributs multilignes). Vous pouvez également rendre votre attribut annotatif.**

   Ces options sont les mêmes que pour un objet de texte (voyez le Chapitre 13).

8. **Dans la rubrique Point d'insertion, sélectionnez Spécifier à l'écran afin de choisir un point d'insertion pour la définition d'attribut.**

   Le point d'insertion d'une définition d'attribut est semblable au point de base d'une chaîne de texte. Pensez à utiliser le mode d'accrochage, l'accrochage aux objets ou toute autre technique d'aide à la précision si vous voulez que la valeur finale de l'attribut apparaisse en un point précis.

9. **Cliquez sur OK pour créer la définition d'attribut.**

10. **Pour ajouter d'autres définitions d'attributs, répétez les Étapes 1 à 9.**

    Si vous avez besoin d'obtenir une série de définitions d'attributs parfaitement alignées, commencez par les créer en suivant les Étapes 1 à 9, puis sélectionnez, pour les définitions suivantes, l'option Aligner sous la précédente définition d'attribut. Pour obtenir une suite d'attributs qui ne soient pas adjacents, commencez par créer le premier en utilisant les Étapes 1 à 9, puis faites-en une copie et utilisez la palette Propriétés pour le modifier. Et ainsi de suite. Pour empêcher le déplacement des attributs dans leur bloc, il suffit, dans la boîte de dialogue Définition d'attribut, de cocher l'option Verrouiller la position.

Créer un bloc contenant des définitions d'attributs

Une fois que vous avez défini un ou plusieurs attributs (comme tout autre élément que vous voulez inclure dans un bloc), vous êtes prêt à créer une définition de bloc qui les contiendra. Suivez pour cela les étapes de la section "Créer une définition de bloc", plus haut dans ce chapitre.

À l'Étape 4 de la section "Créer une définition de bloc", commencez par sélectionner chaque définition d'attribut à inclure dans le bloc avant de sélectionner les autres éléments de celui-ci. Ajoutez-les une par une (en cliquant successivement sur chacune d'elles plutôt que d'utiliser une fenêtre de sélection) et cela, en respectant l'ordre dans lequel vous voulez que leurs invites respectives apparaissent dans la boîte de dialogue Éditer les attributs (elle est identique à celle que montre la Figure 17.5). Si vous ne procédez pas de cette manière, votre bloc et ses attributs fonctionneront quand même, mais l'ordre dans lequel apparaîtront les invites dans la boîte de dialogue Éditer les attributs ne correspondra pas forcément à ce que vous désirez.

Vous pouvez utiliser le Gestionnaire des attributs de bloc (non disponible dans AutoCAD LT). Pour cela, cliquez sur le bouton Gérer les attributs dans le panneau étendu Bloc du ruban, ou sélectionnez Modification/Objet/Attribut/Gestionnaire des attributs de bloc dans le système de menus) pour redéfinir l'ordre des attributs dans une définition de bloc. Cette boîte de dialogue permet aussi de modifier d'autres paramètres de définition d'attribut, comme l'invite, le style de texte ou le calque.

Insérer un bloc contenant des définitions d'attributs

Après avoir créé une définition de bloc contenant des définitions d'attributs, vous pouvez l'insérer comme n'importe quel autre bloc. Suivez les étapes de la section "Insérer des blocs", plus haut dans ce chapitre. À la fin de ces étapes, AutoCAD affiche la boîte de dialogue Editer les attributs, illustrée sur la Figure 17.5. Celle-ci contient une ligne pour chaque définition d'attribut du bloc, avec l'invite et la valeur par défaut. Ceci vous permet de modifier cette dernière si vous le souhaitez. Cliquez sur OK après avoir éventuellement édité les valeurs par défaut.

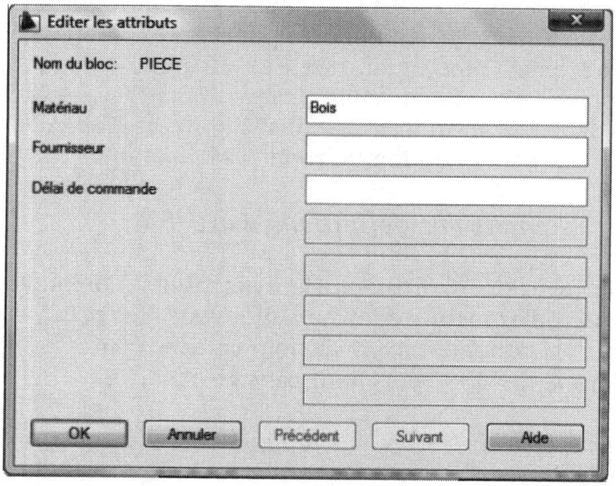

Figure 17.5 La boîte de dialogue Editer les attributs.

TRUC

La variable système ATTDIA (ATTribute DIAlog box) détermine si AutoCAD affiche les invites vous demandant la valeur de chaque attribut dans une boîte de dialogue (ATTDIA = 1), ou dans la fenêtre de commande (ATTDIA = 0). Si, en insérant le bloc, vous voyez une invite dans la ligne de commande qui vous demande la valeur de chaque attribut, entrez cette dernière et appuyez sur Entrée. Après avoir entré les valeurs de tous les attributs, tapez ATTDIA, appuyez sur Entrée, tapez **1** et appuyez à nouveau sur Entrée. Lorsque vous insérerez à nouveau dans ce dessin un bloc contenant des attributs, AutoCAD affichera la boîte de dialogue Entrer les attributs au lieu d'afficher les invites correspondantes dans la fenêtre de commande et dans le curseur dynamique.

Éditer les valeurs des attributs

Après avoir inséré un bloc contenant des attributs, vous pouvez changer individuellement la valeur de chaque attribut de ce bloc en utilisant la commande EATTEDIT (Enhanced ATTtribute EDIT). Là encore, les utilisateurs de la version LT devront s'en passer. Déroulez le panneau Bloc du ruban et cliquez sur le bouton Modifier un attribut (ou sélectionnez Modification/Objet/Attribut/Unique dans le système de menus), puis cliquez sur un objet du bloc inséré. AutoCAD affiche la boîte de dialogue Editeur d'attributs étendu avec la valeur courante de tous les attributs du bloc, comme le montre la Figure 17.6. L'opération de modification d'un attribut la plus courante est le changement de sa valeur par défaut c'est-à-dire la chaîne de texte qui apparaîtra dans le bloc inséré. Vous pouvez aussi éditer les autres propriétés d'un attribut, comme le style de texte et le calque.

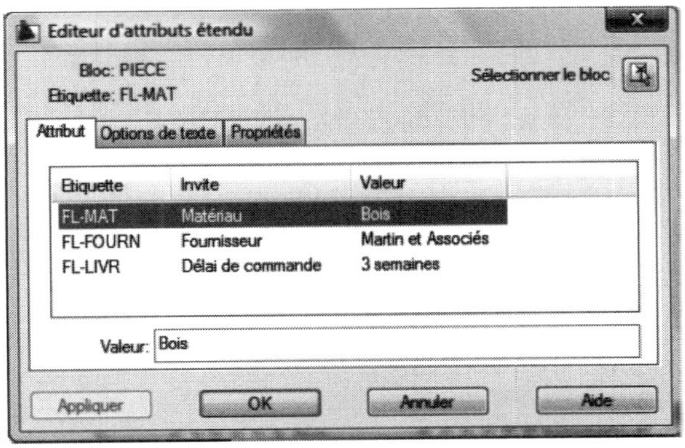

Figure 17.6 La boîte de dialogue Editeur d'attributs étendu.

Beaucoup de personnes utilisent les attributs de la manière que nous avons décrite jusqu'à maintenant, en tant que champs de texte à remplir dans des blocs. Mais les attributs peuvent aussi servir d'outils d'extraction de données. Il est ainsi possible d'exporter des valeurs d'attributs, par exemple des numéros de pièces ou des quantités, vers un fichier texte, une feuille de calcul ou une base de données, pour les analyser ou créer un rapport.

Pour pratiquer cette opération, activez l'onglet Blocs et références du panneau. Dans le panneau Liaison et extraction, cliquez sur le bouton Extraire des données. Dans l'espace de travail AutoCAD classique, sélectionnez Outils/Extraction de données pour lancer l'assistant qui porte le même nom. Vous en apprendrez plus sur cette fonction spécialisée dans l'aide en ligne d'AutoCAD. Dans le sommaire, ouvrez successivement le Manuel utilisateur, puis Partage de données entre dessins et applications, et enfin Extraction des données des dessins et des feuilles de calcul. Avec AutoCAD LT, vous ne disposez pas de cette procédure, mais vous pouvez tout de même extraire des informations d'attributs vers des fichiers de texte délimités par des espaces ou des virgules (format CSV) en utilisant la boîte de dialogue affichée par la commande ATTEXT. Là encore, reportez-vous à l'aide en ligne pour plus d'informations.

Décomposer un bloc

Si on laisse de côté les blocs dynamiques (qui sont traités dans le Chapitre 18), les objets d'un bloc inséré se comportent avec une parfaite discipline militaire : si vous appliquez un déplacement ou une modification quelconque à un des composants, ce déplacement ou cette modification est répercuté à tous les objets du bloc. Cette unité est généralement un avantage, mais vous aurez parfois besoin de décomposer le bloc pour déplacer ou modifier un objet sans affecter les autres.

Pour décomposer un bloc inséré en objets individuels, cliquez sur le bouton Décomposer (il représente un pétard en train d'exploser) dans le panneau Modification du ruban (ou dans la barre d'outils Modification de l'espace de travail AutoCAD classique) et sélectionnez le bloc inséré. AutoCAD va le remplacer par tous les objets de la définition correspondante (lignes, polylignes, arcs, etc.) Vous pouvez alors modifier ces éléments individuellement, ou encore vous en servir pour créer d'autres définitions de bloc.

Ne prenez pas l'habitude de décomposer systématiquement les blocs insérés, surtout si vous travaillez sur le dessin de quelqu'un d'autre et si vous ne savez pas vraiment pourquoi les objets sont organisés en blocs. La plupart des gens utilisent des blocs pour des raisons précises. Si vous commencez à les décomposer sans motif valable, vous vous exposez à de sérieux retours de flamme.

Si vous décomposez un bloc inséré qui contient des définitions d'attributs, les valeurs des attributs qui figuraient dans ce bloc sont remplacées par les noms des définitions d'attributs. Ce n'est généralement pas ce que l'on veut obtenir. Si vous voulez vraiment décomposer un bloc inséré, vous souhaitez sans doute aussi entrer à la place des valeurs des chaînes normales. Les outils Express d'AutoCAD (vous ne les trouverez pas dans AutoCAD LT) vous permettent d'ailleurs d'automatiser ce travail via la commande BURST (Express/Blocks/Explode Attributes to Text).

Purger les définitions de bloc inutilisées

Chaque définition de bloc supplémentaire augmente encore un peu la taille de votre fichier DWG, tout comme d'autres objets nommés tels que les calques, les styles de texte ou les styles de cote. Si vous supprimez (ou décomposez) tous les blocs insérés qui pointent vers une certaine définition de bloc, celle-ci ne sert plus à rien.

Vous devriez périodiquement exécuter la commande PURGER (raccourci UR), qui permet de supprimer du dessin les définitions de bloc et autres objets nommés que vous n'utilisez plus. Ouvrez l'onglet Outils du ruban, puis cliquez sur le bouton Purger dans le panneau Utilitaires de dessin. Dans le mode AutoCAD classique, sélectionnez Fichier/Utilitaires de dessin/Purger. La boîte de dialogue Purger va s'ouvrir. Vous y choisissez les types d'éléments que vous voulez nettoyer, mais vous pouvez aussi cliquer sur le bouton Tout purger pour débarrasser d'un coup votre dessin de tous les objets nommés qui n'y sont plus utilisés.

Chapitre 18

Soyons dynamiques et externes

Dans ce chapitre :

- Introduction aux blocs dynamiques, aux références externes (xréfs) et aux images bitmap.
- Du tonus avec les blocs dynamiques.
- Attacher et gérer des xréfs et des fichiers DWF.
- Contrôler les chemins d'accès aux xréfs.
- Attacher et gérer des fichiers d'images bitmap.

Dans le Chapitre 17, je vous ai présenté les blocs en tant que collections de géométries d'objets qui sont traitées comme des entités uniques par AutoCAD. J'ai également expliqué comment créer des blocs plus sophistiqués en leur ajoutant des attributs, c'est-à-dire des étiquettes de texte qui peuvent changer lors de chaque insertion. Mais dans tous les cas, il s'agit de blocs qui ont une existence plutôt statique. Dans ce chapitre, nous allons leur donner beaucoup de dynamisme.

Dans un bloc traditionnel, statique, chaque instance spécifique est géométriquement identique aux autres. En revanche, les instances d'un *bloc dynamique* peuvent offrir des variations par rapport au modèle de base. Il est donc possible d'insérer trois fois un bloc "siège", puis d'afficher la première instance sous la forme d'une chaise Louis XIII, la deuxième sous la forme d'un *rocking-chair* et la troisième sous la forme d'un canapé art déco. Nous reviendrons plus loin sur la création et l'édition des blocs dynamiques.

Une *référence externe*, ou *xréf*, est en quelque sorte la version industrialisée du bloc. C'est un pointeur vers un autre fichier, extérieur au dessin sur lequel vous travaillez. Le ou les dessins ainsi référencés apparaissent à l'écran et sur le tracé comme s'ils faisaient partie de votre dessin, mais ils sont en fait stockés dans d'autres documents sur votre disque dur. Si vous modifiez une référence externe, ces changements apparaissent dans tous les dessins où elle est référencée.

Un *fichier bitmap* (ou une *image numérisée*) est un fichier dans lequel une image est stockée sous forme d'un ensemble de points. Ces fichiers conviennent bien pour enregistrer des photos, des logos et autres images diverses, alors que les fichiers vectoriels de CAO sont conçus pour gérer des objets définis par une géométrie (lignes, arcs, etc.) associée à des annotations et divers éléments de texte. Il est parfois pratique de lier des images bitmap à des fichiers vectoriels d'AutoCAD, processus que la palette des références externes d'AutoCAD rend assez simple.

Avant AutoCAD 2007, les références externes étaient des fichiers de dessin que vous attachiez à votre œuvre courante. Les images étaient (et sont d'ailleurs toujours) des fichiers graphiques bitmap que vous attachiez d'une manière semblable, mais en faisant appel à une commande différente. Depuis lors, vous disposez d'une palette Références externes qui vous servira à attacher et gérer des références à des dessins (xréfs), mais aussi des images, des calques sous-jacents DWF (Design Web Format) ou encore des fichiers MicroStation DGN. Pour l'instant, sachez qu'un fichier DWF est une version allégée d'un dessin DWG. Nous y reviendrons à la fin de ce chapitre ainsi qu'au Chapitre 19.

AutoCAD 2009 et AutoCAD LT 2009 vous permettent d'attacher des fichiers DGN à vos dessins via la palette Références externes. Les fichiers DGN sont des dessins créés avec le programme MicroStation de Bentley Systems, en fait l'un des principaux concurrents d'AutoCAD. Remarquez au passage qu'il est également possible d'importer directement et d'exporter des fichiers au format DGN. Il est peu probable que tout cela vous concerne de près, sauf si vous travaillez dans une grande société qui échange des tas des dessins avec des partenaires et des consultants. Si vous voulez en apprendre plus sur le sujet, voyez ce que dit l'aide en ligne d'AutoCAD des fichiers DGN.

Comme je l'ai indiqué au Chapitre 17, les blocs, les références externes, les calques sous-jacents, les fichiers d'image et les fichiers DGN vous permettent de réutiliser votre travail ainsi que celui d'autres personnes, et donc potentiellement de gagner un temps considérable. Ou à l'inverse de provoquer de terribles problèmes si vous modifiez inconsidérément un document dont dépend le travail d'un tas de gens. Utilisez ces fonctionnalités si et quand vous pouvez rendre les processus plus efficaces et rapides, mais sachez rester organisé et agissez avec un luxe de précautions pour éviter de telles conséquences.

Thèmes et variations : les blocs dynamiques

Vous pouvez ajouter de la variété à vos blocs en les rendant dynamiques. Les deux applications majeures des blocs dynamiques sont l'incorporation de variantes dans des objets similaires et la manipulation de composants à l'intérieur de blocs individuels.

Il est indéniable que les blocs dynamiques apportent une grande souplesse dans les opérations de création et d'insertion des blocs. Mais il est tout aussi évident qu'il s'agit d'un système très compliqué, qui dispose de son propre jeu de commandes et de ses propres variables système. Je vous recommande vivement de vous familiariser d'une manière *approfondie* avec les techniques de création et d'insertion des blocs standard (décrites dans le Chapitre 17) avant de vous lancer dans la réalisation de blocs dynamiques.

TRUC

Passez le temps qu'il faut à concevoir vos blocs dynamiques. Tracez la géométrie de chaque variation dans l'apparence du bloc (son *état de visibilité*) et décidez de l'emplacement du point d'insertion commun. À moins que vous ne soyez beaucoup plus intelligent que moi (ce qui est vraisemblable puisque vous avez eu la clairvoyance d'acheter ce livre), vous constaterez probablement que la création de blocs dynamiques est suffisamment complexe comme cela. Inutile d'en rajouter en prenant de mauvaises habitudes de travail.

Maintenant, vous le voyez...

Si votre projet fait appel à six types différents de fenêtres (ou de sièges), une approche possible consiste à créer six blocs différents pour tous les représenter. D'un autre côté, vous pouvez construire un seul bloc dynamique et définir des états de visibilité pour couvrir toutes les références de fenêtres dont vous avez besoin. Les étapes qui suivent vous montrent comment rendre vos blocs polyvalents en définissant différents états. Vous allez pour cela découvrir l'Éditeur de blocs.

1. **Ouvrez un dessin contenant déjà plusieurs définitions de blocs que vous voudriez combiner, ou dessinez simplement quelques objets qui représenteront les variantes d'un bloc dynamique.**

   Vous pouvez créer des blocs dynamiques "à la volée" ou prendre comme point de départ des définitions de bloc standard (c'est-à-dire non dynamiques). La Figure 18.1 illustre un dessin contenant trois blocs non dynamiques.

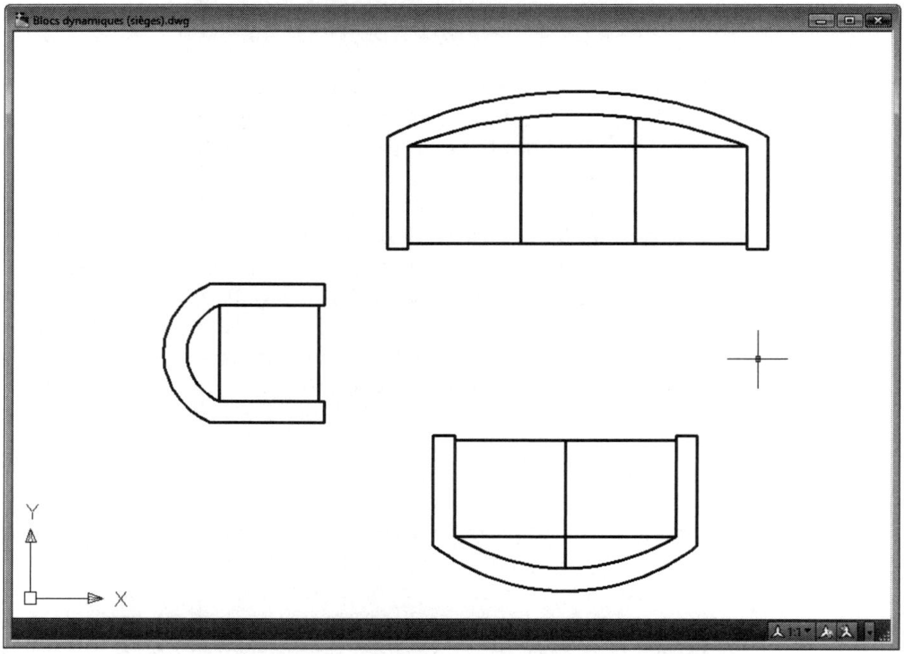

Figure 18.1 Trois blocs pour trois sièges.

2. **Dans le panneau Bloc du ruban, cliquez sur le bouton Modifier (ou choisissez la commande Éditeur de blocs dans le menu Outils de l'espace AutoCAD classique). La boîte de dialogue Modifier la définition du bloc va s'afficher.**

3. **Spécifiez un nouveau nom de bloc ou choisissez l'option <Dessin courant>. Cliquez ensuite sur OK pour ouvrir la fenêtre de l'Éditeur de blocs.**

   L'Éditeur de blocs est un environnement de travail spécifique, avec son ruban, ses palettes, sa barre d'outils et une série de commandes qui lui sont propres. Vous avez également accès au reste des panneaux et des barres d'outils d'AutoCAD. Vous pouvez donc tracer et éditer vos blocs exactement comme dans la fenêtre de dessin habituelle.

   Si vous entrez un nouveau nom de bloc, AutoCAD va afficher un environnement de création de bloc vierge. Vous pouvez y dessiner vos entités ou insérer des blocs existants. Si vous choisissez la ligne <Dessin courant>, en revanche, AutoCAD placera tous les objets du dessin actuel dans l'environnement de création de bloc.

4. **Créez un objet quelconque afin de représenter le premier état de visibilité. Vous pouvez également cliquer sur le bouton Insertion dans le panneau Bloc (ou choisir l'option Bloc dans le menu Insertion) et sélectionner un bloc existant qui définira ce premier état de visibilité.**

   Lorsque vous créez votre géométrie directement dans l'éditeur, vous devez faire très attention à l'emplacement du point de base commun aux différents états. Vous allez composer certes un groupe d'objets distincts, mais tous devraient posséder le même point d'insertion (le point de coordonnées 0,0 est un excellent candidat). Vous ne voulez évidemment pas voir vos sièges rebondir à droite et à gauche de l'écran selon l'emplacement du point d'insertion !

5. **Si, lors de l'étape 4, vous avez inséré un bloc existant, décochez les trois cases Spécifier à l'écran, assurez-vous que l'option Décomposer n'est pas activée et cliquez sur OK.**

6. **Répétez les étapes 4 et 5 pour dessiner ou insérer toute la géométrie nécessaire.**

   À ce stade, votre dessin peut avoir un air un peu bizarre (comme l'illustre un peu plus loin la Figure 18.2). Ne vous inquiétez pas, tout cela va s'organiser lors des étapes suivantes.

7. **Cliquez sur l'onglet Paramètres des palettes de Création de blocs. Cliquez ensuite sur le lien Paramètre de visibilité.**

   Si la fenêtre Palettes de Création de blocs n'est pas visible, activez-la en cliquant dans le panneau Outils de l'onglet Éditeur de blocs sur le bouton Palettes de création de bocs (ou sur le bouton correspondant dans la barre d'outils de l'Éditeur de blocs si vous travaillez dans l'espace AutoCAD classique).

   AutoCAD va vous demander de spécifier l'emplacement du paramètre.

8. **Pour définir l'emplacement du paramètre de visibilité, cliquez quelque part ailleurs que sur la position du point de base, telle que vous l'avez définie lors de l'étape 4.**

   L'emplacement que vous définissez ici va servir à ajouter une poignée personnalisée (de forme triangulaire) au bloc dynamique. La position de ce point n'est pas cruciale, mais essayez tout de même de choisir une position sensible sur l'objet. Évitez de confondre emplacement du paramètre de visibilité et point de base. Sinon, vous vous créerez de grosses difficultés pour sélectionner la poignée personnalisée.

9. **AutoCAD insère, à la position spécifiée, un marqueur de paramètre et termine la commande en cours.**

   Comme le montre la Figure 18.2, le mot Visibilité apparaît juste à côté du marqueur. Un signal d'avertissement jaune indique qu'aucune action n'a été pour l'instant affectée au paramètre. Les contrôles servant à gérer la visibilité, à droite du panneau ou de la barre d'outils Création de blocs, deviennent actifs.

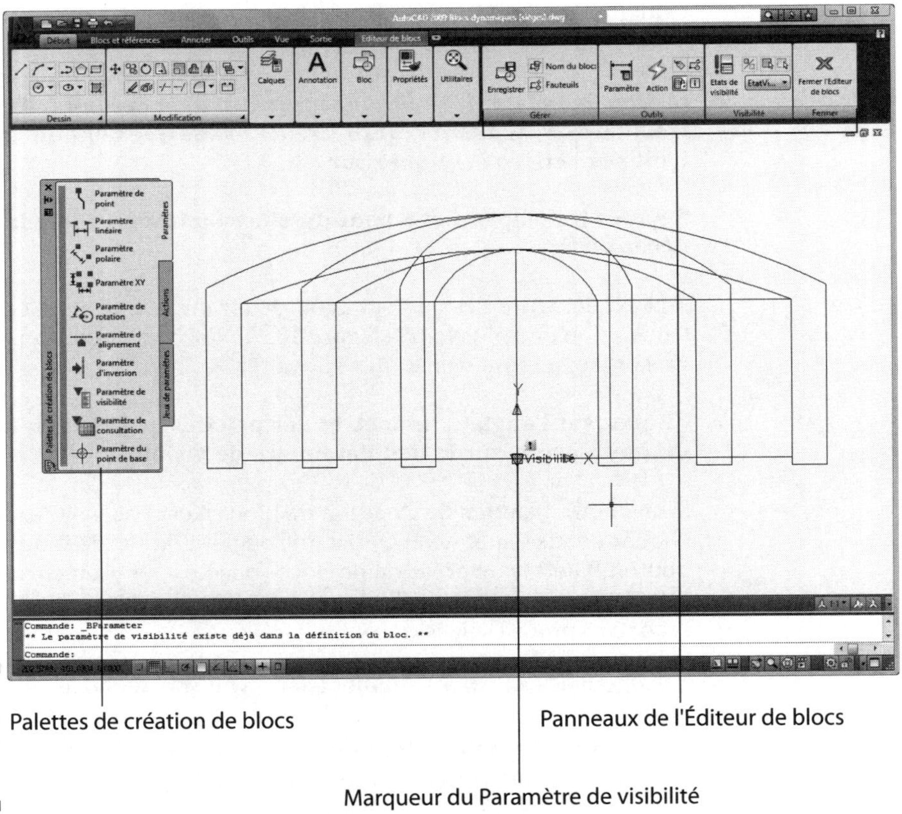

Figure 18.2 Trois sièges dans l'Éditeur de blocs.

10. **Cliquez dans le panneau Visibilité (ou la barre d'outils Création de blocs) sur le bouton États de visibilité. Cliquez maintenant sur le bouton Renommer et remplacez l'appellation par défaut, EtatVisibilité0, par quelque chose de plus évocateur. Cliquez ensuite sur OK.**

Comme pour tout autre objet nommé sous AutoCAD, il est préférable de changer l'intitulé générique pour le remplacer par une dénomination plus claire.

11. **Cliquez sur le bouton Masquer dans le panneau Visibilité (ou dans la barre d'outils Création de blocs). À la suite du message vous demandant de choisir des objets, sélectionnez les objets et/ou les blocs insérés qui ne doivent pas être associés à l'état de visibilité courant. Appuyez sur Entrée lorsque vous avez terminé.**

    Par défaut, les objets invisibles disparaissent de l'écran. Vous pouvez les afficher en grisé en cliquant sur le bouton Mode de visibilité du panneau éponyme ou de la barre d'outils Création de blocs.

12. **Cliquez de nouveau sur le bouton États de visibilité. Dans la boîte de dialogue États de visibilité, cliquez sur le bouton Nouveau afin de créer un nouvel état de visibilité. Entrez alors un nom décrivant ce que vous voulez obtenir. Activez le bouton radio Afficher tous les objets existants dans le nouvel état. Cliquez ensuite deux fois sur OK.**

    Tous vos objets devraient réapparaître.

13. **Répétez les étapes 10 à 12 pour créer d'autres états de visibilité associés à vos différents objets ou blocs.**

    La géométrie ou le bloc correspondant au dernier état de visibilité défini devrait être visible sur l'écran.

14. **Il ne vous reste plus qu'à cliquer sur le bouton Fermer l'éditeur de blocs dans le panneau Fermer ou dans la barre d'outils Création de blocs. Sauvegardez les modifications apportées à votre nouveau bloc ou à <Dessin courant>.**

    Vous pouvez également annuler l'action pour revenir à l'éditeur de blocs ou cliquer sur Non pour sortir de ce mode sans enregistrer vos définitions. AutoCAD referme l'Éditeur de blocs, et vous revenez à l'environnement de dessin standard.

Lumières ! Paramètres ! Actions !

Vous pouvez modifier l'apparence des instances individuelles du même bloc en définissant des *paramètres* et des *actions* servant à déplacer, tourner, étirer ou encore aligner des parties d'entre elles. Il est possible d'ajuster l'apparence du bloc aussi bien lors de son insertion qu'à tout moment ultérieur. Les étapes suivantes vous montrent comment utiliser l'Éditeur de blocs pour ajouter une certaine action à la définition d'un bloc :

1. **Ouvrez un dessin contenant quelques définitions de bloc dont vous voudriez personnaliser un tant soit peu l'apparence, ou dessinez un objet (simple) qui pourrait constituer un bloc dynamique présentable.**

   Les paramètres d'action sont plus efficaces dans le cas de blocs qui contiennent des groupes d'objets ayant un lien entre eux (par exemple, un bureau et son siège).

2. **Cliquez sur le bouton Modifier dans le panneau Bloc du ruban (ou choisissez la commande Éditeur de blocs dans le menu Outils).**

3. **Spécifiez un nouveau nom de bloc ou cliquez sur la ligne <Dessin courant>. Cliquez ensuite sur OK.**

4. **Créez quelques objets et/ou insérez les blocs dont vous avez besoin. Lorsque vous insérez des blocs, vérifiez bien que l'option Décomposer n'est pas cochée. Cliquez ensuite sur Entrée.**

   Vos objets et vos blocs doivent former un ensemble cohérent que vous pourrez ensuite insérer tel quel dans un dessin. À titre d'exemple, la Figure 18.3 montre la création d'un bloc dynamique destiné à un restaurant ou une cafétéria (voir plus loin).

5. **Répétez l'étape 4 jusqu'à ce que tous vos objets et/ou vos blocs soient en place.**

6. **Cliquez sur l'onglet Paramètres des Palettes de Création de blocs. Cliquez maintenant sur le bouton Paramètre de rotation (ce n'est qu'un exemple).**

   Si les palettes ne sont pas ouvertes, cliquez dans la barre d'outils Création de blocs sur le bouton Palettes de création.

   AutoCAD vous demande de spécifier l'emplacement du paramètre.

7. **Cliquez dans le dessin pour placer le marqueur du paramètre. Choisissez une autre position que celle du point de base.**

   Évitez de confondre emplacement du paramètre et point de base. Sinon, vous vous créerez de grosses difficultés pour sélectionner la poignée personnalisée.

8. **AutoCAD insère le marqueur du paramètre à la position sélectionnée et il revient à la fenêtre de commande pour vous demander de définir le rayon du paramètre de rotation, un angle de rotation par défaut, et enfin un emplacement d'étiquette.**

   La légende du marqueur du paramètre apparaît à proximité du symbole de rotation.

   Si vous tapez **D** en réponse au message initial et que vous appuyez sur Entrée, vous pourrez ajouter une brève description au paramètre. Lorsque le pointeur de la souris survolera par la suite la poignée du bloc dynamique associée à ce paramètre, cette description s'affichera dans la zone de saisie dynamique.

9. **Cliquez sur l'onglet Actions des Palettes de Création de blocs. Cliquez ensuite sur le bouton Action de rotation. Sélectionnez le Paramètre de rotation voulu, puis les objets qui devraient être modifiés lorsque la poignée est utilisée, et enfin l'emplacement de l'étiquette de l'action.**

   AutoCAD revient à l'invite de commande. À ce stade, il suffit d'accepter les valeurs par défaut et de pointer les positions sur l'écran (vous pourrez éventuellement ajuster tout cela ensuite, par exemple à partir de la palette Propriétés).

10. **Répétez les étapes 6 à 9 en essayant différents paramètres et actions. Vous pouvez par exemple choisir un paramètre de point et une action de déplacement.**

    La Figure 18.3 montre un ensemble d'objets, certains comportant un ou plusieurs paramètres d'action. Une fois le bloc inséré, vous pourrez manipuler les composants auxquels est associée une action afin de faire varier l'apparence des objets. Nous verrons comment dans la prochaine section.

11. **Cliquez sur le bouton Fermer l'éditeur de blocs dans le panneau Fermer ou dans la barre d'outils Création de blocs. Enregistrez les changements apportés à votre nouveau bloc ou au <Dessin courant>.**

    AutoCAD referme l'Éditeur de blocs, et vous revenez à l'environnement de dessin habituel.

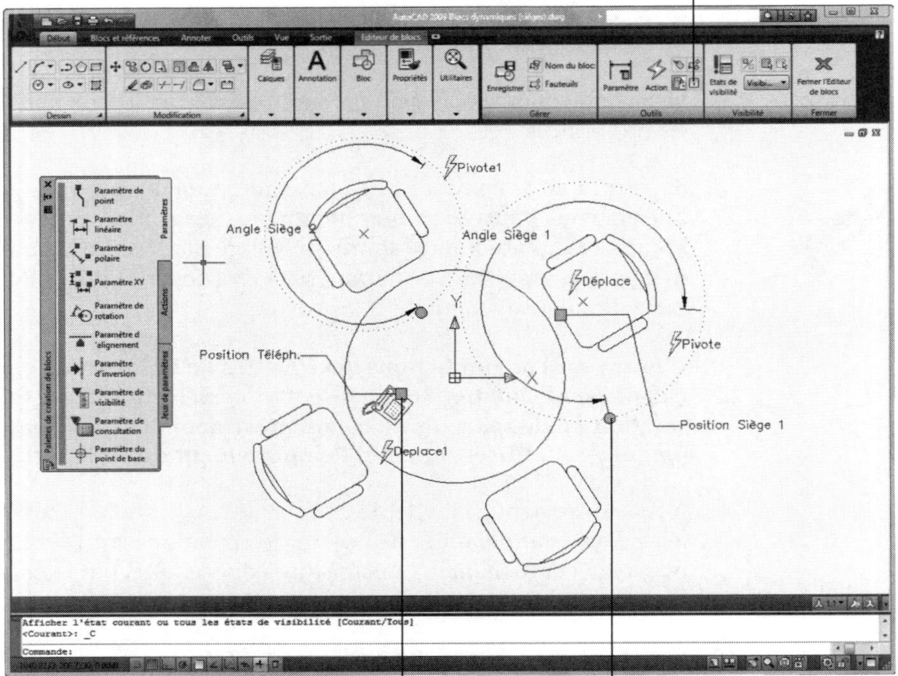

Figure 18.3 Des paramètres prêts pour l'action.

Manipuler des blocs dynamiques

Une fois qu'un bloc dynamique a été inséré dans un dessin, vous le sélectionnez et modifiez son affichage grâce à un ensemble de *poignées personnalisées*. Du moins, c'est ainsi qu'AutoCAD les appelle.

Lorsque vous sélectionnez un bloc standard (non dynamique), une seule poignée apparaît à l'emplacement du point d'insertion. Quand vous sélectionnez un bloc dynamique, en revanche, vous voyez au moins deux poignées personnalisées en plus du point d'insertion. Ces dernières ont généralement (mais pas toujours) un aspect spécifique. Faites donc attention en les activant.

Les étapes qui suivent vous montrent comment les blocs dynamiques peuvent justifier tout le temps passé à les créer et à leur apprendre diverses actions :

1. **Insérez quelques blocs contenant des paramètres dynamiques (visibilité, action, etc.).**

   Si vos blocs ne sont associés à aucune action particulière, passez à l'étape 4.

2. **Sélectionnez un bloc incluant un ou plusieurs paramètres d'action.**

   Le bloc va afficher plusieurs poignées personnalisées (voir la Figure 18.4). Si vous voyez apparaître une seule poignée, vous pouvez en déduire qu'il ne s'agit pas d'un bloc dynamique.

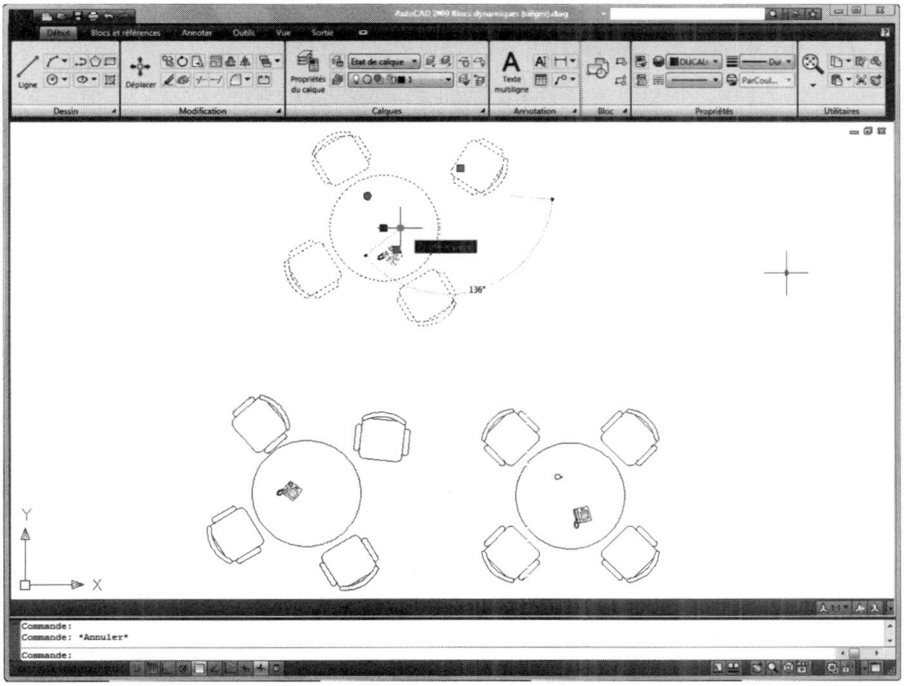

Figure 18.4 Variations sur le thème du bloc dynamique (l'original se trouve en bas et à droite).

3. **Cliquez sur l'une des poignées personnalisées (par exemple, une poignée ronde va ouvrir le paramètre de rotation de l'objet). Faites tourner le bloc selon l'orientation voulue.**

4. **Sélectionnez un bloc incluant un paramètre de visibilité. Cliquez ensuite sur la poignée personnalisée correspondante. Choisissez l'état de visibilité désiré dans le menu contextuel.**

Pour plus d'informations sur les actions et les états de visibilité, reportez-vous à l'aide en ligne d'AutoCAD.

Les blocs dynamiques, ainsi que je l'ai suggéré plusieurs fois, sont à la fois une fonctionnalité puissante et compliquée à mettre en œuvre. La palette de l'Éditeur de blocs contient dix paramètres, huit actions et vingt jeux de paramètres ! Je songe d'ailleurs à écrire un livre qui s'intitulerait *La création de blocs dynamiques AutoCAD pour les Nuls*... En attendant ce jour, l'aide en ligne d'AutoCAD est votre meilleure source d'informations sur toutes les possibilités offertes par les blocs dynamiques. En particulier, je vous conseille vivement, lorsque vous travaillez dans l'Éditeur de blocs, de cliquer sur le bouton En savoir plus dans le panneau Outils (voir la Figure 18.3).

Soyons externes

Dans AutoCAD, une *xréf* (ou référence externe) est une référence à un fichier externe (un fichier autre que celui du dessin courant) que vous pouvez utiliser comme élément de votre dessin. D'un point de vue technique, ce n'est rien d'autre qu'un pointeur d'un fichier vers un autre. À strictement parler, c'est ce pointeur qui constitue la xréf, mais la plupart des gens désignent par ce nom la combinaison du pointeur et du fichier externe.

Dans AutoCAD 2009, les fichiers externes ne sont que l'un des quatre types de fichiers différents que vous pouvez attacher à votre dessin en utilisant la palette Références externes. Vous utilisez cette palette pour attacher des xréfs, des images, des fichiers DWF ou encore des fichiers DGN MicroStation. Au-delà d'un vocabulaire peut-être un peu confus, il est très utile de pouvoir voir tous ces éléments externes dans la même fenêtre.

Un dessin inclus dans un autre en tant que xréf est souvent appelé *dessin enfant*. Celui qui contient un pointeur vers un dessin enfant est appelé *dessin parent*. Cette terminologie semble un peu curieuse quand vous réalisez qu'un dessin enfant peut avoir beaucoup de dessins parents. Vous pouvez aussi appeler *hôte* le dessin parent (d'ailleurs, l'aide d'AutoCAD fait usage des deux expressions), mais je préfère cette terminologie parent et enfant, en partie parce qu'elle est facilement extensible à la description de hiérarchies plus complexes (par exemple, dans le cas où un dessin parent contient une xréf vers un dessin enfant, lequel contient à son tour des xréf vers des dessins "petits-enfants").

Les xréfs présentent un avantage important sur les blocs. Avec ces derniers, la géométrie ne change que si l'original est modifié. En d'autres termes, un bloc ainsi inséré garde toujours son aspect initial. Avec un xréf, par contre, si vous éditez un dessin enfant, AutoCAD charge automatiquement la version modifiée lors de l'ouverture de tous les dessins parents qui y font référence. Si vous ne voulez pas fermer puis ouvrir à nouveau celui-ci, il est également possible de recharger manuellement la référence externe qui a été modifiée.

Lorsque vous ouvrez un dessin contenant des xréfs, AutoCAD affiche une petite icône nommée Gestion des Xréfs, (elle ressemble à un bloc-notes tenu par une pince) à l'extrémité droite de la barre d'état. Cette icône est là pour vous rappeler que certaines des choses que vous voyez dans le dessin appartiennent en fait à des références externes. Si l'une de ces références est modifiée pendant que le dessin parent est ouvert (parce que le dessin enfant vient d'être ouvert, édité et enregistré, que ce soit par vous ou par un autre utilisateur en réseau), l'icône Gestion des Xréfs de la barre d'état affiche une bulle contenant le message "Le fichier de référence externe a changé" pour vous en avertir (ce n'est pas le cas d'AutoCAD LT). Utilisez l'option Recharger dans la palette Références Externes pour mettre à jour les xréfs qui ont été modifiées depuis que vous avez ouvert votre dessin (ou cliquez simplement sur le lien équivalent dans la bulle du message de notification). Voyez la section "Gérer des xréfs", plus loin dans ce chapitre. Si vous voulez modifier la manière dont AutoCAD traite ces changements, recherchez XREFNOTIFY dans l'aide en ligne d'AutoCAD.

AutoCAD LT ne vérifie pas automatiquement les changements apportés aux références externes, pas plus qu'il ne propose de variable système XREFNOTIFY. L'idée des types d'Autodesk, c'est que les références externes sont surtout destinées aux grands garçons qui jouent avec le programme complet, pas pour les utilisateurs de LT qui ne sont pas censés travailler sur de gros fichiers ou collaborer à de vastes projets (autrement dit, le genre de choses où les xréfs prennent toute leur importance).

Dans AutoCAD comme dans AutoCAD LT, vous pouvez utiliser l'option Recharger de la palette Références externes pour mettre à jour toutes les xréfs. Voyez, un peu plus loin dans ce chapitre, la section "Gérer les xréfs".

Un autre avantage des xréfs sur les blocs est que leur contenu n'est pas stocké dans votre dessin. L'espace disque occupé par le dessin original (la xréf) n'est pas dupliqué, quel que soit le nombre de dessins parents qui y font référence. Cette caractéristique rend les xréfs beaucoup plus efficaces que les blocs pour les gros dessins qui sont réutilisés plusieurs fois.

Cette question n'est toutefois pas cruciale, car on peut toujours acheter un disque d'une plus grande capacité. Le principal bénéfice des xréfs est qu'elles vous permettent d'organiser vos dessins d'une manière modulaire, de façon que les modifications que vous apportez à un fichier donné soient automatiquement répercutées dans tous les dessins parents qui y font référence. Cet avantage est d'autant plus grand si l'on travaille sur un vaste projet auquel participent de nombreux dessinateurs qui ont tous besoin de coordonner leurs interventions respectives.

La mise à jour automatique des xréfs n'est un gros avantage que si vous êtes parfaitement organisé. Imaginez qu'un architecte établisse le plan d'un immeuble, avec non seulement les murs, mais aussi la plomberie, l'électricité et tous les autres aspects techniques éventuels. Il demande alors aux dessinateurs qui sont chargés respectivement de la plomberie et de l'électricité d'utiliser comme références externes le plan des murs dans leurs propres dessins, afin que chacun travaille à partir d'éléments cohérents, communs et réutilisables. Si l'architecte décide de déplacer un mur et qu'il met à jour les dessins référencés, tout le monde pourra voir la nouvelle configuration et apporter les corrections nécessaires dans son propre plan. En revanche, s'il ajoute par distraction des éléments qui n'ont pas à figurer dans le projet, comme du mobilier, ou s'il décale par erreur tous les objets, les autres dessinateurs auront des problèmes. Si plusieurs de vos collègues partagent des xréfs, créez un protocole définissant les personnes autorisées à éditer tel ou tel fichier, dans telles ou telles circonstances, et précisant les procédures à suivre pour informer les autres de ces modifications.

S'attacher à ses xréfs

Attacher une référence externe à un dessin est une opération similaire à l'insertion d'un bloc, et c'est presque aussi facile. Suivez simplement ces étapes :

1. **Définissez comme courant un calque approprié, tel que nous l'avons vu au Chapitre 6.**

   Je vous conseille d'insérer les xréfs sur un calque qui leur est réservé et qui ne recevra aucun autre objet. Notez que, si vous gelez le calque dans lequel est insérée une xréf, celle-ci disparaît (ce qui peut être une bonne astuce ou une mauvaise surprise).

2. **Si la palette Références externes n'est pas affichée, ouvrez-la en cliquant sur le bouton Références externes, sous l'onglet Blocs et références du ruban, ou en choisissant Outils/Palettes/Références externes dans le système de menus classique.**

   La liste déroulante qui se trouve en haut et à gauche de la palette vous permet d'attacher un dessin en tant que xréf, une image bitmap, un calque sous-jacent DWF ou encore un fichier DGN MicroStation.

3. **Cliquez sur le bouton Attacher un fichier DWG (voir la Figure 18.5).**

   La boîte de dialogue Sélectionner un fichier de référence apparaît.

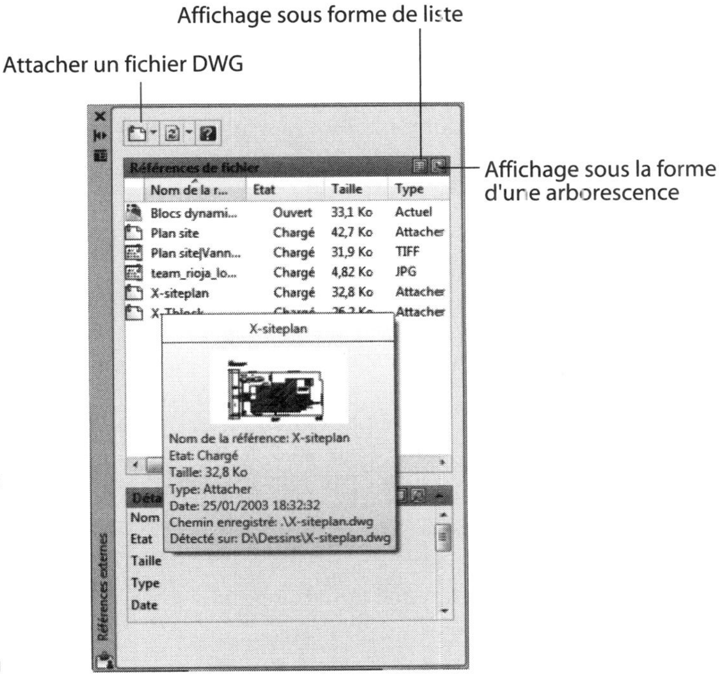

Figure 18.5 Utilisez la palette Références externes pour attacher une xréf.

4. **Localisez le dessin que vous voulez charger, sélectionnez-le puis cliquez sur Ouvrir.**

   La boîte de dialogue Référence externe apparaît.

5. **Spécifiez les paramètres avec lesquels vous voulez insérer cette référence externe.**

   Ces paramètres comprennent le point d'insertion, l'échelle d'insertion selon chacun des axes et l'angle de rotation. Vous les spécifiez dans les champs de la boîte de dialogue ou directement à l'écran. On procède donc exactement comme pour insérer un bloc, tel que nous l'avons vu plus haut dans ce chapitre.

   NOTE TECHNIQUE

   La zone Type de référence de cette boîte de dialogue vous donne le choix entre les options Association et Superposition. Ce choix n'a d'importance que si vous créez un dessin qui utilise des références externes et que celui-ci est à son tour utilisé comme référence externe (donc le parent retombe en enfance). Avec l'option par défaut, Association, le fichier que vous référencez sera toujours inclus avec votre dessin lorsque celui-ci sera à son tour inséré dans un autre en tant que xréf. Avec l'option Superposition, vous voyez le fichier inséré en tant que xréf, mais celui-ci n'apparaîtra pas si votre dessin devient à son tour une référence externe. Vous pouvez ainsi décider de ce que vous voulez montrer ou non à d'autres personnes qui utiliseraient votre dessin comme xréf. Je vous conseille de conserver l'option par défaut Association, à moins que vous n'ayez une raison particulière de choisir le mode Superposition.

La liste déroulante Type de chemin d'accès offre une plus grande souplesse quant à la manière dont le chemin d'accès au fichier externe référencé est stocké. Pour en savoir plus à ce sujet, voyez la section "Construire un chemin d'accès à une xréf", plus loin dans ce chapitre. Pour le moment, je vous recommande de sélectionner Chemin d'accès relatif à la place de l'option par défaut, Chemin d'accès complet (sauf si le dessin référencé est situé sur un disque local différent ou sur un serveur réseau, auquel cas cette option n'est pas disponible).

6. **Cliquez sur OK.**

   Le fichier externe référencé apparaît dans votre dessin.

La danse des calques

Quand vous insérez une xréf, AutoCAD ajoute dans votre dessin de nouveaux calques qui correspondent à ceux du fichier DWG référencé. Ces nouveaux calques reçoivent une appellation qui combine leur nom avec celui du fichier externe. Supposons par exemple que vous insériez comme référence externe le dessin `Electricité.dwg` contenant notamment les calques Câblage et Boîtiers. Ces calques deviendront Électricité/Câblage et Électricité/Boîtiers dans le dessin parent du fichier `Electricité.dwg`. En créant ces nouveaux calques, AutoCAD élimine le problème potentiel, déjà signalé à propos des blocs, posé par deux calques portant le même nom dans deux fichiers distincts et ayant des propriétés différentes (couleur, type de ligne, etc.)

Créer et modifier un fichier de référence externe

Pour produire un fichier que vous pouvez utiliser comme référence externe, il vous suffit de réaliser un dessin et de l'enregistrer. Et c'est tout. Vous pouvez ensuite créer ou ouvrir un nouveau dessin et y ajouter une référence externe vers le précédent. Le fichier ainsi référencé apparaît dans le dessin parent comme un seul et même objet, exactement comme un bloc. Autrement dit, si vous cliquez sur un objet du fichier inséré comme référence externe, c'est tout l'ensemble qui est sélectionné. Il est possible de mesurer des distances et des angles dans le dessin ainsi référencé, de même que vous pouvez utiliser l'accrochage aux objets sur les objets dont il est constitué, mais vous ne pouvez ni éditer, ni supprimer individuellement ces objets. Pour modifier la géométrie d'une référence externe, vous devez ouvrir le fichier correspondant.

La commande XOUVRIR (Outils/Édition sur place des xréfs et des blocs/Ouvrir les références dans le système de menu) offre un moyen rapide pour ouvrir le fichier d'une référence externe afin de le modifier (vous ne la trouverez pas dans AutoCAD LT). Il vous suffit de lancer cette commande et de cliquer sur n'importe quel objet de la référence externe. Une autre technique consiste à sélectionner la xréf dans la palette Références externes, puis à cliquer sur le bouton droit de la souris pour choisir dans le menu contextuel l'option Ouvrir. Pour plus d'informations, reportez-vous à la section "Gérer des xréfs", plus loin dans ce chapitre.

TRUC

Si vous avez besoin de modifier sur place un fichier inséré en tant que référence externe, vous pouvez aussi utiliser la commande EDITREF (non disponible dans AutoCAD LT). Elle est accessible en cliquant sur le bouton Modifier sur place, sous l'onglet Blocs et références du ruban, dans le panneau Référence. Reportez-vous à l'aide en ligne d'AutoCAD pour en apprendre plus sur cette commande.

Construire un chemin d'accès à une xréf

Lorsque vous insérez une xréf, AutoCAD stocke par défaut le chemin d'accès complet au fichier correspondant (c'est-à-dire, la lettre de lecteur suivie par la succession des dossiers qui conduisent au fichier, et finalement par le nom du fichier lui-même). Ce comportement correspond à l'option Chemin d'accès complet dans la liste déroulante Type de chemin d'accès, montrée sur la Figure 18.6. Cette option convient très bien aussi longtemps que vous ne déplacez pas les fichiers sur votre disque dur ou sur votre réseau et que vous ne les envoyez jamais à quelqu'un d'autre. Ce qui veut dire qu'elle ne convient pratiquement jamais.

La troisième option de type de chemin d'accès proposée par AutoCAD, Aucun chemin d'accès, a pour effet de ne stocker aucun chemin d'accès associé au fichier référencé : seul le nom du fichier est mémorisé. C'est la meilleure solution si le fichier parent et le fichier enfant résident toujours dans le même dossier.

Si vous préférez utiliser plusieurs dossiers pour organiser les fichiers DWG d'un projet, vous apprécierez l'option Chemin d'accès relatif. Elle vous permet

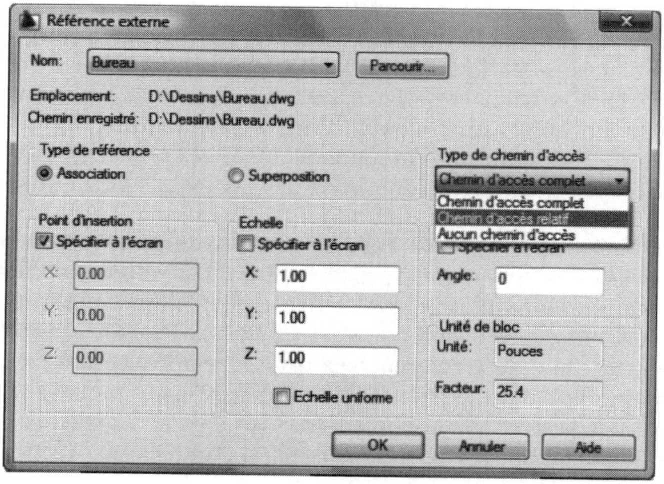

Figure 18.6 Quand vous insérez une xréf, spécifiez le type de chemin d'accès au fichier.

de spécifier des références externes dans une structure de dossiers hiérarchisée, mais en évitant les nombreux problèmes que l'on peut rencontrer avec l'option Chemin d'accès complet. Par exemple, vous pouvez avoir un dessin parent `H:\Projet X\Plans\Etage 1.dwg` dans lequel est inséré comme xréf le fichier `H:\Projet X\Communs\Gaines.dwg`. Avec l'option Chemin d'accès relatif, AutoCAD enregistre cet emplacement sous la forme `..\Communs\Gaines.dwg`. Si maintenant vous déplacez le dossier \Projet X et tous ses sous-dossiers vers un autre lecteur (ou si vous l'envoyez à une personne qui n'a pas de lecteur H), AutoCAD pourra toujours trouver cette référence externe.

Si vous utilisez l'option Chemin d'accès relatif, vous verrez des chemins d'accès comportant les codes spéciaux . et .. (un point et un double point). Un point signifie "le dossier de ce dessin parent" (soit un niveau plus haut) et un double point signifie "le dossier dans lequel se trouve le dossier de ce dessin parent" (soit deux niveaux plus haut).

Le Gestionnaire des références (non disponible dans AutoCAD LT) vous permet de modifier les chemins d'accès aux fichiers xréfs pour un ensemble de dessins. Pour en savoir plus, reportez-vous au Chapitre 19.

Si tout cela vous paraît un peu compliqué, vous pouvez vous simplifier la vie en conservant toujours le dessin parent et les dessins enfants dans le même dossier et en sélectionnant l'option Aucun chemin d'accès lorsque vous insérez un fichier comme référence externe.

Gérer des xréfs

La palette Références externes contient encore bien d'autres options servant à gérer les xréfs une fois que vous les avez insérées. Les plus importantes (bon nombre étant accessibles en cliquant sur le bouton droit de la souris) sont les suivantes :

- **Affichage de la liste des références externes :** Vous pouvez afficher la liste des références qui apparaissent dans cette boîte de dialogue sous forme de liste ou sous forme d'une arborescence en cliquant sur le bouton approprié au-dessus de la zone d'affichage des noms des références (reportez-vous à la Figure 18.5). Vous pouvez aussi en redimensionner les colonnes en faisant simplement glisser les extrémités de leurs en-têtes, ainsi qu'en modifier l'ordre de tri en cliquant sur l'en-tête de colonne voulu, exactement comme dans (presque) toute autre boîte de dialogue sous Windows.

- **Détacher :** Supprime complètement dans votre dessin la référence au fichier ou aux fichiers externes sélectionnés dans la liste.

- **Recharger :** Fait recharger par AutoCAD le ou les fichiers sélectionnés dans la liste, en mettant à jour votre dessin avec les contenus correspondants. Cette fonction est particulièrement pratique si vous partagez des fichiers xréfs sur un réseau et si quelqu'un vient d'en éditer un (surtout avec AutoCAD LT, qui ne dispose pas d'une fonction de notification automatique lorsqu'un fichier enfant est modifié).

- **Décharger :** Fait disparaître de votre dessin, à l'affichage comme sur le tracé, le ou les fichiers sélectionnés dans la liste, tout en conservant les informations sur le fichier référencé et son insertion. Pour afficher à nouveau un fichier xréf déchargé, sélectionnez-le dans la liste et choisissez Recharger dans le menu contextuel.

- **Lier :** Insère dans votre dessin le fichier externe sélectionné dans la liste et le transforme en bloc. C'est une chose qui peut être très pratique, par exemple si vous avez besoin de protéger votre dessin contre toute modification qui pourrait être apportée au fichier externe et de l'archiver.

Dans de nombreux bureaux, ajouter des références externes sans raison valable est un crime pratiquement aussi monstrueux que décomposer des blocs sans justification. Dans les deux cas, vous éliminez ainsi un lien important pour la gestion des données. Renseignez-vous sur les procédures en place dans votre entreprise. En cas de doute, n'utilisez pas cette option. Et même si vous avez un excellent motif pour ajouter une référence externe, faites-le sur une copie du dessin parent.

- **Ouvrir :** Avec cette option, le ou les fichiers sélectionnés dans la liste seront ouverts dans autant de fenêtres séparées (là encore, les utilisateurs d'AutoCAD LT sont brimés). Après avoir édité et enregistré un dessin utilisé comme référence externe, revenez à la fenêtre du dessin parent et utilisez l'option Recharger pour y afficher les modifications.

Aucune de ces options (excepté la dernière) n'affecte en elle-même un dessin utilisé comme référence externe, puisque celui-ci continue d'exister en tant que fichier DWG à part entière. Si vous voulez déplacer ou supprimer un fichier DWG utilisé comme xréf, faites-le avec l'Explorateur Windows.

Le fait qu'une xréf renvoie à un fichier extérieur est une source potentielle de problèmes lorsque vous transmettez votre dessin à une tierce personne. Celle-ci a naturellement besoin de *tous* les documents dont dépend votre dessin, faute de quoi il lui sera inutile. N'oubliez donc pas d'envoyer tous les fichiers xréfs avec votre dessin. Pour savoir comment procéder, voyez le Chapitre 19.

AutoCAD dispose d'une commande XDELIM qui vous permet d'ajouter dans le dessin courant une référence externe (ou un bloc) de manière que seule une partie de ce fichier (définie à l'aide d'un contour de délimitation) apparaisse dans le dessin parent. Vous la trouverez sous le nom Délimiter une xréfs, sous le panneau étendu Référence de l'onglet Blocs et références du ruban. AutoCAD LT n'offre pas cette commande, mais si vous l'utilisez pour ouvrir un dessin contenant des objets référencés de cette manière, ceux-ci seront affichés normalement.

XDELIM propose une option Inverser délimitation. Au lieu de masquer tout ce qui se trouve à l'extérieur des limites que vous définissez, elle cache tout ce qui figure à l'intérieur de ces limites. Vous pourriez par exemple masquer un immeuble sur un plan de situation existant, puis montrer un nouveau bâtiment dans le "lot vacant".

Blocs, xréfs et organisation des dessins

Les blocs et les xréfs sont fort utiles pour organiser l'ensemble des dessins que vous utilisez et mettre à jour les éléments dont vous faites un usage répété. Les raisons pour lesquelles on peut préférer utiliser un bloc ou une xréf ne sont toutefois pas immédiatement évidentes. Vous pouvez notamment opter pour une xréf dans les cas suivants :

- Pour les parties d'un cartouche qui sont identiques sur tous les plans d'un projet.

- Pour les éléments de référence qui doivent apparaître dans plusieurs dessins (par exemple, le plan des murs d'une maison ou la topographie d'un site).
- Pour les assemblages d'éléments qui sont employés dans plusieurs dessins, en particulier si ces ensembles sont susceptibles de se voir tous appliquer les mêmes modifications (aménagements de salle de bain, mobilier modulaire, etc.).
- Pour rassembler plusieurs dessins (par exemple, des détails de plusieurs plans différents) afin de les tracer ensemble sur une même feuille.
- Pour insérer provisoirement un dessin d'arrière-plan, en tant que référence ou pour réaliser un tracé.

Les blocs seront utiles quant à eux dans des circonstances plus simples. Vous pouvez préférer un bloc dans les cas suivants :

- Pour les composants qui ne sont pas susceptibles d'être modifiés.
- Pour les petits composants.
- Pour un assemblage simple utilisé de façon répétée dans un seul dessin. Un bloc peut facilement être mis à jour dans un même dessin avec la commande ATTREDEF (raccourci AT). Sous AutoCAD LT, vous pouvez décomposer le bloc, éditer ses composants puis redéfinir le bloc avec le même nom. Pour plus d'informations sur cette procédure, revoyez le Chapitre 17.
- Quand vous voulez inclure des attributs (des champs de texte variables) qui pourront être remplis chaque fois que le bloc sera inséré. Une définition de bloc peut comporter des attributs, alors qu'une xréf ne le peut pas. Les attributs sont décrits dans le Chapitre 17.

Toute personne travaillant en équipe sur un projet devrait utiliser avec cohérence les blocs et les xréfs. Renseignez-vous pour savoir s'il existe des directives à respecter dans votre entreprise dans ce domaine. Si c'est le cas, suivez-les. Si ce n'est pas le cas, il serait sans doute bon d'en définir.

Maîtriser les fichiers bitmap

AutoCAD dispose aussi de trois fonctionnalités cousines des xréfs : la possibilité d'attacher à un dessin des images bitmap, des fichiers DWF et des fichiers

DGN. Le cas des fichiers DWF est traité dans la prochaine section. Quant aux fichiers DGN, reportez-vous à l'aide d'AutoCAD pour plus d'informations.

Pouvoir attacher une image bitmap (on dit aussi une image raster, mais ce mot est d'un usage moins répandu) est utile pour ajouter un logo dans un cartouche, ou pour insérer dans un dessin une photo, une carte ou tout autre élément graphique disponible sous forme bitmap. Une image bitmap est une représentation graphique formée d'une série de points.

La plupart des dessins AutoCAD sont stockés sous forme d'images *vectorielles*. Une image vectorielle est construite à partir de l'ensemble des définitions des éléments géométriques qui la composent. Ces éléments (que nous appelons des objets dans AutoCAD) peuvent par exemple être une ligne (qui sera définie par ses deux extrémités), un cercle (qui sera défini par son centre et son rayon), et ainsi de suite. Une image vectorielle est beaucoup moins encombrante (en termes d'espace disque) et d'un usage bien plus souple qu'une image bitmap, mais ce procédé convient beaucoup moins bien aux graphismes d'une grande richesse visuelle, en particulier aux photos.

Une image bitmap est généralement obtenue au moyen d'un scanner ou bien importée à partir d'un appareil photo numérique, voire de l'Internet. On peut ainsi fabriquer une image bitmap à partir de n'importe quel original, par exemple un logo d'entreprise, en utilisant un logiciel comme Photoshop.

Que vous produisiez ces bitmaps vous-même ou que vous les fassiez réaliser par un service extérieur, sachez qu'AutoCAD accepte la plupart des formats de fichiers d'usage courant, notamment le format BMP de Windows, les formats GIF et JPEG largement utilisés sur le Web, les populaires formats TIFF, PNG et PCX, mais aussi les moins courants DIB, FLC, FLI, GP4, MIL, PNG, RLE, RST et TGA. Et quelques autres encore plus obscurs.

Voilà trois scénarii dans lesquels vous aurez peut-être besoin d'incorporer des images bitmap dans vos dessins :

- **Petites illustrations :** Vous pouvez ajouter des logos, des symboles spéciaux et autres petites images dont vous disposez sous forme de fichiers bitmap.

- **Photos ou cartes :** Vous pouvez avoir besoin d'ajouter une photo (par exemple, le site de l'immeuble qui fait l'objet du projet) ou une carte (par exemple, pour indiquer l'emplacement du projet).

- **Vectorisation d'une image bitmap :** Pour convertir une image bitmap en une représentation vectorielle, vous pouvez l'attacher à votre dessin, utiliser les commandes d'AutoCAD pour tracer la géométrie correspondante, puis détacher l'image bitmap afin de ne conserver dans le fichier

DWG que la représentation vectorielle que vous venez de créer (ce procédé ne convient que pour un sujet simple, ou dont vous ne voulez établir qu'une représentation stylisée, mais il existe des logiciels, développés par Autodesk ou d'autres éditeurs, qui permettent d'effectuer une vectorisation automatique ou semi-automatique d'images complexes).

L'utilisation d'une image bitmap ressemble beaucoup à celle d'une référence externe. Seule est mémorisée dans votre dessin la référence au fichier graphique, comme pour une xréf. Vous pouvez aussi délimiter l'image, en redéfinir la taille, en régler la luminosité, le contraste, l'estompage et la transparence, c'est-à-dire configurer tous les aspects de sa présentation, à l'affichage comme sur le tracé.

ATTENTION !

Si vous envoyez à une tierce personne un dessin AutoCAD auquel vous avez attaché une image bitmap, n'oubliez pas de lui transmettre aussi le fichier correspondant.

Attacher une image

Pour attacher une image bitmap à un dessin AutoCAD, suivez ces étapes :

1. **Si la palette Références externes n'est pas affichée, ouvrez-la en cliquant sur le bouton Références externes, sous l'onglet Blocs et références du ruban, ou en choisissant Outils/Palettes/Références externes dans le système de menus classique.**

   La liste déroulante qui se trouve en haut et à gauche de la palette vous permet d'attacher en tant que xréf un dessin, une image bitmap, un calque sous-jacent DWF ou encore un fichier DGN MicroStation.

2. **Cliquez dans la liste sur l'option Attacher une image.**

   La boîte de dialogue Sélectionner un fichier image apparaît (voir la Figure 18.7).

3. **Localisez l'image que vous voulez charger, sélectionnez-la puis cliquez sur Ouvrir.**

   La boîte de dialogue Image apparaît.

   TRUC

   Cliquez sur le bouton Détails dans cette boîte de dialogue pour afficher des informations supplémentaires sur la résolution et la taille de l'image.

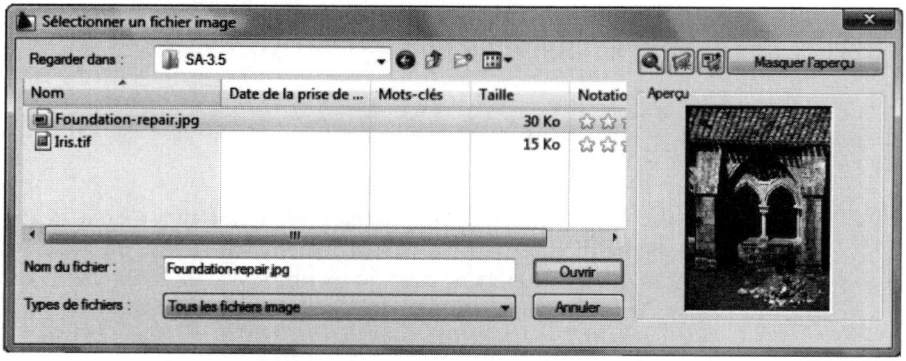

Figure 18.7 La boîte de dialogue Sélectionner un fichier image.

4. **Entrez les paramètres d'affichage de l'image dans votre dessin.**

   Ces paramètres sont le point d'insertion, le facteur d'échelle et l'angle de rotation. Vous pouvez les spécifier dans la boîte de dialogue ou directement à l'écran, exactement comme nous l'avons vu pour un bloc ou un fichier externe DWG.

   La boîte de dialogue Image offre pour les images les mêmes options Chemin d'accès complet, Chemin d'accès relatif et Aucun chemin d'accès que pour les xréfs (voyez la section "Construire un chemin d'accès à une xréf", plus haut dans ce chapitre).

5. **Cliquez sur OK.**

   L'image sélectionnée apparaît dans votre dessin.

6. **Si vous avez besoin d'être sûr que l'image apparaîtra toujours derrière d'autres objets dans le dessin, sélectionnez-la, puis cliquez sur le bouton droit de la souris et choisissez dans le menu contextuel Outils/Ordre de tracé/En arrière.**

   NOTE TECHNIQUE

   La commande ORDRETRACE (raccourci OD) offre des options supplémentaires pour définir quels objets apparaissent au-dessus des autres. Si vous avez besoin d'une telle souplesse, recherchez ORDRETRACE dans l'aide en ligne d'AutoCAD.

Gérer vos images

C'est la palette Références externes qui vous permet de gérer vos références à des fichiers bitmap. Vous pouvez y voir la liste des images qui apparaissent dans le dessin, détacher (supprimer) la référence à une image, ou encore charger et décharger une image à la demande. Par contre, il n'est pas possible de lier une image dans votre dessin : elle reste toujours un fichier externe.

Vous pouvez également délimiter une image de manière que seule une partie de celle-ci soit affichée dans votre dessin. Cliquez sur le bouton Délimiter une image dans le panneau étendu Référence de l'onglet Blocs et références du ruban (ou sélectionnez Modification/Délimiter/Image dans le système de menus classique). Suivez les indications des messages affichés par AutoCAD. Vous pouvez avoir dans un dessin plusieurs images qui se recouvrent de différentes manières, et seules les parties dont vous avez besoin sont chargées en mémoire lorsque vous ouvrez votre fichier.

Un fichier bitmap est souvent plus volumineux qu'un fichier DWG. La taille d'une image peut réduire les performances d'AutoCAD, car le fichier bitmap est chargé en mémoire lorsque vous travaillez sur votre dessin. Quelques astuces permettent d'accélérer les opérations :

- N'attachez que tardivement les fichiers bitmap dans le processus d'élaboration de votre dessin.
- Créez une version en basse résolution du fichier bitmap, juste suffisante pour obtenir l'effet voulu dans votre dessin.
- Cliquez droit sur le nom de l'image dans la palette Références externes et choisissez dans le menu l'option Décharger afin de désactiver temporairement les images encombrantes sans perdre les informations qui les concernent.

De plus, les images bitmap risquent de ralentir considérablement le processus de génération des tracés (et d'accroître la taille des fichiers de tracé). Avant d'attacher définitivement de grands fichiers graphiques à votre dessin, faites des essais de zoom, de panoramique et de tracé.

DWF, tout simplement

Le sigle DWF signifie *Design Web Format*. On peut imaginer ce type de fichier comme une version *lite* du format DWG, car il leur ressemble et contient certaines des données du dessin qu'il représente.

Vous pouvez créer des fichiers DWF à partir d'AutoCAD de deux manières. Une première solution consiste à choisir Tracer, puis à sélectionner dans la liste Imprimante/traceur le nom `DWF6 eplot.pc3` (ou `DWFx eplot (XPS Compatible).pc3` ou un enregistrement dans la nouvelle variante DWFx, compatible avec les spécifications XPS de Microsoft). dans la liste des pilotes. La seconde méthode passe par la commande Publier, en cliquant sur l'option Fichier DWF dans la rubrique Publier dans. Choisissez dans la liste qui suit le format voulu : DWF ou DWFx.

Les fichiers DWF sont compacts et sûrs. Vous ne pouvez d'ailleurs pas les éditer dans AutoCAD. Ce format est idéal pour deux types de besoins : d'une part pour les poster sur le Web, et d'autre part pour les transmettre à des consultants ou à vos clients tout en vous assurant que vos dessins ne craignent rien. Comme je l'ai déjà indiqué, il est possible d'attacher des fichiers DWF à vos dessins, exactement selon la même démarche que pour les xréfs ou les images bitmap. Un objet DWF attaché à un dessin est désigné sous le nom de calque sous-jacent DWF.

Les sections précédentes vous ont expliqué comment attacher un fichier DWG ou une image bitmap. Suivez ces étapes pour construire un calque sous-jacent DWF :

1. **Si la palette Références externes n'est pas affichée, ouvrez-la en cliquant sur le bouton Références externes, sous l'onglet Blocs et références du ruban, ou en choisissant Outils/Palettes/Références externes dans le système de menus classique.**

   La liste déroulante qui se trouve en haut et à gauche de la palette vous permet d'attacher en tant que xréf un dessin, une image bitmap, un calque sous-jacent DWF ou encore un fichier DGN MicroStation.

2. **Cliquez dans la liste sur l'option Attacher un fichier DWF.**

   La boîte de dialogue Sélectionner le fichier DWF apparaît.

3. **Localisez le fichier que vous souhaitez charger, sélectionnez-le puis cliquez sur Ouvrir.**

   La boîte de dialogue Attacher le calque sous-jacent DWF apparaît.

4. **Spécifiez les paramètres d'affichage du fichier DWF dans votre dessin.**

   Ces paramètres sont normalement le point d'insertion, l'échelle, l'angle de rotation, le type de chemin ou encore le choix d'une feuille si le fichier DWF en contient plusieurs (voir la Figure 18.8). Vous pouvez les spécifier dans la boîte de dialogue ou directement à l'écran, exactement comme pour un bloc, une référence externe ou bien encore une image, ainsi que nous l'avons vu depuis le début de ce chapitre.

5. **Cliquez sur OK.**

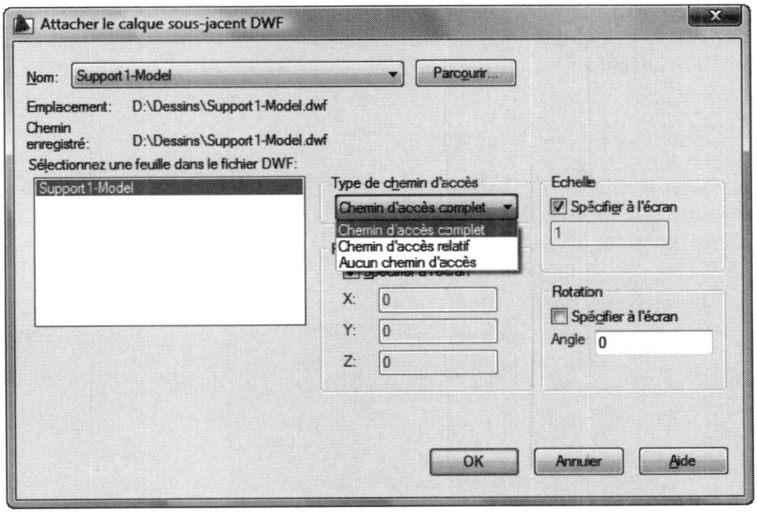

Figure 18.8 La boîte de dialogue Attacher le calque sous-jacent DWF.

Le fichier DWF apparaît dans votre dessin.

TRUC

Il est possible de contrôler la visibilité des calques dans l'objet DWF (en supposant que les données des calques ont été sauvegardées dans le fichier). Pour cela, sélectionnez n'importe quelle entité d'un fichier DWF/DWFx attaché, cliquez sur le bouton droit de la souris et choisissez dans le menu contextuel l'option Calques DWF. AutoCAD affiche la boîte de dialogue Calques DWF. Vous pouvez alors y activer ou désactiver individuellement les calques.

TRUC

Les fichiers DWF ne sont pas aussi précis que les dessins DWG. C'est d'ailleurs pourquoi leur taille est nettement plus petite. Lorsque vous utilisez un mode d'accrochage pour localiser des points dans le document DWF, l'info-bulle affiche parfois une mention indiquant que la position trouvée est approximative. Si c'est un problème, vous pouvez améliorer la précision de votre fichier DWF au moment de sa création.

Chapitre 19

Dessiner sur Internet

Dans ce chapitre :

- Comprendre les fonctionnalités Internet d'AutoCAD.
- Échanger des fichiers de dessin par courrier électronique et par FTP.
- Utiliser le Gestionnaire des références externes pour résoudre les problèmes de chemins d'accès.
- Utiliser le format DWF (*Design Web Format*) et le tracé électronique.
- Utiliser la commande PUBLIER pour tracer sur papier ou vers le Web.
- Protéger des dessins avec des mots de passe et des signatures électroniques.

À moins que vous n'ayez vécu dans une caverne au cours des vingt dernières années, vous savez sans doute qu'Internet transforme de façon considérable la manière dont on travaille (et même si vous vivez toujours dans une caverne, il y a probablement quelqu'un aujourd'hui qui peut vous proposer un accès à haut débit à un prix très avantageux). Depuis Internet, nous nous sommes habitués à communiquer différemment, à échanger des fichiers en quelques minutes, et à commander moins souvent nos pizzas par téléphone.

N'OUBLIEZ PAS

Comme je l'explique dans le Chapitre 14, les fichiers DWF ne sont pas uniquement destinés au Web. Avec AutoCAD 2009, vous pouvez attacher ce type de fichier en tant que référence "sous-jacente", exactement de la même manière qu'un fichier DWG peut être attaché à un dessin en tant que référence externe. Voyez plus loin la section "Dessiner au format Web, pas seulement pour le Web".

Ce chapitre va vous montrer quand et comment utiliser les fonctionnalités Internet d'AutoCAD. Je vais également y décrire la relation entre ces fonctionnalités et les tâches traditionnelles de CAO, comme le tracé des dessins. Nous allons principalement nous concentrer sur des manières véritablement utiles de faire entrer Internet dans votre travail de CAO.

Internet et AutoCAD : vue d'ensemble

Comme tout ce que l'on rencontre autour du Web, les fonctionnalités Internet d'AutoCAD sont une mixture de choses véritablement utiles, d'autres intéressantes mais encore plus ou moins immatures ou difficiles à utiliser, et de trucs carrément loufoques. Je vais vous présenter ici celles qui sont fiables et largement utilisées aujourd'hui. Je me contenterai seulement de signaler celles qui impressionneraient peut-être un "petit génie de l'informatique" de douze ans, mais qui pourraient conduire votre chef de service à se demander de quelle planète vous venez. Il ne faut pas non plus oublier que certaines des fonctionnalités qui sont aujourd'hui d'un intérêt douteux deviendront peut-être les commandes fiables et largement utilisées de demain. Je vous donnerai ce qu'il faut d'informations pour que vous compreniez comment fonctionne tout cela et ce que vous pouvez en faire. Le Tableau 19.1 propose une vue d'ensemble des fonctionnalités Internet d'AutoCAD et vous indique où vous pouvez trouver plus d'informations à leur sujet dans ce livre.

AutoCAD 2009 introduit le support d'un nouveau format : DWFx. Les utilisateurs de Windows Vista peuvent afficher ces fichiers dans la visionneuse XPS fourni avec le système d'exploitation. Toutes les fonctions DWF décrites dans ce chapitre s'appliquent également au format DWFx.

Tableau 19.1 : Fonctionnalités Internet d'AutoCAD.

Fonction	Description	Commentaire	Où trouver plus d'informations
Commande ETRANSMIT	Crée un jeu de transfert d'un dessin AutoCAD pour l'envoyer par mail ou par FTP, ou pour le diffuser sur le Web	Utile pour la plupart des gens	Dans la section "Envoyez-le par ETRANSMIT" de ce chapitre
Gestionnaire des références	Effectue le suivi des chemins d'accès aux fichiers externes	Utile pour les gens qui envoient des dessins avec de nombreux fichiers externes dans différents dossiers	Dans la section "De l'aide du Gestionnaire des références" de ce chapitre

Tableau 19.1 : Fonctionnalités Internet d'AutoCAD. (*suite*)

Fonction	Description	Commentaire	Où trouver plus d'informations
Fichiers DWF	Format "allégé" de fichiers de dessin permettant de publier des dessins sur le Web ou de les rendre accessibles à des gens qui n'ont pas AutoCAD	Le destinataire doit avoir téléchargé et installé un logiciel tel que Autodesk Design Review ; potentiellement utile pour partager des dessins avec des personnes qui n'ont pas AutoCAD	Dans la section "Dessiner au format Web, pas seulement pour le Web" de ce chapitre
Fichiers DWFx	Semblable au format DWF, mais en se conformant aux spécifications XML et Microsoft	Le destinaire peut, sous Windows Vista, visualiser les fichiers DWFx dans la visionneuse XPS inclus	Dans la section "Dessiner au format Web, pas seulement pour le Web" de ce chapitre
Commande PUBLIER	Crée des fichiers DWF, des fichiers de tracé (PLT) ou des tracés par lot	Peut aider à automatiser la procédure de tracé traditionnelle ; facilite la création des fichiers DWF s'ils deviennent d'usage courant	Dans la section "Créer des fichiers DWF avec la commande PUBLIER" de ce chapitre
Publier sur le Web	Assistant qui transforme en page Web un ou plusieurs dessins DWG	Comme la plupart des assistants : facile à utiliser mais limité ; peut être utile pour fabriquer rapidement une page rudimentaire	Dans l'aide en ligne d'AutoCAD, sous la commande PUBLIERWEB
Insérer un hyperlien	Ajoute un hyperlien aux objets sélectionnés	D'un intérêt discutable, sauf dans des situations particulières	Dans la section "Des hyperliens sur des objets" de ce chapitre
Protection par mot de passe	Exige un mot de passe pour ouvrir ou utiliser un dessin	Utile pour restreindre l'accès à des fichiers DWG ou DWF confidentiels	Dans la section "La protection des dessins" de ce chapitre

Tableau 19.1 : Fonctionnalités Internet d'AutoCAD. (*suite*)

Fonction	Description	Commentaire	Où trouver plus d'informations
Signature numérique	Permet de confirmer par voie électronique que quelqu'un a authentifié une version donnée d'un dessin particulier	Nécessite un compte auprès d'un fournisseur de certificats numériques : soyez prudent, c'est une technique relativement nouvelle	Dans la section "La protection des dessins" de ce chapitre

Stratégies d'envoi

Le courrier électronique et FTP (*File Transfer Protocol*) ont largement remplacé les échanges de disquettes ou de supports amovibles à plus grande capacité, les services de courrier rapide et autres procédés pour échanger des dessins. Certaines entreprises utilisent même des services Web spécialement conçus dans ce but, comme Buzzsaw d'Autodesk. Que vous échangiez des dessins dans le but de réutiliser des objets de CAO ou tout simplement pour tracer les dessins de quelqu'un d'autre, il faut que vous soyez à l'aise dans l'envoi et la réception de dessins sous forme électronique.

L'envoi et la réception de fichiers DWG ne présentent guère de différence avec ce qui se passe pour n'importe quel autre type de document numérique. Gardez simplement à l'esprit les particularités suivantes :

- **Les fichiers DWG sont généralement plus gros que ceux qui sont réalisés avec un tableur ou un traitement de texte.** Vous aurez donc peut-être intérêt à vous tourner vers une connexion Internet à haut débit (ADSL ou câble).

- **On peut facilement oublier d'inclure tous les fichiers externes dont dépend le dessin.** Nous verrons dans la section suivante comment vous assurer que vous n'avez justement rien oublié. Et comment pester contre les personnes qui ne vous ont pas transmis tous les fichiers nécessaires...

- **La manière de tracer un dessin que vous recevez n'est pas forcément évidente.** Pour résoudre ce genre d'énigme, lisez le Chapitre 16 et la section "Mauvaise réception ?" de ce chapitre.

TRUC

Chaque fois que vous envoyez des fichiers DWG, respectez cette règle d'or : "N'envoie pas aux autres des fichiers comme tu ne voudrais pas qu'on te les envoie." Ce qui signifie : ne pas oublier d'envoyer avec le fichier DWG d'un dessin tout ce qui y est attaché, notamment les fichiers qui sont nécessaires pour tracer le dessin (les fichiers CTB ou STB, voyez à ce sujet le Chapitre 16). Il est aussi très important d'accompagner votre envoi d'une description de son contenu. Vous pouvez également demander au destinataire d'essayer d'ouvrir immédiatement les fichiers que vous lui envoyez, de manière à pouvoir identifier un éventuel problème et avoir plus de temps pour le résoudre.

Envoyer par ETRANSMIT

Nombre de personnes s'imaginent naïvement qu'un dessin AutoCAD est toujours entièrement contenu dans un seul fichier DWG, mais, bien souvent, ce n'est pas le cas. Chaque dessin créé dans AutoCAD peut inclure des références à des fichiers de types différents, dont les plus importants sont décrits dans le Tableau 19.2. Ainsi, avant de commencer à échanger des dessins par courrier électronique ou par FTP, il vous faut une procédure permettant de rassembler l'ensemble des fichiers qui sont nécessaires au dessin.

Tableau 19.2 : Échanger des fichiers entre AutoCAD et d'autres programmes.

Description	Types de fichiers	Conséquence s'il manque un fichier de ce type	Expliqué dans le
Fichiers de polices personnalisées	SHX, TTF	AutoCAD substitue une autre police	Chapitre 13
Autres dessins (xréfs)	DWG, DGN, DWF, DWFx	Certaines choses disparaissent dans le dessin	Chapitre 18
Fichiers graphiques	JPG, PCX, TIF, etc.	Les images correspondantes disparaissent dans le dessin	Chapitre 18
Tables de styles de tracé	CTB, STB	Les épaisseurs de lignes et d'autres effets ne sont pas rendus correctement	Chapitre 16

Comme le montre ce tableau, les conséquences de l'oubli d'une police personnalisée ne sont pas si tragiques : le destinataire verra toujours le texte correspondant, mais avec un autre style de caractères. Naturellement, cela pourra paraître déconcertant ou même poser des problèmes de place ou de visibilité dans le dessin. En revanche, si vous oubliez d'envoyer des fichiers xréfs ou des fichiers graphiques référencés dans le dessin, les objets correspondants auront tout simplement disparu lorsque votre destinataire ouvrira le dessin dans AutoCAD. Pas bien !

Le Tableau 19.2 ne donne pas une liste exhaustive des types de fichiers auxquels vos dessins AutoCAD sont susceptibles de faire référence. Une configuration de tracé personnalisée (incluant par exemple des formats de papier particuliers) peut se trouver dans des fichiers PC3 ou PMP. Si vous utilisez des jeux de feuilles, leur structure est définie dans un fichier DST. Un fichier FMP contrôle certains aspects de la configuration des polices de caractères. (Comme bien d'autres choses dans AutoCAD, les outils et les règles qui permettent de redéfinir les polices manquantes sont souples mais plutôt compliqués. Si vous avez besoin d'informations détaillées à ce sujet, recherchez les variables système FONTALT et FONTMAP dans l'onglet Index de l'aide en ligne d'AutoCAD.)

Transmission rapide avec ETRANSMIT

Heureusement, la commande ETRANSMIT rassemble automatiquement pour vous tous les fichiers dont dépend le fichier DWG principal de votre dessin. Pour cela, suivez ces étapes :

1. **Ouvrez le dessin pour lequel vous voulez utiliser ETRANSMIT.**

   Si ce dessin est déjà ouvert, enregistrez-le, faute de quoi ETRANSMIT ne pourrait pas tenir compte des dernières modifications apportées au projet.

2. **Cliquez sur le bouton eTransmit dans le panneau Envoyer de l'onglet Sortie du ruban (ou sélectionnez Fichier/eTransmit, ou bien tapez ETRANSMIT et appuyez sur Entrée).**

   La boîte de dialogue Créer un transfert apparaît (voir la Figure 19.1).

3. **Dans l'onglet Arborescence des fichiers ou Table des fichiers, supprimez la marque devant les noms des fichiers que vous ne voulez pas copier avec votre dessin principal.**

   À moins d'avoir défini des correspondances de polices personnalisées, vous pouvez omettre le fichier `Acad.fmp`.

4. **Sélectionnez une configuration de transfert dans la liste.**

   Les configurations de transfert contiennent des réglages qui contrôlent la façon dont ETRANSMIT traite les dessins et crée un module de transfert. Cliquez sur le bouton correspondant pour créer ou modifier une ou plusieurs configurations de transfert. La configuration Standard par

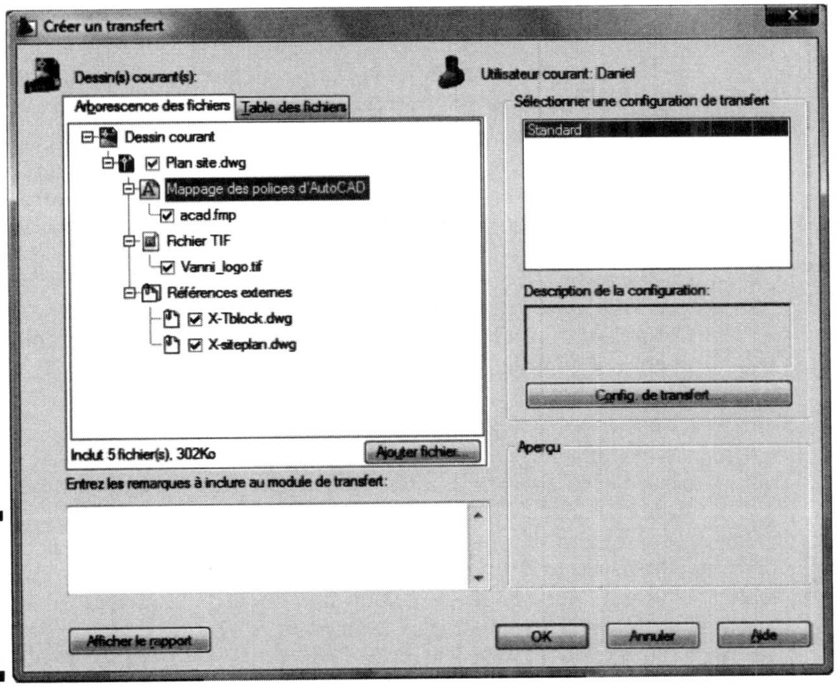

Figure 19.1 ETRANSMIT rassemble les fichiers de votre dessin.

défaut convient parfaitement pour la plupart des besoins, à ceci près que vous voudrez probablement activer l'inclusion des polices (voir le paragraphe suivant). Dans tous les cas, vous devrez visualiser la configuration proposée, au moins pour voir ce que vous pourrez personnaliser par la suite si vous en éprouvez le besoin (cliquez sur le bouton Config. de transfert, choisissez Standard et cliquez sur Modifier pour ouvrir la boîte de dialogue Modifier la configuration de transfert).

Si vous voulez que ETRANSMIT incorpore les fichiers de police SHX et TTF, y compris les polices personnelles que vous utilisez, vous devrez activer le paramètre Inclure les polices dans la configuration de transfert (voir la procédure décrite ci-dessus). Notez cependant que beaucoup de fichiers SHX et TTF sont des polices personnalisées, qui suivent les règles d'un logiciel utilisé sous licence. Les envoyer à d'autres personnes relève tout simplement du piratage de logiciel. Je ne veux pas dire par là que c'est un truc amusant. Juste que c'est illégal et contraire à l'éthique. Avant d'envoyer un fichier de police à quelqu'un, commencez par vérifier que vous avez le droit de le faire (ou non) et envisagez si nécessaire de changer de style de caractères.

5. **Cliquez sur le bouton Afficher le rapport.**

   Ce bouton affiche un rapport sur les fichiers qui seront copiés par ETRANSMIT, avec des avertissements pour signaler ceux qui n'ont pas pu être localisés.

6. **Lisez ce rapport et assurez-vous que ETRANSMIT a bien trouvé tous les fichiers.**

7. **Cliquez sur OK.**

   ETRANSMIT affiche une boîte de dialogue vous permettant de spécifier le nom et l'emplacement du module de transfert.

8. **Cliquez sur Enregistrer.**

   ETRANSMIT crée le module de transfert (il s'agit par défaut d'un fichier au format ZIP).

Bien que les fichiers DWG d'AutoCAD comportent d'emblée un compactage, la compression ZIP les réduit encore un peu plus (de l'ordre de 20 à 50 %, selon mon expérience). Ce qui est plus important, c'est que la compression ZIP réunit en une seule et même archive l'ensemble des fichiers de divers types que vous voulez envoyer. Personne n'aime recevoir un mail remorquant une abondante collection de pièces jointes.

FTP pour vous et moi

FTP, ou *File Transfer Protocol* (protocole de transfert de fichiers), est un protocole simple mais robuste qui permet d'échanger des fichiers sur Internet. Un ordinateur connecté peut se comporter comme un serveur FTP, ce qui signifie qu'une partie de son disque dur sera accessible sur Internet. La personne qui configure un serveur FTP peut y placer des restrictions, de manière que seul un utilisateur titulaire d'un nom d'utilisateur et d'un mot de passe puisse y voir les fichiers et les télécharger. FTP permet de dépasser la limitation de taille des fichiers que l'on rencontre souvent avec le courrier électronique.

Du fait des avantages que présente FTP, il est de plus en plus courant pour les gens qui travaillent dans de grandes entreprises de placer leurs fichiers sur le serveur FTP de la société et de dire à leurs interlocuteurs de les télécharger à partir de là. Ils échappent ainsi à l'envoi de leurs fichiers par mail, ce qui évite aussi à leurs destinataires de recevoir un jour un courrier de 10 Mo alors qu'ils ne s'y attendent pas.

Dans la plupart des cas, la personne qui aura placé ses fichiers sur un serveur FTP à votre intention vous enverra un URL (*Uniform Resource Locator*) qui ressemble à l'adresse d'une page Web, à la différence près qu'il commence par `ftp://` au lieu de `http://`. Si vous ouvrez votre navigateur Web et que vous entrez cette adresse dans le champ approprié, celui-ci se connecte au site FTP puis, une fois que vous avez identifié les fichiers et demandé leur téléchargement, vous demande un nom et un emplacement à utiliser pour les copier sur votre système. Le navigateur commence alors à télécharger les fichiers. Si le site FTP est protégé, vous devrez commencer par entrer un nom d'utilisateur et un mot de passe.

Si vous souhaitez bénéficier d'options de téléchargement FTP plus élaborées, vous pouvez vous procurer un utilitaire dédié, comme CuteFTP (`www.cuteftp.com`).

Mauvaise réception ?

Ce chapitre parle beaucoup de l'envoi de fichiers à d'autres personnes, mais qu'est-ce qui se passe lorsque c'est vous qui en recevez ? Tout le monde ne suit pas aussi scrupuleusement que vous la règle d'or de l'échange de fichiers. Il vous arrivera de recevoir des dessins avec des fichiers externes manquants et sans informations, ni fichiers de support pour les tracer.

Lorsque vous téléchargez des dessins (zippés, je l'espère !) par FTP ou attachés à un e-mail, copiez le fichier que vous recevez dans un nouveau dossier de votre disque dur ou sur un lecteur réseau, et décompactez son contenu.

Ouvrez tout de suite le fichier reçu pour vérifier rapidement qu'il n'y manque rien (polices, xréfs et images, etc.). Vous effectuez ce contrôle en ouvrant tous les dessins principaux du dossier. Regardez alors ce que dit la fenêtre de commande (appuyez éventuellement sur F2 pour l'afficher). Ainsi, un fichier xréf manquant est remplacé à l'affichage par Xréf *chemin d'accès au fichier xréf*.

Une police manquante est tout simplement remplacée par une autre, ce que vous indique un message sur la ligne de commande. Évidemment, un texte d'aspect étrange (trop grand ou trop petit, ou recouvrant partiellement d'autres objets) peut suggérer que la police correspondante est manquante. Pour le vérifier, double-cliquez sur le texte correspondant afin d'ouvrir l'éditeur de texte multiligne : si le champ Police de la barre de mise en forme est vide, c'est que la police avec laquelle a été créé ce texte est manquante. L'absence d'un fichier DWF se signale par un message d'erreur au point d'insertion.

Vous pouvez aussi ouvrir la palette Références externes, qui indique tous les fichiers référencés manquants (voyez le Chapitre 18 pour plus de détails).

Notez les noms de tous les fichiers absents et demandez à votre correspondant de vous les envoyer. Vous pouvez même lui suggérer d'acheter ce livre et de lire ce chapitre !

Si vous recevez des dessins avec des polices TrueType non standard (fichiers TTF), vous devez commencer par les installer pour qu'elles puissent être reconnues par Windows et AutoCAD. Reportez-vous à l'aide de votre version de Windows si vous ne savez pas comment procéder.

De l'aide du Gestionnaire des références

Au Chapitre 18, je vous ai averti des complications qui peuvent être provoquées par les chemins d'accès aux xréfs si vous déplacez le dossier du projet ou si vous échangez des dessins avec quelqu'un. Il y a un risque semblable avec les fichiers graphiques ainsi que les calques sous-jacents DWF et DGN (voir le Chapitre 19) et les fichiers de polices (voir le Chapitre 13). La commande ETRANSMIT, décrite plus avant dans ce chapitre, est très utile pour collecter tous les fichiers xréfs, graphiques et de polices dont dépend un dessin, mais elle ne peut pas rassembler ce qui est devenu introuvable pour AutoCAD.

Le Gestionnaire des références d'AutoCAD (non disponible pour les utilisateurs de LT) peut pratiquement vous sauver la vie si vous avez égaré quelques-uns de ces fichiers, que le problème soit interne à votre entreprise ou qu'il résulte d'un échange de fichiers avec des personnes extérieures.

Le Gestionnaire des références est un utilitaire séparé, et non une commande d'AutoCAD. Pour le lancer, suivez ces étapes :

1. **Sélectionnez Démarrer/Tous les programmes/Autodesk/ AutoCAD 2009 - Français/Gestionnaire des références.**

   Le Gestionnaire des références apparaît (voir la Figure 19.2).

2. **Cliquez sur le bouton Ajouter les dessins pour ajouter un ou plusieurs fichiers DWG dans le volet de gauche du Gestionnaire des références.**

   Naviguez vers le dossier qui contient les dessins que vous voulez envoyer, sélectionnez-le puis cliquez sur Ouvrir.

3. **Dans la boîte de dialogue Gestionnaires des références – Ajouter Xréfs, choisissez Ajouter tous les xréfs automatiquement quel que soit le niveau d'imbrication.**

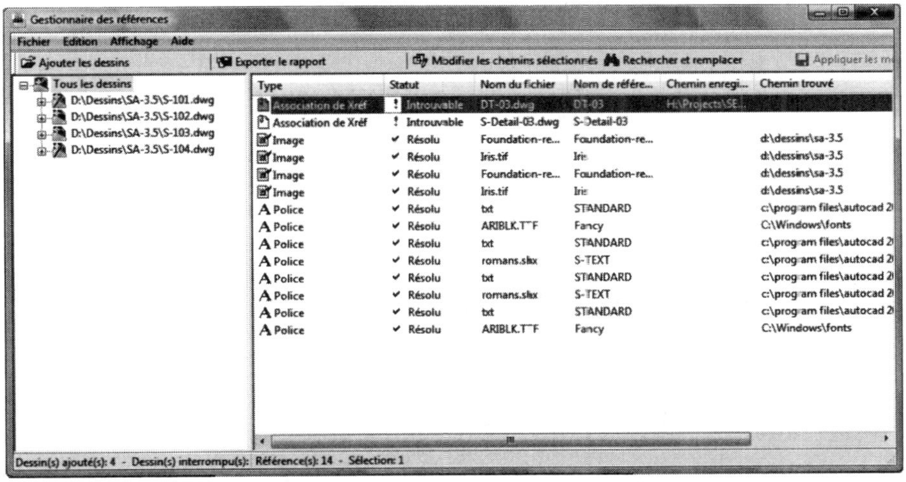

Figure 19.2 Le Gestionnaire des références.

Le gestionnaire traite tous les dessins et il affiche tous les objets référencés dans son volet de droite.

4. **Cliquez sur le bouton Exporter le rapport pour créer un état donnant la liste de tous les fichiers associés et de leurs chemins d'accès, ou cliquez sur le bouton Modifier les chemins sélectionnés si vous désirez éditer ces chemins.**

   Pour plus d'informations sur les possibilités du Gestionnaire des références, sélectionnez le menu Aide dans sa fenêtre.

TRUC

Si vous conservez toujours dans le même dossier un fichier DWG parent et ses fichiers enfants (c'est l'approche la plus simple pour les chemins d'accès aux xréfs), vous n'aurez sans doute pas besoin d'utiliser le Gestionnaire des références.

Dessiner au format Web, pas seulement pour le Web

Dans une section précédente de ce chapitre, j'ai expliqué comment échanger des dessins par FTP. La plupart des utilisateurs d'AutoCAD n'ont pas besoin de plus de connectivité par Internet, mais si vous êtes intéressé par la possibilité de rendre vos dessins disponibles sur le Web ou de les échanger avec des personnes qui n'ont pas AutoCAD, cette section est faite pour vous.

Les fonctions Web d'AutoCAD reposent sur trois technologies :

- Un format "allégé" de dessin, nommé DWF, développé initialement par Autodesk spécifiquement pour rendre des dessins disponibles sur le Web.
- Une version modernisée, basée sur le langage XML, du format DWF. Appelée DWFx, elle permet d'obtenir des fichiers qu'il est possible de visualiser avec l'afficheur inclus dans Windows Vista, ou disponible sous forme de complément pour Windows XP.
- Le programme gratuit d'Autodesk appelé Design Review qui sert notamment à visualiser et imprimer des fichiers DWF sans posséder AutoCAD.

Tout sur DWF et DWFx

Le format DWG d'AutoCAD convient très bien pour stocker les informations sur un dessin sur un disque local ou une unité réseau, mais la grande précision et le grand nombre d'objets utilisés par AutoCAD produisent généralement d'assez gros fichiers.

Pour éviter ce problème de taille et encourager les gens à publier leurs dessins sur le Web, Autodesk a développé un format vectoriel allégé pour les dessins AutoCAD : le format DWF (*Design Web Format*). Un fichier DWF contient une représentation d'un dessin AutoCAD, plus compacte que celle du fichier DWG. Il consomme moins d'espace disque et surtout moins de temps de transfert sur le Web et par courrier électronique. Comment est-ce possible ? Tout simplement parce qu'il est moins précis et contient moins d'informations que le fichier DWG.

2009

DWFx est une version modifiée du format DWF qui s'appuie sur la technologie XPS de Microsoft (XML Paper Specification). Tout ce qui est dit dans ce chapitre sur DWF vaut également pour DWFx. Il existe une nouvelle commande, FORMATDWF, qui détermine si PUBLIER et une paire d'autres commandes effectuent une sortie au format DWF ou DWFx. Si cela vous semble pouvoir être important dans votre travail, recherchez dans le sommaire de l'aide en ligne d'AutoCAD ce qui est dit sur FORMATDWF. Windows Vista contient une visionneuse XPS. En d'autres termes, les fichiers DWFx peuvent être affichés directement dans Windows Vista (plus précisément, dans Internet Explorer) sans avoir besoin ni d'AutoCAD ni d'un autre programme spécifique.

Il est possible de créer des fichiers DWF (ou DWFx) à partir de vos dessins et les envoyer à des personnes qui n'ont pas AutoCAD. Vos correspondants peuvent ensuite les visualiser et les imprimer à la condition d'avoir chargé le programme gratuit proposé sur le site Web d'Autodesk (`www.autodesk.fr`) : Autodesk Design Review 2009.

Les fichiers DWF ou DWFx peuvent être utilisés exactement comme les références externes. Voilà un type de fichier de plus et donc une raison de plus d'utiliser le Gestionnaire des références ou ETRANSMIT pour "empaqueter" vos dessins avant de les envoyer. Pour plus d'informations, reportez-vous au Chapitre 18.

Tracé électronique

Un fichier DWF capture une seule vue du tracé de votre dessin, ce qui fait que, contrairement à un fichier DWG, il vous présente une image relativement dépourvue d'ambiguïté de ce que vous voulez voir sur le papier. Avec un fichier DWG, en revanche, vous devez fournir de nombreuses informations (vue du dessin, échelle, styles de tracé, etc.) aux personnes à qui vous envoyez votre dessin pour qu'elles puissent le tracer en obtenant la même chose que vous.

Voici trois scénarios possibles d'utilisation du tracé électronique :

- Les architectes ou autres consultants qui travaillent à un projet immobilier placent régulièrement des fichiers DWF sur un site Web centralisé. Un architecte ou un ingénieur disposant de connaissances minimales en CAO peut alors revoir ces dessins à l'écran et réaliser si nécessaire ses propres tracés. Et tous ceux (en particulier les clients) qui ne veulent pas entendre parler de CAO, ni même d'ordinateurs, peuvent toujours demander ces tracés à leurs subordonnés pour les consulter.

- Si une personne sachant se servir d'Internet a besoin d'un certain nombre de vos dessins sous forme tracée, vous pouvez lui envoyer par mail une archive ZIP contenant les fichiers DWF nécessaires, de même que l'URL (l'adresse Web) à laquelle elle pourra télécharger par exemple Autodesk Desing Review 2009 et des instructions simples pour réaliser un tracé à partir d'un fichier DWF (attendez-vous à passer un peu de temps au téléphone pour expliquer la marche à suivre et réduire le stress de votre correspondant)

- Un prestataire de services CAO peut encourager ses clients à envoyer des fichiers DWF plutôt que les fichiers DWG pour faire tracer leurs dessins. Un fichier DWF est beaucoup plus léger et nécessite moins d'interventions.

Autodesk nourrit l'espoir de faire du tracé électronique et des formats DWF/DWFx un standard pour les dessins de CAO comparable à ce qu'a fait Adobe avec le format PDF (*Portable Document Format*) pour les documents de traitement de texte. Nous verrons bien si le principe du tracé électronique se répand (DWFx a certainement son rôle à jouer, du moins pour les utilisateurs de

Windows Vista). En dehors des entreprises qui utilisent la CAO, la plupart des gens n'ont pas accès à des traceurs de grand format. Ils doivent se contenter de tracés de vérification au format A4 ou, au mieux, au format A3. Par conséquent, rares sont ceux qui pourront tracer vos fichiers DWF à l'échelle voulue, voire peut-être même dans un format suffisamment grand pour en lire le contenu.

Ne craignez pas d'utiliser le tracé électronique avec vos collègues ou avec des personnes extérieures à l'entreprise, mais n'en devenez pas trop dépendant avant de savoir si le reste du monde de la CAO partage votre enthousiasme. Sinon, vous risquez peut-être un jour de devenir le seul à vouloir utiliser vos fichiers DWF pour tracer vos dessins.

Tracer dans un fichier DWF ou DWFx

Comme je l'explique dans la section précédente, AutoCAD traite un fichier DWF (ou DWFx) comme un tracé électronique. Pour créer un fichier DWF à partir de votre dessin, il vous suffit de faire comme si vous alliez le tracer sur une feuille de papier, tel que je l'explique dans le Chapitre 16. La seule différence est que vous allez sélectionner l'un des traceurs `DWF6 ePlot.pc3` ou `DWFx ePlot (XPS Compatible).pc3` dans la section Imprimante/traceur de la boîte de dialogue Tracer (voir la Figure 19.3). AutoCAD sélectionne alors automatiquement l'option Tracer dans fichier. Vous pouvez ensuite valider la boîte de dialogue. AutoCAD va vous demander de spécifier le nom et l'emplacement du fichier DWF ou DWFx que vous voulez créer. Il peut s'agir d'un dossier sur un disque dur ou sur un serveur Web.

TRUC

Lorsque vous créez un fichier DWF/DWFx, portez une attention particulière à l'échelle du tracé dans la boîte de dialogue. Si vous créez un fichier DWF dans le seul but de l'afficher dans un navigateur Web, vous pouvez utiliser l'option À la taille du papier. Si vous voulez permettre à d'autres personnes de tracer ce fichier DWF à l'échelle du dessin, vous devez spécifier le facteur d'échelle de tracé adéquat. Le Chapitre 16 explique comment déterminer cette échelle.

Créer des fichiers DWF avec la commande PUBLIER

La méthode que nous venons de voir, consistant à tracer dans un fichier pour créer un fichier DWF, convient très bien pour des dessins isolés. Mais si vous voulez créer des fichiers DWF ou DWFx pour une montagne de dessins, ou tracer sur papier un flot de dessins, vous pouvez utiliser la boîte de dialogue Publier afin d'accélérer le processus (voir la Figure 19.4).

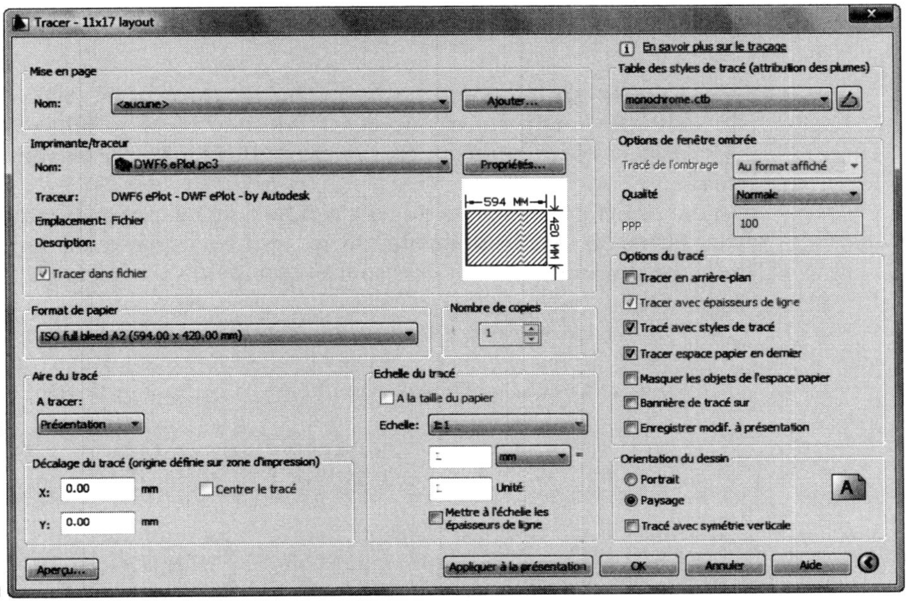

Figure 19.3 Tracez dans un fichier pour créer un fichier DWF ou DWFx.

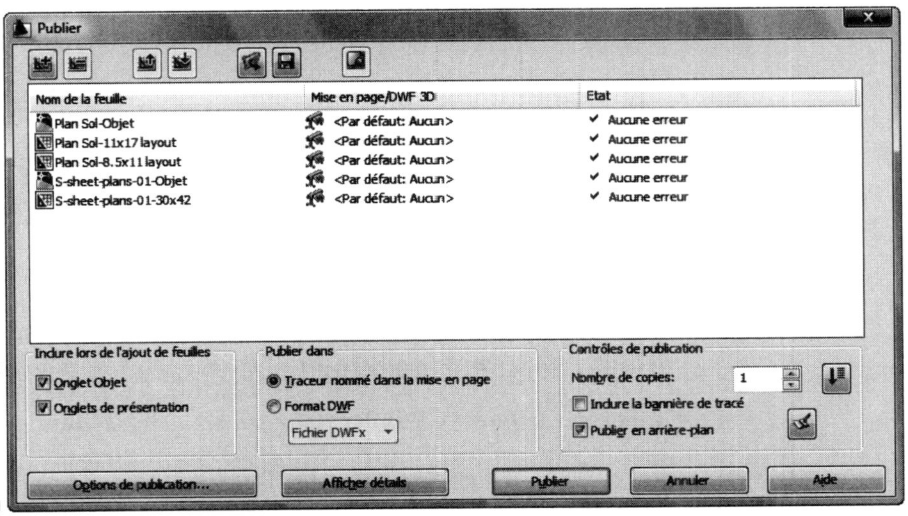

Figure 19.4 La boîte de dialogue Publier d'AutoCAD.

Soyons réalistes. La commande PUBLIER est plus utilisée pour tracer sur papier que pour créer des fichiers DWF. Mais si vous décidez de vous lancer dans la publication de fichiers DWF à grande échelle, et notamment de produire des fichiers DWF contenant plusieurs feuilles, utilisez la boîte de dialogue Publier en suivant ces étapes :

1. **Cliquez sur le bouton Publier, dans le panneau de même nom, sous l'onglet Sortie du ruban, ou sélectionnez Fichier/Publier dans le système de menus (ou encore tapez PUBLIER et appuyez sur Entrée).**

   La boîte de dialogue Publier s'affiche (elle est présentée sur la Figure 19.4). Elle affiche la liste de tous les espaces objet et papier des dessins ouverts. Chaque espace est appelé ici une feuille.

2. **Utilisez les boutons qui se trouvent sous la liste de feuilles pour ajouter des feuilles provenant d'autres projets, supprimer des feuilles que vous ne voulez pas tracer, ou encore réorganiser l'ordre de traçage.**

   D'autres boutons permettent d'enregistrer et d'ouvrir les listes de feuilles. Reportez-vous au Chapitre 4 pour plus d'informations.

3. **Après avoir spécifié les feuilles que vous souhaitez inclure, indiquez si vous voulez tracer dans un fichier DWF ou DWFx (cette option n'est pas disponible dans AutoCAD LT), ou bien vers un véritable traceur.**

   Vous affectez à chaque feuille la configuration de traceur que vous voulez en choisissant sa mise en page dans la liste des feuilles. Pour en savoir plus sur les mises en page, voyez le Chapitre 16.

4. **Cliquez sur le bouton Options de publication pour afficher une boîte de dialogue proposant des réglages supplémentaires.**

   La plupart de ces options n'ont d'intérêt que si vous créez des fichiers DWF ou DWFx. La seule exception est Emplacement de sortie par défaut (elle s'applique aussi aux fichiers de tracé de type PLT).

5. **Cliquez sur le bouton Enregistrer la liste des feuilles afin de sauvegarder votre sélection ainsi que la configuration courante (si vous envisagez bien sûr de publier plus tard le même groupe de dessins).**

6. **Cliquez sur le bouton Publier pour lancer la procédure.**

Ne confondez pas la commande PUBLIER (Fichier/Publier) avec la commande PUBLIERWEB (Fichier/Publier sur le Web). PUBLIER permet de créer des fichiers DWF/DWFx ou de réaliser de véritables tracés sur papier. L'assistant Publier sur le Web vous aide à réaliser une page Web contenant des images de vos dessins. Le résultat produit par cet assistant ne risque pas de mettre au chômage les créateurs de pages Web, mais vous pouvez vous en servir pour obtenir des pages Web primitives à partir de vos dessins. Le cas échéant, recherchez PUBLIERWEB dans le sommaire de l'aide en ligne d'AutoCAD.

Des hyperliens sur des objets

Aucun format de fichier pour le Web ne serait complet sans liens hypertextes (ou hyperliens) et le format DWF permet évidemment d'en créer. Vous attachez un hyperlien à tout objet dans AutoCAD, et pas seulement à une chaîne de texte. Lorsque vous placez le curseur sur un objet associé à un tel lien, celui-ci prend la forme d'un globe terrestre accompagné d'une sorte de chaîne. Appuyez alors sur le bouton droit de la souris, puis sélectionnez dans le menu contextuel Hyperlien, puis Ouvrir. Cela va activer l'URL attachée à l'objet.

TRUC

Si vous créez un fichier DWF/DWFx contenant des objets associés à des hyperliens, ceux-ci sont pris en compte par Autodesk Design Review.

La possibilité d'associer des hyperliens à des objets est une belle astuce, mais elle est d'un intérêt pratique limité dans la plupart des fichiers DWG et DWF :

- Les dessins se retrouvent à une échelle si petite dans une page Web qu'il est difficile de distinguer à quel objet correspond chaque lien.
- La plupart des gens n'ont pas l'habitude d'associer un hyperlien à un simple trait ou autre objet de dessin. Ils resteront sans doute perplexes devant cette interface.

Si vous êtes tenté par l'utilisation des hyperliens, recherchez HYPERLIEN, dans l'onglet Index de l'aide en ligne d'AutoCAD.

Autodesk Design Review

Une fois que vous aurez créé des fichiers DWF, que ce soit via la commande PUBLIER ou par tracé électronique, vous (ou le destinataire de vos fichiers DWF) pourrez utiliser Autodesk Design Review pour les afficher et les tracer. Il s'agit d'un programme gratuit fourni par Autodesk. Vos contacts qui ne possèdent pas AutoCAD peuvent en télécharger la dernière version sur le site d'Autodesk, à l'adresse `www.autodesk.fr`.

Quand vous installez AutoCAD 2009, vous bénéficiez en même temps par défaut d'Autodesk Design Review. Pour le lancer, sélectionnez Démarrer/Programmes/Autodesk/Autodesk Design Review 2009 ou double-cliquez sur un fichier DWF (ou DWFx) dans l'Explorateur Windows.

La protection des dessins

Que vous envoyiez des fichiers DWG ou DWF, vous pouvez être concerné par le mauvais usage qui pourrait en être fait (par des personnes qui ne sont pas censées y accéder ou dans un but que vous n'approuvez pas), par des pratiques abusives (par exemple, une modification sans votre consentement) ou encore par leur réutilisation (sur d'autres projets ou par d'autres personnes) sans que vous en soyez rémunéré.

AutoCAD vous offre deux fonctions pour sécuriser vos dessins lorsque vous les envoyez à d'autres personnes :

- **La protection par mot de passe** vous permet de verrouiller un fichier DWG ou un fichier DWF pour que seules les personnes possédant ce mot de passe puissent l'ouvrir, l'insérer ou l'utiliser comme xréf (non disponible dans AutoCAD LT).

  Ne protégez un dessin par mot de passe que si vous en avez vraiment besoin :

  - Si vous oubliez le mot de passe, vous ne pourrez *plus* ouvrir votre dessin. Ni AutoCAD, ni Autodesk ne disposent d'un procédé magique pour extraire le mot de passe ou déverrouiller le dessin.

  - Personne d'autre que vous ne pourrait utiliser le dessin comme bloc ou comme xréf.

  Si vous utilisez un mot de passe pour protéger un dessin que vous envoyez, il vaut mieux ne le faire que sur une copie du fichier et conserver en lieu sûr l'original non protégé.

- **La signature numérique** est une technique élaborée permettant d'ajouter dans un dessin DWG un marqueur électronique qui atteste que quelqu'un a approuvé le dessin. Il vous faut pour cela commencer par ouvrir un compte chez un fournisseur de certificats numériques, ce qui permettra de vous identifier, vous et votre ordinateur. Naturellement, pour que cette fonction serve à quelque chose, vous devez envoyer vos dessins à quelqu'un qui a besoin d'une authentification numérique garantissant qu'ils viennent bien de vous (ou l'inverse) et qui, de plus, sait se servir de ce procédé. Pour en savoir plus sur ce sujet, recherchez "signature numérique" dans l'onglet Index de l'aide en ligne d'AutoCAD.

Pour activer l'une ou l'autre de ces options pour le dessin courant, sélectionnez Fichier/Enregistrer sous dans le navigateur (ou la barre) de menus afin d'ouvrir la boîte de dialogue Enregistrer le dessin sous. Avant de sauvegarder le fichier, cliquez en haut et à droite de la boîte de dialogue sur Outils, puis choisissez Options de sécurité. Si vous voulez ajouter une signature numérique (et si, bien entendu, vous en possédez une), entrez l'information voulue sous l'onglet correspondant de la boîte de dialogue qui apparaît. Si vous souhaitez simplement associer un mot de passe au dessin courant, entrez-le dans le champ de texte de l'onglet Mot de passe et cliquez sur OK.

Une fois votre mot de passe défini et votre fichier DWG enregistré, toute personne qui essaie de l'ouvrir, de l'insérer ou de l'utiliser comme xréf voit apparaître une boîte de dialogue semblable à celle qui est illustrée sur la Figure 19.5.

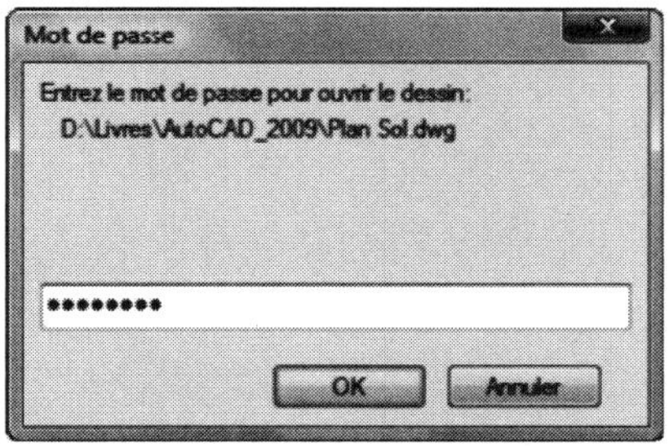

Figure 19.5
Ce dessin est protégé.

Pour protéger un fichier DWF ou DWFx par un mot de passe, utilisez la commande PUBLIER et cliquez sur le bouton Options de publication de la boîte de dialogue Publier. Sur la ligne Protection du mot de passe, choisissez dans la liste l'option Spécifiez le mot de passe. Entrez celui-ci sur la ligne suivante.

TRUC

Pour supprimer le mot de passe une fois ouvert le fichier protégé, ouvrez la boîte de dialogue Options. Sous l'onglet Ouvrir et enregistrer, cliquez sur le bouton Options de sécurité. Effacez le contenu du champ Mot de passe et validez. C'est tout !

TRUC

Bien que les fonctions de protection électronique, comme celles que nous avons décrites dans cette section, puissent être utiles dans le cadre d une stratégie de sécurité, elles ne peuvent pas se substituer à l'exposé explicite des droits et obligations de chacun, notamment sous forme de contrats écrits, quant à l'utilisation des dessins que s'échangent les différentes personnes qui participent à un projet.

Cinquième partie

Les dix commandements

"Ce qu'il y a de bizarre, c'est qu'il insiste toujours pour utiliser la dernière version d'AutoCAD."

Dans cette partie...

Pour être honnête, il faut bien dire que l'utilisation d'AutoCAD (mais il est loin d'être le seul logiciel dans ce cas) peut parfois être un peu tendue. Si vous avez lu tout ce qui précède (puisque vous êtes arrivé jusqu'ici), le moment est venu de vous détendre. Pour réduire les risques de tension, rien ne vaut une bonne liste de "Top 10" pour le meilleur (ou le pire) de pratiquement tout. AutoCAD y compris. Les listes de conseils proposées dans cette dernière partie sont de nature à vous épargner un stress naturellement inutile, à vous aider à maintenir vos dessins en bonne santé, à déterminer si vous avez besoin de la version pleine et entière d'AutoCAD ou si AutoCAD LT vous suffit, ou encore à partir à la chasse de ressources AutoCAD particulièrement intéressantes.

Chapitre 20

Dix grandes ressources pour AutoCAD

J'aimerais beaucoup pouvoir proclamer le contraire. Mais il faut être honnête. Vous avez besoin d'autre chose que de ce livre et du logiciel lui-même pour atteindre les plus hauts sommets dans la conquête du massif himalayen qu'est AutoCAD ! Ce chapitre liste donc dix pistes à explorer pour atteindre dans les meilleures conditions possibles le camp de base de votre logiciel préféré. Mais attention : les guides de haute montagne s'expriment le plus souvent en anglais !

AutoCAD et son programme de participation

Vous êtes intéressé par l'avenir d'AutoCAD, les améliorations à lui apporter et les nouvelles fonctionnalités que vous souhaiteriez lui voir intégrer ? N'hésitez pas un instant : enregistrez-vous (via le menu d'aide) pour vous inscrire au Programme de participation du client. Vous pourrez ainsi contribuer par vos idées au futur d'AutoCAD, être informé des dernières nouvelles du front, et peut-être même devenir "beta testeur" de la prochaine version du programme.

Les groupes de discussion d'Autodesk

Même si on trouve à droite et à gauche des groupes de discussion indépendants, basés sur des *newsgroups*, la majorité des débats se déroule aujourd'hui au sein des propres groupes modérés gérés directement via les différents sites d'Autodesk. Ces groupes sont essentiellement destinés aux échanges entre utilisateurs. Mais, même comme cela, il n'est pas rare de voir des membres du personnel d'Autodesk intervenir pour répondre à des questions qui concernent leur propre champ d'expertise - y compris parfois en dehors de leur temps de travail !

Pour voir ce qui se passe de ce côté-là, faites pointer votre navigateur Internet vers l'adresse `www.autodesk.com/discussion`. Vous y trouverez des groupes dédiés aussi bien à AutoCAD qu'à AutoCAD LT (et bien entendu aux autres produits édités par Autodesk).

Les bloggers d'Autodesk

Plusieurs membres de la société Autodesk ont ouvert leur propre blog sur les serveurs de la compagnie. On peut y trouver des masses de conseils, d'astuces, de techniques, et à l'occasion quelques digressions amusantes. Pour vous faire une idée de ces participations hautement autorisées, visitez l'adresse `www.autodesk.com/blogs`. Mes préférées sont *Between the Lines* de Shaan Hurley, *AutoCAD Insider* de Heidi Hewitt et *Lynn Allen's blog* (inutile de préciser le nom de l'auteur).

CAO et World Wide Web

Inutile de vouloir donner ici tel ou tel nom de site. Je viens de rechercher un de mes bons vieux favoris, et il a disparu du paysage du Web ! Votre meilleur ami, c'est bien sûr votre moteur de recherche. En plus de la propre présence d'Autodesk sur le Web, il existe des milliers et des milliers d'autres sites plus ou moins intéressants. Vous pouvez essayer de débuter vos investigations en tapant quelque chose comme "AutoCAD tutorials" ou encore "AutoCAD blogs" (et pourquoi pas partir de l'option Ressources supplémentaires dans le menu d'aide d'AutoCAD). Ayez du flair et partez à la découverte de trucs, de conseils, d'opinions ou encore d'échange d'expériences.

Autodesk, version universitaire

L'université d'Autodesk est un événement annuel, qui se tient vers la fin de l'automne et qui dure quatre ou cinq jours. Comme vous pouvez vous en douter, cette université a peu de chance d'élire son siège sur le campus le plus proche de chez vous. Les gens d'Autodesk, qui aiment le soleil, préfèrent se rendre à Orlando ou à Las Vegas. Les journées sont remplies de séminaires couvrant de nombreuses disciplines. Et les nuits sont remplies... autrement. Si le cœur vous en dit, si vous aimez les grands voyages, si vous avez envie de devenir le *technogourou* de votre entreprise (et si celle-ci a les moyens de vos ambitions), jetez un coup d'œil du côté du site `au.autodesk.com`.

Se former à AutoCAD

Il existe un peu partout dans le monde des centres de formation agréés par Autodesk. Il peut s'agir aussi bien d'instituts privés que de "cursus" proposés par des universités. Les stages se déroulent en groupe et ils sont généralement proposés sur plusieurs niveaux allant des purs débutants jusqu'aux utilisateurs expérimentés qui souhaitent apprendre par exemple des techniques évoluées de personnalisation. Voyez ce qu'en disent les sites `www.autodesk.fr` ou encore `www.autodesk.com/atc` (ATC signifie *Authorized Training Center*).

Groupes d'utilisateurs locaux

AutoCAD compte un nom incroyable d'utilisateurs qui lui sont fidèles depuis ses toutes premières versions. Ces passionnés sont des individus particulièrement enthousiastes qui aiment à s'échanger des masses de messages électroniques et se rencontrer régulièrement pour échanger ce qu'ils ont découvert. Certes, les *aficionados* de la première génération ont les cheveux qui grisonnent et le pas moins alerte que par le passé. Mais ils n'ont rien perdu de leur dynamisme dès qu'ils entendent dans le lointain résonner ce mot magique : "AutoCAD" ! Il existe peut-être un de ces groupes près de chez vous. Renseignez-vous auprès de votre revendeur ou effectuez une recherche sur Internet à l'aide de votre moteur favori.

Vous avez dit GUIA ?

Ce sigle étrange signifie Groupe d'Utilisateurs International d'Autodesk. C'est en quelque sorte l'ombrelle qui coiffe la communauté globale des groupes d'utilisateurs. Vous n'avez même pas besoin d'être affilié à un tel groupe pour y participer. Les personnes individuelles peuvent en effet s'y joindre, et tout cela est parfaitement gratuit. Ce groupe est surtout connu pour la liste de vœux qu'il présente chaque année à Autodesk. Cette liste compile les demandes de modification ou d'ajout de fonctionnalités proposées par ses membres. Et, bien souvent, Autodesk prend en compte le "Top 10" de ces vœux pour les incorporer dans les nouvelles versions d'AutoCAD. Voilà encore un endroit qui peut vous permettre de contribuer au développement de votre logiciel favori. Si vous êtes intéressé, ouvrez le menu d'aide d'AutoCAD, puis cliquez sur

Ressources supplémentaires et choisissez l'option Groupe d'utilisateurs international d'Autodesk.

Livres

Bien sûr, j'aurais aimé pouvoir vous faire découvrir *toutes* les merveilles d'AutoCAD. Mais il n'était pas possible d'aller plus loin dans un livre de quatre cents et quelques pages. Comme je l'explique dans l'introduction, je n'ai tout simplement pas assez de place pour couvrir des sujets comme la personnalisation ou la 3D (deux domaines qui, par ailleurs, ne priveront de rien les utilisateurs d'AutoCAD LT). Mais ne vous privez pas pour autant de lire d'autres ouvrages ! Il n'y a rien de tel pour progresser. Voyez le catalogue des Éditions First Interactive. Et comme je ne suis pas sectaire, je vous autorise même à regarder ce que proposent d'autres éditeurs. Non, ne me remerciez pas !

Magazines

Il existe des revues spécialisées qui sont susceptibles de traiter de CAO en général, et donc d'AutoCAD en particulier. Mais pour en trouver qui soient dédiées principalement ou en totalité à AutoCAD, vous devrez regarder de l'autre côté de l'Atlantique. Il s'agit notamment de *Cadalyst*, *Cadence* et *AutoCAD User*. Ma préférée (pour des raisons techniques mais aussi sentimentales) est *Cadalyst* (`www.cadalyst.com`).

Chapitre 21

Dix différences entre AutoCAD et AutoCAD LT

Ce livre est destiné aux utilisateurs des versions complètes des deux logiciels AutoCAD et AutoCAD LT. Au fil des pages, vous pouvez y trouver des icônes de marge qui mettent en évidence les différences entre les deux produits, ou encore les étapes qui divergent d'une manière significative entre les deux frères (amis) de la famille Autodesk.

Plutôt que de vous demander de repasser tout le texte du livre en revue (ce qui serait d'ailleurs peut-être un excellent travail de révision), j'ai préféré détailler dans ce chapitre les dix différences les plus significatives entre les deux versions.

Le prix

Pour la plupart des gens (spécialement ceux qui, comme vous sans doute, dessinez exclusivement en 2D et ne voyez pas l'intérêt de passer des dizaines voire des centaines d'heures à apprendre les langages de personnalisation d'AutoCAD), le prix de vente de la version LT est un argument décisif. Il est par exemple possible de visiter la boutique en ligne d'Autodesk (`www.autodesk.fr`) pour comparer les tarifs proposés. Vous constaterez très vite qu'avec un rapport d'environ *un* contre *quatre*, le prix d'AutoCAD LT le rend *particulièrement* attractif !

Les fonctionnalités 3D

Pour certains utilisateurs, il s'agit certainement de la différence la plus importante entre les deux produits. Si vous voulez modéliser en 3D, vous n'avez pas le choix : c'est la version complète d'AutoCAD qui s'impose. Certes, AutoCAD LT permet d'ouvrir et d'afficher des modèles 3D créés avec son grand frère. Mais vous ne pourrez ni éditer ces modèles, ni en construire de nouveaux. La seule construction "3D" que vous autorise AutoCAD LT est d'appliquer une propriété d'épaisseur aux lignes (évitez comme certaines personnes de confondre *épaisseur* et *élévation* : la première notion s'applique aux objets dans le plan du dessin, tandis que la seconde concerne les extrusions opérées *perpendiculairement* au plan du dessin).

Et même si vous avez la possibilité d'ouvrir des modèles 3D dans AutoCAD LT, il n'est pas facile de les visualiser. Il n'existe qu'un nombre limité de points de vue, contrairement à la version complète d'AutoCAD dans laquelle vous disposez de multiples outils pour observer à loisir votre modèle depuis n'importe quelle position dans l'espace.

Enfin, du fait qu'AutoCAD LT est un pur programme de dessin 2D, il ne contient pas de fonctions de visualisation ou de présentation des modèles, alors que la version complète d'AutoCAD intègre des styles visuels ainsi qu'une copieuse bibliothèque de matériaux pour donner un aspect réaliste au rendu des modèles.

Options de personnalisation

Pour d'autres utilisateurs (ou les mêmes), cet aspect peut également être décisif. Les vrais *technogourous* d'AutoCAD *adorent* personnaliser le programme de manière à ce qu'il fasse ce qu'ils veulent avec un minimum d'efforts ou de temps. La version complète d'AutoCAD supporte tout une série d'API (Application Programming Interface, autrement dit interface de programmation de l'application). Ces API couvrent notamment le langage "maison" qu'est AutoLISP, de même que son cousin plus marginal Visual LISP, ainsi que VBA de Microsoft (Visual Basic for Application), ou encore la programmation en langage *compilé* sous ObjectARX (les autres étant simplement *interprétés*).

Et si tous ces noms et concepts ne signifient rien pour vous, c'est manifestement que vous n'avez pas besoin de tous ces outils !

Bien qu'il soit possible d'apporter quelques touches de personnalisation à AutoCAD LT (par exemple pour créer ou modifier des barres d'outils, écrire des scripts ou bien encore pour utiliser des hachures et des types de ligne personnalisés), aucun des outils de programmation de haut niveau indiqués dans le paragraphe précédent n'est disponible dans LT.

Outils Express !

Les outils Express (plus précisément les Express Tools, puisqu'ils ne sont pas traduits) sont un ensemble qui ne dispose d'aucun support officiel de commandes, disons de "bonus", qui sont assez utiles et efficaces. Leur installation est facultative, mais je vous recommande vivement de les inclure à votre panoplie AutoCAD. Ils proposent des commandes supplémentaires pour le dessin et l'édition, pour travailler avec les blocs et les xréfs, les textes, les cotes et les présentations.

Du fait que la plupart de ces outils sont programmés à l'aide des API mentionnées dans la section précédente, ils ne fonctionnent évidemment pas dans AutoCAD LT. Le côté positif de l'affaire, c'est que quelques-uns des Express Tools (parmi ceux qui n'utilisent justement pas ces fameuses API) ont été incorporés dans le cœur de l'exécutable AutoCAD. Ainsi, AutoCAD LT 2009 reprend plusieurs commandes dédiées aux présentations et qui n'étaient autrefois disponibles que dans les Express Tools.

Les jeux de feuilles

Les jeux de feuilles permettent de regrouper des dessins pour en faciliter la distribution, le tracé ou encore la publication. Un projet AutoCAD typique peut inclure des dizaines de dessins, des amas de feuilles, des tonnes de présentations, de copieuses références croisées entre tout cela, sans même parler des équipes entières qui travaillent en même temps sur tous ces fichiers. Comment dans ces conditions créer, gérer, mettre à jour, tracer, et plus généralement maîtriser une telle complexité sans y perdre la raison ? La réponse apportée par AutoCAD est appelée jeux de feuilles.

Ces *jeux de feuilles* permettent d'automatiser la gestion des projets. Les dessins y sont correctement numérotés, les informations insérées dans les cartouches restent toujours cohérentes, et les feuilles peuvent être indexées via un simple clic de souris.

Comme vous vous en doutiez certainement, les jeux de feuilles, introduits avec la version 2005 d'AutoCAD, sont totalement inconnus dans le monde 2D d'AutoCAD LT.

Contrôle des normes

Comme pour les jeux de feuilles, les outils de contrôle des normes sont exclusivement réservés aux joueurs de niveau olympique, ceux qui ne jurent que par la version intégrale d'AutoCAD (tout en prenant un air hautain, et injustifié, quand ils entendent prononcer les deux lettres LT). Avec le contrôle des normes, vous configurez un fichier DWS (c'est-à-dire un fichier DWG contenant vos calques, textes, styles de cote, présentations – et ainsi de suite – standardisés), puis vous le comparez avec votre dessin courant, ou bien avec un dessin réalisé par des consultants externes. AutoCAD fournit alors toutes les informations utiles pour déterminer si ce document respecte ou non les normes enregistrées dans le fichier DWS.

Références externes

Comme je l'ai indiqué dans le Chapitre 18, Autodesk suppose que les utilisateurs d'AutoCAD LT travaillent en règle générale sur des projets de petite taille, soit à titre individuel, soit au sein d'une équipe réduite. Même s'ils dépendent moins d'un usage massif des références externes que les dessinateurs de grandes entreprises, qui participent à des mégaprojets avec des contraintes lourdes ("Tu me termines ça pour hier !"), ces utilisateurs ont tout de même besoin des mêmes fonctionnalités que les autres. Dont acte.

Pour autant, seule la version complète d'AutoCAD (et donc pas LT) est capable d'ouvrir directement des références externes avec la commande XOUVRIR, ou encore d'éditer le fichier référencé depuis le dessin hôte à l'aide de la commande EDITREF. De plus, elle seule aussi peut émettre automatiquement une notification lorsqu'un fichier référencé est modifié par quelqu'un d'autre.

AutoCAD LT 2009 a reçu en cadeau une fonctionnalité que son grand frère possède depuis déjà plusieurs versions : les xréfs peuvent maintenant recevoir un contour de délimitation irrégulier de manière à n'en montrer qu'une partie.

Extraction de données

Comme je l'explique dans le Chapitre 17, les attributs sont des chaînes de caractères variables qui sont créées lors de la définition d'un bloc. Il est possible d'extraire facilement les données de ces attributs dans la version complète d'AutoCAD, mais cette opération est beaucoup plus ardue dans AutoCAD LT. AutoCAD possède plusieurs commandes (dont EATTEDIT, ATTEXTR et EXTRACTDONNEES) qui manquent à la version LT. Si vous avez besoin d'exploiter toutes les données de vos dessins AutoCAD, la version complète est vraisemblablement un meilleur choix.

MLIGNE vs DLIGNE

Voici un cas où AutoCAD LT bat son grand frère ! En effet, ce dernier contient une commande (MLIGNE) extrêmement mal conçue pour dessiner des lignes multiples. Vous pouvez produire un groupe de lignes parallèles en choisissant des points de la même manière qu'avec la commande LIGNE, mais ce procédé n'est absolument pas intuitif, et le résultat obtenu est difficile à éditer.

AutoCAD LT ne reconnaît pas MLIGNE. Par contre, il offre une autre commande appelée DLIGNE. Le D signifiant *double*, elle ne sait que tracer deux lignes parallèles sans remplissage coloré possible. Mais son utilisation est simple et logique, et les traits ainsi dessinés sont beaucoup plus simples à éditer. Désolé pour les utilisateurs de la pleine et entière version d'AutoCAD : DLIGNE n'est pas pour vous !

Gestionnaire des références

Le Gestionnaire des références est un programme autonome, autrement dit, qui ne fait partie ni d'AutoCAD ni d'AutoCAD LT. Si vous disposez de la version complète, vous le trouverez dans le groupe de programmes d'Autodesk, sous le menu Démarrer. Ce gestionnaire vous aide à vérifier que tous les fichiers dépendants (par exemple les polices de caractères, les images ou les xréfs) sont inclus lorsque vous transmettez un projet. Aucune raison technique ne justifie l'absence du Gestionnaire des références dans AutoCAD LT. Et pourtant, il n'est pas fourni avec lui.

Chapitre 22

Dix variables système pour rendre votre vie plus facile

Les variables système sont des paramètres qu'AutoCAD consulte avant de décider de faire quelque chose. Si vous donnez par exemple la valeur 10 à la variable système SAVETIME, AutoCAD enregistre automatiquement votre fichier toutes les dix minutes. Si vous lui donnez la valeur 60, AutoCAD enregistre automatiquement votre fichier toutes les heures. Il y a des centaines de variables système qui contrôlent les opérations d'AutoCAD.

Pour changer la valeur d'une variable système, tapez simplement son nom dans la fenêtre de commande et appuyez sur Entrée. AutoCAD affiche alors l'état actuel de cette variable et vous demande de saisir une nouvelle valeur. Pour conserver le paramètre courant, appuyez simplement sur Entrée. Pour la modifier, tapez la nouvelle valeur et appuyez sur Entrée.

La possibilité de changer la valeur d'une variable système en tapant simplement son nom est une aide précieuse pour les utilisateurs expérimentés, et occasionnellement une nécessité pour tous les autres. Le seul problème est de trouver le nom de la variable voulue ou de s'en souvenir. Dans la plupart des cas, le nom de la variable que vous devrez taper vous sera indiqué par quelqu'un (par moi dans ce livre, ou par votre technogourou AutoCAD local).

NOTE TECHNIQUE

Il existe trois types de variables système :

- **Celles qui sont stockées dans le Registre de Windows.** Si vous changez la valeur d'une variable système de ce type, cette modification affectera tous les dessins que vous ouvrirez dans AutoCAD sur votre système (mais pas forcément sur un autre ordinateur).

- **Celles qui sont stockées dans le dessin.** Si vous changez la valeur d'une telle variable système, cette modification n'affecte que le dessin correspondant (mais sur tous les ordinateurs où il est chargé).
- **Celles qui ne sont stockées nulle part.** Si vous changez la valeur d'une variable système de ce type, cette modification ne s'applique qu'à la session de dessin en cours.

La rubrique "Variables système" du chapitre "Présentation des commandes" de l'aide en ligne vous indique à quel type appartient chaque variable système. Parmi les centaines de variables système dont se sert AutoCAD (et dont le nom, en passant, n'est jamais traduit), comprendre les dix qui sont décrites ici vous aidera à devenir plus vite un véritable AutoCAD*ien*.

APERTURE

La variable APERTURE contrôle la distance maximale à laquelle le curseur doit se trouver par rapport à un objet pour qu'un marqueur d'accrochage apparaisse. Sa valeur peut aller de 1 à 50 si vous la modifiez depuis la fenêtre de commande, et de 1 à 20 si vous vous servez du curseur proposé dans la boîte de dialogue Options. La valeur par défaut est égale à 10. Personnellement, 20 me convient parfaitement. Cette variable système est stockée dans le Registre.

ATTDIA

Si vous utilisez des blocs avec des attributs, vous vous devez de connaître cette variable système. Lorsque ATTDIA est égale à zéro (sa valeur initiale), vous devez entrer les attributs d'un bloc dans la fenêtre de commande. Si vous lui attribuez la valeur 1, vous allez voir s'afficher à la place une jolie boîte de dialogue qui vous permet de faire la même chose. Mis à part ce côté plus convivial, les boîtes de dialogue sont à préférer, car vous pouvez en remplir les champs dans l'ordre que vous voulez avant de valider. Si vous travaillez uniquement avec la fenêtre de commande et que vous manquez une ligne de message, vous devrez appuyer encore et encore sur Entrée pour revenir à l'attribut en cause. ATTDIA est mémorisée dans le Registre de Windows. C'est donc encore une variable système que vous pouvez définir puis oublier.

DIMASSOC

DIMASSOC contrôle la manière dont les cotes des objets sont créées par AutoCAD. Lorsque DIMASSOC est égale à zéro, AutoCAD produit des cotes décomposées. Aucune association n'existe entre les différents éléments de la cote. Les lignes, les arcs, les pointes de flèche et le texte associés à une cote sont tracés en tant qu'objets distincts. Bref, personne n'a envie de travailler dans de telles conditions. Avec DIMASSOC = 1, les cotes sont "non associatives". Les éléments de la cote sont groupés pour former un seul objet. Si l'un des points de définition sur l'objet se déplace, la valeur de la cote est censée être mise à jour. Mais cette actualisation n'est pas toujours réalisée quand vous changez la taille d'un objet. Avec DIMASSOC = 2 (la valeur par défaut), AutoCAD crée des cotes pleinement associatives. Vous pouvez modifier la valeur de DIMASSOC depuis la fenêtre de commande ou dans la boîte de dialogue Options (activez l'onglet Préférences utilisateur, puis cochez la case Rendre associatives les nouvelles cotes). Si vous travaillez avec d'anciens dessins, vous constaterez probablement que la valeur de DIMASSOC est égale à 1, ce qui correspond à ce que les versions antérieures à AutoCAD 2002 pouvaient faire de mieux. Cette variable système est enregistrée dans le dessin.

MENUBAR

Lorsque MENUBAR vaut 1, AutoCAD affiche la classique tout autant que traditionnelle barre de menus sous la barre de titre du programme. Quand cette variable est nulle (ce qui est le cas par défaut), la barre de menus n'est pas affichée. La valeur de MENUBAR est automatiquement définie lorsque vous changez d'espace de travail (AutoCAD classique ou Dessin 2D et annotation).

MIRRTEXT

Quoi de plus agréable lorsque le nom d'une variable système annonce clairement la couleur ? MIRRTEXT : miroir et texte. Vous avez compris ? Il est courant que vous ayez besoin d'inverser ou de réfléchir des objets qui sont déjà dessinés. C'est ce que fait la commande MIROIR. Mais si votre sélection contient du texte ou des cotes, ces éléments se voient aussi tout retournés à l'arrivée. Devoir placer un vrai miroir à côté du dessin pour arriver à lire vos textes et vos cotes est évidemment contreproductif. Et c'est ici que vous allez faire appel à MIRRTEXT pour rétablir la situation. Lorsque cette variable système est nulle (ce qui est le cas par défaut), le texte est inversé avec tout le reste. Si vous lui attribuez la valeur 1, vos textes gardent leur orientation alors que les autres objets sont inversés. MIRRTEXT est enregistrée dans le dessin.

PICKBOX

La *cible* est le petit carré qui apparaît à la place du curseur réticulé quand AutoCAD vous demande de sélectionner des objets. Sa taille en pixels est contrôlée par la variable système PICKBOX. Sa valeur initiale est égale à 3, ce qui convient très bien lorsque la résolution de l'écran n'est pas trop élevée (disons, jusqu'à 1024 x 768). Au-delà, des dimensions un peu plus importantes sont souhaitables (surtout si vos cheveux commencent à blanchir et que votre acuité visuelle n'est plus ce qu'elle était pendant votre belle jeunesse). Personnellement, j'utilise une résolution graphique de 1600 x 1200 et j'ai dû attribuer la valeur 5 à PICKBOX pour me sentir à l'aise. Mais après tout, le meilleur choix à faire dépend aussi bien de votre vue que de la qualité du système d'affichage de votre ordinateur. Alors, 3, 4, 5, plus peut-être ? C'est à vous de voir. Sinon, sachez que PICKBOX est mémorisée dans le Registre.

REMEMBERFOLDERS

Il est possible que vous ne vouliez pas qu'AutoCAD utilise le même dossier Documents que vos autres programmes Windows. Vous travaillez par exemple sur toute une série de projets, et vous préféreriez leur associer une icône individuelle sur le bureau, de manière à ce que chacun s'ouvre dans un dossier qui lui soit propre. La variable REMEMBERFOLDERS est alors votre ticket vers le nirvana. Initialement, sa valeur est égale à 1, ce qui signifie que les fichiers sont enregistrés par défaut sous le dossier Documents de Vista (ou Mes Documents avec Windows XP). Pour changer ce comportement, attribuez-lui la valeur 0. Dans ce cas, si vous démarrez le programme en cliquant deux fois sur l'icône de raccourci et si un chemin de démarrage est spécifié dans les propriétés de cette icône, ce chemin sera utilisé par défaut dans toutes les boîtes de dialogue standard de sélection de fichiers. La variable système REMEMBERFOLDERS est stockée dans le Registre. Et donc elle ne change d'état que si vous modifiez explicitement sa valeur.

ROLLOVERTIPS

2009

Cette nouvelle variable système, que tout le monde attendait depuis longtemps, contrôle l'affichage des info-bulles de survol (ces petits messages explicatifs qui apparaissent lorsque vous laissez planer quelques instants le pointeur de la souris au-dessus d'un objet du dessin). Apprenez également que le contenu de ces info-bulles peut être personnalisé dans l'éditeur de personnalisation de l'interface utilisateur.

Lorsque ROLLOVERTIPS vaut 1, l'info-bulle affiche par défaut le type de l'objet, avec son calque, sa couleur et son type de ligne. Quand elle est égale à zéro, plus rien n'apparaît. Sinon, cette variable système est stockée dans le Registre, et mon chien s'appelle Tips. Amusant, non ?

TOOLTIPS

Dans le même ordre d'idée, AutoCAD a aussi l'habitude d'afficher des info-bulles lorsque le pointeur de la souris survole les boutons des barres d'outils ou du ruban, et même les options proposées dans les boîtes de dialogue. Ces renseignements sont utiles lorsque vous débutez avec le programme. Mais, une fois que vous avez appris à retrouver votre chemin au milieu de tous ces éléments, autant s'en débarrasser. Par défaut, TOOLTIPS vaut 1. Comme vous vous en doutez, cette valeur active l'affichage des info-bulles. Vous voulez les faire disparaître ? Attribuez une valeur nulle à TOOLTIPS ! Cette variable système est stockée dans le Registre.

VISRETAIN

Si vous travaillez avec des xréfs, vous avez compris toute l'importance d'une bonne gestion des propriétés des calques. Dans certains cas, vous voulez que vos xréfs présentent un aspect spécifique de manière à pouvoir plus facilement les distinguer des autres éléments du dessin. Vous pouvez toujours modifier la couleur de calque des xréfs à partir de la palette Gestionnaire des propriétés des calques. Mais que vous deviez ou non le faire chaque fois que vous ouvrez un dessin contenant un xréf attaché dépend de la valeur d'une variable système appelée VISRETAIN. Lorsque celle-ci est égale à zéro, ce sont les propriétés de calque de la référence externe qui sont prioritaires. Ce qui signifie que vous *aurez* à opérer ces changements lors de chaque ouverture du dessin. Si VISRETAIN vaut 1 (ce qui est le cas par défaut), les modifications que vous apportez aux propriétés de calque dans le dessin hôte restent intactes lors de la prochaine ouverture de celui-ci. Par contre, tout cela n'a aucun impact sur le fichier externe lui-même. La valeur de VISRETAIN est conservée dans le dessin courant.

Index

A

Accrochage 31, 56, 106
aux objets 31, 57, 68, 70, 160, 165, 170, 173
menu contextuel 167
configurer 107
grille d' 172
individuel 166, 171
menu contextuel 168
modes d' 167
activer 170
nodal 211
poignées et 227
points d' 168
polaire 161, 172, 173
repérage d' 68
ACI 144
Acrobat Reader 404
Affichage 17
Agrandissement 71
Aide 48
rechercher dans l' 49
sommaire 49
Ajuster 239, 258
Alias 37
liste des 37
Angles 89, 103
direction des 103
précision des 103
unités 89
Anneau 195, 196, 207
Annotations 26, 43, 93
marges et 97
visibilité 34
Aperçu 83, 383, 384
API 486
Apostrophe 42
Arc 185, 188, 195, 196, 200
angle décrit 200
centre 201
corde 200
courbure 200
elliptique 203
extrémité 200
options 200
point final 201
polyligne 188
Architecture 89, 102
Arcs
coter 353
Arêtes 259
ARX 10
Assistants 87
Associativité 337
Attributs 412, 422
blocs et 425, 426
champs et 424
définition 418, 422
éditer 427
entrer 426
extraire les données 488
multiligne 422, 424
tableaux et 326
valeur 422, 424
verrouiller la position 423
AutoCAD 4
assistants 87
base des connaissances 50
blogs 482
calculatrice rapide 97
centre(s)
de communication 21
de formation 483
classique 17
clavier et 36
commandes de cotation 338
compatibilité des fichiers 6
configuration 17
du système 10
configurer 86
contrôle des normes 488
dessiner avec 135
différences avec
AutoCAD LT 485
contrôle des normes 488
Express Tools 487
extraction de données 488
fonctionnalités 3D 486
gestionnaire des références 489
jeux de feuilles 487
lignes parallèles multiples 489
options de personnalisation 486
prix 485
références externes 488
dossiers
de travail 494
utilisateur 113
enregistreur d'actions 13
Express Tools 13
fenêtre 18
de commande et 36
gabarits 99, 111
groupes
d'utilisateurs 483
de discussion 481
historique 4
index des couleurs 144
interface 11
organisation par tâches 11
Internet et 460
jeux de feuilles 406
lancer 54
langages de programmation 486
logiciels tierce partie et 9
LT 8, 54, 190
naviguer dans 16
nouveautés 11, 49
papier et 88
polices de caractères 294
pratiques 53
précision
des unités 103
et 159
programme de participation du client 481
raccourcis clavier 23
ressources sur le Web 482
saisie dynamique 32

schéma de couleurs 17
système d'aide 48
variables système 491
versions 7
de Windows compatibles 4
Windows et 9
Autodesk
blogs 482
groupe
de discussion 481
d'Utilisateurs
International 483
ressources
en ligne 50
sur le Web 482
université 482
Autodesk Design Review 470, 475
AutoLISP 10, 486
Axes 203

B

Bannière 404
Barres
calques 29
de défilement 273
d'espace 41
d'état 30
menu 35
style des boutons 30
d'outils 16, 27, 28
accès rapide 21, 81, 166
de titre 20
dessin 29
espaces de travail 28
gérer les 29
modification 29
ordre de tracé 29
propriétés 29
standard 28
styles 28
verrouiller 34
Bibliothèques 153
Bitmap 432, 451
Bloc
Blocs 25, 411, 488
annotatifs 417
attributs et 422, 425
avantages 413
bibliothèque de 418
calques et 415, 419, 421
conserver les objets 418
convertir en 417, 418
créer 414
décomposer 417, 428
définition de 411, 412, 414
description 417
de titre 46
dynamiques 413, 431, 433
action de déplacement 439
actions 437, 439
description 439
paramètres 437
visibilité 436
échelle des 417, 420
éditeur de 433
emplacement du
paramètre 435
états de visibilité 433, 436
gestion des attributs 425
inconvénients 414
insérer 419, 426
manipuler 440
marqueur de paramètre 436, 438
masquer des objets 437
modifier la définition 434
organiser 450
palettes
d'outils et 421
de Création 435, 438
paramètre
de point 439
de rotation 438
de visibilité 435, 441
poignées personnalisées 435
point d'insertion 415, 435, 440
propriétés 140
purger 428
redéfinir 415, 418, 420
repères et 330
standards 433
supprimer les objets 418
table des 412
unité d'insertion 417
Blogs 482
Boîtes de dialogue
choix du type de ligne 145
créer un transfert 464
définition d'attribut 423
épaisseur de ligne 146
gestionnaire
des attributs de bloc 425
des mises en page 387, 401
des propriétés des
calques 141, 143
des styles de cote 340
grouper des objets 414
hachures et gradient 79, 361
insérer 419
options 17, 53, 217
palettes et 43
paramètres du dessin 107
propriétés de la nouvelle vue/
prise de vue 277
publier 474
réseau 73
style
de texte 295
des points 211
tracer 81, 380
unités de dessin 104
Bord de coupe 259
Boutons
de contrôle 20
de la barre d'état 31
Buzzsaw 462

C

Cadalyst 484
Cadence 484
Calculatrice 97
rapide 44
Calques 29
activer 148
blocs et 415, 419, 421
changer 63
contrôle des 148
copier 155
couleur 60, 144
courant 60, 138, 148
créer 58, 59, 138, 143
description 147
déverrouiller 149
dupliqués 157
enregistrer le cliché 279
état de 150
fenêtres et 131
filtres de 150
geler 149
gérer 138
gestionnaire des propriétés
13, 59, 141, 143
grouper 150
isoler 151
libérer 149
nommer 140, 144
objets et 138

propriétés 44, 140, 266
rapprochés 112
régénérations et 150
sous-jacents 456
style de tracé 147
tableau des 152
textes et 290
transparence de l'affichage 150
type de ligne 145
verrouiller 149
xréfs et 444, 446, 495
CAO 4, 86
cotes et 333
exactitude en 162
précision et 159
Capture 75, 223
Cartouche 46, 81, 87, 116, 122
dessiner 98
gabarit et 101
zoom et 282
Cellules 322
éditer 325
formules dans les 326
fusionner 325
redimensionner 325
Centre de communication 21
Cercle 65, 195, 196
arc de 200
circonférence 197
diamètre 197
méthodes de construction 197
rayon 199
tangent 197
Champs 314
tableaux et 325
Chanfrein 239, 263
Cible 494
Cinématique 278
Circonférence 197
Clavier 36
raccourcis 44
Coller 246
collage spécial 247
comme hyperlien 246
en tant que bloc 246
vers les coordonnées d'origine 247
Colonnes 318
dynamiques 318
hauteur 319
largeur 319
statiques 318
tableaux et 324
Commande
EFFACER
annuler 226
Commandes
ACCROBJ 161
AJUSTER 239, 258
annuler 261
ajuster l'espacement 354
ALIGNLIGNEDEREPMULT 330
ANNEAU 196, 207
annuler 38, 40, 48, 138
apostrophe 42
ARC 196, 201
ARCCOTE 353
ASSISTPRESENT 120
ATTDEF 423
ATTEXT 428
ATTREDEF 451
CALQCLASSIQ 148
CALQUE 143
CALQUES 59
CERCLE 65, 196, 199
CHANFREIN 239, 263
CHANGESPACE 267
clavier et 37
COLLAGSPEC 247
COLLECTLIGNEDEREPMULT 330
COLLERBLOC 246
COLLERHYPERLIEN 246
COLLERORIG 247
COLLERPRESS 245, 246
CONVERTPSTYLES 392
COPIER 232, 238, 245
rétablir 245
COPIERBASE 246
COPIERLIEN 246
COPIERPRESS 245, 246
COTALI 350
COTCONT 352
COTDISSOCIER 357
COTEREASSOCIER 356
COTLIGN 352
COTLIN 349
COTLINRACCOURCIE 353
COTRAP 353
COTREGEN 357
COUPERPRESS 245
COUPURE 239, 261
COUPURECOTE 351
DDEDIT 355
de cotation 338
de dessin 178
de modification 237
DECALER 64, 190, 238, 256
DECOMPOS 185, 239
DEFDUCALQUE 142
DEMIDROITE 178, 180
DEPLACER 227, 231, 238, 242
DIVISER 213
DLIGNE 190, 489
DROITE 178, 180
EATTEDIT 427
ECHELLE 227, 238, 252
EDITREF 447
EDITSPLINE 205
EFFACER 224, 238
ELLIPSE 196, 203
ESPACECOTES 354
ESPACEO 125, 279
ESPACEP 125, 279
ETATCALQUE 150
ETIRER 75, 227, 233, 238, 247
sélection par capture 247
ETRANSMIT 460, 463, 464
rapport 466
EXPORTERTABLEAU 326
fenêtre de 36
FORMATDWF 470
GESTTRACEUR 407
GRILLE 160
GROUPE 414
HACHURES 79, 362
HYPERLIEN 475
ISOCALQUE 152
JOINDRE 239, 264
LIGNE 166, 178, 180, 182
ligne 38
LIGNEDEREPMULT 327
LIMITES 104
LREPERERAP 327
MAXFENETRE 284
MEASUREMENT 91
MESURER 213
MINFENETRE 284
MIROIR 227, 238
MLIGNE 190, 489
MODIFBLOC 421
MODIFICATEURS DE 171
MODIFICATIONS ET 216
MODIFLIGNEDEREPMULT 329
MODIFLONG 238, 261
NOM DES 53
NOUVEAU 100, 112
NUAGEREV 196, 208
options 37
nécessaires 39
par défaut 41

ORDRETRACE 313, 355, 454
ORTHO 160
ORTHOGRAPHE 321
PAN 270
PEDIT 185
POINT 210
POLAIRE 160
POLYGONE 67, 178, 192
POLYLIGN 178, 184, 186
PRESENTATION 124
PROLONGE 239, 258
PUBLIER 461, 472
PUBLIERWEB 461, 474
PURGER 429
RACCORD 63, 239, 263, 372
raccourcis 37
liste des 37
RAPNOUV 100, 112
récentes 22, 42
RECHERCHER 321
rechercher 11, 23, 61
RECTANG 61, 178, 190
REDESS 285
REGEN 285
REGNAUTO 285
REGNTOUT 285
RELANCER 63
REPEROBJ 161
REPRISE 226
RESEAU 73, 238, 254
RESOL 160
ROTATION 227, 238, 251
SPLINE 196, 205
STYLE 291
STYLELIGNEDEREPMULT 330
STYLETABLEAU 321
TABLEAU 323
TEXTE 290, 301
TEXTEPREMIERPLAN 313, 355
TEXTMULT 290, 301, 308
options 312
tiret de soulignement 42
TRACE 387
TRACEUR 81, 407
transparentes 42
valeur par défaut 41
VUE 277
XDELIM 450
XOUVRIR 447
ZOOM 104, 270, 275
Contour de délimitation 450
Coordonnées 31, 160
3D 164
absolues 62, 163
afficher 164
barre d'état et 164
cartésiennes 162
limites et 105
origine des 55
polaires
absolues 164
rectangulaires 162
relatives 62, 163
suivi des 31
Copier 232, 238, 245, 246
avec point de base 246
le lien 246
les propriétés 267
Copier/coller 245
Corde 200
Cordonnées
polaires 162
Cotation
commandes de 338
généralités 331
rapide 353
variables de 339
Cotes 26, 331
ajuster 345
alignées 336, 348, 351
angulaires 337
annotatives 339, 345, 351
associatives 337, 356, 493
CAO et 333
changer la valeur 354
continuer 352
copier le style 339
couper 354
créer un style 339
décomposées 338
décomposer 355
définir 347
échelle des 345
hauteur du texte 344
horizontales 350
ligne
d'attache 335
de base 337
de 335, 343
d'extension 351
linéaires 336, 348
modifier 354
le style 342
non annotatives 345
non associatives 337
normes ISO 335
ordonnées 337
ordre de tracé 355
poignées et 354
pointes de flèche 335, 343
préfixe et suffixe 355
propriétés des 354
radiales 336
régénérer 357
rendre associatives 356
repères et 326, 337
styles de 331, 338, 340
modifier 341
secondaires 342
texte
de 335, 343, 355
par défaut 355
tolérances 337, 347
unités alternatives 347
unités des 347
verticales 350
Couleurs 17, 60, 391
carnet de 145
du calque 144
épaisseur de ligne et 397
nommée 145
prédéfinie 144
styles de tracé et 394
tracer en 399
vraies 395
Couper 246
Coupure 239, 261
au niveau du point 262
point par défaut 262
Courbes 185, 195
spline 205
Courbure 200
Courrier électronique 462
Crochets 38
droits 41
obliques 41
CTB 391

D

Décaler 64, 238, 256
les objets d'un réseau 73
Décimal 89
Décomposer 239
Dégradé 367
Degrés 89, 103
Demi-droite 178, 180
Déplacer 231, 238, 241, 242
distance absolue 241

DesignCenter 43, 153, 339, 421
favoris 157
utiliser 154
Dessins
2D 59
aperçu 22, 384
avant-projet 97
avec AutoCAD 135
choisir un cartouche 98
choix des unités 102
commandes et 178
configurer 53
copie d'objets entre 245
copier 88
des calques entre 155
coter 347
créer à partir d'un gabarit 100
débuter 27
dossier pour les gabarits 113
échanger 463
échelle 92, 298
enfant/parent 442
enregistrer 57, 100
étendue 104
facilité de modification 5
gabarits et 27, 98
géométrie 177
gérer les images 454
hôte 442
industriel 4
insérer 446
des hyperliens 475
des images bitmap 452, 453
du texte 290
jeu de transfert 460, 464
limites 5, 104
nouveau 54
onglets Objet et Présentation 117
organiser 450
outils de 179
ouverts 22, 156
paramètres 35, 56, 107
problèmes de tracé 406
propriétés 109
protéger 461, 476
publier 26, 472
purger 429
récents 22
régénérer 284
révisions 208
sauvegardes 65
source et destination 155
tables de définition 152
technique 4
tracer 26, 81, 104, 376, 379
en noir et blanc 83
unités 89, 104
vue rapide 12, 33
zone des 45
DGN 13, 432, 442
Diamètre 197
DIC 145
Disque 208
de navigation 33
Distances 160
saisie directe 172
Dossiers 153
documents 494
Driver 376
Droite 178, 180
Dubloc 141
Ducalque 140, 141, 181
DWF 404, 432, 442, 455, 461, 470
calques sous-jacents et 456
précision 457
publier au format 472
références externes et 471
tracer dans un fichier 471, 472
visibilité 457
DWFx 404, 455, 460, 461, 470
précision 457
publier au format 472
références externes et 471
tracer dans un fichier 471, 472
visibilité 457
DWG 6, 111
approuver 35
compatibilité 7, 9
copier 88
DWF et 470
DWFx et 470
purger 428
DWS 35, 488
DWT 98
DYN 32

E

Échap 48
Échelles 53, 87, 238
annotations et 83
annotatives 369
blocs et 417, 420
choisir 91
copier des objets 253
cotes et 345
courantes 93
d'annotation 34, 292, 302, 351
dans une présentation 123
des objets annotatifs 306
du texte 298
et tracé 381
facteur 56, 91, 92
et texte 298
fenêtres et 127, 129
hachures et 80, 368
mise à jour automatique 34
modifier 252
papier et 94, 96
personnaliser la liste 94
tracé et 82, 385
zoom et 275
Éditeur de blocs 433, 438
environnement 434
Effacer 238
Efficacité 5
EL 32
Ellipse 195, 196, 203
axes 203
centre 203
rotation 203
Enregistreur d'actions 13
Espace
objet 32, 45, 55, 81, 101, 116, 267
présentations et 125
papier 32, 45, 81, 116, 125, 130, 267
tracés et 387
Espace de travail
AutoCAD classique 19
onglets 117
changer 17, 27
choisir 27
créer 19
dessin 2D et annotation 18, 52
boutons 117
modélisation 3D 18
ruban et 24
sauvegardés 34
États de visibilité 433, 436, 441
créer 437
gérer 436
Étirer 227, 233, 238, 247
Exactitude 162
Exposants 89
Express Tools 13, 487

F

Facteur d'échelle 91, 92, 93
Favoris 157
Fenêtres 26, 45, 123
activer 125, 126
amodales 43
calques et 131
créer 127
dans l'espace papier 123
de capture 75, 220
de commande 36, 53
contenu de la 41
options de la 42
de sélection 219, 220
dispositions standard 128
échelle 127, 129
espace papier et 33
imbriquées 130
maximiser 34
présentations et 46
restaurer 284
supprimer 128
verrouiller 282
la vue 130
virtuelles 218, 220
zoom et 130, 275
Feuilles
jeux de 43
Fichiers
acadiso.dwt 98
acadiso.lin 145, 149
AutoCAD 6
bitmap 432, 451
chemin d'accès 446, 447
CTB 391, 393
DGN 13, 432, 442
DWF 404, 432, 442
créer 455
DWFX 404, 460
DWG 88
compacter 466
envoyer/recevoir 462, 464
enregistrement
automatique 491
enregistrer 57, 100, 110
et tracé 403
externes 420, 442
image 453
insérer 419
manquants 467
nouveaux 28, 54
PC3 378
PDF 404
protéger 476
publier 456
RTF 313
SHX 294
STB 392, 393
TTF 294
TXT 313
vectoriels 432
versions 7
ZIP 466
Flèche 335, 343
Formats
BAK 65
DWF 470
DWFX 470
DWG 6, 58, 111
DWT 54, 98
graphiques 452
Fractionnaire 89
Fractions 89, 313
FTP 462, 466

G

Gabarits 27, 53, 87, 98, 339
acad.dwt 54
acadiso.dwt 54
acadltiso.dwt 54
cartouches et 101
créer 101, 109
dossier pour les 113
paramètres 112
présentations et 124
sélectionner 54
styles de tracé et 392
utiliser 100
Géométrie 177
contour clos 362
cotes et 337
Gestionnaire
de traçage 379
des mises en page 401
des propriétés des calques 13, 59, 141, 143
des références 460, 468, 489
Grades 90
Gradient 367
Grille 31, 57, 104, 106, 160
activer 57, 108
adaptative 108
configurer 107
limites et 108
Groupe
de discussion 481
d'Utilisateurs
International 483

H

Hachurage
contour et 371
généralités 359
Hachures 78, 361
aire de la région hachurée 374
annotatives 363, 368
aperçu 79, 364
associatives 363
choisir des points 363
copier 365
les propriétés 373
définir 362
échelle 80, 368
annotatives 369
hériter des propriétés 365
modifier 373
motifs
prédéfinis 365
utilisateur 366
ordre de tracé 363
palette
de motifs 365
d'outils et 373
prédéfinies 79
propriétés des 368
sélectionner des objets 372
Historique 153
Hyperlien 246, 461, 475

I

Images 442, 451
attacher 452
bitmap 452
gérer 454
insérer dans un dessin 452, 453
paramètres 454
raster 452
vectorielles 452
Imprimante
ajouter 378
choisir 81, 380

laser 377
non-système 377
par défaut 122
pilote d' 376
problèmes 406
système 122, 376
zone imprimable 83, 97
Imprimer *Voir* Tracer
Info-bulles 12, 30, 494
InfoCenter 21
Ingénierie 89, 102
Internet
AutoCAD et 460
hyperliens 475
problèmes de réception 467
ISO 335
motifs standardisés 366
style de cote 339

J

Jeux
d'annotations 43
de feuilles 43, 131, 406, 487
de sélection 219, 225
Joindre 239, 264
Justification 301, 310
par défaut 303

L

Ligne 38, 178, 180
clore 181, 182
commande 180, 182
couleur et épaisseur 397
d'attache 335
d'extension 351
de base 337
de cote 335, 343
de guidage 328
de rappel 328
de repère multiple 326
décaler 256
définir le type 149
demi-droite 180
dessiner 166
droite 180
épaisse 397
épaisseur de 32, 146
multiples 489
polyligne et 184
type de 145
charger 145
Limites 55, 259
coordonnées et 105
définir 105
du dessin 104
grille et 108
Listes numérotées 314
Longueurs 89
LSP 10

M

Macros 13
Marges 97
Marqueur de paramètre 436, 438
Menus 22
contextuels 17, 170
navigateur de 11, 16, 22
suiveurs 33
Microsoft Excel 326
Miroir 232, 238
Mise en page 401
gestionnaire de 401
nommée 401
Modèle 45
Modes
d'accrochage 31, 108, 160, 167, 170
activer 170
ortho 31, 69, 160, 172
résolution 172
Modification
commandes de 238
des propriétés d'un objet 266
directe 216
modes de 227, 231, 232, 233
par commande 216, 217
par les poignées 216, 226
par sélection 216
style de 217
Molette 272
Monochrome 400
Mot de passe 461, 476
supprimer 477
Motifs de hachurage 365
architecturaux 368
définis par l'utilisateur 366
échelle 368
MS-DOS 4
Multiligne 190

N

Navigateur de menus 11, 16, 22
effectuer des recherches 23
Nettoyer l'écran 35
Niveaux de gris 391
Nœuds 211
Normes 35, 488
Nuage de révision 196, 208
longueur de l'arc 210
NURBS 205

O

ObjectARX 486
Objets 33
accrochage aux 31, 57, 70, 160, 165, 173
ajouter des échelles d'annotation 306
ajuster 239, 258
annotatifs 34, 83, 93, 292, 339, 359
et échelles 293
visibilité 34, 307
calques et 138
chanfreiner 239, 263
clos 362
conserver dans le bloc 418
copier 232, 238, 245
entre dessins 245
coter 347
couleur 140
épaisseur de ligne 139
couper 239, 261
décaler 64, 238, 256
décomposer 239, 428
déplacer 231, 233, 242
point de base 241
désélectionner 221
échelle des 238, 252
effacer 224, 238
en réseau 254
épaisseur de ligne 140
couleur et 139
étirer 75, 227, 233, 238, 247
grouper 414
hachurer 361
hyperliens et 475
joindre 239, 264
méthodes de sélection 222

modifier
la longueur 238
les hachures 373
nommés 136
poignées 216, 226
prolonger 239, 258
propriétés 109, 136, 139, 266
calques et 141
propriétés rapides 12
raccorder 239, 263
remplir 367
rendre annotatifs 306
rotation 238, 251
sélection
par fenêtre 223
par polygone 223, 225
précédente 223
sélectionner 126, 138, 216, 219
style de tracé 140
supprimer du bloc 418
tangents 198
tout sélectionner 223
type de ligne 140
zoom et 276
Onglets 117
masquer 118
Options 17, 53
Orthographe 320

P

Palettes 16, 43, 44
calques 44
création de blocs 435, 438
d'outils 27, 43
DesignCenter 43, 153, 339
gestionnaire
des jeux d'annotations 43
du jeu de feuilles 43
propriétés 137, 266, 320
raccourcis clavier 44
références externes 43, 444, 454
transparence 44
verrouiller 34
Panneaux 11, 16
enrouler 25
étendus 24
Panoramique 33, 70, 270
barres de défilement et 273
dynamique 272
présentations et 279
souris et 272
temps réel 71, 270, 271
transition progressive 276
Pantone 145
Papier 33
AutoCAD et 88
échelle et 94, 96
électronique 86
formats de 81, 87, 94
réel 87
zone imprimable 83
Paragraphes 317
ParCouleur 141
Paysage 383
PC3 378
PDF 404, 471
Pilote 376
Pline 184
Plot Styles (dossier) 393
Poignées 185, 207, 216, 226
accrochage aux objets visibles 227
actives 228
copier des objets 232
cotes et 354
modes de modification par les 227
personnalisées 435, 440
sélections multiples 235
Points 210
d'accrochage 168
de base 241, 416
de construction 211, 213
styles de 211
taille des 212
POLAIRE 31
Polaire
accrochage 173
repérage 160, 173
réseau 72
PolarSnap 173
Polices de caractères 294
AutoCAD et 294
openType 294
SHX 294
TrueType 294
Polygone 67, 178, 180, 192, 223
circonscrit 192
inscrit 192
inscrits/circonscrits 68
nombre de côtés 192
Polyligne 58, 178, 180, 181, 184
arc 188
clore 188
courbe 185
décaler 63
décomposer 185
éditer 185
épaisseur 185
largeur 186
ligne et 184
Portrait 383
Pouces 165
PR 32
Précision 5, 53, 136, 240
aide à la 160
des unités 103
en CAO 159
exactitude et 162
méthodes de 172
Présentations 33, 45, 81, 116
aperçu 119
cartouche et 122
créer 120
assistant 121
espace objet et 125
fenêtres et 123
gabarits et 124
ignorer 116
panoramique 279
publier 120
régénérer 285
texte et 292
tracer 130, 387
utiliser 124
vue rapide 12, 33, 118
zoom 279
Presse-papiers 245
Prolonger 239, 258
Propriétés 136, 266
assigner 140
copier 267
courantes 137
définir 181
filtre des 151
maîtriser 136
objets et 139
rapides 12, 32, 136, 266
tables de 152
Puces 314
Purger 428

R

Raccord 63, 239, 263
rayon du 264
Raccourcis 37
clavier 23
liste des 37

Radians 90
RAL 145
Rangées 324
redimensionner 325
Rappels 26
Rayon 199
Recherche 313, 320
Rectangle 58, 178, 180, 190
Références 25
externes *Voir* Xréfs 35, 43, 442, 444
liste des 449
Régénération 284
Registre 491
Remplacement 313, 320
Repérage
des accrochages aux objets 161
polaire 31
Repères 326, 337
aligner 330
annotatifs 330
blocs et 330
ligne
de guidage 328
multiples 326
styles de 330
supprimer des lignes 329
Réseau 72, 238, 254
angle du 255
aperçu 74, 255
décalage 255
polaire 255
rectangulaire 254
RESOL 31
Résolution 57
pas de 61
Rétablir 245
Retraits 313, 314
Révisions 208
Rotation 238, 251
angle de 252
copie des objets 252
Ruban 11, 16, 24
ancrage 25
combiner avec d'autres méthodes 17
déplacer 25
enrouler 25
espaces de travail et 24
onglets 24
annoter 26
blocs et références 25
début 25
outils 26
sortie 26
vue 26
panneaux 16, 24
verrouiller 34
RVB 145

S

Saisie dynamique 32, 53, 179, 239
désactiver 38
zone de dessin et 47
Scientifique 89
SCU 26, 126, 280
dynamique 32
SCUD 32
Segments 180
Sélection
aperçu 218, 223
du dernier objet 223
jeu de 219, 225
méthodes de 215, 222
modes de 219
nom/verbe 218
options de 222
par capture 220
par fenêtre 219
par intersection 220
paramètres par défaut 217
précédente 223
retirer des objets 221
unique 219
Showmotion 12, 33
Signature numérique 462, 476
Souris 272
Spline 196, 205
éditer 207
STB 392
SteeringWheel 12, 33, 276
Styles
annotatifs 292, 305
de cotes 331, 338, 340
annotatifs 340
créer 339
ISO-25 341
modifier 341, 342
de lignes de repères multiples 327, 330
de tableaux 321
de texte 291, 295
annotatifs 297
choisir 302
cotes et 344
créer 296
définir des règles 293
de tracé 382, 390, 391
couleurs et 394, 399
créer 392
tables de 391, 393
familles de 342
nommés 392, 395
secondaires 342
Symboles 313
favoris 157
librairies de 154
nommés 136, 152

T

Tableaux 26
attributs et 326
cellules 322
champs et 325
colonnes 324
éditer 325
créer et 323
exporter 326
Microsoft Excel 326
rangées 324
redimensionner 325
styles de 321
créer 321
Tabulations 313, 314, 316
repères de 317
Tangence 197
Tangente 198
Texte 26
ajouter 290
des échelles d'annotation 306
aligner 305
annotatif 291, 298, 303, 305
attributs et 424
calques et 290
champs de 314
colonnes de 318
créer un style 296
de cote 335, 343, 355
échelle du 298, 299
éditer 320
espacer les lignes 316
et puces 314
facteur d'échelle et 292
fenêtre de 40
hauteur du 297, 298, 303
importer 313

indenter 316
justification 301
largeur 319
listes numérotées 314
masque d'arrière-plan 313
miroir et 493
modifier la mise en forme 311
multiligne 293, 301, 308
éditer 320
éditeur 310
options 312
point d'insertion 303
polices de caractères 294
présentations et 292
rechercher 320
remplacer 320
renuméroter les lignes 316
simple 301
style
annotatifs 292
de 291, 295
tableaux de 321, 323
tracé 298
vérifier l'orthographe 320
Tolérances 337, 347
Touches
barre d'espace 41
Ctrl+H 414
de déplacement 42
de remplacement temporaire 174
échap 40, 48
entrée 41, 203
espace 164
F1 48
F10 173
F11 173
F2 40
F8 69, 172
Maj 234, 264
Suppr 226
Tracer 81, 376
aperçu 83, 383, 384
autres options 382
avec rendu 405
avec un décalage 82
choisir
l'échelle 381, 385, 389
l'orientation du papier 383
une échelle 82
choix des limites 82, 404
configurer pour 380, 387, 402
créer un style 392
dans un fichier 403
DWF/ DWFx 471, 472
décalage 388, 405
des lignes épaisses 396
des présentations 130, 387
en arrière-plan 405
en couleurs 399
épaisseur et couleur 397
gestionnaire
de traçage 379
des mises en page 387
informations 84
mise en page 401
options 405
orientation du papier 405
résoudre les problèmes 406
style(s) 83
de tracé 390, 391
dépendant de la couleur 391
nommé 392
table des 382, 391, 393
un dessin 379
via un prestataire 400
Traceur 377
ajouter 379
choisir 81, 380
configurer 377
éditeur de configuration 403
par défaut 122
problèmes 406
propriétés 403
zone imprimable 83, 97
Trajet 223, 259
Tramage 400
TrueType 294
TSL 145

U

Unités 87
alternatives 347
angulaires 103
architecture 89
choisir 89, 102
cotes et 347
de dessin 104
décimales 89, 102
fractionnaire 89
géodésiques 90
ingénierie 89
métriques 27, 28, 89
précision des 103
scientifique 89
types d' 89
URL 467, 475

V

Variables système 491
APERTURE 492
ATTDIA 426, 492
COTES ET 339
DIMASSOC 356, 493
DIMSCALE 299, 340, 346
FONTALT 464
FONTMAP 464
LAYLOCKFADECTRL 150
MBUTTONPAN 273
MENUBAR 493
MIRRTEXT 493
MODIFIER 491
MTEXTTOOLBAR 310
PDMODE 212
PDSIZE 212
PICKBOX 494
REGENMODE 285
REMEMBERFOLDERS 494
ROLLOVERTIPS 494
SAVETIME 491
TOOLTIPS 495
TYPES DE 491
VISRETAIN 495
VTENABLE 276
XREFNOTIFY 443
VBA 10, 486
Visual LISP 486
Vue 270
catégorie 277
cinématique 278
des modèles 279
des présentations 279
existante 279
navigation enregistrée 278
nommer 277
prise de 277
rapides 12

W

Windows 4
AutoCAD et 9

X

XML 461, 470
XPS 404, 460, 470
  visionneuse 470
Xréfs 43, 442, 488
  attacher 444
  avantages 442
  calques et 444, 446, 495
  chemin d'accès 446, 447
  contour de délimitation 450
  créer 446
  décharger 449
  détacher 449
  gérer 449
  gestion des 35, 443
  gestionnaire des références 468
  lier 449
  liste des références externes 449
  mise à jour 444
  organiser 450
  ouvrir 450
  paramètres 445
  recharger 449
  type de référence 445

Z

ZIP 466
Zone de dessin 45
  onglets 45
  saisie dynamique et 47
  utiliser la 47
Zoom 33, 70, 269
  cartouche et 282
  échelle 275
  étendu 275
  facteur de 71
  fenêtre 130, 275
  objet 276
  options de 275
  précédent 276
  présentations et 279
  souris et 272
  temps réel 71, 271, 276
  tout 57, 275
  transition progressive 276

Autocad 2009 Pour les Nuls

Mon opinion sur ce livre :

❒ Excellent ❒ Moyen
❒ Satisfaisant ❒ Insuffisant

Ce que j'aime dans ce livre :

____
____
____
____
____
____
____
____

Mes suggestions pour l'améliorer :

____
____
____
____
____
____
____
____

En informatique, je me considère comme :

❒ Débutant ❒ Expérimenté
❒ Initié ❒ Professionnel

Mon équipement :

- Matériel : ______________________________
- Système d'exploitation : ____________________

J'utilise mon ordinateur :

❒ Au bureau ❒ À l'école
❒ À la maison ❒ Autre : __________

Lieu d'achat du livre :

- Pays : ______________________________
- Ville : ______________________________

❒ Grande librairie ❒ Petite librairie
❒ Grande surface ❒ Hypermarché
❒ Magasin spécialisé ❒ Autre : __________

Mon adresse :

Nom : ______________________________
Prénom : ______________________________
Adresse : ______________________________
____
Code postal : ______________________________
Ville : ______________________________
Pays : ______________________________

J'ai vraiment adoré ce livre !

Vous pouvez citer mon témoignage dans vos documents promotionnels. Voici mon numéro de téléphone en journée :

Fiche lecteur à découper ou à photocopier, et à nous retourner à :

FIRST
Interactive
60 rue Mazarine
F-75006 Paris - France
Tél. : 01 45 49 60 00 – Fax : 01 45 49 60 01

Découvrez en exclusivité nos prochaines parutions sur internet :
http://www.efirst.com

Aubin Imprimeur
LIGUGÉ, POITIERS

Achevé d'imprimer en septembre 2008
N° d'impression L 72477
Dépôt légal, septembre 2008
Imprimé en France